山阴年鉴

2020

中共山阴县委党史研究室
山阴县地方志研究室 编

方志出版社
Publishing House of Local Records

图书在版编目（CIP）数据

山阴年鉴．2020 / 中共山阴县委党史研究室，山阴县地方志研究室编．-- 北京：方志出版社，2020.12

ISBN 978-7-5144-4705-7

Ⅰ．①山… Ⅱ．①中… ②山… Ⅲ．①山阴县—2020—年鉴 Ⅳ．①Z526.14

中国版本图书馆 CIP 数据核字（2021）第 008878 号

山阴年鉴（2020）

编　　者：中共山阴县委党史研究室
　　　　　山阴县地方志研究室
责任编辑：范　静

出 版 者：方志出版社
　　　　　地址 北京市朝阳区潘家园东里 9 号（国家方志馆 4 层）
　　　　　邮编 100021
　　　　　网址 http://www.zgfzcb.cn
发　　行：方志出版社图书经销中心
　　　　　电话（010）67110500
经　　销：各地新华书店
印　　刷：山西海德印务有限公司

开　　本：889×1194　1/16
印　　张：34
字　　数：1971 千字
版　　次：2020 年 12 月第 1 版　2020 年 12 月第 1 次印刷
印　　数：0001~1000 册

ISBN 978-7-5144-4705-7　定价：298.00 元

《山阴年鉴》编纂领导小组

组　　长：李旭清　朔州市政协副主席、山阴县委书记（2020年1月至6月）
　　　　　王世杰　山阴县委书记（2020年6月起）
　　　　　苏　坡　县委副书记、县长
副 组 长：王国文　县委副书记
成　　员：郭东申　县委办公室主任
　　　　　闫志民　政府办公室主任
　　　　　陈　续　人大办公室主任
　　　　　赵晋虎　政协办公室主任
　　　　　孙培峰　开发区综合办公室主任
　　　　　李德华　宣传部副部长
　　　　　夏生军　政法委副书记
　　　　　叶　青　发展和改革局局长
　　　　　贾尚勇　工业和信息化局局长
　　　　　郭正大　农业农村局局长
　　　　　史俊龙　财政局局长
　　　　　张建斌　统计局局长
　　　　　侯志林　县委党史研究室主任

《山阴年鉴》编辑部

主　　编：侯志林
特约编辑：李　刚　白　杨
校　　对：门建石　曹宏宇　孙子朋
摄　　影：郑　文　闫文靖　王富才　刘建龙
参加编辑人员：秦　强　梁志伟　李　霞　高淑泓　石海雁　赵美珍　李淑琴
　　　　　杨彩红　闫晓莉　白永强　李　成　贾常春　赵丽娟　何晓娟

序

地方综合年鉴是真实记录地方发展历程的一部正史，是生动宣传地方工作的一扇窗口，也是指导今后工作的一面镜子。2006年中华人民共和国国务院第467号令公布的《地方志工作条例》和2011年山西省公布的《山西省地方志工作条例》，明确将地方综合年鉴纳入地方志工作范畴，更加凸显了年鉴编纂工作的重要性。

《山阴年鉴（2020）》经过全体编辑人员的不懈努力，即将正式出版。这是全县人民值得庆贺的事情。该书涵盖山阴的自然、政治、经济、文化、社会等各个方面的内容，图文并茂，是全县地方志工作者继“志鉴两全”实现之后奉献给全县人民的又一部大型工具书，是我县精神文明建设的又一硕果，它的出版，既反映了2019年山阴经济社会各项事业改革发展的新成就，也体现了山阴县社会科学研究的新水平。对于进一步坚定文化自信、弘扬传统文化，深化全县改革发展，推进社会治理体系和治理能力现代化提供历史借鉴，具有深远历史意义和重大现实意义。我们代表县委、县政府表示祝贺！并向《山阴年鉴》全体编纂人员及所有支持《山阴年鉴》编辑出版的社会各界人士表示由衷的钦敬和谢意。

希望《山阴年鉴》编辑部的同志们精益求精，再接再厉，进一步提高编辑水平和编纂质量，进一步强化信息功能、资政功能和服务功能；通过编写年鉴，进一步推进实现志鉴两全目标，使年鉴县志真正成为传承中华民族优秀传统文化的重要载体，成为展示县情、地情的重要窗口，成为“为当代提供资政辅治之参考、为后世留下堪存堪鉴之记述”的资源宝库。同时也希望全县广大干部群众读好用好年鉴，不断增强工作的预见性和创造性，使《山阴年鉴》在奋力打造“灵秀古城”、建设“新韵山阴”的进程中发挥出更大的作用。

是为序。

中共山阴县委书记　王世杰

山阴县人民政府县长　苏　坡

2020年11月9日

编纂说明

一、《山阴年鉴》是县级综合年鉴。以马克思列宁主义、毛泽东思想、邓小平理论、“三个代表”重要思想、科学发展观、习近平新时代中国特色社会主义思想为指导，坚持辨证唯物主义和历史唯物主义的立场、观点和方法，逐年全面记载山阴县自然、政治、经济、文化、社会等各个领域的基本情况和当年的新举措、新发展和新成就，为国内外读者认识山阴、研究山阴、投资山阴、建设山阴提供帮助。

二、《山阴年鉴（2020）》记述时限为2019年1月1日至12月31日，特载内容除外。

三、《山阴年鉴（2020）》采用分类编排法，以类目、分目、条目组成框架结构的主体部分。全书设特载、大事记、建置与资源、机构设置、中国共产党山阴县委员会、山阴县人民代表大会、山阴县人民政府、中国人民政治协商会议山阴县委员会、中国共产党山阴县纪律检查委员会 山阴县监察委员会、乡镇、人民团体、军事、法治、经济管理与监督、农林水牧、工业、住房和城乡建设 环境保护、交通运输 邮政通信、财税 金融、商务 商贸、文化 旅游 广电、教育科技、卫生 医疗 、社会生活、2019年受奖情况。限于框架与实际之差异，个别条目略有交叉，但角度不同，互为参见，保证内容的相对完整。

四、《山阴年鉴（2020）》涉及数据由于行业和地区统计口径等方面的原因，个别条目互有不一致之处，当以山阴县统计局发布的统计数字为准。统计资料数据除农林水牧、区县概览类目外均使用法定计量单位。

五、《山阴年鉴（2020）》稿件由山阴县各级党、政、军机关、和企业事业单位提供。统计资料由山阴县统计局提供。

六、《山阴年鉴（2020）》设有比较完整的检索系统，书前是详细的目录，然后正文 。条目按照字体区分，不设章节。本书行文中的标点符号用法、数字用法、计量单位均遵守国家相关规定。

1

2

图片说明：

① 山阴县委、政府、人大、政协综合办公楼

② 山阴县城同太南路

图片说明：

①鸟瞰山阴县医疗集团

②鸟瞰山阴一中

山阴县行政区划图

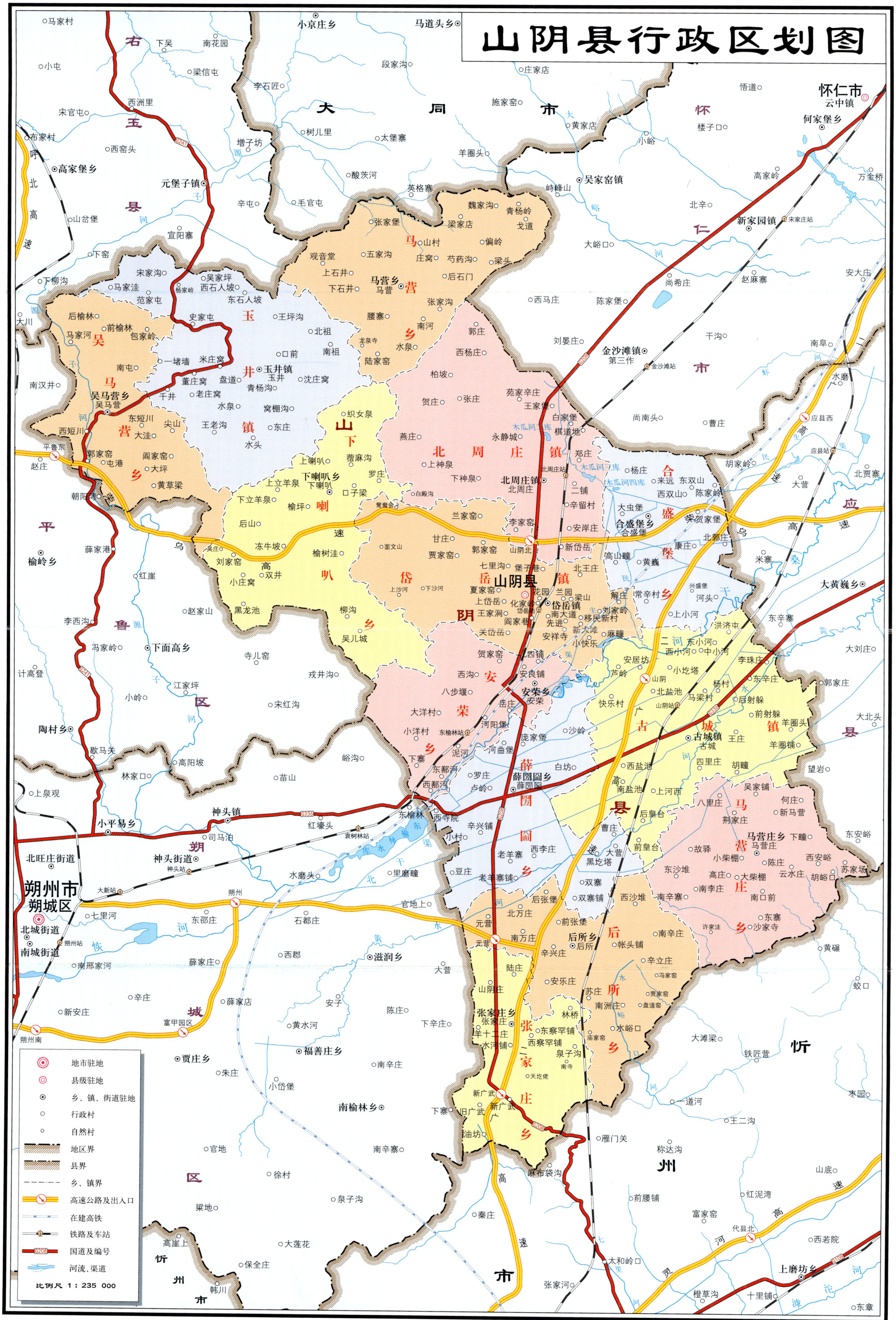

审图号 晋FS（2019）002号

中共山阴县委党史研究室 山西省地图院 二〇一九年十一月

山阴县交通图

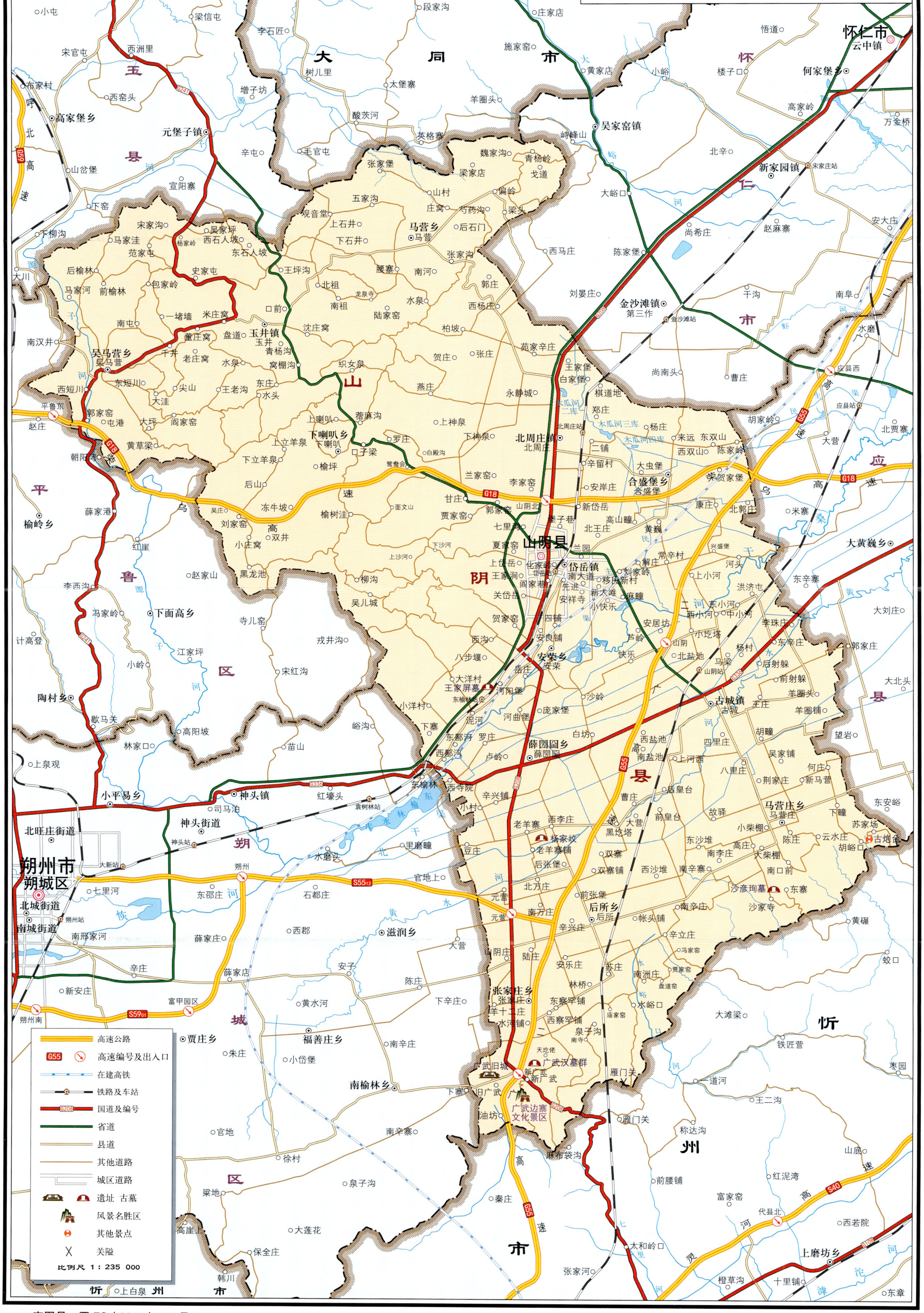

审图号 晋 FS（2019）003 号

中共山阴县委党史研究室 山西省地图院 二〇一九年十一月

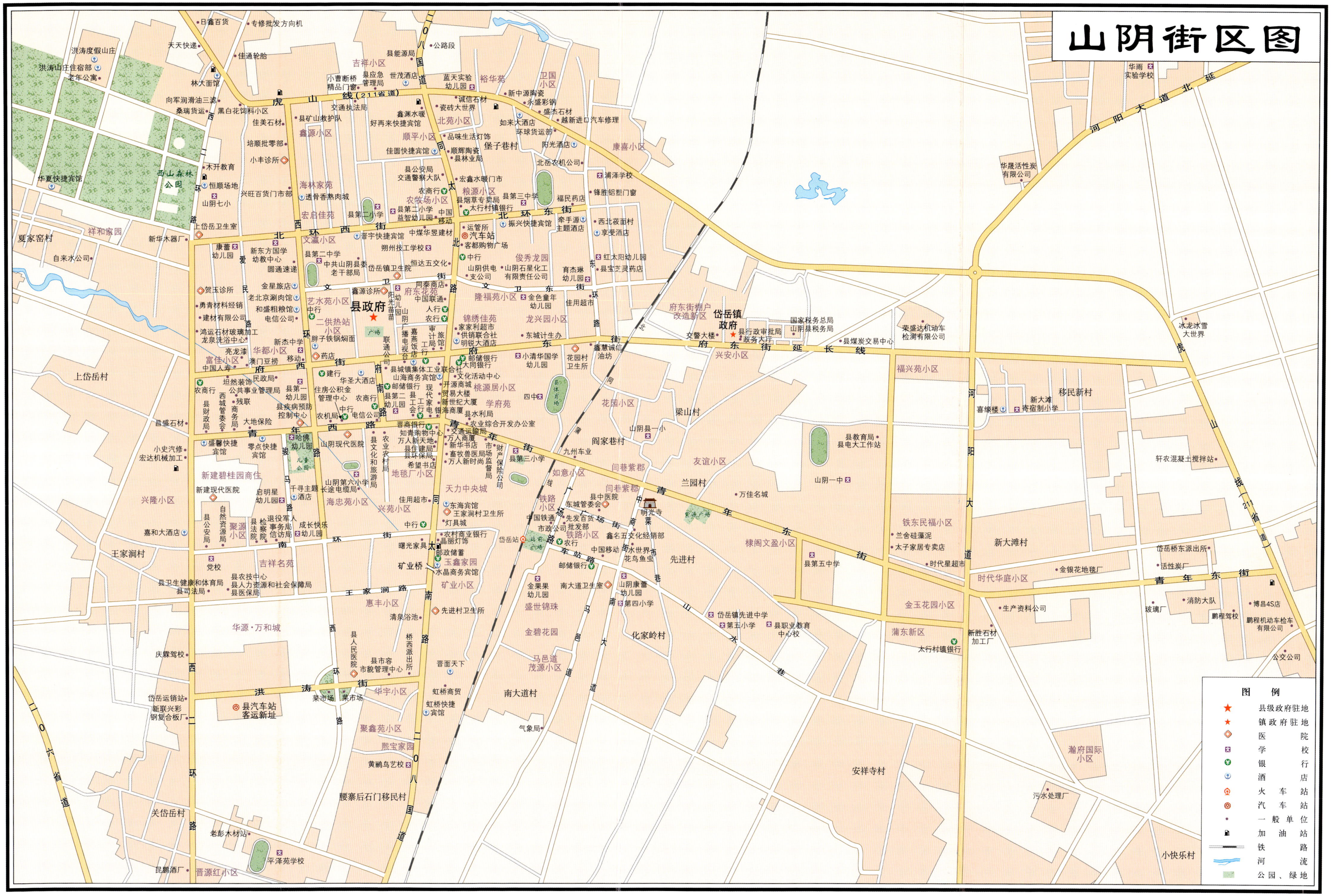

审图号 晋FS（2019）004号
中共山阴县委党史研究室 山西省地图院 编制 二〇一九年十一月

1

2

3

图片说明：

① 广武明长城
② 蝴蝶谷
③ 瑞云寺

1

2

4

3

5

图片说明：

①汉墓广场
②化悲岩寺
③旧广武西城门
④千佛寺
⑤文魁塔

1

2

3

图片说明：

①“阁老”故里，明朝万历皇帝敬称内阁府相王家屏“阁老”

②桑干河大桥夜景

③下喇叭烈士陵园

④桑干河畔的羊群

4

1

2

3

4

5

6

图片说明：

① 2019 年 8 月，朔州市骏宝宸农业科技有限公司北王庄基地收割苜蓿

② 2019 年 10 月，惠牧源农牧专业合作社在黄花梁收割谷子

③ 2019 年 10 月，合盛堡万亩示范田里成熟的高粱

④ 2019 年 10 月，朔州市骏宝宸农业科技有限公司北王庄基地优质青贮玉米

⑤ 2019 年 8 月，黄花梁长势喜人的谷子

⑥ 2019 年，中国粮食行业协会授予山阴县“中国富硒小米之乡”，富硒小米产品图

1

2

图片说明：

① 山阴同煤织女泉风力电厂

② 山阴中电新能源有限公司合盛堡光伏电厂

1

2

图片说明：

① 山阴县中煤华昱产业园区
② 山阴县古城乳业鸟瞰图
③ 山阴县古城乳业厂区
④ 山阴县中煤华昱现代化煤储仓

3

4

1

2

图片说明：

① 山阴动车站

② 山阴雁门关高速隧道

1

2

3

4

5

图片说明：

① 2020 年 6 月 22 日，山阴县在政府中心会议室召开全县领导干部大会，朔州市委常委、组织部部长崔巍（左三）宣布市委决定，任命王世杰（右一）为中共山阴县委常委、县委书记，朔州市政协副主席、山阴县委书记李旭清（右二）不再担任中共山阴县委常委、县委书记

② 2020 年 6 年 24 日，县委书记王世杰在张家庄乡调研

③ 2020 年 6 月 23 日，县委书记王世杰（左三），县委副书记、县长苏坡（右二），经济技术开发区党工委副书记李可进（左二）深入经济技术开发区重点企业，调研经济运行和项目建设情况

④ 2020 年 7 月 7 日，朔州市委常委、宣传部部长王家关（后排左四），县委书记王世杰（前排一），县委副书记、县长苏坡（后排左三），县委常委、宣传部部长刘宇（后排左二）等市县相关领导在山阴县广播电视楼为山阴县融媒体中心揭牌

⑤ 2020 年 7 月 10 日，县委书记王世杰（前排中），县长苏坡（前三排右一），县委常委、常务副县长郭兆文（前二排右一），副县长杨良贵（前排右一）在马营庄乡督导调研防汛抗灾工作

1

2

3

4

图片说明：

① 2020 年 12 月 8 日，县委书记王世杰（前排右二），县委副书记王国文（前排左一），县委常委、宣传部长刘宇（前排右一）在广武长城调研

② 2020 年 7 月 30 日，朔州市委副书记、市长熊燕斌（前排左三），朔州市人大常委会主任冯云龙（前排右二），副市长武跃飞（前排左四），副市长巍元平（前排左二），山阴县委书记王世杰（前排右三）等市县领导在岱岳镇北王庄村现场督导节水灌溉工程，实地感受“生态立市”战略成果

③ 2020 年 9 月 1 日，县委书记王世杰（二排左一）参加古城镇党建引领乡村振兴“六个一”活动授旗

④ 2020 年 9 月 13 日，朔州市委书记陈振亮（前排左二）、县委书记王世杰（前排左一）、山阴县经济技术开发区管理委员会党工委副书记李可进（前排左三）在山阴开发区调研

1

2

3

图片说明：

① 2019年9月22日，山阴县农民丰收节在合盛堡主会场开幕。原国家旅游局监督管理司司长彭志凯（左五），省农业农村厅纪检书记穆晓彤（右四），市委常委、统战部部长张立新（右五），朔州市政协副主席、山阴县委书记李旭清（左四），山阴县县长苏坡（右三），山阴县委副书记王国文（左一），山阴县委宣传部部长刘宇（右一）等同志应邀出席活动

② 2019年9月22日，朔州市委常委、统战部部长张立新（右二），朔州市政协副主席、山阴县委书记李旭清（右一），山阴县县长苏坡（右三）在丰收节主会场合盛堡观展

③ 2019年9月7日，农业农村部在山阴县举行旱作节水农业现场观摩培训会。农业农村部农业技术推广服务主任刘天金（左二），朔州市委副书记操学诚（右二），朔州市农业农村局局长石生华（左一），朔州市政协副主席、山阴县委书记李旭清（右一）以及来自各省、自治区、直辖及计划单列市，新疆生产建设兵团及黑龙江农垦总局代表，省市农业农村部门相关人员共计130多人参加。图片为山阴县惠牧源农牧专业合作社观摩黄花梁万亩生态富硒有机旱作农业示范基地

1

2

3

4

图片说明：

① 2019年3月22日，山阴县在经济开发园区举行朔州市2019年项目建设集中开工启动仪式，朔州市委常委、政法委书记王黎明（左六），朔州市副市长张天茂（右五），朔州市政协副主席、山阴县委书记李旭清（左五），县长苏坡（右四），人大主任相成（左四），政协主席段国强（右三）等有关领导出席

② 2019年2月12日，山阴县在政府二楼报告厅举办党支部书记“改革创新、奋发有为”大讨论专题培训班，朔州市政协副主席、山阴县委书记李旭清（主席台左二），县委副书记丁裕（主席台右一），县委常委、组织部部长王国梁（主席台左一）出席

③ 2019年2月20日，山阴县在政府一楼中心会议室召开机构改革动员大会，朔州市政协副主席、山阴县委书记李旭清（主席台左六），县委副书记丁裕（主席台左五），县长苏坡（主席台右六），人大常委会主任相成（主席台右五），政协主席段国强（主席台左四），监委主任、纪委书记刘德智（主席台右四），及其他县委常委出席，各单位负责人参加

④ 2019年2月26日，县委副书记丁裕（主席台中），监委主任、县委常委、纪委书记刘德智（主席台右一），县委常委、组织部部长王国梁（主席台左一）与新任干部集体谈话

1

2

3

图片说明：

①2019年6月6日，市委书记陈振亮（前排右二）一行，朔州市政协副主席、山阴县委书记李旭清（前排左二）等相关领导在朔州骏宝辰农业科技公司种植基地调研

②2019年6月28日，在“七一”即将来临之际，朔州市政协副主席、山阴县委书记李旭清深入岱岳镇北王庄村，为全村党员干部讲“不忘初心、牢记使命”主题教育党课

③2019年6月28日，组织部干部在平鲁博物馆聆听李林的革命奋斗精神，县委常委组织部部长王国梁（前排右二）带队

1

2

3

4

图片说明：

①2019年7月，在政府一楼中心会议室部署第九轮巡察，监委主任、纪委书记刘德智（主席台左二），县委常委、组织部部长王国梁（主席台左三），巡察办主任庞晓辉（主席台右一），组织部常务副部长王建永（主席台左一）出席

②2019年9月，县委统战部“凝聚新力量做梦新时代”活动在长城脚下启动

③2019年7月30日，朔州市政协副主席、山阴县委书记李旭清（左二）深入韩原线山阴站调研

④2019年9月30日，朔州市政协副主席、山阴县委书记李旭清在下喇叭乡蓿麻沟村调研脱贫攻坚工作

1

2

3

4

5

图片说明：

① 2019 年 10 月，山阴县关工委在后所学校送关爱

② 2019 年 10 月 24 日，朔州市政协副主席、山阴县委书记李旭清（右排中），县委常委、宣传部部长刘宇（右排右一），县委办主任郭东申（右排左一）深入岱岳镇南大道村调研基层党组织建设工作

③ 2019 年 10 月 29 日，省委组织部部长曲孝丽（前排左二），市委组织部部长崔巍（前排左一），朔州市政协副主席、山阴县委书记李旭清（后排右三），县长苏坡（后排左三），县委常委、组织部部长王国梁（后排右一）一行在山阴县张家庄乡新广武村调研

④ 2019 年 12 月 19 日，朔州市政协副主席、山阴县委书记李旭清（左二）在供热公司调研大气污染防治

⑤ 2019 年 12 月 30 日，山阴县相对集中行政许可权改革审管衔接备忘录签署暨集中审批印章启用仪式在政务大厅广场举行，朔州市政协副主席、山阴县委书记李旭清（左五），县长苏坡（左六），县委副书记王国文（左四），监委主任、县纪委书记刘德智（左三），县委常委、常务副县长郭兆文（右前一），县委常委、组织部部长王国梁（左二），行政审批局党组成员、副局长李树贵（后右二），山阴县行政审批局局长赵永胜（左一），山阴县编办主任徐永平（后右一）出席

图片说明：

①2019年12月，朔州市政协副主席、山阴县委书记李旭清（左二）在山阴县污水厂调研水污染防治

②2019年12月26日，朔州市政协副主席、山阴县委书记李旭清（前排中），县委常委、常务副县长郭兆文（前排右一）深入煤矿调研安全生产工作

③2019年10月24日，朔州市政协副主席、山阴县委书记李旭清（左三），宣传部部长刘宇（左一），县委办公室主任郭东申（左二），岱岳镇党委书记魏玉彪（左三）到岱岳镇王家涧村调研

1

2

3

图片说明：

① 2019 年 7 月 16 日，山阴县委常委、政法委书记郭瑞（前排右三），副县长、公安局长杨德文（前排右二），山阴县人民法院院长王志远（二排右二）在山阴监所智慧法庭调研

② 2019 年县委宣传部创刊编印的书籍

③ 2019 年 5 月，在山阴县中医院会议室举行冯五金名医工作室启动仪式，县长苏坡（右三）、副县长何兴斌（右四）出席

1

2

3

图片说明：

① 2019 年 10 月，县长苏坡（左三）、副县长杨良贵（左二）到县城一水厂实地调研，解决居民缺水困扰

② 2019 年 4 月，山阴县人大常委会组织人大代表在右玉实地学习右玉精神

③ 2019 年 10 月，工信局组织单位干部职工在白坊村实地学习

1

2

图片说明：

① 2019 年 1 月 30 日，第十六届人民代表大会第四次会议在政府二楼报告厅闭幕

② 2019 年 6 月，人大代表在中煤华昱公司视察煤炭可持续发展，人大常委会主任相成（左二）出席

1

2

3

图片说明：

① 2019 年 6 月，人大代表延安培训学习留影

② 2019 年 9 月，山阴县人大常委会在大坪村扶贫，山阴县人大常委会主任相成（前排中）与包村干部一体看望贫困户

③ 2019 年 10 月，人大常委会主任相成（揭牌右），县委常委、宣传部部长刘宇（揭牌左），人大副主任杨晓明（右排中）、郭增友（左排左三）、刘世泉（左排左二）、毕财（右排右一），合盛堡乡党委书记王特祥（左排左一）为人大代表实践基地揭牌

图片说明：

① 2019年6月28日，县政协机关党支部在白坊教育基地，开展主题党日活动，政协主席段国强（前排右三）、副主席靖文勇（前排右二）、王登峰（前排左三）参加

② 2019年8月，沿黄九省区书画联谊会在山阴第四小学考察书法进课堂

③ 2019年10月，政协举行“不忘初心、牢记使命”专题讲座，政协主席段国强（前排左二）、副主席王登峰（前排左一）、吉谦（前排左三）出席

1

2

图片说明：

① 2019 年 10 月 22 日，政协在南口前村事迹展馆开展革命传统教育，政协主席段国强（前排一）参加

② 2019 年 2 月，国网职代会暨工作会在国家电网山阴分公司会议室举行，山阴分公司经理温日旭（主席台左三）主持会议

1

2

图片说明：

① 2019 年 12 月，政协视察福利院建设工程，政协主席段国强（前排左二）、副主席靖文勇（前排左三）、王登峰（前排左四）参加

② 2019 年 12 月，政协委员视察立交桥建设工程

图片说明：

① 2019 年，山阴一中纪念五四表彰活动

② 2019 年 6 月，团县委组织志愿服务高考，团县委书记曹宝文（右排第六）参加

1

2

图片说明：

① 2019 年 1 月，团县委在山阴一中组织“青春兴朔、学子归巢”在外优秀大学生家乡观摩活动，团委书记王继红（前排左八）出席

② 2019 年 5 月，气象局在文化广场纪念“5 · 12”宣传活动

1

2

3

图片说明：

① 2019年7月25日，岱岳镇推进乡村振兴暨平安创建宣传周启动仪式

② 2019年7月6日，第二届全国青年运动会实体火炬传递山阴站起跑仪式在山阴县桑干河湿地公园河阳广场举行

③ 2019年8月，山阴县总工会为商品街跨线立交桥工地职工“送清凉”，山阴县总工会常务副主席王建勇（右一）参加

图片说明：

① 2019 年 11 月，科普进社区活动现场

1

2

图片说明：

① 2019 年 10 月，团县委在山阴创客小镇举办伙伴讲堂，团县委书记曹宝文（前排左五）出席

② 山阴县关工委在山阴县第四小学举行“中华魂”演讲比赛，关工委主任贾忠权（后排左六）出席颁奖活动

1

2

图片说明：

① 2019 年，志愿者在汉墓广场清洁，爱护文物古迹，共建美好家园

② 2019 年，“智能化服务”在中国农业银行股份有限公司山阴县支行服务大厅上岗

图片说明：

① 2019 年 2 月，共筑中国梦，文化进万家（元宵节文艺汇演）

② 2019 年 4 月，大讨论专题晚会在政府二楼报告厅上演

1

2

3

图片说明：

① 2019年7月，山阴县“6·24”传统庙会现场

② 2019年7月，送戏下乡山阴县“6·24”传统庙会专场活动在文化广场举行

③ 2019年8月，山阴县庆祝建国70周年群众文化活动

目　录

中国共产党山阴县委员会

山阴县人民代表大会

山阴县人民政府

中国人民政治协商会议山阴县委员会

中国共产党山阴县纪律检查委员会 山阴县监察委员会

乡　镇

人民团体

军　事

法　治

经济管理与监督

农林水牧

工　业

住房和城乡建设　环境保护

交通运输　邮政通信

财税　金融

商务　商贸

文化　旅游　广电

教育科技

卫生　医疗

社会生活

2019 年受奖情况

特　载

牢记领袖嘱托　强化使命担当
为在高质量转型发展中蹚出新路而努力奋斗（节选）

——在县委十四届十二次全会上的讲话

中共山阴县委书记　王世杰

（2020 年 8 月 18 日）

一、坚持历史、辩证、发展的观点，全视角分析研判当前形势

《孙子谋攻篇》里有一句话，叫做“知己知彼，百战不殆”。意思是如果能对我方和敌人的现实情况了解全面，打多少次仗都不会输。这句话的初衷和原意是用于军事理论的，但对经济建设同样有很强的针对性和指导意义。打仗时抢关夺隘、战胜敌人，需要知己知彼；搞经济建设抢占先机、攻坚克难，也需要知己知彼。知己知彼，首先是知己，怎样知己，关键要把握好三个维度。

（一）回眸过往，山阴曾有着辉煌的历史

《山阴县志》记载，山阴人民早在清末民初就形成“经略四方、兴办实业”的优良传统，是晋商的重要组成部分。伴随着新中国 70 多年的奋斗历程，全县经济总量、综合实力、群众生活水平等方方面面、行行业业都取得了巨大进步。

回顾 70 多年的经济社会发展特别是工业发展的演进过程，山阴既有高歌猛进的喜悦，也有爬坡过坎的曲折，既有勇立潮头的荣光，也有断崖低谷的尴尬。建国以来，山阴大体经历了六个发展演进阶段：

第一阶段为恢复起步阶段（1949 至 1977 年）。中华人民共和国成立初期，山阴的工业基础十分薄弱，且生产技术落后，基本停留在手工作坊水平。此后，在国民经济恢复及“一五”时期，山阴通过大力发展国有工业，对私营工业进行社会主义改造，工业生产得到一定程度的恢复和发展。1953 年，第一个五年计划开始执行，山阴工业开始进入有计划的发展轨道，先后成立了百货、煤建等公司，全县 GDP 从 1952 年的 591 万元增长到 1957 年的 972 万元，工业总产值从 38 万元增长到 103 万元，增长了 171%，占 GDP 的 10.6%。从 1956 年开始，先后新建了五金厂、造纸厂、缝纫厂、水泥厂、电石厂、化肥厂、化工机械厂等企业，为后续工业发展奠定了坚实的基础。1977 年，全县 GDP 达到 3291 万元，三次产业结构分别为 38.92：30.48：30.6，工业总产值为 1936 万元，比 1957 年增加 50 倍以上。

第二阶段为改革发展阶段（1978 至 1992 年）。沐浴着改革开放的春风，1979 年，我县全面推行国营工业企业厂长负责制以及各种形式的经营承包制改革，工业生产空前活跃。1987 年，王国义同志以 1 万元作抵押承包县水泥厂，开创了全省首家风险抵押承包的先河。到“七五”期末，全县 GDP 达到 1.92 亿元，三次产业结构调整为 34.6：37.4：28，工业所占比重首次超过农业，成为全县经济发展的支柱产业。此后两年，改革创新成为了山阴最鲜明的时代旋律，先后被省委、省政府确定为全省县级综合改革试点县和机构改革试点县，特别是在 1992 年，全县 GDP 达到近 3 亿元，煤炭产量由 1978 年的 38 万吨增长到近 400 万吨，山阴以煤炭为主的工业体系初具雏形。

第三阶段为体制转轨阶段（1993至2002年）。小平同志南巡讲话后，山阴县改革开放和经济建设的步伐明显加快，工业生产保持快速增长的势头。1994年，山阴被国家体改委确定为全国15个综合改革试点县之一，当年，全县改制企业达75家。1996年，提出“壮大支柱产业、培育龙头企业、创建名牌产品、发展县域经济”发展战略，确立了以种植、养殖、食品加工、煤炭、化工、建筑建材为主的六大支柱产业，产业结构开始由单一向多元化转变。1997年，全县GDP达到9.1亿元，三次产业结构为29：40.8：30.2，第三产业所占比重首次超过农业，且煤炭产值占工业总产值比重达32.49%，畜牧业产值占农业总产值达49%，初步形成多元化的产业格局。2002年，全县GDP达到13.33亿元，占全市的13.28%，较1992年下降1.84个百分点；三次产业结构调整为30.26：38.09：31.65，二产比重较1992年提高7.24个百分点，三产比重提高2.68个百分点，我县在进一步确立市场经济主体地位的基础上，工业产业成为我县主导产业，在全市全省占据重要地位。

第四阶段为全面振兴阶段（2003至2012年）。进入新世纪，县委、县政府逐渐把调整经济结构、转变发展方式、实现转型发展作为推动县域经济增长的动力和引擎，陆续引进和上马了一大批重点项目，同时一批传统工业企业通过资源整合、改革重组、技术革新，实现了传统产业新型化、新兴产业规模化，逐步形成结构相对完整、布局相对合理，富有山阴特色的6大类工业体系。在煤炭“黄金十年”期，全县累计生产原煤1亿多吨。在煤炭利好的带动下，全县经济保持了良好发展势头，地区生产总值、财政收入、城乡居民收入实现大幅度增长。2010年获得“全省增加农民收入先进县”称号。到2012年，全县GDP达到169亿元，占全市16.78%，较2002年上升3.5个百分点；三次产业结构调整为7.15：51.53：41.32，二产比重较2002年提高13.44个百分点，三产比重提高9.67个百分点，其中工业总产值占GDP比重为48.3%，煤炭产值占工业总产值78%，工业结构“一煤独大”的格局就此形成。

第五阶段为战略调整阶段（2013至2015年）。这一阶段，受煤炭价格剧烈波动影响，给全县经济带来了前所未有的压力。在此期间，我县大力实施创新驱动发展战略，积极调整产业结构、化解过剩产能，一定程度上缓解了经济下行压力，但“一煤独大”的结构性矛盾依然较为突出。2015年，我县继续蝉联“全省增加农民收入先进县”，全县GDP达到139.4亿元，同比增长7.8%，增速全市第一；三次产业结构调整为8.8：36.7：54.5，二产比重较2012年降低14.8个百分点；工业总产值占GDP比重为45.85%，煤炭产值占到工业总产值的76.2%。

第六阶段是负重转型阶段（2016至2019年）。这四年间，国际形势发生了深刻变化，中央在供需两端持续发力，部署推进供给侧结构性改革，进一步优化要素配置、化解过剩产能，也标志着我国经济进入新常态。这一阶段，虽然县委、县政府不断加快培育新兴产业、推动传统产业改造升级，但主动转型的动力明显不足，上马的一些转型转产项目建设周期较长、短期难以发挥作用，“一煤独大”的结构性矛盾积重难返。2016年以来，全县煤炭产量一直保持在1500万吨以上，但是煤炭工业仍处在初级阶段、产值始终在低位徘徊，并在去年出现了下降趋势、且持续到现在。

从以上六个阶段来看，70多年来，山阴经济实现了从无到有、从有到强，也带动社会事业取得了令人瞩目的成就。截至1997年，全县共有15项科研项目获得省、市级科技进步奖和国家“八五”星火计划等奖项。1998年，县医院承担的省级科研攻关项目“益脾煎口服液治疗脾气虚的临床研究”达到国内先进水平。尤其令山阴人引以为傲的是，在教育行业打造了“雁北第一县”的品牌！在1982—1984年，山阴连续三次夺得雁北地区高考升学总人数第一名；山阴一中在雁北地区获得高考“五连冠”。教育、科技、医疗齐头并进，文艺方面也形成了百花齐放的生动局面。1974年山阴被省艺术馆评为“南有新绛、北有山阴”群众美术工作先进县，1978年县晋剧团剧本《迎参观》获得山西省新创作剧目一等奖，1979年剧本《挑女婿》被收录进国庆30周年小戏专辑，1986年电视剧《牵牛花》在中央电视台第二套节目播出，1986年沙彦珣墓、北齐长城和明内长城被列入省级文物保护单位，1988年广武汉墓群被列入全国重点文物保护单位，1991年农民演唱会曲目《煽旺火》获得全省第二届农民演唱会一等奖；1995年剪纸艺术家张秀英在世界妇女大会期间被全国妇联授予“中华巧女”称号，1997年广播剧本《好站长魏文亮》获省“五个一工程”奖，2006广武旧城被列入全国重点文物保护单位，2010年电视剧《大西口》主题曲获山西“五个一工程”奖，2019年明内长城被列入全国重点文物保护单位。

这些都是山阴的财富、荣光和骄傲，凝聚了山阴人的智慧、心血和汗水。70多年来，山阴的发展成就可圈可点，可喜可贺，山阴人的创业故事可亲可敬、可歌可泣。

过去人们经常说的一句话叫“成绩不说跑不了，问题不说不得了”。这虽然是一句老话，但决不过时，特别是对山阴目前面临的、以及需要警醒的，完全可以说正当其时。

（二）正视当下，山阴面临着尴尬的现实

在肯定成绩的同时，必须清醒看到，我们的经济社会发展存在着许多不容忽视的短板和问题，前进道路上面临着许多难以预见的困难和挑战。“知己”不但要知成绩，更要知问题，不但要有强烈的优越感和荣誉感，更要有高度的危机感和责任感。

无情的数字和严峻的现实表明，40多年来，山阴在全市乃至全省改革开放大潮中落后了。

——经济总量位次后移。山阴是晋北地区的资源大县、农牧大县，综合经济实力本应该在全市排名数一数二，然而近几年却被其他兄弟县区接连反超。从总量看，去年，全县GDP完成了136.8亿元，绝对值在全市排名第四，仅超过了应县、右玉，特别是较2016年下降了6.2亿元，绝对值不增反降。从增速看，我们是-1.3%，排名全市倒数第一，虽然有方方面面的不利因素，但全市仅有山阴是负增长。我们不仅不能与南方、沿海等发达地区同日而语，就与相邻的怀仁市比较也只能甘拜下风。举个例子，山阴各类资源远超怀仁，仅煤炭一项，储量就超怀仁100多亿吨。但近年来工业经济以及相关产业发展却在逐步拉开差距。同样是洗煤，怀仁早在2009年就建立了洗煤工业园区，煤炭洗选行业形成了规模化、集团化、产业化，成为县域经济的主导产业，率先完成了由挖煤卖煤到做深做精煤炭的文章。山阴至今仍然是零打碎敲、小打小闹，效益低下，污染严重，付出了巨大的资源环境成本，对财政贡献以及对经济社会发展的影响带动却始终徘徊不前。多年来，怀仁地区生产总值一直保持在全省前列，而我们一直处于“吃饭财政”的窘境。

——产业结构持续畸形。山阴长期以来形成了“一煤独大”“一企独大”的产业结构，尽管近年来煤炭产业产值占工业总产值的比重偶有下降，但仍然是全市煤炭工业占比较大的县；规上非煤产业仅占规上工业总产值的17.7%，远低于全市、全省平均水平。

——转型升级举步维艰。进入新世纪以来，我们喊得最多的是调整结构、转型升级，20年过去了，我们仍处于挖煤、卖煤的粗放阶段，既没有形成高端的现代煤化工体系，也没有构建起与煤炭产业并驾齐驱的新兴产业。省委十一届十次全会确定的14个战略性新兴产业，我县仅有2项、而且还处于起步阶段，再加上煤炭产业体量较大，我们的转型发展困难重重、压力空前。

——创新动力明显不足。全社会整体创新发展的氛围不浓，有组织的创新攻坚力度不够，科技创新落后，产业科技含量较低。市考县创新驱动的三项指标，山阴全部为倒数；企业科技研发费用投入严重不足，研发投入占比远低于全市、全省平均水平；特别是山阴长期以来形成的“散乱小、黑大粗”生产方式和谈起资源只有煤炭的思维定式几无改变，很少在发挥个人主观能动性上做文章、在培育壮大新兴产业上动脑筋；对外开放不足，虽然曾经是对外开放、中外合资的“试验田”，但现在也仅存在于记忆中、成为了过去式，干部改革创新、对外开放的意识较差，很难适应新时代新要求。

——基础设施陈旧老化。山阴至今没有编制完整的、具有法律效力的城市总体规划和控制性详细规划。县城基础设施建设历史欠账太多，城市功能不全，急需“还账”、“补课”的地方很多。

——专业人才严重匮乏。山阴人力资源不足，专业人才资源匮乏，高端人才严重短缺。全县企业研发中心技术人员中，拥有硕士以上学位的不足2%，且全部为外聘，产业型、实用型人才明显不足，在全县规模以上工业企业中，平均每家的实用型技术人员仅占职工总数的15%左右，远不能满足企业技术需求。高素质的企业家队伍还没有形成，企业管理水平普遍较低，信息化、智能化等先进技术、理念还没有在一定范围内应用，企业治理结构还不完善，企业代际承接过程中还有很多问题需要解决。企业管理队伍年龄老化、学历偏低，专业素养和专业能力亟待提升。

——社会事业不进反退。

一是基础教育严重滑坡。突出表现在教师队伍不优，师生比例失调，学生特别是尖子生流失严重。据统计，2015年中考前100名学生留在一中就读的有85名，2019年仅有8名。二是生态环保压力巨大。近年来，我们先后实施了通道绿化、乡村绿化等集中造林工程，累计植树9万亩；投入近10亿元，实施了62项河道及周边综合治理工程；坚持“铁腕治污”，关停“散乱污”企业75家。但仍要看到，全县森林覆盖率仅为19%，上半年二级以上天数129天，桑干河断面水质一直徘徊在四类与劣五类之间。三是民生保障弱化。比如卫生专业技术人才断档，医保基金收支矛盾突出，还有以朱强为首的黑恶势力虽然已被扫除，但其恶劣的影响依然让山阴的百姓谈之色变、心有余悸。

——营商环境饱受诟病。与先进发达地区相比，尽管我们存在着诸多差距不足，但营商环境不优的问题尤为突出，近几年我们出台了一系列优化营商环境的举措，总体情况得到明显好转，特别是去年被中国社会科学院评为“全国投资潜力百强县”。但我们必须深刻认识到，冰冻三尺非一日之寒，在营商环境上，我们必须持续用力，做到最优最好。

以上列举的八个方面的主要问题，既有长期积淀的“陈疾”，也有不断滋生的“新病”。新旧问题叠加发酵，使山阴位次后移，发展受阻，颜面尽失，形象受损。

这些问题的发生、累积和长期得不到解决，既有历史原因，也有现实原因；既有客观条件局限制约，也有体制不顺、机制不活、风气不正、环境不优的羁绊束缚，根本原因是一些党员干部特别是领导干部不担当、不作为甚至乱作为，一些公职人员特别是重要部门、重要岗位公职人员不敬业、不履职甚至失职渎职。面对新时代新任务新要求，如果这些问题不能有效解决，我们将难以跟上时代步伐，甚至会成为山阴的历史罪人。对此，每一个单位、每一名干部都要想一想，山阴需要我做什么？我能为山阴做什么？我为山阴群众做了什么？时刻警醒自己、唤醒自己、激励自己，不断增强主动作为、奋勇争先的思想自觉和行动自觉，坚决跑好历史和时代交给我们的接力棒。

（三）展望未来，山阴蕴涵着美好的前景

首先，我们有思想理论指导和金光大道引领。2009年以来，习近平总书记多次对山西工作作出重要指示批示，特别是“三篇光辉文献”、两次亲临视察、一次亲自推动，对山西推进资源型经济转型发展这一时代课题、“真正走出一条产业优、质量高、效益好、可持续的发展新路”“在高质量转型发展中蹚出一条新路来”等一系列事关山西前途命运的重大事项，亲切关怀，亲手擘画，亲自督导。这是我们的行动指南和致胜法宝，只要沿着习总书记指引的金光大道坚定不移走下去，我们一定能实现凤凰涅槃、浴火重生。

其次，我们有周边战略机遇和赶超动力。中央对国内外形势分析研判认为，当前和今后一个时期，我国经济稳中向好、长期向好的基本趋势没有变，宏观经济和县域发展的预期态势持续向好。中央继续实施更加积极的财政政策和灵活的货币政策，加快形成以国内大循环为主体、国内国际双循环相互促进的新发展格局，在扩大内需、“两新一重”等方面，释放了一系列利好政策。

在我们周边，京津冀协同发展、雄安新区建设、黄河流域生态保护、能源革命综合改革，黄河、长城、太行三大旅游板块建设，5G商用等等，如火如荼，势头正盛。这是我们千载难逢的战略机遇。

在我们身边，山西全省域的转型综改试验区建设得到了国家的大力支持，省委十一届十次全会提出，山西要“以变革性、牵引性、标志性举措确保转型出雏形”；要实施大县城战略，推动县城扩容提质；实施乡村振兴战略，形成既城乡统筹、又功能互补的良性互动格局。市委六届十一次全体会议提出，朔州要倾力打造“能源绿都”、内陆地区对外开放新高地、践行“两山”理论示范区、雁门关农牧交错带核心区、现代化市域中心城市。围绕落实省市部署要求，各市县“千帆竞发，百舸争流”。这是我们必须正视的现实压力，也是倒逼我们负重前进的赶超动力。

第三，我们有基础资源优势和人才智力支持。山阴钟灵毓秀，物华天宝，人杰地灵，至少有六个方面的明显优势。

——我们有丰富的矿产资源。全县煤炭储量占到全市的四分之一，采掘、发运能力均达到3000万吨以上，洗选能力达到9000万吨，每年上缴利税占到税收总收入80%左右，是实打实的支柱产业。特别是随着开发利用技术的进一步深化，煤炭正在从燃料逐步变成原料、材料，必须重新认识煤、科学定位煤、深度利用煤，持续扩大煤的转化优势、延伸优势、生成优势，让煤炭成为转型发展、高质量发展的强大动力。钙石储量500亿吨，在长江以北储量最多、品质最高，已建成相关企业10家，产能近300万吨。特别是山西玉竹生产的硅酸钙保温板，为钙化工产业开辟了一条新的路径，也成为了我县新技术、新材料的领军企业。

——我们有优良的农牧基础。全县近118万亩耕地分布在山、坡、川区，其中水浇地面积占到了45%以上，农机综合动力近30万千瓦，粮食产量稳定在6亿斤左右，推广种植渗水地膜旱地谷子8万亩，被评为“中国富硒小米之乡”。奶牛存栏近8万头，占全省存栏的四分之一，在华北县级农区处于领先位置，乳业产值超34亿元，是增加农民收入的支柱产业。

——我们有便利的交通条件。我县地处全市中心，4条铁路、2条高速公路和5条国省干道贯通全境，特别是动车线、高铁线相继开通，进一步放大了我们“走出去”的半径，也延伸了“引进来”的触角。

——我们有充足的电力能源。全县电力总

装机容量近230万千瓦，在建和计划建设的装机总量15万千瓦，预计“十四五”末，全县电力装机容量可达到1230万千瓦，其中清洁能源占比可达57.3%，届时我县将成为晋北地区规模最大的清洁能源基地。

——我们有独特的文旅元素。全县既有明长城、汉墓群、广武城等三大国宝级文物，也有较为完整的边塞文化资源，更有驰名于国内“背包客”的蝴蝶谷、烟霞洞等山水景点，南与雁门关接壤、东与应县木塔毗邻、北与悬空寺遥相呼应。基本具备了点、线、面融合贯通，景、境、人交相辉映的文化旅游格局。可以说，前景广阔、大有可为。

——我们有珍贵的人文优势。山阴是农耕文化和游牧文化的融合之地，近两千年的相互交融造就了独具特色的边塞文化，也曾是历史上重要的出入关驿站，民风淳厚，热情好客，从不排外。厚重的历史文化积淀，滋养了一代又一代山阴人，也把山阴缔造成为了名副其实的“文人之乡”“名人故里”。古代有沙彦珣、米信、王家屏、崔增瑞等历史文化名人，近代有丰玉玺、张懋卿等著名将领。同时，我们山阴向外输送了一大批优秀的干部和人才，在全国各地和各行各业都作出了巨大贡献，有获得国家科技进步奖的倪晋仁、刘宽胜、黄煜，有山阴境内最大的央企——华昱集团董事长高靖海，有曾在山阴插队的知青刘源、刘新成等等。这是山阴的名人，更是山阴的名片，是弥足珍贵的人文资源、人脉资源，更是创造山阴美好未来不可或缺的人力资源。

二、胸怀国际国内“两个大局”，全领域谋划高质量转型发展宏伟蓝图

“不谋全局者，不足以谋一域，不谋万世者，不足以谋一时”。今年是全面建成小康社会和“十三五”规划收官之年，也是脱贫攻坚决战决胜之年，中华民族已经站在“两个一百年”的历史交汇点上。

习近平总书记指出，“领导干部要胸怀两个大局，一个是中华民族伟大复兴的战略全局，一个是世界百年未有之大变局，这是我们谋划工作的基本出发点”。决战决胜“十三五”，谋篇布局“十四五”，特别是制定高质量转型发展宏伟蓝图，必须有大格局，宽视野，长焦距，跳出山阴看山阴，睁开眼睛看世界。按照省委“四为四高两同步”、市委“塞上绿洲、美丽朔州”部署要求，围绕落实“六稳”“六保”“六新”，基于历史文化传承应有之意和高质量转型发展现实需要，山阴奋进“十四五”、转型蹚新路的目标定位是：打造“灵秀古城”，建设“新韵山阴”。

围绕这一目标定位，全县上下要立鸿鹄之志，树必胜之念，以不达目标不罢休，不破楼兰终不还的雄心壮志，聚焦“三大变革”，实施“三大战略”，打好“三大战役”，以先行先试、敢为人先的忠诚与担当，在转型发展上率先蹚出一条新路子。

（一）聚焦“三大变革”

习总书记深刻指出，“实现高质量发展，必须以改革开放破解发展难题”。40多年来，山阴的改革开放已走过千山万水，但仍需跋山涉水。我们要更加坚定改革开放的信心和决心，真正依靠改革应对变局、开拓新局，更好地服务经济社会发展大局。

一是聚焦质量变革，深度激活转型发展新动能。创新是县域经济的生命力，今天的创新就是明天生存的基础。基于对“两个大局”的科学研判，中央及时作出新基建、新技术、新材料、新装备、新产品、新业态重大部署。“六新”代表先进生产力变革趋势，代表新兴产业，未来产业发展方向，是综合实力和战略竞争力的重要标志，是高质量转型发展的方向目标、路径要求和战略举措，更是山阴脱胎换骨、绝境求生的“灵丹妙药”。我们一定要从思想深处

牢固树立符合现代市场经济和转型发展要求的创新思维，并将其贯穿到转型发展的全过程、全领域、全环节，为高质量转型发展提供不竭动力。

——要推进科技创新。全县上下要牢固树立科学技术是第一生产力，企业是科技创新主体观念，着力构建以企业为主体、市场为导向、产学研深度融合的技术创新体系。要在巩固提升利用好现有人才、技术、研发中心、技术工作站等优势和平台的同时，扩大加深与国内、省内知名高校和科研院所的交流合作。积极引入专业研发机构在我县建立技术研发中心，重点支持规上企业建立研发中心、实验室，推动更多颠覆性、关键性、原创性技术成果在我县诞生。同时，今年省市技改引导资金已经累计增加到了20亿元，工信部门要引导和帮助企业全力争取，带动提升社会和企业技改资金的投入力度，真正把各类资金用活用好用足。

——要强化人才支撑。人才是最宝贵的战略资源，是实现高质量发展的最关键要素，谁引进人才多，谁就能占领未来发展的制高点。要按照“三个一批”的思路方法，深度挖掘各方人才，大力引进域外人才，充分储备未来人才。结合紧缺高层次人才招引计划，坚持“柔性引才”与“刚性引进”相结合，紧扣产业集群和企业需要，有效激发本地人才活力，全力支持山阴学子、战友和企业家回乡创业，千方百计招引一批领军人物、专业团队和优秀技工，推动人才工作由服务发展型向引领发展型升级，并给予其山阴县“荣誉市民”待遇，增强人才的归属感、荣誉感。要通过“攻垒掠地”式的内控外引，建设多支引领山阴高质量转型发展的科研团队，使人才在“蹚新路”的具体实践中发挥智囊团、开拓者、领头雁作用。

——要理顺体制机制。坚持优化协同高效，按照科学合理、权责一致的目标优化机构职能，按照有统有分、有主有次的目标理顺职责关系，按照履职到位、流程通畅的目标提高服务效率，实现事业单位改革既有“物理变化”又有“化学反应”。同时，要提前谋划好明年的换届工作，统筹推进撤村并乡、管委会管理体制调整等工作。

二是聚焦效率变革，提升县域治理体系和治理能力现代化。要坚持目标引领和问题导向相结合，“补考”与“赶考”一体推进，跑出“山阴速度”，推动全县重点改革事项进入全省第一方阵。

——要突出重点、树立标杆。统筹抓好事业单位、农村集体产权、放管服效、开发区、金融、人才、教育、医疗等引领性、基础性、关键性改革，特别是要继续深化“一枚印章管审批”这项具有牵引性的改革，开展从理念、制度到作风的全方位深层次变革。今年，我们已经划转了行政审批及关联事项255项，打破了各独立系统之间的壁垒，项目审批时限平均缩短了60%。下一步，这项改革要继续深入推进，坚决打破部门主义和各自为政的格局。要以打造“整体政府”为目标，以“一个机构管审批、一枚印章发证照、一个大厅办成事”为方向，尽快完成相对集中行政许可权改革，全面对接兼容省市“互联网+政务服务”一体化平台，统筹抓好经济技术开发区审批事项的互相衔接，全面实现“一枚印章”审批、“一个窗口”受理、“一套清单”管理、“一支队伍”踏勘、“一套制度”保障的“五个一”目标，确保“网上办”事项不低于90%。要严格落实企业投资项目承诺制，努力把山阴打造成为全省县级“放管服效”改革的示范窗口。

——要凝聚合力、狠抓集成。当前，改革已经进入了“深水区”，单兵突进不行，齐头并进也不行；畸轻畸重不行，同步推进也不行。我们必须要树立系统、整体和协同思维，突出政策集成、任务集成、力量集成，积极引进、吸收、消化全国各地改革创新成果，实行清单式管理、责任化落实，真正打破隐性壁垒，确保既有点上的亮点和特色，也有面上的集成和精品，形成新的竞争力。特别是我们要加快国有企业改革，组建城发集团、文旅集团，通过开展投资融资、产业培育、资本整合等，用活现有政策，撬动资本市场，推动产业聚集和转型升级。

——要全力以赴、抢抓试点。试点就是改革的“试验田”，我们需要的是在政策上求得突破，全县各单位都要找准空白点和结合点，主动与上级部门对接，积极争取中央、省、市在试点布局、政策、资金和项目上的支持，努力形成改革试点的叠加效应。

三是聚焦动力变革，建立稳定长效的区域合作机制。开放的广度和深度决定着高质量发展的速度和维度。我们要把对外开放作为首位目标，在一体化、协同化、国际化上迈出更大的步伐，让对外开放成为我们最大的特色和优势。

——要加快交通一体化发展。要进一步提升我县的交通区位优势，重点协助推进好集大原高铁等重点项目建设，全力做好各项前期准备工作，力争山阴段年底前开工。在“十四五”期间，形成高铁、动车、普客三条外送大通道，打造全省重要的铁路枢纽。同时，全力推进朔山联络线、朔州机场连接线、荣乌高速北出口连接线、新建古城高速口连接线、加快推进广武长城到蝴蝶谷旅游路建设，进一步巩固和提升山阴在全市交通布局中的位置，实现与市区同城化。

——要加快区域协同化发展。我们要找准山阴在周边6个县（市）、全省11市117个县（市）的坐标定位，大力发展枢纽经济、总部经济、飞地经济。深度参与雁门关农牧交错带区域分工协作，发挥我县农牧比较优势，以农牧为纽带，加强与区域内的4个市36个县的对接，实现信息、资金、人才等要素的“乘法效应”。要打造山西、朔州对外开放的“桥头堡”，向北加强与京津冀、内蒙、雄安新区的对接，向南加强与黄河金三角、长三角的对接，积极承接优势产业转移，加强全领域的学习交流合作，在更大范围内实现政策沟通、贸易畅通、信息共通、资金融通。

——要加快产业国际化发展。我们要立足“两个市场” “两种资源”，找准我县产业与“一带一路”国家的契合点，大力支持企业开展进出口贸易，探索建立外贸销售平台，加大活性炭、乳品、硅酸钙、杂粮等优势产品外销力度。大力引导本土企业走出国门，参与国际分工，在全球范围内配置资源、集聚要素、释放产能。

（二）实施“三大战略”

一是大力实施“生态立县”战略，着力在绿色发展上厚植新优势。“生态立县”是高质量转型发展的首位战略。我们要深入贯彻习近平生态文明思想，认真践行省委“三个不要三个要”的新发展理念，统筹推进“四治”与“六大工程”，努力打造具有塞北文化特色、自然生态精致的生态环境。

——要牢固树立绿色发展理念。习近平总书记强调，“只有恢复绿水青山，才能使绿水青山变成金山银山”。我们要清醒地认识到，离开发展谈环保，是缘木求鱼；离开环保谈发展，是竭泽而渔。我们必须以发展的视角、战略的眼光算大账、算长远账，弄清楚“短期”与“长远”的利害关系。县委之所以把“生态立县”作为首位战略，一方面，是贯彻落实市委“生态立市”战略的具体行动。另一方面，是释放强烈的信号，我们绝不能以牺牲生态环境为代价去换一时的经济增长。全县上下要积极响应县委号召，不分南北、不分干群、不分政企，都要把“生态立县”的理念树立起来、落实下去，切实以全领域的生态文明建设成效牵引全县高质量转型发展。大家的思想、理念和行动必须紧紧跟上。

——要积极构建绿色产业体系。“善救弊者，必塞其源”。山阴的环保问题，归根到底是产业上的问题。一方面，我们要严守资源消耗上限、环境质量底线、生态保护红线，持续加大煤炭、化工、建材、冶金、电力等行业提标改造，腾退低效益、高耗能项目，从根子上把污染物排放大幅降下来。当前环保政策越来越严，如果环保不达标，那么企业就时刻面临着被淘汰关停的风险。对此，所有企业要积极投入财力人力，狠抓环保提标改造；政府也要积极帮助企业制定方案，避免简单粗暴、搞“一刀切”。另一方面，要超前谋划布局，在新材料、装备制造、文化旅游等绿色产业发展上下更大功夫，引导上下游产业联动耦合、深度融合，真正把产业建立在资源可持续、环境可承载的基础之上，为我县高质量转型发展提供强有力的支撑。

——要全力打造绿色生态山阴。要坚持“防、控、治”三位一体，扎实推进水土保持、生态修复、环境整治，全力打好蓝天、碧水、净土“三大保卫战”。要扎实开展治污、减煤、管车、抑尘、禁燃等专项整治，稳步提升城乡清洁取暖率，坚决杜绝农村秸秆焚烧。继续巩固和提升“散乱污”企业整治成果，集中整治石料厂、矸石处理厂、露头煤，继续开展好西山矿山生态修复、采煤沉陷区治理、工矿废弃地及公路、铁路沿线可视山体裸露区治理。要进一步建立完善土壤环境监测体系，全面落实农药经营许可和肥料备案管理制度，严禁使用高毒高残留农药，限制使用化学除草剂；积极推广测土配方施肥和农作物绿色防控技术，不断改善农田土壤环境质量；加大地膜白色污染治理力度，减少不可降解材料对土壤的污染。要紧盯清河行动“三年创优”目标，重点实施“一河、一带、百村”三大工程，全面巩固提升两年治理成效，努力打造“河畅、水清、岸绿、景美”的生态环境。要紧盯全域绿化目标，及早谋划秋季植树造林，重点推进通道绿化、村庄绿化和大规模国土绿化行动，如期实现全域绿化目标，彻底扭转山阴“黑、灰、黄”的色调，为山阴人民打造一片蓝天、一方清水和一脉青山。

二是大力实施“工业强县”战略，着力在产业转型上蹚出新路子。一个地方的工业发展水平，直接决定着当地的经济发展水平和质量。山阴是半农半工县，我们的工业产业经过多年发展，门类齐全、产业多样，并初步形成了能源、化工、建材、冶金等较为完备的工业体系。但是，我们必须深刻认识到，产业转型已经是山阴当前最为迫切、急需解决的头等大事。以去年为例，我县三次产业比重为 7.2∶38.2∶54.6，与 2018 年相比，一产增加 1.4 个百分点，二产增加 2.5 个百分点，三产下降 3.9 个百分点。并且在二产中，全县原煤产量近 3000 万吨，同比上升近 30%，但规模以上工业增加值同比却下降了 4.7%。通过以上数据可以看出，受国际国内能源结构调整影响，化石能源消费比重下降已成定局，过度依赖资源、过度倚重资源价格的粗放式发展已经难以为继、不可持续。对此，我们一定要抢抓能源革命综合改革试点机遇，聚焦总书记提出的“六新”思路、要求和路径，主动转型、全面转型、深度转型、创新转型，不断在转型发展中抢占先机、赢得主动，争当高质量转型发展排头兵。

——要增强开发区承载力。开发区是县域经济主引擎、转型发展的主战场。要按照“一区两园”的空间格局，做好土地利用规划，保证“标准地”供应；年内要加快推进 8 个基础设施项目，尽快完善“九通一平”、标准化厂房等基础，让入驻企业舒心、安心、放心。要在健全“三制”的基础上，复制太原等我省转型综改示范区典型经验，借鉴深圳等一流自贸区、开发区的好做法，尽快组建专业化、市场化、国际化的管理团队。要以新材料产业为牵引，鼓励碳基、钙基企业入园入区，全面提升产业集聚度、关联度，重点推进总投资159亿元松蓝化工丙烯酸项目，年内同步推进12个产业转型项目。在“十四五”期间，开发区落地项目每年要保持在两位数以上，力争“十四五”末开发区规上工业企业达到25家，其中新材料企业达到14家，产值达到10亿元，打造全省新材料产业核心区；全力推进预计总投资450亿元的晋北千万千瓦级清洁能源外送基地项目，紧盯华能4×100万千瓦核心项目和3个重大龙头项目群，抓紧做好对接、办理前期手续，打造全省清洁能源外送基地。要全力做好人才引进工作，依托碳基实验室、高温固体物料热解与输送工艺实验室，大力引进碳基领域高端技术人才；鼓励开发区企业建立技术研发中心，推动建设碳基、钙基新材料等创新生态子系统，“十四五”末，开发区高新技术企业总数达到6家。

——要增强项目投资带动力。山阴与发达地区的差距，表面上是经济指标的落后，实质上是在大企业和好项目上拉开了差距。对此，我们必须要牢固树立“项目为王”的理念，聚焦转型、立足创新，狠抓项目的策划、包装、储备、招引、建设等工作，找准项目建设发力点，千军万马跑项目、千辛万苦攻项目、千方百计上项目，扩大有效投资，优化供给结构。要确立“一切围绕项目转”的鲜明态度，年内重点抓好总投资142.89亿元的82个项目，倒排工期、强力推动，力争年底固定资产投资达到40亿元。要积极谋划“十四五”期间的项目建设，在抓好磁悬浮列车试验基等重大战略性项目的基础上，力争每年转型项目和新兴产业投资占比达到60%以上，每年“小升规”企业要达到7家，在“十四五”末，全县规上工业企业要达到90家以上，非煤产业产值占比达到60%以上。要创新“法无禁止即可为”的方式方法，在不折不扣落实好“87条”惠企政策的基础上，探索制定政商交往“正面清单”和“负面清单”，继续落实好县处级领导“双包”责任制，不断降低税费和制度性交易成本，全力当好“金牌店小二”和“五星服务员”。同时，要大力发展现代金融产业，吸引优质金融资源落地山阴；要设立产业发展引导基金，完善政策性融资担保体系，在政策允许范围内，要积极探索利用财政资金和行政事业单位对公存款，有效引导和撬动银行信贷资金投放；要加大政银企对接力度，探索建立常态化的对接平台、机制，有效解决金融企业放贷难、中小企业贷款难的问题；要引导企业通过上市融资、发行债券、股份合作等方式，有效破解融资难、融资贵等问题，助力企业跨越市场“冰山”、融资“高山”、转型“火山”，真心实意地帮助企业做大做强。要推动县内企业上市，帮助企业整合优势资产、融合优势企业，“十四五”末，力争全县上市企业取得突破性进展。要营造“全民招商”氛围，一方面，四大班子领导要以身作则、带头外出招商；另一方面，要制定招商引资奖励政策，以落地项目投资额度，按比例给予奖励。同时，要本着“差什么引什么、缺什么补什么”的原则，按照“系统、定向、精准”的要求，完善招商引资图谱，实行以企招商、精准招商、委托招商，全力招引一批具有支撑引领力、上下游辐射力、能够“建链、补链、强链”的大企业、好项目。

——要增强产业综合竞争力。切实做好传统产业提升改造和新兴产业培育壮大“两篇大文章”。一方面，要推动传统产业“有中出新”，深入推进工业化、信息化融合，促进煤化工、钙化工、农产品加工三大产业集群向高端攀升，加快形成有效耦合、有机融合的产业链条，全面提升整体竞争力；大力发展仓储物流、研发设计、信息金融、节能环保等生产性服务业，为企业提供专业化、系统化的工业集成服务，推动现有产业链潜力释放、延伸增值。年内要在车流密集区的广武、北周庄、玉井、薛圐圙等地，规划建设集汽配、商贸、物流为主的服务型园区，重点解决道路两侧乱搭乱建的问题。另一方面，要推动新兴产业“无中生有”，紧盯我省14个战略性新兴产业集群，积极对接国内外龙头企业和技术研发中心，力争在5~10年的转型窗口期内，真正把科技含量高、品牌附加值高、产业关联度高、市场占有率高的先导产业做大做强，实现新兴产业“换道领跑”的战略目标。

——要增强企业细胞生命力。企业是国民经济发展的细胞，是山阴转型发展、高质量发展的“四梁八柱”，民营企业和民营企业家更是我们自家人。广大企业要紧紧围绕提升核心竞争力，不仅要在扩大规模、延伸链条上大做文章，更要发挥科技、人才、管理、企业文化等无形力量，建立现代企业制度，大力发扬“工匠精神”，逐步从“汗水型”走向“智慧型”。特别是中小微企业，要坚持走“专精绿特高新”的路子，牢固树立“哪怕做一根螺丝钉，也要做到全省一流、世界一流”的理念，努力打造更多的行业“小巨人”和“百年老店”，形成大企业顶天立地、小企业铺天盖地的生动局面。

三是大力实施“文化兴县”战略，着力在文旅融合上迈出新步伐。文化是一个地方最宝贵的绿色财富，更是支撑转型发展、高质量发展的动力源泉。对山阴来讲，我们不缺文化资源，缺少的是深度挖掘和创意表达，我们必须唤醒沉睡千年的文化瑰宝，让它们在历史长河中重现璀璨光芒。要通过“集点、连线、成面”，打好“全域旅游、特色产业、文化节庆”三张牌，设计高品质文旅“产业包”“景点群”和“线路套餐”，做到以文促旅、以旅强产、以产彰文。

——要在点上高端打造。积极融入全省“长城”旅游板块，高起点加快建设边塞文化、生态康养、名人故里“三条旅游带”，精心打造明长城、旧广武城、汉墓群、蝴蝶谷等核心景区，分类打造工业旅游、生态田园、运动康养、民俗体验等特色载体，以“旅游+”为撬动点，推进跨界融合，提升“吃住行游购娱”服务水平，打造以广武长城为中心的生态文化旅游康养目的地，形成文旅产业新支撑。

——要在线上精致连接。以“小切口、深切入”的方式，把准文化脉络主线，设计高端文创产品，展现山阴深厚底蕴。这里强调一点，广武边塞文化旅游的开发不能随心所欲，要把边塞文化的丰富内涵、重大意义、展示方式弄清楚、搞明白，要请高人指点、请专家教授认真研究。在此基础上，聘请国内一流的设计团队，尽快制定广武边塞文化总体规划，做到定位精准、彰显特色，分期开发，梯度推进，再不能纸上谈兵，更不能埋没了我们珍贵的文化资源。同时，要加快推进蝴蝶谷景区建设，与清华大学、中国长城学会紧密联系，年内取得实质性进展。要加快非物质文化遗产商业化步伐，深度挖掘、申报一批非遗文化品牌，创作一批文化精品，探索由专业化的团队，在广武、蝴蝶谷等景区打造实景演出，真正让我们的历史文化资源走出历史、惠及当代。

——要在面上拔高标杆。立足山阴人文和产业底蕴，定位全国、面向国际，全方位伸展文化触角，打造文化产业发展的“新高地”。要深度打造元宵节、“六·二十四”庙会等传统文化品牌，探索打造“能源节”“小米节”“乳品节”等产业文化品牌，高频次举办音乐节、电音节，全面打响“古汉新韵”这一文化品牌，汇聚八方人气，展现人文气息，实现文化大县向旅游强县的华丽转变。

（三）打好“三大战役”。

始终牢记“民生是最大的政治”，着力在加快发展中保障和改善民生，不断提升人民群众的幸福指数。

一是打好乡村振兴战役，提升“三农”发展的科学化水平。坚持“以工哺农、以城带乡”，推动农业全面升级、农村全面进步、农民全面发展，到2025年基本实现农业农村现代化。

——要加快发展现代农业。农业工作是一项基础性工作。要坚持质量兴农，按照“主体龙头化、种养规模化、加工精深化、流通平台化”的思路，以工业化思维谋划农业，以产业化方式经营农业，以市场化手段运作农业，打造一批农业精品示范园，探索引进“农业嘉年华”，大力发展休闲农业，全面提升现代农业的吸附力，为乡村振兴提供有力的产业支撑。要探索建立乳品、蔬菜、杂粮等优势产业联盟，培育农业产业化龙头企业，做精做特优质乳品、富硒小米等特色农产品，扩大农产品认证面积，全面提升我县农产品知名度和市场占有率。当前，要继续把奶牛乳品产业作为重要名片，推动乳企做强、园区扩规、养殖提标，力争在“十四五”末，打造城南设施农业基地，全县奶牛存栏达到10万头；要在稳定20万亩优质牧草的基础上，进一步扩大苜蓿、粮饲兼用型玉米等优质牧草种植规模，到“十四五”末，达到30万亩；要以古城乳业、大象集团等企业为龙头，补齐家禽屠宰加工、奶牛生态养殖、乳制品深加工等产业链的关键环节，构建“生态养殖—产品加工—电子商务—休闲观光”为一体的全产业链条，力争到2025年畜牧产值达100亿元。要进一步放大“中国富硒小米之乡”的区域品牌效应，依托省农科院晋北工作站，继续推动发展有机旱作农业，提升杂粮全产业链技术水平，支持加工企业向精深加工延伸，打造高端功能性产品，全面提高农产品附加值。要积极培育家庭农场、专业合作社等新型经营主体和职业农民，积极拓展智慧农业、认养农业、城郊农业等新业态。要加大土地流转力度，把更多农民从土地上解放出来，促进一产更好地“接二、连三”，着力构建具有山阴特色的现代农业产业体系、生产体系和经营体系。

——要全力打造美丽乡村。学习借鉴浙江“千村示范、万村整治工程”经验，综合考虑交通区位、社会经济、节约用地等因素，合理搭建“四类”乡村振兴村庄体系。针对自然条件恶劣、地理位置偏远、煤炭采空沉陷、制约长远发展等类型村庄，要加快搬迁撤并步伐，向设施配套齐全、辐射带动力强的中心村聚集。要围绕打造工矿型、城郊型、文旅型、生态型“四型”美丽乡村，整合项目资金，集中精准发力，“面子”“里子”并重，打造样板标杆，示范带动全县美丽乡村建设。要以厕所、垃圾、污水“三大革命”为切入点，持续深化农村人居环境整治，将整治范围由乡村主要街道向背街小巷、房前屋后延伸，同步建立和完善垃圾收集、转运体系，确保到2025年，全县农村生活污水处理率不低于98%，垃圾市场化清运率不低于98%。

——要带动群众共同致富。强化“交总账”和“军令状”意识，把扶贫与扶志扶智扶技扶德相结合，把产业扶贫放在首位，落实教育扶贫、金融扶贫等政策，积极开展标准化培训、精准化服务、规模化输出，有序推进农村剩余劳动力转移，多途径增加农民收入，确保全县贫困群众真脱贫、脱真贫、不返贫。同时要不断巩固脱贫成果，阻断致贫返贫源头，增强产业扶贫后劲。深化干部驻村帮扶、结对帮扶，坚定不移壮大农村集体经济，强化“造血”功能。要全面深化农村改革，强化制度供给，推动更多资源要素流向农村。目前我县农村两项改革已进入尾声，一方面，农业部门要加快收尾，并及时总结归纳经验，及早做好验收准备；另一方面，要扎实做好股份合作制改革、农村集体经济组织建立、集体经济组织登记赋码等工作，探索集体资产股份权能实现的形式和路径，确保集体资产安全稳定、保值增值。

二是打好产城融合战役，让城市有颜值、

有气质，更宜居、更舒适。按照“生活质量高、生态水平高、智能程度高”的原则，以“六城联创”的标准全面抓好大县城建设，推进“产景城”深度融合，实现“以城聚人、以产兴城、城产共兴”。

——要推进“城市双修”。重点抓好“两下两进两拆双修”专项整治行动，推进棚户区和城中村改造，提升县城垃圾污水处理能力，扩大清洁能源供暖面积，实施县城亮化工程；要加快引入知名商业地产龙头企业，打造现代城市综合体，提升消费产品供给质量，有效解决“购买力外流”的突出问题；要提质主干道、改造次干道，打通断头路，畅通微循环，集中解决车多路窄、断头路多、路面质量差等问题；要尽快规划建设新的“三馆一院”，打造城市文化新地标，满足群众文化需求；要加紧规划建设一批游园广场，做好公厕、停车场等配套设施建设，满足群众休闲需求。近期，要全力打好“九场硬仗”：一是全力打好落实“门前三包”责任制这场硬仗。要重新确认辖区内各机关、团体、部队、企事业单位“门前三包”责任区，优化“门前三包”责任制，按照“包市容环境卫生、包绿化、包秩序”的要求，切实加强日常监督和管理，督促各单位落实“三包”责任。临街单位和门店要切实担负起门前卫生清扫保洁、绿化带保护、维护秩序等责任，使责任区内环境整洁、绿化优美、秩序井然。对拒不履行“门前三包”责任制的单位和门店依法给予相应处罚。二是全力打好清理“店外店”这场硬仗。要从严处理各类店外店、占道经营、乱摆摊设点和违法建设等行为，严查重罚各类餐饮摊店乱排油烟、乱泼污水、乱倒垃圾、乱扔杂物等问题，做到发现一处清理一处、发现一个解决一个。要敢于“拔钉子”“硬碰硬”，对屡教不改的必须坚决打击，不留死角。三是全力打好规范路面秩序这场硬仗。要进一步完善交通标识和防护设施的设置，加大对交通违法行为的处罚力度，教育行人遵守交通规则，不断提升交通文明水平。要下大力气规范马路市场，对未经批准而私自设立、或虽经批准但已影响交通和市容环境的马路市场必须坚决清退，严格落实管理责任，确保不反弹。要坚持从严管理，对确需建立的马路市场统一规划，在卫生、保洁、食品安全等方面提出明确要求。四是全力打好综合整治小街小巷这场硬仗。要按照“整治一条、美化一条、亮化一条”的要求和标准改造小街小巷，做到路面整洁、功能配套、管网下地、立面美化、街巷亮化、一次到位。要将乱贴广告、污损墙面、乱搭乱挂、乱摆摊点、违章建筑等作为整治重点，集中力量清洗清洁墙面，全面治理各类杂物上墙上树上门板问题，着力加强路面清障工作，切实做到退路还畅、清路治乱、用路有序。五是全力打好清除卫生死角这场硬仗。要做到主次干道、县城外环和大街小巷道路保洁到位、垃圾清运及时、工作衔接顺畅、不出现一处卫生死角。要坚持治管结合、常治常防，严防卫生死角反弹，达到城市整体容貌焕然一新、长治久美的目标。六是全力打好整治店铺牌匾和户外广告这场硬仗。相关部门和责任单位要切实负起责任，统一规划设计县城重点区域、重点路段的户外广告及店牌。要加大户外广告管理力度，全面清除户外软体广告，对有碍城市观瞻、逾期不改的广告予以强制拆除。七是全力打好整治道路改造这场硬仗。要进一步加快西二环道路拓宽工程和跨线立交桥施工进度，坚持进度和质量并重，决不能以质量为借口拖慢进度，更不能以进度为理由影响质量，必须做到进度上如期推进、质量上标准不降。要充分考虑广大市民的出行需要和城市的整体环境，注重解决因道路开挖导致出现的“晴天尘土飞扬、雨天泥泞不堪”等问题，尽快还群众一个美丽整洁的新县城。八是全力打好整顿建筑工地扬尘治理这场硬仗。要正确处理工程施工与周边环境整治的矛盾，坚决做到“6个100%”，切实把建筑工地扬尘降到最低。从严整治建筑垃圾乱倾乱倒现象，决不能因为施工方便给环卫工人增添新的工作压力。九是全力打好整治架空线路这场硬仗。要积极协调电力、联通、移动等部门规范电杆电线电缆，坚决移除影响交通和市容的电杆，全力消灭“黑色蜘蛛网”，切实解决各种电杆五花八门、各类空中网线杂乱无章、各类墙面网线东拉西扯的问题，真正做到该清理的清理、该下地的下地。特别是针对马路随便开挖、随意破坏的现象，要全面规范、集中整治，新建道路要一次性做好管线、管网、管道下地；已建成的道路，不得随意开挖，如确有必要开挖，必须在住建部门进行备案，明确施工时间、施工范围、施工要求，并在施工后对破损路面恢复原貌，不得降低标准。

——要大力植绿兴水。树立“城市就是公园”的理念，坚持“先植绿、再建城”的思路，把绿色低碳理念贯穿于公共设施、住宅小区等新建项目的规划、建设和运营全环节，探索建筑立面生态化，建设成带、成片、成网的绿化景观，实现三季有花、四季有绿，城中有园、园中有城；严格控制建筑风貌、空间色彩，塑造轮廓舒展、韵律起伏的城市天际线；按照“一次规划、分段实施”的原则，重点推进桑干河巡河路建设，提供更多滨水空间，还广大群众清水绿岸、鱼翔浅底的美景。

——要搭建智慧平台。加强顶层设计，尽快搭建智能山阴的高质量平台。依托融媒体中心，与山西媒体智慧云平台进行深度合作，高标准搭建“一网一库”，建设智慧政府、智慧交通、智慧医疗、智慧安防、智慧党建，有效推进各领域信息系统互联互通、融合运用，让群众充分享受信息化带来的发展红利；探索智慧城市建设市场化运营新模式，以共建共享的思维理念，积极创新与社会资本对接，对相关项目共同开发运营，尽快建立信息系统建设、运营和维护的长效机制，推动“部门业务数据”向“政府数据资产”转变；要统筹推进县级综合档案馆建设，保障档案资源安全；瞄准智能化等前沿技术，主动谋划产业布局，推进工业化、信息化“两化”融合，真正把智能的理念贯穿于全领域、全行业，有力促进产业转型升级。到2022年，全县建成5G基站530座，实现县乡信号全覆盖。

三是打好改善民生战役，不断提升群众获得感和幸福感。天下之大务，莫过于恤民。要牢固树立“以人民为中心”的思想，精准对接发展所需、基层所盼、民心所向，从供给侧持续发力，补齐民生短板，加固保障底板，让民生既有温度，又有厚度。

——要打造教育强县。要想实现这一目标，就必须把山阴一中这个“龙头”做强，并通过示范带动，实现学前教育、义务教育、职业教育全链条提升，以此推动全县教育全面振兴、重铸辉煌，重回雁北教育强县的巅峰。现阶段，山阴的教育质量已经与群众的期盼越来越远，优等生的挤出效应已经扩散到了义务教育甚至是小学的低年段，这样的局面，不仅无法面对24万人民群众，甚至是连自己都交待不了。非常情况要采取有非常手段。我们必须痛下决心，以体制改革、机制创新为手段，与省内外的一流名校深度合作、深度融合，全面提升教育教学质量，办好人民满意教育。近期重点是抓好五项工作：一是高中教育要探索“名校+”等改革措施，全面提升管理、教学“两个团队”的质量和水平；二是学前教育要超前发展，积极引进国内外先进的办学理念和办学模式，让家长有更多更优质的选择空间；三是义务教育要狠抓公平和质量，着力消除“大班额”，特别是要深刻汲取朔城区六小的沉痛教训，常态化整顿教师队伍，从严整治教育“三乱”，决不能发生一起类似事件；四是职业教育要加快推进，提前对接先进职教集团和本地企业，推广现代学徒制，让无业者有业、有业者专业，培养更多新时代的“山阴匠人”。同时支持朔州市技工学校改革发展，在我县组建“朔州技师学院”，打造朔州高技能人才培养基地，为全县产业发展提供人才支撑。五是教师队伍要探索实行绩效工资改革，真正体现绩优酬优的正确导向，有效激发一线教师的工作积极性。

——要打造医疗强县。要依托已经合作的8家国内医院，进一步引进整合全国一流医疗资源，跨越式创建高水平医院、高层次专科、高素质医护，持续深化县乡医疗一体化改革，特别是在医疗改革和智慧医疗方面走在全市全省前列，力争“十四五”末进入全国县级百强医院行列。要以新建县中医院为契机，筹备、培养、引进一批专业中医人才，加强中西医临床协作，力争“十四五”末建成晋北地区规模最大的县级中医院。

——要打造康养强县。要以现有养老机构为依托，不断拓展“康养+医疗”“康养+旅游”“康养+运动”等多种新业态，配套打造养老服务完整产业集群，形成低端有保障、中端有市场、高端有选择的多层次养老产业格局。要继续提升特困对象集中供养率，推进老年日间照料中心建设，让更多老年人生活得更加体面、更有尊严。

——要打造平安强县。要坚决打好防范化解重大风险攻坚战，推进法治政府建设，结合“三零”单位创建，全面加强和创新社会治理，开展风险隐患大排查，抓好信访矛盾源头化解等工作，坚决有效防范各类“黑天鹅”“灰犀牛”事件；要严格落实安全生产责任制，着力构建重大风险隐患防控治理体系，加强源头管理和过程管控，对隐患性、苗头性问题抓早抓小。特别是深刻吸取同煤集团安平煤业“3·23”重大事故教训，紧盯煤矿、危化、非煤矿山、道路交通等高危行业，采取强有力举措，确保全县长治久安；持续开展扫黑除恶专项斗争，加大禁毒工作力度，不断提高群众获得感幸福感安全感。

三、咬定“在转型发展上率先蹚出一条新路来”的宏伟目标，全方位凝聚激活攻坚合力

时光不负有心人，星光不负赶路人。打造“灵秀古城”，建设“新韵山阴”，挥洒的是汗水、激荡的是热血。山阴作为全市高质量转型发展的主力军、主战场，我们要按照这次全会讨论通过的《方案》要求，进一步树立强烈的争先进位意识，拉开攻坚必胜的架势，铆足干劲往前冲、咬紧牙关打硬仗、拼尽全力干大事，坚决把省市县委的各项决策部署落到实处，以功成不必在我的胸怀、功成必定有我的担当，交出一份高质量转型发展的完美答卷。

（一）牢记领袖殷殷嘱托，以强烈的政治担当扛起山阴发展历史重任

旗帜决定方向，道路决定命运。习近平新时代中国特色社会主义思想指明了我们要在新时代举什么旗、走什么路、朝着什么目标前进，是引领党和国家各项事业发展的科学指南。习总书记的重要讲话重要指示，是习近平新时代中国特色社会主义思想的组成部分，是指引我们走好新征程、蹚出新路子、创造新业绩的根本遵循和行动纲领。全县各级党组织和广大党员干部一定要站在“两个维护”的高度，牢记嘱托、把握精髓，深学细悟、对标前行，不断汲取正确前行的思想伟力和精神动力。

一要深入学习习总书记重要讲话重要指示体现的宗旨情怀。习总书记最牵挂的就是人民群众，无论是讲话部署，还是实地考察，强调最多的是以人民为中心的发展思想，指出要“多谋民生之利，多解民生之忧”，这是我党执政为民理念的深化。我们要牢记教诲，始终坚持人民立场这一根本政治立场，始终把广大群众放在心中最高位置，切实维护群众切身利益，始终把群众对美好生活的向往作为奋斗目标。

二要深入学习习总书记重要讲话重要指示体现的战略思维。习总书记善于揭示事物本质，洞察事物发展规律，体现了抓具体工作的系统思维、战略思维。我们要牢记总书记教诲，在做决策、抓工作上更好地把握规律、注重整体，形成标本兼治、系统推进的工作合力。比如，在转型发展上，指出“对山西来说，转型发展既要有紧迫感，更要有长远的战略谋划，不能等到资源枯竭了再来搞转型”，明确提出“六新”转型路径，抓住了山西的主要矛盾，把准了山西的发展脉搏，指明了山西今后发展的前进方向。我们要以抓好六项重大任务为重点，不断提升发展新境界，努力开创全县各项工作新局面。

三要深入学习习总书记重要讲话重要指示体现的担当精神。习总书记在讲话中贯穿了强烈的历史担当，要求我们勇于改革创新，果敢应对挑战，善于攻坚克难，对“山西践行新时代中国特色社会主义的新篇章”具有极强的指导性针对性。我们要牢记习总书记教诲，进一步增强责任意识，更好地激发干事创业的信念和力量，自觉为党分忧、为民尽责，在全县上下形成想作为、敢作为、善作为的良好风尚。

（二）加强干部队伍建设，以良好的政治生态推动山阴高质量转型发展

“一分部署，九分落实”。推动山阴高质量转型发展，没有“局外人”，都是责任人。种种情况表明，我县中层干部存在结构老化，暮气有余朝气不足的问题比较普遍。工作中困难找得多、办法想得少，干事不上心，办事不精致，我觉得根本原因在缺压力、更缺动力，这种“温水煮青蛙”的环境把干部给惯懒了、惯坏了。新常态下我们更多的是要强化“管”的措施，坚决铲除“惯”的生态和土壤。

一要明确选人用人标尺。要大胆使用那些勇担当、善作为的干部，按照新时代好干部标准，从选、育、管、用各个环节全面发力，妥善把握“四个原则”，结合“六个要件”，用好激励机制和容错纠错机制，以组织担当带动干部担当、以组织作为促进干部作为。特别是要对那些不作为、慢作为，作风漂浮、消极懈怠、不敢碰硬的干部果断调整，使甘于吃苦的不吃亏、乐于奉献的受尊重、安于现状的心不安、四平八稳的坐不稳、拈轻怕重的无职位、挑肥拣瘦的没机会，真正形成一种能者上、劣者下的鲜明导向。

二要构建良好政治生态。要把实事求是、科学精准、稳慎有效的理念贯穿监督执纪问责和监督调查处置全过程，切实做到“三个区分开来”，旗帜鲜明为敢于担当、踏实做事、不谋私利的干部撑腰鼓劲，一方面，对那些为官不为、胡作非为、不讲底线的，要严厉查处，决不姑息；另一方面，要坚决防止问责泛化、简单化等问题，始终做到围绕中心、服务大局，教育引导广大党员干部走新路、唱新曲。近年来，出现了一种抹黑山阴、诬告干部、编造散布谣言的歪风邪气。对此，县委态度鲜明、立场坚定，那就是我们不反对实名举报、或如实反映问题的行为，但同时也绝不容忍恶意举报、诬告陷害等破坏政治生态的行为。对恶意举报、诬告陷害的，要坚持露头的就打、挑头的严查、背后的深挖，绝不姑息迁就，决不任其乱为，真正刹住这股歪风邪气，为广大干部营造一个轻装上阵、一心干事的良好环境。

三要切实改进工作作风。各级党员干部特别是领导干部要把“实”字贯彻到治县兴县的各个方面、各个环节，力戒形式主义、官僚主义，注重在日常工作中培养作风，在完成重大任务中淬炼作风，真正做到雷厉风行，真抓实干，把心思和精力用到干事创业上来，讲好山阴故事、做好山阴事情。

（三）坚持同心同向发力，以务实的工作作风推动目标任务落地见效

贯彻落实好全会提出的各项目标任务，抓好落实是关键。

一是坚持领导带头。我们要以党建统揽全局，健全领导机制、落实机制和监督机制，牢牢把握经济工作的主动权。上面雷厉风行，下面自然不敢敷衍了事。领导班子既要带头制定决策，又要带头落实决策，要求四大班子做到的，县委班子首先要做到；要求乡镇和部门做到的，四大班子首先要做到；要求基层党组织做到的，乡镇和部门党委（党组）首先要做到；要求群众做到的，党员干部首先要做到，在全县上下形成一级干给一级看、一级带着一级干、一级盯着一级办的生动局面。

二是实行项目化管理。当前，山阴正处于改革发展、攻坚克难的特殊关键时期，任务比以往更加繁重，难题比以往更加复杂，各级党委政府只有自觉向中央省市县的重大决策部署聚焦、向最容易出问题出漏洞的环节聚焦、向群众关心的难点热点堵点问题聚焦，唯有此，才能调动各方资源，有效解决实际困难，形成“同频共振、合力共为”的良好局面。对此，要大力推行“项目化管理”的理念。一方面，说的是项目本身的管理，如我们通过“六个一批”推进机制，对82个项目进行的全流程管理。另一方面，说的是运用“项目化管理”方式，延展到我们所有的工作领域，把目标具体化、任务清单化、措施精准化、时限阶段化、流程标准化、责任明晰化、考核数据化、决策科学化。要通过“项目化管理”将虚事实化、实事细化、繁事简化。下一步，我们要建立“大督查”机制，依托“两办”督查室，抽硬人、硬抽人，组建督查专职队伍，对各级决策部署的落实情况开展常态化督查，推动各项目标任务落地落实。

三是突出“三个导向”。即所有工作都要坚持问题导向、目标导向、结果导向。问题要建账，目标要对账，结果要交账，年终要算账，最终要以项目看成败，以结果论英雄。考核干部不只看干了多少，关键看干成多少，其他工作也一样，都要把结果导向作为检验工作的最终标准和撬动工作的有力杠杆，使之成为一种工作理念，成为一种工作方式，成为一种工作制度。我们工作的总目标就是在全市争先进位、走在前列。

在县委十四届十二次全会第二次会议上的总结讲话（节选）

中共山阴县委书记　王世杰

（2020年8月18日）

这次全会对我县70多年来的发展历程进行了全面总结，并深刻分析了山阴发展中存在问题及原因，准确研判我县当前面临的机遇和优势，对学习贯彻习近平总书记视察山西重要讲话重要指示和省委、市委全会精神作出了安排部署，确立了“率先蹚新路、争当排头兵”的目标任务，明确了聚焦“三大变革”、实施“三大战略”、打好“三大战役”的具体路径，深刻回答了事关全县当前工作和长远发展的一系列重大问题，从战略战术的高度上进一步明确了山阴高质量转型发展的方向、方式和方法，描绘了打造“灵秀古城”、建设“新韵山阴”的美好蓝图。全会还审议通过了《中共山阴县委关于深入学习贯彻习近平总书记视察山西重要讲话重要指示和省委市委全会精神率先蹚新路争当排头兵的实施方案》。会议组织严密、安排紧凑，与会同志精神饱满、高度负责，深入讨论、气氛热烈，会议开得很圆满、很成功，是一次凝心聚力、增进共识的大会，是一次方向明确、务实奋进的大会，必将进一步鼓舞和激励全县各级党组织、党员干部和广大人民群众积极投身到率先蹚新路、争当排头兵的伟大实践中。

在讨论中，大家一致认为，习近平总书记多次视察山西、指导工作，是党的领袖对山西工作最大的支持、对三晋儿女的最大关心，在我省发展史上具有极其重要的里程碑意义，更对我省今后发展具有极其重大的现实意义和历史意义。大家表示，要进一步深入学习贯彻习近平新时代中国特色社会主义思想，与习总书记视察山西重要讲话重要指示、与“三篇光辉文献”、与习总书记最新指示精神结合起来，一体学习领悟、贯通抓好落实，以扎实的工作成效忠诚践行领袖嘱托、率先蹚出转型新路。大家一致认为，通过客观回顾山阴70多年的发展历程，深刻感受到作为资源型地区，不创新、没出路，不转型、没活路。特别是在视察期间，习总书记殷切期望山西在转型发展上率先蹚出一条新路来，为山西发展进一步指明了方向，更是我们资源型地区高质量转型发展的行动指南和致胜法宝，只要沿着习总书记指引的金光大道坚定不移走下去，我们一定能够凤凰涅槃、浴火重生。大家表示，要进一步坚定高质量转型的战略定力，以“六新”为突破口，着力破解“资源依赖”的思维定式，按照省委“八个转型”的具体要求，切实将改革创新理念融入到转型发展的方方面面，坚定不移走好高质量转型发展的新路子。大家一致认为，“三大变革”、“三大战略”和“三大战役”，是县委在“两个大局”的时代命题下，以极强的大局观、强烈的使命感和高度的责任感，科学擘画了山阴率先蹚新路、争当排头兵的路线图，体现了县委强县兴县的信心和决心，体现了加压奋进的勇气和魄力，体现了久久为功的责任和担当，具有极强的针对性和指导性。大家表示，一定要按照这次全会精神和《方案》要求，不折不扣抓落实、同心同向谋发展，在打造“灵秀古城”、建设“新韵山阴”的新征程中贡献力量、体现担当。

“一分部署，九分落实。”回答好“在转型发展上率先蹚出一条新路来”的重大命题，落实好“打造‘灵秀古城’、建设‘新韵山阴’”的重大任务，是我们每一名党员、每一名干部、每一个山阴人义不容辞的责任。对此，我们要以“政如农耕，日夜思之”的精神状态、以“功成不必在我、功成必定有我”的使命担当，按照这次县委全会的部署要求，同心同德、同向同行，众志成城、真抓实干，用实际行动向党和山阴人民交出一份满意答卷。下面，就贯彻落实好这次全会，我再强调几点意见。

第一，深入一线抓落实。今天参会的同志都是本乡镇本单位抓落实的“施工队长”，大家的战场不在办公室、不在微信群、也不在材料堆，而是在基层一线。

一要深入一线带好头。“关键少数”是抓落实的关键。当前，部分领导干部精神懈怠，存在“船到码头车到站”的思想，一旦遇到大事难事，首先想的不是怎样带头做事，而是想方设法把责任上推下卸。我想跟大家讲一句话：山阴是我们自己的山阴，山阴的发展没有局外人。今后从我做起，县四大班子领导必须以上率下“跟我上”，各级领导干部紧跟其后，带头抓招商引资、项目建设、脱贫攻坚等事关经济民生的实际问题，跑好“第一棒”、当好“运动员”，不达目的不罢休，不获全胜不收兵。

二要深入一线查问题。我了解到，山阴在脱贫攻坚上有过“十个倒数第一”，有的问题整改缓慢、进展不是很顺利，但是在去年的省委脱贫攻坚专项巡视中，在扶贫办及相关部门的共同努力下，很短时间就得到了有效解决，取得了明显成效。这给我们提了一个醒：工作中不是有那么多无法克服的困难，只要肯想肯干，方法总比困难多；不干不想，再简单的问题也是难以逾越的高山。各级各部门领导干部要不断改进调研作风，采用“四不两直”的方式，用更多的时间和精力深入基层一线掌握一手情况，发现问题、解决问题。

三要深入一线推工作。各级领导干部要时刻牢记“无功便是过，平庸就是错”，特别是在解决历史遗留问题、征地拆迁、信访积案等瓶颈制约和发展难题上，决不能怕压力、躲风险，要换上跑鞋下基层，不仅用“声音”，而更多靠“身影”来抓工作落实。要大力推行一线工作法，到基层一线去，到项目现场去，做到矛盾在一线解决、工作在一线推动，确保项目审批、资源管理、民生服务、社会治理等公共服务职能落细落实，打通政策落地“最后一公里”。

第二，勇于担当抓落实。敢于负责、勇于担当是做好一切工作的重要前提。

一要培养勇于担当的奋进精神。干工作，没有一股子气、一股子劲，机遇面前做不到奋力拼抢、困难面前做不到奋不顾身，就很难有大的作为。我们打造“灵秀古城”、建设“新韵山阴”，不是一朝一夕就能成功的，需要投入大量的时间和精力，用钉钉子精神，一锤接着一锤敲，一件接着一件干。现在已经进入第三季度，距离全年“交卷”也仅仅剩下4个多月的时间。因此，全县上下务必拧紧螺丝、上紧发条、加足马力，以“开局就是决战，起步就要冲刺”的姿态，保持事事争先、处处争先、时时争先的蓬勃激情，让争先进位、走在前列成为山阴发展的主旋律和山阴干部的精气神。

二要探索勇于担当的激励措施。要积极探索激励干部担当作为的具体措施，严格兑现职级并行、考核奖励、乡镇工作补贴、干部体检、带薪休假等制度，用实实在在的激励措施，最大限度地激励广大党员干部轻装上阵，放手去干、放心去闯、放胆去拼。特别是要加快乡镇办公用房的建设进度，结合“五小”建设，彻底改善基层干部办公条件，让一线干部住得舒心、干得有劲。

三要健全勇于担当的工作机制。要围绕打造“灵秀古城”、建设“新韵山阴”的奋斗目标，深入思考、系统谋划，用新观念研究新情况，用新思路抢抓新机遇，尽最大努力探索创新一批具有山阴特色的工作机制，以点上“突围”带动面上“破冰”，既能关“旧门”，又能开“新路”，创造性落实好各项目标任务。

第三，提高能力抓落实。面对纷繁复杂的形势，领导干部不仅要有担当的“铁肩膀”，还要有能干事、会干事、干成事的真本领。

一要不断提高学习能力。领导干部干事创业，如果看不透局势、认不清形势，习惯于用固有经验去干工作，对新知识不愿学不会学，做起事来就事倍功半，甚至南辕北辙。面对新时代提出的新任务新要求，我们必须牢固树立“终身学习”理念，提升素质能力，成为改革创新的推动者、转型发展的开拓者、服务群众的引领者。

二要不断提高执行能力。“道虽远，不行不至；事虽小，不为不成。”要用系统化规范化法治化思维，坚持“办事依法、遇事找法、解决问题用法、化解矛盾靠法”的理念，推进各项工作落实。要坚持重大问题“双报告”制度，各级各部门向分管领导请示汇报的重大问题，既要报分管领导，也要报县委县政府，这是提升县委县政府统筹全局能力的刚性要求。同时，凡是县委县政府或者我和苏县长交办的重要工作，要建立分管部门、分管领导反馈制度，形成上下联动的工作闭环。要建立一套成熟完善的过程管控和强有力的考核机制，构建完善工作奖惩制度和大督查体系。

三要不断提高决策能力。一是广泛收集意见。“兼听则明，偏信则暗”，只有集思广益，才能准确把握形势，及时应对现实与潜在的困难，达成共识，提高决策质量。二是融合不同意见。领导干部不但要勇于听取不同意见，更要积极吸纳其中的合理成分，提高决策的科学性和民主性。三是选择正确意见。要从大局出发，不断提高对事物的观察力、分析力和决断力，汲取和集中正确的意见，为决策服务。四是学会换位思考，互相尊重，推动山阴各项工作全面进步。

四要不断提高工作能力。打造“灵秀古城”、建设“新韵山阴”，离不开一支高素质的干部队伍。这次全会，我们分析总结了“四个不严”的问题，其中一项就讲到了有的干部工作标准不高，求稳求安有余、求新求变不足，这是扫除山阴发展障碍的当务之急。“工欲善其事，必先利其器”。对此，我们必须把高标准的理念树立起来，在更高起点上定位，敢于在全省、全国范围内争先进、当标兵，以此带动个人能力提升、工作能力提质，继而推动全县各项工作争一流、创一流。

静心知路 砥砺前行
举全县之力重铸山阴教育辉煌（节选）

——在全县庆祝第36个教师节暨表彰大会上的讲话

中共山阴县委书记 王世杰

（2020年9月10日）

一、忆往昔、看今朝，全面唤醒打造教育强县的奋斗激情

“不审天下之势，难应天下之务”。审时度势，不仅是我们观察事物的基本方略，更是解决问题的重要方法。教育是国之根本，我们必须站在“两个大计”的高度，既要从光辉的历程中唤醒激情，也要从面临的问题中得到警醒，更要从战略的层面找准方向，通过全方位审视山阴教育，进一步提振士气、凝聚共识，重拾荣光、再铸辉煌，坚决担负起时代和人民交给我们的重任。

第一，要以强烈的自信看待山阴教育，对于辉煌的发展成就，我们必须倍加珍惜、继承发扬。历史上山阴是一个钟灵毓秀、人杰地灵的好地方，是一个人才辈出、人才济济的好地方。3000多年来，山阴涌现出了一批又一批的古今贤才、文人志士，我认为，其根源就在于教育事业的兴盛发达。我在县志上看到，山阴虽处关外苦寒之地，但自古素有“尚好儒学”之风。早在宋神宗年间就已经开设学署，此后私塾、社学、书院遍布，特别是在明万历年间，首辅王家屏回乡创办了南洲书院，广招学子、培养良士，山阴也成为了晋北地区“士风蓬发之地”。习近平总书记说过，任何时候都不能忘记来时的路。回望过去，我们的教育既有“六占鳌头”的光辉历史，也有“断崖骤降”的低谷时期，无论成绩或失误、经验或教训，都是我们继续前行、奋勇前进的宝贵财富。按照类别，我对山阴百年教育历程作一简要回顾。

——学前教育。山阴学前教育始于1957年，起步较早、发展较快。1958年随着大跃进和人民公社化运动，全县学前教育步入了快车道，当年新增幼儿园73所，配备幼儿教师154名，入园儿童985名，并在1959年设立了第一所机关幼儿园。在之后的近20年，全县幼儿园历经整顿、关停等波折后基本处于停滞状态。十一届三中全会以后，我县学前教育进入了恢复性发展阶段，1979年试办学前班24个，标志着我县学前教育迈上了新的征程。1983年刘家岭幼儿园被全国妇联命名为“三八”红旗集体，随后全县兴起了大队创办幼儿园的热潮，到1985年，全县共有县级机关幼儿园1所，农村幼儿园245个，在园幼儿4464名，幼儿教师160名。进入新世纪以来，全县先后新建第一、第二两所省级示范幼儿园，并同步推进城乡幼儿园标准化建设，截至去年，全县已建成公办幼儿园17所，民办幼儿园43所，配备幼儿教师585名，在园儿童6145名。

——小学教育。山阴于1910年创办了第一所高等小学，重点教授国学及新式西学。新中国成立之初，在党的领导下，全县对旧中国的小学教育进行了改造。到1950年小学达到133所，在校学生8249名，教职员工200名。1958年，按照第四次全国教育行政会议要求，山阴全面加快小学教育普及步伐，经过近30年的发展，在1984年成为雁北地区首个小学教育普及

县。1996年，全县全面启动普及九年义务教育工作，两年新建、改建小学253所，被省教育厅评为“实验教学普及县”。2000年以来，随着城镇化步伐不断加快，乡村两级生源锐减，部分农村小学自然消退、撤并整合，到2008年缩减至144所。此后，按照乡村人口规模，全县对乡村小学进行了撤并，到2016年全县共有小学38所，其中县直公办8所、乡村27所、民办3所。

——初中教育。1952年，在省委、省政府的支持下，山阴县率先成立了省级重点中学——“山阴县岱岳中学校”，标志着全县的中学教育正式起步。到1956年全县初中办学规模已发展到15个班、802名学生、58名教职工。同年，后所小学附设2个初中班，招生150人。1958年，“山阴县岱岳中学校”正式更名为“山阴县第一中学校”并成为全县第一所完全中学。随后的10多年时间，全县加快发展初中教育，到1976年全县共有初中5所，90所小学附设初中班，全县在校初中生达到7550名。1979年，全县开始调整初中布局，至1987年，由90个调整为2所县办重点初中、20所社办重点初中、18所戴帽初中，当年中考各科总平均分数、平均及格率、中专录取率均位于雁北地区前列。1990—1997年，在“两基”达标的基础上，全县初中教育进一步优化，设置了县办重点中学2所、21个乡办中学，初中在校学生1.2万余人。在撤乡并镇后，农村初中随之进行了较大幅度的调整，到2016年，全县共有初中11所，其中县直初中5所、乡办初中4所、民办初中2所，在校学生达6600余人。同时，先后改建了二中、三中、四中，并新建五中、六中，初中教育的硬件基础明显改善，软件水平得到全面提升。2016年，被国务院教育督导委员会认定为“义务教育发展基本均衡县”。

——高中教育。山阴高中教育的历史已有63年，在49次高考中，本专科达线人数累计1.3万余人，其中被清华、北大先后录取了4人，也培养出如倪晋仁、刘宽胜、田畛、梁日雄、高靖海、李建永等一大批精英，这些政治、经济、社会、教育、军队、文化等多个领域的人才，不仅成为全国改革发展的有生力量，更是我们山阴的骄傲。我县高中教育起步于1958年，首批开设了2个高中班、学生100名，山阴一中由一所初级中学升格为完全中学，并在三年后的高考中，一举夺得了雁北地区高考冠军，录取率高达65%。初战即获大捷，由此开启了山阴教育历史的新征程。在随后的20年间，即使在“文化大革命”期间，山阴的高中教育仍取得长足发展，特别是高中教师潜心为学、静心为师，在1977—1984的八年间，山阴始终处于雁北地区高中教育的第一方阵。1979年，县委、县政府顺应教育发展形势，新建岱岳三中并在1981年招生办学，全县高中教育形成了“二元”格局，两所学校的良性互动、有序竞争，有力提升了全县高中教学质量和水平，全县本专科达线人数由1977年的32人增加到1984年的195人，期间获得了全县总体“三连冠”、山阴一中文科“六年冠”的最好成绩。这是山阴高中教育发展最为辉煌、最值得骄傲的一个时期。2010年，县委、县政府积极回应群众期盼，在社会各界人士的大力支持下，新建山阴一中，累计投资达到了3亿元，占到了当时全县一般预算收入的近30%，一举刷新了全省县级中学的多项基础建设纪录。

——职业教育。山阴早在1933年就创办了山西省立岱岳镇畜牧初级职业学校，先后培养百余名专业技术人才。1946年设立简易师范学校，1954年成立了短期师资培训班，1957年创立第一所农业中学，1965年全县有农业中学17所、学生总数达1749人、教职工56人。1973—1996年，全县先后创办了少艺校、“五七”农业大学、农业职业学校、山阴县农业大学、综合职业学校、乡村农技校等职业学校，累计培训学员3万多人次。1997年以来，我县先后成立了综合职业学校1所、初级职业中学2所、乡村农技校252所。在1999年，山阴城职业文化技术学校通过了国家级示范性乡镇农技校评估验收。2009年正式组建“山阴县职业教育中心校”，先后输送毕业生2200多人，累计培训农民工8000余人，为全县经济社会发展作出了重要贡献。

山阴教育事业发展之所以取得过如此卓越、骄人的成绩，凝聚着全县无数教育工作者的智慧、心血和汗水。这里，让我们再次用热烈的掌声向奋战在教育战线的老师们、校长们和教育工作者们致以最崇高的敬意！

第二，要以迫切的心情审视山阴教育，对于存在的突出问题，我们必须高度警觉、全力破解

当前，山阴教育发展存在一些不平衡不充分的问题，主要表现在以下几个方面。

——教育教学质量不高。从统计数据分析，山阴的高中教育经历了两个最为突出的“低谷”，第一个为1996年，当年本科达线人数65人；第二个为2008年，当年本科达线人数158人。在第一个“低谷”后，县委、县政府和两所学校深刻汲取教训，及时纠偏纠差，在1997—2000年的四年间，全县本科达线人数实现了“四连增”，但一些深层次、根源性的问题没有得到有效解决，再加上周边区县高中教育异军突起，两所学校领导班子频繁调整，导致大量骨干教师流失。特别是在两所高中合并后，进一步加剧了下滑趋势，2007年，山阴中学达线人数仅29人，2008年达线人数31人。山阴高中教育跌到了最低谷、且一直持续到现在。受此影响，周边区县的优质学校对我县教育产生了极强的虹吸效应，并从高中阶段延伸到了初中、小学，导致有的学校被迫降轨。仅去年就有近1000名初中毕业生在异地就读，尤其是中考前100名，仅有8人留在山阴就读。我们高中教育的短板，已经使得山阴的家长焦虑、学校焦急、社会焦灼，并且这三种状态互相交织、叠加，对山阴的教学环境、教育生态造成了非常大的伤害，也使得社会各界和广大群众怨声载道、意见非常之大。

——师资力量配备不强。主要是存在教师年龄结构偏大、学历水平较低、正式教师总量较少等突出问题。2010年以来，全县先后招聘各科教师649名，教师队伍的年龄、学历结构得到了一定程度的优化和提升，但仍有较大差距。目前，全县教师2439名，县城教师1393名。以县城教师为例，从年龄来看，平均为42岁，其中45周岁以上教师497名、占35.7%，30周岁以下教师116名、占8.3%；从学历结构看，本科以上学历1223名、占87.8%，研究生仅有63人、占4.5%；从师资力量看，代课教师共有297名，占县城教师总数的21.3%，借调教师176名，占12.6%；从班级设置看，全县义务教育阶段“大班额”现象普遍存在，其中小学、初中超班容量的分别占班级总数的近29%和40%。可以说，师资力量配置失衡，是造成“大班额”的根本原因。更值得警惕的是，这种现象必定会带来一些“三乱”问题，必定会影响教学公平、教育均衡，必定会让家长更难做、老师会犯错。

——教育资源供给不优。这方面既有长期以来规划布局不合理、投入不均衡带来的老问题，也有城镇化进程加快、“两孩”政策全面实施、新户籍制度改革落地等出现的新矛盾。从整体上看，教育需求长期处于上升曲线，以幼儿园为例，2011年以来，全县幼儿园新生人数的增幅基本稳定在20%左右。一方面是学生人数总量持续增加，另一方面是优质教育资源稀缺，导致生源突发式区域集聚现象明显，造成部分学校教育资源紧缺。比如，今年县城适龄幼儿人数为4100多人，但县城2所公办幼儿园仅仅能容纳1100人，加之部分民办幼儿园办学

条件简陋、专职教师数量严重不足，已经难以满足群众需求。特别是进入新时代，科学技术日新月异，教育教学工作更应该处在第一线、最前沿，但是我县的生均教育技术装备资产远低于全市平均水平。同时，图书室、实验室等参差不齐、设备老化，与当前最新的教学要求极不匹配。

——开放办学步伐不快。主要表现在中小学对接省内外名校的力度还不够，常态开展交流活动的不多。在这一点上，山阴部分幼儿园起步较早、成绩也比较显著。比如，有的民办幼儿园加盟了哈佛、红黄蓝等国内知名教育机构，引进了一批较为先进的教育理念和教学模式，同时，我们的两所公立幼儿园也引入了蒙氏教学、奥尔夫等比较超前的教学方法，收到了明显成效。但是，从全县来看，乡村两级幼儿园教学水平较低，小学、中学跨区域对外交流至今为零，山阴一中虽然与首都师范大学签订了合作协议，但没有实质性的交流和合作，职业教育存在校企合作“一头热、两张皮”的现象，近十年来，定向培养为零。同时，我们的基础教育在国际交流合作方面还处于空白，以双语、外语教学为标志的现代化国际化学校为零，对优质教育资源的引进、培育和扶持还远远不够。

——尊师重教氛围不浓。主要表现在尊师重教观念淡薄，一方面，一些教育“三乱”问题虽经多次集中治理，但仍在一定程度上存在，加之教学质量与学生家长心理预期差距较大，导致社会各界对山阴整个教育工作和教师队伍评价不高、怨言很多。另一方面，山阴企业众多、能人不少，但是全社会捐资助学、奖学奖教的总体风气尚未形成。近10年来，来自社会各个层面的捐助每年仅有40万元左右，与我们“崇文尚学、尊师重教”的优良传统极不匹配。

我们梳理问题是为了解决问题，只有找准问题才能精准施策。今天在座各位，都是教育的受益者，曾经是学生、现在是家长，都与教育有着千丝万缕的联系，都期望我们的后辈子孙享受公平优质的教育。办好人民满意的教育，既是我们不懈努力的光荣使命，更是重若千钧的应尽之责。我们要以对组织负责、对事业负责、对子孙负责的态度，下非常之功、用恒久之力，以“功成不必在我”的精神境界和“功成必定有我”的历史担当，推动全县教育重铸辉煌、全面振兴。

第三，要以更高的站位谋划山阴教育，对于今后的发展方向，我们必须定位精准、目标明确。教育是最大的民生工程，也是最根本的发展基础。只有跳出教育看教育，才能充分认识到教育的基础性、先导性、全局性作用，才能在战略上精准、战术上精确。我认为关键要把握好“四个定位”：

——教育要与未来同向。一个地方的发展最终靠人丁兴旺，这样才能聚集人气商气、促进创业兴业，形成一个集聚人口、产业和资源的强磁场。作为培养人才、集聚人才的主阵地，我们的教育必须承担起历史和时代赋予的重任。一方面，要积极顺应城镇化进程，以更加开放包容的教育环境吸纳各类人员子女，逐步消化入学压力，进一步协助政府加快城镇化进程、稳定外来人员市场，保障山阴经济社会发展行稳致远。另一方面，要发挥与山阴在外学子的纽带和桥梁作用，吸纳更多的山阴籍人才回故乡、建家乡，为打造“灵秀古城”、建设“新韵山阴”提供有力的人才支撑和人脉资源。

——教育要与区域同位。山阴自古是山西的战略要地、商贾要道。特别是建市30多年来，山阴的交通区位优势在不断加强和提升，“十四五”期间，我们将新增一个高铁站，以及朔山联络线、朔州机场连接线等5条快速通道，未来的5—10年山阴一定会成为雁门关外一颗亮丽明珠。在教育发展上，我们也要主动适应形势，争取与区位相适应的地位，不仅要做好教育事业，也要做强教育产业；不仅要服务好本地学生家长，还要吸收外地学生“学在山阴、住在山阴、花在山阴”，向先进地区、优质名校看齐，积极引进高端学校，让教育成为吸引各类人才的重要考量，让山阴成为“有名生、有名师、有名校”的教育强县。

——教育要与发展同步。县委始终认为教育与发展是相辅相成、互为补充的。在前不久的县委十四届十二次全会上，县委响亮提出了“率先蹚新路、争当排头兵”的目标任务，并明确提出要“打造教育强县”，其战略意图就是以教育的高质量发展推动经济、社会和民生高质量发展，继而实现教育与发展同步。当前，从我县来看，我们的教育还没有形成竞争优势和洼地效应，与我们的经济社会发展是不相称的。因此，山阴教育发展的首要目标，就是要与全县发展更加适应、更加融合、更加匹配、更加协调。

——教育要与产业同行。大家知道，山阴不仅是煤炭大县、畜牧大县、文化大县，更是一个门类齐全、体系健全的工业大县。在县委十四届十二次全会上，我们提出了实施“工业强县”，并将其作为高质量转型发展的重要支撑。但是，目前我县工业发展中一个较为突出的问题，就是产业型、实用型人才明显不足，在全县规模以上工业企业中，各类技术人员仅占职工总数的15%左右。当前，面对工业化、信息化浪潮，受过职业教育的学生将是工业发展的主力军。面对山阴强劲的工业发展势头，产业工人、技术工人将更为稀缺。因此，我们要把职业教育作为“工业强县”的一项基础性工作，与我们的产业发展紧密联系起来，为我县高质量转型发展培养和造就一大批专业技术人才。

二、强弱项、补短板，全力筑牢打造教育强县的坚实基础

举旗，才能定向；固本，方能致远。今后一个时期，是山阴教育发展的关键期，也是教育全面振兴的攻坚期。县委对全县教育工作的阶段性要求是：三年上台阶、五年大变样、十年创一流；战略目标是：振兴山阴教育、打造教育强县。我们要力争用3—10年的时间，跻身全市教育第一方阵，打造区域教育中心，把山阴教育办成学生满意、群众认可、社会点赞的光彩事业。实现上述目标，我们要重点抓好以下四个方面：

第一，树立正确教育理念。教育部门和各学校要进一步明确办学方向和育人导向，推动全县教育工作始终沿着正确方向前行。

——要坚持立德树人。教育部门和各学校要紧紧围绕“培养什么人、怎样培养人、为谁培养人”这一根本问题，全面落实“立德树人”根本任务，坚持教学质量优先、品德教育为重，扎实有效开好思政课，全面加强社会主义核心价值观教育，源源不断地培养德才兼备、全面发展的时代新人。

——要坚持提质增效。教育部门和各个学校必须聚焦教育主业、回归教育本质，积极转化最前沿的教育理念和最先进的教学模式，全链条提升教育教学水平，不断探索和创新“山阴模式”“山阴教案”，推动全县教育质量显著提升。

——要坚持全面发展。教育部门和各学校要认真研究制定符合素质教育要求的评价体系，注重培养学生的公民基本素质。特别是要遵循教育规律，实施精细化管理，注重校园文化建设，倡导智慧教育，彰显办学特色，着力培养学生的创新精神和实践能力，培养一大批合格的社会主义事业建设者和接班人。

第二，打造过硬教学团队。物有甘苦，尝之者识；道有夷险，履之者知。振兴山阴教育，离不开一大批好校长、好老师。对此，我们要立足高素质、专业化，全力打造一支振兴山阴教育的“梦之队”。

——要打造“四有”教师队伍。“经师易求，人师难得。”教师是立教之本、兴教之源，承载着传道授业解惑的时代重任、育人之责。我们要按照习近平总书记提出的“四有”标准，加快建设一支师德高尚、业务精湛、结构合理、充满活力的教师队伍。一要抓好师德师风建设。师道既尊，学风自善。要坚决把师德师风作为评价教师队伍的第一标准，严格落实新时代教师“十项准则”和“十不准”要求，建立师德师风负面清单，深入推进师德师风整治，严肃处理教师中责任缺失、师德失范、违规违纪等问题，坚决守住师德师风的底线和红线，切实维护教师队伍的纯洁性；要探索设立“王家屏奖”，每年大张旗鼓地表彰一批师德高尚、敬业奉献、担当尽责的师德标兵，以帝师之风磨砺师德、端正师风。二要不断壮大教师队伍。要外引一批优秀人才、招考一批专业教师、内育一批学科骨干，做优做强全县教师队伍。要通过引进、招考、遴选等方式，积极对接“九大师范类院校”和“双一流”师范院校，补充一批紧缺学科教师，大量引进优秀研究生、免费师范生和省市骨干教师、学科带头人，全面优化教师队伍结构；要培育一批优秀教师，力争用5年时间，培养5名本土教育专家、50名县级名师、100名县级学科带头人和骨干教师。三要提升专业素质能力。要不断加大教师培训力度，聘请名家名师讲学指导，定期选派教师到“双一流”师范院校培训学习；要探索建立名师工作室，采用师带徒、老带青的方式，进一步提升中青年教师教学水平，培养造就一批名师。

教师是太阳底下最光辉的事业，是百姓心中最崇高神圣的职业。当前，全社会对教育的关注度越来越高，学生家长对教育的期望越来越高，广大教师要时刻牢记所承担的历史使命和重任，在此，我真诚地向广大教师提三点希望：一要有为师之范。要珍惜“学为人师、行为世范”的职业荣誉，坚持以德立身、以行立教，自觉坚守精神家园、坚守人格底线，以自己的模范行为影响和带动学生，以高尚的道德情操教育学生，以良好的精神风貌感染学生，以独特的人格魅力影响学生。二要有敬业之志。要铭记“立德树人、教书育人”的职业使命，把三尺讲台作为实现人生价值的舞台，看重自己的职业，敬重自己的事业，钻研自己的专业，争做教书育人的专家型教师和教育领军人物，争做学生尊敬、家长信赖、社会认可的“教书先生”。三要有大爱之心。要牢记“有教无类、严慈相济”的职业准则，把师爱贯穿到教育的每一个环节，让每一个孩子在师爱的洗礼中茁壮成长，用真言、真理、真行教化学生，用真情、真心、真诚感化学生。

只讲奉献的管理是苍白的。这里我代表县委提三点想法，会后，教育和人社、财政、编办等部门要尽快拿出方案。一是扎实推进县管校聘。重点是规范教师流动机制，理顺教师人事关系，解决部分教师“有岗位、没身份”的问题，从根本上打消教师们的后顾之忧，让大家收心归位、潜心育人。二是完善绩效工资考核。近期，教育部门已经出台了绩效考核制度，下一步，要拉大分配差距，最大限度调动老师们的积极性。三是实行教育质量监测。尽快制定并落实全县教育质量评价基本标准和监测制度，对成绩突出的校长和教师，在绩效工资发放、评先评优、职称评定、年度考核等方面予以倾斜。总之，我们要通过以上措施，真正把奖优罚劣、能者多得的导向树立起来，形成思进思上、争先争优的良好氛围。

——要打造“四高”校长队伍。群雁高飞头雁领。校长的能力和水平，直接决定着一个学校的发展方向和办学品质。我们要对照高层次、高水平、高品位、高境界的要求，通过严格的思想淬炼、政治历练、实践锻炼、专业训练，全力打造一支政治过硬、品德高尚、业务精湛、治校有方的校长队伍。一要有明确的办学思路。校长对学校的领导，首先是教育思想上的领导，其次才是行政上的领导。作为校长，要了解学校的办学历史和发展现状，统筹考量现有生源和群众需求，全面掌握学校教师知识结构和学科教学情况，形成一校一规划、一校一特色。二要有务实的责任担当。校长要勇于担当、敢于创新，时时处处讲原则、顾大局，守规矩、作示范；要敢管善管，敢于碰硬、刚性落实各项制度措施；要突出学校课程教学改革，抓好学校课程建设，组织好学校教研教改工作，提升教育教学质量；要坚持在教学一线实践探索，带头住校，带头上课、带头听课、带头搞教研。三要有系统的治校策略。要具有统揽全局、科学决策、统筹协调的能力，能妥善处理学校、教师、家长、学生之间的关系，化解矛盾纠纷；要从工作上、生活上无微不至关心教师，帮助提升教学能力，务实解决实际困难，让每一名教师都对学校有归属感、对工作有荣誉感、对职业有认同感。要让家长明白学校办学思路、了解学校管理、关心学校发展，形成家校共育氛围。要尊重学生、了解学生，以生定教、因材施教，突出个性发展。要带好队伍，发挥团队作用，使中层干部和学校班子成员具有超前思考、靠前指挥、督促落实的能力。四要有健全的管理机制。要健全校长梯队培养机制，建立校级后备干部人才库，从骨干教师、学科带头人中培养中层干部，从优秀中层干部中选拔校级干部。要通过内外上下挂职、与名校联谊、异地见习等措施进行岗位锻炼，实行优胜劣汰、动态管理。要探索实行校长考核制度，对连续两年考核不合格的校长，坚决调离岗位。要探索设立“童存在奖”，对优秀校长进行大张旗鼓的表彰。要实施“名校长”工程，采用外引、上挂、外派、脱产培训、定岗实习等方式，5 年内培养 10 名“名校长”、20 名“名校长”后备人选。我这里特别强调一下：各级各部门各单位今后凡涉及学校、老师、学生的各类检查活动，必须坚持稳妥、慎重的原则，必须事先报请县教育工作领导小组批准，必须事先报请教育部门备案，决不能扰乱正常的教学秩序。尤其对涉及学校的一些问题线索，要本着“三个区分开来”的原则，审慎处理，慎重对待，以此引导广大教育工作者轻装上阵、一心为学。

第三，夯实教育振兴基础。教育是一项系统工程，有其内在的规律性。从幼儿园到小学、初中、高中，各个阶段是相互衔接、循序渐进的。因此，我们必须牢牢把握均衡发展这一基本原则，树立全链条、系统式的教育观，抓协调、抓统筹，抓均衡、抓全面，推动教育教学体系的各个环节全面进步、全面过硬。

——学前教育要体现公益普惠。要建立政府主导、社会参与、公民并举的办园体制，大力发展公办幼儿园，支持办好一批普惠性民办幼儿园，扩大学前教育资源，同步规范民办幼儿园，不断提升学前三年入园率、等级幼儿园覆盖率和普惠性幼儿园占比，提升学前三年教育的质量与水平，学前教育适龄幼儿入园率始终保持在 90% 以上。同时，加大公办幼儿园建设力度，到“十四五”末，县城公办幼儿园要达到 6 所，公办、民办在校幼儿比例达到 1∶1。

——义务教育要体现优质均衡。要围绕“义务教育优质均衡发展”这一目标，推进城乡学校一体化发展，着力抓好义务教育标准化建设、“互联网+教育”等工作，进一步缩小城与乡、校与校之间的差距，实现优质资源辐射共享、城乡学校协调推进。会后，教育部门要将优化城乡学校布局作为专题，组织专班，认真调研，充分论证，拿出一套布局调整方案。特别是要广泛听取社会各界特别是家长的意见和建议，立足当前、着眼长远，推动城乡教育均衡发展。

——高中教育要体现品质品牌。山阴一中，是全县教育的“晴雨表”。对于山阴而言，振兴教育的核心就是振兴山阴一中。在上世纪八十年代，山阴一中创下了骄人的业绩，可以说，怀仁一中的今天，就是山阴一中的昨天。当前，群众和社会对山阴教育特别是高中教育有太多的怨言，我想大概有这么几个原因：一个是强烈的落差感；再一个是强烈的对比感；还有一个是强烈的失落感。“过往不咎、当下不负”。我们今天讲问题，不是要针对谁，而是把问题摆出来、解决掉。我认为现阶段，一中存在的问题，有很多交织的因素，既有山阴地理区位的因素，也有群众趋优趋质的教育需求。但是，我想更重要的、也是需要深刻反思的，应该是我们的办学质量、教育质量。如果我们的家门口有像太原双语、怀仁一中、忻州实验这样的学校，有多少家庭愿意舍近求远外出就读？近几年，我们通过政策外力，为高中教育留住了一些优质的生源，但这并非长久之计。从我们自身来说，除了持续改善办学条件，缩小与名优学校的差距，根本上还是要提升教育质量，让学生和家长安心留在山阴；要以质的提升形成洼地效应，吸引出去的学生回流，吸引周边的学生就读，通过提高办学品质、打造过硬品牌，把一中这个“龙头”举起来，继而带动全县教育实现全面振兴。

针对目前山阴高中教育现状，一要设立高中优质发展专项基金；二要在落实我县教育教学工作激励办法的基础上，对进入“名牌奖”的生源学校进行奖励，对自主招生辅导、五大学科竞赛有突出贡献的教师也要拿出专门的资金进行奖励；三要聘请高考命题专家、知名特级教师担任一中的名誉导师；四要探索建立自主招生辅导工作站，聘请省内外一流高中学科专家和教授担任顾问；五要探索建立灵活多样的生源引入机制和措施，确保优质生源留得住、不外流。以上这些措施，对于山阴当前的财政形势，可以说是倾尽了全县之力。但是，我认为，抓好教育是本职、不抓教育是失职；抓不好教育，就是对党和国家的事业不负责任、就是对广大人民群众不负责任。借此机会，我向大家通报几个事情：一是截至 9 号，我们的二本以上录取人数达到了 349 人；二是山阴一中招生人数达 1310 人，是近 5 年来人数最多的；三是近段时间，先后从怀仁和市一中、市二中回流了 62 名学生。以上三个积极的变化，既是家长和学生对山阴教育重拾信心的一个具体表现，更为我们振兴山阴教育增添了强劲的动力。这次表彰学校、教师以及近期计划成立的高中优质发展专项基金，县里一共拿出 900 多万元，就是要进一步表明县委、县政府支持教育、振兴教育的坚定决心。这里也希望在座的老师们和同志们，把县委、县政府的决心传递出去，激励更多的教师撸起袖子加油干，我相信山阴一中一定会有一个更加美好的明天，山阴教育一定会有一个更加美好的未来！

——职业教育要体现稳定就业。职业教育是培养造就现实生产力的教育，是最能直接服务县域经济发展的教育。我们要坚持“以服务为宗旨，以就业为导向”的办学思想，坚持“工学结合、校企合作、顶岗实习”的人才培养目标，围绕高质量转型发展、“六新”发展方向、战略性新兴产业的用工需求，依托“朔州技师学院”，灵活办学、创新办学，打造区域高技能人才培养基地，培养更多的“山阴匠人”，为全县产业发展提供有力的人才支撑。今后，各部门组织的技能培训、劳动力培训等，要全部由县职业中心校承办，扶持我们自己的学校做大做强。

第四，促进学校内涵发展。

——建设特色学校。要依托思政课，大力弘扬社会主义核心价值观，真正做好“以文化人、以文育人”这篇大文章；要围绕“一校一品”，创建一批特色学校、品牌学校；要统筹各类资源，探索建立校内兴趣班，全力营造守正创新、健康向上、独具特色的校园文化氛围。

——建设智慧学校。依托5G技术，加大教育信息化投入，推进无线网络覆盖、网上课程开发引进等工作，以信息化为手段扩大优质教育资源覆盖面，缩小区域、城乡数字差距。

——建设平安学校。依托“三零”单位创建，建立健全校园安全责任体系、内控体系，切实维护校园安全稳定。

——建设开放学校。要积极与省内知名学校结对，与部属师范院校等名牌大学合作办学，广大教师要在与高手碰撞中提升，在合作交融中当好“徒弟”，提升“手艺”，学习他们的教案、题库、师风、校风、管理等，全面提升自身教育教学水平。

三、携起手、再出发，全民凝聚打造教育强县的强大合力

古人曰：“敬教劝学，建国之大本；兴贤育才，为政之先务。”教育是民族振兴、社会进步的重要基石，是功在当代、利在千秋的德政工程、民心工程。教育工作涉及面广、影响深远，不仅需要县委、县政府的大力支持，更需要学校、社会、家庭等各个方面的鼎力相助。我们必须坚持“党以重教为先，政以兴教为本，商以助教为善，师以从教为荣”，大兴尊师重教之风，引导全社会共同关心教育、支持教育，举全县之力推动山阴教育全面振兴。

第一，在思想上要高度重视。县委、县政府将一如既往地关心和支持教育事业发展，科学谋划指导，统筹协调推进，定期研究解决存在问题。我在近期的县委全委会上提到的“三个优先”，县委将坚决兑现承诺，我也将带头落实、带头执行。全县各级各部门要牢固树立“抓教育就是抓发展”的理念，努力做到经济社会发展规划优先安排教育发展，财政资金优先保障教育投入，资源配置优先满足教育需要。县教育工作领导小组要每季度召开专门会议，研究分析全县教育工作，协调解决重大问题。乡镇主要负责同志要把教育摆在更加突出位置，高度重视乡村两级的教育工作，多关心乡村教师、多关注农村学生。教育部门要充分发挥职能作用，切实加强组织协调和指导管理，全面提高教育教学质量和办学水平。

第二，在工作上要密切配合。公安、交通、市场监管等部门要切实加强学校周边环境治理，严厉打击破坏校园安全、侵犯师生权益的不法行为，切实保障教育教学正常秩序；工青妇等群团组织要强化协作意识，共同做好青少年思想道德教育工作；宣传部门要充分发挥舆论引导作用，加大对教育发展成果和先进典型的宣传力度，引导全社会形成从教崇高、支教光荣、重教光彩的良好风尚。

第三，在经费上要保障到位。重点要做到“四个只增不减”。一是确保教育支出只增不减；二是确保生均经费只增不减；三是确保教育投入只增不减；四是确保幼儿教育经费只增不减。同时，要积极鼓励和引导社会、企业和个人捐资助学、投资办学，着力破解教育投入不足的问题。

第四，在环境上要持续优化。要大力弘扬尊师重教的社会风尚和助教兴学的传统美德，全面落实各项政策待遇，帮助广大教职工改善工作和生活条件。统战部门要结合“光彩行动”，广泛动员社会各个方面、各个阶层的力量，特别是民营企业家和一些在外成功人士，积极支持教育事业发展，共同营造良好的教育发展环境。

政府工作报告（节选）

——2020年4月26日在山阴县第十六届人民代表大会第五次会议上

县长　苏　坡

一、2019年工作回顾

2019年，我们坚持以习近平新时代中国特色社会主义思想为指导，全面贯彻党的十九大和十九届二中、三中、四中全会精神，深入学习贯彻习近平总书记“三篇光辉文献”精神，以省委“三大目标”为牵引，围绕市委“生态立市、稳煤促新”发展战略，在县委的坚强领导和县人大、县政协的监督支持下，创新实施“2361”工作思路，统筹推进稳增长、促改革、调结构、惠民生、防风险、保稳定各项工作，保持了经济持续健康发展和社会大局和谐稳定。

全年地区生产总值完成136.8亿元，下降1.3%；规模以上工业增加值下降4.7%；固定资产投资完成29.6亿元，增长37.1%；公共财政预算收入完成15亿元，下降2.9%；社会消费品零售总额完成46.6亿元，增长7.5%；城镇居民人均可支配收入达到36667元，增长6.7%；农村居民人均可支配收入达到18184元，增长9.4%；新增城镇就业4396人，转移农村劳动力3954人，城镇登记失业率控制在1.49%以内，低于全省平均水平。

一年来，我们主要做了以下工作：

（一）**聚焦产业项目建设，经济社会发展后劲增强**。煤电产业提质增效，原煤产量2675万吨，增长29.5%；朱和咀与水泉煤业两个90万吨/年矿井开工建设，完成投资4亿元；昱光电厂二期2×35万千瓦低热值煤发电供热工程投产，晋能8万千瓦光伏发电、同煤织女泉10万千瓦风电、漳泽吴马营10万千瓦风电并网发电，全年发电量54.5亿度，增长38%，新能源发电占比达38.84%。新材料产业稳步推进，超牌10万吨/年耐火材料及煅烧高岭土二期生产线完成投资1.2亿元，玉竹2万m^3绝热保温硅酸钙板生产线投产，山西金胜达科技环保有限公司6万吨/年处理废旧轮胎橡胶输送带加工胶粉、改性沥青及下游产品项目改扩建工程建设完成。全年实施重点项目70个，其中产业项目29个，完成投资18.5亿元；先后16次在我县举行招商引资洽谈会，并赴北京、重庆、山东等地精准招商，签约产业项目21个，总投资127亿元，16个项目落地并开工建设。我县入选全国投资潜力百强县。

（二）**聚焦发展实体经济，民营企业逐步发展壮大**。认真落实国家减费降税政策和省、市、县支持民营经济发展意见，减免各类税费2.4亿元；金融机构新增贷款13.3亿元支持企业发展，组织政银企对接2次，现场发放贷款2590万元；争取省级技术改造奖励资金2100万元，推进古城乳业和山西金胜达2个技术改造项目；设立了1000万元中小企业扶持资金；向企业供应土地31宗654亩；培育“小升规”企业7家；化解民营企业债务1.2亿元，化解率100%。

（三）**聚焦开发区建设，经济发展支撑逐步夯实**。把开发区作为转型发展的主战场和主引擎，“三化三制”改革稳步推进，完成了“五规合一”规划编制；完成工业投资4.3亿元，同比增长21%；投资强度达365万元/亩，产出强度达142万元/亩，税收强度达12.7万元/亩，都高于全市开发区平均水平。

（四）聚焦“两不愁三保障”，脱贫攻坚成果持续巩固。9户19人脱贫，完成490户农村危房改造、121.5公里“四好农村路”、79户易地扶贫搬迁拆迁复垦任务，平山右饮水工程建成运营，3个乡镇24个村实施了农村饮用水提标集中连片改水工程，发放扶贫小额贷款1960.21万元，完成率122.51%，新建23个屋顶分布式光伏发电项目，总装机容量1661.5KW，巩固提升措施进一步落细落实，“两不愁三保障”突出问题基本解决。

（五）聚焦质量提升工程，有机旱作农业扎实有效。实施了农牧交错带桑干河灌区高效节水灌溉工程、京津风沙源治理二期工程水利水保项目等，建设高标准农田3.38万亩，新增高效节水灌溉面积1.2万亩。大力发展有机旱作节水农业，杂粮总播面积达到27万亩，其中旱地谷子种植面积7万亩；新增鑫霏、恒兴两个农产品龙头加工企业，农产品加工企业达20家，其中“513”龙头企业18家。全国有机旱作农业现场会、全省粮食产业经验交流现场会等5次大型现场会在我县成功举办，“塞外火山土”“雁门香”小米获中国第17届国际粮油产品会金奖，“农食美”牌小米获省粮食行业协会放心粮油产品称号，我县被中国粮食产业协会授予“中国富硒小米之乡”殊荣。

（六）聚焦城乡设施建设，公共设施短板逐步补齐。韩原线山阴动车站建成运行，府东街跨线立交桥工程累计完成投资75%，自来水日供水量增加5000立方，新增供热面积100多万平米，通过多方努力，群众过了一个温暖、不停水的冬季；世纪大道、王润路等城市主干道路建成通车；完成24条小街小巷硬化、8座公厕和土牛沟泄洪改造、2处人行通道和2座批发市场建设；对集贤社区住宅周边私搭乱建进行了整治，治理乱点8000余处。改善农村人居环境，打造美丽宜居示范村12个，提档升级村9个；实施“五大专项行动”，完成3个建制镇、11个村污水处理设施、1700户农村厕所改造、24个重点规模养殖场粪污设施建设，完善了243个村的生活垃圾收运处置体系建设。

（七）聚焦生态环境建设，三大保卫战成效显著。扎实推进中央环保督察问题整改；集中开展工业扬尘、道路扬尘和建筑扬尘专项治理，完成28家洗煤厂原煤棚、精煤棚和矸石库封闭环保设施建设，完成23家石料厂进出场道路硬化和场地硬化；环境空气质量综合指数为5.65，同比下降10.9%。深化桑干河清河行动，围绕全流域治理62项建设内容，完成县城污水处理厂提温提标和玉马小区污水处理工程，完成31家涉煤企业“黑水”（废水）治理，城镇污水排放由二级A标准提升为地表水五类、古城乳业工业废水排放标准由地表水五类提升为四类，河头、南湛两个断面水质标准达四类。西山生态修复治理完成102处修复、种植树木8.5万株、绿化126.6万平方米。完成造林绿化5万亩。

（八）聚焦改革创新驱动，重点领域改革全面推进。党政机构改革如期完成，新机构组建挂牌、涉改部门人员转隶到位。电力改革加快推进，8家企业参与大用户直供电；2家国有企业“三供一业”改革基本完成；农村集体产权制度改革有序推进，13个乡镇257个村完成集体清产核资和成员身份确认；“放管服效”改革持续深化，98%以上政务服务事项实现“一网通办”；“一枚印章管审批”全面启动。

（九）聚焦热点难点问题，民生保障水平不断提高。持续加大民生投入，全年民生支出达20.5亿元，占一般公共预算支出的79.7%。启动实施《振兴山阴教育五年行动目标》，新建职教中心通过省级评估验收，完成了北周庄学校改扩建，安装了考场监控三合一终端。县医疗集团人民医院建立了朔州市心血管病和骨科两个专科联盟；中医院住院楼封顶，设立了名医工作室，眼科走在全市前列。城乡居民医保参保人数达 17.9 万人。全民技能提升工程培训 2221 人；实施残疾预防重点干预和残疾儿童抢救性康复项目，53 名残疾儿童得以筛查诊断、康复训练；完成农村妇女免费“两癌”检查 3133 例、产前筛查 1705 人；新建 3 所农村老年人日间照料中心；完成免费送戏下乡 146 场；提升城乡低保待遇、经济困难高龄和失能老人补贴，将法律公共服务延伸到群众身边。二轮县志出版，实现志鉴两全目标；《桑干河》《洪涛山》两份杂志创刊；首届农民丰收节、第二届全国青年运动会实体火炬传递活动圆满成功。深入开展“扫黑除恶”专项斗争，加强安全生产监管，强化 206 运煤专线、山阴三小等易发交通事故路段的安全隐患治理，有效降低了事故发生率，全县除道路交通外其他行业安全生产实现“零事故、零死亡”管理目标。荣获全省“双拥模范县”荣誉称号、全省采煤沉陷区综合治理搬迁安置工作先进县称号。完成湿地公园调规，为下一步县城建设发展拓宽了空间。

（十）聚焦职能转变，政府自身建设进一步加强。建立政府常务会议第一议题，全面提高政府依法行政能力，依法有效化解社会矛盾；自觉接受人大、政协监督，办理人大代表建议 73 件，政协委员提案 69 件。严格执行“13710”工作制度，36 件督办任务办结 35 件，12345 呼叫中心转办工单 1027 件，按期办结率 99.7%。开展“不忘初心、牢记使命”主题教育和“改革创新、奋发有为”大讨论，严格落实全面从严治党，推进政府系统党风廉政建设和反腐败斗争，严格落实中央八项规定精神，对公共资金、国有资产、国有资源和领导干部履行经济责任实行审计全覆盖。树立“过紧日子”的思想，厉行勤俭节约，把有限的资金用在改善民生、推动发展上。

此外，全县民族宗教、气象、地震以及工会、红十字会、慈善等各项工作都取得新成绩。

各位代表，过去一年，我们主动化挑战为机遇、变压力为动力，用汗水浇灌收获，以实干笃定前行，共同顶住了经济下行压力，稳住了发展大局。这些成绩的取得是习近平新时代中国特色社会主义思想科学指导的结果，是县委统揽全局、科学决策的结果，是县人大、县政协有效监督、鼎力支持的结果，更是全县人民团结一心、奋斗拼搏的结果。在此，我代表县人民政府，向所有关心支持山阴发展的各界人士表示衷心的感谢并致以崇高的敬意！

在肯定成绩的同时，我们也清醒地认识到，当前我县经济社会发展还存在不少困难和问题：一是受疫情影响，短期内经济社会发展受到较大冲击；二是转型发展不快不足，创新发展基础薄弱，大项目好项目不多，新动能不够强劲；三是受经济结构制约，生态环境保护形势依然严峻，城镇建设步伐、社会保障等方面与群众对美好生活的向往还有一定差距；四是受经济下行影响，财政收入下降，资金保障矛盾日益凸显；五是部分干部担当意识、法治观念和能力素质不强，与高质量转型发展要求不相适应。对此，我们将高度重视，采取有效措施，切实加以解决。

二、2020 年工作安排

2020 年是全面建成小康社会和“十三五”规划的收官之年，做好今年政府工作，要坚持以习近平新时代中国特色社会主义思想为指导，全面贯彻党的十九大和十九届二中、三中、四中全会精神，深入贯彻习近平总书记在统筹推进新冠肺炎疫情防控和经济社会发展工作部署会议、决战决胜脱贫攻坚座谈会上的重要讲话精神和“三篇光辉文献”、“五次重要指示”精神，按照中央和省委、市委经济工作会议总体部署，全面加强党的领导，坚持稳中求进工作总基调，坚持新发展理念，坚持以供给侧结构性改革为主线，紧扣省委“四为四高两同步”总体思路要求和市委“生态立市、稳煤促新”

战略，创新实施“2361”工作思路，坚决打好三大攻坚战，全面做好“六稳”工作，统筹推进稳增长、促改革、调结构、惠民生、防风险、保稳定各项工作，保持经济运行在合理区间，确保“十三五”规划圆满收官，如期完成全面建成小康社会目标任务。

经济社会发展的主要预期目标是：地区生产总值增长7%以上，规模以上工业增加值增长7%左右，全社会固定资产投资增长8%以上，一般公共预算收入下降10%，社会消费品零售总额增长7%以上，城镇居民人均可支配收入增长6.1%以上，农村居民人均可支配收入增长7%以上。城镇新增就业2900人，城镇登记失业率控制在4.5%以内。约束性指标完成市定任务。

当前，国内疫情防控阶段性成效进一步巩固，复工复产取得新进展，经济社会运行秩序加快恢复，经济长期向好的基本面和内在向上的趋势没有改变。全面复工复产需求不断回升，对我县以煤电为主导的经济较为利好；中央扩大地方专项债券发行规模和“新基建”决策部署，为我们扩大生产、拉动投资提供了新的契机。3月份以来，主要经济指标止跌回升，扭转了前两个月不利形势，全年经济社会发展取得良好开局。我们必须坚定信心、保持定力，统筹抓好疫情防控和经济社会发展，决胜全面建成小康社会。

围绕全年目标任务，重点抓好以下十个方面的工作：

（一）突出高质量发展，全力构建现代产业体系。立足我县资源禀赋和区位优势，以工业结构反转为着力点，做好加减法，调优经济结构，打造“四大现代产业集群”。

在培育壮大东部现代农业产业园区上做文章。调整种植业结构，优化粮经饲比例，减玉米、稳杂粮、扩饲草、保油料、试药材，增加规模种植、特色种植面积，集成一批有机旱作农业技术模式，打造一批旱作节水示范片区，创建一批优质特色品牌。推进牧场化管理，持续实施奶牛良种繁育工程，良种覆盖率达到100%，奶牛养殖量稳定在8万头左右，推进山阴乳品业全面振兴。做好非洲猪瘟防控工作。壮大龙头企业，以古城乳业集团、惠牧源、惠民、骏宝宸、朔煤燕麦等龙头企业为依托，推进一二三产业融合发展。

在培育壮大西北部煤电循环园区上做文章。依托标准化矿井生产基地和山阴经济技术开发区，推进煤炭生产、洗选、发运一体化发展，输出优质动力煤、转化劣质煤、固废利用煤矸石和粉煤灰，实现煤炭—电力—新材料，生产—洗选—发运多路径各环节增值。推进智能矿井建设，加快朱和咀煤业与水泉煤业两个90万吨/年矿井建设进度，确保年内建成投产；再上一批风电光伏新能源项目，加快锦晔低阶煤综合利用项目建设进度，在工业固废和碳基新材料上求突破，确保一批新材料产业项目建成投产达效。

在培育壮大西部钙化工生态园区上做文章。依托山阴钙石品质好、可利用价值高的优势，以玉竹1万吨/年硅酸钙新材料和2万m^3绝热保温硅酸钙板项目为基础，进一步沿伸产业链条，引进大公司、大集团，运用新技术、推出新产品，打造绿色钙化工产业基地。

在培育提升南部文旅融合园区上做文章。加快修复月亮门，切实保护明长城。依托“旧广武城”“汉墓群”“明长城”三件国宝级资源，推动文旅融合，打造以广武长城为龙头，化悲岩寺、蝴蝶谷、桑干河为龙身，乡村体验游、农特产品为龙爪的文旅体系；深化旅游体制改革，年内培育5个乡村旅游示范村、5个“长城人家”，将边塞文化、农耕文化、游牧文化有机融合在一起，全力打造广武边塞文化特色旅游景区。

（二）突出开发区建设，全力培育转型发展新动能。把开发区作为招商引资的主阵地、高质量发展的新引擎，推动各项工作落地落实。

稳步推进“三化三制”改革。完善内设机构、充实工作人员、招聘专业技术人才，重点推进碳基新材料等实验室建设；引入战略投资商、专业化园区运营商，实行市场化管理。把引进外资投资项目作为招商引资工作的一项重要任务，以绩效管理推动招商引资，落实好《山阴经济技术开发区绩效工资管理办法》。

加大硬环境投资力度。加快推进开发区污水处理、标准化厂房、供热、供水、供气、供电、道路等 8 个基础设施项目建设，总投资 12.14 亿元，年内计划完成投资 3.6 亿元。

推进园区软环境建设。承接好县直相关部门权力下放事项，从项目洽谈到建设，提供一条龙“保姆式”服务。征用流转 1600 亩土地，确保入区项目“熟地”供应，年内力争落地建设项目 12 个，完成投资 9.5 亿元；引进 2 个 5 亿元、3 个 2 亿元以上产业转型项目。

（三）突出项目为王，全力做强经济硬支撑。坚持把重大项目作为推动高质量发展的顶梁柱，进一步细化六项常态化机制，促进全县经济高质量转型发展。

狠抓项目建设。全年计划实施 500 万元以上项目 78 个，其中 5 亿元以上 9 个，1 亿元以上 33 个，总投资 293.66 亿元，年内计划投资 43.74 亿元。基础设施项目，重点实施旧二级路改造、农村生活垃圾治理、农村污水治理等 15 个项目，总投资 17.4 亿元，年内计划完成投资 8.2 亿元。产业发展项目，重点抓好松蓝化工 4×20 万吨/年丙烯酸、中煤矿业 20 万吨纳米碳酸钙深加工、双胞胎股份有限公司年出栏 60 万头生猪养殖等 29 个项目，总投资 247.4 亿元，新建续建项目确保年内完成投资 24.4 亿元。社会民生项目，重点实施桑干河山阴段河道综合治理工程、加快推进故驿片区节水灌溉工程、地下水压采及水源置换岳庄灌区改造工程等 25 个项目，总投资 20.3 亿元，年内计划完成投资 8.5 亿元。生态建设项目，重点实施西山矿山生态修复、畜禽粪污资源化利用整县推进等 9 个项目，总投资 8.5 亿元，年内计划完成投资 2.56 亿元。

狠抓招商引资。严格落实招商引资“五个一”服务工作机制和《山阴县招商引资优惠政策 25 条》，推进“标准地”改革，打造“六最”营商环境，开展“三请三回”活动，以政府招商、企业招商、全民招商、以商招商的工作方式，推行“全承诺、无审批、拿地就开工”，为项目落地创造良好环境。进一步充实项目盘子，推动现代农业、制造业和服务业协调发展。

狠抓服务工作。进一步落实重点项目县级领导包联推动责任制，深入企业调查研究，帮助解决项目推进中出现的困难和问题。全力加快项目前期审批手续，情况特殊的个别项目做到特批特审。强化银企合作，多渠道筹措建设资金，保证项目按计划进行。

（四）突出巩固提升，全力打赢脱贫攻坚战。强化“军令状”和“交总账”意识，落实“四不摘”要求，聚焦“两不愁三保障”突出问题，完成剩余 1 户 3 人脱贫任务，实现脱贫攻坚“十个清零”。

抓好产业项目建设。健全“五有”机制，继续实施“一村一品一主体”产业扶贫项目，稳定光伏扶贫增收产业的主导地位，年内完成已建在建的 86 个村级光伏电站建设并稳定运行；做大做强杂粮、蔬菜、中药材、畜牧、农产品加工等潜力产业；扎实推进电商、生态、金融等多领域扶贫，多渠道带动贫困户增收致富。

抓好反馈问题整改。严格落实整改任务时限和要求，做到心中有数、措施有力，问题一村一村查找、档案一户一户校准、帮扶一项一项抓实、资金一笔一笔审核、政策一条一条落地、责任一级一级到人，确保整改工作圆满完成。

抓好扶贫资金管理。加强资产收益资金管理，及时掌握企业、合作社的经营状况，签订好各种协议文书，定期监测企业运行状况，确保扶贫资金安全，保障贫困户稳定受益。

强化脱贫政策保障。加大贫困人口培训就业和灵活就业力度，确保就业基数，让就业成为增收第一来源；抓好已脱贫人口巩固提升，实现靠技能提高工资性收入，靠创业提高经营性收入，靠改革增加财产性收入，靠政策增加转移性收入；健全政策保障、政策衔接、防贫保障、扶贫资产管理、监督监管长效机制，做好脱贫攻坚普查工作。

抓好典型宣传工作。梳理脱贫攻坚成效，总结实践经验，挖掘典型事迹进行正面宣传报道，讲好山阴故事，为全县决战决胜脱贫攻坚提供坚强思想保障和舆论支持。

（五）突出乡村振兴，全力做好“三农”工作。按照“二十字方针”，加快实施乡村振兴战略，高质量编制《山阴县乡村振兴战略规划》及5个专项规划，推动农业全面升级，农村全面进步，农民全面发展。

推动农业产业升级。抓好“米袋子”“菜篮子”“肉盘子”工程，保证农产品的有效供给。农作物播种面积稳定在85万亩左右，确保粮食产量稳定在2.8亿公斤以上，蔬菜产量稳定在2.15亿公斤左右，生猪出栏3.85万头以上。在2019年有机旱作农业发展保持良好态势的基础上，积极调整种植结构，扩大莜麦、谷子、荞麦等小杂粮种植面积，渗水地膜谷子达到8万亩。做优杂粮产业，发挥“中国富硒小米之乡”品牌优势，在合盛堡、安荣、岱岳、北周庄坡区乡镇培育谷黍、高粱等小杂粮，以龙头带基地、基地联农户的产业化方式和“互联网+”的营销方式做大龙头企业，打响“塞外火山土”“雁门香”小米、“鑫邦”燕麦和“香饽饽”食品等品牌。

加快基础设施建设。启动乡镇国土空间总体规划和“多规合一”实用性村庄规划，依法依规完成50个行政村撤并工作。完成高标准农田建设任务，开工建设2020年度京津风沙源治理二期水利水保项目工程；新建村道安全生命防护工程15公里，农村公路养护提质改造170公里，改造县乡公路10.1公里；加快新一轮农村电网改造，推进宽带提升工程，巩固乡镇卫生院和村级卫生室建设成果。

强化农村环境整治。推进干线公路、沿河村为重点的美丽宜居示范村和提升村建设；进一步强化农村基本公共服务、基层组织和乡风文明建设；市场化推进铁路、公路沿线村庄垃圾治理、3个建制镇污水站管理；完成4700户改厕任务，大力开展爱国卫生运动，推进以“八边五堆”治理为主要内容的卫生乡村建设，全面推行农村公路“路长制”。

（六）突出城市建设，全力提升城市品质和管理水平。按照“布局合理、规划科学、管理精细”的要求，全力推进城市及城乡结合部融合发展。

加大基础设施建设力度。以规划引领建设，做好《山阴县国土空间总体规划（2020—2035）》的编制工作，统筹推进交通、水利、能源、生态建设等专项规划编制工作。完成15条小街小巷改造、县城供水项目提升、旧二级路道路改造、旧二级路与虎山线交叉路口区划整改工程等县城7项基础设施工程；完成集白线道路改造工程，配合省、市积极推进朔山联络线建设，配合市相关部门推进G208怀仁市王家堡—山阴县薛圐圙段、国道336朔州市境内应县罗庄—朔城区东榆林两条干线公路改造；加快推进5G基础网络建设，扩大使用覆盖面。

创新城市管理运作模式。试点推行“社会管理、城管执法，疏堵结合、靠前服务，技术创新、源头治理”的社会化模式，完善城镇生活污水、生活垃圾运转机制，提升城市管理水平，形成新的城市管理格局；进一步规范物业管理，积极创建平安和谐小区，提升居民居住质量；开展人防工程专项整治，严厉打击各种违法违章建设；拓展县城保洁范围，向城中村、城乡结合部沿伸，逐步实现环境卫生保洁全覆盖。

着力提升县城建设品位。全面推进“城市双修”，提升城市防洪泄涝能力，完善土牛沟治理后续工作；优化县城“三横五纵”路网结构，加快县城市政公用设施建设，街道硬化及破损路面修补，加大违规开发整治力度；稳步推进供水、供热能力提升建设；进一步提升县城主次干道的亮化质量。

（七）突出改革创新，全力增强经济发展活力。坚持“创新为上”实施创新驱动，完善社会综合治理机制；坚持“改革为要”，持续深入推进重点领域改革，营造宽松创新氛围。

全面推进能源革命。按照《山西能源革命综合改革试点山阴行动计划》，推进煤炭清洁高效生产，对单独保留且达不到300万吨/年的煤矿进行生产能力核增或减量重组，推动洗煤产业升级。鼓励企业探索煤矸石充填开采、保水开采等绿色开采技术试点示范。推动固废综合高效开发利用。积极打造固废在发电、化工、新型墙材等方面多元化利用路径，不断扩展固废利用产品市场空间。加快超牌10万吨煅烧高岭土生产线三期项目、聚天海新建60万立方米装配式建筑新材料及100万立方米混凝土生产线一期项目进度，最大限度消纳粉煤灰和煤矸石。推动电力行业互联互通建设。做好昱光电厂四台机组接入晋北特高压站申报工作。大力支持各类资本参与输电网建设，推进山阴经济技术开发区增量配电改革试点项目。推进采煤沉陷区移民搬迁村光伏项目建设，加大“风电打捆”力度，做好与华能、浙电合作的4×100万千瓦超超临界燃煤发电机组项目前期工作。推动碳基新材料产业发展。积极探索昱光电厂纳米级煤粉替代散煤燃烧技术应用，谋划一批碳基新材料招商引资项目。

构建企业创新体系。开展规上工业企业研发活动，用好省、市两级技改资金，全力培育创新主体，在“专精特新”中小企业培育上做文章，培育“小升规”企业3户以上。强化金融、土地、标准化厂房、用能等支持，为企业创新提供全方位服务。

重点扶持民营企业。全面落实“省30条”“市48条”和“县50条”支持民营经济发展政策措施，努力构建“亲”“清”新型政商关系，积极打造亲商、安商、尊商、富商的浓厚发展氛围，鼓励非公经济进入产业发展、城市建设、社会事业等领域，推动非公经济大开放、大发展、大跨越。

持续推进农村改革。统筹土地确权成果验收、完善数据库与信息平台、规范档案整理、严格新版证书发放等工作，确保在6月底全面完成农村土地确权颁证工作，10月底完成农村集体产权改革。建立完善仲裁体系，推进县级农村产权交易中心运行，引导农村土地经营权有序流转，不断激活农村发展新动力。做好二轮承包土地到期续包衔接工作，提升农村耕地、林地、宅基地、集体建设用地“四块地”的综合效益。

（八）突出污染防治，全力改善生态环境质量。牢固树立“绿水青山就是金山银山”的理念，聚焦精准治污、科学治污、依法治污，推动生态环境质量持续好转。

打好蓝天保卫战。调整优化产业结构、能源结构、运输结构、用地结构，强化联防联控和重污染天气应对。坚决禁止焚烧秸秆，做好传统节日和重点时段建成区及县城周边“禁燃禁放”工作；不间断开展餐饮油烟和建筑、道路扬尘、企业堆场全封闭等专项整治行动；完善优质煤配送机制，严控城边村和租房户燃用劣质煤。高标准推进以集中供热为主的清洁取暖改造，力争建成区覆盖率达到100%，农村地区覆盖率达到60%。

打好碧水保卫战。巩固清河行动成果，严格落实“河长制”，加强水资源和水域岸线管理保护，推进入河排污口整治、污水处理厂规范运行和沿河村庄污水、工业企业废水治理，推进105个畜禽规模养殖场粪污设施建设和沿桑干河、黄水河、木瓜河流域村庄及养殖密集区4000立方米粪污集中收集池项目建设，使全县畜禽粪污资源化综合利用率达到国家规定的90%以上，粪污处理设施装备配套率达到100%。

打好净土保卫战。完善煤矿、洗选煤厂、煤站、石料厂、矸石处理场等防扬散、防流失、防渗漏设施建设；加强医疗废弃物管理，完成重点行业企业高风险用地土壤污染状况调查信息采集和风险筛查，完成生态保护红线勘界；实施垃圾处理厂扩容建设项目，加快5座垃圾中转站设施配备等后续工作，及早投入运营。

持续推进生态绿化。与全市同步打造桑干河百公里生态经济带；着力解决矿山资源开采造成环境污染和生态植被破坏的突出问题，继续开展西山矿山生态修复、采煤沉陷区、露天开采区、工矿废弃地及公路、铁路沿线可视山体裸露区治理，实施华夏煤业二期地质环境恢复治理工程；完成京津冀生态屏障2000亩、交通沿线荒山造林2000亩、京津风沙源人工造林2000亩和县级造林任务。

（九）突出共建共享，全力提升民生幸福指数。坚持以人民为中心的发展思想，扎实做好就业、教育、卫生健康等工作，持续提升社会保障水平。

大力发展社会事业。按照《振兴山阴县教育五年行动目标》，促进学前、义务、高中、职业、民办、网络六大教育事业健康发展。坚决抓好医疗卫生健康工作，完成医疗集团信息化平台建设，实施中医药强县战略和中医药服务能力提升工程，完成中医院住院楼建设并投入运营；强化医疗卫生、食品安全、养老、健康等工作，加快一批日间照料中心试点运营；抓住山阴县老年公寓是全国33家标准化试点单位、山西省医养结合试点单位的有利条件，力争将其打造成全省养老事业的标杆；加大打击欺诈骗保工作力度，维护好医保基金安全；推进县融媒体建设，建设山阴县新时代文明实践中心（站、所）；实施文化惠民工程，全年完成送戏下乡100场；丰富群众性文化活动，开展“全民朗读”“全民健身”等群众文化活动；深入挖掘山阴特色文化资源，打响山阴文化品牌，做大做强“众福缘”等工艺品产业。实施人才工程，招录一批急需紧缺专业人才，提升县域内各领域服务水平。

持续夯实社保基础。抓好省政府十件民生实事，全面落实稳就业政策，加强各类技能提升培训，促进转移就业规模化程度；解决好农民工、退役军人等群体就业，做好残疾人、低保对象、零就业家庭等困难群体就业援助工作，切实提高城镇就业、农村劳动力转移就业人数。切实维护劳动者合法权益，保障农民工工资足额发放。进一步健全基本养老、基本医疗和失业、工伤、生育等社会保障制度，稳步提高最低生活保障和特困供养标准；继续做好城镇职工、城乡居民和离退休干部医疗保障工作；推进社会养老服务体系建设，着力保障城乡特困人员基本生活。高度重视工青妇、老龄和残疾人工作，进一步发挥老年大学的桥梁纽带作用；做好第七次全国人口普查工作。

全力维护社会稳定。深入开展“扫黑除恶”专项斗争和“三零”单位创建活动，深入开展“积案化解攻坚行动”。坚决防范经济、科技、社会等领域重大风险，强化政府债务限额管理和预算管理，严控新增政府债务，确保隐性债务不新增、“三保资金”不断链；严厉打击非法集资和恶意逃废金融企业债务行为。

（十）**突出隐患整治，全力抓好各领域安全生产**。安全生产涉及到各行各业，关系到千家万户，我们必须牢固树立以人为本的安全生产理念，一手抓发展，一手抓安全。

增强安全意识。加强安全宣传教育力度，落实山西省煤矿分级分类安全监管监察办法，强化“安全是最大效益”的意识，为稳增长、调结构、促发展提供有力的安全保障。

强化安全措施。狠抓风险源头管理，持续加大煤矿、非煤矿山和其他重点行业领域安全隐患大排查大整治，加强食品药品安全监管，抓好地质灾害治理和森林防火工作，推进安全生产和防灾减灾知识技能培训“七进”活动，提高应急处置和救援能力建设。

压实安全责任。严格落实安全生产责任制，坚持党政同责、一岗双责、齐抓共管、失职追责，建立完善安全生产动态监控及预警预报体系，坚决防范和遏制重特大事故发生。

各位代表，在做好以上十个方面工作的同时，我们今年要着力办好十件民生实事：一是确保府东街跨线立交桥通车。二是实施清洁取暖工程，县城集中供热面积扩大 90 万平米。三是建成中心敬老院并配套相关设施。四是建成社会福利中心儿童福利院并配套相关设施。五是建成职业中心校并投入使用。六是实施农村生活垃圾和农村生活污水综合利用治理项目。七是实施东环路污水管道顶管下穿北同蒲线工程。八是建成康馨公园。九是完成引黄供水区山阴泥河供水工程。十是启动集大原高铁车站和站前广场建设项目。

三、加强政府自身建设

各位代表，山阴正处于转型发展关键期，高质量发展对政府工作提出了新的更高要求，我们必须坚持和加强党的领导，坚持依法行政，加快政府职能转变，全面提升政府治理能力和水平，以一流的作风和业绩兑现向全县人民的承诺。

坚持党的领导。落实新时代党的建设总要求，旗帜鲜明讲政治，严守党的政治纪律和政治规矩，增强“四个意识”，坚定“四个自信”，做到“两个维护”，自觉把坚持和加强党的领导落实到政府治理各领域各方面各环节，确保中央、省、市和县委决策部署落地见效。

严格依法行政。完善依法决策、执行坚决、监督有力的运行机制，细化政府工作规则和各项规章制度，确保各项决策和工作更加符合山阴实际、更加符合群众愿望。始终与县委同心同德、同心同向、同心同行，确保政令畅通、令行禁止。依法接受人大及其常委会的法律和工作监督，自觉接受政协的民主监督，全面接受监察监督，主动接受社会和舆论监督，让政府工作在法治轨道上稳步前行。认真办理人大代表意见、建议和政协委员提案，切实做好“13710”政务督办和“12345”政务热线反馈事项。

打造数字政府。加快完善“互联网+政务服务”“互联网+监管”“领导驾驶舱”“三晋通”APP 等硬件设施和平台，实现“一网通办”“窗口快办”，对标“三对”“六最”，优化“五送”服务。加强事中事后监管，加大“双随机一公开”“双公示”工作力度。深化“一枚印章管审批”改革，坚持把群众所盼、企业所需作为第一信号，从反映最强烈的问题抓起，从问题最集中的领域抓起，让政府工作更加高效。

建设廉洁政府。严格执行中央“八项规定”精神和实施细则，深入推进政府系统党风廉政建设。加强重点领域和关键环节监督管理，推进公共资源进入平台交易。严肃查处侵害群众利益的不正之风和腐败行为，保持严惩腐败高压态势。严控“三公”经费支出，开源节流、增收节支，政府带头过紧日子，让人民群众过上好日子。坚持民主集中制原则，加大对巡视巡察督查审计反馈问题整改落实力度，切实做到干部清正、政府清廉、政治清明。

狠抓工作落实。对于今年确定的重点工程、重大事项、重要工作，要细化、量化、具体化，要以上率下抓落实、担当负责抓落实、强化执行抓落实、严守规矩抓落实、问责问效抓落实。落实责任到岗到人，做到主要领导亲自抓、分管领导重点抓、具体工作专人抓，形成一级抓一级、层层抓落实的良好局面。大力弘扬“右玉精神”，持之以恒地改进工作作风。

大事记

大事记

1月

1月2日，政府副县长柴俊在县政府五楼会议室主持召开县长办公会议，就公安局反映北京中枫国际商务咨询有限公司山阴分公司可能存在风险隐患，进行了专题研究和部署。

1月4日下午，县委副书记、代县长苏坡主持召开县政府党组会议。会上，学习习近平总书记近期重要讲话精神，并对当前工作进行安排部署。

1月10日，政府副县长何兴斌带领卫计局等相关部门负责人深入基层，就“两节”“两会”前后民营医院安全问题及医保规范工作进行调研。

1月15日，县委常委、常务副县长郭兆文带队深入危险化学品、烟花爆竹、人员密集场所等有关企业开展安全生产大检查工作，县安监局局长王志文、副局长班志福，县消防队指导员韩笑、参谋刘晓阳等一同检查。

1月23日，政府副县长柴俊就县政府第三十九次常务会议议定的中源伟业王老沟黏土矿相关问题召开县长办公会议，就公开招标勘探、监理单位及该项目预算等事宜进行了专项研究和部署。

1月26日晚8时，“2019山之阴玉猪拱福迎春晚会”由山阴县委宣传部主办，山阴文旅委、山阴广播电视台协办，在政府报告厅隆重上演。

1月28日，召开中共山阴县委十四届八次全体会议暨县委经济工作会议，县委书记李旭清代表县委常委会作工作报告，县委副书记、代县长苏坡总结2018年经济工作，安排部署2019年全县经济工作。

2月

2月3日，政府副县长、公安局长杨德文，副县长杨良贵带领交警大队、交通局等部门负责人，先后深入汽车站、苑家辛庄超限检测点、永静城交通警察执法站等，实地检查山阴县春运期间道路交通安全工作开展情况。其间，详细向执勤交警了解当前各路段交通安全状况、存在突出问题和具体工作措施等情况，对大家的履职尽责和辛勤工作给予了肯定。

2月3日，政府副县长乔新文带领县直有关部门负责人深入部分超市、商场开展春节前安全大检查活动。乔新文一行先后深入客都、家佳利超市等地，认真听取了相关负责人有关管理运营情况的汇报，详细了解了节日期间消费者购物情况，重点查看了散装食品标识以及临近保质期食品的处置情况。

2月11日，中共山阴县委开展“改革创新、奋发有为”大讨论活动。

2月12—13日，县委副书记、县长苏坡赴北京对接国家能源局布局煤制气项目。

2月18日，县委副书记、县长苏坡在县政府八楼党政联席会议室主持召开县政府党组会议。会议传达了习总书记在庆祝改革开放四十周年大会上的讲话；解读省市《关于开展改革

创新、奋发有为大讨论的实施方案》；讨论县政府党组《关于开展改革创新、奋发有为大讨论活动实施方案》（草拟稿）

2月19日，印发《山阴县机构改革方案》，2月20日，召开山阴县机构改革动员大会。

2月20日上午，山阴县2019年元宵节文艺会演活动在政府广场前举办，来自县直各单位和岱岳镇的25支文艺队同场竞技，共庆元宵。市委常委、宣传部部长王加关，山阴县四套班子领导与全县上万民群众一同观看了文艺演出。

2月20日下午，县委宣传部召开“改革创新、奋发有为”大讨论动员部署会议，贯彻落实省、市、县动员部署会议精神，进一步安排部署县委宣传部大讨论活动各项工作任务，迅速在全县宣传系统掀起大讨论热潮。

2月28日，召开中共山阴县委常委班子2018年度民主生活会，市委常委、组织部部长崔巍参加会议并讲话。

3月

3月4日上午9时，《中共山阴县委网络安全和信息化委员会办公室》、《山阴县新闻出版局》和《山阴县人民政府新闻办公室》三家单位举行揭牌仪式。

3月8日，县委副书记、县长苏坡在县政府八楼党政联席会议室主持召开政府党组会议。会议主题为强化新理论武装，树立“四个意识”、坚定“四个自信”，勇于担当作为。以求真务实作风坚决把党中央决策部署落实到实处。紧密结合在“两转”的基础上，全面拓展新局面，共建塞上绿洲美丽朔州。创新“2361”工作思路，改革创新、奋发有为，奋力谱写新时代中国特色社会主义山阴新篇章。

3月11日，政府副县长何兴斌在县政府一楼中心会议厅召开全县学校安全工作会议。会上分析总结山阴县2018年全县学校安全工作，安排部署2019年学校安全工作任务，并通报2018年学校安全检查情况，坚决遏止各类学校安全事故的发生，全力保障广大师生生命财产安全和社会和谐稳定。

3月14日，县委常委、常务副县长郭兆文在华夏煤业有限公司主持召开煤矿井下问题车辆集中销毁现场会。会上，郭县长强调：要深刻汲取事故教训，切实把煤矿运输管理工作摆在重要位置抓紧抓好。

3月15日，组织开展全县“改革创新、奋发有为”大讨论对标一流述职评议。

3月18日，山阴县有机旱作农业渗水地膜谷子穴播种植技术培训会在后所乡召开，政府副县长王建平出席会议，省农科院姚建民教授及相关负责人，县农业、农技负责人，河南片各乡镇的负责人及种植大户、合作社、机播手，以及全县有机旱地谷子种植加工销售典型代表共计80多人参加培训。

3月18—19日，省统计局相关领导对山阴县芍药花煤矿、五家沟煤矿和元宝湾煤矿的统计数据开展专项检查。

3月20日，山西省政府副秘书长梁敬华一行深入山阴县就美丽乡村建设、农业产业发展进行专题调研。朔州副市长田东、山阴副县长王建平等相关部门负责人一同调研。梁敬华先后深入薛圐圙乡薛圐圙村、古城乳业集团有限公司，参观了薛圐圙村的红白理事会和古城乳业集团生产车间，详细了解了薛圐圙的美丽乡村建设情况以及古城乳业集团公司的发展现状。

3月21日，山阴县与苏州高迈新能源有限公司项目交流洽谈会在县政府八楼党政联席会议室举行，县委书记李旭清，县委副书记、县长苏坡，政府副县长杨良贵，苏州高迈新能源有限公司董事长王建明出席洽谈会，县相关部门负责人及高迈其他高层参加洽谈。会上，就山阴县的概况、招商引资一系列优惠条件及高迈的产品研发、市场销售、金融服务，双方分别作了详细介绍。双方就高迈提出的框架协议草案进行了初步协商。

3月22日，县委副书记、政府县长苏坡主持召开县政府第41次常务会议，会议传达学习了习近平总书记关于当前各项工作的重要指示精神，研究了相关工作；传达学习了朔州市扫黑除恶专项斗争推进会会议精神，听取了山阴县扫黑除恶专项斗争工作情况汇报，安排部署了相关工作；听取了“大棚房”进展情况汇报、山阴县煤炭和石灰石资源存量情况汇报，安排部署了相关工作

3月22日，山阴县组织收听收看全省“三晋英才”支持计划启动大会并聆听了省委书记骆惠宁在大会上作的重要讲话。大会由省长楼阳生主持，会上省委书记骆惠宁发表讲话，骆书记强调“三晋英才”支持计划启动大会是为了更好地解决问题，是改革开放大讨论的重大举措，是优化人才力量关键环节改革。

3月28日，召开县委政法工作暨扫黑除恶专项斗争推进会，通报近期有关涉黑涉恶腐败案件和问责情况，安排部署进一步深化扫黑除恶专项斗争开展治乱百日攻坚行动。

3月31日，朔州市委书记陈振亮深入山阴县督导“三个专项行动”进展情况。在张家庄乡明长城上，政府副县长柴俊汇报了山阴县地质灾害防治工作。

4月

4月1日，山阴县召开落实省委“三个专项行动”工作专题会，就集中开展高陡边坡隐患排查、森林防火专项督查、安全生产大检查工作进行再部署、再安排。

4月3日，县委副书记、县长苏坡调研指导县城自来水饮水工作和森林防火工作，现场办公解决具体问题，实地察看清明节前后森林防火值守情况。政府副县长杨良贵及相关人员陪同调研。

4月11日，召开县委农业农村工作暨全县脱贫攻坚会议，总结2018年农业农村和脱贫攻坚工作，对2019年工作进行了安排。

4月11日，山阴县组织参加全省干部驻村帮扶工作电视电话推进会。会议指出：各级各部门要认真贯彻中央和省市关于脱贫攻坚工作的重大决策部署，高度重视，精准发力，上下联动，脱贫攻坚工作取得显著成效。

4月11日，山阴县医疗集团人民医院凭借过硬的实力和救治水平成功通过国家胸痛中心认证，正式成为朔州市首家符合国家级标准的胸痛中心。

4月12日，分别召开县委全面深化改革委员会第一次会议、县委财经委员会第一次会议和县委审计委员会第一次会议，审议《中共山阴县委全面深化改革委员会工作规则》《中共山阴县委全面深化改革委员会办公室工作细则》《中共山阴县委全面深化改革委员会2019年工作要点及责任分工》《中共山阴县委财经委员会工作规则》《中共山阴县委财经委员会办公室工作细则》和《中共山阴县委审计委员会工作规则》《中共山阴县委审计委员会办公室工作细则》《2019年度全县统一组织审计项目计划》。

4月12日下午，朔州市政协副主席、县委书记李旭清，县委副书记、县长苏坡一同会见中国煤炭地质总局总经济师姚志祥，中煤矿业发展有限公司党委委员、副总经理张成森一行。双方就落地项目运营情况、未来发展合作规划等事宜进行了商谈。

4月17日，政府副县长何兴斌带领相关部门负责人深入全县各中学开展安全检查。何兴斌一行认真察看各校园内外环境，深入学校学生宿舍、学生饭堂，详细了解学校安全教育、安全生产责任制落实、食堂食品安全管理、校舍及设备设施、校园及周边环境安全、应急管理、学生上下学交通安全、消防安全管理、危

化品管理等情况，就检查中发现的问题提出整改要求。

4 月 18 日，分别召开县委全面依法治县委员会第一次会议、县委网络安全和信息化委员会第一次会议和县委机构编制委员会第一次会议，审议《县委全面依法治县委员会工作规则》《县委全面依法治县委员会协调小组工作规则》《县委全面依法治县委员会办公室工作细则》和全面依法治县委员会执法协调小组、司法协调小组和守法普法协调小组组成人员名单，《中共山阴县委网络安全和信息化委员会工作规则》《中共山阴县委网络安全和信息化委员会办公室工作细则》《中共山阴县委机构编制委员会工作规则》《中共山阴县委机构编制委员会办公室工作细则》。

4 月 22 日，朔州市桑干河清河行动第七次现场督导推进会在山阴召开。市委书记陈振亮出席并讲话。市委副书记、市长高键，市人大常委会主任冯云龙，市政协主席贾桂梓出席会议。

4 月 23 日，山阴县在地税广场举行为烈属、军属和退役军人等家庭悬挂光荣牌启动仪式。

4 月 23 日，山阴县在县第六小学举办“书香三晋·文化山阴”全民阅读活动启动仪式。县委常委、宣传部部长刘宇，政府副县长何兴斌出席启动仪式。县教育局、新华书店负责人及县第六小学部分师生参加了启动仪式。

4 月 26 日，山阴县召开 2019 年义务植树暨全域绿化推进会，进一步组织动员全县广大干部群众掀起春季植树造林新高潮，大规模推进国土绿化行动，为实现全域绿化奠定坚实的基础。县四大班子主要领导和县直各单位负责人等参加会议。

4 月 26 日，为贯彻落实国家林草局驻北京专员办对山阴县森林资源督查“回头看”的反馈意见，山阴县专门召开了森林督查“回头看”问题整改工作部署会议。

4 月 28 日，朔州市人大常委会副主任蒋丽梅一行人到山阴县调研老年公寓益康医院老年人权益保障法工作。

4 月 29 日，市委书记陈振亮先后深入山阴县骏宝宸农业科技有限公司、山阴康泰奶牛专业合作社、山西鑫霏农业开发有限公司，实地调研山阴县农牧业发展情况。市委副书记操学诚，市政协副主席、山阴县委书记李旭清，县委副书记、县长苏坡等陪同调研。

5 月

5 月 5 日，县委副书记、县长苏坡在政府五楼会议室主持召开县长办公会议，研究采煤沉陷区搬迁工作相关事宜，采煤沉陷区治理搬迁工作领导组成员参加了会议。

5 月 6 日，政府副县长何兴斌在县政府后三楼视频会议室参加 2019 年全国普通高校招生考试安全工作电视电话会议。

5 月 8 日上午，县委副书记、县长苏坡在县政府一楼中心会议厅主持召开安委会第二次全体（扩大）会议暨“防风险保平安护二青迎大庆”消防安全执法检查专项行动部署会议。

5 月 9 日，山西省政府研究室党组成员、副主任王炤坤一行深入山阴县，就落实乡村振兴战略进行专题调研。朔州市委副书记操学诚、朔州市政府秘书长张祥等市、县有关领导陪同调研。

5 月 10 日，山阴县召开年度表彰暨“5·12”护士节庆祝大会，政府副县长何兴斌出席会议，县卫计局及中医院领导以及护理一线的护理人员及医务工作者参加会议。

5 月 14 日，市委第六巡察组对山阴县脱贫攻坚工作开展巡察“回头看”。

5 月 14 日，政府副县长何兴斌主持召开 2019 年妇女“两癌”免费检查工作动员会。

5 月 14 日，召开《山阴县志》编纂委员会全体会议，讨论《山阴县志》编纂编审情况和出版印刷计划。

5月16日，山阴县在重庆市举办山西·朔州市山阴县（重庆）招商引资推介会。来自重庆山西晋中商会和全国各地在渝的50多家商界精英代表共同畅叙合作情谊，共谋发展大计。

5月20日，召开全县“改革创新、奋发有为”大讨论交流总结会，北周庄镇、行政审批局、税务局、工信局、农村商业银行、夏家窑村六家单位作了交流发言。

5月25日，朔州市委副书记操学诚深入山阴县岱岳镇北王庄村、合盛堡乡康庄村和骏宝宸农业科技有限公司，就农村土地制度改革、农村集体产权制度改革以及有机旱作农业等情况进行调研。

5月28日，山阴县召开第十次妇女代表大会。赵晓君代表县妇联第九届执行委员会向大会作了题为《凝心聚力 砥砺奋进 动员团结全县妇女为实现振兴山阴贡献力量》的工作报告。会议选举产生了新一届执行委员会和领导班子。

5月29日，朔州市桑干河清河行动指挥部办公室常务副主任、朔州市西山引黄灌溉管理局局长杨成清带领市督查组到山阴县督查清河行动进展情况。政府副县长王建平及相关单位负责人陪同。

5月31日，朔州市民政局局长于太明一行到山阴县调研社会福利事业和养老服务工作，并召开座谈会。

6月

6月1日，山西省部分作家为提升“四力”（脚力、眼力、脑力、笔力），走进山阴王家屏纪念园、桑干河湿地公园进行采风，随行的还有来自《人民日报》《小说月报》《中篇小说选刊》等报刊杂志的嘉宾。山西省作家协会党组成员、副主席、书记处书记罗向东，市文联党组书记、主席李志斌，《黄河》杂志社主要负责人等一同参加采风活动。

6月3日，县委副书记、县长苏坡带领政府办、住建等部门负责人先后来到府东街跨线立交桥、王家涧路改造工程、世纪大道工程的施工现场，对山阴县市政重点工程项目建设情况进行调研。政府副县长杨良贵一同调研。

6月3日，县委副书记、县长苏坡与县委副书记王国文、政府副县长何兴斌及县教育局等相关单位负责人，就全县教育工作进行调研。

6月5日下午，朔州市副市长张韬来山阴县调研，先后深入韩原线山阴动车站、超牌高岭土生产线、锦晔低阶煤分质利用示范项目、中煤华昱能源有限公司、华昱洗运煤中心、昱光电厂调研，现场听取相关单位汇报并提出具体推进措施。县委副书记、县长苏坡一同调研。

6月13日，开展县委层面整治形式主义为基层减负专项机制工作，出台《县委层面解决形式主义突出问题为基层减负的工作措施》和《县委层面解决形式主义突出问题为基层减负的工作机制》。

6月13日，省关工委常务副主任兼秘书长武锦福、省关工委常务副主任刘四龙一行深入山阴县第五小学，就“书法进校园”活动开展情况进行调研，县相关领导陪同调研。

6月17日，山阴县围绕“防风险、除隐患、遏事故”主题，启动了“2019年安全生产月集中宣传、咨询日活动”。县委副书记、县长苏坡出席活动并讲话。

6月21日上午，县委副书记、县长苏坡在县政府八楼党政联席会议室主持召开山阴县规划委员会第一次会议，审议通过《山阴县规划委员会工作规则》（讨论稿）及《山阴县规划委员会办公室实施细则》（讨论稿），并就做好全县规划工作进行安排部署。

6月24日，县委副书记、县长苏坡带与政府副县长杨良贵、王建平及各相关单位负责人，深入黄水河河道一线，调研河道治理工作情况。

7月

7月2日，朔州市委常委、副市长张韬就文化旅游工作在山阴县旧广武城、广武明长城段进行调研。

7月6日，第二届全国青年运动会“山西燃气杯”火炬传递朔州市山阴站起跑仪式在县河阳广场隆重举行。

7月10日，朔州市政协主席贾桂梓就生态文化旅游产业发展情况在山阴县旧广武城、广武明长城、王家屏纪念园、湿地公园景区调研。

7月11日，省直工委副巡视员徐建国一行3人，深入山阴县就机关党建工作进行调研指导，市直工委书记吴文莉、县直工委书记韩承升一同调研。

7月18日，副市长田东深入山阴县就行政村撤并、第一产业固定资产投资完成情况及鲜奶生产、市场销售情况进行调研。

7月23日，朔州市委书记陈振亮，市委副书记、市长高键带队，现场督导山阴重点转型项目。

7月25日，政府副县长何兴斌参加全国推进健康中国行动电视电话会议。

7月26日，县委副书记、县长苏坡，政府副县长何兴斌在政府后三楼多功能会议室参加国务院和省、市安全生产电视电话会议。

7月30日，山阴县在县委党校举办“书香山阴、群贤荟萃”读书会启动仪式。

7月30日，朔州市心血管、骨科专科联盟成立大会在山阴县医疗集团人民医院五楼学术报告厅召开。

8月

8月1日上午，县委副书记、县长苏坡，政府副县长王建平与相关部门负责人慰问驻县消防和武警官兵们，向广大官兵致以节日的祝福和亲切的问候，并送上慰问金。

8月8日下午，政府副县长杨良贵在县政府六楼会议室主持召开县政府专题会议，研究棚户区改造、住房租赁补贴发放工作，棚户区改造跟踪审计发现问题整改工作，全县农村危房改造工作，建制镇污水处理站、农村垃圾污水和县城污水处理厂提温提标建设工作，全县信访交办问题，城建15项工程建设工作，住建系统安全生产和扫黑除恶工作，县城拆迁等工作。

8月13日，县委中心组学习，集中观看了警示教育片《初心泯灭的歧路》和《增强忧患意识、防范风险挑战》。

8月14日，朔州市委书记陈振亮坚持“一线工作法”，就水污染防治在山阴县现场办公。

8月16日下午，县委常委、政府副县长宣春青在县政府六楼会议室主持召开县政府专题会议，就全县扬尘污染治理工作进行专题研究。

8月17日，由原市人大副主任、朔州市老年书画家协会主席、朔州市兰亭书画院院长霍文章带队，沿黄九省区书画联谊会会长秦景和沿黄20多家书画院同人共130余人，到山阴县就推广书法（“书法五进”）活动开展情况考察调研。

8月23日下午，县委副书记、县长苏坡主持召开县政府第46次常务会议，会议传达学习了习近平总书记近期讲话和指示精神；听取了山阴县近期脱贫攻坚通报问题整改进展情况汇报；研究了县脱贫攻坚领导小组办公室《关于开展脱贫攻坚项目风险隐患排查整治的实施方案》，西山森林管护任务移交相关事宜，《关于建立县人民政府向县人大常委会报告国有资产管理情况制度的意见》等事项。

2019年8月，盐业储备库在东大滩工业园区落成。

9月

9月4日，朔州市委常委、政法委书记王黎明一行到山阴县调研企业改革发展情况。

9月6日，召开全县脱贫攻坚推进会，就做好近期脱贫攻坚工作抓好整改落实，“三支队伍”管理和党建引领脱贫攻坚工作进行了安排部署。

9月11日，山阴县召开“不忘初心、牢记使命”主题教育部署会议，市政协副主席、县委书记李旭清出席会议并讲话，市委巡回指导组副组长郭有才、王耿田到会指导。

9月11号下午，县委副书记、县长苏坡带领县扶贫办、民政局一行四人，分别深入下喇叭乡上立羊泉村和岱岳镇郭家窑村就脱贫攻坚情况进行调研。

9月12日，朔州市委书记陈振亮带队调研山阴县水污染防治和大气污染防治。市政协副主席、山阴县委书记李旭清，山阴县委副书记、县长苏坡，政府副县长杨良贵等一同调研。

9月16日，政府副县长王建平召集水利、扶贫、岱岳、玉井等部门乡镇负责人，在县政府六楼会议室，主持召开县长办公会议，就退役军人、脱贫攻坚和水利等有关事宜进行了专题研究。

9月19号，山阴县举行“不忘初心、牢记使命”主题教育基层党组织书记集中轮训。各乡镇（管委会）党委书记，各村（社区）、县直机关事业单位、国有企业党组织书记，各党（工）委党务工作者，共计600余人参加了培训。

9月18—20日，为了促进主题教育学习不断往深里走、往心里走、往实里走，达到“理论学习有收获”的教育目标，进一步加深对习近平新时代中国特色社会主义思想的理解，学深悟透、融会贯通，提高运用党的创新理论武装头脑、指导实践、推动工作的能力，县政府党组召开“不忘初心、牢记使命”主题教育第一次集中学习研讨会。

9月20日上午，由山阴县科学技术协会联合山阴县图书馆、民进山阴县支部、山阴县晋剧团、山阴县舞蹈协会协办在文化广场隆重举行了山阴县2019年全国科普日系列活动启动仪式，县人大副主任刘世权、县科协主席丰建国、县农技中心主任张凯、县电视台台长赵日文、县委宣传部副部长李德华、县图书馆馆长吕加春、民进山阴县主委段富强等领导参加了启动仪式。

9月20日，政府县长苏坡主持召开县政府第47次常务会议，会议传达学习了习近平总书记近期讲话和指示精神；研究了《山阴县打赢蓝天保卫战2019年行动计划》《山阴县关于划定县城建成区禁煤区的通告》《山阴县2019年冬季优质煤供应实施方案》《山阴县禁燃区禁止已进行煤改电、煤改气区域销售使用原煤的方案》、中煤矿业发展有限公司《关于在山阴县投资建设石灰岩绿色矿山及深加工产业的请示》、县发改局《关于薛圐圙粮站2017年县级储备玉米一千万斤轮换工作的请示》、安排部署了环境突出问题整改工作和推进2019年农村危房改造工作、脱贫攻坚“回头看”工作等事项。

9月22日上午，以“雁门关外好人家，米香乳醇数山阴”为主题的山阴县庆祝第二届中国农民丰收节活动拉开大幕。

9月23日上午，山阴县正式步入“动车时代”。

9月24日，消防救援总队总队后勤部部长胡海生带队深入山阴大队调研指导工作。

9月25号，由山西省粮食和物资储备局党组书记、局长王云龙带领的全省粮食产业经验交流会观摩组到山阴县，就有机旱作农业、质量追溯体系进行现场参观，并召开经验交流会。

9月29日，政府副县长王建平召集水利、自然资源局等部门和桑干河沿河乡镇负责人，在县政府六楼会议室，就桑干河河道综合治理等有关事宜进行了专题研究。

9月30日上午，为切实做好“国庆节”期间安全工作，有效防范和遏制各类安全事故发生，县委副书记、县长苏坡带队深入客都超市、中石化、银海商厦等进行安全综合大检查。

10月

10月9日，朔州市清河行动办常务副主任杨成清到山阴县调研污水处理厂设施运行处理情况，县委副书记、县长苏坡，政府副县长杨良贵及相关单位负责人一同调研。

10月9日，县委副书记、县长苏坡深入昱光电厂和永皓电厂，就县城集中供暖运行情况进行督查，政府副县长杨良贵及相关单位负责人一同活动。

10月14日下午，县委常委、常务副县长郭兆文召集县应急局、中煤华昱能源有限公司、五家沟煤矿相关负责人，在县政府六楼会议室主持召开专题会议，就五家沟煤矿安全生产工作进行了专题研究和部署。

10月16日，政府副县长王建平召集民政局、审计局、财政局等部门负责人，在政府六楼会议室就山阴县慈爱儿童福利院整改和山阴县古城镇中心敬老院撤并整合进行专题研究。

10月16日，山西省双拥模范城（县）命名暨双拥模范单位和个人表彰大会在太原召开。山阴县被省委、省政府、省军区授予“双拥模范县”荣誉称号。县委副书记、县双拥工作领导小组组长王国文，县双拥工作领导小组副组长王俊杰参会并领奖。

10月17日是第六个全国扶贫日，也是第27个国际消除贫困日。山阴县脱贫攻坚领导小组组织县扶贫办、教科局、卫健局、医保局、住建局、银监局、人社局、民政局等单位在政府广场启动扶贫日活动。政府副县长王建平参加活动。

10月21号，山西省委政研室张荣章为组长的省委政研室调研组到山阴县就有机旱作农业发展情况进行实地调研并召开座谈会。朔州市政协副主席、县委书记李旭清，县委副书记、县长苏坡，政府副县长王建平及省、市、县相关部门负责人一同调研。

10月23日下午，山阴县组织召开“不忘初心、牢记使命”主题教育先进典型报告会。会议由县委常委、宣传部部长刘宇主持。县四套班子领导，“法、检”两长，各乡镇（管委会）书记，县直各单位负责人，县委主题教育巡回指导组组长、联络员，基层党组织支部书记、代表等人出席会议。

10月29日，山西省委常委、组织部部长曲孝丽深入山阴县张家庄乡新广武村，就平时考核和第二批主题教育等有关工作进行调研。

11月

11月4—6日，县政府党组班子进行了“不忘初心、牢记使命”主题教育第二次集中学习研讨。由县委副书记、县长苏坡主持学习研讨。

11月6日，在合盛堡乡合盛堡村成立了农民合作经济组织联合会。

11月6日，山阴县召开冬季大气污染防治推进会，传达了朔州市冬季大气污染防治暨约谈整改工作推进会精神，并对全县冬季大气污染防治工作作了具体的安排部署。

11月11日，山阴县召开全县领导干部大会，传达学习了中共十九届四中全会、省委十一届九次全会精神及山西省委书记骆惠宁在全省推进工业高质量发展大会上的讲话精神。

11月15日，山阴县委副书记、县长苏坡在县政府六楼会议室主持召开县长办公会议，就朔山联络线（山阴段）征拆工作进行了协调安排。

11月19日，政府副县长柴俊在财政局三楼会议室主持召开山阴县金融扶贫领导组工作会议，研究扶贫小额信贷风险补偿金补充调整等相关事宜，财政局、扶贫办、银保监组以及金融机构相关负责人参加了会议。

11月19日下午，政府副县长杨良贵在县政府六楼会议室主持召开专题会议，就府东街跨线立交桥、西二环道路项目建设工作进行安排部署。

11月20日，政府副县长王建平召集水利、自然资源局等部门和桑干河沿河乡镇负责人，在县政府六楼会议室，就桑干河山阴县段征地补偿有关事宜进行了专题研究。

11月20日，山阴县政府县长苏坡主持召开县政府第51次常务会议，会议学习了习近平总书记近期重要讲话及指示批示精神；重温了习近平总书记2018年至2019年11月关于坚持总体国家安全观的论述摘编；传达了省政府《关于印发山西省加快推进数字经济发展实施意见和若干政策的通知》、市扫黑除恶专项斗争领导小组第十三次（扩大）会议精神；听取了乡村振兴战略规划编制情况及实绩考核内容进展情况、关于2019年重点工程进展情况、关于县长亲自抓的10项重大改革工作进展情况、违建别墅房摸排整治情况、撤并行政村工作进展情况、2019年高标准农田建设完成情况、“十二五”以来高标准农田建设评估工作以及土地确权和农村产权制度改革情况、“十三五”期间小康社会目标任务推进情况的汇报；研究了关于青年东街第三小学北侧上下学期间存在道路交通安全隐患的整改、县政府《关于落实朔州市人民政府取消行政职权事项的通知》《2016—2021年人大志》经费等相关事宜。

11月27日，山阴县召开学习贯彻中共十九届四中全会精神县委宣讲团动员培训会。会上宣读了中共山阴县委宣传部关于印发《学习贯彻党的十九届四中全会精神县委宣讲团宣讲工作方案》的通知。

11月28日，中国共产党山阴县第十四届委员会第十次全体会议召开。县委书记李旭清代表县委常委会作工作报告，会议表决通过了《中共山阴县委十四届十次全体会议决议（草案）》。县委委员25人，县委候补委员5人出席会议。县纪委常委和有关方面负责人列席了会议。

12月

12月3日，政府副县长王建平召集退役军人事务局、编办、财政、人社等部门负责人，在政府六楼会议室就2019年退役士兵安置工作进行了专题研究。

12月4日，在第六个国家宪法日到来之际，由山阴县委全面依法治县委员会守法普法协调小组牵头，组织30余家相关单位在政府广场举行以“弘扬宪法精神 推进国家治理体系和治理能力现代化”为主题的大型法制宣传活动。

12月17日，政府副县长何兴斌赴山阴一中、县第三中学参加教师职工大会，会上宣读了县委的任命校长的决定，县委常委、组织部部长王国梁，县政府副县长何兴斌分别作了讲话。

12月19日上午，县委副书记、县长苏坡主持召开全县脱贫攻坚领导组会议，传达全市2019年脱贫成效考核动员会议精神、听取乡镇和部门关于落实市委第六巡察组脱贫攻坚“回头看”反馈问题整改进展情况的汇报、安排部署山阴县迎接2019奶牛脱贫攻坚成效省际交叉考核和近期工作。

12月19日，在中共朔州市委宣传部举办的学习贯彻习近平新时代中国特色社会主义思想“学习强国”知识竞赛的决赛中，山阴代表队获得全市第二、六区县（市）第一的好成绩。

12月20日，政府副县长柴俊在政府五楼会议室主持召开专题会议，研究张家庄乡林桥村东南废渣清理相关工作，县自然资源局、市生态环境局山阴分局、交管大队、张家庄乡等相关单位负责人参加了会议。

12 月 23 日下午，政府副县长杨良贵在县政府六楼会议室主持召开专题会议，就贯彻落实《山西省淘汰煤炭洗选企业暂行规定》工作进行安排部署。

12 月 27 日上午，政府副县长柴俊在县政府五楼会议室召开专题会议，研究确定惠民惠农财政补贴资金“一卡通”代发银行等相关工作，会议议定：根据《关于进一步加强惠民惠农财政补贴“一卡通”发放管理的通知》文件中，“选择群众身边网点多、服务好的银行作为代发银行”的要求，经参会人员商议，决定选择山阴县农村商业银行股份有限公司作为代发银行。

12 月 30 日，山阴县举行相对集中行政许可权改革审管衔接备忘录签署暨集中审批印章启用仪式。县委副书记、县长苏坡现场封存了各单位审批用章，并启用行政审批专用章盖发首张营业执照。县编办、县行政审批服务管理局分别与相关部门签署了备忘录。

建置与资源

建置沿革

【历史沿革】 民国之前。春秋县地为北狄所居。东汉时复为阴馆县，灵帝时，因战乱县废，县地先后为匈奴、鲜卑所居。五代 属应州，始称河阴县，以治所在桑干河之南命名。宋初属辽西京道大同府应州，后归金仍名河阴，金大定七年因避郑州同名属县，始更名山阴，取地处复宿山北之意，隶应州。金贞祐二年（1214），宣宗完颜珣因与辽名臣沙彦珣（山阴人）名相似且敬慕之，升山阴为忠州，属西京道大同府。元初为忠州，属大同路，后复置山阴县（治山阴城），属山西道大同路应州。明称山阴县，属山西布政司大同府应州。清初因明制，雍正八年（1730）直隶于大同府。

民国时期。山阴县初属大同府。民国 3 年（1914）废大同府，改设山西省雁门道（治大同），山阴属之。民国 16 年（1927）废道，直隶于山西省政府。民国 26 年（1937），日军侵占本县，县政府解散。此后，中国共产党领导的晋察冀和晋绥边区政府将本县与邻县部分区域先后组建为应山联合县、右山怀中心县、山朔县、山阴县等县级抗日民主政权。民国 34 年 8 月抗日战争胜利，民国山阴县政府恢复，治岱岳。民国 35 年（1946）6 月 24 日，山阴县全境解放，民国山阴县政府消亡；同日山阴县人民民主政府改称山阴县人民政府，由南山迁至岱岳镇，属冀晋一专署。9 月，划归晋绥五专署。民国 36 年（1947）10 月，改属绥蒙区人民政府。民国 37 年（1948）3 月，又划归晋绥五专署。同年 12 月，改属雁北行政专员公署。民国 38 年（1949）5 月，划归山阴中心县人民政府。8 月，划归察哈尔省雁北行政专员公署。

中华人民共和国时期。山阴县初属察哈尔省雁北专员公署。1952 年 12 月察哈尔省撤销，随雁北专署划归山西省人民政府。1958 年 11 月，山阴、应县合并为山阴县，县人民委员会驻岱岳镇。1959 年 7 月应、山两县分治，恢复山阴县原建制。1959 年 1 月至 1961 年 8 月，雁北专署与忻县专署合并为晋北专区，山阴县属晋北专区，后复归雁北专署。1967 年 4 月，县人民委员会被山阴县革命委员会取代，隶属雁北地区革命委员会。1979 年 12 月，撤销山阴县革命委员会，恢复山阴县人民政府，属山西省雁北地区专署。1989 年 1 月划归朔州市至今。2019 年 6 月成立山阴县经济技术开发区管理委员会。

【位置境域】 位置。山阴县位于山西省北部，朔州市中南部，内长城雁门关外。地理坐标：北纬 39°11′~39°46′，东经 112°25′~113°04′、东与应县为邻，西与朔城、平鲁区交界，南与代县接壤，北与左云、右玉、怀仁县毗连。全县南北长 66.7 公里，东西宽 36.5 公里，总面积 1651 平方公里，略呈长方形。县城岱岳镇位于境内中部，西距朔州市 50 公里，南至省会太原 220 公里，北到大同 90 公里，距首都北京 450 公里。县人民政府驻岱岳镇。行政代码为 140621。电话区号为 0349。邮政编码 036900，车牌号码晋 F。拼音 ShanyinXian。

二、境界。民国 26 年（1937），日军侵入本县后，晋察冀、晋绥抗日边区政府先后将本县和邻县接壤的区域组建为应山联合县、右山朔怀县、山朔县等，期间境域变动频繁。山阴县面积 1183 平方公里。中华人民共和国成立后，境域多次变动。1957 年至今境域稳于现状，2017 年县辖 4 镇 9 乡 2 个管委会，面积 1651 平方公里。

【行政区划】 民国 35 年（1946）6 月，境内解放后，山朔、山怀等边区县政府相继撤销。山阴县人民政府辖五区一市：一区辖今代县胡家滩、分水岭一带 90 余村，区公所驻义城沟；二区辖山阴城、马营庄一带 50 余村，区公所驻山阴城；三区辖后所、黑圪塔、张庄一带 40 余村，区公所驻后所；四区辖北周庄、合盛堡、甘庄一带 40 余村，区公所驻北周庄；五区辖薛圐圙、安荣、泥河、冻牛坡、下喇叭一带 40 余村，区公所驻安荣；岱岳市，管辖岱岳及近郊 6 个村庄。同年，由朔县划入罗庄、小村、西寺院、豆庄、羊十二庄、旧广武、油房、泥河、东鄯河、西鄯河、下寨、大羊村、小羊村等 13 村，分别归入三区和五区。民国 36 年（1947）10 月，增设六、七两区，六区辖由二区分出的故驿附近 20 余村，区公所驻故驿；七区辖由五区分出的冻牛坡、下喇叭等 20 余村，区公所驻榆树洼。次年 3 月，六、七两区同时撤销，辖村分别复归二、五区。同时，以岱岳分出的南大道、堡子巷、瓜园及周围 10 余村组建为新六区，区公所驻岱岳。中华人民共和国初沿原行政区划，全县共领 6 个区、37 个行政村、288 个自然村。1952 年 12 月，由四、五区分出下喇叭、冻牛坡等 20 余村设为七区，区政府驻下喇叭。同年改岱岳市为岱岳镇。1954 年 7 月，撤销 6 个区建制，保留第一区，岱岳镇并入岱岳乡。1956 年 4 月，撤销 第一区，设 30 个乡，领 266 个自然村。1961 年，全县重新区划为 20 个人民公社，领 246 个生产大队，267 个自然村。1981 年 4 月，增设岱岳镇，辖南街、中街、北街、西街 4 个居民委员会。1984 年，原 20 个人民公社改称为乡。同年 9 月，改玉井、北周庄、山阴城三乡为镇。1997 年，全县共领 17 个乡、4 个 镇、262 个村委会、267 个自然村及 4 个居民委员会。2001 年，山阴县撤乡并镇，21 个乡镇合并为 13 个乡镇，增设东西城区两个管委会。2017 年，全县设岱岳镇、北周庄镇、古城镇、玉井镇 4 镇，下喇叭、吴马营、马营、合盛堡、安营、马营庄、薛圐圙、张家庄、后所 9 个乡，东城、西城 2 个管委会。县政府所在地岱岳镇。2019 年，全县辖 13 个乡镇、2 个管委会、247 个行政村、16 个自然村。

自然资源

【土壤】 山阴县土壤大部分属石灰性土壤和盐渍土壤，pH 值多数在 7.5～8.5 之间，最高 10，最低 7.7，土壤多呈碱性反应。土壤碳酸钙含量较高，一般在 5%～10%，平均 7.6%，最高 44%，最低 0.32%。土壤类型：Ⅰ. 山地草甸土，分布在 1800 米以上的大贝山、宝峰山等缓坡顶上，面积 28874 亩，占总土地面积的 1.17%。Ⅱ. 栗钙土，是山阴县的主要土壤类型，多发育于黄土覆盖的山地、丘陵和沟谷地带。海拔 1050～1800 米之间都有分布，面积 1540058 亩，占总土地面积的 62.15%。Ⅲ. 草甸土，主要分布于桑干河、木瓜河和黄水河之间的洼地中，划分为栗钙化草甸土、草甸土、盐化草甸土、盐化沼泽化草甸土、苏打盐化草甸土、沼泽化草甸土、苏打盐化沼泽化草甸土 7 个亚类，总面积 828460 亩，占总土地面积的 33.44%。Ⅳ. 盐土，划分为草甸盐土和苏打盐土 2 个亚类，零散分布于北盐池、白坊、小麻疃等地，面积 50463 亩，占总土地面积的 2.02%。Ⅴ. 沼泽土，只有一个亚类，一个土属，一个土种，主要分布于苑家辛庄乡山前交接洼地，面积 1193 亩，占总土地面积的 0.05%。

土壤结构：Ⅰ. 耕作层，厚约 15～20 厘米，结构多为屑粒、碎块状，极少数呈团粒结构。Ⅱ. 犁底层，厚约 10 厘米，多为紧实块状结构，通气、透水性不良。Ⅲ. 心土层，60 厘米左右，结构多为块状。Ⅳ. 底土层，一般在 60 厘米以下，多为块状结构。

【生物】 动物：Ⅰ. 兽类，豹、狍、狼、獾、狐狸、山狸、黄羊、野猪、野兔、马夜猴、黄鼬、青鼬、白鼬（扫雪）、刺猬、家鼠、黄鼠、鼢鼠、松鼠、蝙蝠等。Ⅱ. 禽类，野鸡、半翅、石鸡、斑鸠、画眉、白鹭、啄木鸟、大雁、鹞子、鸽子、黄莺、燕子、麻雀、乌鸦、喜鹊、布谷、老鹰、猫头鹰、红嘴鸦、野鸭、沙鸡、鹳、鹌鹑等。Ⅲ. 虫类，蝴蝶、蜻蜓、蝗虫、蟋蟀、蜗牛、蚯蚓、蝼蛄、秋蝉、百脚、蝎子、蜘蛛、土蜂、土鳖、鼠妇、蚂蚁、蚰蜒、瓢虫等。Ⅳ. 爬行类及其他，蛇、青蛙、蟾蜍、蜥蜴、鱼、河蚌、虾等。

植物：Ⅰ. 乔木，杨树、柳树、松树、椴树、楸、柏树、山桃、山杏、椿树、文冠果、核桃、复叶槭、槐树、桦树、桑树等。Ⅱ. 灌木，沙棘、醋柳、杞柳、胡榛子、刺玫、柠条、黄刺玫（油瓶瓶）、紫穗槐、枸杞等。Ⅲ. 草茅，蒲、蓑、艾、蒿、萱、马兰、苍耳、龙须、芨芨、芦苇、金丝草、香草、沙蓬、苦菜、甜苣、黄花、马齿苋、灰菜、蕨菜、山葱、山韭、山蒜、翟麻花、车前草、益母草、地榆、甘草、麻黄、黄芪、远志、冬花、蓁艽、猪苓、毛知母、黄芩、附子、龙胆草、夏枯草、野菊花、鬼针草、百合、旋覆花、扁蓄、贯仲、金樱子、兔丝子、王不留行、白头翁、黑柴胡、黄精、芦根、郁金、白芨、狼毒、蒲公英等。

【矿产】

煤　分布于县境西北部、马营、玉井、史家屯、吴马营、下喇叭等乡镇，煤田总面积355.2平方公里，地质储量114.5亿吨。属大同煤田南延部分，为石炭系和二叠系煤层。

腐植煤　吴马营、马营、玉井等乡镇均有出露，偏岭、张家沟2个矿点储量约50万吨。

铁矿石　境内铁矿石分为山西式铁矿和鞍山式铁矿两类，储量约4000万吨。

黏土粉砂岩　本县黏土资源十分丰富，有硬质黏土（黑砂石）和软质黏土，品质优良。预测储量亿吨以上，开采较易。

石灰石　本县石灰石储量极为丰富，且品位好、易开采。

方解石　分布于吴庄一带石灰石夹层中，呈粗晶形状，经勘探，马蹄沟及小西沟储量20万吨。

硅石（石英石）　分布在冯家窑、燕庄。

钾长石　分布在上神泉、燕庄，储量数百万吨。

铝矾土　主要分布在戈道、张家沟及下喇叭一带，储量约900万吨

黑云母　分布在杨庄、上神泉、南寺，储量少，不详。

玄武岩　储藏于黄花梁棋道地一带，储量不详。

大理石　埋藏于下喇叭村东南和蓿麻沟村南的台墩山、滑林山一带。面积2.5平方公里，储量1000万立方米。

黑色花岗岩　储于南洲庄村南沟内，呈中细粒花岗变晶结构，块状构造，矿物成分以角闪石和斜长石为主，储量39万吨。

蓝晶石　储于冯家窑沟内，质量、数量不详。

蛭石、石墨　储于燕庄村北山腰，质量、数量不详。

盐、碱、硝　分布在川区北周庄、合盛堡、山阴城、薛圐圙等乡镇的地表，储量约70万吨。

地质地形

【地质】 山阴境域地处桑干河新生代断陷盆地西南部，是山西省境内断陷带的组成部分。断陷带内有多组断裂分布，尤其是东北——西南走向断裂最为发育，控制着断陷盆地的边界、范围、方向；控制着盆地内平原及盆地边山运动；控制盆地内的主要次级构造单元。从地壳的深部结构来看，断陷带的地壳厚度减薄，小于俩侧隆起的地壳厚度，断陷盆地地壳厚度为38.5公里，其两侧山区的地壳厚度一般大40公

里。由于断陷盆地的特殊构造和地壳变薄之因素，成为地震多发区，较为复杂。

洪涛山前断裂　属口泉大断裂，走向北东20°~30°，长约32公里，断距300~1200米，构成洪涛山与盆地的分界。

翠微山前断裂　该断裂属恒山大断裂之中间部分，走向北东45°~60°，倾向北西，境内长约33公里，构成大同盆地的南界。

盆地基底隐伏构造　境内平川区属桑干河盆地上游，因洪涛山与翠微山前断裂产生的凹陷而形成。

黄花梁隆起　该隆起为新生界第三系末、第四系初的火山喷发物。

【地层】 太古界五台群地层，分布在东南部山区，为境内最古老地层；寒武、奥陶系地层广泛分布在山区及盆地基底，且直接覆盖在太古界地层之上；石灰、二迭系展布在南北低山区丘陵区及盆地基底西部。新生界地层主要分布在盆地及山间沟谷，以第四系为主，缺失元古界、古生界志留、泥盆系、下第三系及上第三系中新统。

下太古界桑干群　分布于洪涛山南麓北段。

上太古界五台群　分布于翠微山区水峪口及新、旧广武一带。

古生界寒武系　主要分布于吴庄、柏坡、罗庄北、上下沙河及南山油房一带。

古生界奥陶系　主要分布于马家河、戈道、织女泉、黄草梁及下喇叭村南，与下伏寒武系地层成整合接触，本系缺失上统地层。

古生界石炭系　分布于西部山区的吴马营、玉井、马营东、北一带。

中统本溪组　为海陆交替相沉积，底部为山西式铁矿及铁铝岩、铝土页岩，上部为灰色砂质页岩、灰白色铝土岩等，厚约3~36米。

上统太原组　连续沉积或假整合于中统本溪组之上，为海陆交互相沉积，岩性为灰白、灰黄色石英砂岩、凝灰质硬质砂岩、黑色碳质页岩、石灰岩及煤层，厚度10~75米。

古生界二迭系　连续沉积于石炭系地层之上，呈整合或局部假整合接触，分布于马营、陆家窑、老庄窝、史家屯等地。

新生界第三系　广泛分布于屯港、玉井、青杨沟、下沙河、北贾家窑及东北部黄花梁等地。

新生界第四系　各地均有分布，北盐池钻孔揭露，第四系沉积厚度430米。

下更新统　局部出露于黄花梁一带，平川区埋深75~125米，属河、湖相沉积性为黏土、粉细砂等。

中更新统　分冲洪积和冲湖积两类。

上更新统　分布广泛，成因为风积、坡洪积、冲积三类。

全新统　大面积分布于平川及南山洪积扇裙区，在现代河流阶地与河漫滩及冲沟出口处也有分布，岩性为黄色细砂、亚砂土互层、砂砾及卵石。

【地貌】 山阴县地处大同断陷盆地南部，东南边缘是恒山余支翠微山，西北部是洪涛山，中间形成东北—西南向槽形盆地。受地质构造控制，地形为西北向东南倾斜。境内最高点为洪涛山主峰大贝山，海拔1947.5米；最低处为合盛堡乡北郭庄，海拔1003米；相对高差944.5米。根据地貌形态、成因、海拔高度及地面组成物质，全县地貌划分为山地、丘陵和平原3个单元。其中山地684平方公里，占全县总面积的41.4%；丘陵111平方公里，占全县总面积的6.7%；平原856平方公里，占全县总面积51. 9%。

山地：翠微山位于县境东南，旧称“佛宿山”“复宿山”“勾注山”，系恒山余支，为山阴与代县之界山。山势呈西南—东北走向。洪涛山位于县境西北部，系吕梁山支脉，山势呈西南—东北走向。

丘陵：主要分布于夏家窑至兰家窑村西北、东部的黄花梁和南山前，海拔高度1200～1400米，面积111平方公里，占总面积的6.7%。地势波状起伏，坡度平缓向中部平原倾斜。

平原：洪积倾斜平原分布于北周庄、岱岳、安荣一带及南山（翠微山）坡前。

冲积平原：分布于盆地中部薛圐圙、山阴城、合盛堡等乡镇，地形平坦。

【水文气候】 地表水：河流，山阴境内河流有桑干河、黄水河、木瓜河三条，属海河流域、永定河水系。桑干河，古称漯水、浑河、溹涫水等。发源于宁武县管涔山天池，经朔城区汇入神头泉水后由西鄯河入境，横穿安荣、岱岳、山阴城、合盛堡四乡镇从河头东出境，经应县、怀仁、大同入河北永定河。木瓜河，发源于怀仁县刘晏庄、南家堡一带，由王家堡村西入境，流经北周庄、合盛堡二乡镇，从陈家岭进应县归入桑干河。黄水河，发源于宁武县薛家洼村，经朔城区由元营村入境，流经后所、山阴城二乡镇，从李珠庄进应县汇入桑干河。

泉水：山阴县境内地下水出露至地表的地点多集中在南山沟壑一带。水峪口泉位于水峪口内，注入黄水河。白草口泉，位于油房附近注入黄水河。盆峪口泉，位于云水庄南，注入黄水河。胡峪口泉，位于胡峪口内，注入黄水河。广武口泉，位于新广武附近，注入黄水河。牛圈沟泉，位于贾家窑附近，注入黄水河。沙家峪泉，位于沙家寺附近，注入黄水河。三道边墙泉，位于许家洼附近，注入黄水河。

地下水：山阴县境内探明地下水区川地多于山地，而且大部分川区浅层为盐碱水，山区地下水埋层较深。基岩裂隙岩溶水区，变质岩类裂隙水亚区，主要分布于南山区，在各沟峪内均有泉水溢出。碳酸盐岩类岩溶水亚区，分布于洪涛山前和吴马营乡源子河两侧。碎屑岩类裂隙水亚区，主要分布于洪涛山北部的史家屯、玉井、马营一带。玄武岩裂隙水亚区，集中在黄花梁地区、郑庄、来远村一带。

黄土丘陵孔隙水区，主要分布于洪涛山前缘。该区含水岩性为砂砾石透镜体及红色亚黏土钙质结核，甘庄以下神泉一带。

冲洪积扇裙孔隙水区，洪积扇裙富水亚区，分布于各峪出口外，含水层岩性以洪积砂卵砾石为主，旧广武、水峪口、沙家寺、盆峪口、南口前一带。西北山前的洪积扇富水程度较南山前差。扇间洼地较富水亚区，分布于扇与扇之间的三角地带。该区一般地形低洼水位埋藏较浅，含水层颗粒较细。

冲洪积倾斜平原孔隙水区，倾斜平原富水亚区，分布于北周庄、岱岳、安荣一带。倾斜平原较富水亚区，分布于苑家辛庄、李家窑、关岱岳一带。倾斜平原贫水亚区，分布于张庄、下神泉一带。含水层为薄层砂砾石。

冲湖积平原孔隙水区，冲湖积平原富水亚区 分布在张庄、后所、马营庄一带。含水层4～5层，含水岩性为砂砾石及粗中砂，上层水量丰富。冲湖积平原较富水亚区，含水层岩性为冲湖积相的粉细砂夹薄层中砂。冲湖积平原贫水亚区，分布于盆地中心山阴城、合盛堡一带。

水质：山阴县大部分地区地下水水质无色、无味、无嗅，矿化度小于1克/升，pH值7～9，均属重碳酸盐型水。

山区、丘陵区，由于地下水埋藏较深，交替性强，均为淡水，矿化度普遍小于0.5克/升，pH值7～8，为重碳酸盐型中性弱碱性水。

平川区随着地下水位逐渐变浅，水质由重碳酸盐型水逐渐变为氯化物盐型水。

张庄、后所、故驿、马营庄一带，由于地下水较丰富，径流条件好，水质较佳，矿化度小于1克/升。

刘家岭、洪济屯、北郭庄和薛圐圙、西寺院、前张堡等地，水质类型为氯化物硫酸盐型水。羊圈铺、西李庄、快乐村、西盐池、八里庄一带，地下水质为硫酸重碳酸盐型水。

合盛堡一带，地下水含氟量大于5毫克/升，局部高达9.4毫克/升，分布面积约40平方公里。黄水河两岸山阴城、后所、薛圐圙三乡镇百余平方公里内地下水含砷量普遍超标。大营村水中含砷量高达4.44毫克/升。

气候　山阴县属半干旱大陆性季风气候，四季分明。冬季严寒、少雪、干燥、多西北风。春季风多风大、雨量少、气温回升快。夏季气温高、降水多、风速小。秋季风速大、气温下降、前秋雨多、后秋减少出现秋霜。

日照　历年平均日照时数达2830.4小时，年日照率为65%。各月日照数以5月最多，平均281.9小时；12月最少，平均198.2小时。

辐射　年平均接受太阳辐射量137.48千卡/厘米2。

气温　历年平均气温平川区7.2℃，丘陵区6℃，山区5℃以下。

积温　低温年活动积温2425.6℃，高温年活动积温3293.8℃。

地温　历年平均地温9.6℃。历年平均最高地温28.4℃，平均最低地温-2.3℃。

降水　历年平均降水量384.7毫米，丰水年高达588.2毫米，枯水年仅213.6毫米，2019年降水不匀。

蒸发　历年平均蒸发量1988.1毫米。

湿度　历年平均相对湿度52%。

风　全年风向以西南和西北风为主，春、夏西南风频繁，秋、冬西北风强劲。年平均风速2.6米/秒，最大风速22米/秒。

霜　境内无霜期短，初霜最早出现在9月10日，终霜最迟出现在6月1日，平均无霜期140天，无霜期山区比川区短20天左右。

机构设置

县级机构

【中共山阴县委员会】 山阴县总辖4镇9乡，县直党工委（党组）42个、基层党委29个、党总支38个、党支部593个、党员总数10838人，占总人口数的4.5%。

书　记：李旭清
副书记：苏　坡（2019年1月任）
　　　　王国文（2019年5月任）
　　　　丁　裕（2019年4月离）
常　委：刘德智
　　　　郭兆文
　　　　王国梁
　　　　刘　宇（2019年1月任）
　　　　郭　瑞（2019年1月任）
　　　　张　彇（2019年9月任）
　　　　刘向前（2019年1月离）
　　　　刘德义（2019年1月离）
　　　　降　英（女，2019年9月离）
　　　　钟军辉（2019年9月离）
　　　　宣春青（2019年12月离）

【山阴县人民代表大会】 山阴县十六届人民代表大会于2016年6月换届任期开始，有县人大代表160人。山阴县人民代表大会常务委员会（简称山阴县人大常委会）是其闭会期间的常设机关。

2019年1月29日至2月1日，山阴县第十六届人民代表大会第四次会议胜利召开。本次会议应出席代表158人，实出席代表156人，列席人员338人，大会主席团成员42人。

【山阴县十六届人大常委会】

主　任：相　成
副主任：杨晓明　郭增友
　　　　刘世泉　毕　财

【山阴县十六届人大法制委员会】

主任委员：　刘世泉
副主任委员：程建军
委　员：　　于介澜（女）
　　　　　　季宗海　韩满如

【山阴县十六届人大财政经济委员会】

主任委员：　毕　财
副主任委员：华　英（女）
委　员：　　陈晓东　高清贵　徐殿仁

人大常委会机关内设“七委两室”，分别是：办公室、信访室、法制工作委员会、监察和司法工作委员会、财政经济工作委员会、教育科学文化旅游卫生工作委员会、人事代表工作委员会、农村工作委员会、城乡建设环境保护工作委员会、办公室设代表培训中心。

常委会办公室主任：陈　续

常委会法制工作委员会主任（监察和司法工作委员会）：季宗海

常委会法制工作委员会副主任：赵丽梅

常委会财政经济工作委员会主任：关　英

副主任：华　英

常委会教育科学文化旅游卫生工作委员会主任：高清贵

常委会人事代表工作委员会主任：刘正权

常委会农村工作委员会主任：周芳兰

常委会城乡建设环境保护工作委员会主任：王丽霞

常委会信访办公室：周芳兰（兼）

代表培训中心主任：丰　智

【山阴县人民政府】 山阴县人民政府设置工作部门28个。其中，县政府办公室挂县政府外事办公室、县政府台港澳事务办公室牌子；县发展和改革局挂县粮食局牌子；县工业和信息化局挂县科学技术局、县民营经济发展促进局牌子；县自然资源局挂县规划局牌子；县住房和城乡建设管理局挂县人民防空办公室、县城市管理综合行政执法局牌子；县商务局挂县促进外来投资局牌子；县文化和旅游局挂县文物局牌子；县应急管理局挂县地方煤矿安全监督管理局牌子；县行政审批服务管理局挂县政务信息管理局牌子。

政府工作部门：县政府办公室、县发展和改革局、县教育局、县工业和信息化局、县公安局、县民政局、县司法局、县财政局、县人力资源和社会保障局、县自然资源局、县住房和城乡建设管理局、县交通运输局、县交通运输局、县水利局、县农业农村局、县林业局、县商务局、县文化和旅游局、县卫生健康和体育局、县退役军人事务局、县应急管理局、县审计局、县市场监督管理局、县统计局、县医疗保障局、县行政审批服务管理局、县信访局、县能源局、县扶贫开发办公室。

乡镇人民政府：玉井镇、马营乡、吴马营乡、下喇叭乡、北周庄镇、合盛堡乡、岱岳镇、安荣乡、薛圐圙乡、后所乡、张家庄乡、古城镇、马营庄乡。

政府系统单位：县政府办、人社局、审计局、应急局、民政局、医保局、行政审批局、防震减灾中心、监控办、腐殖酸办

县　长：苏　坡
常务副县长：郭兆文
副县长：宣春青（2019 年 12 月挂职锻炼结束）
杨德文　何兴斌　乔新文
柴　俊（挂职锻炼）
杨良贵　王建平
党组成员：苏　坡　郭兆文
刘　宇（2019 年 1 月任）
宣春青（2019 年 12 月挂职锻炼结束）
杨德文　何兴斌　乔新文
柴　俊（挂职锻炼）
杨良贵　王建平　李可进
陈计珍（2019 年 9 月离）
闫志民
秦汉文（2019 年 3 月离）
樊晋阳（2019 年 3 月任）

【政协山阴县委员会】 机构设有：政协机关设“一室五委一中心”一室五委正科建置，一中心联级建置办公室、提案委员会、经济委员会、教科文卫委员会（2019 年 2 月 2 日更名为教科卫体委员会）、文史委员会（2019 年更名为文化文史和学习委员会）、政协委员培训中心，2019 年 2 月，增设农业和农村工作委员会。

主　席：段国强
副主席：靖文勇　王登峰　吉　谦
办公室主任：卢　胜（2019 年 1 月至 5 月）
赵晋虎（2019 年 5 月起）
提案委员会主任：
丰建国（2019 年 1 月至 5 月）
李晓宁（2019 年 5 月起）
副主任：徐建新
政协经济委员会主任：
王俊杰
政协教科卫体委员会主任：
董素文（2019 年 5 月起）
政协农业和农村委员会主任：
王俊杰（2019 年 5 月起）
政协文化文史和学习委员会主任：
张淑莲（2019 年 5 月起）
政协委员培训中心主任：
张淑莲（兼任）
副主任：张爱萍（2018 年 6 月退休）

【山阴县纪委监委】 中共山阴县纪律检查委员会、山阴县监察委员会合署办公，实行一套工作机构，两个机关名称。

山阴县纪委监委共有内设机构14个，分别是：办公室、综合室、信访室、案件审理室、党风政风监督室、案件监督管理室、宣传部、第一监督检查室、第二监督检查室、第三监督检查室、第四监督检查室、第一审查调查室、第二审查调查室、第三审查调查室；共设置11个派驻纪检监察组，其中7个综合派驻纪检监察组，4个单独派驻纪检监察组。

县委常委、纪委书记、监委主任：

刘德智

县纪委副书记、监委副主任：

常顺平

县纪委常委、监委委员：

赵凤歧　冯树田

县纪委常委：郝建平　白继龙

县监委委员：王晋宗

【经济技术开发区管理委员会】 山阴经济技术开发区于2019年1月19日由山西省人民政府批准设立（晋政函〔2019〕13号），按照“一区两园”的模式建设和管理，总规划面积19.86平方公里（其中西区15.88平方公里，东区3.98平方公里）。2019年6月10日省委编办批复山阴经济技术开发区管理委员会机构编制事项（晋编办字〔2019〕29号），2019年6月21日市委编办批复山阴经济技术开发区管理委员会机构编制事项（朔编办字〔2019〕95号），2019年8月16日县委编委批复山阴经济技术开发区管理委员会机构编制事项（山编字〔2019〕24号）。按照省、市、县委编制部门批复文件，山阴经济技术开发区管理委员会为山阴人民政府派出机构，正县级建制，财政拨款事业编制45名。核定管委会主任（党工委书记）1名（正县级），副主任3名（副县级，其中1名兼任党工委副书记）。内设综合办公室（党工委办公室）、经济运行与安全监管部、投资促进与科技创新部、建设管理部、综合执法局、行政审批局6个机构，核定科级领导职数共13名，其中正科级6名，副科级7名。所属山阴县北周庄工业园区服务中心、山阴县合盛堡工业园区服务中心、山阴县晋北现代煤化工基地服务中心等3个事业单位，分别核定财政拨款事业编制6名、科级领导职数1正1副。

主　任：苏　坡

副主任：李可进　陈计珍　宋　军

乡镇及各系统机构

【乡镇】 乡党委、乡政府机关机构按照职能划分，统一综合设置党政工作办公室、经济发展办公室、社会事务办公室、农村综合便民服务中心、计划生育服务站共5个办事机构。设党的纪律检查委员会（监察室）、人民武装部、工会工作委员会、共青团委员会、妇女联合会，日常工作分别由相关综合办公室承担。乡人大不设专门办事机构，配置1名专职秘书，日常事务由党政工作办公室承担。驻乡（镇）单位有财政所、文化站、水利站、农机站、农技站、经管站、企管站、安监站、民政办、劳保所、食药所、司法所、派出所、地税所、工商所、土地所、兽医站、农商行等。

玉井镇

镇党政机关机构统一综合设置5个办公室，包括：党政工作办公室、经济发展办公室、社会事务办公室、农村综合便民服务中心、计划生育服务站。按有关规定设立纪律检查委员会（监察室）、人民武装部、工会工作委员会、共青团委员会、妇女联合会。核定行政编制总额26名，事业编制总额25名。

事业机构：统计站、安监站、林业站、水

管站、广播站、文化站、经管站、农技站、计生服务站、民政工作站、企业管理站、农机管理服务站

驻镇单位：国土所、派出所、司法所、劳动保障所、食品药品管理站、中心学校、卫生院、农商行玉井支行、电管站

党委书记： 张志斌（2019年2月离）
麻鹏斗（2019年2月任）

党委副书记、镇长：
王日东（2019年2月离）
刘国栋（2019年2月任）

党委副书记： 郭卫军

党委委员、人大主席：
李志宏

党委委员、纪委书记：
马培瑞（2019年4月离）
李兴杰（2019年4月任）

党委委员、副镇长：
刘振平

党委委员、武装部部长：
祁俊祥

党委组织委员：田闺强

副镇长： 郭凤鸣 勾 江
贺生伟（2019年4月离）

马营乡

党委书记： 吕志宇

党委副书记、乡长：
王特祥（2019年2月离）
刘应飞（2019年2月任）

党委副书记： 梅树元（2019年4月离）
何兴雄（2019年4月任）

党委委员、人大主席：
苏国强

党委委员、纪委书记：
李子亮

党委委员、武装部部长：
许 帅

党委组织委员：郭振英（女）

党委委员、副乡长：
王国政（2019年6月任）

副乡长： 路世明
丰卫忠（2019年4月任）

吴马营乡

党委书记： 朱志斌（2019年1月离）
王日东（2019年2月任）

党委副书记、乡长：
王 伟（2019年1月离）
徐晓圆（2019年2月任）

党委副书记： 牛翠茹（女）

党委委员、人大主席：
樊志清（2019年3月离）
王晓龙（2019年4月任，2019年6月离）

党委委员、纪委书记：
杨春蕾（2019年3月离）
白志安（2019年4月任）

党委委员、武装部部长：
王明峰（2019年3月离）

党委组织委员：高迎峰（2019年4月离）
祝步翔（2019年4月任）

副乡长： 韩 英 杨武荣

下喇叭乡

党政工作办公室、经济发展办公室、社会事务办公室、农村综合便民服务中心、计划生育服务站。办公室不作为乡镇一级的中间层次，在机构内部分别设置相应职位，实行一人多岗、交叉兼职。设立纪律检查委员会（监察室）、人民武装部、工会工作委员会、共青团委员会、妇女联合会，日常工作分别由相关综合办公室承担。乡人大不设专门办事机构，配置1名专职秘书，日常事务由党政工作办公室承担。

核定行政编制总额20名；核定事业编制总额20名。

乡政府在职人员36人，临时雇佣人员8人。大专以上学历24人，退休人员9人。

党委书记：　　郭正大

党委副书记、乡长：

　　于介澜（女）

党委副书记：　杨春蕾

党委委员、人大主席：

　　高小军

党委委员、纪检书记：

　　高华伟

党委委员、武装部部长：

　　段天军

党委组织委员：吕香梅（女）

党委委员、副乡长：

　　马跃元

副乡长：　　解俊杰

北周庄镇

党委书记：　　刘　华（2019年2月离）

　　梁日军（2019年2月任）

党委副书记、镇长：

　　李宝强（2019年2月离）

　　梁艳锋（2019年2月任）

镇党委副书记：樊宇峰

党委委员、人大主席：

　　郭自权

党委委员、纪委书记：

　　贺飞飞

党委组织委员：王振家（兼武装部部长）

党委委员、副镇长：

　　刘　春（2019年4月离）

　　贺生伟（2019年4月任）

副镇长：　　梅丽丽（女）　闫剑锋

合盛堡乡

党委书记：　　魏玉彪（2019年2月离）

　　王特祥（2019年2月任）

党委副书记、乡长：

　　赵晓滨（2019年2月离）

　　尤卫章（2019年2月任）

党委副书记：　郑元春（2019年4月离）

　　李　艳（女，2019年4月任）

党委委员、人大主席：

　　于介澜（女，2019年2月离）

　　刘　宇（2019年4月任）

党委委员、纪委书记：

　　张明成

党委委员、武装部部长：

　　解培耿

党委组织委员：高迎峰（2019年4月任）

党委委员、副乡长：

　　何兴雄（2019年4月离）

　　马培瑞（2019年4月任）

副乡长：　　李雁斌　周文峰

　　张晓月（女）

岱岳镇

现有股室站所及驻镇单位24个：食药监督站、统计站、计生站、财政所、农财代理、项目监督办、文化站、水利站、农机站、经管站、企管站、安监站、民政办、劳保所、司法所、派出所、工商所、土地所、兽医站、农商行、卫生院、妇联、残联、团委。

全镇现设2个党总支，38个党支部（其中农村党支部25个，非公党支部8个，机关事业支部2个，老干支部1个，人才支部1个，其社会组织党支部1个（慈爱福利院党支部），共有党员830名，2019年发展党员4名，其中机关党员1名，农村党员3名。2019年经县政府批准撤并上沙河、下沙河、鸳鸯会三个村，现有行政村25个。

全镇共有行政编制36人，事业编制35人。现有在编在岗人员59人。

党委书记：　　魏雁明（2019年2月离）

魏玉彪（2019年2月任）

党委副书记、镇长：

麻鹏斗（2019年2月离）

李永胜（2019年2月任）

党委委员、人大主席：

邱建忠

党委副书记：　肖玉林（2019年4月离）

郑元春（2019年4月任）

党委委员、纪委书记：

赵　将

党委委员、武装部：

赵　福

党委组织委员：马佳欣（女，2019年4月任）

副镇长：　　　丁广厚　张科雄　李君枝

安荣乡

乡党委、乡政府机关机构按照职能划分，统一综合设置党政工作办公室、经济发展办公室、社会事务办公室、农村综合便民服务中心、计划生育服务站。按规定设立党的纪律检查委员会（监察室）、人民武装部、工会工作委员会、共青团委员会、妇女联合会，日常工作分别由相关综合办公室承担。乡人大不设专门办事机构，配置1名专职秘书，日常事务由党政工作办公室承担。

人员编制：核定行政编制总额20名，核定事业编制总额20名。现有职人员34人，挂职人员7人，临时雇佣人员7人。

村“两委”班子成员77人、村监委主任14名。

党委书记：　　樊晋阳（2019年2月离）

工　聪（2019年2月任）

党委副书记、乡长：

梁艳锋（女，2019年2月离）

王建家（2019年2月任）

党委副书记：　兰彩云（女）

党委委员、人大主席：

王玉国

党委委员、纪委书记：

史有权

党委委员、武装部部长：

王东贤

党委组织委员：周文官

副乡长：　　　王明山　黄慧鲜（女）

刘善智

薛圐圙乡

全乡设置2个事业单位农村综合便民服务中心（包括林业站、畜牧站、农技站、农机站、水利站、经管站、财政所、统计站、民政站、文化站等站所）和乡（镇）计划生育服务站。

全乡共有行政编制20个、事业编制20个，现实有公务员16名，事业编制人员13名。

党委书记：　　梁日军（2019年2月离）

王永霞（女，2019年2月任）

党委副书记、乡长：

张　龙（2019年2月离）

王继红（2019年2月任）

党委副书记：　张文达

党委委员、人大主席：

王海峰

党委委员、纪委书记：

赵守向

党委组织委员：翟美霞（女）

党委委员、副乡长：

麻文斗（2019年4月离）

赵文官（2019年4月任）

副乡长：　　　安丽霞（女）　李智兴

后所乡

人员编制：全乡行政事业编制总数为50名，其中行政编制26名，事业编制24名。2019年共有在编在岗工作人员36名，其中公务员19

名，事业人员17名。

党委书记：　宋　军

党委副书记、乡长：

刘国栋（2019年2月离）

王　伟（2019年2月任，11月免）

党委副书记：赵新力（2019年4月离）

王进旭（2019年4月任）

党委委员、人大主席：

赵新力（2019年4月任）

党委委员、纪委书记：

高小军（2019年4月离）

王丽丽（女，2019年4月任）

党委委员、副乡长：

王进旭（2019年4月离）

武文山（2019年4月任）

党委委员、武装部部长：

韩　宏

党委组织委员：

王　福

副乡长：　龙海鹰　高永军

朱秀芳（女）

张家庄乡

党委书记：　王　聪（2019年2月离）

赵晓滨（2019年2月任）

党委副书记、乡长：

车晶峰（2019年2月离）

陈晓东（2019年2月任）

党委副书记：李　峰

党委委员、人大主席：

陈晓东（2019年2月离）

樊志清（2019年4月任）

党委委员、纪委书记：

李玉文（2019年4月离）

李彦婷（女，2019年4月任）

党委组织委员：

张　宁（2019年4月任）

党委委员、副乡长：

尚怀帅

副乡长：　段秀东（女，2019年4月离）

姚小叶（女，2019年4月离）

刘志霞（女，2019年4月任）

柳瑞东（2019年4月任）

古城镇

党委书记：　王浩宇（2019年7月离）

郭东申（2019年8月主持工作）

党委副书记、镇长：

王家民（2019年2月离）

车晶锋（2019年2月任）

党委副书记：李　雁（女，2019年2月离）

梅丽红（女，2019年5月任）

党委委员、纪委书记：

丁建业（2019年5月离）

郭维佳（2019年5月任）

党委委员、武装部部长：

武　刚

党委组织委员：

梅丽红（女，2019年5月离）

段景厚（2019年5月任）

党委委员、副镇长：

金建军（2019年8月免职）

副镇长：　解宏波　赵青春　郭少华

马营庄乡

马营庄乡下设乡党政办、财政所、计生办、纪检办、信访办、安监办、民政所、国土所、团委、妇联、文化站、农经站。

党委书记：　程　毅（2019年2月离）

张　龙（2019年2月任）

党委副书记、乡长：

落　军（2019年2月离）

李　雁（女，2019年2月任）

党委副书记：王玉国（2019 年 4 月离）
刘　澎（2019 年 4 月任）
党委委员、人大主席：
安　玉
党委委员、纪委书记：
刘　澎（2019 年 4 月离）
张晓源（2019 年 4 月任）
党委委员、武装部部长：
黄　瑞
党委组织委员：
白　洁（女）
党委委员、副乡长：
唐　勇
副乡长：　李宝发　刘丽芳（女）

东城管委会

党委书记：　苑　平
党委委员：　李晋文　谢　龙
赵义厚　李国亮
南街社区党支部书记、主任：
任久波（女）
北街社区党支部书记、主任：
谷为利（女）
光明社区党支部书记、主任：
王海霞（女）
兴隆社区党支部书记、主任：
梁玉新
和顺社区党支部书记、主任：
王跃栋

西城管委会

西城管委会现有乡科级正职 1 人，乡科级副职 6 人，科员 1 人，事业人员 2 人。

党委书记：　王　军
副主任：　殷占利　赵贵卿
武装部部长：张瑞云
惠丰社区党支部书记、主任：
岳晓珍（女）
广益社区党支部书记、主任：
白宏艳（女）
集贤社区党支部负责人：
赵丽敏（女）
德望社区主任：
边治强
幸福社区主任：
陈亚婷（女）

【党群】

中共山阴县委办公室

中共山阴县委办公室是县委的工作机关，为正科级，挂中共山阴县委全面深化改革委员会办公室、山阴县国家资源型经济转型综合配套改革试验区工作委员会办公室和山阴县档案局的牌子。

主要职责：1. 负责推动党的方针、政策和中央决策部署及省委、市委、县委具体安排的贯彻落实；2. 负责做好中央和省、市、外县领导在山阴公务活动的组织安排；3. 负责做好县委各类会议的会务工作、县委领导同志参加重大活动的组织安排和县委对外接待的组织协调工作，承担县委文件、文稿、领导讲话的起草、修改和审核工作，负责审核有关部门代县委或县委办公室起草的各类文件材料；4. 负责党中央决策部署及省、市、县委具体工作安排贯彻落实情况的督促检查，负责中央及省、市、县委领导同志批示的传达督办落实工作；5. 负责围绕县委中心工作收集信息、反映动态、综合调研；6. 负责中央、省委、市委文件办理和县委文件制发工作，负责县委日常文书处理工作，负责党政机关机密文件、信件传递工作；7. 负责县委重要决策事项合法合规性审查，负责县委党内法规和规范性文件相关业务工作；8. 督促办理人大代表、政协委员对县委及县委各部门工作的议案、提案；9. 负责组织全县政治建设、经济建设、社会建设、文化建设、生态文明建设、党的建设重大问题的调查研究、咨询论证，为县委决策提供依据、建议和方案；10. 统筹协调有关方面提出改革方案和措施，协调提出全县中长期改革规划建设；11. 根据县委安排，负责组织或参与起草县委向中央、省委、市委的有关工作报告；12. 负责依法管理全县保密、机要通信和密码管理工作；13. 负责贯彻执行档案行政管理法律法规及方针政策，拟订档案管理法规性文件，依法履行档案监督指导、行政管理职能；14. 负责本部门安全监督管理工作；15. 完成县委交办的其他任务。

内设机构：内务股、综合股、督查股、会务股、深改调研股、信息股、文书股、法规股、机要保密股。

主　任：郭东申

副主任：张　连（2019 年 2 月调离）

韩承生（2019 年 2 月调离）

朱志勇　辛志元

组织部

组织部是县委主管组织工作和干部工作的职能部门。2019 年党政机构改革调整职责：1. 统一管理公务员工作。将山阴县人力资源和社会保障局的公务员管理职责（含公务员调配、工资福利职责）划入县委组织部，加挂山阴县公务员局牌子。2. 加强领导班子和领导干部队伍特别是优秀年轻干部队伍建设职责。3. 统一管理中共山阴县委机构编制委员会办公室。4. 统一管理全县老干部工作，挂中共山阴县委老干部局牌子。

县委组织部内设行政股室 10 个，即：办公室（政策法规室、网络宣传办公室）、组织一室、组织二室、组织三室（党代表联络办公室、县非公经济组织和社会组织工作委员会办公室）、干部室、干部队伍建设规划室（干部教育室、人才工作室）、公务员室、目标责任考核室、干部监督室、老干部室。所属事业单位 5 个，即：县干部培训中心、县大学生村干部创业培训中心、县委党建研究中心、县老干部服务中心、县委人才服务中心。

县委常委、组织部长、县委党校校长：

王国梁

常务副部长：

王建永

副部长、县委党建工作领导小组办公室主任、县非公经济组织和社会组织工委书记：

王景龙

副部长、县委老干部局局长：

卢　胜

统战部

统战部主管全县统一战线工作的部门，按照《关于印发〈山阴县机构改革方案〉的通知》（山办发 2019 年 4 号）要求，中共山阴县委统一战线工作部简称县委统战部，是县委工作机关。挂山阴县民族宗教事务局牌子，县委统一战线工作领导小组办公室设在县委统战部。统战部的工作大体可以概括为“三民”，即：民营企业、民族宗教、民主党派与无党派工作。

负责联系全县各民主党派，对坚持和完善党领导的多党合作和政治协商制度及民主党派工作的重大问题进行调查研究，协调有关方面协助民主党派积极开展民主监督、参政议政和社会服务。

县委常委、统战部部长：

降　英（2019 年 8 月调离，县委常委、组织部部长王国梁代管统战部）

常务副部长：

刘　春

副部长、民族宗教事务局局长：

王　喜

副部长、工商联党组书记：
　　樊晓雨

人民武装部

2018年人民武装部归中部战区管理管辖。建国初山阴县武装委员会改称为山阴县人民武装部（简称人武部）。为军事单位，正团级，科长和参谋干事助理员全部实行文职化。机构设有人武部设1个党委、1个机关党支部。机关下设3个科：军事科、政治工作科、保障科，下辖16个基层武装部（含1个企业武装部）。

人武部党委

第一书记：李旭清（市政协副主席、县委常委、县委书记）

书　记：　钟军辉

副书记：　石　磐

委　员：　何　岗　王　龙　张万胜　何壮太　武龙山

人武部机关

部　长：　张　飜　上校

政治委员：钟军辉　上校
　　　　　曹世强　上校

副部长：　王　龙　中校

军事科长：武龙山　中校

政工科长：何壮太　中校

县委巡察办

县委巡察办于2016年7月成立，全称为中共山阴县委巡察工作领导小组办公室。2019年3月更名为中共山阴县委巡察工作办公室，是县委工作部门，设在县纪律检查委员会，正科级建制，核定行政编制6名，领导职数一正　副。主要职责是统筹协调、指导督导、服务保障。

主　任：　庞晓辉

副主任：　李秦晋

县委设立三个巡察组，每组核定行政编制3名，在县委巡察工作领导小组领导下承担具体巡察任务。

县委第一巡察组正科级巡察专员：
　　李建忠

副科级巡察专员：
　　高　明

县委第二巡察组正科级巡察专员：
　　崔甫生

副科级巡察专员：
　　马秉政

县委第三巡察组正科级巡察专员：
　　杨江芬

中共山阴县直属机关工作委员会

中国共产党山阴县直属机关工作委员会（简称县直工委）于2019年2月份组建成立，县委工作机关，正科级建制，行政编制6名，2月底举行了挂牌揭牌仪式。所属事业单位中共山阴县直属机关党员教育中心于2019年12月12日成立，为股级建制。

县直工委设3个内设机构，分别为办公室、组织室和宣传室，下辖事业单位1个，即中共山阴县直属机关党员教育中心。

书　记：　韩承升

副书记：　夏珍萍

工委委员：裴　喜

山阴县委机构编制委员会

2019年机构改革后，山阴县机构编制委员会改为山阴县委机构编制委员会（简称县委编委），县委编委作为县委议事协调机构，调整优化县委机构编制委员会领导机制。山阴县机构编制委员会办公室改为山阴县委机构编制委员会办公室（简称县委编办），正科级。县委编办作为县委编委的办事机构，承担县委编委日常工作，归口县委组织部管理。

县委编办设办公室、机关股、事业股和监

督检查股。所属两个事业单位，其中：原山阴县事业单位登记管理局更名为山阴县事业单位登记事务中心，正科级建制；成立山阴县机构编制电子政务中心，股级建制。

主　任：　许永平

副主任：　陆书领

主任科员：吴永胜

县事业单位登记事务中心主任：

张守江

县事业单位登记事务中心副主任：

马　雨

机关事务服务中心

山阴县直属机关事务服务中心成立于1992年12月30日，前身为山阴县机关事务管理局、山阴县机关后勤服务中心。2019年3月机构改革与县接待办合并，单位名称变为山阴县直属机关事务服务中心。其主要职能是为机关办公与职工生活提供后勤服务。正科级全额事业单位，编制人数为60人，实有人数为46人（其中女5人），退休人员27人，党员36人。

党支部书记、中心主任：

陈礼斌

中心副主任：

赵继高

安美丽（2019年12月任）

李晓宁（2019年12月任）

共青团山阴县委

山办发〔2002〕36号《中共山阴县委办公室印发共青团山阴县委职能配置、内设机构和人员编制方案的通知》、山编办字〔2017〕45号《关于调整共青团山阴县委内设机构的批复》，共青团山阴县委行政编制5人，书记1人，副书记2人，一般人员2人。单位性质：参公单位。

团县委内设机构5个：即办公室、学少部、组织联络部、青年发展部、维护青少年权益部。

书　记：　曹宝文

副书记：　李永东　温雪洁

妇女联合会

根据山办发〔2002〕37号文件核定行政编制5名，群团组织。

妇女联合会是党委政府领导下的为争取妇女进一步解放而联合起来的社会群众团体，是党和政府联合妇女群众的桥梁和纽带。基本职能是代表和维护妇女利益、促进男女平等，参与、教育、代表、服务、联谊五大职能。

机构设置

县妇联党组成员、主席：

赵晓君

县妇联党组成员、副主席：

王晓宇

县妇联党组成员、挂职副主席：

王俊芬

科学技术协会

成立于1980年，是全县各科协和科学技术工作者的群众组织，县委领导下的人民团体，是党和政府联系科技工作者的桥梁纽带，是推动科学技术事业发展的重要力量。正科建制、参照公务员管理。

负责全县自然科学和技术科学等社会团体的资格审查及业务指导。开展科普宣传，科技普及与推广，维护科技工作者的合法权益。单位性质：群团设办公室、科普部、学会部。编制13人，现在编人员有主席、副主席及干部职工共11人。

主　席：　丰建国

副主席：　郑夏生　魏志旻　张　凯

李晓明　梁　健

工商联

工商联是中国共产党领导的以非公有制经

济企业和非公有制经济人士的人民团体和商会组织，是党和政府联系非公有制经济人士的桥梁纽带，是政府管理和服务非公有制经济的助手。

主　席：　解洪明

党组书记：樊晓雨（兼统战部副部长）

副主席：　谷文有

县委党校

成立于1959年5月3日，中共山阴县委机关，正科建制，事业单位。学习、研究、宣传党的基本理论和最新理论成果的重要阵地。是对党员、干部进行培训和轮训教育的重要机构。是党的哲学、社会科学主要研究机构。

校　长：　王国梁

常务副校长：

　　　　　丰贵宝

副校长：　黄殿一　吕广东

总工会

山阴县总工会是中国共产党领导下的群团组织，其基本职能是：维护职工合法权益和民主权利；引导职工参加社会主义建设和改革，努力完成经济和社会发展任务；发挥职工群众参政议政的民主渠道作用，代表和组织职工参与国家和社会事务管理，参与企事业单位的民主管理；帮助职工不断提高思想政治觉悟和文化技术素质。现有公务员编制5个，实有公务员4名，缺额1名。另有4名职工属工人身份，无编制。县工会设有4个职能部室：办公室、组织民管部、经济权益部、困难职工帮扶中心。

主　席：　王国文（县委常委、县委副书记）

常务副主席：

　　　　　王建永

副主席：　米久盈　李宝强

档案馆

山阴县档案局成立于1959年5月，几经机构改革后，于2011年7月21日，经山阴县机构编制委员会办公室清理规范后，保留事业单位。正科级建制，为山阴县人民政府职能机构，全民事业单位。2019年3月县级档案部门进行机构改革，将行政职能划归县委办公室，县委办公室对外加挂档案局的牌子，形成了新的档案工作体制，局馆分离，各司其职。档案馆现有编制内职工13人，其中，本科学历4人，大专学历7人，高中2人，中级职称3人，技师1人，中级工2人。

机构设置

档案馆设办公室、指导股、执法股、管理股。分别从事办公、档案执法、业务指导、档案管理等工作。

馆　长：　李卫东

副馆长：　解培宏　郝万龙

党史研究室

2019年3月完成了机构改革，由原来政府系统的史志馆变为县委直属事业单位，正科建制。更名为中共山阴县委党史研究室（山阴县地方志研究室）。2019年7月完成了山阴县史志馆党支部换届工作，并变更党支部名称为中共山阴县委党史研究室支部委员会。

机构设置

史党史研究室设办公室、党史股、方志股、资料文印股

主　任：　侯志林

副主任：　秦　强　梁志伟

【政府】

政府办

2019年，山阴县机构改革，县政府办公室（县政府外事办公室、县政府台港澳事务办公室）行政编制17名。设主任1名，副主任2名，县政府督察专员1名（副科级）。

主要职责调整情况：

一、划转职责。应急管理职责划入县应急管理局；政务改革和管理职责划入县行政审批服务管理局；人防职责划入县住房和城乡建设管理局；侨务方面职责划入县委统一战线工作部；县政府法制办公室职责划入县司法局。

二、新增职责。增加外事、台港澳事务职责；强化对县政府重大民生工作的服务职能；强化县政府总值班工作；增加机关内审职能。

三、职能转变。全面加强党的领导，不断提升参谋助手和综合协调能力，加大督查督办力度，强化承上启下、协调左右、联系内外的枢纽作用。加强和完善对经济调节、市场监管、社会管理、公共服务、生态环境保护领域的政务服务职能。加大服务民营经济工作力度，促进全县民营经济健康发展。统筹协调推进政府职能转变、简政放权和"放管服效"改革相关工作，全面提高政府效能，建设人民满意的服务型政府。

机构设置

政府办公室设党组办公室、内务股、综合股、秘书一股、秘书二股、秘书三股、秘书四股、秘书五股、信息督查股、机要文书股、内审股、外事办公室（台港澳事务办公室）

办公室党组书记、主　任：

闫志民

党组副书记：

孙培峰（2019 年 3 月调离）

魏雁明（2019 年 9 月）

副主任：　任长宏（2019 年 3 月起）

杨晓东（2019 年 3 月起）

山阴县政府电子信息服务中心，隶属山阴县人民政府办公室管理，股级建制，全额拨款事业单位，核定编制 8 名。2017 年 12 月 28 日，经山阴县机构编制委员会核定，山阴县政府电子信息服务中心为全额拨款事业单位编制 13 名。2019 年 9 月 28 日，根据《山阴县机构编制委员会办公室关于调整山阴县政府电子信息服务中心机构规格的通知》（山编办字〔2017〕32 号）文件精神，同意将山阴县政府电子信息服务中心机构规格调整为正科级，核定领导职数一正一副。

副主任：　刘振国（2019 年 3 月任）

刘　伟（2019 年 3 月任）

项目资金监控中心

山阴县项目资金监控办公室 2011 年事业单位清理规范和分类改革保留的事业单位。

主要职责：上级和本级财政投资用于各类工程建设的项目，以及各职能部门按规定渠道申请由县财政拨入的具有指定用途、专项专用项目资金的进展情况、工程质量、资金使用实行全过程监控。具体包括城市建设、维修工程、农村、学校、医院修建和维修项目、交通、水利、林业、农业、畜牧、环保等开发、新建、续建项目，县领导指定监控的工程项目。

正科级建制，核定科级领导职数 1 正。核定财政拨款事业编制 3 名，其中管理人员编制 1 名，专业技术人员编制 2 名。

主　任：　王平家

人力资源和社会保障局

根据《中共山阴县委、山阴县人民政府关于印发〈山阴县人民政府机构改革方案〉的通知》（山发〔2009〕16 号），设立山阴县人力资源和社会保障局，正科级进制，为县人民政府工作部门。将原人事局、劳动和社会保障局的职责整合，划入山阴县人力资源和社会保障局。贯彻执行国家人力资源和社会保障事业发展规划和政策法规。

机构设置

办公室、专业技术人员管理股、工资福利和离退休股、规划就业指导股、劳动监察股、调解仲裁管理股、社会保险股、基金管理股。

党组书记、局长：

樊晋阳

党组成员、副局长：

李治国　马占功

党组成员：温登谦

党总支书记：

丰利平

审计局

山阴县审计局成立于1983年，2019年3月在山阴县机构改革中，编制了《山阴县审计局职能配置、内设机构和人员编制规定》，经山阴县机构编制委员会批准，设1室4股，即：办公室、财政金融投资审计股、农企资源环保审计股、教科社保审计股、经济责任审计股。2019年12月8日，经县委机构编制委员会批准，成立山阴县信息化审计中心，股级建制。山阴县审计局机关行政编制为9名。山阴县审计信息化审计中心事业编制20人，属于行政单位。

单位职能：审计监督。2019年3月山阴县机构改革中，优化县审计局职责，将县发展和改革局和重大项目稽察职责、县财政局的县级预算执行情况和其他财政收支情况的监督检查职责等划入县审计局。

局　长：　张志新（2019年3月离）

程　毅（2019年3月任）

副局长：　刘培耀　康培忠　徐殿仁

民政局

山阴县民政局成立1989年，位于县城府西街普济小区2号院。是县政府主管社会行政事务和公共服务的工作部门。4镇9乡设有民政工作站，所有站设专职民政助理员。有干部职工14人。2019年，根据《中共山阴县委办公室山阴县人民政府办公室关于印发〈山阴县机构改革方案〉的通知》（山办发〔2019〕4号）文件，经县委、县人民政府批准，将工作职责进行了调整，将退役军人优抚安置和拥军优属职责划入县退役军人事务局，将救灾职责划入县应急管理局，将医疗救助职责划入县医疗保障局，将救灾物资储备职责划入县发展和改革局，将组织实施重要物资和应急储备物资收储、轮换和日常管理职责划入县发展和改革局。

机构改革后内设办公室、社会救助和社会福利股、基层政权和社区治理股、社会组织管理股4个股（室）。局直属事业单位有：山阴县城乡最低生活保障管理中心、山阴县流浪乞讨人员救助站、山阴县安荣中心敬老院。

党组书记、局长：

刘福广

党组成员、副局长：

刘培全　白文柱

党组成员、主任科员：

任永丽

行政审批服务管理局

根据《山阴县机构改革方案》，将县政府办公室的政务改革和管理职责、以及相关机构承担的行政审批制度改革、行政审批服务管理、政务信息管理等职责整合，组建县行政审批服务管理局，加挂县政务信息管理局牌子，作为县政府工作部门，承担县政府优化营商环境相关职责。同时将县政务服务中心、县政府采购中心调整为县行政审批服务管理局管理的事业单位。3月1日，山阴县行政审批服务管理局（县政务信息管理局）正式挂牌成立，形成了“一局两中心”构架。3月21日，山阴县委办公室、山阴县人民政府办公室印发了《山阴县行政审批服务管理局（山阴县政务信息管理局）职能配置、内设机构和人员编制规定》的“三定”规定。行政审批局工作人员5名，党组书记、局长1名，党组成员、副局长1名，党组成员、政务服务中心主任1名，科员2名；政务服务中心工作人员2名；政府采购中心工作人员15名，主任1名，科员14名。根据改革工作需要，经山阴县编制委员会批准成立3个股级事业单位，县行政审批服务管理局形成了“一局五中心”构架。

局　长：　赵永胜

医疗保障局

2019年，山阴县党政机构改革方案批准设立山阴县医疗保障局，为县政府工作部门，正科级建制，于3月1日挂牌成立。行政编制6名，局长1名，副局长1名。

机构设置

下设综合股、待遇保障和基金监督管理股、医药服务管理股三个股室。

党组书记、局长：

张　连

党组成员、副局长：

卢彦斌

下设有一个副科级事业单位，为山阴县医疗保险事务中心，中心主任卢彦斌兼任。医保中心共有事业编制56名，实有事业人员48名。全局共有中共党员16名，成立了一个党支部。

应急管理局

山阴县应急管理局是山阴县机构改革后，按照中共山阴县委办公室山阴县人民政府办公室关于印发《山阴县机构改革方案》的通知（山办发〔2019〕4号）新组建的部门。2019年3月2日，山阴县应急管理局正式挂牌成立。新组建的山阴县应急管理局，为正科级县政府的工作部门，同时加挂山阴县地方煤矿安全监督管理局牌子。按山阴县委有关改革部署实施，将原县安全生产监督管理局（县煤炭工业局）的安全生产监督管理、煤矿安全监督管理职责，以及县政府办公室的应急管理职责，县公安局的消防管理职责，县民政局的救灾职责，县国土资源局的地质灾害防治、县水利局的水旱灾害防治、县农业委员会的草原（地）防火、县林业局的森林防火、县地震局的震灾应急救援等相关职责，县防汛抗旱、抗震减灾（抗震救灾）、护林防火等指挥部的职责等整合，组建县应急管理局，不再保留县安全生产监督管理局（县煤炭工业局）。

机构设置

县应急局设有办公室、应急救援保障股（应急指挥中心）、防灾减灾股、煤矿安全监督管理股、地面煤安全监督管理股、非煤矿山安全监督管理股、冶金工贸和危化品安全监督管理股、安全生产综合协调股，共八个股室。行政编制12名。下属五个事业单位：山西省煤炭安全纠察队山阴县分队（副科级）、山阴县矿山救护中队（副科级）、山阴县煤矿安全生产监察大队（股级，原山阴县煤炭技术服务中心划至）、山阴县煤炭职工培训中心（股级）、山阴县森林消防专业队（股级）。公安消防部队转制后，与安全生产等应急救援队伍一并作为综合性常备应急骨干力量，由应急管理局管理。

党组书记：孙培峰（2019年12月调离）

党组副书记、局长：

王志文（2019年12月任党组书记）

党组成员、副局长：

赵　强（2019年7月调离）

班志福　朱英春

赵　兴　杜金刚

信访局

山阴县信访局是县政府的工作部门，为正科级。负责处理县内外群众给县委、县政府的来信，接待群众来访。承办国家信访局、省信访局、市信访局交县委、县政府及本局的信访事项。

机构设置

山阴县信访局行政编制6名，局长1名，副局长1名，设办公室、接待股、网络电话投诉受理办公室。

局　长：　高　海

防震减灾中心

成立于2007年3月，正科级建制，全额事业单位，2019年，机构改革更名为防震减灾中心，编制8人。

主　任：　王常厚

副主任：　韩永文（2019年6月任）

【宣传】

宣传部

贯彻执行党中央、省委、市委和县委在宣传思想战线的方针政策并进行调查研究和宏观指导。引导和把握社会舆论，对文化新闻、广播电视、文学艺术等部门和有关群团组织的业务工作进行指导，协调、监督、和服务，并在政治方向和方针政策方面实施领导。

机构设置

办公室、党建研究室、新闻股、文明股、文化股、理论宣教股、网信股。隶属事业单位共2家：山阴县对外宣传联络中心、山阴县舆情报备中心。挂靠单位共3家：中共山阴县委网络安全和信息化委员会办公室（县互联网信息办公室）、山阴县人民政府新闻办公室和山阴县新闻出版局。

县委常委、宣传部部长：

刘　宇

常务副部长、县委网络安全和信息化委员会办公室主任：吕建全

副部长、县二中校长：

高玉国

副部长、县新闻中心主任：

闫文光

副部长：　李德华　白喜厚

教育局

2019年，山阴县教育科技局在全县机构改革中更名为山阴县教育局。贯彻执行党和国家的教育和科技（知识产权）工作方针、政策、法律和法规，拟订全县教育和科技（知识产权）事业发展规划并组织实施，起草有关规范性文件并组织实施和监督检查。

机构设置

办公室　人事股　计财股　科技股　普教股　教研室　语委办　监察室　成人教育股　职业教育股　思想政治教育股　档案管理室　学校安全工作办公室　幼儿教育股　文体办公室　党委办公室　电教仪器站　妇儿办 学生资助管理中心　招生考试办公室　县政府教育督导委员会办公室主任

党组书记、局长：

郭连兵

党组成员、副局长：

李永章　祝启海　赵军义

党组成员、县政府教育督导委员会办公室主任：　赵良才

文化和旅游局

2019年3月县机构改革名称变更为山阴县文化和旅游局，设局长1名，副局长2名。下设股室5个，编制9人，单位职能主要负责县文化、广电、旅游、文物相关工作机构。

主　任：　李志文

副主任：　邸明盛　郭占臣

卫生健康和体育局

2019年机构改革，撤销卫生和计划生育局，组建为卫生健康和体育局（简称卫健局），于3月2日正式揭牌。山阴县卫生健康和体育局是县政府的工作部门，为正科级，行政编制10人，内设机构6个：办公室、规划发展和信息化股、科技教育与法规宣传股、体制改革与医政中医股、疾病预防和卫生应急股、人口与家庭发展股（老龄工作股）。

局　长：　罗殿林

副局长：　赵富仁　杨智英

　　　　　崔正荣　赵　平

疾病预防控制中心

山阴县疾病预防控制中心正科级建制的一类公益性事业单位，负责全县疾病预防控制、监测检验、健康教育和促进公共卫生从业人员健康体检和培训、卫生学评价等工作；承担传染病流行、中毒、污染等公共卫生突发事件；实施全县计划免疫接种工作，负责预防用生物制品的使用与管理。中心编制 38 人，2019 年在职 33 人。

中心主任：孟昭民

中心副主任：

　　　　　孙淑琴　康丽华

医疗集团人民医院

山阴县医疗集团人民医院成立于 2017 年 12 月 8 日，是一所二级甲等事业单位，于 2017 年 11 月成立山阴县医疗集团组建了 13 家乡镇卫生院和 7 家分院，医院现有编制人数 315 人。

机构设置

临床科室 31 个，医技科室 8 个，职能科室 14 个。2019 年在职职工 282 人，返聘名医专家 31 人，其中：正高职称 10 人，副高职称 41 人，中级职称 93 人。

院　长：　　李晓明

书　记：　　高巍山

常务副院长：张益栋

副院长：　　高树铭　孟昭民

　　　　　　蒋秀梅　王建忠

　　　　　　闫　阁

纪检书记：　刘仲斌

院长助理：　王志武

工会主席：　蔺雪峰

中医医院

山阴县中医医院成立于 1993 年 3 月，二级甲等医院，差额事业单位。

机构设置

内科、外科、妇产科、急诊科、耳鼻喉科、眼科、皮肤科、针灸科（特色专科）、血净室、治未病科、康复理疗科、彩超室、影像科、胃镜室、心电图室、化验室等临床医技科室。医院编制人数 110 人。

院　长：　　殷占东

党支部书记兼副院长：

　　　　　　张文亮

副院长：　　王守昌

山阴现代医院

山阴现代医院（山阴县现代综合医院有限责任公司）于 2010 年经朔州市卫健委批准成立的综合医院，是一所二级综合医院，山阴县城镇职工医疗保险，城乡居民医疗保险、工伤医疗保险定点医院。设立住院床位 248 张，层流洁净手术室 3 个，导管介入手术室 1 个，标准微生物，艾滋病实验室各 1 个。

全院职工 205 人，其中按岗位划分：管理人员 27 人，医技人员 128 人，医技人员占总数人员 62.5%；按学历划分：大学本科 21 人，大学专科 84 人，中专 68 人，中专以下 30 人；按职称划分：正高级职称 4 人，副高级 7 人，主治医师 16 人，医师 12 人，医士 16 人，无职称人员 28 人（指后勤、导医），其中有执业医师 28 人，执业助理医师 6 人，执业护士 57 人，执业药师 2 人，药士 6 人。

院　长：　　侯　润

行政副院长：赵永刚

业务副院长：邢建平　相　富

文化旅游发展中心

山阴县文物旅游局成立于 2005 年 10 月，

2017年11月23日撤销同时成立为山阴县文化旅游开发中心，2019年4月25日更名为山阴县文化旅游发展中心，全额事业单位建制，内设综合办公室，下设山阴县游客接待中心1个全额事业单位，现共有在职职工17人，承担的主要职能是：科学合理地规划开发、发展旅游产业。山阴县游客接待中心，股站级建制，全额事业单位。

主　任：　　郑冬生

副主任：　　李永红　王月珍

广武风景名胜区服务中心

山阴县广武风景名胜区管理委员会成立于2017年12月，正科级建制，核定全额拨款事业编制8名，领导职数1正1副，现有在职人员5人，隶属县人民政府管理。主要职责：负责山阴县广武风景名胜区内风景名胜的保护、利用和统一管理。2019年4月更名为山阴县广武风景名胜区服务中心，更名后县编办未设置职能职责。

主　任：　　武皓月

副主任：　　郝义宁

广播电视台

成立于1958年，名称山阴人民广播站，1982年更名为山阴县广播事业局，1983年机构改革，成立山阴县广播电视局，1992年成立山阴县广播电视服务公司，2009年成立山阴县广播电视服务中心。2010年成立山阴广播电视台。为山阴县政府直属事业单位，正科级，编制75名，归口县委宣传部。

机构设置

广播电视台内设办公室、记者部、专题部、编辑部、新闻综合广播、新媒体中心、技术播出部、网络中心、党建办

支部书记、台长：

赵日文

副台长：　　吕高立　李　东

安　刚　靳　涛

文学艺术工作者联合会

成立于1985年，为群团单位。主要职责：组织、联络、协调全县文艺工作者繁荣文艺工作。

机构设置

办公室、文艺作品编辑部

主　席：　　黄　冀

副主席：　　李　丽

新闻中心

新闻中心于2005年3月成立，正科级建制，全额拨款事业单位，编制10人，领导职数一正二副。2005年5月发行第一期报纸。现在编人数8人。

中心主任：　　闫文光

副主任：　　唐玲仕　丰　锐

山阴县第二幼儿园

山阴县第二幼儿园成立于1982年11月，原名山阴县机关幼儿园，旧街广场院内。2014年10月更名为山阴县第二幼儿园。坐落在原岱岳镇旧址，青年路北，编制43人。

机构设置

园　长：　　吴晋萍

副园长：　　兰国瑛　赵瑞芳

第一中学校

建校于1952年，由原山阴一中、山阴三中合并而成，是一所历史悠久文化底蕴深厚的全日制高中学校。2019年，山阴一中总占地面积288674平方米，其中建筑用地面积223049平方米，绿地率35%，总建筑面积100817平方米。地上建筑面积96853平方米，地下建筑面积3964平方米，教学楼及实验楼26766平方米，图书馆9120平方米，行政楼5415平方米，艺术

楼4792平方米，餐厅总面积14622平方米，可同时容纳3200人就餐，学生宿舍25942平方米，浴室及锅炉房1500平方米，综合楼3750平方米。学校现有物、化实验室各6个，物、化、生探究室各1个，生物准备室3个，物理准备室4个，化学准备室5个，生物观察室3个，通用技术设计室2个，通用技术实践室2个，语音室4个，语音准备室2个，计算机室6个，电子备课室3个，阶梯教室3个，每间教室配有现代化教学设备，实现了多媒体教学。

机构设置

党支部、教管处、政教处、总务处、办公室、团委

校长、书记：王泽邦（2019年7月至12月）
王成元2019年12月

副校长：白继斌　丰晓东

第二中学校

山阴县第二中学校始建于1974年3月，是一所全日制公办初级中学。座落于山阴县城岱岳镇中心，位于文卫西街与西环路交接处，东邻原山阴县人民医院和朔州劳动技术学校，南邻艺水苑居民小区和县政府，西邻西环路。北邻文瀛居民小区，五万三居民小区和山阴二小，山阴七小。

机构设置

学校设有校委会、教导处、政教处、总务处、团委会、教研组。

校　长：高玉国

副校长：张小元　牛兴盛　梁　峰

第三中学校

始建于1988年，其前身是“山阴县岱岳乡二中”，是一所隶属县区的寄宿制初级中学，普通初中教育，财政补助事业单位。学校机构健全，设有：教导处、政教处、总务处、办公室、团委。

校　长：尹晋疆

书　记：张利生

副校长：兰占春　任永军

第四中学校

建校于1997年8月，由原山阴一中、山阴三中的初中部和岱岳乡一中合并而成，是一所全日制公办初级中学。座落于山阴县城岱岳镇中心，位于青年路北，北邻府东街锦绣佳苑、学府苑、龙鑫园等居民小区，东接县体育场，南面是岱岳镇主要街道青年东街。

机构设置

学校设有教导处、教科处、政教处、总务处、团委会、办公室，七个教研组。

校　长：梁　健

党支部书记副校长：
韩守义

副校长党支部副书记：
张文友

新杰中学

1999年8月建校，位于岱岳镇府西街与西环路交叉处，2003年8月由原来的技校高中实验部、山阴县新杰中学、天风中学高中部合并组建，形成现在规模的新杰中学。新杰中学是我县唯一一所全日制民办普通高中。

机构设置

设有教导处、政教处、后勤处、团委会、党支部五个办公室，统一由董事会领导、管理。

校长党支部书记：
白君书

副校长：倪有富　何国宽　郭　玺

第四小学

山阴县第四小学实行校长负责制，校长是学校的法人代表。校长在县教育局领导下，主

持学校工作，对学校的教育教学实行全面领导，对学生德、智、体、美、劳诸方面的发展全面负责，对学校行政工作起保证监督作用。

机构设置

校长室、教务处、政教处、少先队大队部、总务处。

校　长：　　张玉秀

副校长：　　刘广丽　邱士太

山阴县第六小学校

山阴县岱岳镇第六小学校，始建于1981年，于2008年完成旧校改造，学校坐落在县城中心，为一所县教育局直属的六轨制完全小学。学校占地面积26900平方米，建筑面积8226平方米，现有44个教学班，学生2082人，教师108人。本科学历64人，大专学历44人，小学高级教师5名，小学一级教师55名，小学二级教师47人，三级教师1名，省、市、县优秀教师和教学能手58名。

机构设置

党员活动室、校长室、教务处、政教处、财务室、各年级教研室、少先队部室、档案室、学籍管理室。

校　长：　　任翠虹

副校长兼党支部书记：

郝素梅

副校长：　　杜建华　贾萍艳

山阴县综合职业学校

山阴县综合职业学校成立于1984年，现坐落于县城山水巷（原山阴一中校区）。是一所隶属于县级管理的中等职业学校，为全额事业教学单位。

校　长：　　冯培森

教师进修学校

成立于1954年初，是教育局主管以实施山阴县中小学教师继续教育工作为主要任务，并具有与教师教育相关的管理、研究、服务和教育信息资源开发与利用等职能。

机构设置

办公室、师（干）训股、继续教育股、后勤财务股。

校　长：　　牛世宝

职业教育中心校

山阴县职业教育中心校是一所公办性质职业技术学校。学校位于山阴县城先进小区，地理位置优越，交通便利，学校成立于2006年，编制为11人，现学校教职员工共23人。属事业单位。

校　长：　　郭宏斌

山阴县电大工作站

成立于1984年9月，全称为山西省广播电视大学山阴县电大工作站。山编办字〔2011〕53号文件核定本单位为全额科级事业单位。事业编制11人，现有在编人员7人。承担成人学历教育、继续教育，做好招生宣传、审核上报、录取等工作，规范学籍管理，办理毕业证和档案，负责课程辅导员的聘任和日常教学的管理工作，培养合格人才。

站　长：　　侯　静

副站长：　　解文丽

【农业】

山阴县农业农村局

根据《中共山阴县委办公室山阴县人民政府办公室关于印发〈山阴县机构改革方案〉的通知》（山办发〔2019〕4号），制定本规定。山阴县农业农村局是县政府工作部门，原山阴县农业农村委员会于2019年3月机构改革更名为现名，正科级建制。中共山阴县委农村工作领导小组办公室（以下简称农办）设在县农业农村局，接受县委农村工作领导小组的直接领导，承担县委农村工作领导小组的具体工作，组织开展全县“三农”改革发展稳定重大问题的政策研究，协调督促有关方面落实党中央、省委关于“三农”工作的方针政策、县委农村工作领导小组的决定事项、工作部署和要求等。县农业农村局的内设机构根据工作需要承担县委农办相关工作，接受农办的统筹协调。县农业农村局行政编制 11 名。设局长 1 名，副局长 2 名。

机构设置

办公室、行政审批和农产品质量安全监管股、农村工作股、农村合作经济指导股、种植业与农田建设管理股、畜牧兽医及渔业渔政管理股、科技教育与市场股

局　长：　　郭金业

副局长：　　赵生富　高贵林　丰廷山

山阴县林业局

山阴县林业局是山阴县政府职能部门，是政府序列单位，正科级建制。负责全县林业生态保护修复的监督管理，森林资源保护发展监督管理，林地、林权管理和天然林保护，陆生野生动植物资源监督管理，推进林业改革，林业资源执法监察，国家公益林和省级公益林的保护、管理、划界和补偿等工作。

机构设置

山阴县林业局设 5 个内设机构，机关行政编制为 8 名。所属事业单位有：山阴县公安局森林派出所，山阴县林业技术推广中心，山阴县森林植物检疫站，山阴县林政站，山阴县植树造林站，山阴县森林防火站，山阴县野生动植物保护站，山阴县国营苗圃，山阴县国营苗圃针叶树分圃，山阴县林果开发中心第二苗圃，山阴县森林消防专业队。

局　长：　　刘文斌

副局长：　　兰春叶

水利局

1949 年 10 月成立。正科级建制行政单位，县人民政府工作部门。负责保障全县水资源的合理开发利用，拟定全县水利战略规划，组织编制主要流 域综合规划、防洪、水资源保护、节约用水、防治水土流失规划。制定全县水利工程建设有关制度并组织实施，全县水利建设投资安排并组织实施。

机构设置

办公室、规划稽查股、财务股、农田水利股、水库河道建设管理股、农村安全饮水股、水土保持生态建设股。

局　长：　　朱志斌

副局长：　　崔建新　王亮厚

畜牧兽医服务中心

2019 年 4 月，机构改革将山阴县畜牧兽医局更名为山阴县畜牧兽医服务中心，隶属于山阴县人民政府，全额事业单位，行使山阴县行政区域内的畜牧兽医服务职能，主要职责：贯彻执行动物防疫方面的法律法规、方针政策、规划和计划；研究制定山阴县行政区域内重大动物疫病防控计划，指导、监督扑灭疫情，负责兽医实验室生物安全管理、生鲜乳生产、收购环节的监督管理等工作；管理山阴县畜禽繁育改良，畜牧业新技术推广、畜禽实验示范饲养工作；管理山阴县饲草、饲料工作；服务于全县畜牧业。

畜牧兽医服务中心主任：

赵生富

畜牧兽医服务中心副主任：

吴　俊

畜牧兽医服务中心党支部书记、副主任：

胡建文

山阴县自然资源局

山阴县人民政府的工作部门，原山阴县国土资源局2019年机构改革更名为山阴县自然资源局，正科级，加挂山阴县规划局牌子，于2019年3月2日正式挂牌。

机构设置

局设办公室、政策法律服务和执法监督股、自然资源和不动产登记管理股、国土空间规划股、自然资源开发利用股、生态建设和保护管理股。行政编制10名。现有在职职工170名。党员65名。

党组书记、局长：
李胤龙

副局长：　王永义　郭培有

山阴县农业技术推广中心

成立于1983年，是县政府所辖正科级建制全额拨款事业单位。推广种植业技术，促进农业发展。种植业技术试验示范，种植业技术推广体系管理，种植业技术培训，种植业技术服务。

机构设置

农业技术推广中心编制48人。

主　任：　张　凯

党支部书记：刘福生

农机服务中心

1961年，成立了山阴县农业机械管理局，1992年机构改革，农机局又更名为农机服务中心，是全民事业单位，承担着全县农机化发展规划、农机安全管理、农机购置补贴、农机新技术推广运用、农机社会化服务体系建设等多项服务职能。

机构设置

下设办公室、拖拉机监理站、农机科技项目管理站、农机技术推广站、农业机械管理站、农机产品质量投诉站、农机装备技术管理站共六站一室。

主　任：　马兴宏

书　记：　马跃斌

副主任：　吴进章　高树岗

农田建设服务中心

按照县机构改革方案，原承担的农业综合开发项目管理职能整合到县农业农村局。根据中共山阴县委机构编制委员会关于对涉改事业单位更名的通知（山编字〔2019〕5号）文件精神，原山阴县农业综合开发办公室更名为山阴县农田建设服务中心。是隶属于县政府的正科级建制事业单位，编制26人，现有在职职工19人。内设综合股、土地治理项目股、产业化经营股、财务股。主要职责为：承办县委、县政府及上级部门交办的其他事项。

主　任：　尹护帮

副主任：　冯成江　韩张文　武建章

扶贫开发办公室

成立于2002年6月，山阴县扶贫办开发办公室（以下简称县扶贫办），属县农业局一内设科室，任常务副主任、副主任各一名。2003年11月，经山阴县机构编制委员会办公室批准，县扶贫办与县农业局分开成为独立机构。根据《中共山阴县委办公室山阴县人民政府办公室关于印发〈山阴县机构改革方案〉的通知》（山办发〔2019〕4号）规定。山阴县扶贫开发办公室是县政府的工作部门，为正科级。

机构设置

2019年县扶贫办开发办公室下设办公室、科技教育股、考核督查股。县扶贫开发办公室行政编制6名。

主　任：　落　军

副主任：　王明峰

乳品产业服务中心

山阴县乳品产业服务中心为正科级建制，全额拨款事业单位，归口农业系统，隶属县政府，定编7人，其中主任1名，副主任1名，工作人员5名从财政供养人员中调配。山阴县乳品产业管理办公室机构编制情况（2019）山编字〔2019〕5号，根据市委编办《关于规范山阴县涉改事业单位的通知》，单位改革前机构名称：县乳品产业管理办公室。改革后机构名称：县乳品产业服务中心。综合协调乳品加工企业与奶农、奶站之间的关系，促进奶牛乳品产业持续协调发展。牵头组织工商、质监等部门进行奶业市场整顿，打击掺假使假，保护奶农、奶站和乳品厂家的合法权益。

机构设置

综合股　计财股　奶业市场稽查大队

主　任：　　李子杰

副主任：　　王俊芬

原种场

国营山阴县农作物原种场位于薛圐圙乡，属财政差补科级事业单位，主要职责是耕种土地，繁育良种，为农业发展服务，多年来原种场在大田作物的培育、推广、科学选种和种植技术方面，为山阴县做了大量有益的探索。原种场现有在编职工24名，其中干部2名，工人22名（复转军人14名），单位办公地点设在原种场场区。

场　长：　　李智兴

山阴县国营林场

山阴县国营林场是1980年10月经山阴县革命委员会（山革发〔1980〕145号）文件批准成立的。现有在职职工39人，根据山编办函〔2018〕4号文件精神，决定从2017年1月1号起，将山阴县国营林场按从事自然资源公益一类事业单位管理，机构及人员经费纳入同级政府全额财政预算，正科级建制，1正2副，编制40名。

单位职能职责：管理国有林场，促进林业发展。林木种苗生产供应、森林培育与经营、护林防火、林木良种选育与新技术推广等。

场　长：　　祁生利

山阴农牧场

山西省山阴农牧场是山西省农业（农垦）产业集团有限公司管辖的国有农垦企业，1954年建场，现有土地总面积38515亩，其中耕地24000亩。全场总人口2468人，截至2019年底，在册职工403人，退休人员392人；场部设有九个科室，即党政综合办公室、纪检监察室、土地水利管理中心、政务服务中心、机关服务中心、农业统计科、财务审计科、保卫信访科、农技服务中心。

全场下设六个农业分场和一个牧业分场，主要经营以饲玉米、苜蓿为主的种植业和以奶牛为主的养殖业。

党委书记、场长：

冯成義

党委副书记、副场长：

白全有

党委委员、副场长：

王喜仁

党委委员、工会主席：

张志清

党委委员、纪检书记：

王永卿

山阴县自来水公司

公司成立于1976年，原属城建局管理，后归公共事业局管理的事业单位，公司自成立以来发展迅速，不断壮大，公司主要负责生产和供应县城居民生活用水，安装和维护所有供水设施和设备。

机构设置

公司现有在编人员52人，编外人员48人。公司下设办公室　节水办　办公室　财务室 水厂、化验室　安装抢险队　收费及维护共四组　精英组　机关组　稽查队　营业厅

经　理：　　殷福林

书　记：　　崔烨林

副经理：　　白文忠　张瑞忠　樊志斌

总　工：　　刘保清

工会主席：　吉俊利

【计划】

山阴县发展和改革局

山阴县发展和改革局为政府序列行政局。拟定并组织实施国民经济和社会发展战略中长期规划和年度计划，提出国民经济发展和优化重大经济结构的目标和政策。研究分析国内外经济形势和发展情况，进行宏观经济的预测、预警。研究和拟定综合性产业政策，参与制定和调整少数由县管理的重要商品价格和重要收费标准。山阴县发展和改革局单位性质为行政。

机构设置

山阴县发展和改革局设置办公室、经济运行股、价格管理股、粮食物资储备股、行政审批管理股、综合股、投资股。

局　长：　　叶　青

副局长：　　赵学树　吕斌增
　　　　　　刘高斌　白海明

住房保障和城乡建设管理局

住房保障和城乡建设管理局是正科级建制，为县人民政府工作部门。依法组织编制和实施全县城乡规划，规范全县房地产市场秩序、监督管理房地产市场，监督管理全县建筑市场，规范市场各方面主体行为。指导全县城镇建设，规范和指导全县村镇建设，规范全县住房和城乡建设秩序。推进全县住房制度改革，保障全县城镇低收入家庭的住房责任。承担全县建筑工程质量安全监管，推进全县建筑节能减排，承担全县重点工程建筑的协调、服务、监督、管理。

机构设置

山阴县住房和城乡建设管理局行政编制为9名，现有正式工作人员17名。内设机构5个：办公室、住房股、技审股、质量安全监督股、城乡建设股。

直属事业单位9个：山阴县建筑工程质量监督站、山阴县建筑设计室、山阴县建筑执法监察大队、山阴县城市管理执法大队、山阴县住房服务中心、山阴县垃圾处理厂、山阴县污水处理厂、山阴县第二污水处理厂、山阴县人防信息保障中心。

党组书记、局　长：
　　　　　　王泽邦（2019年7月离）
　　　　　　王浩宇（2019年7月任）

党组成员、副局长：
　　　　　　季玉恒　郭培旺

党组成员：　王晓东（2019年10月任）

国有土地上房屋征收与补偿中心

山阴县国有土地上房屋征收与补偿中心成立于2016年1月1日，股级建制，全额补款事业单位，核定编制8个，隶属县人民政府办公室管理。2016年4月7日，根据朔编办字〔2016〕19号文件精神，将山阴县国有土地上房屋征收与补偿中心机构规格调整为正科级，核定领导职数一正一副。

主　任：　　田向文

副主任：　　赵　延

办公室主任：赵重文

单位主要职责：宣传、贯彻、执行国家、省、市有关国有土地上房屋征收与补偿管理法律、法规和政策；制定辖区内国有土地上房屋

征收与补偿管理的规划、政策并组织实施；核发房屋征收许可证，发布房屋征收公告；对房屋征收活动进行协调、监督和检查，对相关工作人员进行岗位培训。

朔州市生态环境局山阴分局

根据中共山西省委办公厅 山西省人民政府办公厅关于印发《山西省生态环境机构监测监察执法垂直管理制度改革实施方案的通知》（晋办发〔2019〕18号）文件精神，山阴县环境保护局更名为朔州市生态环境局山阴分局，设立朔州市生态环境局山阴分局分党组；依据《中共朔州市委办公厅、朔州市人民政府办公厅关于印发〈朔州市机构改革方案〉的通知》（朔办字〔2019〕22号）文件精神，市生态环境局县级分局是市生态环境局的派出机构，在市生态环境局的领导下开展工作，为正科级建制。加挂“山阴县生态环境保护综合行政执法队”牌子。

朔州市生态环境局山阴分局行政编制6名，设局长1名，副局长1名。

党组书记、局长：

陶占有

党组成员、副局长：

吕战文

党组成员 主任科员：

马登华

交通运输局

正科级建制行政单位，县人民政府工作部门。组织实施国家、省、市、县重点和大中型公路交通工程建设；负责全县公路交通运输业的行业管理和运政管理；负责和指导全县交通行业的安全生产管理等工作；承办县委、县政府和市交通运输局交办的其它事项。拟定并执行全县公路交通行业发展战略、产业政策和法规；制定全县公路交通行业的发展计划，并组织实施。

机构设置

办公室、工会、监管科、规划科、运安科、海事办、战备办、建管科、监察室9个股室；下设S303线古城镇公路超限检测站、X马苑线苑家辛庄公里超限检测站；下属事业单位6个：养护中心、路政所：杨远平、运管所、质监站、超限监察所、客运办。

党组书记、局 长：

赵 凯

党组成员、副局长：

郭贵堂

王晓东（2019年10月离）

统计局

山阴县统计局是县政府主管全县统计工作和国民经济核算的正科建制序列局。

机构设置

办公室、致策法规股、国民经济综合核算股、综合统计；农村经济调查队、城市经济调查队、乡镇统计总站与13个乡镇统计站。

局 长： 张建斌

副局长： 谢 升

市场监督管理局

山阴县市场监督管理局于2019年3月1日挂牌。机构整合原县工商和质量监督管理局、县食品药品监督管理局的所有职能，以及盐务、酒类、专利以及物价检查等有关职能。县局内设机构15个，下属事业单位有个体劳动者协会、民营企业协会、消费者协会和质量监督检验测试所，下设5个市场监管所及7个市场监管站。市场监管综合行政执法队于2019年3月29日挂牌成立。

局 长： 任 君

副局长： 林茂武 王运梦

城市公共事业管理局

山阴县城市公共事业管理局成立于2005年

3月15日。全额事业单位，编制21人，现有在职人员17名，退休人员2名。负责县城供热、供水、供气和县城道路维护。

下属机构：

自来水公司；正式职工人数94人，临时人员38人。热力公司；正式职工人数56人。市政工程公司。开资人数25人。

局　长：　　任永吉

总支书记：　郭宏章

副局长：　　李世文　王建军　王振宝

工会主席：　王明庆

物资保障中心

按照《关于对涉改副科级以上事业单位更名的通知》（山编办字〔2019〕21号）文件精神，2019年6月15日原山阴县物资总公司更名为山阴县物资保障中心，正科级建制，中心设主任1名，副主任1名，梁昌文同志任中心主任，何进宽同志任中心副主任。

根据中共山阴县直机关工委文件《关于撤销县物资总公司党总支成立县物资保障中心支部请示的批复》（山党工发〔2019〕29号）精神，经中共山阴县直机关工委2019年8月26日会议研究，同意撤销县物资总公司党总支及下设支部，成立山阴县物资保障中心党支部。

党支部书记：梁昌文

组织兼纪检委员：

何进宽

宣传兼统战委员：

解廷奎

市容市貌事业中心

根据山阴县机构改革实施方案，2019年4月25日市容市貌管理中心更名为市容市貌事业中心，正科级建制，财政拨款事业单位，领导职数一正一副，主任李兴唐，副主任门建石。职能：负责县城环境卫生工作，负责环境卫生设施的建设和维护工作，负责县城市容市貌以及城市绿化、美化、亮化等公用事业的建设、维护工作，负责县城排污排水和防洪等公用设施的养护和维修工作。（2019年5月底后，城管职能划归住建局。）

主任、党支部书记：

李兴唐

副主任：　　苏永军（2019年4月离）

门建石（2019年6月任）

山阴县治理非法超限超载车辆工作事务中心

山阴县治理非法超限超载车辆工作办公室，成立于2011年12月23日，正科级建制，全额拨款事业单位，编制6名，领导职数一正一副。

2019年6月15日，按照县编办文件《关于对涉改副科级以上事业单位更名的通知》（山编办〔2019〕21号）将山阴县治理非法超限超载车辆工作办公室更名为山阴县治理非法超限超载车辆工作事务中心。

主　任：　　赵秉国

副主任：　　雷德江

山阴县桑干河湿地公园管护中心

山阴县桑干河湿地公园管护中心成立于2013年，属全额事业单位，编制8人，现有2人，下设22个自收自支事业编制人员。

单位职责：1. 负责公园的日常管理，建立健全相应的管理制度。2. 负责公园内大约12平方公里湿地的开发利用以及园林绿化、美化、亮化、道路、堤坝、观赏设施的建设、维护、修缮和管护等工作。3. 负责公园内的花木、设施设备、水道水面、观赏动植物、服务经营、垂钓及各种建筑的监管工作。4. 负责公园内的防洪、防火、防盗以及公共秩序、游人、车辆的安全等工作。5. 公园内的派出机构实行双重管理并组建强有力的综合执法管理队伍，严厉打击园内的各类违法犯罪活动。6. 负责安排和配合县委、县政府在园内的各项活动。7. 完成县委、县政府交办的其他事项。

主　任：　　胡建华

【经贸】

工业和信息化局

根据《中共山阴县委办公室山阴县人民政府办公室关于印发〈山阴县机构改革方案〉的通知》（山办发〔2019〕4号），原山阴县经济和信息化局改为山阴县工业和信息化局，是县政府的工作部门之一，为正科级，加挂山阴县科学技术局、山阴县民营经济发展促进局牌子。县工业和信息化局（县科学技术局、县民营经济发展促进局）行政编制13名。设局长1名，副局长2名。

职能转变：经济运行职责，组织实施重要物资和应急储备物资收储，轮换和日常管理等职责划入县发改局（县粮食局）。节能降耗、能源管理等职责划入县能源局。信息化统筹推进和网络安全协调等职责划入县委宣传部（县委网络安全和信息化委员会办公室）。电力行业。县能源局承担全县电力企业、非电力生产企业自备电厂的属地安全监管职责；县工信局不再承担全县电力企业、非电力生产企业自备电厂的属地安全监管职责。

县工业和信息化局（县科学技术局、县民营经济发展促进局）设下列内设机构：

办公室　政策法规股　党群工作管理股　企业监测服务股　投资规划与技术创新股　资源综合利用股　信息化推进股　科技研究与成果转化股　科技创新与发展股

党组书记、局长：

贾尚勇

党组成员、副局长：

赵国栓　麻渊斗

财政局

根据《中国山阴县县委办公室、山阴县人民政府办公室关于调整山阴县财政局“三定”规定的通知》（山办字〔2019〕29号）文件规定，山阴县财政局属正科级建制，为县人民政府工作部门。贯彻执行国家财政、财务、会计管理的法律、法规及各项方针政策；贯彻执行国家财政、税收、宏观经济各项方针、政策；拟定和执行全县财政、税收的发展战略、方针政策及其他有关政策，参与制定全县各项宏观经济政策。

机构设置

财政局共设1室、8股、2中心、1站、1公司（办公室、预算股、行政事业股、农财股、乡财股、综合股、国库股、经济建设股、社保股、山阴县会计核算中心、山阴县中小企业担保中心、山阴县会计函授站、山阴县投资建设开发有限公司），在职人员70人，其中公务员11人，事业人员59人。

局长、党组书记：

史俊龙

副局长：　　赵　岗　王成栋

商务局

山阴县商务局是在2019年机构改革中新成立的单位，属政府的工作部门，为正科级，加挂县促进外来投资局的牌子，于3月2日正式挂牌成立。县商务局（县促进外来投资局）行政编制6名。设局长1名，副局长1名，内设结构3个：办公室、商贸股、外来投资促进股。

局　长：　　李宝强

副局长：　　杨玉清

山阴县能源局

县能源局成立于2019年2月19日（山办发〔2019〕4号），负责全县能源行业管理。真正运行在2019年6月底。2019年能源局共有行政编制6名，局领导班子局长1名副局长3名；下设9个股室（综合办公室、发展规划股、煤炭开发股、煤炭生产技术股、信息监测与能源清洁利用股、稽查监督股、电力与新能源股、妇工委、工会），1个全额股级事业单位山阴县能源技术服务中心（编制10名）。

党组书记、局长：

张志斌

党组成员、副局长：

张春山　苑　东　刘建雄

城镇集体工业联合社

城镇集体工业联合社于2019年机构改革由原来的二轻工业总公司更名成立，正科建制，全额事业单位。

机构设置

财务股、生产股、劳资股、办公室

主　任：　韩吉昌

副主任：　张智勇　郭增海

供销合作社联合社

山阴县供销合作社联合社是参照公务员法管理的事业单位。正科级建制。编制32人，实有人数24人。

机构设置

办公室、党办、人事教育股、财务统计股、审计监察股、经济发展股、资产管理股、合作指导股，安全保卫股。

山阴县供销系统现有13个基层供销社，3个全资社属企业、领办专业合作社20个、267家农村便民超市，基层社乡镇覆盖率100%，其中社属正式职工369人。

理事会主任：

崔建新

理事会副主任：

康　普　陈永红　冯丕峰

兰海青　石玉波

工会主席：　李清莲（女）

山阴县小企业发展促进中心

山阴县小企业发展促进中心于2019年机构改革由山阴县中小企业局更名成立。正科级建制，全额事业单位，县人民政府工作部门全面贯彻落实关于大力扶持发展中小微企业的一系列方针政策。拟定全县中小企业的发展战略和发展规划及扶持全县中小微企业健康发展的优惠建议。指导和推进中小企业产业结构的调整，提高工业产品技术含量，提升制造和装备水平，推进中小企业创业园区（基地）建设，着力推进助保贷“小升规”，专精特新等工作。加强双创基地，中小微企业服务站的建设和运行。

机构设置

小企业发展促进中心设有办公室、经济监测股、体系建设股、融资财务股、科技教育质量股、发展规划股、考核办公室、产业指导股、政策法规股、妇工委。现有编制在职干部、职工43人。

党总支书记、主任：

王国和

副主任：　杨　威

机关支部书记、副主任：

白兴广

工会主席：　张科友

工业企业服务中心

根据山阴县机构编制委员会办公室文件（山编办字〔2019〕21号）。原工业总公司于2019年6月15日更名为山阴县工业企业服务中心，正科级建制，核定财政拨款事业编制24名。中心现有在职干部职工13名。

主　任：　张建斌

党委书记：　刘茂荣

副主任：　王运昭　郭秀清

【政法】

政法委

县委政法委员会是党委领导、管理政法工作的职能部门。根据《山阴县机构改革方案》(山办发〔2019〕4号)文件，不再设立社会治安综合治理委员会及其办公室，有关职责交由县委政法委员会承担；不再设立防范和处理邪教问题领导小组及其办公室，有关职责交由县委政法委员会、县公安局承担。

职能职责：在党委领导下履行职责、开展工作，把握政治方向、协调各方职能、统筹政法工作、建设政法队伍、督促依法履职、创造公正司法环境，分析研判全县政法工作情况动态、分析社会稳定形势，统筹协调社会治安综合治理、反邪教等有关工作，监督和支持县级政法各部门依法行使职权。

机构设置

办公室、政治室（政法队伍建设指导室）、执法检查室、综治督导室（专项行动办公室）、政治安全室；事业机构2个，分别是矛盾纠纷排查调处中心（科级建制），法学会（科级建制）。另设：铁路护路联防领导小组办公室、扫黑除恶领导小组办公室。

书　记：　郭　瑞

副书记：　武建斌　白永平　庞世勇　夏生军　刘培忠

科级干部：　吴海军　李　尚

二级主任科员、法学会专职副会长：

刘跃玲

矛盾纠纷排查调处中心副主任：

苗　霖

人民法院

山阴县人民法院院始建于1954年11月，重建于1979年3月，截止2019年12月，共设置内设机构13个，其中审判业务机构7个，分别为立案庭、刑事审判庭、民事审判第一庭、民事审判第二庭、行政审判庭、审判监督庭、执行局；非审判业务机构5个，分别为办公室、监察室、政治处、研究室、书记员室；审判辅助部门1个，司法警察大队。

2019年全院有政法专项编制38名，工勤编制7名，事业编制23名。共有干警64人，其中占政法编制38人，占工勤编制7人，占事业编制19人。全院中共党员42人，占总人数的65%。人员平均年龄45岁。

机构设置

综合办公室（司法警察大队）、政治部（机关党总支）、立案庭（诉讼服务中心）、综合审判庭、执行局

党组书记、院长：

王志远

党组成员、副院长：

马新生　戈玉桃　郭培斌

党组成员、副院长、政治处主任：

周文有

党组成员、纪检组长：

冯雪梅

党组成员、监察室主任：

郭　永

人民检察院

山阴县人民检察院始建于1954年，2019年全院干警共48人，其中干部36人（其中副处级干部1人，正科级干部2人，副科级干部8人），工人12人。占政法编制人员中，共有员额检察官9人，司法辅助人员7人（其中法警3人，检察官助理3人，检察技术人员1人），司法行政人员2人。

机构设置

综合办公室（加挂政治部、法警大队牌子）、第一检察部、第二检察部、第三检察部；另有派驻北周庄检察室和事业单位法律政策研

究中心。

党组书记检察长：

乔振文

党组副书记副检察长：

陈　瑛

党组成员副检察长：

马　洪　郭秀荣

党组成员纪检组长：

刘建芸

党组成员检委会委员：

赵叶云

公安局

成立于1941年，县政府职能局。

负责国内安全保卫、反邪教、维护国家安全、接报警和指挥处警工作，负责治安、户政、出入境、暂住人口、交通等的管理，公共信息网络安全监察。负责办理治安刑事案件、刑事侦查、反恐怖侦查、经济犯罪侦查、禁毒、突发事件处置、社会面的巡逻防控。负责对被羁押的犯罪嫌疑人、罪犯实行武装警戒看守，保障安全。

机构设置

指挥中心、警务保障室、后勤保障中心、政工监督室、警务督察大队、经济犯罪侦查大队、治安管理大队、国保大队、禁毒大队、刑事侦查大队、法制大队、巡逻警察大队、食品药品犯罪侦查大队。看守所、行政拘留所、交通管理大队。岱岳所、桥西所、玉井所、古城所、北周庄所、马营所、吴马营所、下喇叭所、马营庄所、安荣所、张家庄所、后所所、薛圐圙所、合盛堡所。行政编制数有142人。

局　长：　杨德文

政　委：　吴占玉

副局长：　栗喜军　司江洪　任建斌

党委委员纪检组组长：

王家增

党委委员 交通管理大队长：

王慧恩

党委委员 政工监督室主任：

戴　府　樊清发

党委委员　治安大队长：

吴建新

党委委员　特勤大队长：

门建平

党委委员　指挥中心主任：

苏振东

山阴县司法局

司法局隶属于山阴县人民政府的司法行政部门，办公地址位于计生服务大楼5楼。共有在职职工63人，其中司法所30人、下属部门8人、机关25人。有公职律师2人、律师1人、法律援助律师3人。司法局担负着社区矫正、人民调解指导、法制宣传教育、法律服务、安置帮教和法律援助等工作和职能。

机构设置

司法局设办公室、政治股、行政审批和法治调研股、社区矫正管理股、行政复议与应诉股、行政执法协调监督股、普法与依法治理股、人民参与和促进法治股、公共法律服务管理股、仲裁管理股、律师工作股11个股室。下设三个独立核算事业单位：法律援助中心、律师事务所、公证处，派驻乡镇（管委会）的司法所共13个。

党组书记、局　长：

李日旭

副局长：　籍光宇　岳金云

卢　跃（2019年3月任）

山阴县退役军人事务局

山阴县退役军人事务局成立于2019年3月，编制6人，设局长1名，副局长1名，工作人员4名。属政府序列行政单位，下设三股两办一院一中心，即思想权益维护股、拥军优抚股、就业安置股、局办公室、双拥办公室、光荣院、退役军人服务中心。

局党组书记、局长：

王家民

局党组成员、副局长：

吴进录

公安局交通管理大队

山阴县公安局交通管理大队于 1987 年 7 月正式成立，为县公安局直属正科级行政单位。大队现有在册民警 73 人，其中授衔民警 20 人，未授衔正式民警 53 人，协勤警 222 人。

大队下设：三室（办公室、政工室、监督室），三股（宣教股、法制股、秩序股），四中心（违章处理中心、科技信息中心、122 指挥中心、涉案财物管理中心），一所（车管所），六中队（城关中队、口子梁中队、永静城中队、薛圐圙中队、大运巡逻中队、事故中队）。

大队党总支 1 个，下设 3 个支部（事故中队党支部、秩序党支部、机关党支部），在职党员 43 人。

按管辖道路划分，大队管辖交通安全道路总里程为 1434 公里。

其中：国省道总里程 190 公里；县道 11 条总里程 192 公里；乡道总里程 472 公里；村道总里程 518 公里；县城道路总里程 62 公里。

公安局交通管理大队大队长：

王慧恩

公安局交通管理大队副大队长：

张义宏　白万顺

张晋跃　沈宝贵

残疾人联合会

成立于 1991 年 7 月 3 日，原属于计划单列的科级事业单位。省委组织部晋组通字（2008）73 号便函《关于批准朔州市人民团体、群众团体和市属直属事业单位参照公务员法管理的通知》，残联属于参公人民团体 。

代表残疾人共同利益，维护残疾人合法权益；开展各项业务和活动，团结教育残疾人，直接为残疾人服务；承担政府委托的部分行政职能，管理和发展残疾人事业。

机构设置

办公室、组联股、康复股、教就股、维权股、宣文股

党组书记理事长：

杨志清

党组成员：　李　勇　吕文祥

冀昌文　王大鹏

【条管】

武警山阴中队

中国人民武装警察部队朔州支队执勤二大队山阴中队（简称山阴中队），正连级，始建于 1950 年，主要担负山阴县看守所外围武装警戒任务，维护山阴县社会和谐稳定，保卫人民美好生活。中队驻朔州市山阴县南贺家窑村西北侧。

中队长：　李帅兵　中尉

政治指导员：段亚军　上尉

排　长：　田雨尧　中尉

公安消防大队

山阴县专职消防队始建于 1978 年 5 月，建队初期称谓为山阴县企事业联合消防队。2018 年 11 月 9 日，全国消防部队转制，脱离现役，成立国家综合性消防救援队伍，相应的山阴县消防大队原现役官兵全部转制。现位于东大滩工业园区。

大队长：　乔　俊

参　谋：　刘晓阳

山阴县税务局

国家税务总局山阴县税务局是由原山阴县国家税务局和原山阴县地方税务局合并成立，单位性质为行政单位，主要职能是负责辖区内的税费征收管理和纳税、缴费服务。领导班子成员共11人。

机构设置

山阴县税务局设有22个部门，其中13个内设行政股室，2个事业部门，7个派出单位。人员编制130人，2019年共有在职干部职工134人。

党委书记、局长：
薛　震
党委委员、副局长：
冯福海　刘登海　林　卓
吴子晋　刘振宏　张建树
王汉锋
党委委员：　王与利
党委委员、纪检组长：
曹来盛
副局长：　高　铭

朔州市技工学校

创办于1977年9月，原校名为雁北地区劳动技工学校。1989年随着朔州市的成立，划归为朔州市人民政府主办。根据朔编办字〔2011〕96号文件精神，学校按正处级建制，核定财政拨款事业编制120名。

机构设置

学校内设机构7个，行政办公室、党务办公室、教务处、学生处、总务处、保卫科、膳食科。另设有工会、团委、学生会等党群众机构。

校　长：　白新亚
书　记：　李　殿

中国人民银行山阴县支行

中国人民银行山阴县支行成立于1945年，是中国人民银行总行派驻山阴县行使央行职能的分支机构，在国务院领导下，制定和执行货币政策，防范和化解金融风险，维护金融稳定。依据《中国人民银行法》，严格履行中央银行职责，在辖区的范围内有效行使金融监管职能。

支行内设两部两室（综合业务部、金融管理部、综合办公室、纪检监察审计室），在职人员22名。

党组书记、行长：
兰志亮
党组成员、副行长：
李生桃　郭　君
党组成员、纪检组长：
杨宝山

朔州银保监分局山阴监管组

朔州银保监分局山阴监管办事处2004年1月成立，银监会与保监会合并后，于2019年6月变更名称为朔州银保监分局山阴监管组。现有人员编制3人，属行政单位，地址：工商银行山阴支行3楼，主要职责是负责辖内银行业金融机构的监管工作。

副组长（负责全面工作）：
管苏海
副组长：　洪文东

中国工商银行股份有限公司山阴支行

中国工商银行股份有限公司山阴支行成立于1986年5月23日，隶属于中国工商银行股份有限公司，属于大型国有控股商业银行下属分公司。有在职职工48人。

机构设置

中国工商银行山阴支行2019年共两个营业网点：山阴支行营业部、山阴青年路支行。下设五个部室：综合管理部、支行营业部、青年路支行营业部、信贷管理部、零售部。

行　长：　郭善峰

副行长：　　赵永屏　贺岳明

　　　　　　赵　林

中国建设银行股份有限公司山阴支行

成立于1982年10月。原名："中国人民建设银行山阴县支行"，1996年5月伴随着银行商业化改革的步伐，更名为"中国建设银行山西省山阴县支行"，2004年9月21日随着金融体制改革的深入，更名为"中国建设银行股份有限公司山阴支行"，系国有大型银行的分支机构。山阴支行坐落于山阴县岱岳镇西环路。

机构设置

山阴支行设北环路自助银行、同太南路自助银行，内设综合保卫部、个贷小企业部、营业部、个金部4个部门，员工28名。

行　长（联合党支部书记）：

　　　　　　崔昊林

营运主管（党支部宣传委员）：

　　　　　　李雨霏

营销主管（党支部纪检委员）：

　　　　　　白振华

中国农业银行股份有限公司山阴县支行

中国农业银行股份有限公司山阴县支行原名中国农业银行山阴县支行，成立于1979年。2008年股改上市更为现名，其为国有金融企业，四大商业银行之一。现共有物理网点四个，分别位于同太北路、青年西街、旧城广场路、南环西路，此外还有一个自助网点，位于山西古城乳业集团有限公司厂区内。单位现有在职职工59人。

机构设置

农行内设三部一室，分别为综合管理部、财会运营部、客户部、营业室，辖三个分理处，分别为岱岳分理处、同太北路分理处、古城分理处。

党委书记、行长：　吴海青

纪委书记、副行长：武玉忠

党委委员、副行长：崔丽林　解晓东

中国银行股份有限公司山阴支行

中国银行山阴支行前身为中国银行山阴同太北路分理处，1988年挂牌成立，1991年升格为中国银行山阴支行，2006年更名为中国银行股份有限公司山阴支行，属国有上市银行。

机构设置

下设支行营业部、同太南路支行、同太北路支行三个经营性网点。内设综合管理部、业务发展部2个部门，支行现有职工共计44人，系国有大型银行的分支机构。

行　长（党支部书记）：

　　　　　　边进民

副行长（党支部委员）：

　　　　　　闫　勇　李万芳

办公室主任（党支部宣传委员）：

　　　　　　徐殿一

办公室副主任（党支部组织委员）：

中国农业发展银行山阴县支行

成立于1996年12月26日，2019年支行正式职工13人。中国农业发展银行是直属国务院领导的我国唯一一家农业政策性银行，主要职责是按照国家的法律法规和方针政策，以国家信用为基础筹集资金，承担农业政策性金融业务，代理财政支农资金的拨付，为农业和农村经济发展服务。承担国家规定的农业政策性和经批准开办的涉农商业性金融业务，代理财政性支农资金的拨付，为农业和农村经济发展服务。业务上接受中国人民银行和中国银行保险监督管理委员会的指导和监督。

行　长：　　唐尚云

山阴农村商业银行股份有限公司

成立于2015年11月27日。前身是山阴县农村信用合作联社，上世纪50年代成立，70年代分支机构逐步发展为一乡一网点，根据《农村信用合作社管理规定》的要求，农村信用社根据业务需要，可下设分社、储蓄所。在行政区域的划分或变更过程中，农村信用社也随着合并或分设。改革开放后，随着农村区域经济的发展，山阴县农村信用社机构设置打破了按行政区划设置的界限，这一时期是本着“方便社员、经济核算、便于管理、保证安全”原则而设置。山西山阴农村商业银行股份有限公司，是经中国银行业监督管理委员会批复筹建，由中国银行业监督管理委员会山西监管局批准开业的具有法人资格的地方性银行业金融机构，总行位于山阴县府南路。2019年，山阴农商银行总员工372人，在编在岗343人，退休77人，置换、内退29人，年龄结构相对适中。

营业网点：截至2019年末，山阴农商银行拥有15个网点，其中9家支行，6家分理处，遍布山阴县城和各个乡镇，为全方位、全县域、系统性的服务山阴人民奠定了扎实的基础。

董事长党委书记：

武冬山

行长党委副书记：

张秉珍

监事长纪检书记：

白文东

副行长党委委员：

庞新民　何世春

李宏波　王永文

中国邮政储蓄银行山阴县支行

2008年5月成立，属一级支行，成立之初，支行机构内设三个部门辖内一个二级支行，具体为综合管理部、综合业务部、会计核算部及同太南路支行。支行内设部门四个，辖内二级支行一个，部门具体为：综合管理部、公司业务部、三农金融事业部、营业部和同太南路支行。支行员工人数47人，后台部门员工人数22人。中国邮政储蓄银行是在改革邮政储蓄管理体制的基础上组建的商业银行。

机构设置

行　长：　　张　强

副行长：　　李润海

营业部经理：段文海

综合管理部经理：

吴华英

公司业务部经理：

雷宇慧

三农金融事业部经理：

李瑞鑫

同太南路支行支行长：

刘　杰

晋商银行山阴支行

晋商银行山阴支行于2014年5月20日正式挂牌成立，隶属于晋商银行股份有限公司朔州分行，地址位于朔州市山阴县岱岳镇青年街，支行内设两大条线部门：零售业务部、运营业务部，全行现有在编员工17人，另外聘用三方员工8人，共有职工25人。

行长、党支部书记：

吕加富

副行长、党支部委员：

施红霞

运营部主管：赵　旭

山阴县太行村镇银行股份有限公司

成立于2011年12月19日，主要为当地“三农”及小微型企业提供金融服务的股份制商业银行。

机构设置

太行村镇银行股份有限公司内设营业部、客户部、品牌营销部、综合办公室、合规暨风险管理部、运营管理部。设立5家支行，4家社区自助服务网点，51 家农村金融便民服务站。

总行现位于山阴县河阳大道浦东新区，办公大楼总面积 3600 平米，为地下一层地上三层建筑，为广大客户提供了舒适的金融服务环境。

董事长兼行长：

常鹏举

大同银行

大同银行股份有限公司山阴支行位于山西省朔州市山阴县商品街 1 号。2017 年 12 月开始筹建，2018 年 12 月朔州银保监分局正式批复大同银行山阴支行开业，2019 年 3 月 9 日正式开业。

行　长：　　闫海生

运营工作负责人：

李　金

营业厅负责人：

倪增国

综合管理部经理：

王晋芳

客户经理部经理：

张明杨

客户经理：　樊　坤　李元发

国网山阴县供电公司

机构设置

公司设立综合管理部、财务资产部、安全质量监察部、发展建设部、调度控制中心、乡镇供电所管理部。两个业务支撑机构：运维检修部、营销部 。下设 12 个班组和 8 个乡镇供电所。

经　理：　　温日旭

党总支书记：张守先

副经理：　　王葆华

五级职员：　刘远平

山西煤炭运销集团朔州山阴有限公司

山西煤炭运销集团朔州山阴有限公司成立于 2009 年 7 月 30 日，隶属于山西煤炭运销集团有限公司，为副处级县级公司，公司现有正式职工 128 人，中层以上干部 46 人（其中领导班子 5 人，市公司任命的副科干部 14 人，县公司任命的股站级干部 26 人）；具有大专以上学历的 71 人。

机构设置

内设 6 个部室（办公室、财务、人事、党办、工会、纪检、项目部），3 个直属公司（宏达物流公司、鹏逸农产品贸易有限公司和春光农业开发公司）。公司主营业务包括公路煤炭经销、物流煤炭配送。

经　理：　　安敬奇

党支部书记：石清章

副经理：　　冉进学　闫永春　崔培春

办公室主任：冯建禄

山阴县联通公司

成立于 2008 年，公司地址位于山阴县府南路 1 号。属于中国联合网络通信有限公司，国有大型企业。企业业务、产业、产品是网络相关移网固网。

机构设置

山阴县联通公司内设 5 部 1 中心，综合部　财务部　市场部　运行维护部　政企客户营销中心

总经理：　　温日林

副总经理：　郝大勇　丁明波

总　监：　　裴巍峰

中国移动通信集团
山西有限公司山阴分公司

1999 年 9 月随着国家电信体制的改革，从原朔州电信局分离出来后，正式挂牌成立，北环路二小东。山阴分公司 2019 年共有员工 52 人，其中合同制员工 44 人，劳务派遣制员工 8 人。分公司经理 1 人、副经理 2 人，下设 5 个职

能中心综合中心部、市场中心、网络中心、集客中心、渠道中心，渠道下设2个自办厅、26个社会渠道。

机构设置

公司设有综合中心部、市场中心、网络中心、集客中心、渠道中心。

党支部书记、经理：
李福平

副经理： 史秉恒 卜菊芳

中国电信股份有限公司山阴分公司

2000年是中国电信重组，正式实施公司化运营，经过重组，中国电信市场形成了南电信，北网通的格局。2008中国电信再次重组，吸收了原联通的cdma网络，开始全业务运营．中国电信山阴分公司现有职工30人，国有企业。全县共设营业网点19家，其中2个电信自营厅，代理点17家。

职能部门3个：综合行政、业务支撑、建设维护，营销类2个：网格营销中心、农村支局营销中心。

总经理： 兰恒昌

微波站

山阴微波站始建于1981年，位于朔州市山阴县以西22.5公里，山阴站是“京—冀—晋—蒙”国家干线微波南线电路山西段的重要中继站，主要担负着中央和各省卫视及山西卫视、黄河电视台、山西人民广播电台等200多套广播电视节目信号的安全传输任务，其中山西卫视、黄河台电视信号传输至大同、朔州地区。

机构设置

山阴微波站隶属于山西广播电视无线管理中心，副处级建制。现有在职职工20人。2019年10月被团省委评为山西省青年文明号称号。

站长党支部书记：
赵秉祯

技术指导： 苑 曦

副站长： 康朝晖 王 星

机房主任： 张 凌 李 栋

办公室主任：乔 盛

山阴县气象局

山阴县气象局为参照公务员管理事业单位，机构规格为正科级。山阴县国家气象系统财政补助事业编制7名，其中，参照公务员法管理事业编制2名，业务系统财政补助事业编制4名。山阴县气象局设局长1名，副局长2名，山阴县气象台（山阴县气象观测站）设副科级领导职数1名。

机构设置

山阴县气象局直属事业单位共1个：山阴县气象台（山阴县气象观测站），机构规格为副科级。内设管理机构2个：综合管理科（办公室）、防灾减灾科。机构规格为股级。

局 长： 赵锦霞

副局长： 王建永 杨作平

中国人寿保险股份有限公司山阴县支公司

人寿保险、健康保险、意外伤害保险等各类人身保险业务、人身保险的再保险业务；各类人身保险业务咨询和代理服务，国家保险监督管理部门批准的其他业务。

机构设置

个险部、银保部、团险部、综合部、客服部

副经理： 马红兵（主持工作）
李君艳

山阴公路管理段

1963年4月成立，原名山阴岱岳公路站，位于山阴县岱岳镇同太北路。管养里程189km，由机械化养护中心和十三个道班负责养护。山阴公路管理段办公场所整体搬迁至同太北路翠微路。

机构设置

山阴公路管理段下设综合办公室、生产股、财务股、路政大队。2018年底，全段共有职工111人，其中：正式工32人，协议工66人，非全日制13人。

段　长：　　邢泽山

书　记：　　杨连斌

副段长：　　王占雄　王灵芝　沈德义

岱岳火车站

站　长：　　林　杰

书　记：　　杨三峰

副站长：　　沈宏远　冯建忠

朔州市中医精神病医院

前身是山阴县“荣寿堂”，源于清末时期。1963年，正式成立“山阴县岱岳公社精神病院”，后提升更名为“山阴县精神病院”、“雁北地区中医精神病院”，1989年正式更名为“朔州市中医精神病医院”，2010年改革为全额事业单位。承担着全市精神疾病的防治［重性精神疾病的管理治疗（686项目）］、康复、残疾鉴定，以及中医中药、心理卫生的临床、教学、科研、专业培训等任务。

机构设置

现开设临床、医技、职能等15个科室和2个开放病区，2个封闭病区，医院总编制人数为161人，现有正式职工94人。

院　长：　　李世春

副院长：　　李志鹏　申月东

同煤山阴公司

大同煤矿集团朔州煤炭运销山阴有限公司于2005年3月份成立，注册资金2000万元，隶属于大同煤矿集团煤炭运销朔州有限公司，为大同煤矿集团四级子公司，副处县级公司。现在册正式职工18人其中：女职工6人；党员4人；退休人员12人；女4人，党员6人；公司经营范围；煤炭批发经营。

机构设置

办公室、人力资源科、财务审计科、计划统计科、经营销售管理科、纪检办公室、工会办公室。

公司为总支部

书　记：　　吴建国

下属3个党支部：

机关党支部书记：

冯国水

北周庄公司党支部书记：

李旭宏

东榆林公司党支部副书记：

杨宏利

公司班子成员

经　理：　　吴建国

副经理：　　冯国水

山西新华书店集团朔州有限公司山阴分公司

成立于2014年7月。隶属于山西新华书店集团朔州有限公司，单位性质为企业。公司现有职工11人。从事教材、教辅发行和各类图书销售等工作。

机构设置

业务科、财务科、综合办公室、连锁超市和库房

经理兼党支部书记：

胡增丰

副经理：　　苑新华　李建宝

烟草专卖局

组建于1983年7月，1991年6月起执行《烟草专卖法》及其《实施条例》赋予的烟草专

卖行政执法权，2005 年撤销县公司，成立卷烟营销部，取消法人资格，不具体承担卷烟经营业务。现共有干部职工 24 人。

机构设置

山阴县烟草专卖局设专卖监督管理股、客户服务股、综合办公室、内部专卖管理监督股。

局长（经理）支部书记：

段振海

副局长（副经理）：

韩永康　杜富国

中国共产党
山阴县委员会

综　述

【概述】 2019年，中共山阴县委在党中央和省、市委的坚强领导下，坚持以习近平新时代中国特色社会主义思想为指引，认真学习贯彻党的十九大和十九届二中、三中、四中全会精神，深入贯彻落实习近平总书记视察山西重要讲话精神和对右玉精神的重要指示精神，统筹推进“五位一体”总体布局，协调推进“四个全面”战略布局，按照省委“四为四高两同步”思路要求，紧扣市委“生态立市、稳煤促新”发展战略，坚持党要管党、全面从严治党，坚持稳中求进工作总基调，坚持新发展理念，坚持高质量发展根本要求，认真履行把方向、管大局、作决策、保落实职责，团结带领全县广大党员干部群众改革创新、锐意进取，攻坚克难、奋发有为，创新实施“2361”工作思路，统筹推进经济、政治、文化、社会和生态文明建设，着力推动党的建设和党的事业互促共进，全县上下呈现出政治安定团结、经济平稳向好、改革深入推进、社会和谐稳定的良好局面。

【政治方向】 中共山阴县委坚持把学习贯彻习近平新时代中国特色社会主义思想作为首要任务，持续深化“第一议题”制度，及时学习习近平总书记对当前各项工作的重要指示精神。坚持定期对意识形态领域形势进行分析研判，牢牢掌握意识形态工作主动权和领导权。紧紧围绕习近平总书记视察时提出的总体要求和五项重大任务，不断对标对表、校准方向。2019年，先后召开县委十四届八次、九次、十次全会，对贯彻落实总书记视察山西重要讲话精神进行再深化、再完善、再具体。集中开展了“牢记习总书记嘱托，学习弘扬右玉精神”学习交流，制定出台了学习弘扬右玉精神的决议、方案和行动计划，有力推动了右玉精神在山阴的具体化、长效化。认真开展“不忘初心、牢记使命”主题教育，始终紧扣主题主线，一体推进“四项重点措施”，在较短时间内收到了明显成效。在“改革创新、奋发有为”大讨论期间，全县党员干部紧紧围绕“六破除”“六着力”“六坚持”目标任务，坚持把自己摆进去、把职责摆进去、把工作摆进去，查摆问题267条，制定整改措施400余条，全县上下的改革意识、创新精神、开放思维进一步激活。

【管党治党】 中共山阴县委始终坚持把抓好党建作为最大政绩，深入贯彻新时代党的建设总要求，自觉担负起管党治党主体责任，加强党的政治建设，严肃党内政治生活，严明党的纪律规矩，强化党内监督，把从严治党要求落实到党的建设全过程。

坚定不移把管党治党主体责任扛在肩上、抓在手上、落实在具体行动上。全年专题研究党风廉政建设和反腐败工作15次，定期听取党委（党组）书记述责述廉报告，常态化约谈党委（党组）书记，对新任科级干部进行任前廉政谈话，有效传导了责任和压力。进一步强化政治问责，批准谈话函询47人次、初核42人次，批准立案审查、处分决定40人次。全年党内问责12人，其他问责42人。制定出台了《关于开展盯人跟事监督集中整治形式主义官僚主义的实施方案》，对79项重要事项和重大项目开展集中监督，盯住关键人，跟住关键事，以刚性制度倒逼责任落实、工作落细、任务落地。

持续加强对反腐败工作的集中统一领导，始终保持惩治腐败高压态势，加大惩治力度。2019年召开反腐败领导小组会议3次，向全社会释放反腐败力度不减、节奏不变的强烈信号。全年共查处违反中央八项规定精神问题26件，处理26人；查处各类形式主义、官僚主义问题100件，处理100人；共处置问题线索805件，初核334件，立案280件，处分241人。紧盯扶贫领域、民生领域、涉黑涉恶腐败，查处群众身边腐败和作风问题172件，处理172人；大力整治窗口单位“推脱绕”、审批事项“体外循环”等问题，严肃查处2家单位“虚进假进”问题；坚持发挥巡察“利剑”作用，全年完成3轮巡察，共移交问题线索185条，反腐败斗争压倒性胜利持续巩固和发展。

认真落实“‘三基’建设全面进步年”的部署要求。统筹推进13项重点任务、13项行动计划；新建示范点37个，整顿提升43个软弱涣散基层党组织；全覆盖培训基层党组织书记1500人次，乡镇培训村“两委”干部1700人次；111名村“两委”干部和党员后备干部参加大专、本科学历提升教育；组织各类专题培训68次5900余人次，建立干部职工个人能力提升档案6000余份；探索推行开发土地、村企治理、发展三产、盘活资产、领办加工、设立基金、抱团发展“七种模式”，173个行政村集体经济收入超过5万元。

坚持率先垂范、示范引领，严明党的政治纪律和政治规矩，贯彻执行党的组织生活制度。坚持先立规矩后选人，把政治标准放在首位，严格执行干部选拔任用相关政策规定，全年共研究干部18批450人次，其中提拔重用174人，选优配强了各级领导班子和干部队伍。结合大讨论工作，选树28名担当作为先进典型，其中基层一线党员干部占到62%。通过全覆盖调研，掌握优秀年轻干部144名。全县乡镇党政正职中，“80后”干部占到了48%，领导班子平均年龄下降3.3岁。

切实加强党对宣传思想工作的全面领导，严格落实意识形态工作责任制。积极开展对外宣传，在国家和省市级媒体推出系列报道，及时占领新媒体高地，极大提升山阴的知名度、美誉度和影响力。恢复了山阴新闻橱窗，及时向全县人民多角度展示县委县政府的最新工作动态；全县“学习强国”平台激活人数达1万余人，在全市率先实现“两个全覆盖”；开发山阴声屏客户端，下载次数过万，浏览量超过5万人次；建成省级精神文明创建先进典型6个，市级精神文明创建先进典型43个；荣获“省级道德模范称号”2人，荣获“市级道德模范称号”4人。

《山阴县志（1998—2016年）》正式出版，实现志鉴两全目标。《桑干河》《洪涛山》两份杂志创刊。组织发行了《王家屏传奇》《岱岳古镇》《悦读山阴》等文艺作品，其中《悦读山阴》被全国各省近百家图书馆收藏。成立了“书香山阴·群贤荟萃”山阴读书会，举办了“我的青春与这片热土”等多个论坛。举办了迎春晚会、元宵节民间社火表演、六月二十四庙会暨文化旅游周等一系列大型文化活动，首届农民丰收节、第二届全国青年运动会实体火炬传递活动圆满成功。

【转型发展】 中共山阴县委始终保持转型发展的自觉和定力，深入贯彻落实新发展理念，坚持把“供改”和“综改”作为经济工作的主线，不断在“减、优、绿”“稳煤促新”和传统产业升级改造上有大的突破。

加快推进产业转型。严格落实煤炭供给侧结构性改革要求，统筹做好煤与非煤“两篇文章”，大力培育和发展新兴产业，有效推动经济发展质量、效益和结构同步向好。利用丰富的煤炭资源，上马了松蓝丙烯酸及酯类、锦晔低阶煤分质综合利用等现代煤化工产业，并积极争取国家能源局40亿立方米煤制天然气项目，进一步提高煤炭附加值。在非煤产业上，抢抓“国发42号”和“晋发49号”两个重大机遇，大力培育超牌、玉竹等新材料产业，扎实推进能源革命综合改革试点工作，晋能8万千瓦光伏发电、同煤织女泉10万千瓦风电、漳泽吴马营10万千瓦风电并网发电，实施了汇和玄同沼气发电项目。全县新能源总装机容量达97.4万千瓦，占全县电力装机容量41%。

大力实施项目建设。按照全省“深化转型项目建设年”的要求，坚持县级领导包联帮扶项目，定期或不定期召开项目建设推进会、现场会、协调会，有效加快项目建设进度。2019年，全县地区生产总值完成136.8亿元，同比下降1.3%；规模以上工业增加值同比下降4.7%；全社会固定资产投资完成29.6亿元，同比增长37.1%；公共财政预算收入完成15亿元，同比下降2.9%；社会消费品零售总额完成46.6亿元，同比增长7.5%；城镇居民人均可支配收入达到36667元，同比增长6.7%；农村居民人均可支配收入达到18184元，同比增长9.4%。

【乡村振兴】 中共山阴县委始终坚持党管农村重大原则，把乡村振兴摆在重要位置，紧盯“二十字”总要求，抓重点、夯基础，推动农业全面升级、农村全面进步、农民全面发展。

重点实施了农牧交错带桑干河灌区高效节水灌溉工程、京津风沙源治理二期工程水利水保项目、高标准农田建设项目等，建成高标准农田3.38万亩，新增高效节水灌溉面积1.2万亩。

牢记习近平总书记视察山西时提出的“发展有机旱作农业”这一嘱托，抢抓全省有机旱作农业示范县重大契机，种植旱地谷子、莜麦、高粱等优质杂粮27万亩，全县粮食产量达到2.8亿公斤。

发展农产品加工企业达20家（其中“513”龙头企业18家），认证农产品有机品牌5个、绿色品牌10个、无公害品牌17个，“塞外火山土”“雁门香”品牌小米荣获中国第17届国际粮油产品及设备技术展示交易会金奖，“农食美”牌小米获省粮食行业协会“放心粮油产品”称号；成功举办了全国旱作节水技术培训现场会、全省粮食产业经验交流现场会、全省农业生产托管会、全省农机现场会，荣获“中国富硒小米之乡”称号。

坚持把人力资本开发放在首要位置，进一步强化乡村振兴的人才支撑、智力支撑，创新了“项目带人才+园区搭平台”引才模式，依托省农科院有机旱作晋北工作站，引进研发人员5名；大力实施“乡贤乡才”回归工程，入库人才达460余名。

加强对广大农民的教育引导，建成新时代文明实践所（站）226个。大力开展移风易俗、弘扬时代新风行动，创建市级文明村20个。建立健全“一约四会”（即村规民约和道德评议会、红白理事会、村民议事会、禁毒禁赌会），淳朴民风、文明乡风、良好家风逐步培育形成。

大力推进农村人居环境三年整治行动，重点实施拆违治乱、厕所革命等“五大专项行动”，打造美丽宜居示范村12个，提档升级村9个；完成3.6万平方米拆违治乱；完成9个垃圾中转站、243个行政村的生活垃圾收运处置体系建设；完成3个建制镇11个村污水处理设施建设；完成1700户农村厕所改造和14个奶牛规模养殖场粪污集中收集池建设，全县乡村生态宜居水平得到明显提升。

【深化改革】 中共山阴县委始终牢固树立“改革不能落后，改革必须先行”的鲜明导向，全面推进重点领域和关键环节改革，进一步释放发展活力。

一是切实加强党对改革工作的领导，将县委深化改革领导小组改为全面深化改革委员会，进一步明确各自职能职责，有效压实了常委班子成员分工负责制，定期听取重大改革事项进展情况，并将落实成效纳入年度目标责任考核。

二是把深化党政机构改革摆在战略性、全局性位置来把握和推进，各项改革任务按要求、按计划、按时限顺利完成，党的领导体系、政府治理体系得到重构性健全，党的领导力、政府执行力得到系统性增强。

三是持续深化监察体制改革试点工作，推动县级派驻、乡镇监察、监督向村级延伸，探索乡镇监察监督与村务监督委员会监督工作有效衔接，实现横到边、纵到底的监督监察全覆盖。

四是深化人才发展体制机制改革，全面落实招才引智各项政策，通过“项目+人才”模式，引进研发人员42名，其中博士2名、硕士16名、研究员8名、副研究员16名。

五是坚持在重点改革上持续攻坚、持续深化。“放管服效”改革进展顺利，“一枚印章管审批”全面启动，政务便民服务中心进驻单位“两集中、两到位”走在全市前列，营商环境进一步优化，入选全国投资潜力百强县；农村集体产权改革有序推进，13个乡镇247个农村完成集体清产核资和成员身份鉴定；加快推进电力改革，参与大用户直供电企业达到8家；开发区“三化三制”改革取得积极进展，授权和机构设置、人员配备基本完成，“五规合一”规划编制工作稳步推进，入区企业达到26家；聚焦“构建内陆地区对外开放新高地”目标，坚持党政主要领导亲自带队，赴北京、重庆、厦门等地开展精准招商，举办了16场招商引资洽谈会，签约产业项目21个，总投资127亿元。

【民生福祉】 中共山阴县委始终坚持以人民为中心的发展思想，紧盯群众关心关注的民生事项，不断在保障和改善民生上聚焦聚力，进一步提高人民群众的获得感幸福感安全感。

一是坚定落实以人民为中心的发展思想，站在2020年“交总账”的高度，全面审视脱贫攻坚工作。坚决落实“四个不摘”重大要求，先后召开13次常委会，专题研究脱贫攻坚议题44个，制定出台指导性文件6个，打好政策、资金、项目、帮扶、扶智“组合拳”，“两不愁”质量明显提升，“三保障”突出问题得到解决。2019年，平山右饮水工程建成运营，实现山区34个村饮水安全提标；新建23个屋顶分布式光伏发电项目，总装机容量1661.5千瓦；完成490户农村危房改造、121.5公里“四好农村路”建设、79户易地扶贫搬迁拆迁复垦任务；发放扶贫小额贷款1960.21万元，完成率122.51%；培训贫困人口312人，推荐就业岗位2000余人，达成就业意向224人。

二是始终秉持“量力而行、尽力而为”的原则，继续实施城市建设发展三年行动计划，积极对接群众在水、电、路、暖等方面的需求，全面夯实宜居县城基础。投资6800万元，完成韩原线动车组山阴站建设项目，山阴正式进入“动车时代”；府东街城市棚户区跨线立交桥项目累计完成投资75%以上，预计2020年6月完工；新建世纪大道、王涧路等7条县城主干道路；完成24条小街小巷硬化、8座公厕和土牛沟泄洪改造、2处人行通道和1座批发市场建设；对集贤社区等区域私搭乱建进行了整治，治理乱点8000余处；新增供热面积100万平方米，县城清洁取暖覆盖率达到70%；新增自来水日均供水能力5000立方米，有效满足了群众用水需求。

三是紧紧围绕“七有”要求，抓住群众最关心最直接最现实的利益问题，进一步加大民生保障力度。启动实施振兴山阴教育五年行动，着力解决群众最关注的“三乱”问题、编班问题、座位轮换等问题，完成了北周庄小学、安荣幼儿园建设和标准化考点升级改造工程，公开招聘了28名教师，新建职教中心通过省级评估验收。医疗集团学科建设率先发展，建立了朔州市心血管病和骨科两个专科联盟，中医院住院楼封顶，设立了名医工作室，公开招聘了4名医生。社会保障体系不断完善，深入推进全民参保计划，五项社会保险扩面工作超额完成，城乡居民医保参保人数达17.9万人，制作社保卡23.3万张，超年度目标4.6个百分点。积极开展文化“三送”活动，送戏下乡123场、放映电影3084场。

四是坚持把生态文明建设作为一项重要政治任务，始终保持践行“两山”理论的自觉性、坚定性，对加强生态环境保护、打好污染防治攻坚战作出全面部署。以全域绿化为目标，推进大规模植树造林工程，2019年整体造林5万亩，完成西山生态修复102处、种植树木8.5万株、绿化126.6万平方米。扎实推进中央、省环境保护督察及“回头看”反馈意见整改，制定工作方案，建立问题台账，落实整改责任，移交问题全部按照序时进度完成整改，整改过程和结果按要求向社会公开。集中开展违法排污大整治“百日清零”专项行动，强化监管执法，不断巩固好、维护好“清零”成果。大力实施“清洁能源替代工程”，完成集中供热改造户3100余户，环境空气质量综合指数为5.65，同比下降10.9%，全县空气质量明显改善。扎实开展桑干河“清河行动”，深入推进“四水共治”，全年完成6类、62项治理修复任务，完成县城污水处理厂提温提标工程、玉马小区污水处理工程、31家涉煤企业“黑水”（废水）治理，城镇污水排放由二级A标准提升为地表水五类、古城乳业工业企业废水排放标准由地表水五类提升为四类标准，河头、南湛两个断面水质标准达到四类。

【社会治理】 中共山阴县委始终把牢正确政治方向，坚持党的领导、人民当家做主、依法治国有机统一，持续推进民主法治建设，不断完善社会治理格局。

充分发挥县委总揽全局、协调各方的领导核心作用，进一步加强政党协商、人大协商、政府协商、政协协商、人民团体协商、基层协商以及社会组织协商，统一思想，凝聚共识，提高决策的民主化、科学化水平。注重抓好统战工作，加强和改进新形势下民主党派、工商联工作。加强党对群团工作的领导，支持群团组织依照法律和章程独立自主开展工作。加强党管武装，推进国防动员和后备力量建设，支持和服务驻地部队建设，积极做好双拥优抚安置工作，被省委、省政府、省军区授予“双拥模范县”荣誉称号。

严格落实“党政同责、一岗双责、齐抓共管、失职追责”的安全生产责任体系，常态化对煤矿、非煤、危化、消防为重点的行业领域进行安全专项整治，煤矿、非煤、危化等工矿商贸企业均实现了生产安全无事故。

坚决落实维护稳定责任制，坚持减少存量、遏制增量，有效排查化解了一批矛盾纠纷，发展环境、治安秩序、社会风气进一步好转，圆满实现重要节点“双零”目标。进一步完善党委领导法治建设的体制机制，严格落实省委加快推进全面依法治省工作的实施意见，认真落实好党政主要负责人推进法治建设第一责任人职责，司法体制综合配套改革等重点工作有序推进，依法治县取得明显成效。

坚持扫黑、除恶、治乱“三管齐下”，打、防、治、建“四措并举”，严厉打击基层黑恶势力，严肃查处背后“保护伞”，共打掉黑社会性质组织3个、恶势力集团3个、恶势力犯罪团伙5个，批捕抓获犯罪嫌疑人77人，扣押涉案车辆、房产等折合人民币共计5350余万元。

组织工作

【机构改革】 2019年，山阴县委组织部圆满完成党政机构改革工作。坚持县乡联动选干部配班子，把“从严”贯穿到干部调整工作全过程，科学制定方案，统筹考虑改革部门、乡镇和事业单位领导班子配备，按照先正职后副职，分类制定人事调整方案，分批实施，平稳推进；从严任用程序，严格执行“凡提四必”，有10名人选在“六查”中被取消资格，有2名干部终止任职程序，实现了整个干部调整工作严谨细致无遗漏；突出年轻导向，将15名优秀年轻干部调整到乡镇党政正职岗位，调整后的乡镇党政正职平均年龄41.5岁，比调整前年轻了3.3岁，县直单位在职数减少的情况下，仍统筹提拔19名年轻干部，干部队伍逐步实现年轻化。2019年，全年共研究干部18批450人次，其中提拔、重用174人，县乡领导班子年龄、结构逐步趋于优化。

【干部管用】 2019年，山阴县委组织部扎实开展优秀年轻干部调研工作。印发《山阴县大力发现培养选拔优秀年轻干部行动计划》，抽调专门力量，组建6个调研组，按乡镇和县直系统划类，在基层一线全覆盖开展了优秀年轻干部专题调研工作。通过征求县纪委监委、县公安局等部门单位的意见建议，结合平时了解的情况，优中选优掌握优秀年轻干部144名，其中正科级17名、副科级38名、科级以下89名。有2名干部提拔为副科级。同时，有计划选派优秀年轻干部到脱贫攻坚、常规巡察等一线开展不少于3个月的实践锻炼，第一批选派4名干部到县扶贫开发办公室、6名干部到县委巡察办进行了锻炼，新录公务员全部到主题教育办公室进行为期3个月的学习锻炼。

2019年，山阴县委组织部从严抓干部日常监督管理工作。制定《山阴县公务员职务与职级并行实施方案》，完成了涉及390名公务员职务与职级套转工作，县公安局133名和县人民法院2名司法干警的执法勤务警员套改及晋升工作，积极落实连续三年考核被评为“优秀”等次的50名公务员给予记“三等功”、2018年度考核被评为“优秀”等次的77名公务员授予“嘉奖”，进一步调动了广大公务员工作积极性。对领导干部因私出国（境）的监督管理，开展违规办理和持有因私出国（境）证件专项治理工作，2019年新增领导干部因私出国（境）备案人员449人，共备案828人，做到了应备尽备。建立“干部谈话专项档案”，坚持把提醒、诫勉、函询作为从严管理监督干部的重要手段，对2名科级干部进行诫勉。完善县管领导班子和领导干部考核办法，创新考核方式，充分发挥考核工作指挥棒、助推器作用。起草《机关事业单位工作人员流动暂行办法》，进一步规范干部管理工作。

【人才机制】 2019年，山阴县委组织部始终坚持党管人才原则，切实履行县委牵头，组织部门抓总，各有关部门协作配合的人才工作机制，不断强化组织领导、创新工作机制、激发人才活力、提高服务水平。拓展人才引进渠道。按照《关于引导和鼓励农村本土人才返乡创业就业的实施意见》，引导山阴籍，特别是原籍在农村的大中专毕业生，以及在外地创业或打工、事业小有成就的人回村创业。下放人才引进自主权，围绕行业系统、专业技术、特色产业等发展需求，新招聘引进医疗、教育、疾控等方面的专业性的本科人才30名，注册安全工程师、矿建高级工程师、采矿高级工程师等煤炭安全专家4名，集聚人才，发挥作用。通过实施“项目+人才”的引才模式，惠牧源农牧专业合作社联合社与省农科院7个站所开展技术合作，引进研发人员42名，其中博士2名、硕士16名、研究员8名、副研究员16名，助力产业转型发展。落实人才支持计划。重视人才，将“三晋英才”支持计划奖励金纳入县财政预算，召开人才工作座谈会，为入选全省“三晋英才”的8名“拔尖骨干人才”和14名“青年优秀人才”共发放奖励金38万元，激励人才干事创业。宣传人才，运用县电视台、网信山阴、《山阴组织工作》等媒体杂志大篇幅报道“三晋英才”的典型事迹，切实提升其政治荣誉感，在全社会营造出尊重人才、重视人才的浓厚氛围。服务人才，抓好“三晋英才”的政治引领，探索将人才所在的企业全部或联合建立党组织、工会组织，发挥党建带工建的示范引领作用，激发人才工作的活力，在全县形成人人皆可成才、人人尽展其才的党管人才新格局。推进人才协调发展。坚持建立制度优先，认真落实《关于深化人才发展体制机制改革实施方案》，明确成员单位职责，形成组织部门牵头抓总，有关部门各司其职、密切配合，社会力量发挥重要作用的人才工作新格局。坚持政策支持优先，对“六支人才队伍”进行充实更新，从启动资金、场地补助、税收奖励、技术转化、平台建设等方面给予人才政策扶持和资金奖励。坚持创新环境优先，精准对接县经济技术开发区和重点领域、重点行业、重点项目，探索在经济技术开发区人才集聚地建立工作站，搭建创新创业者与政府之间的联系沟通渠道，整合资源，创新环境，提供服务保障。

【自身建设】 2019 年，山阴县委组织部按照“讲政治、重公道、业务精、作风好”模范部门的建设标准，以政治建设为统领，以“三基”建设为抓手，突出“五个带头”，推动组织部门自身建设走在前作表率。

带头讲政治。认真贯彻落实中共十九大和十九届二中、三中、四中全会精神，读原著、学原文、悟原理，把原原本本学、追根溯源学、具体深入学结合起来，以知促学、知行合一。带头抓学习，强化理论武装，采取部务（扩大）会、理论学习中心组会议、党总支会议等形式，利用会议室大屏幕转播中央、省市县委相关会议精神，第一时间传达，第一时间学习，第一时间贯彻。印发《“不忘初心、牢记使命”主题教育资料汇编》三期各 200 余本，跟进学习习近平总书记系列重要讲话精神，注重融会贯通、注重分析案例、注重总结提炼、注重知识积累，真正做到学懂弄通做实。开展“改革创新、奋发有为”交流研讨，认真落实“三会一课”制度，带头执行主题党日制度，加强政治文化建设，从严组织生活会，规范党组织活动，增强“四个意识”，坚定“四个自信”，自觉做到“两个维护”，始终在思想上行动上与党中央保持高度一致，面对原则问题不含糊，面对风浪考验无所惧，面对各种诱惑稳得住。“七一”前，部机关组织全体党员赴平鲁博物馆、西易村村史馆、朔平西山抗日根据地纪念馆学习参观。

带头强三基。坚持从基本制度、基础工作抓起，推动组织工作高效运行。完善制度体系，修订出台 11 个方面 26 项制度，健全完善“一目录三手册”，厘清职责，规范标准，细化流程，把部内规矩立起来，用制度管人管事。配强支部班子，认真贯彻落实《中国共产党支部工作条例（试行）》，结合实际，优化部机关党总支、党支部设置，以活动聚人心，以活动增活力。狠抓基础工作，常态化做好基础资料收集、公文运转管理、日常保密管理等工作，严格执行工作签报制、岗位责任制、负面清单制。开展组工讲坛，领导带头讲理论，股（室）长轮流讲业务，科员围绕工作讲体会，不定期邀请专家讲政策、作辅导，开阔了眼界，增长了才干。提升专业素养，每月印发一本《应知应会手册》，征订党政领导干部选拔任用工作条例、农村基层组织工作条例、重大事项请示报告条例、农村工作条例、党组条例、问责条例等 60 余本条例规定，定期进行闭卷考试，学考结合，以考促学。有计划安排部机关干部参加各类教育培训，通过挂职乡村锻炼、驻村精准帮扶、参与中心工作和重点任务等措施，推动组工干部知识结构、业务能力从“单一型”向“复合型”转变。

带头转作风。从严落实中央八项规定精神和贯彻执行党政机关厉行勤俭节约反对浪费条例和坚决抵制“四风”反弹，驰而不息狠抓部机关纪律作风整顿，大力传承优良部风部史。

深入推行“作风转变在一线，问题解决在一线，经验总结在一线、业绩创造在一线”的“一线工作法”，在服务基层、服务群众中培养锻炼组工干部。建立了组工干部加强基层组织建设联系点制度，选择问题多、发展难度大的机关、农村、企业、医院、学校等基层组织作为组工干部基层联系点，每名组工干部与1个基层党委、1个党支部、2户贫困户结成对子，抽调3名骨干力量助力后所乡4个非贫困村的19户65名贫困人口精准脱贫，节假日走访慰问贫困户，为他们送去大米、白面和胡油，送去组织的温暖和关怀。组工干部带头深入基层、带头走访调研、带头查找问题、带头解决困难，身体力行地为基层加强组织、加快经济发展想法子、找路子，为党员干部解难题，让下沉服务成为常态。

带头抓落实。围绕中心工作，自觉主动地把担子挑起来、把责任扛起来。坚持服务大局，带头开展大讨论活动、“不忘初心、牢记使命”主题教育，亲力亲为参与脱贫攻坚行动、清河行动、扫黑除恶专项斗争、万名干部入企进村服务，尽职尽责配合巡察工作，不定期督查驻村工作队、第一书记到岗情况，体现了较强的大局观念。部机关建立了双向联动的干部工作考核评价机制，对各科室工作实行月汇报、季小结、年度述职，表现突出的公开表扬，落实不力的通报批评；通过调查问卷、电话征询、座谈了解等方式定期进行组织工作群众满意度测评，使群众成为监督组工干部抓落实的主体，组工干部的执行力得到明显提升。

带头树形象。发扬“安专迷”精神，不断提高知事识人水平、组织指导水平、服务保障水平，塑造部门良好形象。严格执行纪律，认真学习贯彻新修订的党章、条例等党内法规，从严执行党风廉政建设各项规定，坚决纠正不良习气和不正之风，悉心呵护部门形象。开展警示教育，常态化组织观看《失守的初心》《初心泯灭的歧路》《初心与蜕变》《插翅难逃》《忏悔录》等警示教育片，以案为鉴，警钟长鸣，知敬畏、存戒惧、守底线。建好宣传阵地，精心办好《山阴组织工作》，拓展宣传领域，提高宣传质量，每月一期的纸质刊已成为宣传山阴的一张名片，每周两期的电子刊已成为县委机关大楼的一道风景。部机关连贯8年保持市级“文明单位”称号。

【党建助力脱贫扫黑】 2019年，山阴县委组织部持续推进干部驻村帮扶工作。制定下发《山阴县2019年干部驻村帮扶工作指导要点》，明确十项具体任务要求，为全县扶贫帮扶工作拉出任务清单。出台《关于落实扶贫驻村干部工作保障的通知》，进一步明确保障措施，确保驻村干部住的下、能安心。充分利用13个乡镇和39个贫困村智慧党建视频终端，乡镇每周、全县每半月召开一次驻村帮扶工作例会，盘点工作、交流经验、研究举措、落实任务。倾情关爱走访慰问困难党员。2019年，山阴县委组织部稳步推进抓党建促乡村振兴。结合机构改革和领导干部调整，对全县包村领导、驻村干部、包村单位进行了优化，共安排驻村工作队93支263人，覆盖帮扶174个村；结合主题教育成立的3个乡镇巡回指导组，赋予其对驻村干部工作督查的职责，定期不定期督查其到岗和工作情况，进一步传导工作压力；用好约谈、诫勉、召回等组织惩处办法，倒逼驻村帮扶责任有效落实，今年以来，县驻村帮扶工作领导小组共向市驻村帮扶工作领导小组反馈意见4条，约谈14个单位“一把手”或负责人，通报批评2次涉及29人，召回1名驻村干部。坚持将农村基层党建聚焦乡村振兴，健全完善党组织领导下的乡村治理机制，深化拓展“四议两公开”制度，加强村务监督，全面推行农村网格化管理，积极构建自治、法治、德治相结合的治理体系。从严做好村“两委”换届“回头看”，完善《山阴县农村干部调整县级联审制度》，坚决把受过刑事处罚、存在“村霸”和涉黑涉恶等问题的村干部清理出去，跟进建强战斗堡垒；加强信教群众聚居村党组织建设，全面落实信教群众聚居村必须组建村党组织、选优配强带头人要求，扎实做好农村宗教工作。深化拓展“四议两公开”制度，加强村务监督，完善了228个村的村规民约，137个村成立红白理事会机构，8个村新建红白理事场所。在元旦、春节、“七一”等重大节假日期间，由各级党组织负责人带队，对老党员、丧失劳动能力的党员、生活困难的党员以及离退休老干部进行走访慰问。元旦、春节期间，各级党组织共慰问下岗失业、生活困难老党员201人，发放慰问金20.1万元。“七一”期间慰问建国前老党员、生活困难党员241人，发放慰问金12.85万元。

【基层组织建设】 2019年，山阴县委组织部坚持以提升组织力为重点，“三基”建设推进全面从严治党不断向基层延伸，为全县精准脱贫、乡村振兴集聚广泛力量，提供坚强保证。

坚持深入学习贯彻条例。将《中国共产党支部工作条例（试行）》《中国共产党农村基层组织工作条例》纳入“三会一课”学习内容，要求全县各级党员领导干部围绕两个条例积极开展互动式党课，广泛生动宣讲条例精神，促进基层党员干部领会内容、执行规定、提升服务。同时，制定下发《山阴县学习贯彻〈中国共产党农村基层组织工作条例〉的实施方案》，对学习内容、时间节点、任务目标作出安排，指导各乡镇党委有计划、有效率地开展学习，并要求乡村两级结合培训、会议对党员干部组织测评，确保每名党员干部学习“不掉队”。

持续推进基层党组织标准化规范化建设。在以往打造91个基层党建示范点的基础上，2019年又确定了37个农村（社区）、机关、学校、“两新”组织示范点进行重点打造，农村突出党建促脱贫攻坚、乡村振兴和基层治理，社区突出区域统筹、条块协同、上下联动、共建共享党建格局，机关突出做好“三个表率”建设模范部门，“两新”组织突出“双强六好”党组织创建，努力形成以点带面的良好格局，充分发挥引领带动效应，提升全县党建工作整体水平。2019年，13个乡镇政务服务中心、229个村级活动场所、加挂了“党群服务中心”牌子，做到了制度上墙、运行规范；合盛堡乡推行“党建+”模式，确立“加强党建，实现组织与产业融合、与文化契合、与人才聚合、与生态整合、与民生促合”的“一强五合”工作思路，全面打造生态畜牧基地、现代煤化工基地、富硒有机旱作农业基地，基层党组织凝聚力不断提升，助力乡村振兴；马营乡针对11个村移民搬迁县城同一小区后，成立联合村党委，实现资源共享，降低管理成本，提升治理水平。同时，引深大讨论成果，持续实施“六个一线”工作法，延伸各级干部进村服务平台，2019年，县乡两级干部累计深入基层开展调研3200余次，研究解决各类问题1.3万余件。

不断加强乡村干部队伍建设。从严落实《山阴县农村“两委”主干管理考核办法（试行）》，修订完善《山阴县农村党组织书记县委组织部备案管理制度》，动态更新管理台账，绩效惩处按季上报归档；县级全覆盖培训基层党组织书记1500人次，乡镇培训村“两委”干部1700人次，政治素养、业务能力、纪律约束进一步提升；对农村（社区）“两委”干部任职资格再次“回头看”，4名村“两委”主干被清理出农村干部队伍，有效保证了村干部的纯洁度；实施农村干部学历提升工程，111名村“两委”干部和党员后备干部参加大专、本科学历提升教育。用力发展壮大村级集体经济。探索推行开发土地、村企治理、发展三产、盘活资产、领办加工、设立基金、抱团发展等“七种模式”，采取一村一式、一村多式发展壮大集体经济，这一经验做法在2019年省委组织部举办的全省乡镇党委副书记、组织委员专题培训班上作了交流。持续加大村级集体经济财政扶持力度，实现多点促进、全面提质的良好格局。截至12月底，全县197个村实现集体经济收入1万元以上，占比79.8%；收入5万元以上的村有173个，占比70%。

扎实整顿提升软弱涣散基层党组织。县委组织部在“不忘初心、牢记使命”主题教育中开展专项整治，对照各领域情形逐一进行摸排，聚焦“三类问题”20名县四套班子领导带头深入247个行政村、10个社区开展调研排查，确定43个软弱涣散基层党组织进行集中整顿。坚持县委书记带头抓、组织部部长盯着抓、各党（工）委书记直接抓，县级层面召开专题会议6次，传达上级最新精神，安排部署推进工作；各党（工）委召开专题会议30余次研究推动整顿工作。整顿工作开展以来，对不胜任、不尽职的6名村党支部书记坚决调整并配备到位，完善各类管理制度50余条，解决群众反映问题76个，为民办实事57件；安排4个评估组，采取听取汇报、查看资料、组织测评、实地验证等方式，对软弱涣散基层党组织进行评估考核，653名村民代表、党员代表参加满意度测评，43个软弱涣散基层党组织全部完成整顿提升工作；对整顿效果好的6个村，纳入提升创建台账，对照基层党组织规范化标准进行提档升级。薛圐圙乡双寨村党支部扎实推进软弱涣散整顿，开展矛盾纠纷大起底大化解活动，调解各类矛盾12起，融洽了干群关系，村民与村民之间的关系。

不断加大基层工作保障力度。预算财政资金4807.96万元，足额保障乡镇平均运转经费90万元、农村平均运转经费10万元、社区运转经费10万元。提升乡镇工作补贴，实现乡镇干部收入高于同级别县直机关干部。严格按照全县上年度农村人均可支配收入2.5倍标准执行村“两委”主干基本报酬。投入财政资金1060万元用于提升5个乡镇办公用房及周转房建设。理顺社区管理体系，申请成立东城、西城社区服务中心，着力解决社区管理不顺、班子无法配备、干部队伍不稳等问题。

着力提升干部专业化能力。7个岗位专业能力测评牵头单位和20个县级行业系统主管部门开展了专业能力测评工作。组织档案、会计、综治、食品安全等各类专题培训68次5900余人，各乡镇、县直各单位制定培训规划，建立干部职工个人能力提升档案6000余份。

主题教育活动

【重点对象活动】 2019年，山阴县委组织部扎实推进“不忘初心，牢记使命”主题教育活动，围绕“守初心、担使命，找差距、抓落实”的总要求，高标准、严要求，认真谋划、精心组织、扎实推进，取得了显著成效。重点对象主题教育活动规定动作和自选动作高质量完成。

学习教育：县四大班子共举办集中学习研讨12次，召开学用交流会1次，开展革命传统教育、形势教育、先进典型教育和警示教育24次，组织集中学习中共十九届四中全会精神18次。参照实施单位举办集中学习研讨3411次，开展革命传统教育、形势教育、先进典型教育和警示教育531次，组织集中学习中共十九届四中全会精神368次。基层党支部举办集中学习研讨630次，开展革命传统教育、形势教育、先进典型教育和警示教育428次，组织集中学习中共十九届四中全会精神647次。

县四大班子成员参与调研149人次，形成调研报告28篇，共梳理问题86个，解决31个，讲专题党课27人次；班子召开调研成果交流会4次，将调研成果转化为决策26条。参照实施单位参与调研672人次，形成调研报告363篇，共梳理问题601个，解决519个，讲专题党课480人次；召开调研成果交流会176次，将调研成果转化为决策168条。

县四大班子发放征求意见表562份，召开征求意见座谈会22次，召开找差距专题会4次，共检视问题49个，班子成员检视问题189个。参照实施单位发放征求意见表4997份，召开征求意见座谈会236次，召开找差距专题会223次，共检视问题514个，班子成员检视问题1275个。

县四大班子全面整改落实清单中，已整改落实109个，正在整改落实86个；班子问题整改清单中，已整改落实23个；班子成员问题整改清单中，已整改落实99个；专项整治问题整改清单中，已整改落实9个。参照实施单位全面整改落实清单中，已整改落实1223个，班子问题整改清单中，已整改落实395个，班子成员问题整改清单中，已整改落实1191个，上下联动整改清单中，已整改落实87个。专项整治问题整改清单中，已整改落实228个。

县委常委班子2019年12月5日至6日召开"不忘初心、牢记使命"专题民主生活会，共提出批评意见140条，结合主题教育期间的问题清单，常委班子和常委同志共查摆问题233条，已整改128条。县人大常委会党组、县政府党组、县政协党组分别于2019年12月9日、6日、10日召开专题民主生活会。参照实施单位班子12月10日前召开专题民主生活会，巡回指导组把关、指导，专题民主生活会开出高质量。

【基层活动】 基层党支部"不忘初心、牢记使命"主题教育成果显著。学习教育：县级举办1期示范培训班，全覆盖培训基层党支部书记668人。基层党支部组织开展集体学习交流637次，党支部书记讲专题党课571次。检视整改：基层党员共承诺事项10838件，践诺事项10716件，开展志愿服务741次，为民办实事939件。专题组织生活会和民主评议党员：全县593个党支部召开专题组织生活会，开展民主评议党员工作。支部班子检视问题1779个，党员检视问题13740个。参评党员10838名，评为优秀的3251名、合格的4877名、基本合格的2710名。

【强基固本】 "不忘初心、牢记使命"主题教育活动打牢"三个基础"，提供坚实保障。一是打牢了思想基础。县委切实扛起主体责任、政治责任，先学一步，统一思想，及时订购并发放《纲要》《摘编》《"不忘初心、牢记使命"优秀共产党员先进事迹选编》《三晋英模》《山西革命烈士家书》等学习资料2.62万册，党员人手一册，通过学习凝聚共识。二是打牢了组织基础。提前谋划，摸清参加活动单位的底数，核准参加活动单位的党组织和党员数量，理顺了12个基层党组织隶属关系，重新调整组建党组织21个，督促全县297个县乡机关事业单位党组织完成换届任务，配齐配全了党组织成员，为主题教育开展提供了坚强组织保障。三是打牢了工作基础。县委及时成立主题教育领导小组及其办公室，在全县抽调29名干部充实到办公室，抽调59名干部组成2个联络指导组和12个巡回指导组，开展集中培训3次，做好基础工作。各级各部门各单位也及时组建主题教育机构和工作机构，明确专人负责统筹协调工作，确保主题教育有力有序开展。

【分类指导】 "不忘初心、牢记使命"主题教育活动指导全面覆盖。一是精心组织。县委常委会召开7次、县委主题教育领导小组召开8次会议，专题对主题教育进行研究安排部署，制定出台《主题教育工作方案》《专项整治方案》等54个指导性文件，建立县处级干部联系点31个，巡回指导组联系点22个，着力把联系点建成示范点。二是加强指导。县主题教育办公室对标关键点和主要任务，每月下发一次工作指引，先后下发了15个工作提示通知，提醒各单位推动重点任务落实。坚持每周召开一次巡回指导组工作例会，了解情况，解决问题，安排工作。巡回指导组坚持高标准、严要求，围绕“四个防止”及时纠偏校正存在的问题，确保主题教育不偏不虚不空、不走过场。三是全面覆盖。针对山区农村在村党员难集中，非公经济组织党员少、活动组织难的问题，采取就近集中连片或就近与党员人数多的农村、企业、园区等党组织联合组织学习并开展活动，力争使每个党组织、每名党员都开展规定动作。对外出流动党员、困难党员和年老体弱党员，通过电话、网络及上门谈心、送学到家等途径，了解思想和工作情况，主动关怀，听取意见，特别是对流出县外的964名党员全部送达了学习资料，并通过专人联系参加主题教育，确保全县每个党员都参与进来。

【理论武装】 “不忘初心、牢记使命”主题教育活动推动以学促知。一是常委会带头学。坚持常委会第一议题制度，及时跟进学习习近平总书记最新指示批示精神和十九届四中全会精神，先后组织开展2次为期三天的集中学习研讨和1次集中一天时间学习研讨十九届四中全会精神，切实以党的最新理论成果武装头脑、指导实践、推动工作。县人大、政府、政协班子和其他各参学单位也分别组织了3次学习研讨。二是中心组集中学。县委明确要求各级中心组每周安排一次学习，县委中心组带头赴右玉开展现场学习，重温习近平总书记对右玉精神的五次指示批示精神，主题教育开展以来，县委中心组共安排13次学习，各级中心组同步开展了集中学习交流，通过读原著、学原文、悟原理，提高了认识，发现了不足，激发了广大党员干部学习的热情。三是创新方式自主学。一方面开设“掌上课堂”，及时组建党员交流微信群，建立网上学习小组，每天固定时间组织党员线上交流学习，同时利用“学习强国”等学习平台，及时推送习近平总书记重要讲话精神等内容，确保各支部党员特别是流动党员连在“线上”不掉队。另一方面针对不同行业、领域党员的具体情况创新自学方式，通过邀请年龄大、经验丰富的老同志讲学习体会，介绍学习经验，传递正能量；通过宣讲微型党课、举办演讲比赛、开展志愿者服务、组织社会调查、开设专题论坛等方式开展学习教育，采取不同的形式提高学习效果。四是聚焦主线交流学。围绕主题主线，纠正“三个代替”，认真开展集中学习研讨。县级领导班子成员讲专题党课26次，科级领导干部讲专题党课390次，基层党组织书记讲党课509次，受课党员干部9360人次。基层党支部在推动党员自学的基础上，利用“三会一课”、主题党日等形式，组织党员干部开展集中学习交流，共集中学习2752次，开展主题党日活动700余次。五是丰富形式提高学。注重“一正一反”两个课堂，不断丰富教育形式，加强学习教育的感染力和吸引力。传承红色基因，大力挖掘红色资源，激励引导全县广大党员干部寻找初心、践行使命。组织有关部门在玉井镇王老沟村、水头村抗日战斗遗址，开展了革命烈士遗骸挖掘工作，在下喇叭烈士陵园为8名烈士举办了庄严的安葬仪式，《中国国防报》和国防部网头版以《80年过去，英灵安息慰忠魂》为题作了报道。举办全县先进典型事迹报告会，5名先进典型作了报告。深入开展以案促改警示教育，组织全县党员干部集中观看《初心泯灭的歧路》《增强忧患意识、防范风险调整》《失守的初心》等警示教育片；揭摆涉黑等案例暴露出来的问题，召开警示会议、谈心式纪律教育91次，教育广大干部进一步严明政治纪律和政治规矩。

【检视问题】 开展“不忘初心、牢记使命”主题教育活动一是瞄准靶向调研。县委常委带头下沉一线，深入调研，摸实情，找症结，提对策，解难题。县四大班子领导带队深入包联乡镇围绕9个课题调研，发现问题378个，立行立改解决143个。全县386名党员干部沉到基层一线开展调研走访，走访村、企350多个，形成调研报告360个，发现问题860个，列入问题清单380个，解决实际问题281个，召开调研成果交流会94场。二是多方征求意见。各级领导班子和领导干部通过制定下发征求意见表、设置征求意见箱、开设网络邮箱、开通专线电话和普遍召开一次座谈会等方式，充分听取工作服务对象、基层党员群众对领导班子、领导干部存在突出问题和对改进作风、改进工作的意见和建议，征求意见1600余条，列入问题清单464条。三是对标解决问题。县委常委班子带头按照中央和习近平总书记指出的“四个对照”“四个找一找”要求，结合群众提出的意见建议，查摆自身差距、工作短板，对标对表列出问题清单，并从思想、政治、作风、能力、廉政方面进行剖析反思，并将整改措施以图表形式分解，实现检视问题具体化、清单化、流程化，做到挂图作战、按表推进。

【标本兼治】 “不忘初心、牢记使命”主题教育活动，县委坚定扛起集中整治整改的政治责任，先后3次召开领导小组会议研究整治整改工作，制定了整治整改方案，成立了整治整改小组，从严从实抓好整改落实工作。在贯彻落实中央决策部署阳奉阴违方面，先后对207项工作开展专题调研和现场办公，持续推动落实；在整治不担当、不作为方面，聚焦6个方面、53个具体问题，建立了“三清单一台账”，免职科级干部2名；在整治违反中央八项规定精神方面，共查处5起，处理5人，对2家单位、2名主要领导和2名分管领导作出严肃处理；在整治形式主义官僚主义方面，6个方面32个具体问题得到整改；在整治漠视侵害群众利益方面，查结问题案件18件，处理28人，其中给予党纪处分9人，政务处分3人，诫勉谈话3人，其他处理13人；在整治基层党组织软弱涣散方面，经过两轮摸排，确定43个软弱涣散党支部进行集中整顿，对不胜任不尽职的6名村党支部书记进行了调整并配备到位，完善各类管理制度59条，现已全部完成整顿工作；在整治黄赌毒和黑恶势力方面，共破获黄赌毒案件127件，抓获犯罪嫌疑人172人，审理黄赌毒案件28起审结26件41人，审理3起恶势力案件25人，现已审结2件13人，查处涉黑涉恶腐败24件76人，追责问责3件18人，查处“保护伞”3人；在整治“景观亮化工程”过度化等“政绩工程”“面子工程”方面，对2015年以来的项目进行了认真梳理和自查；在环境整治方面，拆除私搭乱建8000多处，清理占道经营商贩320余家，拆除小街小巷私搭乱建厕所、碳房、杂物间等房屋1000余户，清理占道经营物品80余立方米、生活垃圾200余立方米，清理道路沿线的淤泥和垃圾7.9吨；在脱贫攻坚方面，下发重点工作通报问题交办函31件、省委第三巡视组边巡边改交办函15件、市委第六轮巡查组反馈问题交办函19件，加大问题整改督办力度，确保问题整改强力推动；统筹抓好大讨论“两个清单”、宗教工作方面问题的整改。

【群众关切】 “不忘初心、牢记使命”主题教育活动切实推动“三服务”。坚持“一线工作法”，按照“切口小、发力准、效果好”的标准，全县“三服务”牵头单位解决基层、企业、群众急难愁盼的事项3800多件，推动“三服务”工作向实践层面拓展。县四大班子带头深入基层收集“三服务”事项78件，已推动解决47件。参照实施单位深入基层收集“三服务”事项754件，已推动解决603件。县委、县政府针对群众反映强烈的“交通出行、供热供水”两个热点问题进行合力攻坚、集中整改，修复县城破损路面9200平方米，完成小街巷硬化19条，世纪大道、王涧路竣工通车；韩原线山阴站（动车组）开通运营，新建、改建道路120多公里，养护修复道路50多公里；修复完成集白线道路总工程量的40%，开工建设西二环路，完成虎山线入城连接线路基，府东街跨线立交桥地下部分全部完工；投资4472万元完成水源地自流复线输水工程，日均供水能力增加2000立方米，新上马河阳湖输水管道并入县城输水线网工程线，日均补水4000立方米；对34座换热站和供热管网进行检修，新增集中供热1个小区，改造6个小区供热管网，新增供热面积100万平方米，切实让群众感受到主题教育带来的新变化。马营乡党委针对11个移民村354名村民搬迁后无稳定收入的现状，积极与金盛达橡胶厂等企业联系，为38名村民解决了就业问题。合盛堡乡党委立足黄花梁坡区富硒土壤的资源优势，建起了万亩富硒有机旱作农业基地，辐射带动周边5万余亩耕地，涉及农户5000多户，带动群众年增加收入达3000多万元。薛圐圙乡党委修缮黑疙塔村主管道5000米，自来水入户276户；辛兴铺村主管道500米，自来水入户80户，解决了村民的用水难题，让村民感受到了主题教育带来的实惠。东城管委会党委在推进居民煤改气工作中，及时组织50多名党员，入户摸排，协调推进，在15个工作日内完成了用户通气工作，消除潜在隐患，受到了群众一致好评。县公安局运用“一网通一次办”服务群众平台，民警走村串户，深入厂矿、企业进行注册认证工作，共实名认证企业2900个。县卫生健康和体育局组织4个医疗机构，深入13个乡镇、40个贫困村进行巡回义诊，发放宣传材料7640份，义诊群众5830人次，完成了10个农村和5个县城水龙头点的水质监测任务。县人力资源和社会保障局建立以县人力资源市场为主体，第三方人力资源市场为补充的就业平台，转移劳动力4130人。县医保局针对群众看病就医经济负担较重问题，责令3家药店立即整改，查处住院挂床40余起、冒名顶替1起、不合理用药300余项，追回医保基金50余万元。

【宣讲宣传】“不忘初心、牢记使命”主题教育活动营造浓厚氛围，集中宣讲：县委组建主题教育宣讲团，以习近平新时代中国特色社会主义思想、习近平总书记视察山西重要讲话精神和对右玉精神的五次重要指示批示精神、十九届四中全会精神作为宣讲重点，广泛宣讲主题教育的精神实质、丰富内涵和实践要求。邀请山西大学教授鲍善冰为全县正科级以上干部作主题教育形势教育专题报告。累计宣讲83场，受教党员群众16460人次。典型宣传：大力挖掘宣传全县主题教育中的经验做法和鲜活事例，跟进报道整治整改成效。印发习近平总书记对“右玉精神”5次指示批示18000份，全县党员干部人手一份；选树合盛堡乡“全省最美基层干部”刘宇等7名先进典型，制作微视频3部，在电视台和政府新闻橱窗开辟专栏进行集中宣传；在省、市各级媒体和新媒体刊发山阴县主题教育开展情况新闻稿件30余篇。舆论导向；充分发挥县内媒体和“网信山阴”“山阴声屏”等新媒体作用，开辟专栏、专题、专刊，广泛宣传主题教育的重大意义和实际成效、涌现的先进典型、新中国成立70周年取得的伟大成就，全县各级党组织通过开展主题党日组织各类教育活动460余场。县“中华魂”主题教育活动组委员会举办了“爱我中华——新中国成立70周年”主题教育演讲比赛，激发了广大青少年回报社会，报效祖国的热情。全县建成新时代文明实践中心（所、站）15个，主题公园、广场5个，县城内悬挂宣传标语800余条，乡村900余条。

宣传工作

【理论武装】 2019年，山阴县宣传部工作加强县委理论学习中心组的学习，本年度共开展集中学习和各种形式学习35次。高效推动全县

“改革创新、奋发有为”大讨论和“不忘初心、牢记使命”主题教育的宣传工作，扎实开展学习弘扬“右玉精神”系列活动，组织大型报告会5场，受众近4500人次。开展了基层宣讲工作，组织“不忘初心、牢记使命”主题教育宣讲队伍，开展进农村、进机关、进校园、进社区、进企业、进军营、进网络“七进”活动，宣讲30余场，组建中共十九届四中全会精神山阴县委宣讲团，分9个组，赴全县46家企事业单位开展党的十九届四中全会精神宣讲工作。抓全县“学习强国”学习平台的学用工作，“学习强国”学习平台管理供稿工作效果良好。“学习强国”学习平台供稿共被采纳五次，其中《魅力广武 大美山阴》《边塞古城 秀美山阴》和《我和我的祖国》被山西学习平台采纳并推荐。全县“学习强国”学习平台激活人数11931人，率先在全市实现两个全覆盖，成为广大党员干部学理论学知识的重要阵地。2019年12月19日，在全市学习贯彻习近平新时代中国特色社会主义思想“学习强国”知识竞赛中，山阴县取得了二等奖的好成绩。《习近平新时代中国特色社会主义思想学习纲要》征订工作完成率100.64%，在全市排名靠前。

【舆论引导】 2019年，山阴县委宣传部着力提高新闻舆论传播力、引导力、影响力、公信力。围绕全县各项中心工作搞好宣传。把“广武长城塞北景、米香乳醇数山阴”作为山阴形象的主题词，外宣工作再上新台阶。2019年，在国家级媒体发稿2篇；“学习强国”学习平台发稿5篇；省级媒体发稿17篇；市级媒体407篇，其中，《朔州日报》173篇（头版头条发稿9篇）。邀请中央电视台10台纪录片频道开展《中国影像方志》（山阴篇）的采访拍摄工作，纪录片分七大板块，共45分钟时长，向全国观众全面推介山阴。山阴县农民丰收节活动期间，发行了《山西画报》山阴农民丰收节专刊，成为外出招商和各级领导考察调研山阴必送书目之一。在全县大力弘扬主旋律，凝聚精神力量。恢复山阴“新闻橱窗”，本年度共制作80期，及时向全县人民多角度展示了县委、县政府的最新工作动态，彰显全县人民意气风发的良好精神风貌。“网信山阴（今日头条）”转、发新闻753条，山阴电视台制作“山阴新闻”131期，发信息850余条。2019年8月，山阴电视台收获了市委宣传部授予的3个讲解员金奖、1个银奖。推动县级融媒体中心建设，促进媒体融合发展。刘宇部长带队赴山西平遥县、山东乐陵市、湖北赤壁市考察融媒体建设，与国内有关融媒体运营企业进行积极对接，进一步推动县级融媒体中心建设，《山阴县融媒体中心实施方案》经县委常委会通过，并上报了省、市委宣传部。四、打造新型主流新媒体。在“今日头条”“抖音”等热门媒体建立了新的主流舆论阵地，开通了“山阴新闻（今日头条）”，并转发新闻816条，“山阴新闻（抖音）”发新闻8条，山阴电视台上线“爱山阴”APP下载次数过万次，浏览量超过60万次。

【网络管控】 2019年，山阴县委宣传部印发了《中共山阴县委意识形态工作领导小组工作规则》和《中共山阴县委意识形态工作领导小组办公室工作细则》，制定并完善了《网络安全和信息化委员会工作规则》及《网络安全和信息化委员会办公室工作规则》，加强了互联网舆情信息监测引导。全县共接收和发现网络舆情事件13起，全部进行了回复。深入开展“扫黄打非”工作，加强对新闻出版、广播影视、文化市场等领域的综合治理。2019年未发生重大舆情事件，意识形态形势基本面向上向好。

【文化事业】 2019年，山阴县委宣传部大力开展节日文化活动。举办了“玉猪拱福”迎春晚会、元宵节“正月十五民间社火表演”、山阴县六月二十四庙会暨文化旅游周活动和山阴县农民丰收节等一系列大型文化活动，致力于把传统文化活动打造成品牌。

利用“4·26”世界知识产权日的契机，以“严格知识产权保护，营造一流营商环境”和“严格版权保护，推进创新发展”为主题，在全县范围内开展知识产权宣传周版权宣传活动并举行了启动仪式。世界读书日期间，举办了“书香三晋·文化山阴”全民阅读活动启动仪式，进一步提升全民素质、坚定文化自信，在全社会营造崇文重教的浓厚氛围。

繁荣文艺创作。出版了《桑干河》《洪涛山》两份杂志期刊，成立了“书香山阴·群贤荟萃”山阴读书会，并举办了“我的青春与这片热土”等一系列论坛。组织发行了《王家屏传奇》、《岱岳古镇》（第二部）、《悦读山阴》等文艺作品。

制定二青会实体火炬传递方案，选出火炬手 27 名，在高速路口、县城主干道、公交站点等醒目位置投放宣传标语，调动沿街广告荧屏滚动播放二青会相关内容，在全社会营造了热烈氛围。

打造文化精品。组建“改革创新、奋发有为”大讨论文艺小分队走进夏家窑村等乡村进行文艺演出。在六月二十四庙会暨文化旅游周活动期间，与市艺术研究院联合，举办了第二届山西戏迷戏友戏曲保护论坛系列活动，邀请了“晋剧皇后”、山西省著名表演艺术家王爱爱，梅花奖获得者杨仲义、成凤英、吉有芳、陈素琴，文华奖获得者王晓平等表演艺术家，以及山西四大梆子、五个小剧种共计九类非遗剧种传承人参与论坛并登台献艺，显著提升了庙会的文化内涵。

举办“农民丰收节”期间，共举办了开幕式、农民趣味职业比赛、“春华秋实”农特产品展销品鉴会、体验乡村游、农业种植大户评选表彰活动、庆祝新中国成立 70 周年山阴成就展、《山西画报》山阴农民丰收节专刊宣传、“农民丰收节”下喇叭乡分会场农事体验活动、科普下乡活动和全国广电网红主播联动直播十项活动。既庆祝了丰收节日，又拉动了乡村旅游、打造乡村品牌、开拓农特产品市场升温造势，受到省、市、县领导及人民群众的一致好评。9 月 22 日，“雁门关外好人家·米香乳醇数山阴”农民丰收节活动在山阴县合盛堡乡黄花梁万亩富硒有机旱作农业基地开幕，嘉宾、游客与当地老百姓们共赏米乡旖旎风光，共谋农业高质量发展。同时，在下喇叭分会场举行起土豆、割莜麦、篝火烧烤等一系列丰富多彩的农事体验活动，全面展示山阴乡村振兴战略的新成就、新面貌。

【精神文明】 2019 年，山阴县委宣传部全面深化文明创建。探索建立新时代文明实践中心。组织分管副部长及文明股负责人赴陕西富平县、湖北赤壁市学习先进经验。2019 年 12 月中旬，山阴县新时代文明实践中心筹备工作基本完成，县中心场地阵地已装修完毕，组建志愿者队伍、订购“红马甲”等志愿者标识物、开展新时代文明实践所、站试点工作。以“文明县城”创建为龙头，以“雁门关外好人家”创建为基础，持续深化“五大创建”工作。完成 2018—2019 年度省、市级精神文明创建先进典型申报工作，全县共推荐省级精神文明创建先进典型 12 个，市级精神文明创建先进典型 87 个。积极开展群众性精神文明创建活动。开展“我们的节日”系列主题活动，清明节之际，在古城镇东辛庄村组织举办祭奠活动缅怀革命先烈刘幸烈士，追寻英雄足迹，弘扬英烈精神。9 月 30 日，在下喇叭乡下立羊泉烈士陵园，举行“烈士纪念日”祭奠英烈活动。联合团委和教育局开展“扣好人生第一粒扣子”主题教育实践活动和“中华魂”爱我中华主题教育演讲比赛。加快推进“社会主义核心价值观示范点”和“学雷锋志愿服务站点”的建设。经过实地考察，全县共推荐符合要求的社会主义核心价值观示范点2个，符合条件的学雷锋志愿服务站点2个。

【专题党课】 2019年11月1日，山阴县委常委、宣传部部长刘宇在“不忘初心、牢记使命”主题教育活动中，以学习宣传、贯彻落实《中国共产党宣传工作条例》为主题，为宣传系统党员干部讲授专题党课。全县宣传思想战线党员干部共计60余人聆听了党课。

【队伍建设】 2019年，山阴县委宣传部加强队伍建设，重新划分股室。根据全县机构改革方案，结合宣传部自身实际和职能，重新划分为七个股室并分别确定了负责人，分别是办公室、党建研究室、新闻股、文明股、文化股、理论宣教股、网信股。股室重新划分后，职责更加清晰，分工更为细化，效能得到提高。扎实开展增强“四力”教育实践。锻造过硬素质、过硬本领、过硬作风，努力打造政治过硬、本领高强、求实创新、能打胜仗的宣传思想文化队伍。延伸宣传工作触角，补齐配强乡镇和县直部门宣传员队伍，发展宣传员96人，织密了宣传网络，强化了宣传力量，加强了基层宣传，形成了大宣传格局。制定完善“5+1”工作制度。认真贯彻落实十九届四中全会精神和《中国共产党宣传工作条例》，着力推动制度建设。制定了《事项督办反馈制度》《工作任务销号制度》《工作日志制度》《晨会安排制度》《学习培训制度》和《积分制管理办法》，为推动宣传思想工作不断加强提供了制度保障。

统战工作

【概述】 2019年，全县统战工作围绕县委“2361”工作思路，把开展“改革创新、奋发有为”大讨论、“不忘初心，牢记使命”主题教育与创新实施“六二”工作举措相结合，充分发挥了群英荟萃、智力密集优势，不断巩固“大统战”格局取得显著成效。

【多党合作】 2019年，山阴县委统战部加强同心同向引导，“两个作用”更加突出。发挥好民主党派参政议政职能和社会服务两个作用。

重视加强习总书记所强调的“三新”政党制度建设。组织各民主党派开展了“四比四促”活动，提高了各民主党派自身建设、政治把握、参政议政、民主监督和社会服务的能力水平，引导他们在开展学习、建言献策、服务社会等方面发挥了积极作用。

协助民进山阴支部成立家庭教育基地，已成功举办四期，填补了山阴家庭教育的空白，提升了家校共育的共同认知；组织广大会员参加民进省委会在朔州分会场举办的“弘扬爱国奋斗精神，建功立业新时代”先进事迹报告会，激励了广大民进会员的家国情怀和奋发向上的精神风貌；成立了秉承绿色诊疗理念的民进山阴医卫服务部，发挥了党派基层服务作用。

为积极响应民革中央的号召，民革山阴支部举行了“民革党员之家”暨“科技惠农示范基地”揭牌仪式，率先成立了“民革党员之家”，标志着山阴县民革基层组织建设工作又跨上了一个新台阶。民革山阴支部要建设好、用好“民革党员之家”和“科技惠农基地”，努力把“民革之家”建设成为一支具有山阴特色的温馨之家、友谊之家、议政之家，打造成为思想教育的阵地、凝聚人心的港湾、展示风采的窗口，服务群众的平台，并不断增强民革党员的政党意识、身份意识和党派归属感，教育引导党员凝心聚力，为山阴县的发展助力加油。

山阴县中医医院、九三学社山阴支社联合组成医疗团队共30余人，在北周庄镇开展“万名干部入企进村、送医送药”大型义诊活动，共接诊患者100余人次，免费各辅助检查130多人次，免费发放药品价值约 1 万余元，宣传手册 150 余份，发挥了民主党派的自身资源优势和服务大众的作用。

山西省政协副主席、九三学社山西省委主委李青山一行莅临山阴老年公寓益康医院，就大健康产业高质量发展进行实地调研，通过把握大健康产业的内涵和新时代的现实需求，立足地方优势，不断补齐发展短板，做足“大健康”文章，推动大健康产业快速发展。民盟山阴支部组织全体盟员开展了“我为改革创新做什么”大家谈活动，以“不忘合作初心，继续携手前进”的担当作为做好本职工作的同时履行好参政议政、民主监督的职责，积极建言献策，致力于促进民生事业的良好发展。

【凝心聚力】 2019 年，山阴县委统战部加强联系联谊交友，“两个聚合”更加明显，把党外知识分子和新的社会阶层人士统战工作作为县委统战工作的重要突破点，创新工作思路和举措，将群体的智慧和力量统一凝聚到县域经济社会的发展大局上来。加强新时代党外代表人士队伍建设，会同县委组织部、党外干部所在部门，建立了 30 人的党外干部重点人才智库，强化了党外干部的梯队建设和统一管理，切实担负起了反映情况、掌握政策、协调关系、举荐人才的重要职责，发挥了统战联谊联络联合的作用。

2019 年 5 月 23 日，山阴县新的社会阶层人士联谊会成立，开创了山阴县新的社会阶层人士统战工作的新局面。新联会以村镇银行太行活动站、创客小镇、晋安驾校、美丽人生义工协会等为依托，积极组织新联会理事广泛参与，踊跃支持，通过“爱心送考”、全民健身、公益捐款、走访观摩等系列活动，加强了交流互动、增进了友谊互助、扩大了社会影响、实现了资源共享和抱团发展的目标。开展“献礼 70 华诞，谱写时代新篇”社会公益行系列活动，强化了新联会理事的凝聚力和向心力，激发了新联会理事爱山阴、爱家乡、爱国、爱党的情感和力量，为山阴经济社会的发展注入了强大活力和持久动力！

【自身建设】 2019 年，山阴县委统战部加强统战自身建设。加强思想政治建设，建立了常态化会议制度和学习制度。规定每周二召开统战机关例会，轮流交替组织学习了时政理论、党政和统战政策、习近平系列重要讲话和精神，提高了部内机关干部理论系统化、深入化的学习水平和能力，并通过调研报告、专题党课等形式，确保了主题教育工作有计划、有落实、有成效。通过集中研讨学习、个人自觉学，利用“学习强国”“好干部在线”平台，在学原文、读原著、悟原理上下功夫，弄懂学通中国特色社会主义理论体系，用马克思主义理论武装头脑，重视统战理论、政策学习研究，开展各种形式的教育宣传活动。

加强纪律作风建设组织全体机关干部和工作人员集中观看专题、纪录片《李司法的冬暖夏凉》《初心泯灭的歧路》《泯灭的初心》《榜样 4》，认真学习贯彻习近平总书记在建国 70 周年大会上的重要讲话精神，全面提高了统战队伍的思想政治觉悟和水平。全面贯彻落实省市县委整治“形式主义、官僚主义”的工作措施，保证了机关干部清正廉洁、自我约束、相互督促。加强日常教育和行为规范约束，广大统战干部严格遵守和执行新的“八项规定”，反对“四风”，自觉做到抓早抓小，防微杜渐，树立统战干部的良好形象。

加强工作能力建设，全年信息编写达 84 条，上级部门采纳率 15% 以上，今日头条等网络平台转载量和阅读量大幅提升，提高了信息撰稿、编辑、选用、宣传工作效率和信息工作的质量。通过公众号、微信群在全县统战成员中进行统战思想、统战理论的大力宣传，使“大团结、大联合”不断深入人心，提升统战队伍的整体素质。结合“不忘初心，牢记使命”主题教育，开展喜迎祖国70华诞“五项活动”，通过观看阅兵式和群众游行、“砥砺三十载、奋进新时代”座谈会、红歌联唱、文艺联演、拍摄专题片，把纪念活动融入主题教育，推广大美山阴的同时，唱好祖国赞歌、讲好山阴故事，为山阴统一战线画好了最大同心圆、凝聚了最大向心力。加强落实主题教育，“两个动力”更加强大。进一步提升了统战工作的质量和水平，凝聚了统一战线的强大合力。

【宗教管理】 2019年，山阴县委统战部加强宗教管理，创建安全环境。全面开展宗教界专项整治活动。召开了全县宗教工作会议，围绕宗教领域的扫黑除恶、防范和抵御境外基督教渗透、宗教领域问题的专项整改百日攻坚行动，制定了山阴县《关于开展全县民间信仰活动场所普查和备案登记工作方案》。完成了中央第十五巡视组巡视山西省反馈意见宗教领域整改落实工作方案的制定和整改落实；同时根据中央宗教工作督查反馈意见，制定出台了山阴县《关于贯彻落实中央宗教工作督查反馈意见的整改方案》和《问题整改清单》，各项整改内容按照整改时限要求持续有效推进。

山阴县委统战部整治佛教商业化：下发了《开展宗教活动场所烧高香等问题专项治理通知》，加强督导检查，开展佛教商业化的预防治理，届时开展了四月初八浴佛节摸排检查，坚决杜绝了佛教活动场所烧高香、抽签卜卦和非宗教活动场所违规设立功德箱等现象。积极响应县委国家安全工作领导小组的安排，围绕“坚持总体国家安全观，着力防范化解重大风险，庆祝中华人民共和国成立70周年”主题活动，发放、宣传、讲解《中华人民共和国国家安全法》《宗教安全宣传资料》，提升了人民群众的宗教安全意识，保障了宗教场所和宗教信仰的纯洁和干净。

【宗教事业健康发展】 2019年，山阴县委统战部为了认真贯彻落实习近平总书记关于宗教工作的重要讲话和指示批示精神，以信仰初心凝聚信教群众，保障宗教信仰的安全和稳定。加强宣传教育，明确政治导向。全面贯彻党的民族宗教政策，充分发挥宗教界人士和信教群众在推动经济社会发展中的积极作用，促进社会和谐、宗教和睦。在县委党校开展了“新时代宗教理论和党的宗教工作方针政策”读书班培训学习，全县50余名从事与宗教工作相关的科级干部及30余名佛教协会、基督教两会班子成员和信众代表参加了培训学习。开展了全县民族宗教大调研，调研期间发放新修订的《宗教事务条例》200余册，《民族宗教应知应会》手册500余册。顺利完成了山阴县基督教两会换届工作，保障了基督教两会的稳定过渡和信仰的正确方向。通过制定具体实施方案，在全县宗教活动场（处）所继续深入开展“四进”活动，实现了全县宗教工作稳定有序推进，提升了广大信教群众的政治觉悟和思想认识。

加强规范管理，提升管理水平。深入开展爱国主义教育、法治教育、安全教育，持续维持宗教领域的和谐稳定。严格落实了“13710”工作制度，完成了“互联网+监管系统”涉及宗教领域的16项监管目录全部录入。机构改革后及时调整了县委统一战线工作和宗教工作领导组成员，成立了领导组办公室，进一步推进了县、乡、村三级民族宗教事务管理网络和民族宗教工作责任制建立，全县13个乡镇2个管委会建立了联络人（责任人）名册，与247个行政村、10个社区签订了乡村（社区）两级责任书，做到了上下联动网络一体化管理全覆盖。下发了《关于做好春季宗教和民间信仰活动场所消防安全工作的通知》《关于参照〈宗教场所安全隐患排查“50看”〉扎实抓好宗教活动场所安全隐患专项排查工作的通知》，全面落实宗教活动场所各项火灾防控措施，开展安全隐患排查整治，坚决预防重大安全事故的发生。召开了全县宗教领域基础数据摸底统计工作动员会，顺利完成了统计上报工作，其中有佛教、基督教两大教派，经省、市批准的佛教活动场所11处，备案教职人员13人，信众397人；基督教活动场所备案登记的有20处，未备案登记的私设聚会点18处，备案教职人员21人，信众1559人；少数民族在册人员统计18个，共224人。制定了山阴县《关于开展全县民间信仰活动场所普查和备案登记工作方案》，圆满完成了全县民间信仰活动场所普查登记工作，实现了规范化管理再上一个新台阶。

【非公经济发展】 2019年，山阴县委统战部加强政策服务引导，“两个健康”更加促进发展，引导非公有制经济人士认真学习领会习近平新时代中国特色社会主义经济思想和在民营企业座谈会上的重要讲话精神，深刻领会“两个毫不动摇”“三个没有变”，坚定发展信心，不忘创业初心，促进了“两个健康”的更好发展。

县工商联召开九届二次执委会议，工商联执委以上人员、工商联机关全体干部等60余人参加了会议。按照构建“亲清”政商关系和“五好”工商联的要求，对标一流，积极引导全县广大非公经济人士践行发展理念、发扬工匠品质，切实提升了对非公企业的服务水平和能力。县工商联进一步推进“村企结对”，助力乡村振兴，鼓励民营企业积极参与乡村振兴战略，加强民营企业和结对村相互配合，深化思想认识，奉献能及之力，精准全面作为。大同市工商联副主席安世奎带队的工商联2019年“千企帮千村——精准到户”扶贫行动台账交叉检查组一行深入本县太行村镇银行、鑫霏农业开发有限公司、古城乳业集团有限公司进行实地检查，对山阴县结合县情实际、产业特色和发展需要，形成企业、商会及贫困户结对的帮扶方式给予了称赞；对形式多样、成效显著，台账准确完整，精准化到村、到户的帮扶工作成效给予了充分肯定；并提出了中肯的建议和相应的改进要求。

县工商联结合实际，召开了企业家《关于促进民营经济发展的政策汇编》专题培训会，通过解读关于民营经济相关政策，帮助企业学习了解掌握中央、省、市支持民营企业发展政策，创新了思维，开阔了眼界，促进了企业的可持续发展。配合召开“政银企”座谈会，有效保障了实体经济金融通道的畅通服务，破解了企业“融资难”“融资贵”的问题，促进了金融事业和民营经济的互惠互赢。

为助推山西省现代职业教育大改革大发展，县委统战部领导陪同省职教社秘书长徐鸣皋一行深入朔州市技工学校就深化产教融合等有关情况进行实地调研，了解了职业技术学校的发展现状和困境，并提出了相应的建设性意见。

【脱贫攻坚】 2019年，山阴县统战部继续巩固脱贫攻坚成果，为下喇叭村争取了投资50万元的光伏项目，建成后所获收益分配给建档立卡的贫困户，预计人均收入增长150元；资助芦花鸡种鸡300只，鼓励村民以种植产业化带动、以养殖业为补充，双管齐下，多途径多渠道推动农村经济发展和增加村民收入。

【教育活动】 2019年，山阴县委统战部围绕“改革创新、奋发有为”大讨论主题，结合市委提出的“九问”，县委统战部认真对照“六个破除”“六个着力”“六个坚持”，自觉对标对表，班子成员对照党章、《关于新形势下党内政治生活的若干准则》《中国共产党纪律处分条例》，坚持“三个摆进去”，聚焦“18个是否”，逐项对照，严格查摆，坚持以问题为导向，详列清单，剖析原因，查找根源，严抓整改，坚决落实，切实提升了机关领导班子的精气神和攻坚克难的魄力勇气。组织召开全系统动员部署会议并结合2019年工作思路制定出台具体实施方案；召开年度领导干部民主生活会、对标一流座谈会，参照一流典型，全面深入查摆，汇总“三个清单”，逐项制定整改措施、对标一流的下一步打算和整改提升清单，逐一跟进整改进展情况；组织定期学习、讨论、研究26次，撰写专题简报24期；组织一行30人赴右玉干部学院开展了“改革创新、奋发有为”大讨论专题培训；组织20余名统战成员代表赴中煤华昱能源有限公司进行了实地参观学习。通过“改革创新、奋发有为”大讨论交流总结会，全系统充分认识到了学原文、读原著、悟原理的重要性，形成了浓厚的学习氛围，养成了在工作中学习、锻炼、提高的良好习惯，提高了统战机关干部和工作人员的整体素质。

开展了“庆七一、迎国庆”走访慰问老党员、困难党员活动，让老党员真切感受到了党的关怀与温暖，增强了党组织的向心力和凝聚力；举办了“不忘初心、共担使命”为主题的爱党爱国爱山阴的征文演讲比赛，各民主党派、工商联、无党派人士、新联会的成员们踊跃投稿，积极参与，共计征文56篇，入围作品25篇，在热烈的氛围中，100余人欢聚一堂，切实发挥了统一战线凝心凝力凝智的优势作用。安排部署2019年度山西省统战理论政策研究课题，共征集到来自各民主党派、工商联的课题项目5篇，极大地提升了统战系统的理论研究、探索的能力和水平，推动了统战领域敢于突破、勇于实践的崭新局面。

县委办

【党的建设】 2019年，中共山阴县委办公室始终加强基层组织建设，全面提升基层党建工作水平，为营造良好的政治生态奠定坚实的政治基础。一是聚焦政治建设，扛实党建责任。坚持把学习贯彻落实习近平新时代中国特色社会主义思想作为首要政治任务，突出党的政治建设，统揽支部党建工作，建立健全了党支部书记、支部班子成员、党小组组长三个层面的党建工作责任清单，实行清单化落实、销号监督、管理的运行机制，做到月调度、季总结、年汇报，精准抓推进，向抓落实，各层级党建责任落地落细。一年来，严格执行“三会一课”制度，专题研究党建工作2次。二是聚焦根本任务，抓好主题教育。坚持服务县委、抓好支部和提高自身相统一，切实把开展好主题教育这一政治责任抓紧抓实抓出成效。8月，按照市委的安排部署，及时组织开展了“三个集中”活动，做到了先学习、先调研、先检视、先纠改，提前预热升温，打好基础基石，第二批主题教育开展以来，严格按照中央和省市县委部署要求，紧扣“四句话”总体要求和“五句话”具体目标，带头抓好“四项重点措施”，认真撰写检视剖析材料，从严参加县委办民主生活会，认真组织开展了组织生活会，县委书记李旭清、县委副书记王国文都以普通党员身份参加了组织生活会。以刘修占案件为镜鉴，带头学习了“两个材料”，扎实做好“两个反思”认真开好“两个会议”，深刻撰写检视反思材料，不折不扣地完成了各项规定动作，取得了明显实效。主题教育开展以来，组织开展集中学习3次、集中研讨3次、讲专题党课4次，开展革命传统教育、先进典型教育、警示教育等4场次；形成交流研讨材料12份、调研报告5份，撰写心得体会、观后感50多份；累计征求意见建议170多条；归纳整理形成20多个问题清单；解决群众操心事、烦心事和揪心事7件。三是聚焦基层基础，建好过硬支部。认真学习贯彻习近平总书记关于机关党的建设的重要论述和重要批示精神，深入贯彻落实《中国共产党支部工作条例（试行）》，大力实施政治筑魂、思想强基、组织塑形、纪律作风固本“四项建设工程”，着力深化提升组织力，切实把党支部建设成为带头增强“四个意识”、坚定“四个自信”、做到“两个维护”的坚强战斗堡垒，努力打造全面进步全面过硬的党支部。四是聚焦互促共建，强化统筹兼顾。牢固树立“常规党建工作就是重点工作”的意识，坚持重点工作与日常工作同步抓的原则，按照“重点难点求突破，常规日常抓升级”的思路，扎实做好队伍建设、教育培训，党费收缴等日常工作，同步抓好“三会一课”、主题党日等重点工作，组织党员先后到延安市梁家河村、白坊村开展主题党日活动，有效提升了党员的党章意识、党史水平和党性修养，为县委办的“三服务”工作打牢了政治基础，夯实了思想根基，收到了良好成效。

【综合协调】 2019年，中共山阴县委办公室始终秉承“到位而不越位、成事而不误事、补台而不拆台”的工作原则，上传下达、协调服务，当好参谋助手，确保政令畅通，在县委各项工作中发挥着承上启下、平衡左右和协调各方的重要作用。一是积极做好与上级党委办公厅（室）的协调对接工作，确保了中央的方针政策和省、市委的重大决策部署在山阴县不折不扣得到坚决贯彻。二是认真做好与县人大、县政府和县政协领导及办公室的密切联系，使县委中心工作在四套班子之间得到有效衔接。三是做好县委常委会的协调服务工作，协助常委会持续深化“第一议题”制度，确保常委会在加强自身建设和推进党内民主方面取得实效。四是充分发挥统揽全局的作用，与全县各乡镇、各部门、各单位及时沟通，形成了以县委决策为中心，各级各部门密切配合、协调联动的工作体系。

【以文辅政】 2019年，中共山阴县委办公室持续抓好文稿服务，全力促进以文辅政。一是认真贯彻落实《中国共产党机关公文处理条例》，准确把握中央及各级党委精神，准确反映县委意图，紧密结合全县工作实际，着力在严把政治关、政策关、文字关、格式关和程序关上下功夫，在坚持“短、精、真、实”四字真言上求实效，认真抓好县委领导讲话起草工作，抓好基层部门以县委及县委办名义报市的上行文、下行文核稿工作，高质量完成县委、县委办重要文件以及县委向上级党委汇报材料的起草工作。二是认真做好上级发文的接收、分发、登记、传阅和归档和销毁等管理工作，做到正确接收、登记、及时分发、传阅、定期归档、定点销毁。严格来文、来电承办程序，合理提出拟办意见，并根据紧急程度进行跟踪催办，办理结果归档留存。三是及时转办、落实、反馈县委领导阅文批示件，对领导批示件做到急事急办、特事特办、随到随办，确保领导批示指示精神及时、有效落实到位。四是做好自成文的核稿、编发、格式把关、归档和销毁工作，确保行文内容正确无误，格式规范有序，编发、归档、销毁及时到位，有力地提高以文辅政的能力。全年共撰写领导讲话及汇报材料120余篇；参与校对各类文稿200余篇；起草县委文件21个、县委办文件22个；编写县委常委《会议纪要》25期；编写《督查专报》8期。

【会务接待】 2019年，中共山阴县委办公室认真贯彻落实按照中央八项规定精神，紧扣会前、会中、会后三个关键环节，认真做好县委常委会、书记专题会和县委组织召开的其他各类会议的组织服务工作，做好全县性其他会议的协调配合工作以及上级领导来山阴重要考察、调研等活动的接待协调工作，周密安排县委领导的重要公务活动。会前准备充分、方案科学细致，及时处理部门、单位向县委提出的请示报告；会中安排部署周密、服务规范，确保会议秩序井然；会后做好会议相关资料的整理、印发、回收、存档工作。全年共承办大小会议164

次、公务接待16次。其中：县委常委会议59次，中心组学习7次，信访联席会议1次，全县性会议93次，其他会议4次。

【督促检查】 2019年，中共山阴县委办公室认真贯彻落实习近平总书记关于加强改进作风建设，做好督查检查考核工作的重要指示以及中办《关于统筹规范督查检查考核工作的通知》精神，坚持问题导向，改进工作方法，围绕“四个重点”，狠抓工作落实。一是针对省、市巡视巡察及专项督查后提出的反馈意见开展了跟踪督查，并将反馈意见整改落实进展情况及时上报县委主要领导，为整改落实取得实效起到了促进作用。全年共撰写报省、市巡视巡察组和市纪委反馈意见整改落实情况报告10篇。在9月份省委大气扬尘污染、水污染专项巡视期间，县委办联合县政府办、县环委办组成联合督查组对岱马路、集白线一带进行了不间断巡查，将发现的问题及时反馈给有关部门立即整改，并将情况如实上报县分管领导。二是紧紧围绕县委中心工作，加大对全委会、经济工作会议决策部署和县委常委会、书记专题会议定事项的专项督查力度。全方位、多角度深入基层一线实地排查，全面系统掌握了基层对县委重大决策部署的贯彻落实情况，为县委下一步的科学决策提供了可靠依据。同时，对贯彻执行不力的，下发整改通知，勒令限期整改，确保了县委重大决策部署在基层落地有声。三是重点围绕县委主要领导批示精神及交办事项抓督查，促落实。10月，县委办抽调专人深入下喇叭乡黑龙池和下立羊泉村，就县农业农村局扶贫工作队住村工作开展情况进行了专项督查，查明了黑龙池村2018年县农业农村局住村工作队工作台账缺失的真正原因，以《督查专报》上报县委主要领导，同时也督促该工作队要进一步完善档案资料，扎实做好各项工作，向全县脱贫攻坚验收交一份满意的答卷。四是围绕领导关注和群众反映的民生问题，建立报送社情民意动态管理制度，规范“13710”督办程序，及时受理、登记和反馈群众通过社情民意通过反映的问题，认真做好市委“13710”和上级领导、县委领导批示件的转办、落实、催办、反馈和上报工作。做好人民网地方领导留言板涉及山阴县民生问题的调查核实工作，第一时间报县委主要领导阅批，并按照领导批示意见，责成有关部门认真开展调查核实。全年共受理社情民意转办件14份，“13710”督办件25份，人民网地方领导留言板相关信息13条，无一出现过纰漏，按时办结率达到了100%，做到了件件有回音，事事有落实。

【决策参谋】 2019年，中共山阴县委办公室密切关注全县社会经济发展中的新情况、新变化，围绕全县工作大局，主动作为，破解发展难题和突出矛盾，积极提出解决思路和合理建议，充分发挥决策“参谋助手”作用，为县委科学决策和施政提供有力支撑。一是深入开展调查研究，及时撰写调研报告，为县委的科学决策提供了可靠依据。全年共撰写《工作研究与交流》12篇。二是实事求是做好《山阴信息》的编发和上报工作，针对全县工作重点、当前社会热点、难点问题，为县委及时、全面、准确了解全县情况，作出科学决策提供重要参考。全年共编发《山阴信息》98期398条。三是结合全县征订工作的实际情况，创新思路，改变模式，统一证订《中办通讯》《人民论坛》《秘书工作》等刊物，既有效地解决了一些单位征订经费困难的问题，同时也圆满地完成了的征订任务。全年共征订《中办通讯》930份、《人民论坛》100份、《秘书工作》70份。

【深化改革】 2019年，中共山阴县委办公室作为全县全面深化改革的主管单位，认真贯彻落实习近平总书记关于“亲力亲为抓改革、扑下身子抓落实”的重要指示和视察山西重要讲话精神，按照中央及省、市委改革会议的具体要求，夯实基础凝聚改革力量，创新举措争当改革先锋，精准发力推进改革深化，为全县经济社会发展注入强劲动力。一是组织召开县委常委及（扩大）会议、县委深化改革领导小组会议等相关会议20余次，传达学习中央和省、市关于全面深化改革的会议精神，专题研究涉及深改方面的事项，并对市考核县六项重点改革任务推进情况及书记县长亲自抓改革台账进展情况等进行了安排部署。出台《中共山阴县委全面深化改革委员会2019年工作要点和责任分工》，对全年深化改革任务进行了细化分解。二是深入推进县领导负责制，建立了县委书记主抓10项重大改革事项台账、县长主抓10项重大改革事项台账，明确了改革事项、牵头单位、配合单位、推进路线图和时间表、季度进展情况及需要协调解决的问题，确保了各项工作有人抓、有人管、快落实。台账每季度持续跟踪推进，更新上报，确保各项改革工作抓出成效、创出亮点。三是印发《中共山阴县委办公室关于进一步加强全面深化改革信息报送工作的通知》，要求全县各涉改单位切实做好改革信息采集和报送工作。全年向市委改革办报送《山阴改革信息》40余期，重点反映山阴县改革过程中发现的新问题、新典型、好经验，为领导科学决策提供及时、全面、准确的信息参考，推动工作落实，不断提高全面深化改革工作水平。四是不断提升改革督察工作的针对性和实效性，协调督促有关方面落实委员会的部署要求。围绕全面深化改革重点难点问题，成立专门的督查组，深入各涉改单位，进行随机抽查、重点检查和明察暗访，特别是要把推动全面深化改革作为加快全县经济发展的重要内容，列入年度考核范围，对执行改革不力、工作不落实的，督促限时整改。

【应急值守】 2019年，中共山阴县委办公室始终把值班放在日常工作的突出位置，常抓不懈。严格履行《值班工作制度》和《突发公共事件上报制度》，采取昼夜分班，做到值班室时时有人在，电话时时有人接。畅通上报流程，明确第一责任人，做到专人专责，确保在重大活动和节日期间，各类紧急、重大、突发事件第一时间上报上级部门和县委主要领导，为及时决策果断处置提供有力保障。全年共上报《值班快报》11期，从未发生过迟报、漏报、误报、续报不及时和隐瞒不报的现象。

【统筹推进】 2019年，中共山阴县委办公室始终坚持统筹推进，积极协调相关部门，切实做到各项工作齐头并进。在党内法规和规范性文件的管理备案方面，严格按照各级党办部署要求，强化工作措施，持续推进全县党内法规和规范性文件的规范化建设。一方面准确把握备案要求，提高规范性文件备案工作重要性的认识，严把质量关；另一方面逐步规范工作流程，及时报备各类规范性文件，确保应报尽报。在机要保密工作方面，一是积极配合市机要保密局做好密码设备、密码管理工作，确保了密码设备正常使用、密码通信畅通无阻，密码文件万无一失；二是狠抓日常电报译传办理工作，及时准确办理紧急重要电报，做好应急通信保障工作。全年共译传办理电报1496份（其中，密码电报447份；明电1049份），确保了译传办理保密、快速、准确、规范；三是深入开展保密法实施办法的贯彻落实工作，加强保密宣传教育；四是做好保密技术检查工作，开展全县保密大检查、涉密载体清理专项工作；五是做好重点涉密部门、部位保密工作的指导、监督、检查工作；六是在国家和省、市、县统一考试等重大活动期间，做好保密技术保障和公招公选工作；七是配合市机要保密局做好全县涉密载体计算机违规外联监控系统工作；八是重点抓好网络监管工作，加快推进“三合一”专用系统的推广应用；九是规范文件运转流程，加大文件保密管理力度，确保公文运转处理周密高效。在档案管理方面，认真贯彻执行档案法及相关行政管理法律法规，建立健全了档案管理规章制度，加强对全县材料文书档案保管的监督指导，切实有效提高了档案管理工作的规范化水平。在扫黑除恶方面，按照《中共山阴县委办公室关于开展扫黑除恶专项斗争的实施方案》，多次召开会议研究安排相关工作，组织全体党员干部学习习近平总书记关于开展扫黑除恶专项斗争的重要指示精神，中央和省、市、县委关于扫黑除恶专项斗争的会议精神及重要讲话精神，进一步提高政治觉悟，深刻领会扫黑除恶专项斗争的重大意义，增强同黑恶势力作英勇斗争的政治勇气。在信访工作方面，从全县改革发展稳定大局出发，高度重视和加强信访工作，进一步畅通信访渠道、规范信访秩序，创新工作机制，实现了全年进京非正常重复访、赴省集体访和赴市集体访为零的目标。

【脱贫攻坚】 2019 年，中共山阴县委办公室持续积极贯彻落实省、市、县扶贫开发工作一系列决策部署，深入学习习近平总书记视察山西重要讲话和深度贫困地区脱贫攻坚座谈会讲话精神，把脱贫攻坚作为头等大事，围绕“精准”方略，紧盯脱贫“成色”，抓好精准扶贫，精准脱贫，坚持履职尽责、攻坚克难，坚定扛起脱贫攻坚这一重大的政治责任、帮扶责任，使帮扶村——西短川村的脱贫工作取得了首战首胜、再战再胜的明显成效。一是围绕“两不愁、三保障”，着力增强贫困群众“获得感”。积极联系协调现代医院到村开展 3 次免费义诊和送药下乡活动，参与人数涉及全村村民，极大地改善了贫困户“看病难”的顽疾。协调县农技中心为全村贫困户发放了被褥。二是用活用足扶贫政策，切实减轻贫困户的经济负担。协调县农技中心为全村发放 800 亩优质莜麦籽种和地膜化肥，减少了贫困户的生产支出。三是大力实施贫困村提升工程，持续开展村容村貌整治工作。争取扶贫办贫困村提升工程资金，翻新两条约 1 公里的水泥路，改善了 56 户村民出行条件。安装了太阳能路灯 86 盏，植树 800 余棵，硬化党群服务中心门前广场 300 多平方米，进一步完善基础设施，村容村貌焕然一新，社会事业全面发展。

【基层减负】 2019 年，中共山阴县委办公室始终扛起县委层面整治形式主义为基层减负专项工作机制的牵头任务，认真制定县委层面整治形式主义为基层减负的工作措施和专项工作机制以及关于力戒形式主义，加强和改进办公室工作的措施，将“基层减负年”作为“不忘初心、牢记使命”主题教育的重要内容，把为基层干部松绑减负作为重要的政治任务，以强烈的责任担当，切实解决文山会海反弹回潮、督查检查考核过度过频、过度留痕等问题。一是严字当头，整治文山会海。制定出台了《中共山阴县委办公室、山阴县人民政府办公室关于进一步精简文件和会议的通知》（山办字〔2019〕53 号），号召全县各级各部门进一步改进文风会风，严格控制发文办会数量，规范程序、严格审批，压缩发文篇幅、控制会议规模，有效提升了办文办会的质量。在办文方面，严格执行年度发文计划，减少临时性发文，计划外发文按照“一事一报”的原则报“两办”审批，确保发文减少 30% 以上。建立科学化、规范化、高效化的文件审签流程，提高核文质量和发文时效。2019 年，县委文件减至 21 个，同比减少 78%；县委办文件减至 22 个，同比减少 56%。在办会方面，层层大幅精简会议，确保全年会议数量减少 30% 以上。严格执行“无会周”制度，建立并会套开制度，能不开的会议坚决不开，可以合并的会议必须合并。同时，规范请示报批程序，控制会议规模，由县委办统一协调，报县委批准。为了贯彻落实省、市委全会，“改革创新、奋发有为”大讨论活动以及“不忘初心、牢记使命”主题教育活动有关精神，全年会议次数有所提高。二是务求实效，规范督查考核。在督查检查考核方面，严格执行《关于解决形式主义突出问题为基层减负的通知》《关于统筹规范全县督查检查考核工作的若干措施》和省、市委关于进一步统筹规范督查检查考核工作有关要求，从严控制总量，加强计划管理，强化务实督查，切实增强督查检查考核工作的科学性和针对性，确保全年县级督查检查考核事项同比减少50%以上。全年开展专项督查8次，同比减少53%，有效控制督查检查数量。

【作风建设】 2019年，中共山阴县委办公室始终把加强干部队伍作风建设作为办公室工作的重要内容来抓，高标准、严要求，着力打造一支“政治过硬、业务精湛、作风优良”的干部队伍。一是坚定理想信念。多次召开会议就作风建设进行安排部署，教育引导全体党员干部珍惜自己的工作岗位，珍惜当前难得的发展机遇，耐得住寂寞、守得住清贫、经得住考验、管得住小节，做一名合格的新时代党办干部。二是练就过硬本领。结合“改革创新、奋发有为”大讨论活动，积极引导党员干部要时刻注重深化理论武装、加快知识更新、加强实践锻炼，使政治理论、专业素养和工作能力能跟上时代节拍，真正成为办公室“三服务”工作的行家里手；要充分发扬“定了就干、马上就办、你追我赶、真抓实干”的实干精神，加快工作节奏，紧跟领导节拍，努力开创办公室工作新局面。三是塑造良好形象。结合“不忘初心、牢记使命”主题教育，教育引导广大党员干部要始终保持“为民、务实、清廉”的政治本色和艰苦奋斗的优良传统，筑牢拒腐防变的思想防线，坚决防止“四风”，尤其是形式主义、官僚主义的反弹回潮，塑造新时代党办干部的良好形象。

巡 察

【概述】 全县巡察工作会议于2019年7月15日举行。会议强调深入学习贯彻党的十九大精神，以习近平新时代中国特色社会主义思想为指引，全面落实全国巡视工作会议和省委市委巡视巡察工作会议精神，持续深化政治巡察，扎实推动县委巡察工作高质量发展。2019年，按照一届任期巡察全覆盖要求，把高质量完成巡察全覆盖作为一项重大政治任务，精心谋划部署，通过科学确定时间频次，优化配置工作力量，坚持市县统筹和自主巡察相结合，坚持常规巡察和巡察“回头看”相结合，确保了巡察全覆盖健康有序开展，特别是着力推进对村级党组织的巡察全覆盖工作。

打包巡的方式探索开展对村级党组织的延伸巡察。按照习近平总书记关于“党组织建立到哪里，巡视巡察就跟进到哪里”的指示精神，探索开展了对村级党组织的巡察。根据行政村人口规模、基层党组织建设情况和脱贫攻坚任务等方面的情况，确定了6个乡镇的66个村级党组织，并结合农村党组织特点，“坚持人民群众反对什么、痛恨什么，就重点巡察什么、纠正什么。”围绕基层党组织建设、落实上级脱贫攻坚决策部署和强农惠农政策、征地拆迁、移民搬迁、“三资”管理、扫黑除恶专项斗争、干部作风等共十个方面重点巡察，探索开展对村级党组织巡察的方式方法。

巡乡延村的的方式集中力量推进对村级党组织的巡察全覆盖。借市县统筹巡察的人员力量和监督合力，对资源型乡镇、城乡结合型乡镇以及脱贫攻坚任务重的七个乡镇开展巡察“回头看”的同时，重点对七个乡镇所属的139

个村级党组织开展了延伸巡察。既保障了监督全覆盖，有实现了监督高质量。2019 年全县村级党组织巡察覆盖率达 79%。

自主巡察和市县统筹巡察的方式开展常规巡察。按照巡视巡察的新任务新要求，把“两个维护”作为根本政治任务，聚焦坚持和加强党的全面领导、新时代党的建设总要求、全面从严治党，突出关键少数，围绕基层党的政治建设、思想建设、组织建设、作风建设、纪律建设、夺取反腐败斗争压倒性胜利等情况开展巡察监督，查找政治偏差，督促各级党组织强化管党治党政治责任，确保在 2021 年县委换届前对机关事业单位党组织实现巡察全覆盖，确保做到全覆盖和高质量的有机统一。2019 年以市县统筹巡察和自主巡察的方式分别对 2 家和 18 家机关事业单位党组织开展了常规巡察。

【成果运用】 2019 年，山阴县委巡察办坚持把做好巡察“后半篇文章”作为发挥巡察利剑作用、高质量推进巡察工作的重要举措。压实巡察整改主体责任和监督责任，以问题见底、整改见效推进管党治党。在每轮巡察反馈前，县委巡察工作领导小组召开巡察整改工作专题部署会，既是部署，又是约谈，与被巡察单位主要负责人面对面、点对点地传导压力、压实责任；反馈时，县委巡察工作领导小组成员参加反馈，既对被巡察单位党组织履行整改主体责任提要求，敲警钟，又对纪检监察机关和组织部门履行日常监督责任再督促，再强调；反馈后，推行巡察整改“捆绑责任”，要求被巡察党组织在第一时间将反馈意见和整改要求报告分管（包乡）县领导，在分管（包乡）县领导的指导下推动整改工作，共同扛起整改主体责任。形成整改合力，增强监督效能，确保问题见底、整改见效。

强化追责问责，发挥巡察震慑作用，促进大多数人紧起来。县纪委监委和派驻纪检监察组对巡察移交的问题线索优先研判，严肃处置。坚持“惩前毖后、治病救人”的方针，规范运用“四种形态”分类处置，当严则严，该宽则宽。对“四风”方面的问题，从严处理，真正做到寸步不让，扭住不放，严防“四风”反弹。举一反三，标本兼治，以完善制度带动基层党组织强起来。县委对巡察整改工作明确提出，既要立足治标，落实当下改的要求，又要着眼治本，形成长久立的机制。对巡察反馈的共性和普遍性问题，进行举一反三、堵塞漏洞、完善制度。特别要强化对关键岗位、重要人员特别是党员领导干部的监督管理，全方位扎紧制度笼子，最大限度减少权力设租寻租空间，做到用制度管权管人管事，按规矩履职尽责办事，推动全面从严治党向标本兼治迈进、向纵深推进。

【队伍建设】 2019 年，山阴县委巡察工作办公室坚持把学习贯彻习近平新时代中国特色社会主义思想作为重大政治任务，扎实开展“不忘初心、牢记使命”主题教育，认真组织开展“改革创新、奋发有为”大讨论。按照“守初心、担使命、找差距、抓落实”的总要求，巡察干部坚持“三个摆进去”，认认真真学原著、读原文、悟原理，深刻领会习近平新时代中国特色社会主义思想的精神实质，深刻领会习近平关于巡视巡察重要论述的核心要义，以理论滋养初心，以理论引领使命。同时自觉对表对标，及时校准偏差，在知行合一中锤炼党性心性，在学以致用中找到解决问题的办法措施，在学思践悟中提升干事创业的能力本领，自觉增强“四个意识”、坚定“四个自信”、做到“两个维护”。

健全制度机制保障巡察工作规范化推进。县委巡察办始终把建立健全制度作为深化政治巡察、贯彻中央巡视工作方针、确保巡察工作依规依纪依法开展的重要制度保障。将习近平总书记关于巡视巡察工作重要论述以及中央和省市县委制定出台的有关巡视巡察工作的党内法规和规范性文件辑录成册，修订完善巡察工作制度28项并汇编成册，作为巡察干部应知应会工具书。要求巡察干部结合巡察工作实际进行系统学习，并在巡察实践中贯彻执行，努力做到政治理论扎实、业务理论熟练，不断提高巡察干部依规依纪依法开展巡察工作的能力和水平。在巡察工作实践中，借鉴中央和省委巡视组的好做法好经验，实行了巡察报告问题底稿制度和“三清单”制度，建立执行了县委巡察工作领导小组成员带队参加反馈会的巡察反馈机制。建立执行巡察移交机制，按照干部管理权限和职责分工，将问题和线索分类移交纪检监察机关、组织部门、意识形态主管部门和有关职能部门。同时把巡察报告、反馈意见和整改报告包括书记专题会议听取巡察汇报时的会议记录等材料移交给纪检机关和组织部门。建立了督查督办制度，县纪委监委和县委组织部对巡察整改情况进行督察督办，推动巡察整改常态化长效化。通过建立完善一系列巡察工作制度机制并严格执行，持续提升巡察工作的规范化水平。

严管厚爱打造全面过硬队伍。坚持从严管理队伍，对巡察干部严格要求、严格管理、严格监督。教育引导巡察干部牢固树立“严管就是厚爱、“打铁必须自身硬”“信任不代替监督”的观念，时刻牢记自己的初心和使命，时刻以党员的标准严格要求自己，以铁的纪律要求约束自己，始终绷紧纪律规矩这根弦，坚守巡察工作底线，不越党纪政纪“红线”，不碰法律法规“高压线”。强化纪律要求，严明纪检监察干部“三条禁令和”巡察干部“十条禁令”，坚决防止“灯下黑”。加强日常监督，对苗头性、倾向性问题要及时指出，防止小毛病演变成大问题。巡察干部坚持原则、敢于较真，依规依纪依法开展工作，以巡察工作的实际成效取信于民，塑造了巡察干部信念过硬、政治过硬、责任过硬、能力过硬、作风过硬的良好形象。

机构编制

【概述】 2019年机构改革后，山阴县机构编制委员会改为山阴县委机构编制委员会（简称县委编委），县委编委作为县委议事协调机构，调整优化县委机构编制委员会领导机制。山阴县机构编制委员会办公室改为山阴县委机构编制委员会办公室（简称县委编办），正科级，县委编办作为县委编委的办事机构，承担县委编委日常工作，作为县委工作机关，归口县委组织部管理。县委编办设办公室、机关股、事业股和监督检查股。所属两个事业单位，其中：原山阴县事业单位登记管理局更名为山阴县事业单位登记事务中心，正科级建制；成立山阴县机构编制电子政务中心，股级建制。

自《中国共产党机构编制工作条例》（以下简称《条例》）下发以来，县委编办学思践悟，多措并举，深入贯彻落实。一是编委会组织编委成员集中学习《条例》精神，研究部署《条例》贯彻落实和下一步机构编制工作。二是及时转发省编办关于学习贯彻《条例》的相关文件，印发、发放《条例》宣传册到各机关事业单位。三是以学习贯彻《条例》为契机，严格执行机构编制法律法规，进一步提升机构编制管理科学化、规范化、法治化水平。

【党政机构改革】 2019年，按照省、市的统一部署，经过学习调研准备、拟定方案、组织实施等三个阶段，山阴县完成了党政机构改革工作。改革后，山阴县共设置党政机构37个。其中，纪检监察机关1个，县委工作机关8个，政府工作部门28个。相应完成人员转隶和“三定”方案的制定、下发。

【综合行政改革】 2019年，山阴县深入贯彻落实党中央和市委关于深化综合行政执法改革有关精神，坚持问题导向，采取有力措施，着力对市场监管、文化、交通运输、农业、生态环境五个领域的行政执法队伍进行改革。整合组建了市场监管综合行政执法队、农业综合行政执法队、文化市场综合行政执法队和交通运输综合行政执法队4支综合行政执法队，初步构建了权责统一、权威高效的综合行政执法体制。

【乡镇体制改革】 综合设置乡镇（街道）党政、事业机构的情况。根据中央、省关于构建简约高效基层管理体制的文件精神，山阴县整合优化乡镇党政机构和事业站所，归并相近职能，设立综合性办事机构和事业单位，统筹各类编制资源，实行扁平化和网格化管理。改革后，乡镇综合设置4个办公室和2个事业单位。统筹乡镇（街道）站所管理体制改革情况。按照《山阴县机构改革方案》精神，从两方面开展乡镇（街道）站所管理体制改革工作。一方面，乡镇设立了退役军人服务保障工作站。另一方面，县级部门派驻在乡镇的劳动保障所下放乡镇，由区域设置改为实行属地管理，对外保留牌子，接受上级有关部门业务指导。

【公益服务化】 2019年，县委编委深入推进事业单位公益服务化，完成承担行政职能事业单位改革。结合山阴县政府机构改革，一是积极稳妥地推进事业单位承担的行政职能“剥离和回归”，全面完成承担行政职能事业单位改革任务。二是规范事业单位名称，撤销单位名称中含有“局、委、办”的事业单位，及时调整涉改事业单位机构编制。做好年度报告公开公示工作。根据《事业单位登记管理暂行条例》，编办对网上登记管理的200家事业单位（不包括已注销的）进行年度报告公开公示工作。截至2020年3月5日，事业单位变更登记80家，注销登记2家，重新申领证书1家。

【考核评估】 2019年，全面完成党政群机关事业单位提升基础工作专项行动考核评估工作。根据朔州市委编办和山阴县“三基”建设领导小组办公室的部署安排，县委编办对全县党政群机关事业单位基础工作进行了自查自评并考核评估了其所属事业单位。经过认真汇总整理，全县85家党政群机关事业单位（59家党政群机关，26家直属事业单位）以及224家部门所属事业单位完成了提升基础工作考核评估，其中90分以上186家，80～89分的123家。较之前90分以上增加61家，基础工作有了很大提升。

【编制资源】 按照严控总量、盘活存量、优化结构、增减平衡和“瘦身”“强身”相结合的要求，突出机构编制资源使用效益，在管住和用活上下功夫，积极推进编制向基层一线、重大民生保障等方面倾斜；严把入编进人关，行政机关和事业单位通过招录公务员及事业人员、安置军转等途径新增人员，必须经过编制空缺和编制结构预审。同时对干部任免严格把关，避免超职数配备干部；严格实名制管理。严守办理程序，认真审核把关，及时更新维护，确保机构编制实名制数据真实准确。

【脱贫攻坚】 2019年是精准扶贫工作承上启下的关键一年。县委编办对口联系的是北周庄镇永静城村和二铺村。由一名科级干部带领工作队、另1名担任第一书记驻村开展扶贫工作。截止2019年底，永静城村建档立卡贫困户15户29人，二铺村建档立卡贫困户5户10人，无一户返贫。

县直机关工委

【概述】 县直机关工委统一组织、规划、部署县直机关党的工作，提出加强和改进县直机关党的建设的意见和建议，研究制定工作规划，并抓好组织实施。

机关工委指导县直机关党的政治建设、思想建设、组织建设和作风建设。指导县直机关各级党组织和广大党员学习中国特色社会主义理论体系。指导县直机关各级党组织加强基层组织建设，做好党员发展、教育和管理等工作。培训轮训县直机关党务干部。

机关工委督促指导县直机关党组（党委）认真履行机关党建主体责任，对县直机关各级党组织、党员领导干部落实党建责任制情况进行监督检查，并向县委报告。督促指导县直机关各部门基层党组织按期换届，审批关于召开党员大会或党员代表大会的请示，负责对县直机关各部门机关党组织书记、副书记的任免。

机关工委了解掌握县直机关工作人员的思想状况，指导县直机关各级党组织加强思想政治工作和精神文明建设。配合县委有关部门抓好县直机关领导班子思想政治建设，参与对党员领导干部民主生活会和县直机关各部门党组（党委）理论学习中心组学习的督促检查和指导，了解掌握情况，向中共山阴县委报送情况报告。

【机关党组织建设】 2019 年，县直机关工委全面理顺机关党组织。印发了《关于对全县机关事业单位党组织进行组建、变更、撤销等有关事宜的通知》，对 7 个新组建单位、18 个变更名称单位的党组织进行更名、调整，防止机关在抓党建方面出现空白、断档，保证了党组织调整设置到位、党务工作人员配备到位、党建责任落实到位。扎扎实实维护了党员信息学习平台系统。落实专人负责维护“全国党员管理信息系统”数据，督促涉改单位党组织和脱贫攻坚驻村工作队和第一书记及时办理党组织关系转接手续，接转党员组织关系 273 人。全面核实了机关党员相关信息，圆满完成了县直机关党员年报任务。强化了“学习强国”在线学习教育平台，督促党员干部加强在线学习。

县直机关工委本着“科学设置机关党组织，配齐配强党支部班子”的原则，印发了《关于做好县直机关基层党组织换届工作的通知》，周密安排部署机关党组织换届工作，2019 年 8 月底，个别单位由于机构改革暂没有换届，其余单位都已圆满完成换届任务。换届后，县直工委直属机关事业单位党组织 85 个，其中：直属党委 8 个，党总支 26 个（下设 120 个支部），51 个支部。通过换届选优配强机关党组织班子，为扎实开展机关党建工作提供了坚强的组织保障。换届后，督促各机关党组织及时刻制党组织公章 191 枚，机关基层组织公章基本实现全覆盖。

2019 年机关工委全力抓好党员发展。摸排全县机关党组织发展党员工作底数，全面掌握所属党组织中入党申请人、入党积极分子、发展对象、预备党员的基本情况。全年发展预备党员 25 名。建立健全了各单位党费台账，严格执行党费收缴标准和程序。

【培训工作】 2019 年，机关工委深入推进基层党组织深入开展“改革创新，奋发有为”大讨论和“不忘初心、牢记使命”主题教育，3 月中旬和 9 月底对县直机关党组织书记进行了两次集中培训：第一次培训是县直机关工委和非公经济组织党委联合举办，共有县直机关事业单位 121 名党支部书记参加了培训，就开好 2018 年度基层党组织“改革创新，奋发有为”大讨论专题组织生活会的要求和程序作了专题辅导，确保高质量召开支部“改革创新，奋发有为”大讨论专题组织生活会。第二次培训是借助县委组织部和县委党校在主题教育期间对全县基层党组织书记进行了为期两天的全覆盖轮训，其中包括 198 名县直机关基层支部书记。重点组织学习了习近平新时代中国特色社会主义思想和党中央关于开展“不忘初心、牢记使命”主题教育的部署要求，使支部书记对习近平新时代中国特色社会主义思想有了更深的理解认识，对开展“不忘初心、牢记使命”主题教育有了明确的工作思路，为扎实开展主题教育奠定了坚实的思想理论基础。

【主题教育】 2019年，机关工委把主题教育作为检验政治觉悟和工作能力的重大政治任务抓，紧紧围绕守初心、担使命、找差距、抓落实的总要求，坚持将学习教育、调查研究、检视反思、整改落实四项重点措施贯穿始终。一方面，抓好了工委主题教育，及时成立了工委主题教育领导小组，出台了《工委主题教育工作方案》和《工作计划》，责成专人负责，做到分工明确，主要领导亲自抓、分管领导具体抓、全体人员协助抓。主题教育按照“不划阶段、不分环节”的要求，班子成员深化理论学习、加强调查研究、深入检视问题、狠抓整改落实。班子成员深入机关基层党组织开展调研3次，形成调研报告3篇，解决实际问题2项。一方面，机关工委作为第二联络学习组，统筹指导机关事业单位党组织、非公党委、社会组织党委主题教育工作，对8个巡回指导组进行了指导、协调和服务工作，8个小组、77家单位扎实有效地开展了主题教育。

【整顿工作】 2019年，机关工委结合开展“不忘初心、牢记使命”主题教育，着力对全县机关软弱涣散党组织进行了整顿。首先是深入调研摸底，6月份开始，县直工委对全县机关党组织对照“五个好”进行了普遍摸排，对发现在班子配备不齐、组织制度虚设、党员监管不到位等突出问题的党组织，全部纳入软弱涣散基层党组织范畴进行集中整顿，建立工作台账，做到了对班子情况清、党员情况清、存在的主要问题清，通过认真摸底排查，共查出5家机关软弱涣散党组织。其次制定整改方案，对软弱涣散党组织存在的问题逐一分析原因，按照“一软弱涣散党组织一方案”的要求，从强班子、提能力、建制度和解难题等方面入手，制定了针对性、操作性强的整顿方案，明确了整顿目标、方法步骤、时限要求和责任主体，保证了整顿工作有方向、有重点、有实效。三是整改落实到位。结合机关基层党组织换届，针对班子配备不齐，选优配强了支部班子，针对党组织书记不能胜任现职、工作不在状态的2个软弱涣散党组织，把选优配强党组织书记作为整顿的首要任务，严格选任标准，注重选拔党性强、能力强、服务意识强的党员担任基层党组织书记。同时进一步完善制度，针对部分软弱涣散党组织制度不完善的问题，坚持分类指导原则，重点完善了“三会一课”、民主评议党员、党员的培训教育和管理等制度，用制度进行约束，做到用制度管人管事，有效提升了机关软弱涣散党组织的凝聚力、号召力和战斗力。

【党建活动】 2019年，机关工委在“建党98周年”之际推出一系列活动，“七一”前夕，走访慰问全县机关事业单位困难党员31名，共发放慰问金15500元，向他们致以节日的问候，让他们充分感受到党的关怀，进一步增强党组织的战斗力和凝聚力。同时，指导县直机关各单位陆续开展了以重温入党誓词、举办演讲比赛、讲党课、观看红色电影、去延安重温革命历史等方式，纪念建党“98周年”，激励了广大党员干部进一步增强党性意识，充分展示了机关干部的良好形象和奋发有为的精神面貌。

2019年6月，在纪念建党98周年之际，县直工委选派机关党员王海叶同志参加由市直工委主办的“守初心，担使命”主题演讲比赛，荣获优秀组织奖。

2019年7月11日，省直工委副巡视员徐建国一行3人，深入山阴县就机关党建工作进行调研指导，市直工委书记吴文莉、县直工委书记韩承升一同调研。

机关事务

【概述】 2019年，山阴县机关事务服务中心深入贯彻落实党的十九大精神和中共十九届四中全会精神，认真开展“改革创新、奋发有为”大讨论活动和“不忘初心，牢记使命”主题教育活动，中心坚持以服务人民、服务群众为中心的发展思路，紧扣新时代要求，紧紧围绕县委、县政府中心工作，创新工作思路，深谋远虑，深入细致地开展好后勤服务保障工作。进一步推动机关事务管理、保障、服务工作走向科学化、制度化、规范化。把狠抓党风廉政建设，改善机关工作生活环境，完善公共服务，作为主题教育的重点工作来落实。

【机关建设】 2019年，机关事务服务中心把提高班子自身能力作为带领大家干好一切工作的前提。在重要工作、重大活动上，做到决策前沟通，工作中民主，班子成员集体讨论研究，以公平、公正和求实求效的原则，拿出最佳方案。实现了进京非正常重复上访为零的目标，赴省、赴市集体访为零的目标。“改革创新、奋发有为”大讨论活动和“不忘初心，牢记使命”主题教育活动开展以来，中心制定了学习制度，所有党员干部积极行动，采取集体学习和自学的形式分别学习了习近平新时代中国特色社会主义思想和“十九届三中、四中全会精神”及省、市、县有关会议精神，强化学而有用，切实增强了个人政治素养。做到人手有学习资料，人手有学习笔记和感受体会。中心本着以人为本理念，始终从提高服务能力为抓手，以改进服务态度、改善服务设施为出发点，进一步提高机关事务服务保障能力。

【公车公房管理】 2019年，机关事务服务中心累计处置车辆10余辆，积极推动公务用车管理平台建设，已完成县级监控使用，制定出台了《山阴县公务用车平台管理办法》和《山阴县公务用车平台建设运行方案》，2020年争取与省、市联网对接。全力配合做好机构改革工作所涉及的办公用房调配工作，2019年中心为新成立的单位调配了办公用房；本着职能相近、就近办公原则，重新调整了部分单位的办公场所，进一步方便群众，提高办事效率。

【维修改造】 2019年，山阴县机关事务服务中心把完善设施、做好维修改造作为“不忘初心，牢记使命”主题教育的一个重要环节，在前期充分调查研究及征求意见的基础上做了大量的工作。维修改建了政府广场的8个大树围32个小树围以及广场的踏步台阶，更换了广场的破损石砖160块，对广场的9000米伸缩缝重新切割并灌注了沥青；维修了政府广场的喷泉；改造了政府办公楼主副楼卫生间，更换了乳品办公楼卫生间的隔断；对政府办公楼一、二层大厅地砖，二层过道墙壁铝塑板及二层台阶石砖进行了更换；根据县政府授权安排，完成东城管委会的光明社区、兴隆社区的装修任务，完成原县人民医院第三层装饰任务，并维修了暖气、自来水管道，外墙重新喷涂并基本亮化；接手启用了政府广场新建的卫生间。

【提升后勤服务】 2019年，机关事务服务中心会议服务优质高效，制定完善有序的会务工作标准和服务流程，狠抓细节管理。强化对会议服务员的技能培养，加强保密教育，积极营造良好的会务环境，为县政府、县人大、县政协例会及元宵节期间系列活动提供了优质高效的后勤保障工作，实现了场场无差错、步步都到位，圆满完成了县委、政府及县直各部门的会议后勤服务工作。

山阴县机关后勤服务中心认真细致地搞好报告厅、中心会议厅、多功能会议室、党政联席会议室的日常管理，圆满完成了各项会议服务任务；搞好大楼内外的环境卫生、绿化美化等一系列工作；努力做好食堂的餐饮及食品安全工作；切实做好水、电、暖、消防、中央空调等项目的日常维修和管理；做好监控室监控设备的维保工作，确保正常运行，2019 年在本中心管辖范围内未发生一起失盗事件；认真做好特种设备电梯的检修、年检等工作，确保电梯的正常运行；加强对政府广场的维护管理工作，杜绝安全隐患。

【党的建设】 2019 年，山阴县机关事务服务中心加强党的思想和政治建设。一是始终将理论学习作为一项重要的政治任务来抓，结合“不忘初心、牢记使命”主题教育活动，带领全体党员认真学习贯彻习近平新时代中国特色社会主义思想，学习党章和党内有关重要法规，学习党史、新中国史。通过深化学习，引导党员自觉把思想和行动统一到习近平总书记重要指示批示精神上来，不断增强“四个意识”、坚定“四个自信”、做到“两个维护”。二是积极推进学习型党组织建设，抓好党员干部的学习教育。精心制订理论学习计划，认真落实“三会一课”制度，采取理论宣讲、专题研讨、讲党课等多种形式，强化对党员的学习教育，定期检查学习笔记，确保每个学习专题都要撰写心得体会，营造出积极浓厚的学习氛围。2019 年，共集中研讨学习三次，专题讲党课二次，支部集中学习五次，发放资料 30 余份，观看警示教育片两次，坚定了党员们的理想信念，提高了他们的党性觉悟。认真学习中央、省、市、县委关于对新形势下加强党的建设的重要论述和相关要求，主动适应新常态，展现新作为，始终将党建工作作为一项基础工作落实到行动上。8 月初召开了党员大会进行了换届选举，产生了新一届支委，明确了分工，大家各负其责，一级抓一级，层层抓落实，形成了以支部书记为第一责任人，领导班子成员都是直接责任人的齐抓共管的党建工作格局，为推进机关事务规范化、标准化、精细化管理提供坚强有力的组织保障。

【“三基”建设】 2019 年，山阴县机关事务服务中心扎实推进“三基”建设。一是抓好党员发展工作。严格落实发展党员政治审查制度，把政治素质高、群众认可、工作能力强的同志吸收到党组织中来。二是抓好党员的日常管理工作。配备了专职党务工作人员 1 名，认真填报了党员信息年报表，更新了“智慧党建”信息系统，完善党员信息资料和组织关系转接制度，促使党员管理规范化、制度化。三是落实党费收缴工作。按照党费标准，规范了党费收缴工作，认真核算每位党员交纳党费数额，按时足额缴纳了党费，激发了党员履行党费交纳义务的积极性。四是充分运用网络平台，丰富党建载体，加强沟通、交流，做好上情下达，下情上传，不断丰富党组织活动载体。通过“学习强国”APP、“好干部在线”“党员微信群”等，搭建党员学习和交流的平台，提高党建工作效率，全年通过支部微信群共发送学习文章 30 余篇。定期听取群众的意见和建议，作为党员自律和组织建设的有力手段。

档　案

【概述】 2019 年，根据县委、县政府《关于印发〈山阴县机构改革方案〉的通知》（山办发〔2019〕4 号）文件精神，将县委办公室对外加挂县档案局的牌子。形成了新的档案工作体制，局馆分离，各司其职。档案局重点履行对档案事业统筹规划、组织协调、监督指导、行政执法、行政权力事项审批等职责。增强宏观管理的能力，抓统筹、抓大事、抓方向，统揽全县档案事业发展大局。县档案馆作为重要业务支撑单位，注重提供具有业务性、服务性的技术支持，与档案局协同配合，形成合力。山阴县档案馆在县委、县政府的正确领导和上级档案部门的精心指导下，积极推进档案馆业务建设，充分发挥档案存凭、留史的作用，为服务全县经济社会发展做出了积极的贡献，实现全县档案事业的新发展。

【基础建设】 2019年，县委、县政府高度重视档案工作，山阴县档案馆工作环境得到改善。一是给县档案馆另安排了地税南二楼的四间房作为办公室，解决了馆库不够的问题。二是县政府在工程建设项目审批制度改革工作组中把档案馆列为成员单位，要求全程跟踪服务，确保了工程建设项目档案的齐全完整和规范管理。并划拨经费配置了工改专用电脑和打印机，有效推动了全县工程项目档案的有序开展。

【基础业务】 2019年，档案馆基础业务得到加强。档案抢救保护有序开展和检索工具的完善补充。县档案馆完成了馆藏报纸和图书资料的分类和粘贴档案资料标识，清点现行档案2万余卷。整理积存档案1000余件。对案卷目录等各种形式的检索工具进行了比较大的续接和完善补充，保证了档案馆日常查阅利用档案的便利性。加强档案馆库日常管理。健全了各项规章制度，实行了岗位责任制。采取切实措施，加强库房管理，按照“七防”（防盗、防火、防潮、防尘、防虫、防高温、防强光）的要求，做好安全配套措施，做好库房温湿度记录工作和日常卫生清洁工作。积极提供利用，服务民生。县档案馆把关注民生、情系民生、服务民生作为档案工作的出发点和立足点，创新档案查阅利用手段，最大地满足人民群众的需求。在提供利用服务时，注重树立良好形象，始终坚持“四好”要求，即文明讲好每一句话，热情接待好每一个人，认真调阅好每一份档案，准确解答好每一个问题，为利用者排忧解难，受到不少利用者的点赞。查档范围主要是：县委、县政府文件，房产存根，人事档案，林权档案等。2019年，共接待利用者150多人次、提供档案420余卷册、免费复印230余份，为工作查考、编史修志、著书立说以及解决工龄、工资、房产、土地、林地等需要，提供了翔实的原始依据，极大地维护了社会稳定和党的方针政策的贯彻落实。

【主题教育】 2019年，山阴县档案馆开展“不忘初心、牢记使命”主题教育活动。主题教育启动以来，县档案馆积极配合主题办完成各项工作任务。一是成立“不忘初心，牢记使命”主题教育领导小组，认真学习十九届四中全会精神以及习近平系列重要讲话精神、党章党规和党史、新中国史，采取集中学习和自学两种方式进行。二是自主学习氛围浓厚。党员干部自觉主动学、联系实际学、及时跟进学习、抓紧空闲学成为自觉并形成风气。精读《选编》、通读《纲要》、逐段逐句学习党章、准则、条例，及时跟进学习不打折扣。三是学习成效充分体现。通过强化学习教育，党员干部普遍反映“沉心静气学习收获很大”“主题教育让灵魂受到触动”“思想政治受到了一场深刻洗礼”；增强了“四个意识”，坚定了“四个自信”，做到了“两个维护。把握了习近平新时代中国特色社会主义思想的核心要义、精神实质、丰富内涵和实践要求，自觉运用习近平新时代中国特色社会主义思想武装头脑、指导实践、推动档案工作；制度自信进一步增强；工作精气神进一步提升，党员干部队伍对做好档案工作充满激情、充满信心。调查研究深入实际、成果丰富。

坚持调查研究全程贯穿，走好群众路线。一是问题导向鲜明突出。分别围绕全县机关事业单位档案管理、移交工作中存在突出问题展开调研。二是调查研究扎实深入。班子成员着力“深”“实”“细”“准”“效”开展调研，在摸清情况、找准症结的基础上，提出解决问题改进工作的思路举措，形成4篇专题调研报告。三是成果交流得到认同。认真召开调研成果交流会，梳理相关问题3个，提出针对性对策措施3条，推进了档案工作发展，巡回指导七组来单位现场指导调研成果交流会给予充分肯定。四是专题党课效果良好。班子成员在调查研究的基础上了专题党课，突出了问题导向，党员干部反响很好。检视问题对表对标、自觉深刻。

坚持检视问题全程贯穿，强化问题导向。一是查找问题主动。主题教育一开始就强化问题检视，建立了班子成员及党员“检视问题清单”。按照工作方案采取多种方式广泛听意见找问题，收到各类意见建议8条，夯实了检视问题的群众基础。二是专题会议严格。班子成员召开对照党章党规按照“18个是否”逐条逐项找差距专题会，并在此基础上深化问题检视。三是梳理问题精准。按照总书记“四个对照”“四个找一找”要求，班子着力防止查摆问题“大而空”“小而碎”，根据工作实际梳理查摆突出问题或需要强化落实的工作3个，其中，专项整治方面问题2个，对照党章找差距方面问题8个。查摆梳理问题全部纳入整改落实清单。四是自我剖析深刻。支部班子及成员、党员发扬刀刃向内的自我革命精神，针对工作短板和具体问题剖析反思，着力从主观上和思想上去检视，着力从理想信念、党性修养、群众观点、工作作风、能力素质方面挖根源，为整改落实奠定了坚实基础，催生了内生动力。

按照要求先后召开专题民主生活会和专题组织生活会。整改落实边查边改、富有成效。县档案馆坚持整改落实全程贯穿，确保取得实效。一是力度大。坚持边学边查边改、立查立改，对查摆出的问题建立台账、销号管理，倒排工期、挂图作战，明确责任、强化督查，制定整改落实工作措施，确保“件件有着落”。二是效果好。查摆梳理的问题中，短期能整改短期整改，不能短期整改的长期坚持。通过问题整改进一步回应了群众对档案工作的新期待。三是质量高。党支部专题民主生活会和支部专题组织生活会开出了“辣味”，开出了党性，开出了推进档案工作的动力，巡回指导组现场指导给予充分肯定。

组织领导精心周密、保障有力。坚持强化组织领导，确保了主题教育扎实开展。一是思想认识到位。支部把主题教育作为当前首要政治任务来抓，班子成员以上率下，发挥了表率作用，确保了主题教育力度不减、善始善终。二是安排部署到位。及时贯彻落实省、市及县巡回指导七组工作要求，精心制定主题教育、集中学习、调查研究、检视问题、整改落实、专题党课、专题会议、专题民主生活会、专题组织生活会等系列实施方案或工作方案，确保主题教育有序有效推进。三是营造氛围到位。加强内外宣传工作，主题教育氛围浓厚，县档案馆党员干部以饱满的政治热情投入到主题教育中来，推进了主题教育和业务工作“两促进”。

党　校

【概述】 2019年，山阴县委党校（行政学校）坚持以深入学习贯彻中共十九大和十九届二中、三中、四中全会精神为主线，以学习贯彻落实习近平新时代中国特色社会主义思想为首要政治任务，认真学习贯彻落实《中国共产党党校（国家行政学院）工作条例》，继续着力推进新形势下加强和改进党校工作实施意见，紧紧围绕全县中心工作，充分发挥自身的职能职责，积极进取，主动作为，不断开拓创新，各项工作有序开展，党校事业明显提升，圆满完成了全年工作任务。

【党员培训】 2019年，县委党校（行政学校）坚持“党校姓党”根本原则，坚持从严治校基本要求，狠抓“质量立校”和自身能力建设，积极履职尽责，扎实开展全县党员干部教育培训工作，在具体教学培训中，坚持以学习贯彻中共十九大和十九届二中、三中、四中全会精神，特别是习近平总书记视察山西重要讲话精神和学习习近平新时代中国特色社会主义思想作为学习培训的中心内容和首要政治任务，把提高参训学员的政治素质作为学习培训的第一目标，把严格执行政治纪律作为学习培训的第一要求，把提高参训学员维护“两个核心”、坚定理想信念和宗旨意识、增强“四个意识、坚定“四个自信”、提升政治站位、增强执政本领贯穿到整个培训的全过程。

2019年，按照干部教育培训总体规划和工作安排，先后举办县管干部读书班，乡科级领导干部和党务工作者、离退休老干部专题研讨班、基层党组织书记集中轮训班、农村“两委”主干和“领头雁”班、脱贫攻坚驻村干部专题培训班、纪念建党98周年和“不忘初心、牢记使命”主题教育延安红色培训班，人大代表学习十九届四中全会专题培训班，政协委员学习党的统战宗教政策专题培训班等共13期，培训总人数2390人，超额完成全年干部培训计划近1倍，达到前三年干部培训人数总和。在培训方法上坚持以提升政治站位和理论政策，业务知识水平以及纪律规矩意识为培训目的，突出专题培训，运用现场教育，党性基地，红色延伸培训，视频案例、微信学习和分组讨论、座谈交流、结业总结，达到形式为内容服务，以多形式提升高质量。在课程安排和培训内容上，以理论教育、党性教育，特别是习近平新时代中国特色社会主义思想为主题和中心内容，按照“干什么，学什么”“缺什么，补什么”的培训要求，突出专业化能力提升，围绕全县中心工作，重点安排“不忘初心、牢记使命”主题教育、四中全会、生态治理、扶贫攻坚、三农问题、乡村振兴、基层组织建设、扫黑除恶、社会治理和“右玉精神”等方面的教学内容。同时注重复合型干部的培养，安排设置消防知识讲座、消防设备应用、传统文化、战略思维、法治思维与法治方式的培养应用、公安110指挥中心、看守所监管现场、法庭模拟开庭、纪委监委谈话室现场、反腐警示等多方面的专题辅导、视频教学和现场教学课。侧重提升党员干部基础性、常识性、警示性和程序性的知识水平。达到了培训内容不断更新，专业知识不断扩展，使用课程逐年增加，培训效果明显突出。

【紧抓办学质量】 2019年，山阴县委党校按照自身职能职责要求，结合全省党校系统重点工作，主动作为，及时汇报沟通，得到了县委和主要领导的理解重视，给予了工作上的大力支持。特别是党校紧紧抓住全省市县两级党校办学质量评估这一机遇，对照评估指标，学文件、找差距、寻不足、查短板，以标准要求为前提，以存在问题为导向，以提升推进整体工作为目标，认真自查，及时汇报，引起了县委的高度重视，县委书记亲自主持召开专题会议，研究解决县委党校办学质量评估中发现的问题。一是县委认真落实中央、省、市《2018—2022年干部教育培训规划》，印发出台了《中共山阴县委〈关于落实2018—2022年全部干部教育培训规划的工作举措〉》，进一步明确了县委党校的主体地位和工作职能，明确了党校的具体工作任务，为党校日常工作的有序开展作出了制度化、规范化的安排部署。二是明确规定了县委、县政府领导带头到党校讲党课的要求，保证了县领导讲党课成为常态化，全年先后有7位县委常委到党校作动员辅导、专题讲课，县领导多次到县委党校调研考察指导工作，并与读书班学员进行面对面座谈交流，对党校工作给予了极大的鼓舞和支持。三是从经费保障上作出明确要求，县委县政府责成相关部门要千方百计保证党校日常运转经费的投入，同时规定全县凡是财政开支的各种干部教育培训，都要由县委党校组织开展。2019年，党校日常运转经费和干部教育培训经费较前几年有了较大幅度增长，从财力上保证了党校工作的健康顺利开展。四是制度建设上有了明显提升。全年先后修订出台了教学管理制度、财务管理制度、学员管理制度、学籍管理制度、学员守则，以及入学、考勤、请销假制度和学员政治、生活、学习纪律等，用制度和纪律要求，规范了教学培训管理。每期培训都要从讲政治、守纪律、守规矩入手，分别制定针对性很强的纪律要求，并安排有组织，纪检监察人员跟班督学，协助班主任搞好班级管理，从而保证了从严治校，从严治教，从严治学落到实处。全年学员到课率超过96%以上，达到了培训不走过场，培训确有实效。实现了党校工作走上正规，整体工作再上台阶。

【基础设施】 2019年，针对党校基础条件不配套，不完善的实际，积极争取，尽力而为，量力而行，不断增加教学设施设备，改善优化校园环境。一是改造基础条件。先后维修改造了教学办公大楼顶，修建了学员休息室、卫生间、文体活动室等场所，彻底解决了多年大楼漏雨和学员休息、文体活动的问题，同时维修改造了主报告厅的灯光、音响、视频等电器设备，新增了一些必备的教学设施，教学环境进一步提升。二是加大校园文化建设。突出红色文化基因，突出政治理论和党性教育，以党史国史和爱国主义为主题，制作了“党的光辉历程”、十九届四中全会、省委十一届九次全会精神要义图板、伟人画像，名言名句，共和国功勋，时代楷模等先进人物事迹，提升了县委党校的特色文化氛围、教育氛围。

【主题教育】 2019年，党校按照全县“不忘初心、牢记使命”主题教育活动的安排和要求，坚持问题导向，责任导向，发展导向，切实通过学习教育，筑牢忠诚根基；通过调查研究，补齐发展短板；通过检视问题，改进工作作风；通过整改落实，推进事业发展。一是制定实施方案，安排学习计划。二是举办调研办实事解难题专项行动，深入脱贫攻坚帮扶村，解决贫困村民实际问题。三是检视问题，列出清单，积极整改。四是召开班子成员和党员民主生活会，针对存在的问题，面对面进行批评和自我批评，达到了措施可行，整改到位的效果。

【脱贫攻坚】 2019年，山阴县委党校组织由一名正科级校领导带队的4人脱贫攻坚驻村工作队。全年4人严格按照“六个精准”和“五个一批”的工作目标和省、市、县、乡（镇）脱贫攻坚会议精神，因地制宜，因人而异，精准施策，扎实工作，成效突出。一是协助村委搞好日常工作。二是继续抓好结队帮扶，用一对一的帮扶办法，解决贫困户生产生活中的困难，减轻贫困户家庭脱贫压力。三是引导扶持发展特色种植业，帮助贫困户种植渗水地膜旱地高产谷子33亩。落实种植补贴和农机负责作业费用，降低种植成本，确保稳定增收。四是争取公益岗位，安排就业增收。有3位村民被安排为保洁员护林员。五是开展慰问走访。逢年过节领导和驻村队员到贫困户区慰问走访，送去慰问金和慰问品。

山阴县人民代表大会

综　述

【概述】 2019年，山阴县人民代表大会及其常务委员会坚持以习近平新时代中国特色社会主义思想为指导，全面贯彻中共十九大和十九届二中、三中、四中全会精神，深入贯彻习近平总书记关于坚持和完善人民代表大会制度的重要思想和对地方人大工作的重要指示，坚持党的领导、人民当家作主、依法治国有机统一，认真履行宪法法律赋予的职责，创造性地贯彻落实中央及省市县委的决策部署，为山阴县转型综改和各项事业发展做出应有贡献。

【县人代会】 2019年1月29日至2月1日，山阴县第十六届人民代表大会第四次会议顺利召开。本次会议应出席代表158人，实出席代表156人，列席人员338人，大会主席团成员42人。

大会议程共八项：听取和审议山阴县人民政府工作报告；审查和批准山阴县人民政府关于山阴县2018年国民经济和社会发展计划执行情况与2019年国民经济和社会发展计划（草案）的报告；批准山阴县2019年国民经济和社会发展计划；审查和批准山阴县人民政府关于山阴县2018年预算执行情况及2019年预算（草案）的报告；批准山阴县2019年预算；听取和审议山阴县人民代表大会常务委员会工作报告；听取和审议山阴县人民法院工作报告；听取和审议山阴县人民检察院工作报告；选举；其他事项。

大会收到代表提出的建议、批评和意见73件，全部交由县人民政府办公室转办。

大会表决通过六个工作报告的决议；补选了山阴县人民政府县长、山阴县监察委员会主任。

【县人大常委会】 2019年，山阴县人大常委会支持保障改革攻坚和经济社会发展，依照法定职责、限于法定范围、遵守法定程序开展监督。召开常委会会议11次，听取审议县人民政府、县人民法院、县人民检察院工作报告11项，配合省市人大常委会开展执法检查6次、集中视察8次、专题调研4次。依法任免国家机关工作人员69人次，组织所有被任命人员进行向宪法宣誓仪式，确保了市委、县委人事安排意图顺利实现。依法行使重大事项决定权，作出决议决定5项。

监督　审议

【工作监督】 2019年，山阴县人大常委会通过听取和审议"一府一委两院"专项工作报告实施监督。围绕县委"2361"工作思路，对"一府一委两院"全年各项工作的落实，县人大常委会采取事前、事中、事后三个阶段进行了监督。会前，县人大常委会根据报告内容开展会前视察，让常委会组成人员充分了解报告事项，做到审议报告心中有数；在常委会上，做完每个报告都会进行满意度测评，对通不过的报告责令限期整改并重新报告；会后，常委会根据审议报告情况汇集整理出具审议意见，发放有关部门进行整改落实，并跟踪监督，确保审议意见落实到位。2019年，常委会分别听取审议了政府财政预算、计划执行情况、春耕备耕、安全生产、上半年国民经济和社会发展计划执行情况、上半年预算执行情况和上年度财政决算、上年度全县预算执行和其它财政收支审计、脱贫攻坚、交通运输、重点项目工程进展情况等工作报告，有力地监督了全县相关工作的开展，促使其落实到位。本年度，常委会还着重加大对人民代表大会及其常委会决议、决定的跟踪监督力度，使之得到有效落实，维护决定、决议的严肃性和权威性。

县人大常委会高度重视来信来访工作，把信访工作作为畅通民意渠道、维护群众权益的重要工作来抓，主动深入到基层调研解决实际问题，变上访为下访，把信访关口前移，努力把矛盾化解在基层。2019 年，共受理群众来信来访 11 件（次），对受理的信访案件认真分类、整理、登记，均已交办、转办、督办，办结率达 100%，做到件件有落实，事事有回音。

县人大常委会一直将民生领域和重点项目建设情况作为监督工作的重心，通过有效开展人大监督，增进人民群众幸福感、获得感。2019 年，对府东街跨线立交桥项目、儿童福利院、敬老院、春耕备耕、扫黑除恶、交通运输、城市管理、中小学教育等项目进行有力监督，多次组织开展集中视察，听取和审议相关工作报告，并将代表们的建议意见收集整理后交由政府及相关部门进行整改落实，促进了相关工作的开展，提升了人民群众的幸福指数。

【司法监督】 县人大常委会对规范性文件备案审查工作进行精心筹备，安排专人研究和推动规范性文件备案审查工作；按照上级有关规定大力实施预算联网监督系统及硬件设备建设，对全县预算执行情况进行全天候实时监督，进一步丰富了监督手段，提升了监督实效。

【视察调研】 县人大常委会围绕全县中心工作和重点项目工程组织开展人大代表视察，并形成视察报告，报送县委以及提交政府及相关职能部门进行落实，强化对政府工作的监督。2019 年，对全县道路交通安全、旅游规划、旱作农业等组织市县乡三级人大代表开展集中视察 8 次；特别是在针对群众反映强烈的占道经营、道路标识不规范、市场混乱等问题，开展的“城市管理与道路安全”专题视察中，为防止视察当天有关部门进行突击清理，安排工作人员提前对重点路段进行拍照，并制作成图册在座谈会上发放给参会人员；半个月后，针对此问题，县人大常委会组织进行了第二次跟踪督查，督促县政府尽快解决问题。这种敢于直面矛盾、勇于担当尽责的作风使这次的专题视察收到了非常好的效果，占道经营现象得到有力惩治，道路拥堵现象得到有效缓解。

【议决重大事项】 2019 年，县人大常委会认真行使重大事项决定权，坚持做到党委决策、人大决定有机统一，推进科学民主依法决策。进一步修改完善了《山阴县人民代表大会及其常务委员会讨论、决定重大事项的规定》，明确各类重大事项范围及决定程序，提高了行使重大事项决定权的科学化、法治化水平。审议批准了县人民政府《关于 2018 年全县财政决算和 2019 年上半年全县预算执行情况》《关于 2018 年全县预算执行和其他财政收支的审计工作》以及《关于 2019 年县财政预算执行情况和调整预算方案》的报告，并及时作出决议。

人事与代表

【人事任免】 2019 年，山阴县人大常委会坚持党管干部和依法任免干部相统一，不断完善任免程序，扩大人大常委会组成人员对拟任免干部的知情度，对拟任命干部进行任前法律知识考试，任中做供职报告、向宪法宣誓，任后监督述职测评等制度。本年度依法任免、决定任免国家机关工作人员 69 人（次），所有被任命人员都进行了向宪法宣誓仪式。人大常委会加强对人大及其常委会选举、任命干部的任后监督，出台了《山阴县人大常委会关于国家机关工作人员任后监督评议办法》，并在第 31 次常委会上对三名政府工作部门负责人进行了工作评议，其余政府工作部门负责人进行了书面报告，工作评议的开展进一步增强了国家机关工作人员公仆意识，促进了依法高效履职。

【代表工作】 2019年，山阴县人大常委会完善代表工作机制，提升代表工作水平。常委会进一步完善“加强和改进代表工作”“服务代表履职”“常委会主任、副主任联系委员，常委会组成人员联系代表”等制度，构建起代表工作机制新格局，推动代表工作走向制度化、规范化。2019年，常委会主任、副主任联系委员50余人次，常委会组成人员联系基层县人大代表300余人次；申纪兰代表被授予“共和国勋章”后，县人大常委会积极响应省人大常委会《关于在全省各级人大代表中开展“向申纪兰学习，做人民好代表”活动的意见》要求，在全县人大代表中开展“向申纪兰学习、做人民好代表”活动，号召全县人大代表见贤思齐、争做先锋，用实际行动践行“人民选我当代表、我当代表为人民”的庄严承诺；邀请市县乡人大代表30余人次列席人大常委会会议，260余人次参加人大常委会及各工作委员会的检查、调研、视察等活动；组织市县乡三级人大代表对全县扫黑除恶、脱贫攻坚、旱作农业、重点工程建设、城市管理和交通安全等工作进行了专项视察调研，向县委进行了汇报，并将代表们提出的建议意见整理提交县政府，对促进全县经济社会的发展，发挥了积极作用。

强化代表学习培训，提高代表理论素养。把加强代表思想政治作风建设、提高代表素质能力摆在突出位置，督促代表积极履职尽责，模范遵守宪法法律，自觉接受人民监督。持续抓好县乡人大代表履职培训，组织部分市县乡人大代表和人大工作人员先后赴全国人大深圳培训中心、延安梁家河干部学院、右玉干部学院、山阴县八个红色教育基地进行了能力提升培训和红色教育，同时，还邀请山西大学鲍善冰教授对常委会组成人员，市、县、乡三级人大代表进行了“‘不忘初心，牢记使命’主题教育及中美贸易摩擦解读”为主题的培训学习。本年度，共培训代表400余人次，极大地提升了代表的理论素养与履职能力。

拓宽代表履职渠道，增强代表履职能力。人大常委会充分尊重代表主体地位，始终把发挥代表作用作为坚持和完善人民代表大会制度的重要内容，健全完善工作机制，支持和保障代表依法履职。县人大常委会以拓宽代表履职渠道、增强代表履职能力为出发点，选取在全县具有代表性的四个产业分别建立代表实践基地，根据省市人大工作安排，在全县13个乡镇创建代表联络站。积极协调指导代表实践基地、代表联络站开展代表活动，充分发挥其在联系群众方面的独特优势，将代表实践基地和代表联络站的作用互作互补、互联互通，实现代表与群众智慧共融共享，激活代表积极履职、激发群众建言献策热情。2019年，各代表联络站和实践基地共组织代表活动40余次，参加活动的代表和群众达到1100余人次，收集有效建议意见百余条，化解矛盾10余起，受到了群众的一致好评。

加大建议督办力度，增强建议办理实效。人大常委会致力于加强和改进人大代表建议办理工作，通过采取联合督办、重点督办、现场督办、专门督办和开展“回头看”等方式，加大督办力度，督促“一府一委两院”不断提高建议意见办理工作效率和水平。县十六届人大四次会议提出的73件代表建议批评和意见已全部办理完毕，代表建议办复率达到100%。

机关工作

【自身建设】 2019年，山阴县人大常委会突出思想政治建设，夯实理想信念基石。常委会坚持把学深悟透习近平新时代中国特色社会主义思想特别是关于坚持和完善人民代表大会制度的重要思想作为首要任务，扎实推进“改革创新、奋发有为”大讨论和“不忘初心、牢记使命”主题教育，学习贯彻中共十九届四中全会精神，以问题为导向找差距、抓整改、促发展，通过集中学习、专题研讨、调查研究、征求意见，谈心谈话、专题讲座、制定清单等方式，不断强化理论武装、坚定理想信念，进一步了解和掌握新时代对人大工作提出的新任务新要求，为坚持和完善人民代表大会制度贡献力量。

提升法律意识，增强依法履职能力。一是加大对法律法规的学习力度。定期不定期地对宪法、预算法、监督法等法律法规进行学习，了解代表履职与人大工作的法律性、重要性，自觉做到学法懂法用法不违法，全面提升人大代表以及机关工作人员的法律意识。二是加大对普法工作的参与督促力度。检查督促全县“七五”普法工作开展情况，积极参与“12·4”宪法宣传日活动，多次组织人大代表到公安局、检察院、法院、司法局等部门对法律宣传工作进行视察，使各执法机构普法工作日常化、系统化。三是加大对法律法规执行情况的检查力度。加大对全国以及地方性法律法规的执法检查力度，以高度负责任的态度，强有力的监督手段确保法律法规落实到位。四是进一步开展好向宪法宣誓制度。在2018年开展国家工作人员就职时向宪法宣誓工作的基础上，县人大常委会进一步优化流程、规范法器，增强宣誓过程仪式感和庄严感，强化被任命人员依法执政的理念，增加其履职的责任感和使命感，促使其依法行政、公正司法。

加强制度建设，构建长效机制。人大常委会进一步修订完善了《人大常委会关于国家机关工作人员任后监督评议办法》《山阴县人民代表大会常务委员会调研制度》《山阴县人大代表视察调研制度》《人大常委会主任、副主任联系委员，常委会组成人员联系代表制度》《人大常委会党组工作规则》《人大常委会党组议事规则》《人大常委会主任会议制度》《人大常委会财务管理制度》《人大机关公务用车管理办法》等人大常委会党组和机关管理各项规章制度40余项，细化了人大机关办公室人员分工，基本形成体现国家权力机关特点，涵盖机关运行各个方面的制度体系，提高了常委会履职和机关运行的制度化、规范化水平。

改进工作作风，树立良好形象。风清则气正，气正则心齐，心齐则事成。县人大常委会持续强调要改进工作作风，提高工作质量，就是要在人大树起清风正气，努力让“信念坚、政治强、本领高、作风硬”成为新时代人大干部的鲜明标签。以开展“不忘初心、牢记使命”主题教育为契机，要求人大常委会班子成员和各委室负责人要切实发挥领导带头作用，为全体干部职工做好示范表率。一要带头学习政治理论、学习法律法规、学习业务知识，带头做到干一行、爱一行、专一行、精一行，努力成为人大工作的行家里手。二要带头转变工作作风，保持对人大工作的“崇敬”，保持充沛精力和昂扬斗志，创新工作方式，改进视察调研，改进会议审议。三要带头增强责任意识，做到谋划工作心中有数、推动工作措施得力、落实工作紧追不舍。

【主题教育】“不忘初心、牢记使命”是加强党的建设的永恒课题。县人大常委会扎实开展“不忘初心、牢记使命”主题教育，牢牢把握“守初心、担使命，找差距、抓落实”总体要求和目标任务，学习教育、调查研究、检视问题、整改落实一体推进，党员干部经受了一次思想淬炼、政治历练和实践锻炼。突出学习贯彻习近平新时代中国特色社会主义思想这条主线，组织党员干部精读规定书目，重温习近平总书记的“三篇光辉文献”，及时跟进学习贯彻最新重要讲话精神，紧密联系新中国成立70周年特别是党的十八大以来取得的历史性成就，深刻感受真理光芒和实践伟力，自觉增强“四个意识”、坚定“四个自信”、做到“两个维护”。坚持把学习贯彻习近平总书记关于坚持和完善人民代表大会制度的重要思想作为履职必修课，建立常态化学习机制，分专题组织学习交流，确定课题开展理论研究，积极参加省市人大组织的交流会、座谈会，在学用中增强制度自信、找准职责定位、把握工作规律，自觉把对党负责、为民尽责、依法履责融入监督等法治实践。

【脱贫攻坚】 县人大常委会充分发挥人大职能作用，全力助推脱贫攻坚工作。一是聚焦全县脱贫攻坚工作重点和贫困群众关注热点，听取和审议了全县脱贫攻坚工作报告，充分运用工作监督、述职评议、代表视察等监督方式，督促脱贫攻坚各项政策及举措落到实处；二是充分发挥人大代表密切联系群众优势，广开言路、广集民智、广听民声，促进各级人大代表充分融入脱贫攻坚大局；三是积极做好包扶村的脱贫攻坚工作。县人大按照全县脱贫攻坚工作安排，积极研究和加强驻村工作队人员配置，配备专车服务驻村工作队，并全力支持驻村工作队的工作。2019 年，县人大党员干部多次深入贫困户开展走访慰问，宣读政策精神等活动；县人大常委会得知大坪村以及周边村民就医买药面临困难后，第一时间联合县中医院奔赴大坪村开展了扶贫送医送药活动，并提前通知了周边几个村的驻村工作队，有效地缓解了大坪及周边村民就医买药不方便的问题。

山阴县人民政府

综　述

【概述】　2019年，山阴县政府坚持以习近平新时代中国特色社会主义思想为指导，全面贯彻中共十九大和十九届二中、三中、四中全会精神，深入学习贯彻习近平总书记“三篇光辉文献”精神，以省委“三大目标”为牵引，围绕市委“生态立市、稳煤促新”发展战略，在县委的坚强领导和县人大、县政协的监督支持下，创新实施“2361”工作思路，统筹推进稳增长、促改革、调结构、惠民生、防风险、保稳定各项工作，保持了经济持续健康发展和社会大局和谐稳定。

全年地区生产总值完成136.8亿元，下降1.3%；规模以上工业增加值下降4.7%；固定资产投资完成29.6亿元，增长37.1%；公共财政预算收入完成15亿元，下降2.9%；社会消费品零售总额完成46.6亿元，增长7.5%；城镇居民人均可支配收入达到36667元，增长6.7%；农村居民人均可支配收入达到18184元，增长9.4%；新增城镇就业4396人，转移农村劳动力3954人，城镇登记失业率控制在1.49%以内，低于全省平均水平。

【稳增长促发展】　2019年，山阴县政府聚焦产业项目建设，经济社会发展后劲增强。煤电产业提质增效，原煤产量2675万吨，增长29.5%；朱和咀与水泉煤业两个90万吨/年矿井开工建设，完成投资4亿元；昱光电厂二期2×35万千瓦低热值煤发电供热工程投产，晋能8万千瓦光伏发电、同煤织女泉10万千瓦风电、漳泽吴马营10万千瓦风电并网发电，全年发电量54.5亿千瓦时，增长38%，新能源发电占比达38.84%。新材料产业稳步推进，超牌10万吨/年耐火材料及煅烧高岭土二期生产线完成投资1.2亿元，玉竹2万立方米绝热保温硅酸钙板生产线投产，山西金胜达科技环保有限公司6万吨/年处理废旧轮胎橡胶输送带加工胶粉、改性沥青及下游产品项目改扩建工程建设完成。全年实施重点项目70个，其中产业项目29个，完成投资18.5亿元；先后16次在山阴举行招商引资洽谈会，并赴北京、重庆、山东等地精准招商，签约产业项目21个，总投资127亿元，16个项目落地并开工建设。山阴入选全国投资潜力百强县。

【调结构优格局】　2019年，山阴县政府聚焦质量提升工程，有机旱作农业扎实有效。实施了农牧交错带桑干河灌区高效节水灌溉工程、京津风沙源治理二期工程水利水保项目等，建设高标准农田3.38万亩，新增高效节水灌溉面积1.2万亩。大力发展有机旱作节水农业，杂粮总播面积达到27万亩，其中旱地谷子种植面积7万亩；新增鑫霏、恒兴两个农产品龙头加工企业，农产品加工企业达20家，其中“513”龙头企业18家。全国有机旱作农业现场会、全省粮食产业经验交流现场会等5次大型现场会在山阴县成功举办，“塞外火山土”“雁门香”小米获中国第17届国际粮油产品会金奖，“农食美”牌小米获省粮食行业协会“放心粮油产品”称号，山阴县被中国粮食产业协会授予“中国富硒小米之乡”殊荣。

【城乡设施建设】　2019年，山阴县政府聚焦城乡设施建设，公共设施短板逐步补齐。韩原线山阴动车站建成运行，府东街跨线立交桥工程累计完成投资75%，自来水日供水量增加5000立方，新增供热面积100多万平方米，通过多方努力，群众过了一个温暖、不停水的冬季；世纪大道、王润路等城市主干道路建成通车；完成24条小街小巷硬化、8座公厕和土牛沟泄洪改造、2处人行通道和2座批发市场建设；对集贤社区住宅周边私搭乱建进行了整治，治理乱点8000余处。改善农村人居环境，打造美丽宜居示范村12个，提档升级村9个；实施“五大专项行动”，完成3个建制镇、11个村污水处理设施、1700户农村厕所改造、24个重点规模养殖场粪污设施建设，完善了243个村的生活垃圾收运处置体系建设。

【生态环境建设】 2019年，山阴县政府聚焦生态环境建设，三大保卫战成效显著。扎实推进中央环保督察问题整改；集中开展工业扬尘、道路扬尘和建筑扬尘专项治理，完成28家洗煤厂原煤棚、精煤棚和矸石库封闭环保设施建设，完成23家石料厂进出场道路硬化和场地硬化；环境空气质量综合指数为5.65，同比下降10.9%。深化桑干河清河行动，围绕全流域治理62项建设内容，完成县城污水处理厂提温提标和玉马小区污水处理工程，完成31家涉煤企业“黑水”（废水）治理，城镇污水排放由二级A标准提升为地表水五类、古城乳业工业废水排放标准由地表水五类提升为四类，河头、南湛两个断面水质标准达四类。西山生态修复治理完成102处修复、种植树木8.5万株、绿化126.6万平方米。完成造林绿化5万亩。

【抓改革谋发展】 2019年，山阴县政府聚焦改革创新驱动，重点领域改革全面推进。党政机构改革如期完成，新机构组建挂牌、涉改部门人员转隶到位。电力改革加快推进，8家企业参与大用户直供电；2家国有企业“三供一业”改革基本完成；农村集体产权制度改革有序推进，13个乡镇257个村完成集体清产核资和成员身份确认；“放管服效”改革持续深化，98%以上政务服务事项实现“一网通办”；“一枚印章管审批”全面启动。聚焦发展实体经济，民营企业逐步发展壮大。认真落实国家减费降税政策和省、市、县支持民营经济发展意见，减免各类税费2.4亿元；金融机构新增贷款13.3亿元支持企业发展，组织政银企对接2次，现场发放贷款2590万元；争取省级技术改造奖励资金2100万元，推进古城乳业和山西金胜达2个技术改造项目；设立了1000万元中小企业扶持资金；向企业供应土地31宗654亩；培育“小升规”企业7家；化解民营企业债务1.2亿元，化解率100%。聚焦开发区建设，经济发展支撑逐步夯实。把开发区作为转型发展的主战场和主引擎，“三化三制”改革稳步推进，完成了“五规合一”规划编制；完成工业投资4.3亿元，同比增长21%；投资强度达365万元/亩，产出强度达142万元/亩，税收强度达12.7万元/亩，都高于全市开发区平均水平。

【民生保障】 2019年，山阴县政府聚焦热点难点问题，民生保障水平不断提高。持续加大民生投入，全年民生支出达20.5亿元，占一般公共预算支出的79.7%。启动实施《振兴山阴教育五年行动目标》，新建职教中心通过省级评估验收，完成了北周庄学校改扩建，安装了考场监控三合一终端。县医疗集团人民医院建立了朔州市心血管病和骨科两个专科联盟；中医院住院楼封顶，设立了名医工作室，眼科走在全市前列。城乡居民医保参保人数达17.9万人。全民技能提升工程培训2221人；实施残疾预防重点干预和残疾儿童抢救性康复项目，53名残疾儿童得以筛查诊断、康复训练；完成农村妇女免费“两癌”检查3133例、产前筛查1705人；新建3所农村老年人日间照料中心；完成免费送戏下乡146场；提升城乡低保待遇、经济困难高龄和失能老人补贴，将法律公共服务延伸到群众身边。二轮县志出版，实现志鉴两全目标；《桑干河》《洪涛山》两份杂志创刊；首届农民丰收节、第二届全国青年运动会实体火炬传递活动圆满成功。深入开展“扫黑除恶”专项斗争，加强安全生产监管，强化206运煤专线、山阴三小等易发交通事故路段的安全隐患治理，有效降低了事故发生率，全县除道路交通外其他行业安全生产实现“零事故、零死亡”管理目标。荣获全省“双拥模范县”荣誉称号、“全省采煤沉陷区综合治理搬迁安置工作先进县”称号。完成湿地公园调规，为下一步县城建设发展拓宽了空间。

聚焦“两不愁三保障”，脱贫攻坚成果持续巩固。9户19人脱贫，完成490户农村危房改造、121.5公里“四好农村路”、79户易地扶贫搬迁拆迁复垦任务，平山右饮水工程建成运营，3个乡镇24个村实施了农村饮用水提标集中连片改水工程，发放扶贫小额贷款1960.21万元，完成率122.51%，新建23个屋顶分布式光伏发电项目，总装机容量1661.5千瓦，巩固提升措施进一步落细落实，“两不愁三保障”突出问题基本解决。

【自身建设】 2019年，山阴县政府聚焦职能转变，政府自身建设进一步加强。建立政府常务会议第一议题，全面提高政府依法行政能力，依法有效化解社会矛盾；自觉接受人大、政协监督，办理人大代表建议73件，政协委员提案69件。严格执行“13710”工作制度，36件督办任务办结35件，“12345”呼叫中心转办工单1027件，按期办结率99.7%。开展“不忘初心、牢记使命”主题教育和“改革创新、奋发有为”大讨论，严格落实全面从严治党，推进政府系统党风廉政建设和反腐败斗争，严格落实中央八项规定精神，对公共资金、国有资产、国有资源和领导干部履行经济责任实行审计全覆盖。树立“过紧日子”的思想，厉行勤俭节约，把有限的资金用在改善民生、推动发展上。

坚持党的领导。落实新时代党的建设总要求，旗帜鲜明讲政治，严守党的政治纪律和政治规矩，增强“四个意识”，坚定“四个自信”，做到“两个维护”，自觉把坚持和加强党的领导落实到政府治理各领域各方面各环节，确保中央、省、市和县委决策部署落地见效。

严格依法行政。完善依法决策、执行坚决、监督有力的运行机制，细化政府工作规则和各项规章制度，确保各项决策和工作更加符合山阴实际、更加符合群众愿望。始终与县委同心同德、同心同向、同心同行，确保政令畅通、令行禁止。依法接受人大及其常委会的法律和工作监督，自觉接受政协的民主监督，全面接受监察监督，主动接受社会和舆论监督，让政府工作在法治轨道上稳步前行。认真办理人大代表意见、建议和政协委员提案，切实做好“13710”政务督办和“12345”政务热线反馈事项。

打造数字政府。加快完善“互联网+政务服务”“互联网+监管”“领导驾驶舱”“三晋通”APP等硬件设施和平台，实现“一网通办”“窗口快办”，对标“三对”“六最”，优化“五送”服务。加强事中事后监管，加大“双随机一公开”“双公示”工作力度。深化“一枚印章管审批”改革，坚持把群众所盼、企业所需作为第一信号，从反映最强烈的问题抓起，从问题最集中的领域抓起，让政府工作更加高效。

建设廉洁政府。严格执行中央“八项规定”精神和实施细则，深入推进政府系统党风廉政建设。加强重点领域和关键环节监督管理，推进公共资源进入平台交易。严肃查处侵害群众利益的不正之风和腐败行为，保持严惩腐败高压态势。严控“三公”经费支出，开源节流、增收节支，政府带头过紧日子，让人民群众过上好日子。坚持民主集中制原则，加大对巡视巡察督查审计反馈问题整改落实力度，切实做到干部清正、政府清廉、政治清明。

狠抓工作落实。对于2019年确定的重点工程、重大事项、重要工作，要细化、量化、具体化，要以上率下抓落实、担当负责抓落实、强化执行抓落实、严守规矩抓落实、问责问效抓落实。落实责任到岗到人，做到主要领导亲自抓、分管领导重点抓、具体工作专人抓，形成一级抓一级、层层抓落实的良好局面。大力弘扬“右玉精神”，持之以恒地改进工作作风。

政府办

【办文办会优质高效】 2019年，县政府办公室严格按照中央八项规定精神和办文、办会“零差错”“零失误”的标准要求，压缩发文数量、规范发文流程、严控会议次数和规模，从源头上确保了办文办会的权威性和高效性。

公文处理细致有序。进一步规范和完善了公文处理机制，提高了工作效率。一是严格办文程序。依照《山阴县人民政府办公室日常工作制度》，进一步规范了来文来电传送、公文起草、会议组织、信息报送、调查研究、日常考勤、年度考核、应急值守等程序，对各类文件的处理，均由内务科或机要股认真做好收发文登记，由主任首先提出拟办意见，呈相关领导批示，并由跟进股室进行处理，做到了每项工作程序规范、格式规范、逻辑严谨、准确及时。二是牢固责任意识。按照“谁拟稿、谁负责”的原则，在拟稿人充分把握领导意图的基础上，各类文稿由跟进股室全程跟进负责，并由相关领导把关敲定，以确保文稿质量。三是树立大局意识。对重要材料，县政府办充分发挥办公室集体智慧，站在全县发展的高度去思考、去撰写，高标准、高质量完成了全县政府工作报告、经济工作会议、农村工作会议、安全生产工作会议、招商引资工作会议、经济运行分析会议、乡村振兴战略会议等一系列综合性、专业性会议的文件及材料起草工作。一年来，处理省级机要114件，市级机要66件；处理省级明电97件，市级明电209件；处理省级来文73件，处理市级来文808件，处理县乡来文780件；印发政府红头文件65件，印发政府办公室红头文件65件，印发政府红头便函文件61件，印发政府办公室红头便函13件，印发政府常务会议纪要14个，县长办公会议纪要51个；撰写领导讲话100余篇、调研报告25篇、市政府约稿114篇。

会务安排缜密规范。县政府办严格按照提高办会质量、降低办会成本的原则，坚持抓好会前准备、会中服务、会后落实三个环节。一是抓好会前准备工作。对政府各类会议提前谋划、提前筹备，层层分解任务，责任落实到人，确保会议圆满成功；对县政府常务会议、县政府党组会、县长办公会等政府常规性会议，安排具体人员具体跟踪落实。二是抓好会中服务工作。对政府各类会议，从会议签到、材料分发到引导参会人员入座；从会议记录、会议录音、录音整理到摄影摄像；从预防突发事件到维护会场秩序等均进行周密安排，均安排相关人员搞好协调服务，确保会议顺利进行。三是狠抓会后跟踪落实。及时整理会议记录、起草会议纪要、撰写会议信息、整理领导讲话。对重要会议要进行会后总结、会后督查落实，确保会上领导明确的各类事项、要求落实到位，确保会议精神的贯彻落实落地开花结果。2019年共承办参加市级会议140余场次，组织全县性会议12次。

【搜信息辅佐政务】 2019年，县政府办紧紧围绕县政府的中心工作，以做好政府参谋助手为目标，多渠道调研经济、社会、生态、发展、稳定等各方面有价值的信息，及时准确向相关领导汇报，辅助领导决策的能力和水平明显提升。提前谋划，有针对性地开展信息搜集。根据县政府阶段性工作中带有战略性的课题，早谋划，早部署，积极主动开展相关信息搜集或调研。各跟口秘书在跟随领导检查工作后，汇总归纳相关信息，真正使搜集到的信息成为领导决策的重要依据。突出重点，有针对性地开展调查研究。针对政府工作中出现的热点、难点问题，特别是亟待解决的突出问题，形成了扫黑除恶、脱贫攻坚、安全生产、政商关系、党建引领在工程项目中的应用等20余篇调研报告，为全县各项重点工作的顺利开展提供了支撑。注重时效，切实做好政务信息报送。认真做好政务信息编辑和报送工作，2019年，共编发重要工作情况专报12期，编报山政信息327期，充分发挥了政务信息的作用，及时向社会传达了政府当前重点工作，并及时反映出了当前群众关切和政府关注的事项，为领导决策提供了参考辅助作用。

【日常运转高效有序】 2019年，县政府办按照服务政府中心工作的要求，着力加强纵向和横向两个层面的沟通协调，发挥了办公室在日常运转中的桥梁纽带作用。

强化纵向沟通，切实发挥了承上启下的“桥梁”作用。一是抓好县政府领导的协调工作。积极协助县政府领导处理好日常事务，让县政府领导有充足的时间和精力谋思路、促发展；积极协调县政府领导按要求参加上级相关会议，根据实际主持或出席相关公务活动，确保了各项工作有条不紊推进。二是加强了与省、市政府办公厅的沟通协调，多渠道汇报工作，寻求上级部门业务指导，建立了和谐的工作关系。

强化横向沟通，切实发挥了联动左右的纽带作用。一是积极与县委办、人大办、政协办沟通协调，鼎力把各类会议安排好、把每个环节衔接好，确保为领导提供更优质高效的服务；二是积极与各乡镇、管委会、县直各职能部门的联系沟通，既及时传达县政府领导的工作意图和相关会议精神，使决策部署迅速贯彻落实，又不断掌握基层新情况、新问题、新动向，协助县政府领导科学决策，确保工业经济、农业农村、社会事业、民生保障、生态建设等各项工作稳中向好。

强化重点沟通，切实发挥了服务中心的“头雁”作用。2019年，政府办充分发挥在“五重”任务上的牵头抓总作用。一是加大了全县83个重点项目和21个招商引资项目的协助、服务和督办力度，确保了县政府确定的重点项目有序快速推进。二是圆满完成了省、市领导赴山阴调研、县政府领导赴乡镇调研座谈，全国有机旱作农业现场会、全省粮食产业经验交流会和桑干河“清河行动”、重点项目集中开工等现场观摩会的策划、组织、协调和承办工作，得到了各级领导的充分肯定和广泛好评。三是协调开发区、教育、住建、自然资源、文旅等部门完成各领域重点任务。

【督查督办及时到位】 2019年，山阴县政府办全力抓好重点目标任务的督办落实。及时对县政府工作报告和省、市政府工作报告重点考核目标任务进行了分解，进一步明确了各单位2019年的目标任务，定期不定期对目标任务完成情况进行检查督办。严格执行“13710”工作制度，2019年共收到市政府下发的督办任务33项，已办结23项，已申请办结5项，持续反馈5项。“12345”便民服务进一步规范，2019年共接到市“12345”呼叫中心转办事项1026件，办结满意率达到80%以上，居全市第一，切实解决了一批群众关心的实际问题。全力抓好阶段性重点任务的专项督查。按照“年初有安排、年中有检查、年终有考核”的要求，紧紧围绕政府工作报告、会议纪要议定事项、阶段性重点工作等，开展专项督查，在全县形成了有部署就有落实的良好工作格局，脱贫攻坚、环境保护、防范化解重大风险“三大攻坚战”取得成效，多次得到县委主要领导的肯定；深入开展城建、教育督查，补短板工作提升明显。全力抓好建议提案办理的检查督办。坚持把人大代表建议、政协委员提案办理工作作为政府发扬民主、体察民情、联系群众、服务群众的大事、实事来抓，狠抓交办、督办两个关键环节，严格落实办结制、督查督办制等制度，积极协调、督促、审核承办单位的办理工作，2019年共办理人大代表建议73件，政协委员提案69件。

【强化管家作用】 2019年，县政府办坚持重点落实、全面开花，狠抓各项工作落实，充分发挥政府管家作用。外事工作稳中有进。紧紧围绕配合推进国家重大对外战略、落实总体国家安全观、服务地方经济社会发展、维护改革发展稳定大局的地方外事工作四大任务，进一步改革完善对外工作体制机制，强化对县各部门对外工作的统筹协调，扎实推进山阴县外事工作有序进行。为山阴县5家企业共10人办理了APEC商务旅行卡；接待了韩国客商柳得信一行4人到山阴县考察优质特色杂粮种植及加工情况；开展“安全文明出境游宣传月”活动，不断加强领事保护宣传，共发放宣传彩页3000余份、《中国领事保护和协助指南》500册。此外，还充分发挥微信、微博、抖音等新媒体的作用进行外事宣传，起到了很好的宣传效果，得到了群众的一致好评。

强力推进脱贫攻坚。2019年，政府办持续积极开展结对帮扶活动，建立了每位党员包联1~2户贫困户的工作机制，并派遣2名干部常年入驻黄草梁村，积极宣传党的路线、方针、政策，切实解决群众最关心的问题，在当地产生了良好反响，进一步密切了党群干群关系。发动干部职工走访50余户群众，帮助群众彻底解决了水、电、路等民生实事，调解矛盾纠纷3起，协助完成劳务输出10人，全程参与助力黄草梁村脱贫摘帽，带动贫困户增收。

持续推进扫黑除恶。自扫黑除恶专项斗争工作开展以来，县政府办高度重视，全面贯彻落实习近平总书记关于扫黑除恶的重要指示和视察山西重要讲话精神，精心组织、科学部署、行动迅速，在2018年取得成果的基础上再接再厉，深入开展了扫黑除恶宣传活动，大力营造扫黑除恶专项斗争氛围，坚决实行“两个一律”，即对涉黑涉恶犯罪案件，一律深挖背后腐败问题，对黑恶势力“关系网”“保护伞”，一律一查到底、绝不姑息、绝不手软，完善涉黑涉恶问题线索管理台账，为扫黑除恶专项斗争持续推进奠定了坚实基础。

常抓不懈信访工作。一是信访认识到位。对信访事件进行理性认识和判断，坚持做到在思想上尊重，感情上贴近信访群众，让群众感受到“脸好看、门好进、话好听、事好办”。二是工作方法到位。对不了解政策的上访群众，积极宣传政策，帮助排忧解难；对诉求过高的上访群众，在政策规定范围内倾情相助，对不合理的诉求，做好耐心细致解释。三是责任落实到位。对信访群众提出的相关诉求，不能当场解决的问题，及时转交有关单位办理或协调相关单位进行解决，确保群众的诉求件件有回应、事事有反馈。四是梳理总结到位。对全县信访案件进行了详细梳理，并召集相关单位进行研究讨论，按照各方面政策依据进行解决，确保信访群众诉求得到合理回应或解决。

【强化带头作用】 2019年，县政府办突出模范带头作用，强化内部管理，坚持自身能力提升建设，全力当好政府“排头兵”。

坚持民主决策，汇聚工作合力。坚持民主集中制原则，对重大问题实行集体研究决定，使县政府办上下在思想上同心、在目标上同向、在行动上同力。县政府办认真学习习近平总书记“三篇光辉文献”精神，召开了“改革创新、奋发有为”大讨论民主生活和“不忘初心、牢记使命”主题教育民主生活，深入开展批评与自我批评，全面查摆、认真整改，形成了相互理解、相互尊重、相互支持的良好工作格局。

规范内部管理，优化办公环境。一是办公

室分配更加合理。机构改革后，县政府办在5楼的办公室全部搬到6楼，并根据县政府办“三定方案”合理分配了各股室办公室，对部分办公设施进行了维修，新购置了一批必要的办公设备，办公环境得到进一步优化，工作效率明显提升。二是公务车辆管理规范有序。严格执行《山阴县政府办公室车辆管理制度》，明确车辆外出必须事先向内务科开具出车单，确保办公室车辆调度有序；规范车辆维修和燃油等经费管理，进一步增强驾驶员的节约意识，纪律意识，减少浪费，降低行政成本。三是日常管理井然有序。坚持“科学、合理、节俭、实用”的原则，年初对各股室办公用品拉出清单，进行补充补齐；对于办公消耗品按照利用最大化的原则，及时进行补充，确保办公所需；保洁工作配备了专职保洁人员，负责做好领导办公室、楼道卫生管理等工作，营造了清洁、优雅、舒适的工作环境；严格执行24小时值班制度，确保信息畅通，特别是应急值守能力明显提高，有力促进了县政府正常办公秩序。

坚持制度约束，提高干部素质。始终以政府办日常管理制度为遵循，规范干部学习、工作、生活，让制度真正发挥作用。2019年，政府办干部职工共集中学习80余次，坚持学习中国特色社会主义理论体系，坚持学习习近平系列讲话精神，坚持学习党章，坚持学习党的路线、方针、政策，坚持学习中央和省市、县的重要文件、重要会议精神，切实提高干部职工的理论素养；各股室工作有条不紊推进，圆满完成领导交办的各项任务；干部职工充分发扬艰苦奋斗的优良传统，严格要求自己，从管好自己的嘴（不该吃的不吃），管好自己的手（坚决拒绝收受各种礼金、礼品），管好自己的腿（不该去的地方坚决不去），为全县各部门树立了模范带头作用。

坚持改进作风，提升服务水平。积极开展纪律作风整顿，深入贯彻党中央关于改进工作作风、密切联系群众的八项规定要求，进一步加强机关效能建设，建立健全各项规章制度，转变工作作风，提升服务水平。同时，严格执行党风廉政建设的有关规定，教育和引导全体干部职工从自身做起，严守纪律，筑牢思想防线，坚决杜绝违纪违法行为的发生。

脱贫攻坚

【概述】 2019年，山阴县委、县政府坚决执行党中央和省委、市委关于脱贫攻坚的各项决策部署，一以贯之地把脱贫攻坚工作作为最大的政治任务、最大的民生工程、最大的发展机遇，发扬“工匠精神”，下足“绣花功夫”，严格落实“四不摘”要求，不断强化责任落实，坚持精准施策，以问题整改为导向，加大措施落实力度，脱贫攻坚巩固提升取得明显成效。2019年完成9户19人减贫任务，全县贫困人口规模为1户5人，贫困发生率下降0.0028%。

【脱贫攻坚责任落实】 2019年，县委、县政府自觉以习近平新时代中国特色社会主义思想指导扶贫工作，始终把脱贫攻坚作为重大政治任务和第一民生工程，坚决履行主体责任，主要领导亲力亲为，示范引领，举全县之力开展脱贫攻坚战役，脱贫攻坚巩固提升取得显著成效。加强组织保障，严格落实主体责任。按照中央关于“要强化扶贫开发工作领导责任制，把中央统筹、省负总责、市县抓落实的管理体制，以片为重点、工作到村、扶贫到户的工作机制，党政一把手负总责的扶贫开发工作责任制，真正落到实处”的精神，县委、县政府坚决担当起脱贫攻坚的主体责任，认真履行脱贫攻坚工作第一责任，树立起责任意识、攻坚意识、率先意识，真正把脱贫责任扛在肩上、把脱贫任务抓在手上。一是扛实主体责任。县委坚持牵头抓总，统筹协调，严格落实“双组长”责任制、“三级书记”抓扶贫工作机制。2019年，先后召开县委常委会13次、政府常务会7次，专题研究脱贫攻坚工作议题44个；集中学习传达党中央和省委、市委有关脱贫攻坚方面重要讲话、会议精神24次，制定出台脱贫攻坚指导性文件6个，有力推动了压力传导到基层、责任压实到基层。二是压实帮扶责任。全面深化“两包三到”精准联动帮扶机制，30名县处级领导、81名县直单位主要负责人与包扶村签订了帮扶责任书。2019年，39个贫困村和3个重点村均实现了“一村一队、一队三人”。同时，围绕落实帮扶责任，建立健全了工作目标、岗位责任、正向激励、负向惩戒“四位一体”扶贫干部管理机制，常态化开展视频查岗、明察暗访、专项督查等，有力促进“三支队伍”履责担责尽责，实现了帮扶成效最大化。三是落实工作责任。建立县、乡、村三级脱贫攻坚责任机制，全面落实党政一把手主体责任和分管领导直接责任，逐级组建作战单元，逐级签订责任书，逐级立下军令状，形成上下贯通、责任到底、合力攻坚的责任落实体系，有力地推动了脱贫攻坚工作顺利开展。

部门履职尽责，凝聚脱贫攻坚合力。建立县乡村三级联动机制，凝聚各方合力，共同推进脱贫攻坚进程。一是强化乡镇党委的主体责任。各乡镇把脱贫攻坚工作作为农村工作的重中之重，投入大量的人力物力，紧盯“两不愁三保障”目标，牢牢抓住各个环节，精准制定帮扶措施，认真实施脱贫攻坚项目，大力改善农村人居环境，强化农村集体经济破零工作。二是强化村党组织的主角责任。全县各农村党组织认真履行脱贫攻坚工作职责，严格贫困识别、贫困退出、动态调整等工作程序，认真组织开展脱贫攻坚政策宣传宣讲，引导贫困户树立正确的思想观念，克服等靠要思想，激发贫困户自我发展的内生动力，带领他们脱贫致富奔小康。三是强化县直部门的联动责任。县委组织部始终把脱贫攻坚一线干部队伍建设作为干部工作的首要任务，管好用好包村领导、驻村工作队和第一书记“三支队伍”，发挥帮扶队伍整体优势，为脱贫攻坚提供坚强的干部人才保障。县纪委对全县扶贫政策措施落实、扶贫资金管理使用、扶贫项目建设、驻村队员作风及履职情况等进行全面督查，确保了精准扶贫各项政策措施落实有力，为打赢脱贫攻坚战提供了坚强纪律保证。发改、财政、农业、水利、林业、畜牧、教育、住建、民政、卫健、交通、电力、通信等部门都能肩负起行业帮扶责任，发挥部门职能作用，把改善贫困乡村发展环境和条件作为本行业本部门发展规划的重要内容，共同推动脱贫攻坚各项任务落到实处。

【产业扶贫】 2019年，山阴县聚焦产业扶贫，激发脱贫内生动力。按照“一村一品一主体、一户一策全覆盖”的产业扶贫要求，立足本地实际，统筹贫困属性、产业资源、扶贫资金等要素，从“区域产业发展、乡村产业发展、贫困户产业帮扶”三个方面规划扶贫项目，重点推进了种植、光伏等特色产业发展，真正建立起“五有”扶贫机制，实现了经营主体不漏村、产业扶贫不漏户、精准脱贫不漏人。一是特色种植产业。持续推进农业供给侧结构性改革，不断优化种植结构，提升种植效益。2019年推广旱地谷子种植面积7万亩，带动贫困户1036户发展种植谷子5967亩，户均收入1200元；通过订单合同、入股流转、吸纳打工带动山区贫困群众从事燕麦种植7920亩，种植全株青贮玉米17万亩，优质苜蓿2万亩，发展露地蔬菜3万亩，带动贫困人口增收。二是特色加工产业。依托古城、鑫霏等农业龙头企业，实施资金委托收益、土地流转和订单农业，带动乡村人口增收。三是光伏产业。2019年在岱岳镇、下喇叭乡、安荣乡、马营庄乡、马营乡、玉井镇、吴马营乡、薛圐圙乡、张家庄乡9个乡镇新建

23个屋顶分布式光伏发电项目，总投资1280万元，总装机容量1661.5千瓦，辐射带动23个村475户增收致富。2019年已有17个电站并网发电。四是电商扶贫。利用山西鑫霏农产品电子商务运营平台，采取品牌效应和订单农业模式，辐射带动贫困户280户900人脱贫致富。

【贫困村提档升级】 2019年，山阴县扶贫办聚焦贫困村提升，改善农村基础设施。把基础设施建设作为贫困村提升的先决条件，按照规划先行、统筹建设的原则，打通贫困村基础设施建设“最后一公里”，有效改善农村生产生活环境。

开展道路建设提升行动。2019年完成“四好农村路”121.5公里，行政村通村道路硬化达100%，建制村通客车率100%。有效解决了贫困群众出行难、农产品运输难等问题。

开展安全饮水提升行动。积极推进农村饮水安全建设，让村民能够长期有水用、用上放心水。一是继续完善实施平山右部分山区引黄供水工程。解决了吴马营乡、玉井镇两个乡镇34个村2.23万人（常住人口0.77万人）的饮水问题，其中贫困村11个，贫困户863户，贫困人口2276人。二是对北周庄镇、安荣乡、合盛堡乡3个乡镇、24个村庄实施农村饮用水氟超标集中连片改水工程，受益1.93万人，其中涉及贫困户231户，570人。

实施人居环境提升行动。深入开展农村环境集中整治，持续改善农村环境面貌，提升农村居民的生活质量。2019年，完成建设玉井镇、吴马营乡、马营乡、安荣乡、张家庄乡5座垃圾转运站。建设村内污水管网及配套相应的污水处理设备为主的农村生活污水综合利用一期工程，涉及薛圐圙村、白坊村、老羊寨村、北周庄村、燕庄村、郑庄村、古城村、羊圈铺村、新广武村、康庄村、玉井村、东庄村12个村庄。

【扶贫政策落实】 2019年，山阴县聚焦“两不愁三保障”，提升公共服务质量。以满足贫困群众基本公共服务需求为目标，着力提升教育、健康、住房、就业、养老等农村基本公共服务保障供给水平，突出抓好因病、因残、因学致贫问题，确保各项政策落细落实。

提升易地搬迁后续保障水平。2019年，山阴县按照《山阴县“十三五”时期易地扶贫搬迁实施方案》、县乡村三级不断加大工作力度，全力推进易地扶贫搬迁工作，截至2019年，圆满完成97户211人易地扶贫搬迁工作任务。其中：下喇叭乡分散搬迁18户47人，玉井镇集中搬迁79户164人。同时，按照“因人制宜、因地制宜”的原则，有针对性地开展后续帮扶工作，做到“搬得出、稳得住、能就业、有保障”，实现了“搬迁一户、脱贫一户”。

提升农村住房安全水平。完成490户危房改造任务，其中涉及建档立卡贫困户176户。2019年已全部完工。

提升基本教育服务水平。全面落实各类教育扶贫政策，优先保证建档立卡等家庭经济困难241名幼儿按1000元/人·学年进行资助，保障建档立卡等家庭经济困难的883名小学生、442名初中生享受义务教育寄宿生生活补助；把建档立卡等家庭经济困难的392名普通高中学生全部纳入资助范围，按2000元/人·学年、免学费800元/人·学年进行资助；2019年发放“雨露计划”助学金406人、121.8万元；对28名建档立卡贫困户大学生进行资助，发放14万元，减轻了贫困家庭的经济负担。

提升基本健康服务水平。严格落实开展“三保险、三救助”政策，2019年为贫困户缴纳基本医疗保险费398.31万元，缴纳补充医疗保险费90.525万元。截至10月底，贫困患者住院6202人次，救治资金4143.4万元。继续开展健康扶贫“双签约”服务，贫困人口家庭医生签约16345人，签约率达到97%，全县20家医疗机构全部实现贫困人口住院“一站式”结算。2019年为全县建档立卡贫困户17909人缴纳大病医疗和意外伤害险121.77万元（人均68元）；为建档立卡贫困户、贫困边缘的低收入非贫困人员共计19909人缴纳脱贫（防贫）、返贫保险31.85万元（人均16元）。

提升基本就业保障水平。积极推进就业扶贫工作，扎实推进生态建设和管护就业帮扶。组建33家造林扶贫专业合作社，吸纳贫困人员526人；人均劳务收入约4000元。同时，大力实施生态管护就业，贫困户人均可获劳务收入4000元。集中开展职业技能培训，2019年已完成各类培训54期、培训贫困户312人；组织开展3期专场招聘会、对接会，为贫困户推荐就业岗位2000余个，达成就业意向224个。

提升基本社会保障水平。一是动态调整农村低保线和贫困线，农村低保标准由去年的3840元·人·年提高到4440元·人·年，实现“两线合一”，应保尽保，2019年已发放低保金1887人469.41万元。二是加大对特困人员特殊困难救助，为185人孤儿发放生活保障资金231万元；为166人困境儿童发放保障资金79.91万元；为767人农村高龄老人发放生活补贴资金55.02万元；为30人农村失能老年人发放生活补贴资金4.98万元；为1028人农村经济困难残疾人发放生活补贴资金78.09万元；为3827人重度残疾人发放护理补贴资金114.81万元。为32名留守妇女、404名留守老人、97名留守儿童统一建立了工作台账，录入信息系统。

【扶贫资金投入】 2019年，山阴县扶贫办聚焦扶贫资金绩效，加大扶贫资金投入。不断加大扶贫项目资金投入，加强扶贫项目资金绩效管理，提高资金使用效率和脱贫成效，为打赢脱贫攻坚战提供了坚实的资金保障。落实财政扶贫投入增长机制。充分发挥政府投入在扶贫开发中的主体和主导作用，确保政府扶贫投入力度与脱贫攻坚任务相适应，逐步加大专项扶贫投入，2019年县级财政专项扶贫投入668万元，实现了年度财政扶贫资金投入总量增长。完善扶贫开发资源整合机制。2019年全县共整合各级各类涉农资金1751万元（其中整合省级资金1444万元，整合县级资金307万元），用于全县脱贫工作。

积极推进金融富民扶贫。2019年计划新增1600万元小额信贷任务。农业银行山阴支行、晋商银行山阴支行、山阴县农商行、山阴县太行村镇银行等金融机构积极向建档立卡贫困户发放扶贫小额贷款，截至2019年，共为373户贫困户发放1814.21万元。做好银行风险补偿金、小额贷款的贴息、各类保险金、特惠补贴金的拨付工作。2019年，拨付小额贷款贴息188.89万元，拨付风险补偿金222.36万元。多举措加强项目监管。投入扶贫资金2952万元，共计实施项目71个，全部录入项目库。山阴县脱贫攻坚领导小组办公室制定出台《山阴县脱贫攻坚工程项目风险隐患排查整治方案》，各乡镇、各有关单位按照方案要求对2014年以来实施的工程项目进行了风险隐患排查。对全县44座光伏电站进行了集中统一运维。全面落实公告公示制度，做到了扶贫项目资金阳光化管理。强化服务助力企业发展。为山西鑫霏农业开发有限公司、骏宝宸农牧科技有限公司、山西宇昊蘑菇有限公司、山阴县泰和牧业、山西古城乳业、百瑞源枸杞六家企业上报申请2019年度扶贫周转金，县级配套资金670万元已全部到位。

【扶贫管理】 2019年，山阴县扶贫办聚焦“六个精准”要求，加强动态调整管理。确保精准识别。按照坚持整户识别，严禁拆户分户；坚持两项制度衔接，严禁将低保户排斥在外；坚持现行标准，确保脱贫质量成色；坚持综合研判，防止“一刀切”；坚持据实测算收入，确保结果真实可靠“五个坚持”的原则进行识别。2019年，新识别1户5人，自然增加48户59人，自然减少689户786人。加强摸底核查。山阴县脱贫攻坚领导小组办公室下发《关于印发〈2019年度扶贫对象动态管理工作方案〉的通知》（山脱贫攻坚办〔2019〕27号），各乡镇组织村两委、驻村工作队、第一书记按照方案要求，对村内非建档立卡农户中，2019年人均收入低于5000元且存在产业失败或就业不稳、因病因灾因学或突发变故刚性支出较大等致贫风险的，开展摸底调查，研究确定边缘户。对2014—2018年脱贫户中，2019年人均纯收入低于5000元且家中存在劳动力缺乏、有大病病人，产业失败或就业不稳，转移性收入占比超50%以上、脱贫后收入持续下降等返贫风险的，开展摸底调查，研究确定脱贫监测户。摸排到脱贫监测户238户、668人，边缘户29户、69人。

【扶贫作风】 2019年，山阴县扶贫办聚焦作风改进，促进脱贫攻坚。持续开展脱贫攻坚干部作风问题大督查、大整顿活动，严肃查处“虚”“浮”“假”和“不作为、慢作为、乱作为”等突出问题，以较真促认真，以碰硬促过硬，以决战促决胜，以铁的纪律保障脱贫攻坚顺利推进。推行包村帮扶。全面深化“两包三到”精准联动帮扶机制，严格实行县级领导、部门、乡镇和工作队员“四级责任清单”制度，开展单位包村、领导包带和工作队到村、党员干部到户、第一书记到岗活动。

严肃督查问责。县委组织部门抽调专门力量加强对驻村工作队员和第一书记的督查考核，严格落实5天4夜驻村制度。对在督查中发现的不住村、脱岗人员进行约谈。成立3个脱贫攻坚帮扶巡回指导组，围绕驻村干部考勤、开展“六大行动”、履职情况和结对帮扶责任人帮扶情况及扶贫工作满意度，每月开展一次全覆盖督查，促进帮扶工作扎实开展。加强工作保障。县财政为驻村工作队队员、第一书记每人安排3000元工作经费。下发《关于落实扶贫驻村干部工作保障的通知》，进一步明确驻村干部伙食、通信、交通补贴等标准，落实体检、意外伤害险，确保驻村干部能住下、干得好。

强化作风建设。落实中央基层减负年要求，集中整治形式主义、官僚主义、切实减轻基层负担情况。严格落实上级考核要求，统筹脱贫攻坚各类考核，与精准扶贫无关的搭车任务，未经批准的部门考核评估，不必要的填表报数、会议活动、文件简报“一律取消”。

培训提升能力。认真落实中组部、国务院扶贫办要求，加强干部教育培训工作。结合大讨论和主题教育，对全县农村支部书记、“第一书记”进行了两次全员集中培训。举办两期驻村干部专题培训，深入学习习近平总书记关于扶贫工作的重要论述、十九大四中全会精神和基层组织建设、扶贫开展政策、现代农业知识等内容，并组织贫困村驻村工作队长、第一书记到岢岚县、右玉县现场观摩学习脱贫经验。

【社会力量】 2019年，山阴县扶贫办聚焦社会力量，凝聚脱贫攻坚强大合力。充分发挥共产党政治优势和社会主义制度优越性，广泛动员全社会力量，采取多种形式，共同参与社会扶贫工作。广泛动员社会参与。积极动员各方力量投身到脱贫攻坚中，形成了齐心协力、助力脱贫的良好局面。县内企业主动履行社会责任。全县78家企业开展结对帮扶，特别是7家龙头企业和扶贫专业合作社，通过村企合作、“企业+基地+农户”等模式，带动贫困户4000余户。消费扶贫助推产销衔接。出台消费扶贫促进精准脱贫“五进九销”措施，搭建农特产品进机关、企业、学校、医院、军营供需对接平台，采取对接承销、龙头企业带销等九种方式，引导社会各界买贫困地区产品、献扶贫济困爱心。“六大行动”做实驻村帮扶。“三支队伍”全年投入帮扶资金297.81万元，引进帮扶资金45.4万元，实施万元以上项目18个，购买帮扶村农副产品的资金达19.065万元，帮助销售帮扶村农副产品所得129.85万元，走访群众7383人次，帮助群众困难673件，宣传政策3150次，群众满意度不断提升。扶志扶智促进稳定脱贫。

山阴扶贫办在抓好“五个一批”的基础上，同步在扶志扶智上做文章，始终把扶志扶智作为脱贫攻坚工作中一项重要内容，贯穿于宣传引导、技能培训、金融帮扶，控辍保学等各项扶贫政策措施中，引导贫困群众树立自立自强、不甘贫困的意识，激发贫困群众脱贫致富内生动力，构建精神脱贫“硬支撑”，为打赢脱贫攻坚战提供有力的思想保证。

山阴扶贫办推广“一网三超”。推广中国社会扶贫网+爱心扶贫超市、项目扶贫超市、消费扶贫超市“一网三超”模式，劳动表现记积分、用积分兑物品。2019年，中国社会扶贫网注册量9650人次，建设爱心超市50多个，建立健全了“爱心超市”长效机制，切实增强贫困户内生动力，激发村民爱心效应，扶贫爱心超市取得了良好成效，让“扶贫扶志”真正落地落实。

【问题整改】 2019年，山阴县聚焦问题靶向，扎实推进整改落实。一是以上率下持续整改。以习近平总书记视察山西重要讲话精神以及全省考核约谈、通报、反馈、整改工作电视电话会议精神为指导，全力开展2018年脱贫攻坚成效考核发现问题整改工作，市政协副主席、县委书记李旭清同志高度重视，就问题整改多次作出批示。召开问题整改书记专题会议1次，推进会议2次，制定《山阴县2018年脱贫攻坚成效考核整改工作方案》，明确了整改措施、责任部门和整改时限，共制定整改措施35条。确保问题整改工作强力推动。二是举一反三边巡边改。按照省委统一部署，10月14—31日，省委第三巡视组对山阴县开展脱贫攻坚专项巡视，并于10月31日下达边巡边改整改通知书。县委高度重视、诚恳接受，全面认领、坚决整改，于11月1日召开县委常委（扩大）会议，要求全县上下以对党忠诚、对人民负责的态度，严肃认真抓好省委脱贫攻坚专项巡视整改工作，确保高质量打赢脱贫攻坚战。并及时制定出台了《关于省委第三巡视组边巡边改反馈问题的整改方案》（山发〔2019〕19号），细化整改措施，明确整改责任，严格整改时限，推动整改落实。县脱贫攻坚领导小组切实担起巡视整改主体责任，市政协副主席、县委书记李旭清坚决扛起整改第一责任人责任，于11月6日主持召开县委常委（扩大）会议，专题听取巡视整改进展情况汇报，盘点任务进度，分析存在问题，注重举一反三、触类旁通，并就做好下步整改工作作出安排部署，确保整改责任落到实处。截至2019年11月10日，省委第三巡视组反馈的9个问题，已全部整改到位。

行政审批

【概述】 2019年，山阴县行政审批服务管理局全体干部职工以习近平新时代中国特色社会主义思想为指导，深入学习贯彻县委十四届八、九次全会暨县委经济工作会议和省、市局工作会议精神，坚决执行县委、县政府的决策部署，紧紧围绕推动山阴县营商环境迈入全市第一方阵目标，以推进审批服务便民化为重点，进一步深化“放管服效”改革，大力开展“基础建设年”“作风建设年”活动，紧扣“七大任务”工作主题，坚持两手抓，一手抓新机构、新班子、新队伍的建设和管理，一手抓新职能、新使命、新任务的履行和担当，不断提升政务服务管理水平和社会满意度，开创了行政审批服务管理工作新局面。

【机构组建】 2019年，按《山阴县机构改革方案》，将县政府办公室的政务改革和管理职责、以及相关机构承担的行政审批制度改革、行政审批服务管理、政务信息管理等职责整合，组建县行政审批服务管理局，加挂县政务信息管理局牌子，作为县政府工作部门，承担县政府优化营商环境相关职责。同时将县政务服务中心、县政府采购中心调整为县行政审批服务管理局管理的事业单位。3月1日，山阴县行政审批服务管理局（县政务信息管理局）正式挂牌成立，形成了“一局两中心”构架，副县长乔新文出席了揭牌仪式。3月21日，山阴县委办公室、山阴县人民政府办公室印发了《山阴县行政审批服务管理局（山阴县政务信息管理局）职能配置、内设机构和人员编制规定》的“三定”规定。县委编委会批准成立山阴县行政审批服务网络技术服务中心、山阴县行政审批服务综合受理中心、山阴县行政审批项目审勘中心三个股级建制事业单位，核定全额拨款事业编制24名，重新核定审批局和涉改部门“三定”方案。

相对集中行政许可权改革前，行政审批局到位工作人员5名，党组书记、局长1名，党组成员、副局长1名，党组成员、政务服务中心主任1名，科员2名；政务服务中心工作人员2名；政府采购中心工作人员15名，主任1名，科员14名。根据改革工作需要，经山阴县编制委员会批准成立3个股级事业单位，县行政审批服务管理局形成了“一局五中心”构架。2019年12月30日，山阴县举行相对集中行政许可权改革审管衔接备忘录签署暨集中审批印章启动仪式，正式启动“一枚印章管审批”。随着改革的推进，首批从17个县直部门划转行政审批及关联事项255项，首批划转人员21人，其中行政编制1人、事业编制20人。

整合机关办公区。原政务大厅占用岱岳镇政府大楼一、二、三层（部分房间），其中一、二层为各部门入驻窗口，三楼为机关办公区。县行政审批服务管理局成立后，积极主动与岱岳镇党委、政府领导同志协商沟通，基本解决了机关办公用房问题。岱岳镇将三楼以下（除三楼中型会议室、二楼大型会议室、二楼档案室）腾出给行政审批局。优化配置了办公用房及办公设备，建起了党建阵地。此项工作于4月底全部结束。整修后，办公场所整洁明亮、办公设备配置齐全、机关面貌焕然一新，为全局工作步入正轨奠定了坚实的基础。

召开工作会议。6月12日召开了山阴县行政审批服务管理暨全面从严治党工作会议，全局干部职工和驻大厅窗口负责人参加了会议。党组书记、局长赵永胜作了《履行新使命 担当新作为 全力开创行政审批工作新局面》的工作报告，对机构组建以来工作进展情况进行了总结、安排部署2019年行政审批服务管理和全面从严治党工作；签订了《山阴县行政审批服务管理局全面从严治党责任书（2019年度）》，压实领导班子主体责任和监督责任；派驻纪检监察三组组长李兴玉、专员武开元分别就党风廉政建设和反腐败、加强作风建设等方面工作作了讲话。

建立健全基层党组织。经过前期认真的筹备组织，8月13日，经县直机关工委批复，召开了全局党员大会，成立了山阴县行政审批服务管理局党支部，选举产生了党支部第一届委员会。领导班子认真履行“一岗双责”要求，肩负起分管领域责任，坚持党建工作和业务工作同谋划、同部署，把每个环节的党建工作抓具体、抓深入。并结合实际，捋顺各种关系，合理调配工作人员，选配了党支部专兼职党务工作人员，确保党的活动有效地开展。

制定完善规章制度。对照行政审批服务管理局的工作职能和目标，结合“三基”建设，强化责任、细化职责，制定完善规章制度。按照《中国共产党党组工作条例》，制定了《县局党组工作规则》等系列工作制度21项，确保各项工作有章可循、有规可依。

【业务培训】 2019年，山阴县审批局健全机构，加强业务培训。局机关配齐内设股室人员，同时加强专业知识的学习培训，提高履职能力，提升干部职工整体素质。审批局采取走出去学回来的方法，建立与发达地区的学习、信息交流机制，学习先进理念和先进经验。以进一步推动山阴县营商环境迈入全市第一方阵为目标，进一步深化“放管服效”改革，深化审批服务便民化改革。审批局于8月18—22日组织工作人员赴浙江省天台县行政审批局、杭州市政务服务中心进行实地学习行政审批制度改革经验做法。10月17—18日，在朔州市行政审批服务管理局党组书记、局长李全胜的带领下，局领导与市局科室及部分县区相关人员共计20人赴临汾市政务服务中心、侯马市政务服务中心就政务服务标准化建设创建工作进行考察学习，为山阴县的创建工作提供了可借鉴的做法和经验。

【主题教育】 2019年，山阴县审批局扎实开展主题教育。8月28日上午，全局党员干部赴右玉南山森林公园绿化丰碑进行现场学习，开展了“弘扬右玉精神、践行初心使命”主题党日学习活动。于9月12日召开主题教育动员部署会议，高质量做好“规定动作”、高标准谋划“自选动作”。学习教育突出“深”，将每周二上午常态化政治理论学习、专业知识学习与专题教育相结合、支部组织生活与主题教育相结合、自学与集中学习研讨相结合，组织党员干部先后赴玉井镇东庄村八路军358旅旧址开展革命传统教育；口子梁村彭云先进事迹展览馆、合盛堡乡康庄村“同心井”教育基地、组织观看《榜样4》开展先进典型教育；召开全局警示教育会，注重运用四风典型案例、违纪违法案件、组织观看《初心泯灭的歧路》《失守的初心》专题片等开展警示教育；集中观看了“伟大历程、辉煌成就——庆祝中华人民共和国成立70周年大型成就展”网上展馆，开展爱国主义教育，丰富教育形式。山阴县审批局领导班子坚持“一线工作法”，对照人民群众新期待、对照党章，开展了服务地方、服务基层、服务群众的“三服务”活动。将9月确定为“便民服务月”，在大厅开展便民服务活动，切实解决了群众身边的实际问题；针对征求意见反馈的大厅上下午下班时间公交难等、不便于办事群众的问题，局领导积极主动与县交通运输局领导、公交公司负责人协商沟通，公交公司于工作日的12时和18时在大厅门前公交站发车，保证办事群众顺利返程。切实解决好群众的操心事、烦心事、揪心事。主题教育得“实效”，局党组牢牢抓住深入学习贯彻习近平新时代中国特色社会主义思想这个根本任务、全面把握“守初心、担使命、找差距、抓落实”的总要求，坚持抓思想认识到位、抓检视问题到位、抓整改落实到位、抓组织领导到位，认真撰写撰写领导班子和个人检视剖析材料，全局党员干部以彻底的自我革命精神解决违背初心和使命的问题，推动理论武装更加扎实、思想政治更加坚定、干事创业更加有为。高质量开好两个专题会议，根据县委主题教育领导小组统一安排，局党组于12月6日召开了“不忘初心、牢记使命”主题教育专题民主生活会、专题组织生活会和民主评议党员。班子成员开展了严肃的批评和自我批评，深刻查摆主题教育检视的问题，既找到了理论短板，又找到了思想差距，问题根源剖析透彻，整改措施具体可行，相互批评真点问题、点真问题，真正达到了“红脸出汗，排毒治病”的效果。专题组织生活会上，支部书记赵永胜代表支委会作述职报告和作检视剖析。其他党员对党支部的工作进行了评议并提出批评建议。参会党员都作了认真的发言，谈了自己在这次“不忘初心、牢记使命”主题教育中的收获，检视了自身的问题，深刻剖析问题和差距的根源，提出了努力方向和改进措施。通过专题组织生活会，使全体党员达到了自我教育、自我提高、解决问题、增进团结的目的，为促进审批局党建工作再上一个新台阶奠定了坚实的思想基础和组织基础。

【审批管理】 2019 年，山阴县审批局对《2019 年〈政府工作报告〉重点工作任务分工》和《关于设定 2019 年度部门县考核指标项目》进行了认真研究，对涉及本单位的职能进行了细化、上报。对照省、市局 2019 年度工作要点制定了《山阴县行政审批服务管理局 2019 年度工作要点》，明确了 7 项重大工作任务。对县领导交办的工作全部在第一时间完成。及时答复县人大代表建议 2 件，答复县政协征求意见函 1 份。

突出优化营商环境，在加快推进“六最”目标上实现新突破。全力配合好全省域营商环境评价工作。作为牵头单位，切实发挥好统筹调度、综合协调作用，确保按时保质保量配合完成好第三方评价工作，展示山阴县营商环境改革新成效。充分发挥营商环境评价“指挥棒”作用。打造“六最”营商环境。全面推进相对集中行政许可权改革。根据省委、省政府在全省市县两级和省级以上开发区推广复制晋城市相对集中行政许可权改革经验的决策部署，县委、县政府分别于 12 月 5 日、9 日、12 日、17 日、27 召开五次会议，研究、部署、推进相对集中行政许可权改革，出台《山阴县相对集中行政许可权改革实施方案》，决定首批将县发改局等 17 家单位的 255 项行政审批及关联事项划转县行政审批服务管理局集中行使。12 月 30 日，山阴县举行相对集中行政许可权改革审管衔接备忘录签署暨集中审批印章启动仪式。县委、县政府非常重视相对集中行政许可权改革工作，市政协副主席、山阴县委书记李旭清，县委副书记、县长苏坡，县委副书记王国文，县委常委、纪委书记、监委主任刘德智，县委常委、组织部部长王国梁出席启动仪式，市行政审批服务管理局党组成员、副局长李树贵应邀出席，县委常委、常务副县长郭兆文主持启动仪式。各乡镇党委书记、县直各部门负责人，县行政审批服务管理局、县政务服务中心和县采购中心全体人员参加仪式。启动仪式上，苏坡现场封存了各单位审批用章，启用行政审批专用章同时盖发首张营业执照，并作了重要讲话。开展相对集中行政审批许可权改革，是省委、省政府持续深化“放管服效”改革、打造“六最”营商环境作出的一项重大决策部署。举行审管衔接备忘录签署暨集中审批印章启用仪式，这不仅是山阴县政治经济生活中具有里程碑意义的一件大事，更是推进企业投资创业快捷化、民生服务便利化、政府治理现代化的一项重要举措，标志着山阴县推进相对集中行政许可权改革、加快政府职能转变迈出实质性步伐，预示着山阴县已经开启“一个部门、一枚印章”管审批的全新阶段。

突出政务服务改革重点，在深化行政审批制度改革上实现新突破。近年来，县委、县政府高度重视投资项目并联审批和企业投资项目承诺制改革工作，把项目并联审批、企业投资项目承诺制改革作为优化营商环境、推进项目建设的主要内容，列入“转型项目建设年”的一项主要内容，审批局对标河曲、繁峙“放管服效”先进理念，探索推行政务服务中心“一窗受理、内部循环、联审联批、一窗出件”审批模式，进一步完善重大项目并联审批制度。扩大投资项目承诺制改革成效，以承诺制改革为牵引，进一步引深行政审批制度改革，在确保承诺制改革全面落地的基础上，继续大幅压减核准类项目核准、评估时限，实现项目立项管理全市最简最短，实现让企业和群众办事少跑腿，切实做到“只进一扇门，最多跑一次”。2019 年，全县备案项目 143 个，

2019年全县实行承诺制改革项目22个，其中：土地手续应办22项，实际办结16项，其他6项正在办理；节能批复应办5项，办结5项；环评手续应办22项，办结11项，其他11项正在办理中；用地规划应办22项，办结10项，其他12项正在办理中。

2019年，共有387户企业办理了营业执照、239户办理了刻章、62户办理了税务手续（其原因：企业因不急于办理公章刻制、涉税相关事项而暂缓办理），不动产登记办理业务1017件（其中：查封登记4件、抵押登记978件、注销登记34件、解封登记1件）。申请新开办企业实现3个工作日内完成营业执照办理、公章刻制、涉税办理等事项，查封、抵押、注销登记等企业和群众关注度高的不动产登记压缩至5个工作日内完成。全面贯彻落实国家、省、市工程建设项目审批制度改革精神，对工程建设项目从立项到竣工验收和公共设施接入服务实施全流程、全覆盖改革，整合各部门和各市政及公用单位分散设立的服务窗口，在二楼设立了工程建设项目审批综合服务窗口。按照省"一窗受理"工作规程，建立完善"前台受理、后台审核"机制，制定综合服务窗口工作制度和服务事项清单，公开服务标准、办事流程和审批时限，综合服务窗口统一收件、出件，实现"一个窗口"集成服务，为申请人提供工程建设项目审批、咨询、指导、协调和代办等服务，提高了申报通过率，力争全县工程建设项目审批时间一般项目压缩到45个工作日和重大项目压缩到100个工作日以内。

【互联网服务与监管】 2019年，山阴县审批局突出突出一体化在线政务服务平台这一重要载体，在提升"一网通办"水平上实现新突破。作为牵头单位，组织全县各乡镇、县直有关单位基本完成"互联网+政务服务"平台四级联网及完善事项梳理录入工作，对照国家最新事项标准规范，重新调整县级事项名称、编码、依据、类型等基本要素，基本完成"四级四同"任务；根据各部门新的"三定"规定，重新公布县级行政权利和责任清单，并纳入动态管理系统，进一步完善"互联网+政务服务"平台，完成平台功能整体上档升级，4月，全面对接省市一体化在线政务服务平台，80%以上政务服务事项"一网通办"。截至年底，"互联网+政务服务"平台行政许可事项共申请728件，受理724件，办结727件，网上办结率99%。"互联网+监管"这一重要平台，在提升政府监管智能化水平上实现新突破。按照"一个平台管监管"的要求，作为牵头单位，组织梳理全县"互联网+监管"系统监管部门监管事项目录清单和检查实施清单。提请县政府办公室下发了《山阴县人民政府办公室关于梳理全县"互联网+监管"系统监管事项目录清单和检查实施清单的通知》（山政办发〔2019〕27号）文件，按照统一标准规范和要求，认真梳理县级监管事项，形成目录清单和检查实施清单并纳入省平台统一管理、统一发布，9月实现与国家系统对接。年底，29家单位已梳理出目录清单823项、检查实施清单770项。形成对监管对象事前、事中、事后全过程、多领域的状态记录，并适时向监管部门推送，为"双随机、一公开"监管、联合监管、协同监管提供数据支撑，实现对监管的再"监管"。

【集中采购】 2019年，山阴县审批局突出政府集中采购这一关键领域，在打造规范高效阳光交易平台上实现新突破。进一步理顺政府采购服务管理体制，严格落实机构改革和"三定"规定赋予的职责，积极构建政府集中采购管理新体制新机制，有效推行"一局两中心"架构高效运行。2019年，委托招标公司办理业务15件，涉及农业农村、民政、教育、国土、人防、医疗集团、应急（消防）等3060多万元。5月份，服务类政府投资建设项目，教育局高考标准化建设项目，机关后勤（社区装修）项目，桑干河湿地公园设备采购项目，委托招标公司已全部完成。县公安局交通管理大队新建“122指挥中心”办公楼购置办公桌椅项目、县委党史研究室出版印刷县志年鉴影印旧志项目、县市场监督管理局2019年食品检验检测服务项目、县公安局交通管理大队“古城镇、岱马路、荣乌高速口十字交叉口交通信号灯”项目公开招标全部完成，中标总额383.8178万元；总投资241万元的县公安局交通管理大队执法全流程智能管理平台建设预计2020年1月21日开标。政府采购中心不断加强业务培训，提高执业人员的专业水平，着力解决废标率高和供应商投诉等突出问题，打造一支高素质、高水平的专业团队，推动政府集中采购提质提速。

【服务群众】 2019年，山阴县审批局突出群众满意度这一衡量标准，在提升政务服务能力和水平上实现新突破。机构改革后单位职能合并转移，入驻大厅的单位共有22家，43个窗口，办理行政审批168项，公共服务事项129项，共297项，其中272项实现了全程网办。山阴县审批局对标榆次政务服务先进经验，探索实行个人企业办事窗口分离、单独设置咨询窗口；探索不动产和抵押登记多部门集中审批模式；探索预约、上门、代办等精准服务模式，试行驻政务服务大厅窗口在工作时间之外提供延时服务和节假日预约服务；9月以来由于公安窗口户籍核对、企业养老保险窗口灵活就业办理和居民医疗保险缴费等业务，造成办事群众较多，工作人员业务较多、群众办事不快捷等现象，审批局决定将9月份确定为“便民服务月”，开展便民服务活动。从小处着手、为群众考虑，实实在在解决群众身边的实际问题，新设置了“便民自助查询机”2台、“叫号机”1台，电脑自助服务区和人工自助服务区两处，增加了3名导服人员；在大厅免费提供纸杯、开水，打印、复印等更贴心的服务，审批服务便民化持续推进，切实增强了企业和群众的满意度和获得感。2019年，各类事项共办结104189件，办件量比2018年全年增加40082件，增长62.5%；其中：办理行政许可事项共6003件，比2018年全年增加3208件，增长114.8%；办理行政确认共4008件，比2018年全年增加1734件，增长76.3%；办理公共服务事项共94178件，比2018年全年增加35140件，增长59.5%。

【党建】 2019年，山阴县审批局突出深化党的政治建设首要任务，在推动行政审批全面从严治党向纵深发展上实现新突破。2019年，局党组坚持不懈强化思想政治建设，把党的政治建设摆在首位，以政治建设为统领加强思想教育。全体干部职工以习近平新时代中国特色社会主义思想武装头脑，在“融会贯通、全面覆盖”上持续下功夫，牢固树立“四个意识”、更加坚定“四个自信”、切实做到“两个维护”。全局干部职工自觉对照“三对”“六最”要求，凝聚起打造“六最”营商环境的强大动力。坚持不懈压实管党治党责任，牢固树立了“抓好党建是本职，不抓党建是失职，抓不好党建不称职，党建出问题是渎职”的观念，全面提升党支部组织力，强化党支部政治功能，充分发挥党支部战斗堡垒作用，严格执行党的组织生活制度，“三会一课”、党课、主题党日内容丰富、形式多样、氛围庄重。真正把抓好党建作为最大的任务，驰而不息，久久为功；坚持不懈加大监督执纪问责力度。认真贯彻落实中纪委十九届三次全会、省纪委十一届四次全会、市纪委六届四次全会和县纪委十四届四次、五次全会精神，建立健全全过程监督制度。局党组自觉接受派驻纪检监察机构的监督，旗帜鲜明地支持派驻纪检监察机构开展工作，为派驻监督创造有利条件。充分利用电子监察、视频监控等电子监督手段，结合现场值守、现场监督、现场受理等有效形式，形成全过程、全方位线上线下有效监督。严格落实监督管理问责制度，大力整顿窗口人员工作作风，坚决杜绝纪律松弛、推诿扯皮、办事拖拉、态度冷淡、言语粗暴等突出问题，一经发现违纪违规行为，对窗口人员坚决查处，对窗口负责人严肃问责。加强对机关党员干部的经常性监督和全方位管理，把纪律和规矩挺在前面，让制度“长牙”纪律“带电”，监督执纪零容忍。扎实开展了“改革创新、奋发有为”大讨论活动。3月7日，制定了大讨论实施方案，召开了动员会，对大讨论活动的规定动作和自选动作进行了安排部署。成立了大讨论活动领导小组。开展了集中学习、专题讲座、政企互动政策解读等系列活动，筑牢了搞好大讨论活动的思想基础。利用大厅电子显示屏宣传中央、省、市、县委关于改革开放再出发的重要精神和部署要求。围绕“我为改革创新做点什么”主题，针对政务服务改革再加码、审批效率再提速、便民举措再升级、党的建设再加强等方面向市局投稿建言。同时将大讨论活动贯穿于业务工作中，全力营造大讨论活动的良好社会氛围，切实做到了“两不误、两促进”。在全县“改革创新、奋发有为”大讨论活动交流总结大会上作了交流发言。

信 访

【概述】 2019年，山阴县信访工作在上级信访部门的精心指导和支持下，在县委、县政府的正确领导下，在县人大常委会的有效监督下，坚持以习近平新时代中国特色社会主义思想为指导，深入学习贯彻习近平总书记关于加强和改进人民信访工作的重要思想，不断创新工作方法和机制，认真贯彻执行信访条例，积极畅通信访渠道，全县信访态势总体平稳，秩序好转，较好地完成了各项任务。

【上访情况】 2019年，山阴县进京到重点地区上访7人次，进京集体访217人次，赴省集体访106人次，个访62人次，到市集体访757人次，个访251人次，接待群众来信来访263批次2143人次，集体访140批次1893人次，个访123批次250人次；受理网上信访投诉共419件，办结371件，办结率97%。所有来访事项均得到妥善处置，信访总体态势平稳。通过部门联合接访、及时转办、定期督办，及时就地化解信访问题。

【信访活动】 “四个重点”活动情况：国家、省信访局转办山阴县“四个重点”案件共13件，其中国家信访局交办3件，省信访局交办10件，全县对“四个重点”攻坚战案件逐案明确县级以上包案领导，按照办理要求，及时将案件交办至责任单位，要求在规定的时限内办结，并督导落实；县信访协助责任单位从程序上办结并汇报。2019年，国家信访局交办的3件信访件，已全部息诉；省信访局交办的10件案件，已全部办结。

“三个一批”活动情况：市信访局转办全县“三个一批”集中攻坚专项活动案件（第一批）44件、（第二批）14件，山阴县对“三个一批”案件高度重视，成立由县委常委、政法委书记郭瑞任组长的领导组，并将案件转办责任单位，转办的58件已全部办结，并将相关案件材料报送市信访局。

“五个台账”活动情况：2019年“处理信访突出问题”专项行动转办山阴县共6件案件，全县对上级转办案件高度重视，逐案明确县级以上包案领导，坚持“四定”“五包”责任制，及时将案件交办至责任单位，要求在规定的时限内办结，并督导落实；确保案件按照要求的时限、进度、效果等任务完成。2019年，6件案件全部办结，并汇报山西省信访信息系统。

项目监控

【概述】 2019年，山阴县项目资金监控中心人员团结一致，精诚合作，深入贯彻落实中共十九大和十九届二中、三中、四中全会精神，将全省“改革创新、奋发有为”大讨论与“不忘初心、牢记使命”主题教育紧密结合，认真学、仔细想、努力做。不断增强“四个意识”、坚定“四个自信”、做到“两个维护”。在改进工作作风的同时，积极响应上级号召，抓严抓实党员党风廉政建设，紧紧围绕财政投资建设工程，认真履行监控职责，狠抓工作成效。山阴县项目资金监控中心对交通局、教育局、林业局、水利局、机关后勤服务中心等多家主管部门实施的工程进行了全程监控，截至2019年，全年共计出审核报告43个，紧紧围绕县委“2361”总体思路，以党建统领全局，做好项目资金监控工作，为县委、县政府节约大量资金。

【管理制度】 2019年，山阴县项目资金监控中心强化学习，着力提高干部职工政治理论素养。每周二、五定期开展学习活动，坚定党的理想信念，提升思想觉悟的精神引领，汇聚全县改革发展的正能量。学习好习近平新时代中国特色社会主义思想，切实把右玉精神内化于心，外化于行，实化于绩。增强约束性、减少随意性、提高规范性，建立健全“一岗三责”制，即业务工作、廉政建设、思想政治工作三者合一，统筹兼顾，从思想上、行动上建立起相互制约、层层把关的内部控制机制，确保权力在阳光下运行，使自己的一言一行都要向《榜样》栏目中的优秀共产党员看齐，做到信念坚定，对党忠诚。山阴县项目资金监控中心坚持把党风廉政建设作为一项重要工作，以十九大精神为指导，围绕“不忘初心、牢记使命”主题教育和县直机关党建工作要点，牵住党风廉政建设主体责任这个深入推进党风廉政建设和反腐败斗争的“牛鼻子”，对于落实全面从严治党要求具有十分重要的意义，加强党风廉政建设工作，也成为今后工作的一种新常态。对党员干部严格教育、严格要求、严格管理，狠抓纪律建设，营造对党忠诚、个人干净、敢于担当的良好氛围。

【脱贫攻坚】 2019年，山阴县项目资金监控中心按照县委组织部门要求，对薛圐圙乡薛圐圙村、白坊村进行驻村扶贫帮扶。工作队本着要干事先了解实情的原则，入驻包点村，对两村23户采取入户座谈、走访等多种形式，进一步摸清了贫困户的基本情况和存在不足。深入到贫困户家中，加大对政府扶贫项目和政策的宣传力度，让贫困户对政策依据有所了解，同时为白坊村贫困户解决了饮水困难问题。

中国人民政治协商会议
山阴县委员会

综　述

【概述】 2019年，县政协及其常委会坚持以习近平新时代中国特色社会主义思想为指导，全面贯彻中共十九大和十九届二中、三中、四中全会精神，深入贯彻习近平总书记关于加强和改进人民政协工作的重要思想，广泛团结参加政协的各党派团体和各族各界人士，不忘合作初心、牢记职责使命、始终携手奋进，与时俱进，不断夯实思想政治根基。常委会始终把高举旗帜、维护核心作为根本性大事、摆在首要位置，坚持以习近平新时代中国特色社会主义思想统领工作、引领事业、凝聚共识、汇聚力量，带头增强“四个意识”、坚定“四个自信”、做到“两个维护”。着力夯实团结奋斗的共同根基，使广大党员干部、政协委员坚定政治立场，强化责任担当，确保党的决策部署在政协落实落地，在事关道路、制度、旗帜、方向等根本问题上同以习近平同志为核心的中共中央保持高度一致。坚持建言资政和凝聚共识双向发力，在服务全县各项事业发展中书写了政协新篇章。

【加强政治建设】 2019年，政协山阴县委员会努力加强思想理论学习，加强思想理论武装。扎实开展“改革创新、奋发有为”大讨论和第二批“不忘初心、牢记使命”主题教育，紧扣学习习近平新时代中国特色社会主义思想这条主线，坚持在学习教育、检视问题中悟初心、守初心，在整改落实、解决问题中勇作为、担使命，把学和做结合起来、把查和改贯通起来，以守正创新精神强弱项、补短板、固根基，激发政治担当、为实现新时代党的历史使命凝心聚力。凝聚各界政治共识。深入学习中共十九届四中全会精神和中央政协工作会议精神，学习《中共中央关于新时代加强和改进人民政协工作的意见》，深刻领会创造“两大奇迹”的“制度密码”，深刻理解把握政协专门协商机构的工作定位、重大意义，在“坚持和巩固什么、完善和发展什么”等重大问题上深化思想认识、形成广泛共识。及时跟进学习习近平总书记最新重要讲话精神和重要指示精神，重温习近平总书记“三篇光辉文献”、习近平总书记视察山西重要讲话精神和对“右玉精神”的五次重要指示精神。结合贯彻落实省、市和县委全会精神，贯通起来学习领会、联系起来一体落实，增强了重整行装再出发的使命感、紧迫感。

【推动“书香山阴”建设】 2019年，政协山阴县委员会弘扬传统文化，传播书法文化正能量。为了响应习近平总书记“建设社会主义文化强国”的号召，县政协以弘扬书法文化为切入，自2017年引进“中书汇书法学苑”以来，经过广大政协委员近三年的大力推动、推广，2019年县城各小学和部分乡镇学校开设了书法课；众多学员由零基础入门，渐渐成长为能够担纲线上线下辅导学习的“种子军”；在委员们的带动下，全县书法学员队伍空前壮大、学练书法氛围更加浓厚。通过弘扬书法文化传承和弘扬中华优秀传统文化，成为山阴县政协委员彰显文化自信的有效载体和展示履职风采的一项靓丽工程。全民学书法打造书香品牌。广大政协委员以传承和弘扬书法文化为己任，充分发挥自身联系广泛、智力密集的优势，带动社会各界通过经常性地组织各类笔会、竞赛、书展等交流活动，鼓励和激励全县人民学用书法、传承传统文化、夯实文化自信。通过一系列卓有成效的举措，省市级书展入展、获奖的学员犹如后浪推前浪（已有37人作品进入市级书展，15人作品入围省级书展）。全民学书法蔚然成风，引起越来越多的人关注，山西省关工委、沿黄九省区书画爱好者考察团等先后慕名到山阴县考察交流。“书香山阴”的美誉名声在外，成为山阴的文化名片。

参政履职

【提高参政履职水平】 2019年，政协山阴县委员会坚持围绕中心提升政协履职水平。配齐配全机关一室五委人事骨干，持续引深学习型机关建设，在强化协商民主建设、改进和完善提案工作、委员履职考核等方面进一步深化、细化，有力地强化了党对人民政协的领导、健全了政协工作机制，为政协委员依宪依章履职尽责提供了有力的保障。围绕全县中心工作，根据重点、难点、热点，适时、有序地组织常委会议协商、专题协商、对口协商、界别协商以及委员履职活动。积极探索协商议政的内容和方式，进一步拓展协商议政的深度和广度，促进社会主义协商民主广泛、多层、制度化发展。改进和完善提案办理协商机制，增加集体提案比重，加大重点提案督办力度。通过提案和社情民意等信息渠道为我县实现全面建成小康社会汇集智慧、凝聚力量。常委会始终恪守围绕中心、服务大局的履职原则，坚持把政协工作置于党政工作大局中去谋划推进。通过召开主席会议、常委会议、专题议政会议、开展委员视察调研等形式，聚焦经济转型难点建言献策。

【助推脱贫攻坚】 2019年，政协山阴县委员会持续发力助推脱贫攻坚。县政协机关对包点的贫困村、贫困户，采取了党员干部“一对二”帮扶的办法，建立机关干部深入贫困户跟踪回访制度，持续关注、关切、关心着帮扶对象的生产生活和致富增收情况。本着“已脱贫的要巩固、未脱贫的要攻坚、整体上要提升”的思路，坚持扶贫同扶志扶智相结合，改进扶贫方式，推动教育扶贫，加强贫困群众精神文明建设，不断激发贫困人口内生动力，真正把党的扶贫政策落到实处。

【助推产业交流合作】 2019年，政协山阴县委员会对农牧特色产业进行视察调研。先后组织工商、经企、农林等界别委员，就全县牧草种植、有机旱作农业、农产品加工和线上销售平台运营等情况进行了实地调研。通过现场视察观摩、专题座谈，深入了解山阴县农牧企业发展情况及2019年存在的问题和困难，探讨研究解决办法，为有关部门建言献策。围绕农技推广工作开展调研座谈。召集农林牧界委员和山阴县农业、畜牧、水利等部门以及相关乡镇、企业代表，就农技推广队伍建设工作进行了深入的研讨座谈。委员们积极发言，为促进山阴县建设晋北地区优质杂粮基地、增强农业经济技术交流献计出力，发挥了对口协商的积极作用。

监督调研

【监督民生工程】 2019年，政协山阴县委员会情系民生，担当尽责聚焦社会福祉，围绕重点工程开展履职实践。组织部分政协委员，对府东街棚户区跨线立交桥、合盛堡泰和牧业、县人民医院、县中医院、太行村镇银行、高铁山阴站及相关配套工程等全县重点工程和亮点工程进行了视察调研。在调研中，委员们提出一系列具有建设性和可操作性的意见、建议。

【社会治理协商调研】 2019年，政协山阴县委员会聚焦社会治理开展协商调研。围绕山阴县城建规划、交通乱象治理、构建立体综合交通格局和构建良好营商环境等专题，组织广大政协委员，分界别进行深入调研，通过报送调研报告、大会发言、提案、社情民意等形式建言献策，充分发挥了政协委员参政为公、资政为民的履职作用。助力民生工作更上新台阶。就乡村振兴、发展冷链物流、易地扶贫搬迁、构建“互联网+医疗健康”、水暖气问题等关系人民生产、生活的工作，组织相关界别委员，开展了广泛调研，通过协商、座谈、建言，为人民群众畅通表达渠道、参与共享发展成果发挥积极作用，树立了人民政协密切联系群众、服务社会的良好形象。

【文旅协商调研】 2019 年，政协山阴县委员会围绕促进文化旅游发展协商调研。组织部分委员，围绕“推动生态文化旅游尽快成长为山阴县支柱产业”开展专题协商调研，就生态文化旅游资源规划、开发建设、文物保护等方面，提出了一系列具有建设性、可行性的意见、建议，受到市政协重视并吸收采纳。

提案建言

【提案征集】 2019 年，政协山阴县委员会把提案工作作为经常性、全局性工作来抓。群策群力开展环境整治大调研。围绕“桑干河流域综合治理和生态修复推进落实情况”、县城乡环境整治、生态文明建设等议题，对桑干河生态湿地公园、村容村貌治理、厕所革命等进行委员大调研，委员们以提案、座谈、议政建言等形式提出很多具有典型性、共性、普惠性的意见建议，受到相关部门的重视。博采众议围绕大气污染防治进行协商。组织部分政协委员，围绕“全域绿化和大气污染防治”主题，就山阴县环境保护工作和大气污染防治情况进行了调研。与会委员结合山阴县实际踊跃发言，提出了动态渐进、教管结合的可行性较强的意见、建议，助力打赢蓝天保卫战。为市、县领导决策提供了重要参考。

中国共产党
山阴县纪律检查委员会
山阴县监察委员会

综　述

【概述】 2019年，山阴县纪委监委坚持以习近平新时代中国特色社会主义思想为指导，认真学习贯彻习近平总书记系列重要讲话重要指示，深入贯彻落实中央纪委国家监委、省市纪委监委和县委工作安排部署，进一步增强“四个意识”、坚定“四个自信”、做到“两个维护”，牢牢抓住监督这个基本职责、第一职责，聚焦主责主业，巩固深化落实中央八项规定精神成果，持续保持惩治腐败高压态势，不断推动全县党风廉政建设和反腐败工作深入开展。

【深化改革】 2019年，山阴县纪委监委严格落实省委出台的《落实党对反腐败工作全过程领导的实施细则（试行）》，切实加强党对反腐败工作的统一领导。一是协助县委带头扛起全面从严治党政治责任。县委召开涉及党风廉政建设和反腐败工作、推动全面从严治党有关政策落实等各类会议38次，专题研究党风廉政建设和反腐败工作15次，召开县委书记专题会议5次，反腐败领导小组会议3次，县委书记对全面从严治党工作作出批示40件次，定期听取政府、人大、政协、法院、检察院等党组全面从严治党工作汇报，听取了各乡镇党委以及部分县直单位党组党风廉政建设及反腐败工作汇报。现场点评，并对下一步工作作出安排部署。二是认真落实向党委报批请示制度。2019年，县委批准谈话函询47人次、初核42人次，批准立案审查、留置、作出处分决定40人次，党对反腐败工作由结果领导转变为全过程领导。三是推进县纪委监委机关内设机构改革。科学合理设置纪委监委合署办公情况下的内设机构，修订“三定方案”，调整充实了内设机构负责人，使内控机制、工作流程更加完善。四是持续深化派驻机构工作。制定《山阴县纪委监委派驻机构改革方案》，对县纪委监委班子成员联系派驻机构进行重新调整，每名班子成员分管1～2个派驻纪检监察组，指导、督促派驻纪检监察组有效发挥“探头”作用。2019年，派驻机构处置问题线索167件，其中谈话函询118人次，初核73件，立案62件，处分57人。五是加强乡镇纪检监察工作。选优配强乡镇纪委干部，对6个乡镇纪委书记、监察员作出调整。实行常委分片包乡镇制度，加强对乡镇纪检监察业务工作的指导。2019年，13个乡镇纪委处置问题线索394件，其中谈话函询314人次，初核137件。立案132件，处分126人。按照省市纪委监委的要求，11月底，县监察委员会向全县13个乡镇派出监察办公室已正式挂牌运行。将村务监督委员会主任聘任为乡镇纪检监察联络员，采取“盯人、盯事、盯钱”措施，加强对村级事务活动的监督，努力打通监督“最后一公里”。

【政治监督】 2019年，山阴县纪委监委加强政治监督，严明政治纪律和政治规矩。坚持把严明政治纪律作为践行“两个维护”的具体行动，围绕党的路线方针政策和省市县委重大决策部署的贯彻落实，严肃查处打折扣、做选择、搞变通等问题，确保政令畅通。一是重点开展对全县108家单位学习贯彻落实党的十九大精神、习近平总书记视察山西重要讲话精神以及专项整治对贯彻落实习近平新时代中国特色社会主义思想和党中央决策部署存在突出问题工作情况的监督检查，督促各部门各单位贯彻落实到位。二是紧盯违反政治纪律的行为，加强对2018年度、2019年度全县各单位民主生活会执行情况的监督检查，督促受到谈话函询或处分的干部在民主生活会上作出说明。三是协助党委把好选用干部的政治关、品行关、作风关、廉洁关，全年，共回复党风廉政意见236人次，回复评优评先党风廉政意见611人次。四是强化对“两个责任”落实情况的监督。通过听取11个派驻纪检监察组、13个乡镇纪委工作汇报，进一步解决落实监督责任措施不力的问题。加大对不履行或不正确履行党风廉政建设责任人员的处理力度。截至12月，受到党内问责12人，领导干部问责42人。通过强问责、真兑现、严执纪，确保主体责任刚性落实。

【纠治“四风”】 2019年，山阴县纪律检查委员会坚持纠治“四风”力度不减，巩固拓展作风建设成果。坚持发扬钉钉子精神，贯彻落实中央八项规定及实施细则精神，紧盯“四风”隐形变异、改头换面的新形式新动向。一是严查顶风违纪行为。2019年，共查处违反中央八项规定精神问题26件，处理26人。二是集中整治形式主义官僚主义。进一步深化整治工作，制定《开展盯人跟事监督集中整治形式主义官僚主义实施方案》，明确监督对象，列出重大项目监督清单52项、重要工作事项监督清单27项，11个派驻组、13个乡镇纪委盯住关键人，跟住关键事。在监督工作中，各监督组坚持“明确一个角度、严明一条纪律、发现一批问题”的“三个一”工作法，严格落实“不一个人监督、不干预工作进度、不提出具体指导意见”的“三个不”纪律要求，全员出动，深入一线，实地察看，利用新媒介动态上报监督工作开展情况。坚持边查边改，对发现的问题督促有关单位及时进行整改，推动县委各项工作部署落到实处。2019年，全县纪检监察机关共查处各类形式主义、官僚主义问题100件，处理100人。三是大力整治窗口单位“推脱绕”、审批事项“体外循环”等问题。对设置门禁系统问题“回头看”，解决“门难进”的问题；对两家窗口单位“推脱绕”、审批事项“体外循环”等问题，给予2名主要领导和2名分管领导作出严肃处理，解决“事难办”的问题，推动窗口单位办事效率进一步提高。

监督惩治

【提升监督效能】 2019年，山阴县纪律检查委员会做实做细监督第一职责，努力提升监督效能。一是加强日常监督。制定《山阴县纪委监委各监督检查室、各乡镇纪委（监察员）、各派驻纪检监察组廉政档案管理办法（试行）》，把健全完善廉政档案作为日常监督的抓手，由分管常委抓在手上，亲自督促，一人一档，动态更新，充实完善副科以上领导干部廉政档案712份，完善一般人员档案4835份。紧盯关键少数、关键岗位，把领导班子特别是“一把手”作为监督重点，了解掌握领导干部的具体情况。二是精准运用监督执纪“四种形态”。在第一、第二种形态上下功夫，从苗头性、倾向性问题抓起，最大限度防止干部出问题。1—12月，第一至第四种形态分别为562人次、219人次、15人次、9人次，占比分别为69.81%、27.21%、1.86%、1.12%，进一步推进监督执纪由“惩治极少数”向“管住大多数”的拓展延伸。三是强化监督责任落实。印发《关于对派驻纪检监察组实行问题线索“周报告、零报告、季通报”制度的通知》，督促派驻纪检监察组有效发挥“探头”作用，强化监督责任落实。

【高压反腐显成效】 2019年，山阴县纪委监委保持惩治腐败高压态势，巩固反腐败压倒性胜利。始终坚持把纪律挺在前面，保持高压态势，强化不敢腐的震慑。一是加大惩治力度。2019年，全县纪检监察机关共初核334件次，立案280件，处分241人，其中重处分23人，留置2人，移送检察机关6人。共查处乡科级干部31人，释放了反腐败力度不减的强烈信号。二是加大问题线索处置力度。坚持把监督检查与执纪问责、调查处置一体推进，着力在运用第一种形态上下功夫，全县纪检监察机关共处置问题线索805件，谈话函询472件，占问题线索处置总数的58.63%，其中涉及乡科级124件，一般干部76件，其他人员271件，谈话函询的力度进一步加大、质量进一步提高。三是严格落实办案安全制度。开展安全办案大检查，组织开展自查自纠，全面排查安全隐患，组织办案安全培训，切实夯实审查调查安全责任，确保文明办案、安全办案。

【严惩基层腐败】 2019年，山阴县纪委监委严惩群众身边腐败和作风问题，推动专项整治工作深入开展。以扶贫领域腐败、民生领域腐败和涉黑涉恶腐败三项工作为重点，深入推进群众身边腐败和作风问题专项整治。1—12月，共查处群众身边腐败和作风问题172件，处理172人。聚焦扶贫资金、项目和责任落实、干部作风，以精准监督确保精准脱贫，共查处扶贫领域腐败问题43件，处理43人，查处民生领域腐败问题32件，处理32人。牵头抓好“不忘初心、牢记使命”主题教育活动中专项整治漠视侵害群众利益问题，督促18家责任单位强化整治，落实责任。8月份专项整治开展以来，共查处漠视侵害群众利益问题16起，处理25人。坚决查处涉黑涉恶腐败和“保护伞”问题，加大对中央督导组督办件的处置力度，及时办理省市纪委监委移交以及县扫黑办转来的问题线索，对涉及的主要领导和相关责任人进行严肃追责问责，推动扫黑除恶工作深入开展。深入开展人防系统腐败问题专项治理，排查工程项目156个，建立台账，摸清人防工程项目建设情况，及时处置发现的问题线索，严肃处理相关责任人，督促人防部门追缴易地建设费。加强对违建别墅问题清查专项整治行动情况的监督，督促主责部门履职到位。加强对减税降费政策落实情况的监督，确保各项减税降费政策措施不打折扣落实到位。

【深化政治巡察】 2019年，中共山阴县纪律检查委员会深化政治巡察，发挥巡察利剑作用。深入贯彻习近平总书记关于“党组织建立在哪里，巡视巡察就跟进到哪里”的指示精神。全年共完成3轮巡察，其中县委第七轮巡察对6个乡镇所辖的66个村级党组织进行了延伸巡察；第八轮（市县统筹巡察）对7个乡镇党委开展了巡察“回头看”，并对所属139个村级党组织进行了延伸巡察，对2个县直单位进行了常规巡察；第九轮对18个县直单位开展了常规巡察。截至2019年，对乡镇、机关、事业单位党组织的巡察完成了59%，对村级党组织的巡察完成了79%。三轮共移交185条问题线索。强化巡察成果运用，及时将巡察情况反馈被巡察党组织，将巡察成果移交纪检监察、组织和有关职能部门。把巡察监督与执纪监督、组织部门职能监督等党内监督方式有机结合起来，督促被巡察党组织切实做到即知即改、立行立改、真改实改、全面整改。

【强化以案促治】 2019年，山阴县纪委监委强化以案促治，做好案件查办“后半篇”文章。印发《关于开展以案促治警示教育活动的通知》，要求各单位在“不忘初心、牢记使命”主题教育活动中，以身边案件为例，开展警示教育活动，组织全县3000余名党员干部收看《初心泯灭的歧路》《失守的初心》和《“四风”典型案例警示录》。制定《关于以刘修占等案为镜鉴在全县开展以案促治专项整治工作的实施方案》，组织全县127家单位的广大党员干部通过案件剖析警示，全面查找在管党治党、干部队伍管理方面存在的偏差，深入查摆自身存在的问题，针对问题，认真整改。通过以案促改警示教育，进一步推动全县各级党委（党组）落实全面从严治党责任，促使全县党员干部作风进一步转变。

制度队伍

【建设纪检监察铁军】 2019年，山阴县纪律检查委员会加强自身建设，努力打造纪检监察铁军。坚持深入学习习近平新时代中国特色社会主义思想和中共十九大精神，与习近平总书记“三篇光辉文献”和视察山西重要讲话讲话精神贯通起来，与中央纪委三次全会、省纪委十一届五次全会、市纪委六届五次全会精神结合起来，坚决贯彻中央和省、市、县委决策部署。加大全员培训力度，积极参加上级调（培）训，参加中央纪委调训3班次3人次，参加省纪委分类调训26班次122人次，参加市纪委培训1班次67人。制定培训计划，用足用好中央纪委国家监委系列培训光盘，做到光盘讲义人手一套，作为通用教材，分批次培训5期，加强对委机关、乡镇纪委、派驻纪检监察组干部的培训，提高培训质量和效果。加强外部监督，认真筹备特约监察员聘任工作，着重发挥对监察机关及其工作人员的监督作用，助推纪检监察工作高质量发展。健全内控机制，强化内部监督，补短板强作风，认真开展“改革创新、奋发有为”大讨论活动，带头开展“不忘初心、牢记使命”主题教育活动，班子成员强化学习，组织开展专题民主生活会和组织生活会，认真对照检视整改自身存在的问题。坚持执纪必先守纪、律人必先律己，严格执行中央纪委监督执纪工作规则和监督执法工作规定，坚决防止“灯下黑”。

乡　镇

玉井镇

【概述】 玉井镇位于山阴县西北部山区，地理坐标为北纬 39°40′33″，东经 112°37′23″，西与吴马营乡接壤，经吴马营乡可进入平鲁区，北与马营乡和右玉县接壤，省道虎山线和元元公路贯穿全镇东西两侧，荣乌高速绕境而过，交通条件和区位优势非常明显。玉井镇镇域面积167平方公里，占全县总面积的10.1%，耕地面积9.6万亩，全部为旱地。有26个行政村，人口8662户22408人，34个党支部，657名党员，是山阴县山区4个乡镇中面积最大、人口最多的乡镇。主导产业为煤炭产业和小杂粮种植。玉井镇是全县的煤炭大镇，煤炭产业是主导产业。全镇矿区面积85平方公里，井田面积38平方公里，煤炭资源总储量50亿吨，地质储量11亿吨。煤炭资源整合和兼并重组后，全镇保留11座煤矿，分别是：宝山煤业1座——宝山玉井煤业有限公司，中煤华昱4座——中煤华昱水泉煤业有限公司、南泉湾煤业有限公司、玉皇山煤业有限公司、台东山煤业有限公司，兰花集团2座——口前煤业有限公司、朱和咀煤业有限公司，同煤集团1座——同生千井煤业，中煤顺通1座——北祖煤业有限公司，晋煤集团1座——晋泰煤业有限责任公司，普大集团1座——西宜煤矿。仍在生产的有5座，其他处于关闭停产阶段。镇党委下设33个党组织，其中党委1个、党支部32个，全镇共有党员657名，其中农村党员535名。全镇共有县级党代表12名，镇党代表101名；县级人大代表8名，县人大常委会组成人员1名，镇人大代表54名。

【农业种植】 2019年，玉井镇以建设小康社会为目标，扎实抓好农业种植工作。经统计，全镇共有各类大、中、小型农机具975台，农业机械化程度进一步提高，在春耕备耕中这些农机具减轻了农民的劳动强度提高了耕作质量。全镇共种植小杂粮3829.37亩，其中142户贫困户种植小杂粮109亩、旱地谷子771亩。贫困户人均年增收200元。

【信访工作】 2019年，玉井镇认真贯彻落实省市县关于做好信访工作的一系列重要精神，坚持从改革、发展、稳定的大局出发，高度重视和加强信访工作，扎实开展矛盾纠纷排查化解活动，及时解决人民群众反映的各类突出问题，进一步畅通信访渠道，规范信访秩序，不断创新信访工作机制，建立畅通、有序、务实、高效的信访工作新秩序，为全镇经济社会发展创造了良好的社会环境。全镇共排查各类矛盾纠纷54起，化解52起，化解率96%，有效杜绝了重大群体性事件的发生。

【美丽乡村】 2019年，玉井镇所有村庄全部开展农村垃圾治理工作，以贫困村整治标准为样本，以“三环三边”即环村环镇环企业、道路边沟边树木周边为重点，以清理垃圾、整顿虎山线、元元路公路沿途村庄周边的环境整治为抓手，建立起村收集、乡转运、县处理的垃圾治理机制，实现“四无”，即公路两侧无乱搭乱建乱占、村内院内无垃圾杂物乱堆乱放、企业住户无污水废水乱排乱放、农民无农业生产废弃物乱丢乱埋。取缔占路经营店1处；整治村内乱写乱画、乱贴乱挂15处70平方米；清理村庄周围垃圾7吨、各类公路沿路垃圾5吨；整治规范生活污水街巷乱排乱倒乱流1处；公路沿线刷白树木1000余株；共出动劳力220余人次，机械10余台，洒水车5台次，清除杂物20余吨，共投资约8万元；配套可回收垃圾箱4个，垃圾桶50个；偏玉线道路两侧植树398株；史家屯村道路两侧、文化广场周围植树460余株。

2019年，玉井镇聚焦改善环境，狠抓基础建设，投资30万元新建吴家坪村通村道路及绿化建设，新建农村“四好公路”12个村、26公里。实施山平右人畜吃水扶贫工程，此工程共涉及21个村1.87万人，其中贫困户308户752人。2019年，21个村均已建成蓄水池及配套设施，并加压试通水。将4个贫困村纳入美丽乡村建设规划，建立起长效环境整治机制，持续巩固提升。窝棚沟村年内投资35万元，新建1600平方米的文化活动场所，改善村民文化生活条件。史家屯村维修村内排洪沟230米，投资60余万元；玉井村维修排水管道2处90米，投资6.7万元。

【重点工程】 2019年，玉井镇加强重点工程的建设，玉井村的污水、雨水管网建设工程4000米，已完成3000米的管道铺设工作，预计10月底完工，共投资60万元。漳泽风电项目，升压站生产控制楼、辅助用房已投入使用；风机基础累计开挖38基，浇筑29基，回填26基；风机吊装已完成11台，第12台正在组装塔筒；集电线路开挖120基，浇筑118基，组塔94基；升压站北侧护坡砌筑、南侧护坡挡土墙砌筑完成；风场检修道路路基已修51公里；升压站一次设备全部就位。大力发展光伏产业。累计投资235万元，新建东庄等5个村屋顶光伏项目，总装机容量288千瓦，年收益8万元以上，带动贫困户128户323人，年人均收入200元。

【安全生产】 2019年，玉井镇牢固树立“安全生产，责任重于泰山”的思想，从讲政治、保稳定、促发展的高度来抓安全生产工作。玉井镇为了加强对安全隐患排查整治工作的领导，成立了专门的工作领导小组。坚持“以人为本，预防为主，安全第一”工作方针，通过召开各类会议、宣传活动、督促检查等形式，加大安全生产宣传和监督检查力度。与各村委会、镇属各部门签订了安全生产责任书，明确了安全生产责任及安全生产任务，把安全生产责任通过责任书的形式予以明确，使安全责任层层落实，建立了完善的安全生产管理网络。大力做好安全生产宣传教育工作。加大宣传的覆盖面和教育力度，使干部群众明确了安全生产工作的基本任务及主要目标，明确了范围及工作责任，明确了安全工作的重要性和紧迫性，提高了干部群众的安全意识。同时，安全工作逢会必讲，特别对安全生产存在的薄弱环节，从自我检查、职能管理和安全制度执行等方面进行了深层次的分析，坚持以人为本、强化思想教育构筑安全生产的坚固防线。建立健全了各项安全生产规章制度，形成一级抓一级，层级负责的安全生产机制，结合实际，制定出隐患排查治理具体方案。“一把手”为安全生产第一责任人，负全面领导责任；分管安全生产工作的副镇长为第二责任人，负直接领导责任。坚持节假日期间有人值班，并且有带班领导，确保信息畅通。

加强机动车驾驶员的管理，有效防止交通事故的发生；加强易燃易爆物品管理，增强消防意识，确保生活用电安全；加强防火防盗安全措施，提高防火防盗意识，确保公共财物安全。玉井镇一方面抓好正常的每月一次例行检查，消防安全隐患，另一方面，结合“安全生产月”活动，抓好专项安全生产检查整治工作。在安全隐患排查行动中，召开专题会议7次，出动检查计120人次，检查了饮食服务业、烟花爆竹销售、个体工商户等。通过开展安全隐患排查活动，摸清了存在的隐患，落实了整改措施和责任，实现了源头防范和长效管理，2019年，全镇未发生一起安全事故，对存在的事故隐患和苗头，通过排查、及时发现、整改，基本得到了有效的遏制。

【沉陷区搬迁】 2019年，玉井镇采煤沉陷区搬迁村为王坪沟村、东石人坡村、西石人坡村、南祖村、北祖村五个村，评估工作已全部完成。

经过镇村精心组织实施，共分配房屋 79 套，涉及 120 户 334 人。分配房屋面积 7217.12 平方米。加上王坪沟村 3 户贫困户享受易地扶贫搬迁分房 4 套 10 人分配楼房面积 262 平方米，2019 年王坪沟村共完成移民分房 83 套。133 户 344 人，分配楼房面积 7479.12 平方米。经过前一阶段重新调整房屋评估价格、公示再复核，共签订房屋协议 295 套，货币化补偿协议 109 户，下一步于 10 月底组织分房。易地搬迁方面。共涉及 4 个村 79 户 164 人。2019 年，已完成 26 户的拆迁复垦工作；剩余将与采煤沉陷区搬迁一并完成复垦工作。

【私挖滥采与防火】 2019 年，玉井镇严厉打击私挖滥采，全镇 26 个村都派有专人对旧窑口进行 24 小时监管，重点对沈庄窝、老庄窝、董庄窝、南祖 4 个村露头煤点严格管控，对水头、王老沟、千井黏土矿点重点巡查，认真落实“发现、制止、报告”的工作要求，严厉打击私挖乱采行为，保护良好生态环境。全镇没有发生一起私挖滥采行为。

2019 年，玉井镇森林防火工作严格实行镇域内全天候禁止一切野外用火，加大督查巡查力度，规范专职护林员队伍管理，全方位开展森林防火宣传，开展扑火应急小分队和专职护林员培训工作，不断创新森林防火工作新举措，制作悬挂横幅 120 条，固定标语 13 条，出动大型机械 15 辆次，网格人员 41 人，刀旗 400 面，签订责任状 52 份，2019 年全镇未发生一起森林火灾。

【扫黑除恶与扶贫】 2019 年，玉井镇继续加强摸排，突出管理。对辖区内的重点人群进行突击检查，坚决做到“黑恶必除，除恶务尽”，确保扫黑除恶专项行动取得实实在在的成效，为玉井镇提供和谐稳定的社会环境。由班子成员牵头，组织派出所人员驻村干部、相关负责干部对所驻村、分管领域、重点群体开展“问题”和“苗头”的双重梳理和摸排，做到心中有数、目标清晰，切实为社会大局稳定“保驾护航”。

2019 年玉井镇脱贫攻坚成效显著，金融扶贫方面。全镇金融扶贫共涉及 23 个村 185 户，贷款累计 921 万元。2019 年 10 月，镇政府与工商银行对接，为 38 户办理金融扶贫贷款，每户 5 万元，全部通过银行与山阴县知名度高、盈利效益好的合作社合作，每年给贫困户分红 3000 元左右。

【队伍建设】 2019 年，玉井镇加强制度建设。先后制定工作例会、工作报告、请销假、考勤管理、纪律约束等 10 项制度，进一步压实“三支队伍”的帮扶责任。同时，坚持日常考核和定期考核相结合，通过自查总结、实地查验、群众满意度测评、综合评价等，对“三支队伍”进行考核评价，全面提升帮扶成效。加强服务保障。定期与“三支队伍”进行谈心谈话、座谈交流，及时帮助解决工作及生活中的困难和问题。同时，对表现优秀的“三支队伍”进行表彰，进一步激发干事热情，营造良好氛围。玉井镇于 2019 年 2 月至 4 月底在全镇广大党员干部群众中召开了“改革创新、奋发有为”大讨论动员大会，正式启动了全镇“改革创新、奋发有为”大讨论活动，此次活动围绕“六个破除”“六个坚持”“六个着力”的具体要求，紧扣十项规定动作，以实际行动和成效把大讨论活动落在实处。进行“不忘初心、牢记使命”主题教育活动，使全体党员干部灵魂得到了洗礼。2019 年，玉井镇全面落实两个责任，营造风清气正环境，坚持把纪律挺在前面，认真落实党委主体责任和纪委监督责任，结合实际，落实“盯人跟事”，坚持把纪律、制度挺在前面，净化全镇政治生态，实现弊革风清。加大案件查办力度，对发生在群众身边的腐败案件做到发现一起查处一起。

2019 年玉井镇基本情况表

表 1

	户籍户数	户籍人口	常住人口数		建档立卡贫户	党员人数	辖区企业	商铺门面	饭店	废品站	加油站	总播种面积（亩）	粮食作物		玉米		谷子		油料		土豆		小杂粮（亩）			猪存栏（头）	羊存栏（只）	大牲畜存栏			农村经济总收入（万元）	人均收入（元）	版图面积（万亩）
			户数	人数									面积（亩）	总产（公斤）	面积（亩）	总产（公斤）	面积（亩）	总产（公斤）	面积（亩）	总产（公斤）	面积（亩）	总产（鲜薯公斤）	黍子	高粱	荞麦			肉牛（头）	驴（头）	骡（头）			
合计	8620	22278	3036	6457	0	534	14	143	14	4	2	56767	48290	3669364	2783	497540	2713	273685	7271	386867	2247	1174970	515	2261	12610	269	3752	204	196	82			25.08
玉　井	891	1787	912	2236	0	16	2	140	14	0	0	1758	1595	144190	301	48160	204	20400	163	15350	85	34000	0	119	0	—	45	—	4	3			0.68
水　头	832	2321	233	676	0	46	0	1	0	0	0	5169	4800	299150	96	14400	188	15040	256	12800	138	55200	0	42	358	32	402	—	44	13			2.40
东　庄	634	1847	286	448	0	32	1	2	0	0	0	4461	4065	235970	27	4050	73	5840	331	16550	181	108600	0	0	630	18	284	12	3	2			1.85
王老沟	660	1961	230	570	0	34	0	0	0	0	0	4886	4335	373925	240	48000	350	42000	500	25000	179	134250	276	298	1115	62	388	2	2	26			1.98
水　泉	264	702	26	65	0	14	1	0	0	0	0	0	0	0	0	—	0	—	—	—	0	—	0	0	0	—	—	—	—	—			0.66
南　祖	381	979	60	130	0	15	1	0	0	0	0	2407	1700	107440	74	11100	13	1170	691	34550	157	117750	0	8	—	—	60	56	2	4			1.78
北　祖	337	834	121	405	0	14	1	0	0	0	0	1739	1558	100440	23	3450	0	—	168	8400	110	68750	6	0	1161	—	18	—	2	3			1.00
王坪沟	286	758	40	92	0	16	0	0	0	0	0	553	445	40650	0	—	20	2000	108	5247	94	65800	123	0	75	—	135	—	12	1			1.09
口　前	381	976	254	310	0	25	1	0	0	4	0	3007	2471	194780	267	48060	42	4200	461	23050	140	56000	10	15	558	—	10	2	16	2			0.98
沈庄窝	317	839	53	115	0	29	0	0	0	0	1	2258	2105	161910	110	25300	51	3825	153	10710	120	54000	0	0	700	12	99	6	7	3			1.09
青杨沟	148	401	59	130	0	12	1	0	0	0	1	1169	957	65600	65	9100	90	7200	212	11000	70	28000	0	30	210	—	—	—	7	—			0.40
董庄窝	264	803	52	110	0	19	0	0	0	0	0	1680	1640	150600	156	31200	78	7800	40	2000	61	30500	0	121	600	13	65	1	15	—			0.72
老庄窝	286	736	35	78	0	21	0	0	0	0	0	1259	583	31105	24	4320	56	4480	255	12750	21	8400	0	0	300	—	—	—	4	1			0.80
米庄窝	408	1022	90	120	0	35	0	0	0	0	0	1867	1132	136900	400	80000	40	8000	625	31250	110	50000	0	68	40	59	180	5	16	4			1.23
盘　道	215	505	39	69	0	25	0	0	0	0	0	1423	1353	135090	100	15000	300	60000	70	3500	80	40000	0	15	80	—	590	—	—	—			0.54
千　井	271	673	63	142	0	28	0	0	0	0	0	2808	2548	224360	427	64050	185	14800	260	13000	100	50000	0	169	557	12	130	—	4	8			0.74
窝棚沟	106	306	19	39	0	12	0	0	0	0	0	393	358	22460	0	—	73	5840	35	1750	26	10400	0	0	0	—	9	—	5				0.32
史家屯	486	1152	121	180	0	25	3	0	0	0	0	3713	3541	262315	98	19600	50	5000	156	7800	88	17600	0	93	1609	46	90	81	12	2			1.74
吴家坪	230	568	61	89	0	17	1	0	0	0	0	3939	3252	198445	0	—	290	15950	668	26560	158	63200	10	379	723	10	5	11	7	1			0.67
杨家岭	79	193	9	19	0	8	0	0	0	0	0	631	534	63940	0	—	0	—	97	4650	7	3500	0	499	0	—	50	—	—	—			0.34
范家屯	180	435	42	68	0	12	1	0	0	0	0	2021	1898	141910	165	24750	200	20000	123	6810	77	77000	0	128	300	—	730	—	11	2			1.19
宋家沟	110	288	20	40	0	9	0	0	0	0	0	1141	936	66580	51	10200	53	5300	192	11400	52	26000	0	16	350	—	120	—	—	1			0.53
一堵墙	217	558	27	55	0	22	0	0	0	0	0	1019	751	74330	59	11800	57	6840	232	16240	43	12900	0	61	236	1	103	—	1	5			0.49
马家洼	172	422	56	93	0	13	1	0	0	0	0	2666	1906	165880	100	25000	300	18000	560	26500	46	18400	0	200	360	4	19	3	19	1			0.60
东石人坡	262	686	70	93	0	20	0	0	0	0	0	2400	2310	163680	0	—	0	—	90	7200	80	34400	90	0	1500	—	200	25	3	—			0.57
西石人坡	203	526	58	85	0	15	0	0	0	0	0	2400	1517	107714	0	—	0	—	825	52800	24	10320	0	0	1148	—	20	—	—	—			0.69

马营乡

【概述】 马营乡地处山阴县西北部洪涛山腹地，东与怀仁县金沙滩镇、吴家窑镇相邻，南与北周庄镇、下喇叭乡接壤，西与玉井镇右玉县元堡子镇相连，北与大同市左云县小京庄乡相望。辖区东西最大距离16公里，南北最大距离11公里，总面积138平方公里。矿区面积49平方公里，耕地5.8万亩。人民政府驻马营村，距县城约31公里。辖21个行政村，4928户，12099人，常住3154户7701人，暂住人口1389人。

【优良品种推广】 2019年，马营乡全乡农作物优良品种推广取得长足进展。全乡农作物优良品种推广种植“晋薯16号”马铃薯2280亩，“大同30”红谷子、“8311”白谷子推广面积1750亩，板蓝根、旱半夏、苦参、党参等中草药种植683.5亩，藜麦种植158亩，苦荞种植推广已突破10000亩。9月23日，马营乡在山阴县第一届农民丰收节上成功地展示了藜麦、沙棘、苦荞、中草药、莜面鱼鱼等特色农副产品，吸引了大家的眼球，纷纷拍照、联系信息，成为马营乡打开对外开放窗口的一张靓丽的名片。

【维护安全稳定局面】 信访工作责任制得到全面落实。乡主要领导认真接待群众日常来信来访，主要诉求涉及土地塌陷、移民搬迁、换届选举等事项，案件办结率达95%以上；乡村两级干部对困难退役人员等进行了家庭走访，进一步了解其所思所想和生活状况，并对31名现役人员家属和1名烈士家属进行了慰问。社会公共突发事件应急得到有效防控。马营乡对地质灾害防治、烟花爆竹、危爆物品、加油站、道路交通、人员密集场所等重点事项和区域的防控不断强化。同时加强了对流动人口的服务管理，“两头抓，双向管”的流动人口工作机制得到了较好的落实。社会各项事业共同进步。2019年，马营乡和中煤五家沟等8座煤矿联合举办了第18个安全生产月“防风险、除隐患、遏事故”文娱联欢晚会。演唱、表演了安全、廉政、扫黑除恶等内容的歌曲、小品。通过此次活动的举办，既增强了全社会的安全生产意识，又警示教育了干部群众，取得了明显的宣传效果。乡文化站组织马营等3个村的妇女参加了县里举办的广场舞比赛，取得了较好的名次。乡妇联组织周边村庄35名妇女举办了“月嫂”培训班。

【脱贫攻坚】 2019年，马营乡脱贫攻坚成果突出。一是投资100万元建设了125千瓦的光伏联村电站实施产业扶贫。二是企业帮扶6户贫困户。三是小额贴息贷款金融扶贫23户。四是中国财险山阴分公司为马营乡贫困户马铃薯免费入保。五是继续延续低保、特困供养、教育帮扶、医疗救助等民生帮扶政策。

【移民搬迁】 2019年，马营乡移民搬迁工作取得决定性胜利。腰寨村和后石门村避让搬迁完成。南河等9个移民搬迁村发放货币化补偿款671户1626人4781.6万元；发放搬迁费1202户3256人120.2万元；发放过渡安置费702户1854人70.2万元；发放房屋差补款654户1977.3万元；抓阄分房1068户3024人1049套；拆除旧房1406户5329间；领取钥匙893户858套。总搬迁户1739户4650人，发放总搬迁补偿款6949.3万元。

【移民村建设】 因地制宜建立完善党组织机构。在县委组织部的指导下，乡党委创新开展党组织建设，向县委提出申请成立中国共产党马营乡移民村委员会，移民村党委向乡党委负责，统一指导管理移民11村。设立移民村联合办公场所。为了提高移民村工作效率、服务效率，拉近党群干群鱼水情，根据县政府提供办公场所，提供一套二间三层街面楼在玉马小区设立移民村联合办公场所。场所第一层设立群众活动中心，用于群众学习、休闲、养身、娱乐、交流及移民村综治中心；第二层各支部办公场所；第三层设立多功能大会议室，用于召开大型会议、开展老年大学教学、举办劳技培训、文艺活动等。加强阵地建设。移民村党委办公场所、联合办公场所统一挂移民村党群服务牌，根据办公场所分配情况，按照布局合理、功能完善、节约实用的原则，加强党建阵地建设、党风廉政阵地建设、文化阵地建设、综治阵地建设等，同时各工作活动场所按需配备基本办公设备。健全公共设施。健全移民村教育、医疗、户籍等服务保障机制，全力保障搬迁群众基本生活需求。开办移民村幼儿园。移民村党委积极与乡中心校对接，商量研究开办开办移民村幼儿园。成立山阴县医疗集团马营乡卫生院移民村分院。经乡政府申请，在县医疗集团的支持下，合理整合资源，将原偏岭乡卫生院整合为山阴县医疗集团马营乡卫生院移民村分院，将医院请入玉马小区，彻底解决了移民村的医疗保障问题，做好低保、医保和养老保险衔接工作。移民村联合党委隆重揭牌。在县委组织部的科学指导下，经乡党委研究申请、县委批复成立了中国共产党山阴县马营乡移民联合村委员会，下辖县城10个移民搬迁行政村党支部，彻底解决了因移民搬迁而造成异地管理困难的问题。9月16日上午，在玉马小区隆重举行了“马营乡移民联合村党委”揭牌仪式。县委常委、组织部部长王国梁、马营乡党政班子成员、马营乡移民联合村党委班子成员、马营乡11个移民搬迁村党支部书记、村委会主任参加了揭牌仪式。

【基础建设】 马营乡新修了马营—张家堡6.7公里水泥路，新修了偏岭—魏家沟6.9公里水泥路。争取“一事一议”奖补资金45万元，魏家沟村修建了护村坝、马营村维修了自来水工程、下石井村栽植了3000株落叶松。乡政府新办公大楼胜利乔迁。2013年1月，马营乡政府发现部分房屋裂缝，居住、办公存在严重的安全隐患，对此，县委、县政府高度重视，决定建设马营乡紧急避让搬迁工程，该工程分为主体工程及附属工程，占地面积约1万平方米，建筑总面积3470平方米。主体工程为一幢四层砖混结构楼房，建筑总面积为2485平方米，一期工程于2013—2017年，投资290多万元。二期工程于去年复工，投资300余万元，2019年7月底竣工。附属工程从2019年5月开工到9月中旬竣工。会议室、政务大厅及食堂、浴室、卫生间、文体活动室、图书阅览室等五小场所和周转房建设，建筑总面积为985平方米，工程投资350余万元。2019年9月19日新办公大楼进行了乔迁仪式。

【森林防火】 2019年，马营乡制定了《马营乡森林防火应急预案》，并将防火工作任务及目标责任网格化分解细化到各村各组，同时签订了森林防火责任状。清明节期间，悬挂标语300多条、彩旗200余面，入户发放森林防火法律法规宣传单3000余份，张贴“文明殡葬、绿色祭扫”行动公告600余张，发放“文明殡葬、绿色祭扫”倡议书3000多份，出动宣传车3辆，每天深入各村滚动宣传市、县领导讲话精神和马营乡森林防火“五严禁”，在林区醒目位置设立警示牌30余处。同时，出动大型装载机，对全乡的林区道路进行整理和养护。全乡没有发生大的火灾事故。

【土地确权与清产核资】 2019年，马营乡土地确权工作已取得决定性成果。全乡应确权耕地70558亩，实确权70113.5亩，应确权农户3358户，实确权农户3344户，确权工作完成率超过了99%。2019年，土地确权颁证工作基本完成，遗留问题努力解决。2019年，马营乡农村清产核资工作有条不紊进行。全乡21个村账内清查已经结束；账外清查的11个移民搬迁村资产不进行评估，其他10个村的实地账外清查工作也已结束。对应收应付、固定资产损毁、报废等资产已经归档。此外，集体经济组织成员认定已经结束。

【安全生产与环境】 2019年，马营乡运用“安全生产月”活动，组织了十场安全文艺会演，观看群众达5000余人次，发放宣传单5000余份，赢得了企业和群众一致好评。并将乡政府一台水车改装成为应急救援车，为突发事件做应急准备。全年没有发生安全生产事故。

生态环境保护方面：制定了《马营乡环境保护网格化监管工作方案》《马营乡矿山植被恢复及生态环境综合治理方案》《马营乡秸秆焚烧实施方案》等一系列实施方案，与辖区企业和各村签订了《马营乡环境保护责任状》，配合山西省环保厅“散乱污”治理“百日清零”领导组对辖区33户“散乱污”企业的验收工作，全部合格。并对新发现的3处不规范矸石治理场下达了《责令整改通知书》。针对秸秆焚烧采用24小时不间断巡逻和重点区域监督，执行日报告制，措施得力，责任明确，春秋两季没有发生秸秆焚烧现象。城乡清洁工作整治方面：首先按照“村容改观、秩序改善、整体改变”要求，以整治车辆乱停乱靠、广告乱贴乱挂、菜篮乱堆乱放、商户店外经营等现象为重点，搞好乡村美化、亮化、秩序化，保持集镇道路畅通、环境整洁卫生。其次开展河道环境卫生集中整治。对河道进行拉网式排查，摸清垃圾死角，全面打捞河道水面漂浮物、清整堤岸垃圾，对河道进行绿化美化。对各村围村垃圾进行了彻底治理，共动用各类机械600余台次，清理各类垃圾5000余立方米，做到农村“四边”环境整洁、干净，乡村卫生状况大大改善。

【党建】 坚持党委中心组的学习，不断提高政治站位，系统地学习了习近平总书记《习近平新时代中国特色社会主义思想学习纲要》《习近平关于“不忘初心、牢记使命”论述摘编》，学习党章、深入学习习近平系列讲话精神、学习有关会议精神、学习党史和中国史等，采取以自学为主的形式，积极参加集体交流学习，同时利用好“学习强国”等平台，拓宽学习面、开拓新视野，认真做好学习笔记，撰写政治理论学习心得体会，不断提高自身的政治素养；扎实推进“讲严立”专题警示教育活动，坚持把执行和维护党的政治纪律和政治规矩放在首位，深入开展了“改革创新、奋发有为”大讨论活动。

深入开展“不忘初心，牢记使命”主题教育活动。党委每周组织党政领导班子成员集中学习一次，班子成员每人完成一篇调研报告、一篇学习心得体会、一份对照党章党规“18个是否”找差距检视问题及剖析整改材料，召开了一次专题民主生活会；农村党员干部开展公开承诺、履诺、践诺活动，带头爱岗敬业、勤奋工作，带头遵纪守法、带头弘扬正气，带头践行为人民服务宗旨，不断提高业务水平与技能，提升自身素质修养，提高解决实际问题的能力。

市县巡察问题及时整改。市县统筹巡察组从2019年2月中旬开始，对马营乡开展巡察“回头看”，同时对所属村级党组织开展延伸巡察，为期3个月。马营乡不断强化市委、县委巡查反馈问题专项整改，进一步健全完善学习、工作的一系列制度，严格落实“一岗双责”，自觉接受监督，严守中央八项规定，严格“三公”经费管理。同时，乡政府结合“扫黑除恶”和惩治群众身边腐败专项斗争，对“两违”行为保持高压态势，将“两违”整治工作纳入村

“两委”目标管理，不断加强村组干部动态巡查管理。

党风廉政建设。2019 年，马营乡党委始终坚持党要管党从严治党的“主体责任”，乡党委对 21 个村监委会主任颁发了乡纪检监察员证书，每季度进行一次工作交流和业务培训，由乡党委、纪委领导亲自授课，开展《廉政准则》教育。组织全乡党员干部、农村三委主干、站所负责人观看《泯灭的初心》《失去的初心》警示教育片。通过发生在自己身边的人和事，警示和教育了党员干部，起到了很好的震慑作用。狠抓“三重一大”事项的监管，对农村资产、资金、资源实行制度化管理，探索推行了《农村集体资金管理制度》《农村集体资产管理制度》《农村集体资源管理制度》等行之有效的规章制度，理顺了农村集体”三资”监管体系，促进农村经济持续健康发展。2019 年对部分党员干部谈话函询 23 件，立案 8 件，处分 8 人。其中，留党察看 2 人，严重警告 1 人，警告 5 人。

吴马营乡

【概述】 吴马营乡位于山阴县西北山区黄土高原丘陵地带，元子河流域上游，东接玉井镇，南、西与平鲁区毗邻，北与右玉县接壤，北纬 39.6443°，东经 112.4839°，平均海拔高度 1338.4 米，荣—乌高速公路和省道元元公路均经过吴马营乡。乡政府距离县城 42 公里。村村通水泥路全长 48.7 公里，交通较为便利。版图面积 106.6 平方公里，耕地 66156 亩，其中退耕还林 10268 亩。林地面积 21990 亩，森林覆盖率为 15.7%。全乡辖马家河、黄草梁、后榆林、包家岭、大洼、郭家窑、闫家窑、西短川、屯港、东短川、前榆林、尖山、吴马营、大坪、南屯共 15 个行政村。乡政府所在地设在吴马营村。全乡户籍人口 3479 户，8409 口人，没有地面企业，属纯农业乡镇。乡党委下设 18 个支部，（包括 15 个农村支部、1 个机关支部，1 个合作社支部和 1 个敬老院支部），共有党员 261 名。乡政府规定行政编制数 20 人，实有 11 人；事业编制数 21 人，实有 15 人；乡领导班子编制 10 名，实有 7 名。农村两委干部 74 名，主干 24 名。

【党建】 2019 年，吴马营乡以习近平新时代中国特色社会主义思想为指导，全年共召开乡党委会议、党委（扩大）会议 21 次。针对党员队伍管理、农村后备干部队伍建设、软弱涣散党组织整顿、村级组织活动场所建设、服务型党组织建设、壮大村集体经济、干部纪律作风整顿等问题，专题研究农村基层党建工作 6 次，切实把全面提升基层党组织凝聚力、战斗力和党员发挥先锋模范作用作为工作的重中之重来抓。投资 21 万元完成了 7 个村级组织活动场所维修改造工程，完善功能，提高了利用率。高标准完成了 3 个软弱涣散村级党组织的整顿工作。15 个村集体经济全部破零，有 9 个村达到 5 万元以上，占比 60%。研究出台了《吴马营乡干部纪律作风整顿十项制度》，从严管理干部队伍。全面把握“守初心、担使命、找差距、抓落实”的总要求，推动主题教育走深走实。坚持把学习教育贯穿始终，组织班子成员集中学习研讨 3 次 7 天，用党的最新理论成果武装头脑、指导实践、推动工作。着眼查找和解决实际问题，班子成员结合脱贫攻坚工作、美丽乡村建设、风电项目建设、产业结构调整等，有针对性地开展调查研究，形成高质量调研报告 21 份，发现问题 40 多条，建立台账，认真整改。按照“三个联系、三个讲清楚”的要求，讲专题党课 3 次，班子成员到支部讲党课 17 次，参加人数达 260 余人。坚持刀刃向内，严肃认真检视整改问题。建立问题清单 8 个，征求意见建议 60 多条，召开找差距专题会，对问题清单进行动态管理，发现一条、纳入一条，整改一条、销号一条。

【“三基”建设】 2019年，一是抓基层组织建设。优化党组织设置，全乡设置党支部18个，实现了党的组织全覆盖。严格执行基层党组织工作规程，推进支部标准化建设。强化党员队伍建设，2019年发展党员5名，转正2名。创新流动党员管理，建立联系制度，成立微信群，推动外出党员在学习教育、组织生活、村级事务上不缺位。选优配强站所和农村党组织负责人，调整乡站所和群团组织负责人5人，调整农村支部书记1人，15个村培养后备干部31人。二是抓基础工作提升。严肃党内政治生活，严格落实“三会一课”、民主生活会、民主评议党员等制度，推动党内政治生活规范化。搭建党员发挥作用的平台，开展“党员联系贫困户”活动，帮助贫困户解决生产生活中的实际困难。推进党内民主政治建设，注重把党务公开与政务公开、财务公开相结合。落实从严管党治党主体责任，支持乡纪委开展监督检查，全年处理违纪党员干部12人，给予党内严重警告5人，党内警告7人。扎实开展扫黑除恶专项斗争，持续开展力戒形式主义、狠抓工作落实整顿工作，夯实了基础工作。三是抓基本能力提升。认真开展“不忘初心、牢记使命”主题教育和“改革创新、奋发有为”大讨论，推进全乡党员干部学用新思想取得新进步。对驻村扶贫“三支队伍”每季度组织一次培训，熟练掌握扶贫各项政策措施。实施“领头雁”培训工程，全年专题培训和以会代训农村两委主干和非公党组织书记2次，参训人数达到70多人次，推动带头人队伍整体优化提升。

【经济工作】 2019年投资260万元，在吴马营、屯港、后榆林、包家岭4个村建设4座光伏发电站，现在工程正在进行中，预计12月底并网发电。截至2019年9月底，全乡15个村共利用财政扶贫资金2044万元，实施了屋顶光伏扶贫项目，累计装机容量达到了2190千瓦，收益43万元，惠及全乡742户、1833名贫困人口，收益全部用于贫困户，可实现户均增收580元、人均增收234元。实施特色种养项目，大力推广渗水地膜旱地谷子和山区玉米地膜覆盖种植，2019年分别达到2686亩和8429亩。发展山区特色小杂粮种植，种植莜麦、荞麦、胡麻和黍子等，2019年莜麦种植达4000多亩。发展家庭养殖业。鼓励绝大部分贫困户发展以家庭圈养为主的养殖业，2019年全乡贫困户家庭户均养羊5只，还有养殖猪、肉驴、肉牛的贫困户，有效增加贫困家庭收入。实施生态扶贫项目。2019年在吴马营村去年种植206亩仁用杏的基础上新建黄草梁仁用杏种植示范基地1000亩。有效发挥新型农业主体带动贫困户增收作用。全乡培育扶持具有带动主体作用的专业合作社16个；扶持300亩以上小杂粮种植大户15个；注重培育脱贫致富带头人，鼓励发展磨坊、豆腐坊、油坊等家庭作坊。

【脱贫攻坚】 2019年，吴马营乡深入推进扶贫政策落实。落实教育扶贫政策。做好建档立卡贫困家庭学生资助工作，共为建档立卡贫困家庭278名学生补办了贫困证明；全乡未发生1名义务教育期间辍学的贫困学生；已享受“雨露计划”的大学生61名。落实健康扶贫政策。建档立卡贫困人口100%参加城乡居民医疗保险、大病保险、医疗救助。落实双签约服务贫困户109户219人。落实贫困户住房修缮。对贫困户住房存在潮湿、墙皮脱落、空臌的问题，进行了摸底，农闲时进行了修缮。落实社会保障扶贫政策。对2018年末全乡五保、低保对象进项全面核查，该取消的全部清理。该列入五保对象的16户18人享受了五保待遇，因残致贫建档立卡贫困户中生活困难、靠家庭供养且无法单独立户的重度残疾、重病患者等完全丧失劳动能力或部分丧失劳动能力的贫困人口共270户471人均列入了最低生活保障范围。落实金融扶贫政策。认真落实金融扶贫政策，截至2019年10月底，全乡共落实扶贫小额信贷贫困户258户，1137万元，有效地解决了贫困户在农资购置、发展家庭养殖等发展生产经营中资金不足的问题。

强化贫困人口扶志扶智，进一步强化了脱贫攻坚政策宣传力度。书写了标语、挂图等60多幅，制作了宣传版面20多块，送去了扶贫政策让知识资料3000余份。多数贫困户增强了脱贫信心。各村制定出台了《村集体扶贫项目收益分配方案》。按照贫困程度进行分配，同时，鼓励有劳动能力的贫困人口通过参与村级事务、劳务适当多与分配。制约了一些贫困户“等靠要”思想，逐步形成了勤劳致富、脱贫光荣的良好导向。在全乡推进“一约四会”工作机制。出台了《乡规民约》，各村制定《村规民约》，吴马营乡持续推进就业扶贫。为贫困户提供政策咨询、职业介绍等实现劳务输出共计109人，新增15人。合作经济组织常年或临时优先吸纳贫困劳力40多个，在村集体公益事业岗位中优先安置贫困劳力的有卫生保洁员23人、森林防火员等人口32人。

【民生工程】 2019年，吴马营乡加强民生工程建设，实施乡村道路、街巷、广场硬化工程。乡村道路硬化新增里程20多公里；硬化街巷16条、广场5个，面积1.3万平方米。实施环境集中整治工程。共投资150多万元，在西短川、马家河、吴马营、郭家窑、后榆林开展了以净化、美化为重点环境整治工程，拆除残墙断壁700多米，垒高质量砖墙4600多平方米，清理垃圾800多吨。粉刷墙壁5000多平方米。道路、村庄绿化、美化工程。实施了屯港至郭家窑村2.8公里、元元路吴马营乡段道路绿化工程，吴马营乡村后村庄绿化工程共植1.5米高樟子松3000多株，3米高樟子松200株。吴马营村美化街道1200米，栽植金叶榆160株、榆叶梅160株、丁香4450株。实施亮化工程。包家岭、吴马营、西短川共安装太阳能路灯100多盏，投资26万多元。其他公共设施建设工程。5个村的农村党群服务中心进行了改扩建和修缮、硬化，新修建扩、建公共文化广场5个、健身活动中心4个。

【法治建设】 2019年，吴马营乡强化法治建设。扎实推进依法治乡工作，强化平安建设，全面落实“七五”普法规划，坚持“自治、法治、德治”相结合，以人民为中心，增强人民群众法治观念。实行重大矛盾纠纷和信访问题台账化管理，加强预防和化解社会矛盾机制建设，正确对待群众合理合法的利益诉求，有效化解历史遗留问题，严防发生群体性事件，2019年未发生进京、赴省非访事件。认真做好国庆70周年维稳工作；积极推行“枫桥经验”，打造了吴马营和南屯两个示范村；深入推进“一约四会”工作机制。出台了《乡规民约》，各村制定《村规民约》，成立了红白理事会、禁赌禁毒会、村民理事会和道德评议会，引导贫困群众自我教育、自我管理、自我约束，培育健康文明生活方式。不断净化社会环境，夯实平安法治根基，使人民获得感、幸福感、安全感更加充实、更有保障。

深入推进扫黑除恶专项斗争。坚持标准不降、力度不减、工作不断，深入推进扫黑除恶专项斗争。对已侦破的案件循线深挖、逐一见底，全面梳理、深入开展重点领域重点行业整治，严格整改重点行业领域的管理漏洞、制度机制空白和方法手段滞后等问题，主动防范、发现、打击黑恶犯罪的制度机制进一步健全。

强化安全生产责任。严格落实安全生产责任，先后召开各类隐患排查部署会议6次。积极安排部署。抓实重点行业领域隐患排查、专项整治等工作，坚决预防和遏制重大安全生产、食品安全事故的发生。建立了安全生产隐患、地质灾害隐患排查日报告制度，进一步完善了灾害预警预报监测体系，完善应急处置机制，强化防灾减灾队伍建设，特别是在森林防火方面加强灾害风险排查与防范，不断提升防灾减灾能力。全年未发生一起安全生产事故和其他灾害事故。

【社会事业】 2019 年，吴马营乡强化公共卫生保障。全面落实好二孩、优生促进工程及“奖优免补”政策，实现人口均衡发展。抓实基本公共卫生服务，提高村级医疗卫生服务能力，保障人民群众身体健康，乡卫生院和县医疗集团联合对全乡 15 个村开展巡回下乡义诊，送医送药上门服务。推进乡村文化事业发展。加强公共文化服务体系建设，抓好乡文化站工作，发挥农村书屋，健身广场作用，办好农民夜校。4 个村举办了元宵节文娱活动，电影下乡进村每月 2 场，在乡文化站举办了 1 次建国 70 周年文化作品展，极大地丰富了群众精神文化生活。社会保障水平进一步提升。落实全民参保计划，扎实做好农村居民基本养老保险、医疗保险工作，农村养老保险参保率和新型合作医疗参合率进一步提高；推进低保规范化、动态化管理，进一步扩大社会保障覆盖面，做到了应保尽保；吴马营敬老院管理进一步规范，服务水品进一步提高；积极组织农村实用技术和劳动力转移技能培训 2 期 300 人次，为农民致富奔小康创造就业创业机会。

吴马营乡“三委”主干部一览表

表 2

序号	村名	支部书记	村委主任	监委主任
1	前榆林	王　裕	王　裕	申贵云
2	后榆林	李　琪	李生占	李生成
3	马家河	庞　军	庞　军	赵德功

续表 2

序号	村名	支部书记	村委主任	监委主任
4	南　屯	解　育	解　育	刘养先
5	包家岭	许　广	许学良	李　义
6	吴马营	韩丙岗	韩前奎	韩玉奎
7	西短川	郭成荣	王　德	胡玉宝
8	郭家窑	胡　亮	胡　伟	胡　荣
9	屯　港	李兴珍	李　平	李兴福
10	东短川	刘仁祯	刘仁祯	王　亮
11	大　洼	孟德成	孟启英	孟国英
12	尖　山	李　悦	李　海	李兴忠
13	闫家窑	闫志强	闫志强	闫杰山
14	大　坪	赵礼忠	赵礼忠	王志栋
15	黄草梁	王德兵	王宝堂	王　英

下喇叭乡

【概述】 下喇叭乡位于山阴县城的西北部，属于山区乡镇，虎山公路和荣乌高速公路穿境而过，交通便捷，版图面积 138 平方公里，全乡共有 18 个行政村，2889 户、6627 口人，其中乡村户数 888 户，乡村人口 1994 人，耕地面积 42100 亩，农作物总播种面积 35805 亩，主要以燕麦、豆类、马铃薯、油料为主，全乡粮食总产 2972 吨。气候属温带半干旱大陆性季风气候，冬春多风，夏秋多雨，年平均降雨量 420 毫米左右，全年日照时间 2900 小时左右，无霜期 120 天左右。全乡养羊 7940 只、大牲畜 273 头。2018 年底，农村经济总收入 4842 万元，农民人均收入 7187 元，全乡 18 个贫困村，贫困户 285 户、677 人。2014 年全乡共有贫困村 18 个，建档立卡贫困户 774 户 2215 人；2015 年经过“回头看”全乡出列、脱贫贫困户自然人口增减，贫困村摘帽 5 个村，最终确定贫困村 13 个，建档立卡贫困户 329 户 848 人；2016 年，通过“再回头看”、自然人口增减全乡共有贫困村 13 个，建档立卡贫困户 306 户 747 人，贫困发生率为 11.64%，2016 年，退出 9 个村，脱贫 192 户

456人；2017年退出4个村脱贫103户268人；2018年脱贫11户21人；2019年巩固脱贫成果624户1592人。全乡共有19个党支部，其中机关支部1个，农村党支部18个，全乡党员290名，农村党员228名，党员年龄老化严重，文化程度较低。2019年乡里共培养入党积极分子2名，发展年轻党员1名。

【特色产业】 2019年，下喇叭乡以发展绿色保健小杂粮为目标，积极引导发展“一乡一业”“一村一品”提升工程，大力种植小杂粮，发展土豆籽种繁育，大力实施片区规划项目，发展山区现代高效农业，选择宜种则种、宜养则养相结合的模式，全乡种植小杂粮1万亩，白燕6号燕麦1万亩，甜荞9号0.35万亩，陇薯3号、晋薯16号马铃薯0.5万亩，推广种植渗水地膜旱地谷子0.3万亩，农作物总播种面积达到了4.2万亩，全乡规模化种植达2.68万亩，粮食总产量达2972吨，占全乡耕地面积63.8%，切实提高了农业效益，为农民增收开辟了新途径。2019年，下喇叭乡充分利用自然优势，大力发展畜牧业。一是实施绒山羊养殖“增值保量”工程，推行合作社加农户的模式，2019年计划发展绒山羊18000只，年存栏15000只，带动贫困户增收致富；二是继续以榆树洼肉驴示范基地为主体，带动贫困户养殖肉驴100头；三是推行“企业+基地+农户”的模式，以织女泉村生猪养殖基地为示范，完善利益联结机制，以山阴县鹏飞农牧专业合作社藏香猪养殖示范基地为带动企业，培育藏香猪种猪1000头，带动贫困户发展。下喇叭乡发展山区特色林果业。按照“全民造绿、身边增绿、依法护绿”的发展思路，因地制宜、植管结合，全乡以大接杏、枸杞为主的经济林发展到5000亩，生态林发展到3万亩，全乡林木覆盖率达到34.5%。

【光伏扶贫】 2019年，下喇叭乡扎实推进光伏扶贫项目。全乡已并网发电的15个屋顶分布式光伏电站和1个地面光伏电站，装机总容量1111.4千瓦收入63.57万元，为村级集体经营性收入，按照75：15：10进行二次分配，及贫困户收益47.68万元，电站运维费9.54万元，村集体收益6.35万元，涉及贫困户491户1243人，户均收益970元，人均收益380元。

【资产收益】 2019年，下喇叭乡继续巩固资产收益项目。委托佳联奶业分公司实行资金托管资产收益项目，蓿麻沟、上喇叭、榆树洼村各50万元，共计150万元；委托驿泽奶牛专业合作社实行资金托管资产收益项目，罗庄1.2万元、上立羊泉村2万元、下立羊泉2万元、冻牛坡村60万元、双井村1.6万元、后山村12万元、黑龙池村0.4万元、刘家窑村8万元、吴庄村2.8万元，委托富惠扶贫攻坚造林专业合作社实行资金托管资产收益项目，蓿麻沟村10万元，共计100万元；2019年继续巩固2017年委托驿泽奶牛专业合作社实行的资金托管资产收益项目，织女泉86万元、下喇叭62万元、口子梁17万元、榆坪28万元、小庄窝37万元，共计230万元；易地搬迁户后续产业委托驿泽奶牛专业合作社实行资金托管资产收益项目，涉及5个村18户47人，资金托管47.5万元，年获得资产收益39.3万元，实现建档立卡贫困人口固定收益全覆盖，贫困户户均收益1305元，人均收益534元。

【美丽乡村】 2019年，重点打造织女泉村，下喇叭村两个美丽乡村示范村，对下喇叭村主街道砌草坪砖护坡1460平方米；花栏墙360米；道路拓宽片石护坡244立方米、回填土方600立方米；道路两侧砌筑工艺造型墙748平方米；文化墙697平方米，农户大门两侧木质篱笆墙105米；美丽乡村标志壁2座。织女泉村窑面抹灰900间，砖砌勾160户，彩钢屋顶90户，硬化入户巷道17000平方米，涂料粉刷20000平方米，新建党建广场750平方米，整修院墙，清理垃圾，栽植景观树，全面提升两村的村容村貌，改善人居环境。扎实做好村容村貌整治工程和乡村清洁工程。在村容村貌方面：投资6万元，共整修残墙断壁1620米；投资1.32万元，粉刷墙面4400平方米；投资6.4万元，出动机械23台次，重点对乡村道路沿线“四堆”182处、1600余吨垃圾进行集中清理；在乡村环境整治方面：对农村居民集中居住的主街道，巷道进行整治，对村周边的垃圾、杂物进行彻底清理，做到粪便出地，垃圾入箱，柴草入院，共清运、掩埋垃圾290余吨。

【扫黑除恶】 2019年，下喇叭乡积极开展扫黑除恶专项斗争。出动宣传车6台次，在各村大喇叭不间断滚动播放相关内容，发放宣传资料200份，制作版面15块，书写宣传标语60条，发放调查问卷1400份，2019年未发现黑恶势力线索。

【党建】 2019年，下喇叭乡党委充分认识推进“两学一做”学习教育常态化制度化的意义，采取包村领导领学宣讲、进行党课辅导、开展大讨论等方式，多次组织党员开展学习活动，交流学习体会，不断丰富完善学习形式，抓好经常性教育。以党支部组织建设为核心，严格落实党建各项任务，采取集中学习、听取汇报、专题研讨等多种形式，有计划的组织学习，树立正确的党员观，不断提升政治思想水平和政策法规水平。坚持开好组织生活会，各支部及时召开民主生活会，征求意见，查找问题，开展批评与自我批评，落实整改措施，努力促进党员干部素质的提高；进一步健全党员民主评议、“三会一课”、主题党日等制度，严格执行党建工作制度，促进支部工作规范开展。乡党委全面启动“改革创新、奋发有为”大讨论活动。坚持规定动作不遗漏、不变通、不降低标准。对主题活动进行了积极动员部署、营造浓厚氛围。全乡共查摆出问题12条，明确了整改措施、整改期限和责任人，整改完毕8条，其他还在整改中。下喇叭乡于4月18日组织全体乡干部、各村“两委”主干赴改革创新典型企业古城佳联乳业，马营庄驿泽奶牛园区进行实地观摩学习。通过观摩学习，广大乡村干部开阔了视野，拓宽了发展途径。

下喇叭乡开展进村入企工作，共9个小组，45名成员，对全乡18个村做到了全覆盖，开展政策宣讲38场，开展技术培训11场，开展工作协调18场，帮助解决问题17条，共服务农民850人次，进一步推进了“大讨论”的延伸和成果转化。还邀请了原市委党校副校长刘海教授做关于“改革创新、奋发有为”大讨论精神解读的讲座。让全乡广大党员干部对大讨论的重要意义、主要任务、基本途径有了更加深刻的了解和认识。

【主题教育】 2019年，下喇叭乡围绕深入贯彻落实习近平总书记视察山西重要指示精神，把谋划开展“不忘初心、牢记使命”主题教育作为一项重大政治任务，认真梳理总结近年来历次党内教育的经验做法，结合实际，从9月开展“不忘初心、牢记使命”主题教育活动，做好了“规定动作”、积极安排了“特色动作”，主题教育内容丰富、亮点纷呈。一是开展理论学习。依托乡机关每星期一的集中学习日活动，开展“不忘初心、牢记使命”主题教育日常的集中学习活动，9月17日、18日两天开展了乡领导班子成员第一次集中学习活动。二是举办交流研讨。为确保“不忘初心 牢记使命”主题教育活动收到实效，9月20日开展了读原著、学原文、悟原理的交流研讨活动，把自主学习与交流讨论结合起来，注重相互借鉴，深化认识、检视问题，进一步增强党性，改进工作，确保学出好效果。三是召开找差距专题会。9月29日，下喇叭乡召开找差距专题会，会议过程中坚持问题导向，查找短板不足，对照党章规定的党员条件和义务权利，对照党内法律法规和群众提出的意见，聚焦“18个是否”，班子成员都认真查找了问题，做到有的放矢抓整改。四是开办特色党课。向乡机关党员干部和村“两委”主干播放《初心泯灭的歧路》，做好党员廉政思想教育。乡党委书记分别就主题教育工作中的巩固和发展良好政治生态和学习新中国史、党史的意义、方法为全乡机关党员干部和村“两委”主干进行了授课，乡班子成员分别到所包的村里召开讲党课活动，引导广大党员干部在教育培训中，充电补课、补钙壮骨，进而全面提升广大党员干部的整体素质。10月18日，召开主题教育调研成果交流会，县指导组亲临会议，会上党政班子成员进行调研成果交流，各自进行了发言。

【基层组织建设】 2019年，下喇叭乡抓基层组织建设，提升基层党组织活力。用好“第一书记”，发挥第一书记文化高、能力强、思路广、办法多的优势。积极发挥党支部书记党建第一责任人的作用，要求各支部书记结合村情实际打造党建引领产业。乡包村领导经常性地深入所包村进行现场指导。乡党委对全乡18个党群服务中心进行全覆盖式整顿提升，对党群服务中心进一步亮化、美化，改善办公条件，更换党建版面。进一步完善村委会日常工作和值班制度，不让群众多跑路，让村干部主动接受群众的监督，确保了全乡18个村的工作效能有了较大提升。新建织女泉村党建广场。抓队伍建设，提升党员干部工作能力。下喇叭乡农村党员干部年龄偏高文化较低，难以胜任新时代农村工作的需要，为此下喇叭乡高度重视党员干部培训的工作，每年党员干部积极参与县委组织的培训，同时，经常召开座谈会和培训会，对村干部进行培训。2019年，下喇叭乡邀请了市委党校的教授为乡党员干部授课。乡党委还组织了村干部赴典型企业进行观摩，开拓了村干部视野。日常工作中还经常以会代训，开展理论、业务知识的学习，拓宽了全乡广大党员干部的知识面，切实提升了干部的履职能力。同时抓好优秀人员入党工作，新发展1名年轻党员，作为农村后备干部培养。

下喇叭乡“两委”主干一览表

表3

村 名	支 书	主 任
织女泉	王 红	王丙关
下喇叭	王茂森	王茂森
蓿麻沟	李 飞	李 友
上喇叭	李占文	李 炳
榆树洼	雷日亮	张玉忠
上立羊泉	李清泽	李清泽
冻牛坡	陈加虎	李建新
双井	刘 荣	王跃文
黑龙池	段国贵	段瑞雄
小庄窝	王秀文	杨占平
吴儿城	韩金柱	韩金柱

北周庄镇

【概述】 北周庄镇位于山阴县境中北部，是由原北周庄镇和苑家辛庄乡以及甘庄乡的3个村（白殿沟、上神泉燕庄村）于2001年撤乡并镇合并组成的，镇域东北与怀仁县接壤，东与合盛堡乡毗邻，南接岱岳镇，西连下喇叭乡，西北靠马营乡，总国土面积为164.7平方公里。北周庄镇驻地在北周庄村，北周庄村位于山阴县城岱岳镇北8公里处，是山阴县第一大村，境内大运公路和208国道穿村而过，东临同蒲铁路，且有二等站“北周庄车站”，西面有山阴县北周庄低碳循环经济工业园区。北周庄镇域属大同盆地局部隆起构造，北高南低，西高东低，最高海拔1868米，西北部为旱坡地丘陵区，东部地势平坦。境内有烟霞洞宝峰山峰，位于燕庄村西北2公里处，海拔1868米；南东岭峰，位于贺庄村西2公里处，海拔1860米。全镇共设20个行政村，全镇总户数为7721户，户籍人口20188人。北周庄镇西北部为旱坡区，东部地势平坦有木瓜河过境，水源丰富，土壤肥沃，有耕地76980亩，有水浇地32630亩。农作物主要有玉米、小麦、谷黍、蔬菜等，镇域内主要工业企业有20余家，分别是洗煤企业、煤炭运销企业、化工企业、陶瓷企业等。

【党建】 2019年，北周庄镇结合“改革创新、奋发有为”大讨论活动和“不忘初心、牢记使命”主题教育，针对市县统筹巡察二组巡察问题整改要求，镇党委研究，提出了全镇当前和今后一个时期党建工作的总体思路，即全面实施“1234”党建领航工程。就是一个党建提升区，实施党建基础工程。把11个党建基础相对薄弱的村支部划分为一个党建提升区，重点抓好党建基础工程。两个党建示范带，实施党建提质工程。把沿208国道和大运路两侧的6个基础条件好，经济实力较强的村，规划为两个党建示范带，重点抓好党建提质工程。三个党建核心村，实施党建一流工程。把全镇一个农村党委（北周庄村）和两个农村党总支（永静城、苑家辛庄）打造成全镇的党建核心村，重点抓好党建一流工程。四个党建精品点，实施党建特色工程。在全镇培育非公党建精品点中煤顺通党总支，壮大集体经济精品点燕庄村支部，支部标准化建设精品点李家窑村支部，党员队伍管理精品点辛留村支部四个党建精品点，重点抓好党建特色工程。通过半年来的实施，全镇党群服务中心建设、便民服务、支部组织生活、决策议事、党员队伍管理等工作都有了新的提升和进步，党建工作基础得到进一步巩固。

【美丽乡村建设】 2019年，北周庄镇继续大力推进美丽乡村建设，实施了208国道亮化美化工程，大运二级路绿化补栽工程，金光大道、二级路路灯修复工程。并重点打造了永静城、苑家辛庄、郑庄、辛留村等美丽乡村建设示范点。永静城：投资200余万元，铺设污水管网700米，完成惠民路路面扩宽工程，铺设了人行道彩砖、更换了路灯光缆，新安装路灯48盏，植树608株，完成和谐巷改造补路及多个路口改造。同时，完成了对村委会的全面改造和办公设施的配备。苑家辛庄：投资131万元，完成文化广场绿化1030平方米，栽植树木花卉5700余株，景田2300株。完成小油路绿化美化工程，砌马路牙7500余块，栽植望都桧590株，景田110000株，更换金叶榆126株，垫土500立方米。改造北滩路2000米，垫砂石2400立方米，使用混凝土173立方米，安装减速带3支。同时，还清理村内垃圾3000余立方米，清理煤矸石5000余立方米。郑庄：投资220万元，铺设污水管网4500米，铺设自来水管道5000米。栽植树木及花卉1000余株，摆设流动垃圾箱35个。实施黄花梁土地整理项目398亩，新打机井2眼。辛留村投资70万元，完成进村路路牙改造及铺设人行道新650米，建进村标识牌1座，完成村委会及北合路绿化4000米，栽植油松、侧柏3000余株，完成高标准党建文化广场建设。

2019年，北周庄镇全力整治矸石污染，长期以来，镇洗选煤场产生的矸石，一直未得到有效处置和治理。北周庄镇虽然通过建立矸石点、巡查等措施进行管理，但乱倒仍然现象屡禁不止。4月，上神泉村经全体村民大会通过，成立山阴县神泉环境治理有限公司，科学合理有效处置煤矸石，一方面为解决全镇范围内煤场废弃物的排放问题，为全镇环保工作做贡献，另一方面实施填沟造地项目，走“集体引领、人人入股、共同富裕”的新路子。2019年煤矸石处置场已取得环评批复，土地手续办理接近尾声。该矸石场长约700米，平均宽度300米，沟底深1252米，占地面积102000平方米，库容量352.61万立方米，建设内容包括矸石墙工程、排水工程、护坡工程、覆土工程等，矸石场建成后预计每年可以处置煤矸石2000万吨。公司运行后，矸石倾倒收入、整治支出、日常机械、人工等花费项目村委会定期公示，全体村民监督，全体村民受益。同时。北周庄镇还以中央生态环境保护督查“回头看”群众举报问题整改为契机，完成了柏坡村3000余立方米煤矸石的碾压覆土治理，覆土3万多立方米，面积130亩，种植了草玉米、苜蓿等作物长势良好。

【脱贫帮扶】 2019年，北周庄镇进一步巩固脱贫成果，认真贯彻落实省市县关于脱贫攻坚工作的有关文件会议精神，认真落实各种帮扶措施，北周庄镇坚持脱贫不脱责任、不脱政策、不脱帮扶、不脱监管，认真落实已退出脱贫人口的后续扶持政策，脱贫成果得到了进一步巩固。形成帮扶工作合力。2019年，镇党委、政府结合“改革创新、奋发有为”大讨论活动，通过查找问题、制定清单，针对脱贫攻坚工作存在的帮扶责任压得不实、“六大行动”引深不够、问题整改不彻底、工作队履职不到位等问题，强化考勤管理、驻村纪律、后勤保障，进一步调动镇、村干部，帮扶单位、驻村工作队、第一书记工作积极性，通过单位包村，干部包户，将帮扶单位、乡村干部同各村、贫困户紧密联系在一起。同时，继续实行镇、村党员干部包村，包建档立卡贫困户，镇班子成员带头，全镇30名镇干部、115名村“两委”干部及部分党员人人包贫困户，确定每周二、周五为镇村干部集中下访日，进贫困户家中搞调研、办实事、解难事，压实了帮扶工作责任，形成了良性帮扶机制，为脱贫攻坚工作提供了组织保障。

制订帮扶工作计划。对标“两不愁三保障”问题，镇村干部、驻村工作队进村入户，逐村研判、逐户分析、逐项对标、逐个突破，面对面谋划巩固脱贫成果工作计划，在增加脱贫户收入、壮大集体经济、改善人居环境等方面制订帮扶工作计划。同时，进一步整理完善村、户扶贫档案，扶贫手册、工作台账、明白卡全部配套跟进，确保贫困户的各类信息和帮扶措施详实准确。抓好脱贫常规工作。开展了贫困户车辆信息核查工作，实施了每季度贫困户动态调整，开展了扶贫资金“一卡通”清查工作。还对2014年、2015年脱贫户信息失真问题进行了清查和整改。2019年，全镇已经完成了2019年度扶贫对象动态管理工作。

拓宽贫困户增收渠道。一是种植旱地谷子。立足黄花梁富硒优势，今年继续在全镇推进富硒谷子产业化种植6000余亩，带动60余户贫困户稳定增收。进一步打响了富硒小米品牌。二是落实资产收益。495万元扶贫专项资金（2016、2017年300万，2018年195万）继续实施10%资产收益分红，每名贫困户在去年674.6元基础上，今年每人可以达到1127.6元。每名贫困户三年已经累计分红2448元。三是苑家辛庄光伏项目。苑家辛庄村利用扶贫专项资金20万元，发展光伏项目，在村委会安装光伏板94块，截至7月底，已累计收益5785元。全村29户46人，每人已经分红90元。四是继续实施金融扶贫。在去年68户贫困户小额贷款（山阴农商银行43户，晋商银行25户）的基础上，继续鼓励贫困户申请小额贷款发展生产，有贷款意愿的贫困户约20人。五是加大贫困劳动力就业帮扶。在全镇开展贫困户劳动力摸底排查，对未就业有就业意愿和能力的20余名贫困户积极联系帮助就业，2019年已经落实15人在周边企业打工。六是落实好各项帮扶措施。全镇2019年低保兜底贫困户55户76人。三年享受“雨露计划”47人次（2017年9名，2018年9名，2019年29名）。三年贫困户危房改造65户

（2017年54户，其中新建32户，修缮22户；2018年2户，新建2户；2019年9户，2户新建，7户维修）。

【治安综治】 2019年，北周庄镇加强社会治安综合治理，确保全镇安全稳定。健全完善工作机制，做到“五到位”。一是思想到位。充分认识到社会安全稳定是全镇经济发展和社会进步的重要条件，要发展必须要做好稳定工作，多次召开班子会议学习有关文件，统一思想，强化认识。二是领导到位。党委、政府把依法治镇工作纳入全镇社会发展和精神文明建设的总体规划和年度计划，党政领导亲自部署，对于重大的平安稳定工作亲自参与，并实行镇班子成员包村挂点责任制，使全镇各村都有一名领导具体负责综治工作。三是机构、人员到位。规范平安稳定工作制度，镇综治中心、矛盾排查调处中心、司法所、信访室机构健全，人员配备齐全，职责分工明确。每月召开依法治镇工作分析会，并请综治成员单位负责人参会，分析研究部署各项平安稳定工作，每季度召开综治委全委会，抓好综治分析会各项措施落实，并反馈综治信息。四是责任到位。实行党政主要领导第一责任人制度，年初与各村、驻镇单位、学校、企业签订了责任状，做到纵向到底，横向到边。五是保障到位，镇政府高标准建立了150平方米的综治中心，整合全镇9个部门，设立了9个服务窗口，同时，全镇21个村也因地制宜建立了综治中心，构建了全覆盖的社会服务管理网络。同时，把综治业务经费列入财政预算，做到专款专用。平安稳定工作做到了年初有计划和规划，半年有检查，全年有总结。

【信访工作】 2019年，北周庄镇学习推广“枫桥经验”，抓住七个重点环节。一是领导接访。坚持领导坐班接访制，在镇综治中心专门设立领导接访地，镇主要领导周一至周五轮流坐班，根据群众诉求类别、能当场答复的、现场给予答复；当场不能答复的，说明缘由，及时批转给相关干部承办，并限时办结。2019年，共现场接访36件，由综治信访维稳办承办21件，由民政办、劳保所承办15件，并在规定的时限内如期办结。二是隐患排查。坚持每个月各包村镇干部定期排查村、单位、学校、重点地区不稳定因素，照实排查、全面摸底、认真填写、无事报零、存档备查。三是逐级调解。充分调动基层司法、人民调解、公安民警、三级联调网络，整合人民调解、行政调解、司法调解“三调联动”等手段，依照“小事不出村、大事不出镇，矛盾不上交”的原则，一般信访诉求，由村进行化解答复、较大信访案件由镇接访和答复处理。镇信访办根据相关法律、法规和政策，能够答复和处置的、当场给予答复和处置，暂无政策依据的给予正面解释和抚慰，正确引导诉求人到相干部分咨询解答，坚持矛盾不上交。全镇镇、村两级矛盾排查调处中心共调处各种民事纠纷42起，调解成功率达95%。四是台账销号。按照省委“一交办三治理”要求，北周庄镇建立了信访案件台账销号制度，并明确挂包领导、具体工作职员和责任单位，全力做好解释抚慰等稳控措施，及时销号。五是转办回复。对县级或县级以上部门转办的信访案件，接件以后，及时明确相关责任单位和具体经办人员，在规定的时限内，作出调查回复意见。全镇共受理县委组织部等县级部门批转件5件、市级件2件，都在规定期限内及时回复，诉求人能及时查阅回复的质量，增强了诉求人的赞誉度，办结率和及时率都达100%。六是包案化解积案。对重点上访人员，采取镇班子成员、包案民警、支部书记“三包一”的办法，包案人员经常深入所包人员家中了解思想动态，与他们交朋友，力所能及解决他们的正常诉求，帮助他们解决遇到的生活困难，重大节日开展慰问，有效杜绝了进京赴省非访的发生。在重要时间点，安排领导和相关工作人员值班，确保在第一时间把握趋向性苗头和事件动态。群众上访量大幅下降。由于工作扎实、推进有力，全镇群众上访量大幅下降，绝大多数群众有问题都会到村一级或乡镇矛调中心反映，基层矛盾纠纷得以在第一时间由乡镇矛调中心知晓掌握和调处化解，所有久拖不决、未停访息诉的信访问题得以由矛调中心纳入重新梳理、再次调处化解，群众上访量大幅度下降。2019 年镇群众到县上访数较去年同期下降 85%以上。全镇社会治理机制逐渐成熟。随着“枫桥经验”的推广和镇矛盾排查调处平台的建立，北周庄镇的社会治理模式逐步完善，全镇来信来访的一整套工作流程和机制运行良好，得到省市综治部门的好评。镇综治中心多次代表朔州市接受了省综治办的检查验收。随着全镇信访形势的明显好转，镇村干部的工作作风明显好转，干群关系明显好转。全镇呈现出人心思齐、人心思上、人心思进的良好局面。镇党委、政府紧扣解决涉及群众利益的热点难点问题，大力实施美丽乡村建设、环境治理等重点工程，全镇经济社会各项事业均取得明显成效。

合盛堡乡

【概述】 合盛堡乡位于县城东北 10 公里处，黄花梁脚下、桑干河畔，东临应县、北接怀仁，人杰地灵，民风淳朴，是全县有名的文化之乡，也是晋北现代煤化工园区东区所在地。桑干河、木瓜河、民生渠流经境内，大运高速纵贯南北，荣乌高速横贯东西，并交汇于合盛堡乡，即将规划建设的原大高铁贯通东西，交通便利，区位优势明显。全乡版图面积 96 平方公里，耕地 7.2 万亩，盐碱地 2.3 万亩。全乡辖 15 个行政村 1 个自然村，5631 户，12435 口人。机构改革以来，乡党委、政府立足新时代、把握新使命、展现新担当，深入贯彻落实习近平新时代中国特色社会主义思想和习近平总书记视察山西重要讲话精神，积极探索基层组织建设新模式和乡村振兴新路径，确立了“1573”工作思路（“1”即一强：党建强。“5”即五合五美：推动“党建+产业培育”深度融合，彰显产业兴旺之美；推动“党建+美丽乡村”深度融合，彰显生态宜居之美；推动“党建+文化建设”深度融合，彰显乡风文明之美；推动“党建+乡村治理”深度融合，彰显治理有效之美；推动“党建+脱贫攻坚”深度融合，彰显生活富裕之美。“7”即立足七大战略：立足于“工业强乡、农业固乡、民生稳乡、环境立乡、脱贫攻坚、平安创建、文明共建”七大战略。“3”即强化三大基地建设：重点打造南部生态畜牧基地，中部现代煤化工基地，北部黄花梁万亩富硒有机旱作农业基地）。将铸实基层党建“主引擎”，作为“一号工程”，将抓党建统领作为撬动乡村振兴的关键，充分发挥乡村两级党组织在乡村振兴中的领导作用，以“1573”工作思路为载体，着力写好基层党建引领、产业发展壮大、乡村美丽和谐、基层文化繁荣、乡村治理有效、精准脱贫攻坚“五篇文章”，实现民富村强新蓝图。

【工业建设】 2019 年，合盛堡乡立足“工业强乡”思路，创优工业发展环境。合盛堡工业园区开工建设以来，合盛堡乡党委、政府始终高度重视，紧紧抓住难得机遇，举全乡之力做好园区建设各项服务工作，不断创优园区发展环境，积极做好各项基础工作，乡党委、乡政府做好企业建设保障工作，朔州市金沙源橡胶制品项目、山西超牌煅烧高岭土有限公司二期顺利投产。山阴县锦晔清洁能源有限公司 100 万吨/年低阶煤分质利用示范项目进展顺利，占地 82 亩的混凝土搅拌站项目顺利开工，为全县经济转型升级奠定了坚实的基础。

【农业建设】 2019年，合盛堡乡立足“农业固乡”思路，全面推动乡村振兴。乡党委、政府深入贯彻落实习近平总书记视察山西重要讲话精神，借助2019年全国节水旱作农业现场观摩会在合盛堡乡召开的有利契机，继续加大黄花梁富硒有机旱作农业示范区建设力度。加速推动农科院科技示范效应不断扩大。投资100多万元，绿化合盛堡—东双山路4公里，投资10万元，改造农科院有机旱作农业晋北工作站服务大厅为农业科技大讲堂和科技服务中心；投资40多万元建设农科院有机旱作晋北工作站站前展示广场；投资20万元建设群众大舞台，投资30多万元建设山阴县惠牧源农牧专业合作社联合社产品展示大厅和基地观摩平台；投资100多万元硬化了基地道路2200米。投资150万元修建了基地观光步道、标志牌等；建成了雨水收集系统，建设雨水收集池4个，可收集雨水200多立方米，建成了农产品质量追溯系统和土壤检测系统，并依托农科院对坡区土地进行了全覆盖土壤样本检测建档。争取资金90万元，自筹资金110万元，实施了600亩的坡地宜机化农田改造项目；争取水利项目，实施了陈家岭坡区800亩的节水喷灌项目，争取自然资源局土地整理项目，对陈家岭、东西双山三个村的2000亩土地进行了高标准整理。以上项目的实施对打牢合盛堡乡有机旱作农业发展基础，提升有机旱作农业基地建设水平起到了积极的推动作用。金秋九月，全国有机旱作节水农业现场会到合盛堡乡黄花梁基地观摩学习，全省粮食产业经验交流会来合盛堡乡交流经验，以“雁门关外好人家，米香乳醇数山阴”为主题的山阴县农民丰收节在合盛堡乡黄花梁基地成功举办，108万人通过网络关注了黄花梁、关注了富硒小米，以黄花梁为主产区的山阴县更是获批“中国富硒小米之乡”。基地共接待观摩学习10多次，学习人员1500多人次。

【环境建设】 2019年，合盛堡乡立足“环境立乡”思路，推动美丽合盛堡建设。一是继续开展美丽乡村建设工作。环境整治活动，落实长效管理机制。全乡共出动大型机械93台次，发动群众3500多人次，清理垃圾9937吨，粉刷墙面15200多平方米。种植树木9000多株，清理“四堆”257处，整治残垣断壁280米。深入开展东双山村美丽乡村建设，硬化道路2200米，推动合盛堡村整治提升工程，投资150多万元整治村内污水坑为湿地公园，修建雕塑一处，新建照壁一处，修建轮胎标志一处，安装路灯40多盏，整治村内道路1公里；继续巩固康庄美丽乡村建设，投资40多万元新建党建公园一处。并对大运、荣乌高速公路两侧垃圾进行了集中清理，清理垃圾128立方米。二是开展桑干河清河行动。乡党委、政府结合自身实际，坚持问题导向，明确工作责任，认真开展了“桑干河清河行动”，努力实现了合盛堡乡辖区桑干河水清、河畅、岸绿、景美生态目标。为了切实保障合盛堡乡辖区桑干河沿岸生态环境根本改善，环境污染隐患彻底消除，全面做好河道综合治理工作，乡党委、政府严格落实好河长制，按照要求完成好河道日常巡查工作。全力协调省环保厅在合盛堡乡河头境内建立桑干河检测站一处。

合盛堡乡各村基本情况表

表 4

村名	支部书记	村委主任	村务监督委员会主任	党员人数（人）	户籍人口数		常住人口数		耕地面积（亩）
					户数（户）	人口数（人）	户数（户）	人口数（人）	
合盛堡	刘　程	曹福贵	徐洲杰	35	586	1374	285	656	3470
大虫堡	冯培江	温秀贵	段兵功	40	518	1260	360	890	3710
杨　庄	剧世东	梁继业	陶福明	31	359	860	254	609	5260
来　远	乔　栋	苗雨太	解廷东	25	448	950	210	460	5120
西双山	杨礼仁	何文有	何廷恒	28	289	609	165	356	3280
东双山	陈礼恒	陈礼锋	杨胜仁	34	384	855	180	466	4010
陈家岭	陈宏伟	陈国军	陈立保	10	117	270	39	105	2860
贺家堡	贺宗元	贺福海	贺福成	13	126	279	65	180	1380
北郭庄	郭生有	—	白印堂	19	196	390	96	198	1980
康　庄	武日云	武锦山	武恒山	38	519	1127	406	818	7530
河　头	赵有库	赵国银	赵红相	24	365	873	125	316	10180
上小河	赵志兵	解培峰	马占英	17	169	364	74	115	4730
常辛村	樊石发	李江勇	李高连	24	561	1193	312	737	9060
黄　巍	李太平	李军文	冯　蒋	38	475	1053	252	750	7100
高山疃	崔元明	郭建赓	崔元庆	22	533	1167	223	529	6780

【民生工作】 2019 年，合盛堡乡立足“民生稳乡”思路，增进群众民生福祉。民生是人民幸福之基、社会和谐之本，改善民生是推动发展的根本目的，合盛堡乡高度重视民生工作。按时做好低保核查工作，有效实施了低保的动态管理。及时发放低保金和五保金，切实保障了困难群众的生产生活。及时开展全乡养老保险和医疗保险征收工作。加快民生工程建设工作，积极整合县财政“一事一议”奖补项目资金近 40 万元，在东双山村新打机井一眼，铺设上水管道 2700 多米，铺设下水管道 700 多米，新建 110 立方米不锈钢蓄水池一座，彻底解决了东双山、西双山、陈家岭三个村 1030 口人的安全饮水问题。

【文明创建】 2019 年，合盛堡乡立足“文明创建”思路，扎实推进文教卫生兵役等事业。扎实开展各种群众喜闻乐见的文体活动，真正使合盛堡乡的文化阵地“硬”起来、文化产业“壮”起来、文化特色“亮”起来，文化气息“旺”起来、文化机制“活”起来。成功举办了 2019 年元宵节文艺会演和群众广场舞培训，群众文化生活不断丰富。成功组织开展了来远“二月二”农村文化节活动和西双山村“四月八”农村文化节活动，承办了山阴县农民丰收节，农村文化活动朝着更加丰富、更加多彩的方向发展，积极引导全乡群众向上向善新风尚，不断增强村民发展经济、建设美丽和谐文明乡村的内生动力。扎实推进教育工作，教学质量稳步提高。完善了合大学校各项规章制度，开展了校园安全教育活动，加强了校园安全开展了领导干部捐资助学活动，捐资 5000 多元。医疗卫生事业健康发展，疾病预防控制和卫生保健水平不断提高。文化体育工作成效明显，服务功能显著增强。全面完成了军分区下达合盛堡乡的各项工作。

【平安创建】 2019 年，合盛堡乡立足“平安创建”思路，推动扫黑除恶工作。一是提高政治站位，强化组织领导。为扎实有序推进全乡扫黑除恶专项斗争工作，继续开展扫黑除恶问题限速排查工作，多次组织乡村干部专题学习习近平总书记关于扫黑除恶专项斗争重要指示精神和中央、省、市、县关于扫黑除恶专项斗争相关文件精神，确保全乡上下继续以高度的政治责任打好扫黑除恶这场硬仗。二是加大宣传力度，大造舆论氛围。乡党委、政府充分利用各种舆论宣传工具，大造扫黑除恶专项斗争舆论，广泛宣传开展扫黑除恶专项斗争的目的和意义，切实为扫黑除恶专项斗争开展营造氛围、引领舆论、聚集正能量，动员广大群众积极参与，打一场扫黑除恶的人民战争。三是继续开展线索摸排，强化案件线索移交。按照上级有关要求，结合合盛堡乡实际，采取多种渠道收集涉黑涉恶线索。严格要求一旦发现线索马上进行移交，时刻保持扫黑除恶高压态势。四是继续加强乡村综治工作，推动乡“一厅三室”和村“四室”的顺畅运行。

【精准扶贫】 2019年，合盛堡乡立足“精准扶贫”思路，推动贫困户精准脱贫。合盛堡乡根据省、市、县脱贫攻坚会议精神，制定了《合盛堡乡2019年贫困户巩固行动方案》。积极做好产业扶贫奶牛养殖项目和农机服务项目，于10月份每名贫困户分红1000元。积极申请2019年度专项扶贫资金，继续做强做大产业扶贫项目。积极为低保户、五保户、一般贫困户和建档立卡贫困户等“四类”重点户申请危房改造指标39个，于2019年10月底全部完工。

【党建引领】 全乡按照“全域点面结合、内涵深度融合、资源有效整合”的思路，全乡域规划、全要素投入、全方位提升，把全乡党建划三片建设，从“自顾自”到“抱成团”，通过选优配强班子、健全服务保障，不断夯实基层党建、力促乡村振兴，创新构建乡域党建联盟。一是强化政治功能。加强支部班子建设、党员队伍建设，严格落实“三会一课”“主题党日”、软弱涣散党支部整治和党员积分插卡管理等制度，深入开展了“不忘初心、牢记使命”主题教育活动，全乡428名党员采取不同形式参与了学习，撰写了心得体会、查找问题报告、调研报告等，乡党政领导班子带头深入各村进行了调查研究和“三服务”活动，切实解决了群众迫切需要解决的吃水难、行路难、活动难的该问题，加强了同群众紧密联系，强化了村级治理能力，使农村党支部成为实现乡村振兴的坚强战斗堡垒和主心骨。二是加强阵地建设。全乡投资40多万元建成了康庄主题教育“同心井教育基地”，投资40多万元建成了合盛堡党建“和合湖”公园，投资30多万元建成了大虫堡党建示范公路，投资10万元建成了合盛堡乡乡村振兴展馆，投资40多万元建成了各村党建标志石，投资50多万元改造了贺家堡、河头、常辛村、东双山、来远、大虫堡、合盛堡等村的党群服务中心和阵地版面，提升乡村两级组织活动场所的建设标准和规模，拓宽党群服务功能，切实改善乡村两级办公活动条件，夯实基层组织基础。三是丰富拓展场所功能。挖掘地方历史文化、传统民俗文化、红色文化、生态文化、廉政文化等内涵，将活动阵地与教育阵地、宣传阵地、示范阵地、廉政阵地、服务阵地等“五大阵地”一体化建设，全面打造以康庄村为中心的“党建文化长廊+红色知青文化+雁门关生态畜牧区+瓜果蔬菜协会”、以合盛堡村为中心的“党建乡村振兴展馆+村企共建共享基地+劳务服务输出公司”、以省农科院晋北工作站为中心的“党建主题广场+黄花梁有机旱作农业基地+惠牧源合作社联合社”等基层党建“红色大阵地”。

岱岳镇

【概述】 岱岳镇是山阴县城所在地，位于山阴县境中心，洪涛山脚下，地理坐标北纬 39°31′，东经 112°56′，南与安荣乡接壤，北与北周庄镇毗邻，东与古城镇、合盛堡乡相望，西与下喇叭乡相邻，总面积 136.25 平方公里（204375 亩）。耕地面积为 57700 亩，林地面积 40185.8 亩，水浇地面积 8850 亩。下辖南大道、先进、化家岭、闫家巷、安祥寺、兰园、梁山、花园、堡子巷、北王庄、小快乐、麻疃、刘家岭、解庄、移民村、新大滩、七里沟、夏家窑、上岱岳、王家涧、关岱岳、甘庄、兰家窑、郭家窑、贾家窑 25 个行政村，共有 12168 户，29056 口人。现有股室站所及驻镇单位 24 个，即：食药监督站、统计站、计生站、财政所、农财代理、项目监督办、文化站、水利站、农机站、经管站、企管站、安监站、民政办、劳保所、司法所、派出所、工商所、土地所、兽医站、农商行、卫生院、妇联、残联、团委。2019 年经县政府批准撤并上沙河、下沙河、鸳鸯会三个村，剩余 25 个行政村。全镇现设 2 个党总支，38 个党支部（其中农村党支部 25 个，非公党支部 8 个，机关事业支部 2 个，老干支部 1 个，人才支部 1 个，其社会组织党支部 1 个（慈爱福利院党支部），共有党员 830 名，2019 年发展党员 4 名，其中机关党员 1 名，农村党员 3 名。

2019 年，岱岳镇坚持以中共十九大精神和习近平新时代中国特色社会主义思想为指导，围绕县委“2361”工作思路，紧盯县委、县政府安排部署的重点工作、重点项目，充分发挥区位优势、资源优势，强化功能定位，突出发展主题，全镇党员干部牢记初心使命，改革创新，奋发有为，扎实推进完成年初制定的各项目标任务，全镇经济社会各项事业持续健康发展。

【社会管理】 2019 年，岱岳镇党委、政府以镇便民服务中心为依托，在各村建立便民服务站，镇便民服务厅每周由一名班子成员轮值，认真解决群众诉求，各村每天由“两委”干部值班，代办村民事务。扎实做好民生工作。2019 年全镇城乡居民医疗保险参合人数应为 20526 人，实参合 19924 人，参合率 97.1%；全镇居民养老保险金应参保 14706 人，截至 2019 年实参保 14175 人，参保率 96.4%；全镇办理独生子女证 19 个，发放奖扶金 42 万余元，审核独生子女证 530 份；全镇发放临时社会救助 454879 元，为 117 名优抚对象发放补助 474103.5 元，为 8 名孤儿发放补助金 96000 元。扎实开展征兵和退役军人管理服务工作。完成了退役军人信息统计和退役军人“光荣牌”的发放挂牌工作，并认真做好退役军人的政策咨询解答工作。

【文化建设】 2019 年，岱岳镇积极开展文化、卫生下乡工作。先后在甘庄村、北王庄等村举办农村书画展、广场舞比赛、文艺会演等文化服务活动，有力丰富了群众文化生活；协调镇卫生院在上沙河、下沙河、郭家窑等村开展免费体检，免费体检村民 280 余人次，咨询人数 120 余人；移风易俗工作取得大进展，各村均成立了红白理事会并制定了村规民约。

【环境整治】 2019 年，岱岳镇扎实开展农村环境综合治理工作。按照“政府主导，群众参与，社会共治”的原则，实施“一村一策”的工作方法，全镇集中开展环境卫生整治以来，共清理“四堆”110 处，清理村内乱堆乱倒垃圾 120 处，清理村庄周围垃圾 110 处，发放各类宣传资料 20000 余份，在全镇营造出了人人关心环境卫生、全民改善环境的良好氛围。扎实有序地开展“美丽乡村”建设工作。重点对影响村容村貌的乱搭乱建、乱堆乱放、乱写乱画等突出问题进行整治，对残垣断壁进行修补、遮挡或拆除，对墙体立面进行整修、粉刷、美化。其中拆除违建5处、拆除残垣断壁6处、腾退土地1处、整治村内乱搭乱建9处、整治村内乱写乱画45处。2019年下半年对兰家窑、郭家窑、夏家窑、北王庄、七里沟等村进行了以硬化、亮化、绿化、美化为主要内容的重点打造，较好的提升了村民的人居环境。扎实推进“厕所革命”工程。积极开展农村改厕工作，利用宣传标语、走访入户、发放宣传页、召开动员大会等方式进行多方位宣传，对全镇农户的厕所现状进行了详细摸底调查，做好了第一批改厕农户的前期准备工作。做好乡村生态旅游业发展规划。以“一河两园”（桑干河、西山森林公园、湿地生态公园）作为发展乡村生态旅游产业规划的重要资源和手段，积极做好发展规划。建立完善河长制工作体系。认真贯彻县委、县政府建立河长制工作要求，明确了镇村总河长、副总河长、河长。对全镇河渠进行了认真调查，建立了河渠名录和档案，河长制实现了全覆盖。制定出台了河长制工作制度，明确了河长的职责、监管范围。2019年，在桑干河清河行动中，全镇累计出动人员1080人次，机械30台次，清除河道垃圾30余立方米，保洁面积约25万平方米。

全力做好大气污染防治工作。一是强化对“散乱污”企业打击力度，联合相关执法部门，对巡查中发现的各类违法行为，能整改的立即整改，不能整改的坚决取缔。针对省生态环境厅大气专项检查和“百日清零行动”涉及岱岳镇的10个问题都已经整改到位。通过整治，3个售碳点存碳全部清理完毕，已停止销售；1个沙场被县法院查封，处于停产状态；2个水洗沙销售点存沙大部分清理，剩余部分已全部苫盖；2个废品收购站对收购废品分类整齐堆放，并用苫布进行苫盖；1个石材加工厂大理石面料已全部进库，生产封闭在彩钢车间内，并喷水作业；1个石粉加工点已按照“两断三清”要求，予以取缔。二是做好“秸秆禁烧”工作。为确保“秸秆禁烧”工作的顺利开展，实行分管领导包片、镇干部包村、村干部包地块的网络化管理，做到目标明确、责任到人，实现全天候禁烧、全覆盖监管。三是做好禁止“散煤”销售工作。组织工作人员对辖区内各散煤销售点，逐户上门进行宣传，发放宣传单，引导各散煤销售户深刻认识燃烧散煤的危害性和治理工作的重要性和必要性。

【安全工作】 2019年，岱岳镇加强对重点行业日常监管。把企业隐患排查治理作为日常督导检查的重要内容，重点加强了对非煤矿山、烟花爆竹、工业企业的日常监管，对违规液化气站和加油站及时停业整顿。在检查中，强调既要查具体隐患，更查隐患排查治理制度及落实情况。截至目前，共检查企业36家，共排查145余次，督促整改一般安全隐患5处。全镇安全生产形势良好。加大安全生产宣传力度。党员干部深入辖区企业通过组织观看安全教育警示片、发放宣传资料、与职工座谈等方式，确保安全生产理念深入人心。2019年6月“安全生产月”活动实施期间，镇党委、镇政府联合印发了《岱岳镇“安全生产月”活动实施方案》，在甘庄、北王庄等村开展了安全生产宣传文艺表演，进一步树立起全镇人人懂安全、讲安全的生产理念。加大森林防火工作力度。进入春季以来，降水偏少，全镇防火形势严峻，镇党委、政府多措并举抓防火：一是专门成立镇村防火应急分队，24小时轮流巡查。二是对各村实行网格化管理，设立应急联络员。三是镇领导、包村干部入村监督防火工作，靠前指挥、实地安排。由于防火工作的扎实到位，全镇未发生森林火灾。

【农业生产】 2019年，岱岳镇提早筹划安排春耕备耕工作。2019年全镇农作物总播种面积

46158亩（其中玉米23685亩、栊薯3号优质马铃薯1441亩、有机旱作农业18922亩、蔬菜1353亩、油料156亩），发放渗水宽膜3853卷，化肥4276袋。在西片坡区种植旱地穴播渗水宽膜高产谷子9405亩，地膜覆盖黑豆1176亩，抗旱绿宝红高粱4556亩，晋黍9号2436亩，荞麦126亩。在水利灌溉方面，大力推广喷灌、滴灌等节水灌溉。稳步推进农业生产托管工作。在北王庄村开展农业生产托管试点，部分农户将农业生产中的耕、种、防、收等全部或部分作业环节委托给朔州市骏宝宸农业科技公司经营，2019年共实施托管土地6150亩，取得了良好的效果，为解决部分农户“种不了地”和“种不好地”探索出了一条有效途径。持续推进农村产权制度改革。2019年，全镇25个行政村和3个自然村全部完成清产核资、成员认定工作，为下一步推进股权设置、资产量化等工作奠定了坚实基础。全镇集体经济组织成员身份共确认8220户，17836人。

【脱贫攻坚】 2019年，岱岳镇狠抓扶贫项目实施。一是利用2019年的200万元扶贫资金在三个贫困村和一个贫困人口较多的非贫困村（郭家窑、兰家窑、贾家窑、甘庄）安装屋顶分布式光伏电站，兰家窑、郭家窑两村已于8月10日并网。上网电量收益的70%用于贫困群众增收，收益的15%用于光伏发电系统的运维费，剩余的15%收益用于村集体公益事业。产权归村集体所有，贫困人口和村集体经济收入大幅增加。贾家窑村已施工完成，办理并网手续；甘庄村已进行了招投标程序。二是使用2019年财政整合扶贫涉农资金31万元（上沙河5万元，下沙河4.5万元，贾家窑1.5万元，鸳鸯会20万元），为上、下沙河两村分别安装路灯18盏、17盏，为贾家窑村实施环境整治项目，为鸳鸯会购置农用拖拉机1台、安装路灯15盏、建设蓄水池1座、铺设自来水入户管网2500米。做好贫困户危房排查。2019年9月，经村“两委”干部、驻村工作队、第一书记对全镇53户贫困户住房进行排查，无危房现象。转移就业促进增收。对全镇新增环卫工、保洁员等岗位优先聘用贫困群体人员；重新整合全镇护林员岗位，优先从有劳动能力的建档立卡贫困户中选聘；建立贫困户人口劳务输出台账，实行动态管理，为组织贫困人口劳务输出提供最全面、最准确的信息支撑。2019年全镇共选聘24名贫困人员为环卫保洁员和护林员。

【平安建设】 2019年，岱岳镇强化综治平安建设主体责任意识。把综治稳定工作作为镇党委、政府工作中心，以综治办为工作纽带，强化工作队伍，扎实做好“两会”、国庆等重点、敏感期间维稳工作，有力地确保全镇政治安定、社会稳定。坚持以党建引领，大力弘扬新时代“枫桥经验”。扎实开展矛盾纠纷、信访问题排查化解。进一步加强各村调委会建设，找准切入点，及时处置突发矛盾、排除信访突发事件。2019年，全镇处理信访案件5起，调解矛盾纠纷30起。积极做好综治整改工作。2018年，岱岳镇被综治挂牌督办后，每月在镇党委（扩大）会议上至少安排一次综治工作，2019年9月整改到位后并通过市县政法综治验收，顺利摘帽。在庆祝中华人民共和国成立70周年期间，全镇社会经济秩序良好，人民生产生活安全有序，未发生一起非访事件，并被朔州市劳动竞赛委员会授予集体一等功。

【扫黑除恶】 2019年，岱岳镇掀起新一轮的扫黑除恶宣传高潮。一是镇扫黑办牵头，包村干部与派出所干警深入各村宣传扫黑除恶，发放宣传材料3000余份；在各村醒目位置书写墙体宣传标语8条，并在辖区内利用门市广告电子屏滚动播放扫黑除恶宣传标语。二是利用“改革创新，奋发有为”大讨论活动和“不忘初心，牢记使命”主题教育干部走村入户宣传为契机，开展了推进扫黑除恶专项斗争新一轮宣传再动员。做好对扫黑除恶工作问题清单的整改。对照中央及省市县督导反馈问题清单，镇党委、政府对清单问题逐一分析，认真研究，将涉及的问题迅速制定整改方案，细化整改措施，切实担负起主体责任。对各村“两委”班子成员开展了再甄别工作。严格落实县委、县政府要求，对现任村“两委”干部再次进行审查、甄别，确保农村基层政权不被黑恶势力染指。2019年，全镇未发现存在涉黑、涉恶的村“两委”干部。

【党建】 2019年，岱岳镇开展“不忘初心，牢记使命”主题教育，坚决压实责任。明确镇党委书记为第一责任人，不搞“权力下放”；班子成员认真履行“一岗双责”，抓好分管领域的主题教育；一般党员干部按照安排，做好协助配合。坚决做实工作。在组织学习研讨中，要求党员干部结合自身工作、生活、学习情况，深入理解习近平新时代中国特色社会主义思想；检视问题要深入联系实际，达到具体化、客观化；整改措施力求实事求是，具有可操作性。坚决抓实督导。镇主题教育领导小组采用随机抽查、听取汇报、情况通报等方式，对各基层党支部主题教育开展情况进行督促指导，及时总结经验和发现不足。开展“改革创新，奋发有为”大讨论活动，坚持对标一流标准。对标对表中央要求和省委、市委、县委部署，学习先进理念、先进经验，进一步明晰发展坐标、路径，厘清全镇发展思路、举措，结合大讨论形成的好经验、好做法和实际工作，制定了机关干部日常行为规范和财务管理制度等一批务实管用、可长期坚持的制度，有力提升了全镇党员干部干事创业的信心和决心。坚持狠抓问题整改。全镇围绕落实“对标一流整改提升清单”持续用力，严格执行“三次交账”制度，不断增强解决问题的力度、广度和深度。对大讨论中查摆出的问题、群众反映的问题，一抓到底、跟踪问效，切实让广大干部群众看到实实在在的变化和成效；对查摆的问题建章立制，推进制度机制创新，以新标杆立新规矩、新制度、新举措，以务实管用的制度巩固大讨论成果。在大讨论活动中，全镇共梳理出问题18条，已整改18条。

2019年岱岳镇农村“两委”主干一览表

表5

村　名	支　书	主　任
南大道	周世军	白永喜
先　进	席爱国	闫全涛
化家岭	赵怀龙	刘玉龙
兰　园	王永军	王永军
梁　山	宁志刚	魏甫明
花　园	闫俊香	杨俊英
堡子巷	郑玉岗	史可明
闫家巷	王国平	史官申
安祥寺	王东宏	王东宏
小快乐	李立雨	李立雨
麻　疃	王　晋	刘培亮
刘家岭	贡卫官	贡卫官
解　庄	解廷勇	解廷勇
移民村	郝玉何	卫红宇
新大滩	刘志富	刘志富
北王庄	樊生芳	樊增发
七里沟	郝玉良	郝玉良
夏家窑	闫宏伟	赵有兴
上岱岳	闫全军	闫万德
王家涧	王运全	王兴元
关岱岳	关海平	关志刚
甘　庄	韩　顺	张尚毕
兰家窑	兰祯山	兰祯山
郭家窑	郭建都	郭占斌
贾家窑	贾生官	贾生宏

薛圐圙乡

【概述】 薛圐圙乡位于山阴县南部，东接古城镇，南连后所乡，西邻朔城区，北靠安荣乡，乡政府驻薛圐圙村，距县城15公里。面积92平方公里。境内大运高速公路、208国道、林荫路、古老线纵横交错，交通便利。1958年设薛圐圙公社、黑圪塔公社，1984年改乡。1996年，薛圐圙乡面积90平方公里，人口0.6万人，辖11个行政村，乡政府驻薛圐圙村；黑圪塔乡面积43平方公里，人口0.6万人，辖10个行政村，乡政府驻黑圪塔村。2001年，撤销黑圪塔乡，并入薛圐圙乡，辖薛圐圙村、庞家堡村、白坊村、河曲堡村、卢岭村、沙岭村、罗庄村、辛兴铺村、西寺院村、小村、豆庄村、黑圪塔村、西李庄村、大营村、老羊寨村、双寨铺村、老羊寨铺村、曹庄村、双寨村19个行政村，乡政府驻薛圐圙村，延续至今。辖区地势南高北低，南部为山坡区，中、北部为平川区。年平均降水量500毫米左右，年平均气温8.3℃，光照充足，年日照量为2800多小时，无霜期为130~142天。由于地处洪涛山二级阶梯，地下水源十分富，境内泉水涌现，溪流不断，水中富含多种微量元素，极具开发价值。全乡辖19个行政村，11588人。全乡耕地面积9.07万亩，其中确权面积7.1万亩，水浇地7.3万亩，主导产业为玉米种植和奶牛、肉羊养殖。全乡共有基层党组织31个，其中1个党委、2个党总支、28个党支部，共有党员416名。2019年，乡政府在县委、县政府和乡党委的正确领导下，牢记初心和使命，强化措施，狠抓落实，全乡各项工作呈现新气象、迈出新步伐。

【种植养殖】 薛圐圙乡党委政府狠下功夫引导群众调整种植业结构，逐步改变农户以玉米为主的习惯性传统种植，有序扩大饲草种植规模，今年全乡饲草播种面积达2万亩；用好双寨片区农业综合开发项目成果，引导群众发展蔬菜种植等设施农业，片区今年种植青椒等蔬菜450多亩。统筹推进猪牛羊鸡产业发展，支持恒兴农牧专业合作社扩大和提升“老羊寨”牌芦花鸡养殖规模和带富能力，2019年合作社为贫困群众无偿发放育成芦花鸡1650只，并提供鸡蛋回购服务，实现企业和农户抱团共赢发展；服务保障双寨大象集团万头生猪养殖园区投产运营，先期养殖生猪4500头，示范带动周边群众集群发展生猪养殖；引导老羊寨铺村先行示范肉牛养殖，加强市场对接，畅通销售渠道，增强群众养殖信心。

【乡村建设】 薛圐圙乡坚持绿色发展，切实改善人居环境把良好生态做为乡村振兴的重要支撑点。2019年重点推进西李庄、庞家堡和老羊寨3村整村美丽乡村建设工作，新安装太阳能路灯32盏，栽植各类景观树木1380株，铺砖硬化4435平方米，粉刷外墙5700平方米，建成老羊寨日间照料中心院前广场。对人居环境进行集中整治，共清理农村生活垃圾900吨。建设完成白坊党建主题文化广场，以“突出党建、筑垒固基、立足服务”为主题，以“贴近实际、贴近党员、贴近群众、贴近生活”为宗旨，设计安装了21块宣传展板传播党建文化正能量。实施薛圐圙村和河曲堡村党建文化宣展工程，安装宣传灯旗126幅。实施河曲堡、庞家堡、薛圐圙、白坊和老羊寨5个村庄生活污水治理工程，推进清洁海绵村庄建设。实施双寨村党群服务中心改造工程，有机结合美丽乡村建设，突出惠民服务，配套建设院内文化活动广场。

【民生保障】 2019年，薛圐圙乡坚持把保障民生、服务百姓的工作做细做实，全面加快民生公共服务设施建设。实施“便捷饮水”全覆盖工程，实施黑圪塔、辛兴铺和大营村自来水入院进屋项目，改造主管道800米，新铺设入户管道5600米，极大地改善了3村的生活用水条件。配合县交通部门实施道路新修工程，共实施208国道—罗庄村、208国道—沙岭村、林荫路—黑圪塔村、双寨村—双寨铺村、大营村—前皇台村和双寨村—后帐堡村6条乡村道路，自筹资金实施水峪口薛圐圙段河道整治项目，开凿疏通渠道2公里，从根源预防和治理山洪灾害。实施农村"危改"工程，全乡实施危改住房186套，2019年已完成105套，工程量占全县年度计划的1/3。实施农村改厕工程，全乡涉及河曲堡、庞家堡和白坊3村273户。

【脱贫攻坚】 2019年，薛圐圙乡坚持把脱贫攻坚作为第一民生工程和重大政治任务，以推进脱贫攻坚和民生保障为核心，下足"绣花"功夫，综合施策，精准发力，确保2019年剩余贫困群众1户4人脱贫，脱贫人口稳定实现"两不愁三保障"。具体做到6个"到户"。一是扶贫政策落实到户。浓缩编印了《薛圐圙乡精准扶贫政策摘要》，由驻村工作队、帮扶干部入户解读，真正让贫困户充分了解惠民政策，明明白白享受实惠。二是产业扶贫精准到户。2019年贫困农户种植饲草2842.5亩，种植小杂粮64亩。与老羊寨芦花鸡养殖专业合作社合作开展产业帮扶，带动全乡贫困户养殖芦花鸡2805只，户均增收3000元左右。三是就业帮扶服务到户。先后举办专业技能和农业实用技术培训班3场次，经过技能培训和劳务对接，全乡共有42户，65贫困人口到宇昊蘑菇厂等驻地企业务工。四是扶贫资金扶持到户。将上级拨付的财政专项扶贫资金量化到户后，交由山西古城乳业集团经营管理，每年给予保底收并量化返还到户，2019年度保底收益每人收入373.4元。五是小额信贷帮扶到户。全乡共有67户贫困户向相关银行申请贷款403.22万元。其中：由台东山煤业有限公司担保，45户贫困户向晋商银行贷款222万元，每年每户可收益3000元；22户向农商银行贷款101.22万元，用于发展养殖业、经销农资等；2019年新增贫困户小额贷款16户，向农行贷款80万元，用于生产经营脱贫。六是惠民政策保障到户。全乡低保兜底27户61人，五保兜底1户1人，发放贫困残疾人各项补贴6.06万元。资助考取并就读大学的贫困家庭大学生11名，每人补助5000元；资助高职及中专学生69人，每人补助2000元。实施完成11个村庄便捷饮水工程，实施完成10个村庄乡村公路改造工程。

【安全稳定】 2019年，薛圐圙乡创新管理，做好安全稳定工作。一是坚决打赢扫黑除恶专项斗争。坚持责任不减、力度不减，多次召开会议推进扫黑除恶专项斗争工作；强化舆论宣传引导，全乡张贴通告、公告100余张，悬挂条幅80余条，涂刷墙体标语12条，切实为扫黑除恶斗争营造氛围、引领舆论、聚集正能量；强化线索摸排，多渠道收集涉黑涉恶线索，时刻保持高压态势。二是毫不松懈抓好安全生产工作。认真落实"党政同责、一岗双责、齐抓共管"制度和主体责任，集中举办"扫黑除恶创平安，安全生产防风险"为主题的安全生产月系列宣传活动，发放资料3000余份，参与群众4000余人。深入开展各行业各领域安全生产大检查，2019年以来全乡共组织开展专项安全检查8次，排除各类安全隐患22条，并责令相关企事业单位及时整改，乡域范围内未发生一起安全生产事故。三是推进平安法治乡村建设。乡政府注重农村群防群治，开展打击盗、抢、骗，严禁黄、赌、毒的"三打三禁"活动，为脱贫攻坚、经济社会发展提供了重要保障。

【生态文明】 扎实做好清河行动。乡政府切实按照市委、市政府和县委、县政府的工作要求，做好乡域3条河道的清河工作。推进桑干河、黄水河延岸村庄绿化工作，共栽植各类景观树木2000余株；清理沿河村庄垃圾100余吨，拆除河道违章建筑100平方米，开凿排洪渠道2公里，凹化过水通村道路120平方米。乡政府持续完善河长制工作，严格落实乡、村两级河长常态化巡河制度，全面做好河道综合治理工作。特别是黄水河薛圐圙段河道经过治理后，水面持续增宽，生态持续改善。扎实做好森林防火和秸秆禁烧工作。乡政府狠抓责任落实、防火宣传、野外火源管理及隐患排查等方面的工作，2019年实现了森林火灾的零发生。夯实责任，全乡共召开5次森林防火暨秸秆禁烧工作会议，制定下发防火相关文件6份，与各村签订《防火目标管理责任状》19份，和农户签订《农户森林防火暨秸秆禁烧工作责任书》4500份。强化宣传，全乡共悬挂宣传条幅42条，张贴封山禁火令50余份，发放宣传资料1500余份，在黑圪塔小学和白坊小学开展防火专题宣传教育2场次。做实工作，严控野外火源，做好预警监控和应急值守，强化巡逻力度和频次，全乡累计派出防火巡逻队员100余人，在主要路段和关键位置实现全天候巡查。

【社会状况】 学校教育：薛圐圙乡雁杰学校，坐落于白坊村的雁杰学校始建于1995年，是由老一辈无产阶级革命家王光美题名、刘源政委及北京知青捐资建设的一所希望小学。原学校已不能适应形势和任务的需要，为了把学校办成一所标准化农村寄宿制小学，2011年，山阴县委、县政府研究决定，在原校址改扩建了山阴县雁杰学校。学校坚持高起点规划，高标准设计，高质量建设，总投资1675万元。改扩建后的学校坚持功能、景观、生态三结合和以人为本的原则，学校原来占地面积16680平方米，建筑面积3140平方米，改扩建后，学校总占地面积19200平方米，总建筑面积8617平方米，其中：框架三层教学楼一幢4405平方米，框架三层学生公寓楼二幢3108平方米，框架一层学生餐厅一幢1104平方米，绿地总面积5808平方米，绿化率30.3%。2019年在校学生622名，教职工50多名，是一所二轨制具有现代气息的标准化农村寄宿制学校。

企业：天力红木家具有限公司，坐落于薛园圃乡河曲堡村南，是顺应山西省“转型发展、跨越发展”战略规划的新兴低碳企业，也是三晋大地唯一一家拥有先进的木材干燥处理设备及先进的木工机械设备，集研发、设计、生产、销售、服务于一体的综合性红木家具企业。公司占地总面积82亩，建有下料车间、木工车间、雕花车间、打磨车间、组装车间、大型展厅、精品展厅，以及行政楼、公寓楼、职工餐厅、贵宾接待中心、文化活动中心等，总面积12200多平方米。厂区内外绿化覆盖，并建有小公园、人工湖等休闲设施，风格古朴典雅，彰显着中华传统文化的无穷魅力。公司在职员工200余名，其中，高级木工技师、木雕技师、磨工技师、设计师20余名，并拥有一支业务娴熟、技术精湛、管理严格的销售团队和售后服务团队。公司为当地解决就业岗位180个，不仅培育了一大批农民掌握了木雕、抛光等专业技术，实现拉动当地农民年增收1000多万元，而且也为当地经济培育了新的经济增长点。截至2019年，完成投资1.06亿元，实现产值约6000万元。

安荣乡

【概述】 安荣乡地处洪涛山腹地、桑干河北，距离县城岱岳6公里，属于典型的城郊型乡镇。全乡辖14个行政村，即：安荣、安良铺、四铺、贺家窑、西沟、八步堰、岳庄、泥河、河阳堡、大洋村、小洋村、东鄯河、西鄯河、下寨，全乡有5280户、12837口人，版图面积90多平方公里。耕地资源43689亩。农作物总播面积41822亩。境内洪涛山脉储有500多亿吨的优质石灰岩、青钙石资源，其品质享誉周边省份，资源优势明显，还有保存完好的湿地生态系统，自然资源丰富。有企业23家。北同蒲铁路（朔山联络线）、大原高铁由境内穿过，省道大忻线、国道208线两条公路纵横交错，交通便利。引黄（河）工程北干线、天然气输送管道和特高压交流输电线路途径境内。晋北最大河流桑干河流经境内，有保存完好的湿地生态系统和湿地生态公园，明代宰相王家屏的御修坟墓建于安荣乡河阳堡，历史文化底蕴深厚，旅游资源丰富。

安荣乡党委、乡政府机关机构按照职能划分，统一综合设置5个办事机构，包括：党政工作办公室、经济发展办公室、社会事务办公室、农村综合便民服务中心、计划生育服务站。办公室不作为乡镇一级的中间层次，在机构内部分别设置相应职位，实行一人多岗、交叉兼职。按有关规定设立党的纪律检查委员会（监察室）、人民武装部、工会工作委员会、共青团委员会、妇女联合会，日常工作分别由相关综合办公室承担。乡人大不设专门办事机构，，日常事务由党政工作办公室承担。驻乡单位有：财政所、计生服务站、统计站、民政工作站、安监站、农机管理服务站、林业站、水管站、企业管理站、广播站、文化站、经管站、农技站、国土所、劳动保障所、司法所、派出所中心学校、卫生院、敬老院、农商行安荣支行、食品药品管理所、供电所。

【农业生产】 2019年，安荣乡全面学习贯彻党的十九大精神，坚持以习近平新时代中国特色社会主义思想为指导，不忘初心，牢记使命，紧紧围绕县委、县政府的中心工作和重大决策部署，抓好现代农业，着力调整农业基础结构，不断提升农业现代化水平。通过落实支农惠农政策，大力拓宽农民增收渠道，全乡综合实力大幅提升。改善农业生产条件。调整优化农业产业结构。紧紧围绕“一乡一业、一村一品”增收主题，大力实施了绿色蔬菜瓜果、玉米丰产田和黍谷基地建设，进一步抓好特色优势产业。同时，大力扶持特色种养业发展，在河阳堡村试点种植了蜜茉莉西瓜精品一号70多亩，打籽葫芦5亩，不断推广特色经济作物。另外以动物疫病防控为基础，大力发展畜禽养殖业，特别是羊存栏达到7500多只，猪存栏达到3040只。积极推广现代农业技术。继续推广渗水地膜穴播谷子技术示范推广项目，不断加强中低产田改造，为粮食增产、农业增效、农民增收开辟了新途径。同时，认真落实国家农机购置补贴政策，大力发展农业机械化，农机种类不断增多，农机数量不断增加，农机装备水平不断提升，有力推动了现代农业建设，为经济发展提供了支撑。2019年，全乡播种面积共计42953亩，其中，渗水地膜谷子4322亩，蔬菜瓜果类579.7亩。全乡共发放地膜1664卷，化肥4322袋。全面推进土地确权工作。通过广泛宣传、典型带动、政策激励，大力解决土地矛盾，农村耕地确权率达到100%，圆满完成确权任务。

【招商引资】 2019年，安荣乡着力扩大招商引资，不断推进工业强乡步伐。乡党委、乡政府积极争取上级的政策支持，立足当地的资源优势、区位优势、政策优势、人才优势，做优招商环境，造大造浓招商氛围，创新创优招商手段，积极实施以商招商、以情招商、环境招商、政策招商、产业招商“五位一体”招商战略，大力发展煤运、建材、化工、农产品加工等工业企业，做强乡域经济实力。安荣乡依托区位和资源优势，大力引进重点项目落户，重点推进国飞、鸿泽、建强、玉竹、元泰五家企业拓展钙化工的应用领域，进行纳米级碳酸钙深加工，大力发展下游产品；推动景莱悦运输有限公司新建运输物流仓储建设项目，吸纳周边养车户；景莱悦采摘园初具规模；推动大洋村淑英养殖场项目建设，现有存栏肉牛 90 多头；推动明新瓷业有限公司陶瓷生产线扩建项目。在带动经济发展的同时，努力为周边村解决了 300 余个剩余劳动力。

【生态建设】 2019 年，安荣乡积极探索美丽乡村建设的新模式。加快推进“商旅活乡、生态靓乡”发展战略，加快推进沿线河道治理、绿化、美化建设，全面打造安良铺、八步堰两个类型的美丽乡村，充分调动农民积极性，让广大群众参与设计规划，提出意见建议，进一步提高广大群众的环保意识和自觉维护村集体形象意识，推动村集体可持续发展，让广大农民在乡村振兴中有更多获得感、幸福感。继续完善公共服务设施。全面推进乡村环境整治工作，组建一支 20 人的清洁队伍，加强全乡卫生管理，全面营造清洁的乡村环境。同时，在全乡 14 个村全面清理垃圾和整治村容村貌的基础上，重点打造 6 个村的环境整治，安良铺、八步堰修建了文化广场；泥河村澡堂垒墙、硬化；新建大洋村、贺家窑村日间照料中心；为安荣、安良铺、八步堰、大洋村、东鄯河、泥河 6 个村新配置 6 个大型垃圾箱和若干垃圾桶，着力解决村庄内外积存垃圾成堆的问题，构建完善“户分类、村搜集、乡转运、县处理”的农村生活垃圾收运处理体系。深入开展清河行动。按照县委“浚河、控污、固堤、绿岸、增水、兴业”的要求，采取强有力措施，清河行动取得明显成效。2019 年，连通岳庄村清河路 510 米，两侧扩征地 5 亩多，两侧栽植树木 1000 余株；硬化西鄯河村链接清河路道路 350 米；在安荣村河道两侧补栽绿植 1000 余株。同时，党员干部带头率先清理河道垃圾，进一步引导广大群众牢固树立护河爱河意识，全民参与开展了河道清淤清垃圾工作，加强水资源保护。桑干河沿岸生态环境得到根本改善。

2019 年，安荣乡加大环境整治力度，本着对违法违规、污染企业零容忍的态度，专门成立了安全环保综合巡查队，坚持每日主动出击巡山、巡土、巡河，全力督促采石加工、煤站、陶瓷等企业环保问题的整改。取缔散乱污企业 1 家，新建石料厂防尘大棚 4 个，配合做好环保整改工作，对 3 个煤场和石料厂进行了污染整治，全力配合做好全县山河生态修复、桑干河清河整治工作。同时乡党委、政府积极配合县国土局、环保执法查处有关问题，并督促配合完成土地复垦。持续加强日常巡查和不定期突击检查相结合的工作方式，发现问题果断处置并及时上报。

【民生工程】 2019 年，安荣乡强力推动重点工程建设进度。涉及乡征地拆迁大型重点工程有大原高铁和准朔山阴支线建设 2 项，均属于国家及省级重点项目。经过大家的坚苦努力和敢于碰硬不硬碰的理念，确保了北同蒲铁路朔州至山阴联络线、大同至原平铁路客运专线等重点工程项目的按期顺利推进，拆迁工作全部完成。认真做好全乡危房改造工作。2019 年配合危房鉴定公司对全乡四类重点户进行了全面排查，经危房鉴定公司对四类重点户的全面排查，符合危房改造条件的有 50 户，其中：建档立卡 22 户，低保 5 户，分散供养 17 户，残疾贫困户 1 户，一般贫困户 5 户。核实完毕后于 6 月全部开工建设，至年底已全部完工。

2019 年，安荣乡真抓实干，切实保障和改善民生，为人民对美好生活的向往提供更优质的社会保障和民生服务。依托党建，推动“一事一议”制度的落实，大洋村新打机井 1 眼，2019 年打井成功，水量充足。同时，注重提高村庄绿化率，扩大绿化面积 27 亩。此外，东鄯河、西沟、河阳堡打机井共计 6 眼，泥河、下寨、西沟打深井共计 6 眼，贺家窑购置深水经泵一台，修复水渠210米，四铺村修建防洪大坝119米，维修PVC管道200米，大阀门10个，出水口30个，全面加强村级水利设施建设。贺家窑更换街道太阳能路灯灯头72盏；西鄯河安装路灯16盏，维修了35盏；八步堰安装路灯22盏；安良铺安装路灯14盏，维修了3盏，得到了村民一致赞扬。西沟村硬化主街道1.4公里、进村路1公里，补栽松树180株，切实改善了农村生产生活条件。

【社会保障】 2019年，安荣乡不断提高为民服务能力，本着“以人为本”的理念，坚持把改善民生作为最大政务，谋民生之计、解民生之急、办民生之需。持续完善社会保障体系。协助县医保局完成全乡医疗保险收缴后续录入系统工作，全乡2019年度城乡居民医疗保险参保率达97%以上，共计收缴城乡居民医疗保险资金201.59万元。其次，完成2019年养老保险征收工作流程宣传工作，为102位村民更正了养老系统信息录入，保障村民及时准确的缴纳养老保险。对14个村的60周岁以上老年人进行了每月生存认证及死亡申报，确保养老基金按时足额发放到人。同时，狠抓了救灾救济、低保、五保供养、医疗救助、优抚安置、扶贫帮困助学等，人民群众幸福感、舒适感和安全感不断提升。2019年，高标准完成了低保新标准调整工作，对全乡61户142人在册低保户、特困家庭107户110人共计168户252人进行了复核工作，通过入户调查、民主评议、公示监督，共取消救助家庭1户2人。同时，加大对困难家庭的帮扶力度，发放临时救助款共7万元。

【脱贫攻坚】 2019年，安荣乡全面推进脱贫攻坚工作。结合安荣乡实际，坚持精准扶贫、精准脱贫的方略，紧紧围绕精准实施脱贫攻坚“八大工程二十个专项行动”具体内容，牢牢把握“落实精准方略、推进特色产业扶贫、落实脱贫攻坚责任制、坚持扶贫与扶志扶智相结合”，进一步聚焦脱贫目标任务精准发力，动员全社会力量，众志成城攻坚克难，坚决打赢脱贫攻坚战。通过光伏扶贫、金融扶贫、就业扶贫、托管经营等方式，多措并举，全力打好脱贫攻坚战。大洋村、西鄯河村重点实施62.5千瓦屋顶分布式光伏发电新项目，2019年8月11日已并入国家电网。每村每年发电量93750千瓦时，进行全额上网，每村每年可收入31000元。安良铺、河阳堡、岳庄九月份分别申请了53千瓦、53千瓦、26.5千瓦的屋顶光伏，11月底并网发电。通过不懈努力，实现剩余2个村贫困户2户4人年底全部脱贫，实现全乡贫困人口“两不愁、三保障”和人均纯收入达到全县贫困线以上目标。

【集体产权】 2019年，安荣乡认真做好农村集体产权制度改革工作。乡党委、政府高度重视，多次就村集体清产核资工作召开专题会议。同时，通过张贴标语、致公开信等方式宣传清产核资的重要意义。对村集体现金、银行存款进行了盘点核对，对固定资产进行了现场指认核实，分理出了经营性资产、非经营性资产。全面摸清了集体所有土地、林木、荒地等自然资源和固定资产底数。全乡14个村集体经济组织清产核资工作全部完成，成员认定纸质版电子版均已按时完成成员认定。安荣乡14个村固定资产额41454347.65元，负债额15145505.97元。集体土地面积144597.35亩，其中耕地48736.65亩、园地8140.05亩、林地33380.95亩、草地2.1亩、养殖水面1439.85亩、其他农用地2922.06亩。建设用地面积14988.3亩。

【安全生产】 2019年，安荣乡乡党委、乡政府坚持把保持稳定、创建平安工作作为重点工作来抓，认真落实“党政同责，一岗双责、齐抓共管”制度，进一步夯实基层基础，创新监管方法，全力遏制事故发生，保持安全生产的平稳态势。严格落实“一岗双责”“三包”等安全生产责任制，建立行之有效的安全生产日常监管体系，持续抓好安全生产、森林防火、秸秆禁烧、防汛和食品安全等，确保了辖区内没有发生重特大安全事故。针对全县私挖乱采现象势头延伸，乡政府组建专门队伍，坚持不定期、不打招呼、不分节假日、不管哪家企业，加大对辖区企业的巡察力度，实现了安全生产事故、死亡事故为零的目标。2019 年，共召开安全生产专题会议 6 次，涉及安全生产的综合性会议 10 次，组织各类安全生产宣传活动 2 次。同时，下大力气做好森林防火工作，乡党委、政府高度重视，严肃防火纪律，严格落实森林防火责任。共召开森林防火秸秆禁烧专题会议 4 次，悬挂宣传条幅 100 幅．严格履行环保职责。积极发挥巡逻队作用，每天 24 小时不定期对本乡企业全方位不留死角进行突击巡查，发现问题当即处理，同时将有关情况及时上报。

【信访工作】 2019 年，安荣乡尽职尽责做好信访工作。牢固树立“发展是第一要务，稳定是第一责任”的观念，以信访工作基础建设和制度建设为突破口，采取积极预防和及时化解并举的方法举措，加大工作力度，真抓实干，开创了信访工作新局面，“小事不出村，大事不出乡，矛盾不上交”的格局正在形成。2019 年共受理信访案件 10 件，化解 9 件，另外 1 件调查核实，为群众解决问题 15 件，查调处各类矛盾纠纷 10 起，调处成功 10 起，调解成功率达 100%。

【扫黑除恶】 2019 年，安荣乡强力推进扫黑除恶专项斗争。全面贯彻中共十九大精神，以习近平新时代中国特色社会主义思想为指导，牢固树立以人民为中心的发展思想，贯彻落实总体国家安全观，针对当前涉黑涉恶问题新动向，切实把专项治理和系统治理、综合治理、依法治理、源头治理结合起来，把打击黑恶势力犯罪和反腐败、基层“拍蝇”结合起来，把扫黑除恶和加强基层组织建设结合起来，既有力打击震慑黑恶势力犯罪，形成压倒性态势，又有效铲除黑恶势力滋生土壤，形成长效机制，不断增强人民群众获得感、幸福感、安全感，维护社会和谐稳定，巩固党的执政基础，为服务全县转型发展、决胜全面建成小康社会创造安全稳定的社会环境。

【公共事业】 2019 年，安荣乡坚持协调发展，加强社会事业建设，重点抓好科教文体卫事业、民兵预备役等工作。科教文体卫事业得到统筹推进，适龄儿童义务教育入学率达 100%。大力推进文化体育惠民工程建设，不断丰富群众精神文化需求。2019 年，重点做好了全国体育场地统计调查工作，经现场定位核查，全乡 14 个村共有 24 个体育场地。着力改进新时期民兵工作，坚持依法征兵。

【“三基”建设】 2019 年，安荣乡着力推动基层组织全面加强，基础工作全面进步，基本能力全面提升，进一步提升基层党建组织建设的整体工作水平。一是依托“三基”建设，规范基层阵地建设。当前，全乡 14 个村党建阵地已经全部打造完成，实现了“办公最小化、服务最大化”的要求。大洋村、东鄯河党建阵地提质提标，其中，东鄯河新建党群活动中心门楼一座，党建长廊装饰灯带 1428 米，新建凉亭一座。此外，泥河村新建村委会议室 7 间，党群服务中心 5 间，门楼一座，新建澡堂一个；小洋村新建铁艺门楼一座，对原有村委会房屋进行了维修，换门窗 4 间，新盖房屋 7 间，扩长了村委会院子并同步进行了硬化；四铺村村委会拆旧新砌墙 80 米，硬化村委会引路长 30 米；安荣村更换了进乡路宣传牌 88 块，同时，在村路口修建了“不忘初心、牢记使命”宣传墙。通过不懈努力，进一步改善了村级政务服务环境。二是进一步强化日常管理和考核。通过建立健全支村委会工作制度、支村委联度会议制度、“四议两公开”等工作制度，推进党支部工作规范化。丰富活动载体，本着“隆重、务实、节俭”的原则，结合“党员活动日”，“改革创新、奋发有为”大讨论，勇于担当，组织召开专题民主生活会等一系列活动，提升党组织号召力。同时，在党员队伍管理中，严把发展党员“入口关”，实行发展党员动态管理机制，提高发展党员质量，着力培养村级后备干部。今年以来，共转正党员4名，培养入党积极分子2名，为农村党组织输送新鲜“血液”。

【党建】 2019年，安荣乡着力强化党的建设，不断深入推进党风廉政建设。把握全面从严治党要求，进一步营造风清气正的政治生态，聚精会神抓好党的建设，努力营造良好党风政风，为全乡经济社会转型跨越发展提供坚强的组织保证。严格落实党委主体责任。切实从乡党委书记做起，强化乡党政班子成员履行“一岗双责”认真履行主体责任的主动性和自觉性，牢固树立“抓好主体责任是本职，不抓主体责任是失职，抓不好主体责任是渎职”的意识。坚持把党风廉政建设与全乡经济社会发展同谋划、同部署、同推进，乡党委书记是全乡党风廉政建设的第一责任人，对全乡的党风廉政建设负总责，班子其他成员按照分工对职责范围的党风廉政建设承担主要领导责任，明确责任，量化到岗、细化到人，要坚持党委“不松手”、党委书记“不甩手”、班子成员“不缩手”，凝聚起党风廉政建设的强大合力，确保党委主体责任落实不落空。

提升党员的廉洁自律意识。切实把党员教育抓在日常、严在经常，严格执行“三会一课”制度、党委中心组学习制度、民主生活会制度、建立严格规范的党员教育机制，把党员教育纳入重要议事日程，利用支部会、学习培训会等着重学习中共十九大精神、党章、两准则、两条例等党内法规，坚持正面教育与反面警示相结合，以先进典型为镜，学习优秀共产党员的先进事迹，从中汲取营养、见贤思齐；以反面典型为戒，观看了反腐倡廉警示教育片《初心泯灭的歧路》和《失守的初心》，从违纪违法案件，特别是发生在群众身边的“四风”问题案件和警示教育片案例等进行检视反思，剖析根源、汲取教训、正本清源、引以为戒。进一步增强党员干部的“四个意识”，提升党员的廉洁自律意识和拒腐防变能力。

2019年2月至4月底在全乡广大党员干部群众中开展了“改革创新、奋发有为”大讨论活动。广大党员干部聚焦“六个破除、六个着力、六个坚持”进行了讨论，通过“改革创新、奋发有为”大讨论活动，安荣乡发现并总结出这适合安荣乡今后的两大转型发展模式，同时结合乡村振兴战略与美丽乡村建设举措，逐步将两大转型发展模式赋予实施。模式一：在同太路以南依靠桑干河湿地资源优势，着重在沿河的安荣村、岳庄村、河阳堡村、泥河村等七个村发展乡村旅游产业、乡村采摘园种植产业与乡村农家乐餐饮产业，即为“党建引领乡村旅游业+种植业+餐饮业”。2019年以岳庄村已经开始利用桑安河以北10亩地作为实验基地，主要打造葡萄采摘园和苹果采摘园，并在树下种植须根薰衣草，打造以薰衣草作为背景的旅游摄影的基地。模式二：在同太路以北依靠洪涛山坡地土质资源优势，着重在贺家窑村、西沟村、八步堰村、大洋村等七个村发展小杂粮种植加工基地。即为“党建引领小杂粮种植业+小杂粮加工业”。2019年贺家窑村鉴于良好的土壤优势，延用传统“两垄”播种方式，初步已经吸收60户农户，种植617亩旱地谷子作为实验基地，并准备申请注册“贺家窑”这个商标名称，逐步打造品牌，推广品牌，让“贺家窑”这个优质小杂粮品牌深入人心，走向更大的市场。此外，通过大讨论不断完善制度，加强对第一书记、工作队、乡村干部从严管理，有效治理乡村干部“走读”现象，增强乡村干部的责任担当。严肃乡机关干部工作纪律，充分发挥乡纪检监察队伍作用，进一步优化了政务服务环境。

认真开展“不忘初心、牢记使命”主题教育活动。一是高度重视，加强组织领导。自开展“不忘初心、牢记使命”主题教育活动以来，安荣乡党委高度重视，成立了以乡党委书记为组长、乡长为副组长的“不忘初心、牢记使命”主题教育活动领导小组，明确分工，落实责任，为主题教育活动有序开展提供了强有力的组织保障。二是加强学习研讨，强化党性修养。乡党委坚持高站位谋划、高标准推进、高质量落实，强化理论武装，筑牢信仰根基，修好全乡党员干部廉政建设的必修课。坚持把学习宣传作为主题教育的首要任务。将深入学习《习近平关于“不忘初心、牢记使命”论述摘编》《习近平新时代中国特色社会主义纲要》作为一项重大政治任务，印制学习资料，制订学习计划，认真组织学习，积极采取每周二集中学习研讨、专题讲座和专题培训等多种形式。9 月 27 日召开了安荣乡“不忘初心、牢记使命”找差距专题会。乡班子成员对照党章党规、对照廉洁自律准则、党内政治生活若干准则、纪律处分条例，对照群众提出的意见建议等深入开展了找差距，认真查找自己在党员意识、担当作为、服务群众、遵守纪律、作用发挥等方面存在的差距和不足，深刻反思剖析根源，进一步明确了努力方向和整改措施。同时，坚持“请进来”与“走出去”学习相结合，10 月 18 日组织党员干部共计 51 人到薛圐圙乡白坊村知青大院、古城镇东辛庄村刘幸烈士陵园、古城乳业艰苦创业兴牧富民展等教育基地和红色资源开展现场教育。组织党员干部观看警示教育片，注重廉政教育与警示教育相结合，形式多样地开展学习，使学习入脑入心，党员干部真正学懂弄通，不断强化党性修养。三是深入开展调查研究。乡领导小组督导组深入包点村各党支部就支部学习情况、宣传发动情况、征求意见情况等进行调查督导，讲好专题党课，对调研存在问题的支部及时提醒督促，指导实践，推动落实，通过召开调研成果交流会，对好的经验做法进行及时总结推广。四是深刻检视问题，明确工作方向。乡党委把检视问题作为关键举措，坚持刀刃向内，广泛听取意见，班子成员对照党章、《关于新形势下党内政治生活的若干准则》《中国共产党纪律处分条例》，聚焦“18 个是否”，实实在在地回答了有没有问题，并将查摆出的问题已纳入整改清单，为整改落实提供了精准靶向。五是推动整改落实，确保活动取得实效。按照县委主题教育领导小组印发的专项整治实施方案要求，乡党委加强对专项整治的统筹协调和推进落实，按照职责分工，在推进脱贫攻坚、生态环境保护、宗教工作、扫黑除恶专项斗争等方面强化整改落实。同时，持续做好大讨论“对标一流整改提升清单”落实工作。对近年来实施的“民心工程”进行了全面排查整改，坚决杜绝“民心工程”变“失心工程”。此外，推动“三服务”落实落地，全乡集中开展服务行动，班子成员带头服务，不断完善了党建阵地建设，民生保障、环境整治、脱贫攻坚等成效明显。

2019年安荣乡各村情况汇总表

表6

项目 / 村名	总户数（户）	总人口（人）	耕地面积（亩）	农作物总播面积（亩）	粮食总产量（吨）	林地面积（亩）	医疗保险（万元）	养老保险（万元）	备注
安荣村	1349	3299	8200	7470	2833.1	217.42	62.375	27.2	
安良铺	257	610	1800	1741	526	—	12.05	5.05	
四铺村	112	241	620	589	220.8	—	5	2.86	
贺家窑	354	858	2320	2302	485.5	3133.21	14.625	6.85	
西沟村	458	1110	4396	4222	567.3	6500.24	20.4	9.67	
八步堰	224	510	2680	2628	449.1	1923.39	8.525	3.58	
岳庄村	151	383	1590	1459	503.8	310.01	6.725	3.05	
泥河村	493	1103	4530	4426	891.9	470.60	19.45	9.76	
河阳堡	254	549	2500	2456	824.5	480.99	7.2	4.28	
大洋村	622	1576	4840	4740	757.9	9104.34	25.3	12.32	
小洋村	199	492	2353	2238	283	11198.72	9.075	4.05	
东鄯河	335	865	2510	2412	676.5	208.12	12.275	7.65	
西鄯河	317	783	2950	2924	908.9	261.76	11.65	5.33	
下寨村	215	579	2400	2215	720.3	5697.45	8	4.33	
合　计	5340	12958	43689	41822	10648.6	39506.25	222.65	105.98	

安荣乡各村“两委”主干及监委主任一览表

表7

职务 / 村名	支部书记	村委主任	监委会主任
安荣村	李根忠	李根忠	梁月本
安良铺	刘善智	倪顺仁	闫　江
四铺村	刘　凤	刘　凤	张仲良
贺家窑	王明胜	武明宇	王光太
西沟村	王占兴	刘　鹏	贾乐权
八步堰	段广田	段广田	刘海权
岳庄村	彭志官	尹文广	陈丙恒
泥河村	白忠福	白有明	白虎仁
河阳堡	刘碧岗	刘碧岗	刘海涛
大洋村	吉和祉	郝建国	麻申士
小洋村	孟　贤	齐　宝	李九明
东鄯河	任跃平	任兴耀	任玉龙
西鄯河	胡新林	胡新林	叶　瑞
下寨村	孟昭海	孟昭海	雷德贵

张家庄乡

【概述】 张家庄乡地处山阴县南部，素有山阴县“南大门”之称。东北界后所乡，南邻代县雁门关，西接朔城区滋润乡，为山阴县、代县、朔城区三县交界处。地域面积91.34平方公里，乡政府驻张家庄村，距县城32.8公里。2019年，张家庄乡共11个行政村，户籍3862户，9279口人，常住2361户，7329人。耕地面积4.43万亩，其中水浇地面积18000亩。境内旅游资源丰富，有著名的汉墓群、明长城、新广武城、旧广武城（辽城），是独特的古军事文化旅游胜地。

【产业】 张家庄乡是一个纯农业乡镇，土地贫瘠，经济收入主要依靠种植业、养殖业，主要种植玉米、西瓜、谷子等小杂粮。2019年，为调整产业结构，增加农民收入，为当地农民增收开辟了新渠道，全乡共有特色大棚35个，主要种植青椒、尖椒、西红柿、黄瓜等。在坡区培育大接杏经济林5500亩左右，农民出售大接杏收入超过600多万元，另外建成了旅游休闲观光采摘为一体的经济结构模式，发展大棚种植油桃、水蜜桃、葡萄等经济林木。全乡共有机井188眼，修防渗渠16000米，全乡退耕还林16256亩。为改善生活、增加收入，广大农民在经营好责任田的同时，大量搞养殖业，有奶牛存栏4298头，羊存栏13144只。在张家庄乡政府的引导下农民植树造林的积极性空前高涨，在空地见缝插针栽植树木，同时引进速生树品种，大量植树，至2019年底退耕还林16255.86亩，其中国家退耕还林7559亩，县退耕还林8696.86亩，到2019年底，全乡生态林已达6.9万亩，主要有新疆杨、油松等，主要分布在油坊村、旧广武村、新广武村等村。经济林有成片的杏园、枣园，经济效益可观。

【美丽乡村】 2019年，重点实施张家庄村和新广武村美丽乡村建设项目。新建张家庄乡党建长廊和“不忘初心、牢记使命”主题教育广场，党建长廊约897米，一侧绘制“新二十四孝图”等群众喜闻乐见的宣传画册，另一侧栽植金叶榆、松柏等景观树木，打造立体景观效果。主题教育广场占地517平方米，喷绘主题教育相关内容，营造良好宣传氛围。新广武村重点整治旅游主路，集中整治明长城入口，粉刷看墙12000平方米，清理垃圾30吨，取缔不合规广告牌25个，发放垃圾桶28个，村容村貌焕然一新；针对沿路商铺实施门前“三包”责任制，确保旅游路线环境整洁。2019年，乡党委、政府共实施完成6大类、64项民生工程项目，包括7项美丽乡村建设项目、28项重点民生保障项目、13项农业基础设施建设项目、4项水利设施建设项目、11项村级活动场所改建项目和1项重点招商引资项目。

【正风肃纪】 深入开展“力戒形式主义，狠抓工作落实”作风整顿，共立案查处作风问题1件，谈话2人，处分4人；运用“四种形态”共处置问题线索48件次，谈话、函询共计32人次。大力整治群众身边腐败和作风问题，努力提升人民群众的获得感幸福感安全感，特别是坚决查处涉黑涉恶腐败和“保护伞”问题，加大巡察反馈问题整改力度，针对县委第七轮巡察反馈的五大方面18个问题，逐项制定整改措施，压实问题整改责任，全部限期完成整改。

【脱贫攻坚】 张家庄乡2019年完成最后2户3人的脱贫攻坚任务。乡党委政府把脱贫攻坚作为最大的政治任务、最大的民生工程来抓，始终坚持“输血”与“造血”相结合，重点抓产业项目扶贫，带动贫困户增收致富。2019年自然减少78人，增加35人，清退12户32人。劳动力就业帮扶方面，2019年乡政府安排了2个公益性岗位，让贫困家庭中的待业大学生快速进入工作岗位，同时探索发展企业+贫困户帮扶模式，鼓励企业、合作社吸收贫困户务工，2019年春季，全乡3个种植合作社吸收贫困劳动力27人，人均劳务收入2300元，介绍新广武村6位有劳动能力的贫困户到雁门关景区打工，人均月收入2000元。教育扶贫方面，全乡建档立卡贫困户家庭中适龄子女都接受九年义务教育，“雨露计划”共资助47人，确保贫困家庭无因贫辍学学生。健康扶贫方面，为贫困残疾人发放各类辅助器具共计51件；所有建档立卡贫困人口都参加了新型农村合作医疗并签约家庭医生，全年163位患病人口享受了健康扶贫政策。2019年全乡建档立卡贫困户中享受低保172户437人，五保19户22人；危房改造15户；全乡人蓄饮水方便且符合安全标准。把好“出入关”，扎实做好贫困人口动态调整工作。产业项目扶贫方面，2019年扶贫产业收益共计40.97万元。扶贫项目收益覆盖全乡202户521

人，户均增收2028元。全乡有劳动能力的贫困人口涉及328户390人，已全部安排就业。其中196人在外就业，194人在本地就业。乡党委、政府积极担当作为，在辖区企业少的不利因素下，牵头组织辖区种植园区和养殖园区就近开展培训，主要提供蔬菜种植和奶牛饲养等技术培训，3个园区，组织培训5期，共45人次。

【民生工程】 2019年，张家庄乡积极争取“一事一议”奖补资金，助力改善民生。“不忘初心、牢记使命”主题教育期间，张家庄乡党委政府共解决民生实事3大类12项。其中提高基础设施条件4项：包括陆庄村新修灌溉渠1500米、羊十二庄新修太阳能路灯30盏、新广武村铺设下水管网、水河铺新建一座500平方米的打谷场；改善人居环境4项：包括为林桥村打一眼人畜饮水井、改善旧广武村和林桥村环境卫生、整治新广武村旅游主干道、新建张家庄村主题教育广场；丰富文化生活3项，为响应群众需求，邀请当地晋剧团为张家庄村和旧广武村百姓奉献了两场精彩大戏、改造林桥村和张家庄村农家书屋、新建张家庄村老年大学；助力脱贫攻坚1项，介绍新广武村6位有劳动能力的贫困户到雁门关景区打工，人均月收入2000元。协调县公路段驻村工作队投资5万元为水河浦村新建一个蔬菜交易市场，方便群众销售蔬菜，大幅提高集体收入。

【环境整治】 2019年，实施张家庄村、新广武村、旧广武村、陆庄村、林桥村、东堡村、西堡村、泉子沟8个村庄的绿化项目，种植柳树、杨树、樟子松、葵柏等各类树木共计13000余株，进一步提高本乡绿化面积。其中依托张家庄村党建长廊，栽植金叶榆1200余株，实施208国道通道绿化项目，延208国道两侧栽植柏树等各类数目1900余株，倾力打造通道生态美景。2019年7月开展垃圾集中整治行动，全乡12个村同步活动，集中清理垃圾300吨，美化庭院290户，极大改善农村村容村貌。同时高标准打造新广武村旅游主街道。粉刷看墙26875平方米，印制墙体标语25条，整治脏乱差广告牌30个，清理垃圾15吨；新建新广武高速路出口西至旧广武村看墙围栏1600米；在明长城入口新修垛口看墙600多米。号召沿街餐饮企业实行门前“三包”责任，形成常态化管理机制，提升游客旅游体验，助力打造山阴县生态旅游路线。

【基层党建】 2019年张家庄乡党委紧紧围绕“重内涵，夯实效”的党建总体思路，全面加强“三基”建设，不断提升乡村两级党组织的凝聚力和战斗力，推动全乡党建工作全面进步。“不忘初心、牢记使命”主题教育开展以来，乡党委按照中央和省委部署要求，聚焦主题教育的主题主线，结合农村党组织实际，采取生动活泼、群众喜闻乐见的方式，切实增强主题教育的吸引力感染力。同时乡党委坚持开门搞教育，深入开展“三服务”，广泛听取群众意见，解决民生实事3大类12件，农村党员干部进行志愿服务31次，进一步密切了干群关系。10月29日，省委常委、组织部部长曲孝丽深入本乡新广武村，就第二批主题教育等有关工作进行调研，对乡主题教育工作给予了充分肯定。2019年“三基”建设方面，乡党委时刻把党的建设作为主业主责，牢牢抓好农村党支部书记这个关键少数。全年召开党委会研究部署党建、党风廉政建设、意识形态工作8次，重点解决乡村两级党建问题9个、党风廉政建设问题4个；高质量完成林桥、张家庄、旧广武三个软弱涣散党组织整顿提升工作。约谈党支部书记8人次，及时掌握工作动态、查找存在问题、研究解决办法，有效推动了全乡党建工作任务落实。

乡村干部队伍建设，农村“两委”干部66人，女干部15人；其中“两委”主干18人，支部书记、村主任一肩挑6人，其他干部48人，交叉任职9人；“两委”干部中35周岁以下5人，55周岁以上32人，年龄结构偏大；高中以下学历59人，专科以上3人。制定出台了《张家庄乡两级干部管理考核制度》汇编，在农村党支部书记中推行“双述双评”（支部书记既向乡镇党委述职又向群众述职，既接受组织评价又接受群众评价）工作机制，将考核结果与绩效工资挂钩。雷打不动坚持每周一集中学习制度，丰富“两委”干部专题培训、农村党员集中轮训和入党积极分子培训3类培训。全年共举办习近平新时代中国特色社会主义思想培训班4期，参训党员干部189名。注重后备干部培养，确定村级后备干部24名，并纳入日常管理。

集体经济建设，乡党委多措并举，分别依托现有资产、经济组织、区位优势，发展“资产经营型”“合作服务型”集体经济。2019年全乡12个村，集体经济收入5万元以上的4个村，1万~5万元的8个村，张家庄村集体经济收入从2018年的0.1万元提高到5.1万元。党群服务中心阵地建设方面，张家庄村委会新建办公室用房11间，占地面积500平方米，高标准配备了办公设备和版面，成立群众活动室和老年大学，同时对全乡12个村级党群服务中心进行升级改造，形成“村村有亮点，家家有特色”的党建文化。

【学校及医疗保障】 张家庄明德学校是一所由台朔集团和政府合资的九年一贯制学校，内设1所幼儿园，学校占地面积22032平方米，建筑面积5179平方米，绿化面积7600平方米。有公寓楼、实验楼、教学楼、餐厅，设备先进，有多媒体教室、理化实验室和音乐、美术、体育器材，初中升学率达80%。学校现有教学班11个，学生80人，专任教师29人，其中本科学历16人，专科13人，专任教师合格率100%。旧广武小学是一所山区农村寄宿制学校，位于旧广武村西南角。学校占地面积4501平方米，建筑面积1320平方米，操场面积300平方米。在校生26人，全部是寄宿。设5个教学班，专任教师13人，其中本科学历9人，专科4人，专任教师合格率100%，学校有标准化科学实验室1个，电脑室1个，图书阅览室1个，音、体、美器材达标，是一所标准化的农村寄宿制学校。

张家庄乡卫生院靠上级拨款建起一栋综合治疗楼，占地面积900平方米，建筑面积475平方米，在职职工9人，其中职业医师5名，护理1名，药师1人，其他医技2名，设备有全血细胞分析仪、全自动生化分析仪、尿液分析仪、心电图机、DR机等。2019年全年门诊总人次达到4057人次，住院240人次，医疗总费用共624681.23元，城乡居民医保报销552583.65元，极大地减轻了患者的医疗负担。

2019年张家庄乡行政村基本情况表

表8

户籍户数（户）	户籍人口（人）	常住户（户）	常住人口（人）	耕地面积（亩）	经济总收入（万元）	粮食总产量（公斤）
81	167	23	50	660	75	107600
736	1733	300	1230	3420	1845	723000
834	2002	464	1662	3600	2410	779000
103	266	65	210	1500	304.5	332000
189	428	145	365	3490	547.5	887800
123	307	118	317	2305	459.6	620664
231	548	140	340	2496	493	751000
258	645	135	326	3145	472.7	826650
468	1094	402	1135	6080	1646	1506090
130	330	74	177	2050	230	620300
396	1043	214	612	6150	795	1563300
313	716	152	503	3605	679	898200
3862	9279	2232	6927	38501	9957.3	9615604

后所乡

【概述】 后所乡地处北纬39°13′~39°22′，东经112°43′~112°56′之间，位于恒山山脉翠薇山脚下，南接代县，北接薛圐圙，西邻张家庄，东邻马营庄，乡政府距离县中心约35公里。全乡版图面积127平方公里，辖南辛庄、辛立庄、帐头铺、西沙堆、后所、南洲庄、水峪口、苏庄、前张堡、后张堡、南万庄、北万庄、安乐庄、辛兴庄、元营共15个行政村，在册户数6341户，15527口人，常住人口11576人。后所乡不仅水资源丰富，而且植被茂盛覆盖率高，属于天然宜农宜牧纯农业乡，也是全县典型的农业大乡。全乡属于典型的温带大陆性高原季风气候，四季分明，光照充足，年降雨量在300~450毫米，年平均气温8.3℃，无霜期为100~130天。全乡耕地面积8.75万亩，其中总播面积8.2万亩，水浇地面积6.5万亩。其主导产业分为种植业和养殖业两大类。种植主要是以青椒为主的蔬菜作物，以玉米、高粱为主的粮食作物和以谷子、黍子为主的小杂粮；养殖种类主要是以奶牛、绵羊和山羊为主。2019年，奶牛存栏1.4万头，羊存栏3.5万只，生猪存栏1万只。全乡共有基层党组织29个，其中党委1个、党总支2个、党支部26个，党支部包含：农村党支部19个，非公经济组织党支部5个，机关支部1个和联合支部1个。共有党员436名，农村两委干部85名，乡机关干部36名，科级干部16名。2019年全乡各项工作均取得了新成绩、拓展了新局面。全乡呈现经济平稳向好、社会和谐稳定的良好局面，正阔步向前，向着构建“富裕和谐美丽宜居幸福后所”的总目标持续迈进。

【乡村振兴】 乡村振兴是以习近平同志为核心的党中央在深刻把握国情农情、深刻认识城乡关系变化特征的基础上作出的重大战略决策，2019年后所乡始终把实施乡村振兴战略作为新时代做好“三农”工作的总抓手。做实产业调整，产业格局逐步优化。坚持以增加农民收入为出发点，按照规模化生产、区域化布局、产业化经营的要求，以调顺调优产业结构为着力点，以打造农业品牌为切入点，发展高产、优质、高效、生态、安全农业，深入推进农业供给侧结构性改革，积极做大做强六大农业产业。一是今年重点推广的渗水地膜谷子，全乡种植面积达1万亩，主要分布在南辛庄、辛立庄、帐头铺、苏庄、北万庄、南洲庄、后张堡等村；尽管受到春冻和夏旱的影响，但平均亩产达350~400公斤，按收购价每公斤1.5元计算，亩产值2100~2400元，扣除300元成本后，每亩收益1800~2100元，与种植玉米比较，每亩可增收1000元以上。农民对该项目普遍认可，预计明年种植面积可达1.2万亩。2019年，在辛立庄村试种药材丹参100亩，每亩收入4000元以上。二是以青椒为特色的蔬菜产业，种植面积达到1.2万亩，每亩平均净收入4500多元。三是扩大饲草种植规模，加大全株青贮玉米和苜蓿种植面积，达到3万多亩，不断巩固粮经饲“三元”种植结构。四是以奶牛、肉牛、肉羊为特色的畜牧产业，奶牛养殖量达1.4万头，肉牛养殖量达5000头，重点推进了万雄奶牛专业合作社现代化饲养功能配套建设，力争尽快通过验收进入省级专业合作社行列。坡区3个村集中发展养殖肉羊和绒山羊，全乡羊的饲养量达3.5万只。五是以葡萄、大接杏、苹果为特色的林果产业，在上年800多亩的基础上，今年栽植面积达到1500亩。六是以新技术新品种为主的设施农业，重点在后所村涛垣现代农业专业合作社、帐头铺兴禾农副产品专业合作社、南辛庄野波农林专业合作社引进优质油桃、葡萄、草莓等新品种，设施农业已成为农民增收致富的大产业。同时，积极推进农业服务组织创新和机制创新，鼓励、扶持专业大户、家庭农场、农民专业合作社、农业企业等新型农业经营主体，认真落实好各项惠农政策。及时足额兑付耕地力保护补贴、农机购置补贴等各项惠农补贴资金。做好政策性农业保险工作。认真抓好农民负担监督管理，实施村级公益事业“一事一议”财政奖补政策，切实减轻农民负担。强化重点群体就业，支持全民创业，加大农民实用技术和技能培训力度，提高农民致富能力；鼓励农村剩余劳动力外出务工或转向第三产业，促进农民增收和劳动力就业转移。进一步优化返乡农民工创业环境，鼓励和引导积累一定资金、掌握一定技能的返乡农民工自主创办各种实体，引领群众致富。加强基础建设，农村基础设施不断完善。高标准农田建设方面：2019 年共计完成高标准农田整理建设 14200 亩，其中安乐庄 7200 亩、南辛庄 3500 亩、后所村 3500 亩，有效地改善了农业耕种条件，提高了抵御自然风险的能力，增加了生产效益。道路建设方面：西沙堆完成修建水泥路 1 公里；南辛庄完成水泥路 0.7 公里。完成元营至南万庄 3.5 公里、南万庄至北万庄至辛兴庄 5.5 公里村村通公路，积极规划推进南辛庄至辛立庄 5 公里、辛立庄至化悲岩寺 3.5 公里、化悲岩寺至女儿庙 5 公里等旅游线路开发建设工作，打造沿长城旅游路，提升乡村旅游竞争力。水利建设方面：进一步完善配套去年在南辛庄、帐头铺、安乐庄、后帐堡、西沙堆 5 个村新打的 25 眼机井，并争取配套防渗渠 3000 米。深化农村改革，发展活力逐步释放。全面贯彻落实中共十九大提出的巩固和完善农村基本经营制度，深化农村土地制度改革，完善承包地三权分置制度。认真落实农村土地所有权、承包权、经营权“三权分置”意见，严格执行县政府决策部署。2019 年完成了土地确权证书打印盖章等工作，进一步完善了相关确权资料。积极开展了农村集体资产清查核资工作，成立了农民集体经济组织联合社 16 个。激活农民“三权”（土地承包经营权、住房财产权、集体收益分配权），增加农民“三金”（流转土地有租金、入股企社有利金、进园务工有薪金”），努力实现“产业越变越优、生态越变越美、农民越变越富、基层干部越变越能”的目标，争当全县农村改革排头兵。

【民生福祉】 2019 年，后所乡紧抓民生保障，人民群众幸福指数持续提高。按照兜底线、织密网、建机制的要求，不断加大对困难群众、特殊群体的扶持和救助。全乡低保复核工作已全部完成，不符合条件的坚决退出，需要保障的努力做到应保尽保。继续加大社保的扩面征缴，全面推进全民参保工作。进一步抓好就业创业、教育、文化、医药卫生等工作。积极促进妇女和留守儿童、老龄和残疾人事业健康发展。到 2019 年，614 户低保家庭、112 名五保人员、80 名优抚对象、14 名孤儿得到了实实在在的实惠；累计改造危房 1046 户，极大地改善了困难群众的住房条件。新建的西沙堆、南辛庄学校正常运营，并进一步配套完善锅炉房、校园广场、塑胶跑道等相关设施设备，对校园墙壁进行了全部美化。紧抓安全稳定，人民群众安全感进一步增强。持续按照省市县关于安全生产工作的通知要求，以开展“安全生产月”和“安全生产万里行”活动为契机，完善“党政同责、一岗双责、企业主责、失职追责”责任体系。突出重点领域、重点行业、重点场所，全面排查治理，消除安全隐患，确保万无一失；对全乡 64 家企业逐一进行了排查，并根据不同情况采取了相应措施。牢固树立总体国家安全观，全力维护政治安全。严格落实社会治安综合治理领导责任制，以正在开展的扫黑除恶专项斗争为契机继续保持“严打”高压态势，持续推动“六打六整三加强”创建平安后所集中行动，确保社会治安持续稳定；狠抓信访工作不松懈，注重源头治理，规范信访秩序，确保社会大局稳定。

【脱贫攻坚】 2019年，后所乡深入贯彻落实习近平总书记视察山西时关于脱贫攻坚工作的重要讲话精神和省市县相关要求，更加自觉地把脱贫攻坚摆在全乡工作的突出位置，严格落实党委政府脱贫攻坚主体责任，决不松懈，在切实保护好已经取得的“全乡48户154名贫困人口全部脱贫”宝贵成果的基础上，坚持“四不摘”原则，抓好脱贫后发展规划和保障措施的落实。继续实施八大工程二十个专项行动，落实“六个精准”“五个一批”要求，继续巩固“发展农业产业扶贫、发展林业产业扶贫、扩大就业安置扶贫、实施金融贷款扶贫、实施教育扶贫、加大医疗保障力度扶贫、实行社会兜底扶贫、改善人居环境扶贫”等扶贫措施，继续引导贫困户鼓足干劲、开拓进取，进一步巩固脱贫成效，严防返贫，确保脱贫攻坚工作经得起上级考核、群众评价，努力实现2020年同步奔小康的目标。一是发展农业产业扶贫。有20户72人受益。依托后所村调顺蔬菜交易市场、乐桃蔬菜加工厂，引导和帮助贫困户进行高效的蔬菜种植，如种植青椒、豆角、西葫芦等经济作物。采用流转租种他人土地的方式，鼓励帮助贫困户扩大粮食作物的种植面积，增加粮食作物的整体效益。并且进一步调整种植结构，引导其增加种植小杂粮、豆类等相对高附加值的粮食作物。引导鼓励贫困户转变发展思路，使用自家生产的粮食饲养畜禽，延长产业链条，进一步增加收益。2019年，全乡有12户贫困户养殖奶牛35头，有8户养殖肉羊45只。继续为有贷款需求的贫困户办理贴息贷款的相关手续。2019年，全乡已有35户贫困户完成贷款175万元。西沙堆村党支部书记丰贵山，依托自己的奶牛专业合作社，带动5户贫困户完成贷款25万元，用于发展奶牛养殖业，贫困户采取奶牛托管的方式由丰贵山的园区集中养殖，每年每户可固定分红2000元，从根本上增加了贫困户收入，巩固了脱贫成效。二是发展林业产业扶贫。2016年底，种植大户刘登有注册完成山阴县绿荫扶贫攻坚造林专业合作社，吸纳贫困户19户。2019年，乡党委、政府多方协调，按照合作社注册的业务范围，争取相应的项目，帮助其开展经营活动，使贫困户从中直接受益。2019年后所乡的绿化工程继续优先由此造林合作社实施。三是扩大就业安置扶贫。持续加强对贫困人口的就业培训力度。结合实际，继续对后所乡贫困人口进行技能培训，提高其综合素质和技术能力。同时，帮助联系当地的企业和合作社，为贫困户优先提供岗位，增加其务工收入。安排后所村部分男劳力到郭喜蔬菜加工厂务工。安排后所、安乐庄村部分女劳力到调顺蔬菜市场以及其他蔬菜经营市场务工。共涉及贫困户18户。四是实施教育扶贫。通过扶贫办继续对二本B类以上符合条件的贫困大学生进行资助，每人一次性补助5000元；对符合条件的大中专院校学生通过“雨露计划”给予补助，每人补助2000元，补助2年。通过教科局对贫困家庭中小学生除享受一般义务教育资助政策外，对小学阶段贫困家庭寄宿生每生每年补助生活费1000元，对初中阶段每生每年补助1250元。继续为需要办理国家助学贷款的贫困户办理相关证明手续。全乡共有12户受益。五是加大医疗保障力度扶贫。在城乡居民医疗保险全覆盖的基础上，2019年继续为全乡48户154名贫困人口全部缴纳大病医疗保险，从根本上解决因病致贫问题。六是实行社会兜底扶贫。做到应保尽保。进一步加强农村低保申请家庭经济状况核查工作，将所有符合条件的贫困家庭纳入低保范围。同时，完善临时救助制度。一方面，针对没有劳动能力的低保贫困户，在传统节日以及特殊情况下及时给予救助；另一方面，积极推动临时救助在保障低保贫困户的基础上，向其他低保户和贫困边缘户、监测户等低收入群体适当延伸，形成梯度式救助格局，不断提升后所乡救助政策和资金的综合效益。全乡48户贫困户受益。七是科学使用资金扶贫。2016年扶贫资金25万元，在后所村实施打井项目（7眼），年收益4.256万元，2019年正常分红。2017年6月7日扶贫资金30万元，入股古城乳业，合同期3年，收益率为10%，2019年正常分红；2017年11月5日扶贫资金50万元，入股古城乳业，合同期3年，收益率为8%，2019年正常分红；2018年6月12日扶贫资金65万元，入股古城乳业，合同期2年，收益率为8%，正常分红；2019年12月扶贫资金10万元，入股古城乳业，合同期1年，收益率为8%，正常分红。上述扶贫资金惠及全乡48户154名贫困人口，稳定保障了贫困户资产性收入。八是改善人居环境扶贫。全面推进农村人居环境改善工作。进一步加强农村环境整治力度，切实改变农村环境卫生脏、乱、差的状况，改善农村生产生活环境。同时，不断完善农村保洁和清运队伍建设，吸纳贫困户加入保洁队伍，增加其务工收入。

【环境保护】 2019年，后所乡坚决贯彻落实习总书记“两山理论”和生态文明思想，始终本着从源头抓起，从基础抓起，严格控制，重点治理，全面达标的总体要求，着力抓好大气、水、固废污染防治以及其他方面的环境保护工作。已建立健全乡、村、组三级网格化管理体系，团结组织干部、党员和群众达70余人。结合全市清河行动暨水污染防治2019年百日会战目标任务，针对辖区内黄水河流经的7.4公里区域，全面开展了垃圾清理整治工作，沿线共捡拾清理垃圾3立方米，拓展200米范围清理转运垃圾90多吨，垫铺道路300米。同时，重点对沿线企业园区排水排污开展了监测、整治和规范工作，从源头治理和切断劣质水进入河道。主要涉及两个方面：一方面，配合环保部门完成黄水河朔州元营村水站建设，该站房占地面积152.6平方米，配备了水温、流量、溶解氧、pH、浊度、电导率、化学需氧量、高锰酸钾盐指数、氨氮、总氮、总磷共11项检测指标，可实现对断面水质的实时自动监测，及时掌握水质状况，把握水质变化规律，为区域水污染防治提供技术支持。另一方面，针对后所乡第一大奶牛养殖园区的万雄养殖专业合作社，认真按照清河要求，为达标排放，大力开展了整治规范工作。2019年，已累计投资600余万元，新建了一整套粪污处理系统。该系统占地14亩，新建堆粪场1500平方米，新建三级沉淀污水收集池2400立方米，新购置增压清粪罐车1辆，安装干湿分离系统和140立方米粪污发酵罐各1套，铺设污水管道310米。初步测算，该系统日处理粪污可达20立方米，处理后的粪污直接成为有机肥，可有效改善土壤结构，还可用于奶牛卧床垫料，减少沙土用量。该园区将成为全产业链现代化养殖园区，特别是粪污的资源化利用系统，一改传统养殖模式，具有较大的经济效益、社会效益和生态效益，为发展生态养殖和生态农业开启了新模式。

围绕全省“一拆三清一改”总要求，按照“净化、硬化、亮化、美化、绿化、文化”的“六化”标准，大力建设美丽乡村。一方面，着力打造示范引领村——后所村。投资80余万元，完成打造3条主干街道，总长度约1.5公里。建设内容主要有：彻底清理街道沿线垃圾、杂草、杂物等3000余立方米；街道两侧在充分考虑排水、无障碍通道等功能的前提下，铺设路牙石米和渗水砖6200平方米；栽植以金叶榆和卫矛为主的景观树1500株；安装太阳能路灯100盏；美化沿线墙体500平方米，主要以宣传党的方针政策以及中华美德为主；重新安置、建设垃圾收集点5个。另外还整理规范了沿线道路的输电线杆和通信杆，一改以往电杆和线路杂乱无章的情形。另一方面，抓好巩固整治工作。2019 年，后所乡共确定巩固村和重点整治村 6 个，均因地制宜，进行了有效推进。元营村投资 30 万元安装路灯 40 盏，维修原有路灯 25 盏，全村亮化覆盖率可达 70%，年初补植栽植金叶榆 200 株，重新维修维护建设器材 12 套。辛立庄村投资 15 万元，围绕党群服务中心及周边道路安装路灯 10 盏，硬化路面广场 600 平方米，栽植松树 30 余株，并对服务中心墙体进行了美化完善。南辛庄村投资 20 万元，硬化村西路 800 米，并对街道两侧进行绿化，栽植树木 300 株。西沙堆村积极争取农村“四好公路”建设项目，着力打通通往南辛庄村和雁门关林场的两条“发展民生路”，完成硬化 3 公里。村内补栽树木 200 株。苏庄村投资 15 万元，安装路灯 30 盏，补栽块柏 200 余株，并进一步修缮党群服务中心。帐头铺村投资 10 万元，彻底清理村内积存垃圾 300 多吨，规范整理了沿街杂物 30 多处，农村人居环境持续改善。此外，重点对过去 3 年绿化的元水线通道进行完善和提档升级，及时补植补栽，及时更换品种，2019 年新栽植树木 1200 余株，品种以杨树、块柏、侧柏为主。同时，后所乡以环境整治为契机，结合蓝天保卫战行动要求，在元营物流园内引进一个秸秆综合利用企业，专门回收玉米秸秆，粉碎打包制作成牲畜饲料，秸秆综合利用率达到 80%以上。

【精神文明建设】 2019 年，后所乡持续加强宣传思想和舆论引导工作，牢牢把握正确舆论导向，把中共十九大以来推动发展的新进展新成效展示出来，提振干部群众的精气神，凝聚改革发展的正能量。重点统筹物质文明和精神文明协调发展，深入践行社会主义核心价值观。2019 年，修建完善各村文化广场 16 个，建设文化活动主阵地 16 个；对北万庄老年书屋进行了提档升级，并辐射带动周边元营、后帐堡、南万庄、前张堡等村积极开展了健康向上的文娱活动，全乡上下形成了浓厚的健康生活氛围。在后所村已经申报省级老龄工作示范村的基础上，重点推进南辛庄、北万庄的老龄工作，力争申报省级老龄工作示范村。同时，以辛立庄化悲岩寺、南辛庄女儿庙、九龙湾等旅游景点为基地，紧紧依托每年农历四月初八的“佛诞节”，积极抓好文旅产业的开发利用，发展生态旅游产业，提升乡村旅游知名度和文化品位，努力融入全县广武边塞文化旅游建设大局。

【综治工作】 2019 年，后所乡加强社会治理工作，后所乡辖 15 个行政村，划分 25 个综治网格。网格化信息员 25 人。在县委、县政府的正确领导下，后所乡党委、政府紧扣“创建平安后所”这一主题，扎实落实各项工作措施。2019 年底，全乡无重大刑事案件发生，无群体性事件发生，没有发生重大恶性案件和影响社会稳定的其他突出问罪活动。一是乡党委、政府对综治工作高度重视。成立了由党政一把手为组长，分管副职为副组长，其他领导干部为成员的社会管理综合治理领导组，领导组下设办公室，办公室设在乡综治办。领导组多次召开工作推进会、调度会、协调会，紧抓全乡党员干部的安全意识提升不放松，并结合实际工作任务，落实到行动中。做到了群众利益无小事，始终本着以人民为本、人民至上的原则，针对村民反映的各类有关社会安全稳定的线索或者问题，迅速做出反应，采取有效处理措施，并及时整理上报。二是分工负责，各司其职。年初与各村签定了综治工作责任书，把加强治安管理责任落实到人，并列入年度目标考核内容，将平安建设和综合治理工作同其他党政工作同部署、同落实、同奖惩。在原有工作基础上，继续完善各项规章制度，不定时的发布动态信息。三是抓好重点治理工作，保持长治久安。学习借鉴并将枫桥经验运用到综治工作当中。在重点领域、重点行业，始终坚持预防为主，教育疏导，依法治理，防止激化的原则，杜绝所有因矛盾激化而酿成的恶性或群体性案件。本着一手抓预防，一手抓处理、标本兼治的方针，处理来访案件，做好平安建设工作。本着“小事不出村、大事不出乡、矛盾不上交”的原则，充分发挥基层调解的优势，将矛盾化解在基层。四是充分发挥综治中心的联动功能。优化矛盾调解中心，完善各项制度，更好地发挥乡司法调解作用，合理解决群众利益纠纷，成立了群众接待室，适时为群众提供人性化服务。深化“两会一队”作用。进一步完善了由巡逻队、治保委员会和调解委员会组成的综治维稳网络，开展了昼夜治安巡逻工作，巡逻队防火防盗防贼，治保会上下协调保平安，调委会家长里短化解矛盾纠纷。各村支部书记为综治第一责任人，做到“老大难”由一把手负责，各村治安环境明显好转。五是加强督促，狠抓落实。在强化落实综治维稳安保责任制的同时，通过定期不定期的个别检查、全面检查、联合检查等形式，常抓不懈，持之以恒地开展维稳安保检查工作。乡、村不间断自查的同时，乡领导组织相关人员到各村逐项排查、检查，找问题、查漏洞，强调重防范、早发现、早消除，把可能出现的不安定因素化解在苗头期，把矛盾和隐患化解在萌芽状态。要求各村高度重视，提高警惕，看好自己的门，管好自己的人，干好自己的事，有效地促进了各项维稳安保措施的落实。

【扫黑除恶】 2019年，后所乡坚持按照“有黑扫黑、无黑除恶、无恶治乱、无乱固基”和“聚焦黑恶势力易发的重点村、重点人员、重点行业”的要求，强化责任、凝心聚力、狠抓落实，形成了齐抓共管、综合治理的工作格局，人民群众获得感、安全感持续增强。一是加强领导。2019年，乡村两级共召开专题、推进、研判会议8次，切实把思想行动统一到了中央和省、市、县、乡的部署上，做到了目标明确、任务具体、责任到人。二是加大宣传。充分利用墙体宣传标语、横幅、村喇叭、进村入户等方式进行深入宣传，持续营造全民参与的良好氛围。共悬挂标语横幅150余条，发放宣传单5000余份。三是狠抓落实。2019年，针对全乡重点人群（安置帮教人员24人、社区矫正2人；刑释解教、帮教人员29人；邪教2人；重症精神病患者3人；有吸毒史人员22人）全部开展了入户帮扶工作。采取谈心谈话、入户走访、外围调查等方式，全面掌握重点人员思想动态、生活状况、日常行为等，及时发现苗头性、倾向性问题，了解其实际困难，并给予最大帮助。通过扫黑除恶工作的扎实开展，乡村两级干部思想认识上进一步深化，村级班子更有战斗力和活力，各村治安良好，和谐有序。全乡无涉黑涉恶情况发生，也未发现相关线索。

【“三基”建设】 2019年，后所乡纵深推进“三基”建设。乡党委切实担负起管党治党主体责任，加强党的建设，扎实推进“两学一做”学习教育常态化制度化，重点加强“三基”建设，持续强化基层组织，不断打牢基础工作，切实提升基本能力。投资约70万元，修缮了全乡的党群服务中心，重新布置了版面阵地，并全部更换加挂“党群服务中心”牌子，每村还配置增补了档案柜、办公桌椅等，向着标准化建设目标持续迈进。投资10万元，完成了党员活动室、会议室和食堂的整修维护。大力整顿软弱涣散党支部，针对水峪口村、南洲庄村集体经济薄弱的现状，积极联系县直部门帮扶，抢抓发展机遇，依法有序将河道砂石就地销售给正在水峪口开展水利建设的施工单位，村集体不仅实现收入5.6万元，而且还疏通了河道；南洲庄村把680亩改良后的田地承包给村民种植，每亩每年租金100元，年集体收入6.8万元。上述两个村初步解决了村集体无钱为民办事的难题，实现了整顿目标。安乐庄村建设文化广场、舞台，建立红白理事会，加强村“三委”干部队伍建设。建立健全经常性教育制度：严格执行“三会一课”、主题党日、组织生活会等制度，提高民主生活会质量，触及党员干部思想根本。建立思想道德教育制度：以社会主义核心价值体系为统领，加强思想道德建设。实行党建工作责任制：加强基层党组织建设，层层落实党建工作责任制，促进党建工作科学化、制度化和规范化。突出做好乡村组织、宣传工作，加大党员培训力度，努力打造信念坚定、为民服务、勤政务实、敢于担当、清正廉洁的干部队伍。

【党建】 2019年，后所乡深入学习贯彻习近平总书记“三篇光辉文献”。坚持每周二、周五学习制度，继续加强学习研究，逐字逐句、逐条逐段、深入剖析、阐疑解惑，确保精神领会到位。同时，广泛开展宣讲活动，通过班子成员进村上党课、党员代表讲感受、干部群众谈期望等多种形式解读十九大精神、宣传十九大新思想，进一步理清思路、创新举措，学用结合，着力转变工作作风，加大工作力度，狠抓工作落实，形成长效机制，持之以恒开创后所工作新局面。扎实开展“不忘初心、牢记使命”主题教育。活动开展以来，围绕“理论学习有收获、思想政治受洗礼、干事创业敢担当、为民服务解难题、清正廉洁作表率”的目标，进行了专题学习、现场教育、研讨交流、实地调研，并形成了调研报告，检视了问题，进行了整改。大力推进“改革创新、奋发有为”大讨论。大讨论开展以来，乡党委高度重视，认真部署，扎实推进，3月18日下午，邀请副县长王建平、县农委领导及相关技术人员，对后所乡的旱地谷子种植和农机具使用等内容进行了业务培训，并对各村党支部书记进行了组织生活会和相关知识的专题培训。

党风廉政建设：2019年，后所乡结合“不忘初心、牢记使命”主题教育活动，后所乡坚持以习近平新时代中国特色社会主义思想为指导，认真落实党风廉政建设责任制，以身作则，突出重点，抓标治本，坚决预防和反对腐败，在全乡范围深入开展党风廉政建设和反腐败工作，取得了显著效果，有力促进了后所乡经济持续健康发展和社会政治稳定。一是加强学习，强化理论武装。每周二、周五全乡干部集中学习，班子成员轮流备课、讲课，并且带头学习上课、做笔记；每月至少有一节党风廉政建设教育培训课。同时，将集中学习和个人自学相结合，读原文，谈体会，注重把理论学习同实际工作有机结合，在学懂、弄通、做实上下功夫，早打“预防针”，浇注“防腐剂”，通过学习，提高了党员干部遵纪守法、廉洁从政的自觉性，规范了从政行为。二是加强领导，落实党风廉政建设责任制。乡党委认真落实主体责任，坚持把纪律和规矩挺在前面，健全一把手负总责，分管领导各负其责，班子成员齐抓共管、纪委协调督查的领导体制和工作机制，切实提高履行“一岗双责”的意识和能力，确保了党风廉政建设责任制真正落到实处。乡纪委做到了不断提高执纪能力和水平，持之以恒落实“八项规定”精神，着力解决群众身边的不正之风和腐败问题，让反“四风”、正作风、祛歪风、树新风，成为作风建设新常态。三是严肃执纪，加大案件查办力度。大力开展查处农村基层党员干部不正之风和违法违纪行为，严肃查办发生在领导干部和村“两委”干部中涉及惠农资金、扶贫资金等领域的违纪违法案件以及其他损害群众利益的不正之风和腐败问题，以执纪办案的强劲势头推动“两个责任”深入落实。全年共查办案件9起（其中乡纪委自收1件，县纪委转办8件），初核了结3件，查处党员干部6人。另外，谈话9人，函询3人，谈话函询4人。通过查处案件，既维护了党的纪律，纯洁了党的队伍，又解决了实际问题。四是建立健全党员干部廉政档案。对后所乡机关干部、村“三委”干部全覆盖建立了廉政档案，准确地掌握了党员干部个人及家庭收支情况、基本社会关系等，为实施全方位监督奠定了坚实基础。乡党委全年对全乡党员干部集体约谈5次，做到了常扯袖子常揪耳朵，把问题消除在萌芽状态。针对“五一”节、端午节、国庆节、中秋节等重要节日节点，乡纪委对落实中央八项规定精神进行了专门监督检查，及时向党员干部重申纪律规定，确保了乡党员干部文明过节、廉洁过节。五是加强农村基层党风廉政建设。乡党委与各村签订《党风廉政建设责任状》，进一步明确责任，建立横向到边、纵向到底的责任制网格。组织村干部收看警示教育片，开展党风廉政建设讲座，增强了村干部廉洁自律意识，以反面典型警示党员干部。利用喇叭、宣传栏、横幅等方式进行形式多样的党风廉政建设宣传。确保全面从严管党治党纵深发展，做到“乡村治，百姓安”。2019年，由乡党委牵头成立的专项督查组共下乡50余次，对15个村党组织开展了以主题教育、“改革创新、奋发有为”大讨论、脱贫攻坚、值班值守、“三会一课”制度执行、扫黑除恶、大气污染防治和秸秆禁烧等工作落实情况为主要内容的重点监督检查，有力地推动了各项工作。六是扎实推进专项整改。结合“不忘初心、牢记使命”主题教育活动，突出抓好县委第三巡察组第七轮对后所乡村级党组织延伸巡察反馈意见的专项整改工作。把县委巡察反馈意见整改作为一项重要的政治任务来抓，及时成立巡察整改工作领导小组，召开会议专题研究反馈问题，坚持问题导向、结果导向，逐条逐项分解问题形成的原因，查找问题发生的症结，细化责任，扎实推进。截至11月底，巡察反馈的5个方面13项问题46项具体事项均完成整改。

后所乡村“两委”和村务监督委员会主干一览表

表9

序号	村名	支书	主任	监委会主任
1	南辛庄	周世荣	周世荣	沈　沛
2	辛立庄	梁海中	梁海中	张存富
3	帐头铺	董德春	董德春	任德贵
4	西沙堆	丰贵山	安存举	赵桂枝
5	后　所	郭世强	郭世强	王爱祥
6	南洲庄	王永全	王永全	王国有
7	水峪口	高文武	李勇朝	高文士
8	苏　庄	苏崇枝	苏崇枝	蒋生军
9	前张堡	马生武	马生武	温　勇
10	后张堡	刘继富	刘继富	温　会
11	南万庄	卢增迁	卢增迁	温日堂
12	北万庄	李志升	康爱花	万　敏
13	安乐庄	赵　玉	赵　玉	张占斌
14	辛兴庄	吴日成	吴日成	吴　宝
15	元　营	黄彦平	梅忠义	张登山

古城镇

【概述】 古城镇位于山阴县县城东南部，距山阴县城15公里，北纬39°29′，东经12°53′。古城镇是朔州古镇，始建于元末（1135—1168年间）。民国26年（1937年）前为明、清、民国时的山阴县治，现为古城镇党委、政府驻地。全境为平川，水源丰富，桑干河灌区渠系遍布全境，黄水河由中部穿过。北接合盛堡乡、岱岳乡，南临马营庄乡、后所乡，东与应县接壤，西与安荣乡、薛圆圈乡毗邻。全镇东西长约13公里，南北宽达12公里，面积153平方公里。交通便利，大运高速公路由境内穿过，设有山阴互通口；林荫路、虎山线和新建的北同蒲铁路，都途经本镇。古城镇人民政府下辖26个行政村。机构设置党政工作办公室、社会事务办公室、经济发展办公室、农村综合便民服务中心、古城镇计划生育服务站 。古城镇以中共十九大会议精神和习近平新时代中国特色社会主义思想为指针，坚决维护习近平同志的核心地位、维护党中央权威和集中统一领导，深入贯彻落实习近平总书记视察山西重要讲话精神，紧紧围绕市委提出的“两大任务”和县委“2361”工作思路，以打造全县农业循环第一镇和推进全镇转型跨越发展为目标，全力完成年度各项目标责任。

【农村经济】 2019年，全镇实现农村经济总收入达16亿元，粮食总产量0.6亿公斤，农民人均纯收入预计达到18000元。冬春浇地面积达到10.6万亩，占总耕地面积的90%以上。全镇着力培育了奶牛、玉米、饲草、葵花、蔬菜五大基地。多渠道增加农民收入，壮大集体经济。全镇21个村集体经济全部破零，五万元以上的村有2个。按规定完成“三资”管理的各项工作，完成粮食直补按规定程序准确及时登记、汇总、发放、上报。

【民生保障】 2019年古城镇低保、五保、社会养老保险、新型农村合作医疗等社会保障体系进一步完善。全镇低保户289户，266人，五保户128户，实现了应保尽保。参保人数7114人。全镇经扶贫建档立卡“回头看”、再“回头看”，通过扶贫资金入股合作社实现资产分红收益、扶贫贴息小额贷款（入股合作社分红每年3000元）扶持，稳定就业、生态扶贫（护林员）、教育帮扶（享受大学生生活补贴、雨露计划）、低保兜底、孤儿救助等措施共同发力，全镇贫困户于2016年底稳定实现“两不愁、三保障”，达到脱贫标准，于2017年底实现全部脱贫。2019年巩固脱贫成果。做好扶贫成果巩固工作。始终以决战决胜的姿态，团结镇村领导干部和帮扶工作队的力量，继续认真做好精准扶贫各项工作，巩固好脱贫成效，防止返贫现象出现。

【民生工程】 2019年，古城镇加快基础设施建设。利用财政奖补政策“一事一议”项目资金，完成胡疃村村内排水沟建设150米，修建污水池一座；投资15.1万元小圪塔村新建粮食加工厂和晒粮厂；投资11.1万元中小河村完成了村内下水道工程510米，修建污水池一座；投资10万元完成芦岭村红白理事会二期工程的建设。完成道路交通“四好”农村路4条：西小河—洪济屯3.881公里，奶羊线—王庄0.874公里，前射躲—王庄1.881公里，前皇台—大营2.314公里，解决了群众出行难的问题。开展农村环境卫生集中整治。对各村垃圾进行了集中处理，共出动大型机械31台次，处理陈年垃圾3000多立方米，粉刷墙壁18000多平方米，配发100个垃圾桶，9个垃圾箱。完成古城村和羊圈铺村铺设污水管网8500米，砌筑检查井293座，建污水收集池6座；完成古城村日处理污水210立方米的污水处理站的建设；完成芦岭村改厕107户。村容村貌有了极大地改观，逐步提高人民群众的生活质量和幸福指数。美化古城镇牌楼“三角地带”。古城镇标志性建筑牌楼前的三角地带环境卫生“脏、乱、差”，为了改善古城镇对外整体形象，对三角地带树木进行了修剪、补植，粉刷花篮墙等，通过环境整治，解决了“脏、乱、差”现象。征地工作顺利推进。按照县政府和县韩原线山阴站改造领导组指示要求，完成了山阴站站前广场和道路工程征地工作，完成神头500千伏输电线路走廊征地工作。实施农田水利基础建设。古城村高标准农田改造3049亩、东辛庄村整修防渗渠600米，前皇台治理防洪防汛渠道1000米，上河西村修田间路300米，U型渠300米，快乐村修环田路700米。开展平安乡村建设。完成13个村的主要路口、复杂场所、易发案部位等地段视频监控摄像头的安装，进一步完善古城镇治安防控体系和管控能力，维护社会稳定，构建和谐社会，实现稳定平安乡镇建设。

【生态建设】 2019年，古城镇完成了全镇21个村的森林资源指标考核，与护林员签订了合同和责任状。以“河畅、水清、岸绿、景美”为目标，对桑干河河道清淤和沿河村庄垃圾污水治理进行了全面整治，对本镇范围内的入河排污口进行了排查。共累计清理河道淤泥和垃圾300余立方米，巡视河道30余次，清理高速路下游处4.8平方米彩钢房一间。对辖区内各类企业和农村污染源进行日常监督管理，辖区内无秸秆、落叶杂草焚烧现象。加强辖区内河道整治管理，保持河道清洁。加强辖区内环境综合治理，成立秸秆焚烧工作领导组。开展农村污水治理，改善农村人居环境。完成乡村道路绿化、零星植树、义务植树、退耕还林补植补造和生态管护任务。

【教育事业】 古城镇教育事业蓬勃发展，古城镇现有公办学校7所。古城九年一贯制学校、上河西完全小学、古城幼儿园，其余4所为教学点（马梁村学校、胡疃村学校、快乐村学校、羊圈铺学校）。在校生700多人，学生普及率为100%。

【党建】 2019年，古城镇党的建设迈上新台阶。古城镇按照省委“改革创新、奋发有为”大讨论开展活动，成立领导小组，2月21日召开全镇动员大会，通过广泛发动、精心组织、瞄准问题、补齐短板、对标一流，扎实推进各项规定动作，切实让“改革创新、奋发有为”大讨论成果在古城镇落地生根、开花结果。围绕“不忘初心，牢记使命”主题教育活动，从加强思想政治建设着眼，守初心、担使命、找差距、抓落实，激励全镇党员干部投身转型跨越的生动实践，达到广大党员干部的党性进一步增强、能力进一步提升、作风进一步改进、干部创业热情进一步高涨。通过开展专题党课，进村调研，发放征求意见表、召开座谈会、个别谈话、主动走访，革命传统现场教育，召开专题交流会等多种形式，查找问题，剖析原因，边查边改，提高工作实效。一是立足建设“一个好的领导班子”，重点解决好支部班子建设问题；立足培养“一个好的带头人”，重点解决好支部书记队伍建设问题；立足培养“一支好的党员队伍”，重点解决好对困难党员、困难群众的帮扶问题；立足制定“一个好的发展思路”，重点解决好群众致富问题；立足构建“一个好的工作机制”，重点解决好促进非公企业健康发展问题。二是不断加强党员队伍建设。在加强党员队伍教育管理的同时，重点抓好入党积极分子的培养。今年共培养发展对象10人，全镇共有6名青年积极分子向党组织递交了入党申请书，增添了党组织的活力。三是强化阵地建设。对古城村、芦岭村、西盐池村的党群服务中心进行了改造升级；对年久失修的王庄村党群服务中心进行修缮。四是强化责任使命担当，全面落实主体责任。镇党委始终严格按照“两个责任”要求，严格落实党风廉政建设责任制规定，20余次在镇党委会、镇机关支部会议上组织学习中央、省市镇党委、各级纪委文件及会议精神，观看《初心泯灭的歧路》《失守的初心》《巡视利剑》和《永远在路上》等警示教育影片，研究部署党风廉政建设和反腐败工作。进一步完善落实党风廉政建设责任制，增强“两个维护”的坚定性。狠抓党风政风建设，强化监督执纪问责，立足抓早抓小，截至10月，镇纪委共处置问题线索14条，其中谈话函询21人次，立案查处4件，纪律处分4人次，以“零容忍”态度严厉惩治腐败，持续释放执纪必严的强烈信号，表明镇党委、政府惩治腐败的坚决态度。

【安全稳定】 2019年，古城镇党委、政府以平安古城建设为抓手，以“崇尚法治、共创平安、共建文明”为主题，以创建平安、法治、文明单位为载体，把平安创建、法治创建、文明创建融为一体整体推进，深入开展“三创联动”活动，平安建设现代化水平、法治建设推进水平和文明城市创建水平得到新的提升，社会和谐稳定。

【扫黑除恶】 认真学习贯彻落实习近平总书记关于扫黑除恶的重要指示和中央、省委、市委、县委关于扫黑除恶的重要文件精神。扎实推进党委政府第一责任人和直接责任人履责情况，继续开展扫黑除恶宣传活动，深入重点地区、重点行业、重点领域进行全方位不留死角的宣传。

马营庄乡

【概述】 马营庄乡位于山阴县东南部，东邻应县，南接代县，西毗后所乡，北连古城镇。南北长 8.5 公里，东西宽 7.7 公里。现辖 22 行政村、一个自然村。乡政府所在地为马营庄村。全乡镇国土面积约 65.45 平方公里，全乡户籍户数 6581 户，户籍人口数 15671 人，常住人口为 8941 人。全乡镇现有基层党组织 32 个（其中，基层党委 1 个，党总支 1 个，党支部 30 个）；现有党员 424 名，其中女党员 51 名。全乡共有建档立卡贫困户 705 户 1963 人，精准建档立卡户 25 户 61 人，涉及 9 个村，2019 年已全部脱贫，全部进入巩固提升期。2019 年马营庄乡农民人均纯收入达 12800 元。全乡奶牛存栏量 8556 头，年产鲜奶 29000 吨；肉牛存栏量 1125 头，羊存栏 2.7 万只左右；生猪存栏量 2000 多头。全乡新农合和养老保险参保率均达 95%以上。

【党建】 2019 年，马营庄乡加强党的领导，提高党建水平。召开专题会议。乡党委年初召开党建工作专题会议，总结 2018 年党建工作经验，部署 2019 年党建工作任务，与各党支部书记签订 2019 年基层党建工作责任书，层层落实责任。要求各支部每季度召开季度党建工作会议，对一个季度党建工作进行梳理总结，对下季度工作进行统筹规划，确保推进有序。灵活运用情景式学习。乡党委依托会议室、党员活动室、综合文化活动场所等阵地，带领全乡党员干部深入学习十九大会议精神、《中国共产党章程》《中共共产党纪律处分条例》和省、市、县党建工作会议精神等知识。紧紧围绕乡村振兴、脱贫攻坚等主题进行交流学习。组织全乡党员干部和村“两委”主干分两次到“红色圣地”延安进行“不忘初心 牢记使命”主题教育活动，重温党的革命岁月。开展民主生活会与组织生活会。乡党委领导班子成员召开了民主生活会进行评判与自我批评，“红红脸、出出汗”，增进团结，发扬民主，进一步提升了工作能力，加强了思想作风建设。并在 3 月底前，各党支部均召开了专题组织生活会，同时驻村的入企进村服务组的成员均以普通党员身份参加了组织生活会，会后乡党委认真总结会议成果，形成了书面材料上报县委组织部。狠抓软弱涣散基层党组织整顿工作。深入贯彻全面从严治党要求和新时代党的组织路线，坚持问题导向、靶向重点，对乡东沙堆村、东寨村、苏家场村、南口前村 4 个软弱涣散基层党组织，坚持分类指导、因村施策，坚持健全制度、注重长效、集中整顿农村软弱涣散基层党组织，把整顿组织和整顿党员队伍特别是整治党员信仰宗教、参与宗教活动问题紧密结合，统等推进，努力实现领导班子坚强有力、政治功能不断增强、党员队伍合格过硬、组织制度落地见效、基层治理稳定有序、工作业绩突出显现、党员群众认可度高的目标。

【农业产业】 2019 年，马营庄乡狠抓“三农”工作，改善水利设施。马营庄乡境内有“两大峪口”，防范洪涝灾害是马营庄乡每年的一项重要工作，但因历史原因马营庄乡部分防洪泄洪设施年久失修，严重威胁马营庄乡群众的生命财产安全。为此马营庄乡党委和政府经实地考察和研究，多方筹措资金对马营庄乡新马营村附近的防洪渠道进行整修，该项目新修渠道3000多米、涵洞5个、修复被洪水冲垮的道路1000余米，同时对上游西安峪村的防洪坝和下游吴家铺村和何庄的河道进行修理，该工程有力的保障了沿线6个村3000多人的生产生活的安全，同时让两岸8000多亩土地得到灌溉。

乡党委、政府在吴家铺村和新马营村共计投资40余万元发展节水灌溉，此项目让3300多亩土地受益，使原先每亩地每次浇水用水60立方米，减少到现在30立方米，浇水时间比普通漫灌减少一半以上，不仅大大节约了灌溉成本，而且作物长势明显好于往年。引进良种奶牛。马营庄乡有着多年的奶牛养殖历史，全乡奶牛存栏量和鲜奶产量均居全县第一，但是因为疾病、退化等因素的影响，部分奶牛的产量严重下降，严重制约群众增产增收。为此马营庄乡积极联络，帮助驿泽园区投资500多万元从澳大利亚引进良种奶牛300头，预计增加鲜奶产量20%，成为实现全乡奋斗目标的一个重要组成部分。推广蔬菜大棚。马营庄乡在1995年就开始种植蔬菜，2009年开始大面积种植蔬菜，随着时间的推移，蔬菜种植面积越来越大，但农民种植蔬菜的收入却越来越不稳定，为了提高收入，积极推广大棚蔬菜种植，2019年增加经济收入300多万元。

【农村环境】 2019年，马营庄乡全力以赴做好生态文明建设，助力打赢蓝天净土战，为了实现从源头上治理环境污染，从根本上改善农村人居环境，组织和动员群众对村庄的环境卫生进行清理，解决道路两侧及房前屋后的“三堆”问题，使全乡的环境卫生面貌有了较大的改善。对小柴棚村进行村庄的绿化改造，投资约2万元对小柴棚村的主要街道进行了绿化，动用人工25人次、各类机械3台，共植树苗300株，倾力打造良好的人居环境；对各村的乡村环境进行清理和整治，全乡出动人力1200人次，出动各种车辆114台次，其中大型机器22台次，共清理垃圾181立方米，清理乱贴乱划122处，修复塌陷损毁路面21处，清理全乡道路两边杂草2万多平方米，同时在主要村庄安装垃圾桶80个，设立大垃圾箱8个；投资2万元对损毁严重的南李庄村的文化广场进行维修，提高了群众生活质量；投资约14万元建设占地930平方米的新马营村文化广场，该工程共计硬化900平方米、栽种黄金叶树8棵，安装太阳能路灯4盏、建设宣传墙150平方米。大力开展秸秆禁烧。马营庄乡属于农业大乡，每年秸秆禁烧工作范围大任务重，为此马营庄乡党委和政府通过“宣、找、推、建、查、罚”的方法来完成秸秆禁烧的工作。“宣”通过微信、村广播、宣传车等方式向全乡群众宣传秸秆禁烧的好处和意义；“找”积极联系蘑菇厂、养殖场等企业，对秸秆进行收购，减少秸秆数量，增加农民收入；“推”积极推广秸秆还田技术；“建”在全乡建立网格化管理机制，确保不出现一处火点，同时在各村设立防火员，对发现的着火点及时进行扑灭；“查”在清明等重要节日，组织村干部在主要路口设卡进行宣传和教育工作，取得了良好的效果；“罚”强化值班制度和处罚力度，实行每天一名主要领导、一名分管领导、一台巡查车辆、两名以上值班人员24小时全员在岗，每天巡查次数不少于6次的工作机制。如因监管不力发生火情火点，层层追究相关人员责任，造成严重后果的除政治处分外，还由公安机关严肃处理。2019年共训诫违反秸秆焚烧禁令的人员6名。

【脱贫攻坚】 2019年，马营庄乡全乡共有建档立卡贫困户700户1963人，涉及9个村，2018

年已全部脱贫，全部进入巩固提升期。为了巩固脱贫成果，马营庄乡在充分调研论证的基础上，结合本乡实际，2019年新建125千瓦屋顶分布式光伏发电建设项目，经过多方联系和加紧施工，现该项目已经圆满完工，并全额上网，确保持续带动马营庄乡贫困人口增收，增加集体经济收入。

【基础建设】 马营庄乡政府大院是80年代建设完成的，经过多年使用，现部分房屋存在安全隐患，后来虽改造和新建了一部分房屋，但是仍有部分房屋未改造，由于乡政府职能和人员的增加，急需一批住房，为此乡政府多方筹措资金对学校的一排危房进行改造用于建立武装部、应急救灾库房和职工宿舍，并修建水冲厕所。同时马营庄乡政府现有办公用房88间，共七排平房，但是只有一排采用地暖供热，其他为土暖气或者没有供热。为了给干部职工营造一个温暖舒适的工作环境，乡党委、政府对所有工作用房进行供热改造，2019年改造已经全部完工。通过改造提高了干部的干事热情，提升了政府形象。

【龙头带动致富】 2019年，马营庄乡摸清本地情况，找准当地优势，这是领导乡村经济发展的要务之一。马营庄乡地域面积较大，土地肥沃，地上地下水资源丰富，同时旅游资源独具特色。为了充分利用上述优势，大力发展全乡经济，增加人民收入。2019年调整后的乡党委、乡政府领导班子，结合万名干部入企进村服务活动的调研情况，在如何充分发挥龙头带动作用上下足了功夫，用足了力气。例如把驿泽奶牛园区的龙头再抬高。马营庄乡驿泽奶牛园区在全乡经济发展中占据着显眼一席。围绕如何将其做大做强，乡党委和政府主要领导深入园区进行了专题调研，认真帮助园区负责人解决经营中遇到的困难，特别是土地流转过程中，产生了现场办公、一站式服务的工作经验。使其流转土地面积达到种养殖配套的5000多亩。截至8月底，驿泽园区存栏奶牛1900头，肉牛500头，生产鲜奶6300吨，实现收入3666万元，全年总收入5500万元，辐射带动全乡1万余人通过劳务、种草获得收入，人均收入3000余元。

【信访工作】 2019年，马营庄乡认真贯彻落实省市县关于做好信访工作的一系列重要精神，以习近平新时代中国特色社会主义思想为指导，扎实开展矛盾纠纷化解活动，及时解决人民群众反映的各类突出问题，进一步畅通信访渠道，规范信访秩序，不断创新信访工作机制，为全乡经济社会发展创造了良好的社会环境。全乡今年2019年共受理上级转接的信访事项10件，完成答复10件，完成率100%，共排查各类矛盾纠纷54起，化解52起，化解率96%，有效杜绝了重大群体性事件的发生。

【扫黑除恶】 2019年，马营庄乡高度重视，多次组织召开党政联席会议和全乡干部大会传达省、市、县会议精神，认真研究部署工作开展和落实情况，要求广大党员干部要提高政治站位，增强政治敏感性坚决打赢这场专项斗争。加强组织领导。及时调整扫黑除恶领导小组成员。组长由乡党委书记担任，继续强化宣传。马营庄乡继续在集市、学校、入户等方式多次进行宣传，共发放各类扫黑除恶宣传单、手册等1000余份；与各村签订扫黑除恶责任状；利用微信在各村群里转发扫黑除恶相关内容等共计70多次；利用村里大喇叭广播的扫黑除恶相关情况，截至年底共播报80余次。同时创新工作方式，利用每月开展党员活动日为契机，助力扫黑除恶宣传活动，各村党员干部积极到户进行宣讲，提高老百姓对扫黑除恶的知晓率；各包村干部到所包村与全体村干部、党员、村民代表进行集体座谈，宣传扫黑除恶专项斗争。夯实政治基础，筑牢扫黑除恶堡垒 。一是加强学习，强化“四个意识”。组织党员干部认真学习习近平新时代中国特色社会主义思想，习近平总书记关于开展扫黑除恶专项斗争批示指示精神，强化广大党员干部的“四个意识”，为扫黑除恶工作奠定思想基础。二是加大宣传力度，营造浓厚氛围。利用农村大喇叭等宣传媒介进行播放。三是乡党委多次在全乡干部大会上强调扫黑除恶的重要意义，要求全体党员干部对老党员、建档立卡贫困户、普通群众进行走访了解情况，全方位收集涉黑涉恶线索，大力营造扫黑除恶线索摸排社会氛围。积极摸排线索，查找问题。对 22 个村级基层组织成员进行摸排、走访调查，通过公安部门查看及查阅村干部档案，对发现有问题的一名村干部予以及时清理，其他人员暂未发现涉黑涉恶及村霸的情况。

【“三基”建设】 2019 年，马营庄乡强基层，抓基础，提能力，“三基”建设引领马营庄乡党建工作健康发展。强基层，基层组织是党的全部工作和战斗力的基础。乡党委着重加强各基层党支部的建设，尤其是农村党支部建设，从选优配强基层党组织负责人、充实基层工作力量、增强党员队伍生机活力等方面入手，强化党执政的组织基础。一是从思想上强化教育，增强信心。在农村各项工作中，部分村干部束手束脚，既怕惹人，又怕追责，不敢大胆工作。乡党委区别不同情况，因人而宜，以感情留人，以事业用人，做深入扎实的思想工作，鼓劲加油，增强他们做好农村工作的勇气和信心。二是从待遇上给予保障。在村级转移支付分配上，乡党委专题研究村干部工资，按照服务区域人口多少、工作量大小及各项工作完成情况，确定支部书记、村主任工资，从物质待遇上体现村干部的工作。三是多次召开基层工作专题例会研究基层党支部的发展。乡党委全年共召开基层工作专题例会共计 10 次，每次会议的召开都紧贴上级要求和村庄遇到的实际问题，通过集思广益、群言群策，为基层党支部的发展提供了动力。

抓基础。基础工作是一个单位履职职能的基本支撑，直接关系到各项任务推进与落实的质量和成效。乡党委通过以下措施打牢各项基础工作。一是抓基础资料完善。对各村的党建资料进行充实完善，由包村干部、挂职干部、村干部集中对村里的党建资料进行充实完善，建立建全各种台账。二是村级活动场所提升工程。对此，乡党委今年为 1 个村庄新建办公场所，对 3 个村的村级活动场所进行了翻修，使村级活动场所能正常使用。三是村集体经济发展壮大。指导各村对集体经济发展进行了规划，督促各村制定了集体经济发展战略，依靠清产核资工作的开展，澄清集体资产，盘活集体资源，增进发展潜力。四是乡镇“五小”建设工程。按照“节约成本、因地制宜、稳步推进、效果最优”的原则，累计投入 44 万元左右，对乡政府后排的房屋进行翻修，新建高标准冲水厕所一座，同时对食堂、单位澡堂等“五小”建设进行了改建或新建，2019 年，冲水厕所、机关食堂、澡堂已投入使用。另投资 32 万余元对乡政府的供热设施进行升级改造，为广大职工提供了一个温暖的办公场所。同时为了消除安全隐患，对乡政府的两排危房进行了集中拆除。五是积极开展党组织集中整顿活动。对 2019 年确认的 3 个软弱涣散党组织进行整治的基础上，结合开展党组织集中整顿和扫黑除恶工作，对全乡各党组织重新进行摸底、排查和认定，认真查找问题，制定整改措施，推动服务功能转型升级，充分发挥基层党组织服务群众作用。六是全力打造红色基地。紧扣“不忘初心，牢记使命”主题教育活动，马营庄乡在南口前村着力打造教育基地，营造“不忘初心、牢记使命”的浓厚氛围，提醒党员干部无论走得多远，不能忘记来时的路。引导教育党员思悟初心，不断正心修身，上好党性教育的必修课。

提能力。基本能力是有效履职的必然要求，提升党员干部基本能力有利于提升工作效率，改进工作作风。为此马营庄乡通过以下措施来提升党员干部工作能力。一是抓主题党日活动规范。严格执行“三会一课”制度，以乡党委文件明确党日活动主题，包村干部全程参与指导，确保了主题党日活动的规范性。二是抓党员教育培训。以“改革创新、奋发有为”大讨论和“不忘初心、牢记使命”主题教育活动为契机，马营庄乡党委多次组织全乡党员干部进行集中学习，2019 年共计举行较大的学习培训会 6 次，外出学习 3 次，小型学习会约 30 次，同时各支部组织党员交流研讨 320 余人次，撰写心得体会 100 余篇，使广大党员干部对习近平新时代中国特色社会主义思想、中共十九大精神、党章、党规党纪达到了入耳入脑、入心见行的目的。

【自然人文景观】 马营庄乡境内人文景观、自然景观、历史遗迹、地质遗迹较多，原生态自然资源旅游资源丰富，可观赏的旅游景点和待开发的景点 10 多处，在南部坡区有五大峪口，是北宋时期杨家将精忠报国、抗辽卫疆的战场，至今仍有烽火台、长城等一些军事遗迹。主要旅游景点有瑞云寺、六棱砖塔、故驿古城、老君庙、石人沟、瀑布、一线天等，草垛山、馒头山两山对峙，山大沟深，绵延不绝，溪水潺潺，景色宜人。

翠微山 旧称佛宿山、复宿山、勾注山。山势呈西南东北走向，海拔 1200～1900 米，沟谷切割较深。生长有华北落叶松、桦树，野玫瑰等乔灌植物。

故驿城 在山阴县故驿村东北 0.5 公里处，建于战国时期。现存残垣残迹。曾发现秦汉时的陶器、铜器、钱币、瓷片等。金忠州城即在此地。

瑞云寺 山阴县瑞云寺坐落在马营庄乡沙家寺村西南，坐北朝南，东西长 45 米，南北宽 40 米。始建于辽大安七年（1091 年），由正殿、前殿、山门、谦公和尚砖塔组成。院内存清代嘉庆十九年（1814 年）布施石碑一通，石质为青石，高 1.25 米，宽 0.6 米，厚 0.2 米；古松树一棵，高十八米，周长 4.06 米；明万历五年（1577 年）砖塔一座，总高 11 米，砌以楼阁式样。该寺院于 2001 年 11 月 5 日被列入县级文物保护单位。

沙家寺龙王庙 坐落于山阴县沙家寺村中部。据大殿前廊碑文记载，创建于清同治三年（1864 年）。坐北朝南，占地面积 108 平方米。有戏台和大殿。大殿面阔五间，进深三间，单檐硬山顶。

东城管委会

【概述】 东城管委会成立于 2000 年，承担着同太路以东 11353 户，33434 人（不含岱岳镇 8 个城中村人口）的非农业人口和流动人口的管理服务工作，辖区面积约 7 平方公里。下设南街、北街、和顺、兴隆和光明 5 个社区居委会，5 个居委会，共辖 14 个居民小区，社区实行网格化管理，共划分 49 个网格。管委会共有 8 个党支部，分别为机关、南街、北街、和顺、兴隆、光明、太行村镇银行和工商联合，党员 230 名，其中妇女党员 90 名。

2019年马营庄乡各乡村情况表

表 10

村民	户数（户）	人口（人）	劳力（个）	总播（亩）	粮田（亩）	总产（吨）	其中：玉米（亩）	产量（吨）	蔬菜（亩）	猪存栏（头）	羊存栏（只）	牛合计（头）	肉牛（头）	奶牛（头）	鲜奶产（吨）	总收入（万元）	人均（元）	养老参保人数（人）	合医参保人数（人）
马营庄	564	1282	394	7490	7348	3882	6895	3792	142	168	1160	657	300	357	1926	2580	11748	700	994
云水庄	756	1849	508	4910	4450	2697	3995	2597	460	70	8000	—	—	—	—	3797	11646	852	1590
西安峪	721	1780	512	3980	3840	2026	3600	1980	140	25	870	220	3	217	685	3703	11744	480	1490
胡峪口	112	237	72	660	660	343	535	338	—	20	1470	—	—	—	—	469	10999	380	1052
苏家场	210	493	147	1557	1474	728	1244	684	83	50	400	43	43	—	—	958	11055	110	455
下　疃	51	124	34	725	665	325	640	320	60	—	156	200	—	200	1080	242	11118	75	200
何　庄	282	752	209	4182	4182	1990	3700	1887	—	—	650	—	—	—	—	1758	13422	41	107
新马营	337	809	263	7760	7410	3715	6270	3449	350	—	1000	56	—	56	177	1914	13218	252	562
吴家铺	287	697	230	6800	6300	2701	5547	2496	500	32	72	1100	—	1100	3472	1491	11971	300	591
荆家庄	180	424	155	3545	3495	1366	3320	1328	50	28	121	—	—	—	—	795	11033	427	813
八里庄	400	938	316	6868	6696	3582	6400	3520	172	20	1000	980	—	980	5292	1966	12042	167	370
故　驿	537	1327	408	17000	17000	6613	15534	6294	—	50	308	4400	900	3500	17500	4143	18081	367	725
东沙堆	303	776	212	11856	11636	4523	8800	4406	—	210	180	890	—	890	2809	1465	10879	15	150
南辛寨	365	873	254	5970	5670	2143	4680	1872	—	45	1020	2400	800	1600	8000	1915	12463	170	505
南李庄	119	288	65	2300	2300	901	2165	866	—	—	40	850	—	850	2683	652	13178	85	229
许家洼	90	196	13	1110	1110	315	510	195	—	—	200	—	—	—	—	260	8954	130	495
沙家寺	255	634	180	1289	1221	342	350	260	50	—	1800	—	—	—	—	994	8983	48	150
东　寨	133	285	56	1131	841	547	2165	518	—	—	320	—	—	—	—	386	8982	45	149
南口前	247	555	156	2300	2202	727	1200	540	98	—	1500	—	—	—		1096	12055	230	503
陈　庄	74	155	36	770	770	272	600	240	—	120	690	1400	—	1400	4418	265	10216	101	192
高　庄	266	628	196	7250	7210	2789	6700	2680	40	30	1800	30	—	30	95	1232	11217	201	418
大柴鹏	203	471	160	3061	3061	1276	2378	1141	—	—	340	—	—	—	—	753	8988	260	640
小柴鹏	116	251	60	1615	1595	615	1500	600	20	—	260	—	—	—	—	387	8987	271	720
合计	6608	15824	4636	104129	101136	44418	89028	42003	2165	868	23357	13226	2046	11180	48137	33221	12054	5707	13100

【党建】 2019年，东城管委会始终把党建工作抓在手上，充分发挥社区党组织的堡垒作用，切实加强基层党组织建设，大力推进支部领导班子和干部队伍建设，对各支部进行分类评级，抓整改、创先进、找不足、促后进。坚持以建设服务型党组织为抓手，牢牢抓住党支部这个重点，努力探索社区建设管理服务的新途径、新方法、新手段。规范了党支部建设，投资购置了学习设施，修缮了办公场所，刚装修完毕的兴隆社区、光明社区，一站式办公场所全面提升了居民服务水平。规范了党员活动室，完善了各项规章制度，发展新党员9名。把党建工作融入到具体工作，通过党的宗旨与工作任务的高度融合，把践行初心和使命落实到每一件实事上，把党建工作直接参与社区管理和价值的体现中，国庆期间开展的“礼赞新中国、唱响新时代”系列活动，就是党建和工作的有机融合。在抓党建上，始终把完善制度贯穿于整个党建工作的全过程，使各项工作落在实处，为此制定出台了《社区党支部主要工作职责》《社区居民事务党员代办制度》《党员联系困难群众结对帮扶制度》等一系列规章制度，严格执行“三会一课”制度，集中整治社区干部作风方面存在的“粗、松、懒”三大顽疾。

开展“改革创新 奋发有为”大讨论、深入学习贯彻“不忘初心，牢记使命”主题教育的重要讲话精神，坚持以身作则，带头讲党课。抓好支部“主题党日”活动，用新理论成果武装党员干部头脑，突出问题导向，注重知行合一，在真学、实做、看齐上下功夫，牢固树立“四个意识”，进一步坚定“四个自信”。不断深化“一支部一特色”党建工作模式，各支部都开展不同特色的活动等，如兴隆支部开展为困难家庭“献一片爱心、送一份温暖”活动。在推进“两学一做”学习教育中光明社区党支部的“四平台”工作法受到县、市、省有关部门和领导的肯定，并被市委选树为全市学习教育的先进典型。

扎实开展“不忘初心、牢记使命”主题教育，把中共十九大、十九届四中全会精神和习近平新时代中国特色社会主义思想的学习贯彻作为首要政治任务，举办专题辅导学习13次，开展党委会定期学，社区书记交流学，并编印了《十九大精神100问》《“不忘初心、牢记使命”主题教育应知应会手册》等学习资料，进行了应知应会知识考试，使广大社区党员干部的政治素养和干事创业能力得到提升。为加强党建工作，传播党建文化正能量，东城管委会北街社区经过策划、设计，将文化元素注入党建工作中，充分结合居民休闲广场的功能发挥，精心打造北街社区党建文化广场。北街社区党建主题文化广场以“突出党建、立足服务”为主题，以“贴近实际、贴近党员、贴近群众、贴近生活”为宗旨，设计安装了党旗主题雕塑、社会主义核心价值观和点缀式宣传造型。从新时代习近平中国特色社会主义思想、社会主义核心价值观、党史、入党初心教育方面进行宣传，使辖区广大党员群众可以在休闲娱乐中感受党建氛围，传播党建文化的正能量。

【学习培训】 2019年，东城管委会为巩固党的群众路线教育实践活动取得的成果，深入学习贯彻习近平新时代中国特色社会主义思想，开展“改革创新 奋发有为”大讨论、深入学习贯彻习总书记关于“不忘初心，牢记使命”主题教育的重要讲话精神、学习贯彻十九届四中全会等重要讲话精神。通过“学习强国”“三晋先锋”平台，切实加强党员和工作人员培训教育，每月组织社区工作人员集中学习并将心得体会写下来，加强党风廉政建设，召开作风整顿动员会，提升党员和工作人员的宗旨意识和群众观点。向居民公开服务承诺，让居民提建议意见，特别是涉及民生热点问题、居民的困难和矛盾，都认真排查，尽力帮助，共召开各类座谈会、意见征求会 8 次。在社区工作人员中开展“一张笑脸相迎、一把椅子让座、一杯热水招呼、一次谈心交友、一声问候相送”的“五个一”活动，努力打造一支能适应新形势发展、奉献意识强、服务能力高的社区党员干部队伍，促进了工作人员的作风转变。弘扬学习“右玉精神”，并对照“右玉式”先进典型，在社区开展了“五好家庭”“孝老爱亲模范”等评选表彰活动。积极安排两委主干外出学习，2019 年 5 月安排社区副职以上干部赴江浙沪各社区参加培训，努力打造一支能适应新形势发展、奉献意识强、服务能力高的社区党员干部队伍，促进了工作人员的作风转变。为深入开展“不忘初心、牢记使命”主题教育，东城开展“缅怀革命先烈、领悟初心使命、传承红色基因”革命传统教育活动，进一步坚定党员干部理想信念、强化党性修养，11 月，东城管委会组织全体党员干部一行 50 余人赴平鲁李林革命烈士陵园和李林纪念馆开展革命传统教育活动，缅怀烈士功绩，接受党的光辉历史教育。

【社会综治】 2019 年，东城管委会各社区把化解矛盾与不稳定因素排查工作当成是重点工作。2019 年共调解各类居民矛盾 80 多件，对一些上访人员进行了及时制止、疏导与政策宣讲，在实际工作中，确保“小事不出网格，大事化解在社区”，全辖区无重大案件发生，治安状况良好。抓好宣传教育工作。社区充分利用黑板报、宣传栏等宣传工具向居民宣传赌博、毒品、邪教等的危害，教育广大居民提高思想意识，法律意识。同时，加强对青少年学生法制、道德、禁毒等方面的教育，提高了青少年学生的法制观念。强化治安管理。首先是加强出租屋管理，其次加强对流动人口的管理，通过上门走访、暗访等形式对社区内流动人口、出租房逐院进行梳理，重新登记造册。狠抓安全生产工作。东城管委会始终把安全生产工作抓在手上，定期对社区工作人员进行安全知识培训，在辖区企业、居民中开展安全生产月宣传活动，和县消防队在社区举行消防演练，坚持每月对辖区各类生产经营单位进行全方位、无死角的“地毯式”排查，并与安监、公安、消防联合取缔了一家非法加油站，消除了潜在的安全隐患。同时对学校周边安全、人员密集场所、九小场所进行重点排查，确保社区平安有序。

【服务群众】 2019 年，东城管委会始终坚持把服务群众作为社区工作的基本立足点，本着“群众利益无小事”的宗旨，努力为居民办实事、做好事，让居民群众成为社区建设的最大受益者，增强社区的亲和力和吸引力。服务育龄妇女：社区共办理生育服务证 130 个，办独生子女光荣证 33 个。流动已婚育龄妇女 135 人，在社区开展的便民服务活动中分别为其发放了计生用品和宣传资料，并配合计生局在文化广场进行计生服务宣传等工作。服务低收入家庭：根据城市最低生活保障的相关规定，对申请低保的困难户做好政策宣传工作，9 月初低保审核工作正式开展，并在最近四年实现了对困难居民的救助工作常态化，社区与居民真正建立了互帮互助、互相配合的良好关系。服务残疾人员：利用宣传栏、横幅等大力宣传助残日，开展残疾人就业工作，开展便民活动、健康知识讲座、政策宣传等，关心残疾人康复情况．社区负责残联的工作人员，对社区现有的 1018 名残疾人都制定了个性服务卡，包括个人基本情况、需求情况、计划落实等。2019 年 5 月开展了残疾人服务状况和需求专项调查，和残联配合免费为残疾人发放辅助医疗器械，进一步帮助残疾人过上衣食无忧、安居乐业、幸福美好的生活。积极完成各项重大工作任务。如开展扫黑除恶专项斗争、环境卫生整治工作，各社区从年初按照县政府安排配齐了卫生监督员，分片、定责做好辖区卫生工作。深入推进民生工作和美丽城市建设工程，引导居民集资铺设下水管道，实施巷道硬化，使277户住房困难居民住上了廉租房；3000户居民完成煤改气改造工程，用上了清洁能源；协助县国教办、双拥办完成了双拥创建的灯杆道旗制作安装和立交桥双拥宣传画、标语的制作、书写，圆满打造了国防教育暨双拥模范社区一个，加大拆违治乱，生活垃圾污水治理、厕所革命、卫生城市建设力度，持续协助改善城市人居环境。

【精神文明】 2019年，东城管委会推进未成年人思想道德教育，提升未成年人综合素质。社区在往年未成年人工作的基础上，找准未成年人思想道德教育新角度，让未成年人在社区这个大家庭里互相学习、共同进步。寒假期间组织中小学生参加社区自愿者活动，开展社区弘扬社会主义核心价值观书法比赛，让青少年积极参与，让他们以主人翁的姿态当文明劝导员、义务宣传员、清洁员。6月，东城管委会联合山阴新华书店在新建成的东城北街社区党建文化广场开展了以“不忘初心、牢记使命”为主题的读书活动，让读书成为一种时尚，让学习成为一种习惯，倡导全民阅读，共建书香社区。2019年正值中华人民共和国成立70周年，为了进一步激发辖区党员和居民的爱党爱国热情、传承红色文化，进行爱国主义教育，8月上午东城管委会在北街社区党建文化广场举办了“不忘初心、牢记使命”喜迎建国70周年红色记忆展。为了推动“不忘初心、牢记使命”主题教育扎实深入开展，丰富辖区居民精神文化生活，东城管委会举办“不忘初心、牢记使命”主题教育文艺会演，11月东城管委会组织山阴县老年大学的演员们，在旧街广场大戏台举办了以“主题教育强化初心使命、为民服务共建美好东城”为主题的文艺演出活动，给辖区居民们带来了一场精彩纷呈的文化视觉盛宴，充分展现了东城干部群众昂扬向上、奋斗新时代的良好精神面貌，营造了感恩党、感恩新时代的良好氛围。

【科普与武装】 2019年，东城管委会推进科普工作，提高辖区人员的生活质量。一方面社区以“贴近生活、科学生活”为目标，进行“远离毒品”“防震减灾”“生活健康常识”“食品安全知识”等主题的培训和宣传，并利用小组长、党员会、社区干部例会等多种渠道向居民进行科普宣传。在增加居民科学意识的同时，让科学常识在居民脑中根深蒂固。社区两委高度重视人民武装工作，做好辖区内适龄青年的摸底调查，注重民兵预备役建设。

【廉政建设】 2019年，东城管委会加强领导，健全组织机构。管委会高度重视党风廉政建设和反腐败工作，将其纳入重要工作议事日程，成立党风廉政建设和反腐败责任制工作领导小组，明确分工、职责和工作要求，把反腐倡廉的工作责任细化到岗，强化到人。细化责任，实行责任目标管理。党委组织有关人员对各社区党风廉政建设和反腐败工作情况进行了半年检查，并及时召开专题会议通报检查情况，提出整改措施和要求。强化措施，狠抓工作落实。管委会高度重视党风廉政建设和反腐败工作责任制的贯彻落实，要求各社区主要负责同志切实增强落实党风廉败建设和反腐败工作责任制的自觉性，突出重点，全面完成党风廉政建设各项工作任务，认真推进党风廉政建设责任制述职述廉，开展批评与自我批评；扎实开展勤政谈话活动，管委会领导与各位主干、社区党组织成员、年轻党员干部分批次进行了廉政谈话。

西城管委会

【概述】 西城管委会成立于2001年，辖区北起北沙沟，南至宝丰街，西至大运路，东至同太路，辖区面积6平方公里，辖区内交通便捷，环境优美，是县城经济、政治、文化发展的中心。现辖广益、集贤、惠丰、幸福、德望5个社区居委会，共15个居民小区，下设31个网格，服务居民约14367户，33562人。管委会党委现下设五个基层社区支部，共直管党员229人，协管党员908人。辖区内共有65周岁以上老人1600多人，妇女儿童16911人，育龄妇女7361人，独生子女户432户，孤儿18人，事实孤儿3人，困境儿童12人。学校幼儿园27所，九小场所152家，私营企业个体工商户1680家，机关事业单位114家。

【党建】 2019年，西城党委认真执行党政班子议事规则，坚持集体领导与分工负责，搞好团结，充分调动每名班子成员工作积极性；深入开展“改革创新、奋发有为”大讨论活动。通过对“改革创新、奋发有为”大讨论的学习，同时结合基层的实际情况，作为基层干部提高了政治站位，坚持以习近平新时代中国特色社会主义思想为指导，深入学习贯彻中共十九大精神，积极投身于大讨论中。组织全体党员干部于每周一上午在幸福社区办公室集中学习党的理论成果，特别是习总书记系列讲话精神，系统掌握精髓实质，用党的理论武装思想、指导实践。认真学习贯彻中共十九大精神和中央、省市县决策部署，不断坚定理想信念，践行宗旨意识，增强党性观念，提高政治素养，进一步牢固树立“四个意识”，坚定“四个自信”，坚决做到“两个维护”。坚持发扬理论联系实际的学风，善于学习借鉴其他县区街道社区的先进经验，善于挖掘推广本地先进典型，做到学有所思、学有所悟、学有所用，努力把学习成效转化为工作成果。通过集中学习、实践，广大党员干部充分认识了“改革创新、奋发有为”大讨论活动的重要意义，以“改革创新、奋发有为”大讨论为契机，按照“抓党建、凝合力、夯基础、强服务”的工作思路，完善机制、狠抓落实，以担当精神和务实作风推进党建工作，为更好服务社区党员群众努力奋斗。加强社区基层党务工作者党建工作的业务学习与围绕大讨论所列条目和重要会议精神学习，使之用辩证思维观察问题，用创新思维推动工作，用良好的心理素质处理复杂矛盾；紧紧围绕“六个破除”，结合社区实际、岗位特点、找到困扰思维的症结、制约工作的瓶颈，用改革的思维和办法推进工作，以改革的勇气解决问题。同时严格规范三会一课制度，积极开展好主题党日活动，进一步激发了党员群众的活力和潜力，充分调动广大党员的工作积极性，为社区的发展贡献智慧和力量。要求广大党员积极参与基层党支部专题组织生活会，以“改革创新、奋发有为”大讨论、“不忘初心、牢记使命”主题教育为载体，采取个人自评、党员互评的方式，积极总结自己在工作中存在的问题，发现问题，在以后的工作中改正，同时把自己摆进去、把职责摆进去、把工作摆进去，做到见人见事见思想，改革创新，砥砺前行，发挥好基层党支部的作用并组织好他们进行大讨论，全面构建区域党建深入融合的新局面。建立健全党建工作目标管理制度、党员教育管理制度、党组织生活制度，规范化基层党组织和党员的行为；严格标准，抓好发展党员工作。大力培养以致富能手、退伍军人、青年妇女为主要对象的入党积极分子，壮大党员队伍。2019年，西城共发展入党积极分子3人，预备党员转正7人。深入学习贯彻落实习近平总书记系列重要讲话精神、三篇光辉文献、习总书记视察山西重要讲话精神。通过召开全体学习交流会学习习近平总书记系列重要讲话精神内容，把握讲话的精髓要义，等形式让全体人员在思想行动上与党中央和省市县委保持高度一致。

【社区服务】 2019年，西城管委会坚持按照省委“一个指引，两手硬”重大思路和要求，紧盯市委“两大任务”主题，围绕县委“2361”战略目标，精准发力，谋求突破，持续夯实基础组织基础，持续助力山阴县经济社会发展。2019年由县委、县政府牵头，县住建局、三城天燃气公司参与的“煤改气”工作在西城管委会辖区内幸福社区、广益社区、惠丰社区、集贤社区全面开展。此次“煤改气”工作对辖区内原“煤改气”用户进行了全面摸排登记，建立详细台账。并对新登记用户进行集中摸排、入户安全排查，对符合安全要求的用户进行入户安装，共计完成摸排、安装约2600余户。

2019年，各社区共复核低保户1063户，独生子女年检432户，登记残疾人715人，发放困难补贴7万多元，全国第四次经济普查个体户1680户、单位694家，为居民出具各类证明2200余份，对辖区扫黑除恶、安全、消防、非法集资、邪教等大摸排12次。各社区共化解各类矛盾纠纷60余起，涉及人员100余人。全年前往太原、北京等地进行维稳接访10次。

2019年，西城管委会不断强化宗旨意识、群众观念，端正思想态度、坚定理想信念，加强党性锻炼、强化责任担当，倡导真善美、抵制假恶丑，提振精气神、弘扬正能量，锻造对党忠诚、勤政为民、务实清廉的品行和操守。坚持把群众利益作为想问题、办事情、做决策的出发点和落脚点，真正做到了用心想事、用心谋事、用心干事，各项工作经得起实践、群众、历史的检验。坚持“换位”思考，认真受理群众反映的合理诉求，敢直面矛盾，不推卸责任，切实增强了在广大群众中的威信和感召力。

【廉政建设】 2019年，西城党委要求全体党员干部严格执行《中国共产党廉洁自律准则》以及省市县关于廉洁自律的各项规定，牢记对党忠诚、为党工作、向党负责，加强党性锤炼，时刻保持警惕，筑牢思想防线。以身作则，从小处着眼，大处着手，每时每刻按照党员干部廉政勤政的有关规定严格要求自己、鞭策自己，凡是要求别人做到的，自己首先做到；凡是禁止别人做的，自己坚决不做。始终防微杜渐，以身作则，坚守对党员领导干部的各项纪律要求，管好自己、配偶、子女和身边工作人员，时刻把自己置身于党组织和群众的监督之下，做到为民用权、公正用权、依法用权、廉洁用权。

【创建平安社区】 西城管委会高度重视社区稳定工作，始终把维护社区稳定作为头等大事来抓，深入开展平安社区创建活动。把开展扫黑除恶专项斗争作为一项重要工作，抓实、做细，各社区领导班子把社会稳定作为第一责任，建立健全联防、调解体系，一级抓一级，层层抓落实，着力净化社会治安环境加强对扫黑除恶工作的组织领导；强化宣传，营造扫黑除恶浓厚氛围；综合治理，健全扫黑除恶长效机制。在灵活采取各项措施的同时，严明工作、保密、执法纪律，扎实推进扫黑除恶专项斗争，确保了扫黑除恶斗争取得实效；抓好信访接待工作，积极开展矛盾纠纷排查调处工作。始终把矛盾排查作为维稳工作的重中之重来抓，立足于把矛盾纠纷化解在萌芽状态。2019年共调处矛盾纠纷60余起（件），成功率达97.6%；抓好安全生产工作，严格落实一岗双责、三包等安全生产责任制，建立了行之有效的安全生产日常监管体系，辖区内未发生重特大安全事故。

山阴县经济技术开发区管理委员会

【概述】 山阴经济技术开发区于2019年1月19日由山西省人民政府批准设立（晋政函〔2019〕13号），按照“一区两园”的模式建设和管理，总规划面积19.86平方公里（其中西区15.88平方公里，东区3.98平方公里）。2019年6月10日省委编办批复山阴经济技术开发区管理委员会机构编制事项（晋编办字〔2019〕29号），

2019年6月21日市委编办批复山阴经济技术开发区管理委员会机构编制事项（朔编办字〔2019〕95号），2019年8月16日县委编委批复山阴经济技术开发区管理委员会机构编制事项（山编字〔2019〕24号）。按照省、市、县委编制部门批复文件，山阴经济技术开发区管理委员会为山阴人民政府派出机构，正县级建制，财政拨款事业编制45名。所属山阴县北周庄工业园区服务中心、山阴县合盛堡工业园区服务中心、山阴县晋北现代煤化工基地服务中心3个事业单位，分别核定财政拨款事业编制6名、科级领导职数1正1副。

【产业链】 山阴经济技术开发区共有各类企业19家，其中规模以上企业12家，主要以煤炭洗选、低热值煤发电、碳基新材料、建材、新能源、装备制造为主导发展产业。现已初步形成三大产业链条。一是纵向产业链。以煤炭及煤系共伴生资源为主，形成以“煤炭洗选加工”“煤—电”“煤—煤化工”“煤—电—煤电载能产业”为纵向的主链条。二是水平产业链。以煤炭生产的副产品及共伴生资源为基础，形成“煤系高岭土—深加工”“粉煤灰—建材”以及“粉煤灰—氧化铝及深度延伸—联产白炭黑”，为横向工业废物循环利用链条。三是与煤炭生产相关的非煤产业链。以服务煤炭生产、销售为主，形成煤机设备制造产业、现代物流产业链，实现关联协作发展。

【经济指标】 2019年，全区工业总产值实现75.1亿元，占到全县工业总产值的50%以上；工业投资完成4.38亿元，同比增长17.6%；工业增加值完成21.84亿元；非煤产业产值完成12.86亿元，较上年同期增长12.38%；入区企业新增2家，增长17.65%；培育高新技术企业1家，实现零的突破；固定资产投资完成6.44亿元，同比增长20.6%。

【改革创新】 高标准推进改革创新发展。着力推进“三化三制”改革，完成山阴经济技术开发区“三定方案”报批和班子组建，内设机构中层人员全部到位，聘用职员25名，从2020年1月开始正式执行绩效工资管理。大力推进增量配电业务改革试点项目，实现了风火打捆电力直接交易，4家企业交易电量2030万千瓦时，每度电可降低成本0.14元，共为企业节约用电成本284万元。

【引进人才】 2019年，山阴经济技术开发区引进高端化技术人才。聘请北京斯伯乐科学技术研究院院长、北京斯伯乐科技发展有限公司总经理刘宽胜担任开发区顾问，其乙烯装置碱洗塔黄油抑制剂研发与产业化项目拟在山阴开发区建设煤化工实验室。

【规划编制】 高起点编制开发区规划。按照《山西省开发区条例》和山西省自然资源厅关于《山西省开发区设立（扩区）核定四至范围工作办法（试行）》，由山西省城乡规划设计研究院进行“多规合一”编制，由山西煤炭地质物探测绘院进行“四至”勘界，两个项目评审报批有序推进。

【营商环境】 高质量优化营商环境。开发区围绕水、电、路、网等基础设施建设进行改进完善，以更好服务企业，满足企业需求。2019年，东区污水处理厂开工建设，东西区道路连接线和东区装备制造标准化厂房、路网和供热、110千伏变电站等项目进行积极的前期准备。

【招商引资】 2019年，山阴经济技术开发区高层次开展园区招商。积极参加国家层面的各类招商引资活动，特别是在重庆成功举办山西·朔州市山阴县（重庆）招商引资推介会，与来自重庆山西晋中商会和全国各地在渝的50多家商界精英代表共同畅叙合作情谊，共谋发展大计，共对接项目11个，总投资27.2亿元，其中有望落地项目4个，总投资6.3亿元，为开发区储备了一批大项目、好项目。

【项目建设】 高强度推进项目建设。全年实施亿元以上项目4个，其中重大转型项目2个，分别是山阴县锦晔清洁能源有限公司新建100万吨/年低阶煤分质利用延伸产业链项目和山西松蓝化工科技有限公司2×40万吨/年丙烯酸项目，其余2个项目分别是山西超牌煅烧高岭土有限公司年产20万吨高岭土项目和山西金胜达环保科技有限公司年产5万吨再生胶及其下游产品改扩建项目。2019年新签约项目10个，新开工项目8个，总投资10.16亿元，实际到位资金4.65亿元，签约项目开工率达到80%。

人民团体

工 会

【工会建设】 2019年，基层工会组建工作扩面提质，货车司机、物流、保安员等八大群体入会工作取得突破。金鼎物流公司、鸿海物流、鑫顺源物流、劳务派遣公司、保安公司等多个单位按照工会章程成立了工会，约2300名职工加入工会。在工会组建中，山阴县总工会坚持“六有”标准和“三告知、两报告、两宣誓”程序，在源头上把好关，保证成熟一家，组建一家，推进新建工会规范化建设，促进工会“建起来、转起来、活起来”。

【技能培训】 2019年，为满足劳动能力多元化需求，举办了三期农民工、富余劳动力和下岗职工等技能、就业和创业培训，200余名下岗和富余劳动人员参加了培训，拓宽了就业渠道。

“五小竞赛”成效突显。组织开展“五小”竞赛活动，参赛单位和职工逐年增加，成效越来越显著，华昱公司霍建国和古城乳业解新文两名职工分别荣获市五小竞赛一等奖和三等奖。积极参与了市餐饮行业职工技能比赛和全市职工钳工、焊工、通用电工、车工技能比赛，均取得较好成绩，激发了大众创业、万众创新的热情。2019年12月，山阴县总工会被山西省总工会、团省委、省科协授予2019年全省“五小六化”竞赛活动优秀组织奖。

【完善维权机制】 2019年，山阴县总工会完善职工维权机制，一是不断完善职工民主管理机制，进一步健全了职代会、厂务公开制度，保障职工的知情权、参与权、监督权。全县非公企业职代会和厂务公开建制率分别达65%，国有及其控股企业职代会和厂务公开100%覆盖。二是集体协商工作不断推进，工资集体协商和女职工特殊权益保护专项合同不断扩大。全县80家企业签订了工资集体合同，覆盖职工2万人。三是大力加强劳动安全保护工作，大力开展职业病防范宣传教育，组织职工“安康杯”竞赛活动，打造元宝湾煤矿五星级安全井口1个，并通过省总工会验收，切实维护了职工安全健康权益。2019年，山阴县总工会继续开展春送岗位、夏送清凉、金秋助学、冬送温暖活动，资助人数和资助金额实现大幅提升，建档立卡困难职工由2018年的600户减少为60户。2019年为县城600余名环卫工人和山阴站建设工地、商品街跨线立交桥建设工地工人送去防暑用品；资助困难职工家庭学生90名，每人3000元；先后两批次为水泥厂、化肥厂等困难企业180余名困难职工发放救助资金120余万元；全县166个机关企事业单位共9313名职工参加大病互助医疗，其中105人报销医药费90余万元；救助重特大疾病患者12名，发放重大疾病救助金4万余元。同时县总工会帮扶古城镇的10个村13个贫困户在2017年底全部脱贫的基础上，继续采取有力措施，巩固脱贫成果，帮扶资金向贫困户和包扶村倾斜。2019年，为帮扶的贫困户家庭送去学生救助金每人2000元，共2万元，13户没有一户返贫。并帮扶包扶村资金5万元。

【职工文化建设】 2019年，山阴县总工会不断拓展职工文化建设。参加了朔州市女职工“改革创新再出发 奋发有为展风采”“三八”国际妇女节及建国70周年、建市30周年合唱展演活动；举办了山阴县第七届职工乒乓球比赛，200名职工参赛；组织了“中国梦·劳动美”学习习近平新时代中国特色社会主义思想和十九大精神职工演讲比赛山阴预选赛和朔州总决赛；创建县级职工书屋3个，古城乳业职工书屋被评为市级职工书屋示范点，华昱公司职工书屋被推荐为全市唯一的一家全国职工书屋示范点，丰富了职工的精神文化，提升了职工的文化素质。

【“三大精神”】 2019年，山阴县总工会在全县广大职工中倡导劳模精神、劳动精神和工匠精神，积极选树模范个人和模范集体。县医院老年病科主任王玉军、三兄蔬菜合作社白文功两人分别荣获山西省劳动模范；古城乳业集团荣获山西省模范集体。在倡导“三大精神”的工作中，密切与劳模的联系，关心劳模健康，做好劳模服务，为26名生活困难劳模发放帮扶金2.388万元，为近40名省市级劳模办理了劳模体检卡。

【队伍建设】 按照县委《关于在全县开展“不忘初心，牢记使命”主题教育的工作方案》要求，县总工会如期开展了“不忘初心，牢记使命”主题教育活动。主题教育期间，全体党员干部认真学习研讨习近平新时代中国特色社会主义思想以及习近平总书记各个时期重要讲话等，开设专题党课，进行问题检视，设立意见建议箱，深入基层调研。党员干部在学习交流、问题检视、调查研究中锤炼了党性，明确了初心和使命，更加坚定了政治立场、理想信念。

共青团

【党建带团建】 2019年，共青团山阴县委坚持以党建带团建，加强思想引领。深入开展“改革开放，奋发有为”大讨论和“不忘初心，牢记使命”主题教育，不断增强“四个意识”、坚定“四个自信”、做到“两个维护”。建立青少年工作联席会议制度，并召开第一次全体会议。组建青年讲师团，在全县范围内宣讲中共十九届四中全会精神。组织开展纪念“五四”运动系列活动。认真学习贯彻习近平总书记在纪念五四运动100周年上的讲话精神，组织各级团组织开展丰富多样的纪念活动。开展“青年大学习”，组织全县团员青年定期学习最新团课。结合“六一”、主题团队日开展各项活动，陶冶情操，发展个性，启迪智慧。围绕“我与祖国奋进”主题开展青年读书分享交流系列活动，丰富青年的精神世界，凝聚发展共识。

【青年活动】 开展“青春兴朔·学子归巢”山阴县在外青年学子家乡行观摩活动，组织30多名山阴籍在外优秀青年学子参加观摩。开展“青春兴晋”大学生暑期返乡社会实践活动。其间，参加了团委日常工作和庙会志愿者服务活动等，通过系列活动让青年学子们关注家乡的新变化、发展的新目标、干事创业的新环境，鼓励引导广大青年投身家乡建设。开展“人大代表、政协委员”面对面活动，青年们结合自身工作和生活实际，针对2019年社会治理现状和存在的问题建言献策，凝聚起助力山阴发展的青年力量。开展“伙伴讲堂”分享课，不同领域的青年带头人通过分享自己的故事，凝聚了进一步奉献青春力量的共识。继续打造青年之家，填补了县城范围内无青年之家的空白，扩大了团的覆盖面。

【公益活动】 2019年，共青团山阴县委积极投身社会公益，弘扬青春正能量。6月7—8日，联合太行村镇银行等9家单位持续开展题为“情系六月，爱心助考”高考志愿服务活动，为全县高考生做好志愿服务工作。7月6日，组织青年志愿者服务“二青会”山阴站火炬传递，保障了火炬的顺利传递。在一年一度的农历六月二十四传统庙会暨文化旅游周期间，招募了20名志愿者开展了为期七天的志愿服务活动，有力地保障了庙会的顺利进行，志愿者们向社会传递了奉献、友爱、互助、进步的正能量。聚焦精准帮扶，开展“爱心助困，青春点亮微心愿”活动。12月27日，团县委携手山阴县红黄蓝亲子园走进新大滩学校开展“爱心助困·

青春点亮微心愿”第一批圆梦对接仪式，为该校33名困难学生圆梦助力。

【基层组织建设】 2019年，共青团山阴县委不断加强基层组织建设，提升团的组织力。按照团中央《团的组织力提升三年行动计划》和团省委“一带三强”工作方案，在团的组织建设方面，依托智慧团建系统对团组织进行梳理，配齐团干、管理团员，分领域消除团建空白点，做好学社衔接工作，规范组织关系转接程序，按照后20%的比例开展团支部整顿；加强团员管理，进一步规范团员发展程序，完善发展资料，全年共发展团员246名，推优入党9名；在团干部管理方面，团县委增补5名委员，调整乡镇团委书记4名，学校团委书记3名，聘任30名少先队大队辅导员，开展团干部业务培训2次。

妇 联

【概述】 2019年，县妇联坚持以习近平新时代中国特色社会主义思想为指引，深入贯彻落实中共十九大精神和十九届四中全会精神、中国妇女十二大精神及开展“不忘初心、牢记使命”主题教育活动，围绕中心，服务大局，按照年初制定的工作目标任务，精心谋划，狠抓落实，以鼓励妇女创业、服务妇女、教育妇女、维护妇女儿童合法权益为根本任务，创新工作思路、丰富活动内容、拓展服务平台，打造工作亮点，圆满完成了年度工作任务。

【巾帼脱贫】 2019年，山阴县妇女联合会围绕经济转型，创新民生项目，推动妇女发展事业迈上新台阶，稳步推进巾帼脱贫攻坚行动。围绕县委、县政府的决策部署，坚持以脱贫攻坚统揽经济社会发展全局，把脱贫攻坚作为妇联最大的政治任务和最重要的民生工程来抓，助力贫困妇女增收致富。2019年联合县人社局、扶贫办、总工会举办了山阴县2019年“春风行动”，服务内容包括开展以“劳动最光荣，幸福靠奋斗”为主题的宣传活动，发布人才供求信息资料3000余份，现场对就业的各项优惠政策进行宣传和解答，并对有维权要求的农民工开展相应的政策指导、维权支持和法律援助。

巾帼领头雁工程扎实有效。县妇联大力培育、选树各行各业涌现出的先进模范、典型人物，通过新闻媒体、展板进行宣传，引领全县妇女向先进学习，激发广大妇女自主创业的积极性、主动性。3月与劳动保障局联合举办了“春风送岗位”活动，大约160名妇女走上了工作岗位。8月20日，县妇联组织开展了基层领头雁培训班，100余人参加培训，极大提升了基层妇女干部的业务素质。8月22日，县妇联专门深入马营庄乡调研妇女创业就业工作，重点考察了旺升专业合作社，听取了该合作社成立过程、发展现状及存在困难。经考察，县妇联帮助该合作社申报全省巾帼农业示范基地。12月12日，举办了妇联干部综合素质提升培训班，共计120余名妇女代表参加培训。“双创”活动精彩纷呈。搭建平台，鼓励妇女积极参加省市妇联举办的各种培训班，交流经验，开阔视野。同时依托众福缘合作社、新兴培训中心、各基层“妇女之家”举办各种手工制品、家政服务、计算机知识培训4期，培训农村妇女300余人次，让有创业意向的妇女掌握一技之长。

【服务妇女儿童】 2019年，山阴县妇女联合会围绕幸福和谐，突出家风家教效用，在老年活动中心设立亲子阅读基地，开展亲子阅读活动，根据孩子已有的知识、经验和年龄特点，给每个孩子发放了《阅读计划书》，详细说明了阅读的时间、方法等，保证孩子在阅读能力上有一个大的提高。全民读书日，在各小学、幼儿园积极开展“亲子阅读”活动，通过共读，父母与孩子共同学习，一同成长、为父母创造与孩子沟通的机会，带给孩子欢喜、智慧、勇气、希望、热情和信心。6月初在山阴中学开展“爱国爱家”征文活动，让学生扣好人生第一粒扣子，通过弘扬爱国主义情怀，规范学生日常行为，真正把爱国爱家当做自己的责任。“三八”节期间举办了《改革创新 奋发有为 巾帼心向党 建功新时代》国际妇女节109周年健康知识专题讲座，通过大力宣传普及各种健康知识与技能，引领全县妇女牢固树立正确的健康观。

为妇女儿童健康保驾护航。5月14日，落实县政府工作报告确定的目标任务，进一步提高贫困县农村妇女“两癌”早诊早治率，县妇儿工委作为牵头部门，第一时间出方案、印通知，召开动员会，并把此项工作列入各乡镇年终考核的一项指标，县卫生健康部门通力配合，把县医疗集团人民医院作为免费检查定点医疗机构，为3100余名农村妇女进行“两癌”免费检查，10月15日，此项民生工作任务已经圆满完成。开展“紫气东来·幸福启航”公益活动。为了帮助山阴县“两癌”贫困妇女和困难儿童走出困境，县妇联对符合条件的妇女进行筛查摸底、审核，并将拟帮扶对象的相关资料提交给省妇儿基金会，在一定程度上减轻贫困妇女的经济压力。

【公益活动】 2019年，山阴县妇女联合会倾情社会公益活动。6月30日，县妇联参加山阴县慈爱儿童福利院感恩会，祝贺福利院乔迁之喜并为孤残儿童送去慰问金。7月31日，妇联联合县中医院在马营乡卫生院开展送健康巡回义诊活动，发放宣传资料500余份，为村民量血压、测血糖，并针对常见病给予详细指导。9月24日，根据主题教育要求，开展三服务活动，在玉马小区移民新村开展平安家庭进社区宣传活动，为村民们讲解了平安家庭创建的意义，发放了《反家庭暴力法》等资料1000余份。12月底，根据全国妇联、教育部等部门联合下发的《关于开展“把爱带回家”双百万结对寒假特别行动的通知》文件精神，县妇联积极响应、迅速行动，分别在县第三小学、岱岳镇、马营乡、安荣乡、下喇叭乡开展此项活动，为困境中的留守儿童送去书包等学习用品，真正体现了把“把优良家风带回家”“把法治安全带回家”“把社会关爱带回家”。

【妇联宣传】 2019年，山阴县妇女联合会围绕社会主义核心价值观不断扩大，妇联宣传格局，进一步加强主流媒体的宣传，除电视台、展板传统媒体外，创新建立工作群，以微信、QQ为载体，搭建县、乡、村三级工作联系体系。共建了县乡微信群15个，乡村微信群15个，覆盖5000余名妇女干部群众，为工作提供了便捷平台。不断丰富宣传内涵。清明节期间，发放“弘扬文明祭扫新风，传播现代文明风尚”倡议书一封；以“三八”妇女节为契机，表彰各类先进集体和个人，突出正面引导作用，并在县电视台推出《半边天》栏目，分类对成功女性进行宣传，社会反响强烈。作为禁毒委员会的成员单位，积极参与活动，利用妇联组织优势，深入一线宣传；丰富妇女群众业余生活，引导妇女参加健康文明向上的文娱活动，组建了十余支广场舞队伍、合唱团，为文明城市创建增添巾帼风采。

【妇女儿童维权】 2019年，山阴县妇女联合会围绕社会治理，加大保障妇女儿童合法权益力度。常态化开展妇女维权普法宣传。以“春风行动”、“三八”维权周宣传、“六五普法”宣传、“6·26国际禁毒日”“11·25反家暴日”“12·1艾滋病防治”“12·4宪法宣传”等宣传活动为契机，开展宪法、婚姻法、妇女儿童权益保护法、反家暴法等知识进社区、进家庭、进校园维权普法宣传，发放各类倡议书、宣传材料25000余份。畅通信访渠道，充分发挥妇联信访网络、12338维权服务热线等作用，对重大个案、家庭婚姻矛盾纠纷进行追踪，接访调处率达到100%，群众满意率达到100%。开展以维护农村妇女权益为重点的土地确权中农村妇女权益保护工作，解决妇女最困难最忧心的实际问题，做好日常数据统计，上传下达工作，推进“巾帼维权行动”，维护妇女儿童合法权益取得新进展。

【妇联建设】 2019年，山阴县妇女联合会围绕强基固本，打牢妇联组织基础。创新妇联组织设置、健全妇女基层组织网格。全县247个行政村，全部完成了会改联工作，13个乡镇（管委会）已全部配齐妇联主席，县直各单位全部配齐妇工委主任，基层妇联组织网络基本健全，“上面千条线，下面一张网”的工作格局初步形成。妇联干部政治素质和文化素质有所提高，年龄结构不断优化，履职能力进一步提升。基于为进一步适应妇女群众的新需求新变化，创新妇联组织设置、扩大妇联组织覆盖，切实打通妇联组织服务妇女群众“最后一公里”的考虑，7月30日，妇联在县老干局挂牌成立了“妇女之家”，9月24日，县妇联在玉马小区挂牌成立了妇女之家，“好美·邑家”“聚爱·妇女微家”是玉马小区妇女之家基础之上成立的妇女微家。妇女微家是妇女之家服务半径的一个补充和延伸，切实打通了妇联组织服务妇女群众的“最后一公里”。2019年，举办了5次培训，约300人次。大力提升妇联干部政治素质。

做好新形势下的妇女群众工作，关键是要建立一支让党放心，让妇女群众满意的高素质妇联干部队伍。6月24日，县妇联举办了“不忘初心 牢记使命”学习新党章专题培训，通过认真学习聆听党课，使妇女干部全面系统地学习了一次党章，为更好发挥半边天作用夯实了基础。6月25日，在“七一”建党节来临之际，县妇联一行深入家庭贫困的老妇联女党员家里送去党的问候，希望通过绵薄之力帮助老人渡过难关。通过慰问活动，不仅让妇联干部提高政治觉悟，也拉近了妇联干部同老党员的距离，使妇女干部传承老党员艰苦奋斗的精神。大力提升妇女工作专业化水平。本着正确选人、合理用人、科学育人的理念和思路，2019年上半年，共选配2名乡镇基层妇联主席、6名妇联干部参加省、市维权，两纲两规等培训；鼓励妇女干部参加社会工作者，心理咨询师等资格考试，提高妇联干部的综合素质。深入开展“下基层、访妇情、办实事”活动，提升妇联干部的工作能力和亲和力。

妇联政治建设：2019年，山阴县妇女联合会强化思想引领，提高政治站位，在干事创业中把牢正确政治方向。以“改革创新 奋发有为”大讨论为契机，县妇联全体干部赴右玉干部学院开展培训，通过参观绿色丰碑、苍头河、“右玉精神”展览馆等进行现场教学，还观看了音像教学《右玉的县委书记们》，将活动引向深入，进一步把学习右玉精神与妇女工作结合起来，勇于担当、敢于作为，努力开创妇女工作新局面。以“不忘初心、牢记使命”主题教育为契机，学习宣传贯彻习近平总书记同全国妇联新一届领导班子成员集体谈话精神和中国妇女十二大精神。中国妇女十二大闭幕后，县妇联围绕“三个结合”，开展妇女十二大“大学习、大宣讲、大落实”活动。县妇联以高度负责的态度抓好主题教育，努力做到学在深处、干在实处、走在前列。以“不忘初心、牢记使命”主题教育期间，组织单位全体人员赴合盛堡乡同心井进行参观学习，每周一利用半天时间，进行集中学思践悟，并持续加强自学，深入学习了中共十九届四中全会精神及习近平总书记系列重要讲话精神，坚持围绕坚定理想信念、树牢根本宗旨、勇于担当作为、严守纪律规矩四个专题，开展了两次集中学习研讨，组织大家结合各自思想和工作实际，谈认识体会、找差距不足、提改进意见，让大家在交流中共同提升，实现理论学习入心入脑，切实提高了思想认识，打牢了理论根基，做到了真学真懂真信真用，进一步提高了政治敏锐性和政治鉴别力，更加坚定执行党的政治路线，严格遵守政治纪律和政治规矩，不断增强“四个意识”、坚定“四个自信”、始终做到“两个维护”。

学习贯彻落实中共十九大精神和十九届四中全会精神。自中共十九大召开以来，县妇联把学习宣传贯彻十九大精神当作当前和今后一个时期的首要政治任务，认真学习，深刻领会，准确把握十九大精神的核心要义，切实用习近平新时代中国特色社会主义思想武装头脑、指导实践、推动工作。一是成立学习领导小组，制订学习计划，原原本本地学习中共十九大报告和《中国共产党党章（修正案）》，开展十九大精神的学习交流研讨，班子成员带头上主题党课，全体党员干部撰写心得体会，通过多种形式抓好党员干部的学习教育，真正做到不走过场、真学真懂，切实把全体党员干部的思想和行动统一到十九大精神上来。二是多渠道舆论宣传。充分发挥妇联系统“网站、微信”的舆论阵地作用，面向广大妇女群众宣传中共十九大提出的一系列新的重要思想、重要观点、重大论断、重大举措，牢固树立“四个意识”，坚定“四个自信”，引领妇女坚定不移听党话，跟党走。为庆祝新中国成立70周年，县妇联动员全县妇女“唱响祖国颂歌、讲好中国故事、写出家国情怀、献礼祖国华诞”，开展了“巾帼心向党·礼赞新中国”宣传教育系列活动，进企业、农村、机关、校园、社区、军营，深入开展“百万巾帼大宣讲”活动，发放《党的十九大精神学习手册》，丰富学习载体，在广大妇女群众中迅速掀起学习贯彻落实十九大精神热潮。同时，开展中共十九大精神下基层活动，将十九大报告中的好政策好声音及时送到基层妇女群众中。三是以实际行动抓好贯彻落实。坚持以习近平新时代中国特色社会主义思想为指引，把党的十九大精神和习近平新时代中国特色社会主义思想贯穿在全年各项工作目标任务中，加强政治引领、助力妇女创业创新、维护妇女权益、深化家庭文明建设、办好妇女儿童民生实事、推进妇联改革、加强妇联自身建设，使十九大精神在妇联工作中形成生动实践，落地生根。

科　协

【实施“3+1”】 2019年县科协以《中国科学技术协会章程》和《中国科协关于开展“3+1”建设提升基层科协组织力的通知》，积极组织开展山阴县科协换届筹备工作，于2019年8月8日顺利召开第二次代表大会，成为全市和全省第一个完成换届的县级科协组织。通过换届进一步强化了科协队伍，一是把乡镇“三长”（卫生院院长、中心学校校长、农技站站长）全部推选为县科协代表；二是推荐县人民医院院长、县农技中心主任、县第四中学校长为科协副主席候选人；三是在全县机关企事业单位和民营企业中认真推荐优秀的科技工作者为科协代表；四是吸纳相关学会、协会和研究会为科协代表。新一届科协班子焕发出极大的生机和活力，带领全县科技工作者开拓思路，锐意进取，各项工作都取得了较好的成绩。

【“互联网+”科普】 2019年，随着互联网技术和经济建设的高速发展，新技术新信息的传播突破了传统的宣传模式。县科协借助网络信息的即时性、海量性、互助性及方便性，筛选有使用价值的科普资料，增加信息渠道和信息量，把科普宣传工作做的更新鲜、更厚实、更有深度。注册了山阴科协官方微信公众号、山阴科协官方抖音账号、山阴科协官方快手账号、山阴科协官方今日头条账号和山阴科协官方火山视频账号，设置了“每日科普”“每日科技名词”“舌尖上的安全”“厉害了我的国”“宇宙知识”“科技强军”“科技惠农”“实用科技”“迷你黑科技”“医学知识”等20多个科普栏目，就推行科学生活方式、提高全民科学素质、扩大我国重大科技发明、世界尖端科技、常规科学知识、工农业实用科技宣传等方面进行了广泛深入有效的宣传。5月以来，通过微信宣传科普知识600余篇，发布抖音科普视频600多个，快手科普宣传200余个科普视频，收到了良好的效果。同时在全县机关、学校、社区、农村大力推广“科普中国”APP的安装注册应用等。通过这些科普创新举措，极大地推进科普工作进农村、进社区、进学校、进企业、进家庭，为提高全民科学文化素质发挥了积极的引导和推动作用。

【启用“钉钉”】“钉钉”是由阿里巴巴集团推出的2019年我国最前沿、最现代化的智能移动办公平台，2019年，县科协所有职工都已在手机上安装了“钉钉”软件，初步用“钉钉”进行人事考勤管理，一是上下班手机刷脸打卡；二是外出下乡出差定位签到；三是用手机请假审批；四是考勤统计一键导出，迟到早退旷工详细情况一目了然。以此严格单位干部职工考勤管理，达到了事半功倍的效果，有效提高了工作效率。

【专家授课】 2019年，按照《山西省科协关于在全省组织开展食品安全周科普报告的通知》，县科协特邀山西医科大学管理学院院长程景民教授作了“舌尖上的安全”食品安全专题科普报告，参加报告会的有县四套班子领导，全县副科级以上干部，以及部分科协代表共计700余人。不仅让与会者们了解到生活中关于食品安全的一些知识，更加重视食品安全与食品诚信等问题，还让全县干部第一时间掌握了国家关于食品安全的最新政策的精神实质。

县科协邀请山西资源型经济转型发展研究院院长、山西财经大学技术经济及管理专业博士生导师、技术经济及管理专业MBA硕士生导师郭淑芬教授，作了题为《中国科技70年：战略历程和成就回顾》的专题科普报告。来自全县党政部门、县直机关、各乡镇的500余名党员、干部参会学习交流。报告分两个阶段、用六个部分梳理了我国科学技术的发展历程，以专业的内容、开阔的视野、鲜明的观点，阐释了每一个阶段我国科学技术的长足发展与人民生活质量的大幅提升，使参加讲座的同志们进一步增强了“四个自信”，同时深刻地认识到重视和推动科学技术发展的重要性、紧迫性。

【科普惠农】 县科协将2019年全国科普日“礼赞共和国、智慧新生活”系列活动与山阴县首届农民丰收节、国庆系列活动有机结合，在全县农民丰收节活动期间，开展“礼赞共和国，科技、文化、卫生三下乡”活动，集中展示新中国七十年来尤其是改革开放四十年来取得的辉煌科技成就，普及和推广与人民群众生产、生活、健康密切相关的实用科技知识，在城乡群众中营造了讲科学、爱科学、学科学、用科学的浓厚氛围，为激发全社会的创新热情和创造活力、促进全民科学素质的跨越与提升点燃了“燎原星火”，为全县喜迎国庆70周年增添亮点。在山阴县首届丰收节主会场县科协开展了一场声势浩大的“礼赞共和国，科技、卫生零距离”科普服务活动。科普志愿者们佩戴红色绶带，或热情洋溢地为群众发放科普图书、科普宣传挂图，或耐心细致地为现场群众义务诊疗、答疑解惑、健康生活、垃圾分类、科学种养植、实用医疗、青少年科技知识、科技引领潮流、科技助力扶贫等50余类10000余册图书、1000幅科普挂图，24块科普展板，成为丰收节现场的智慧盛宴、一道亮丽的风景。

【科普进社区】 2019年县科协组织科普志愿者深入县城居民集中的小区，开展了以“健康新生活，科普进社区”为主题的科普宣传活动。活动内容紧扣“健康新生活”，通过发放科普图书资料，推荐居民安装手机“科普中国”APP网络科普平台，把有关糖尿病、颈椎病等中老年常见疾病的预防和治疗、日常生活科学常识、垃圾分类等科普书籍，送到社区居民家门口，受到了社区居民们的关注和欢迎。此次科普活动是县科协自开展“不忘初心、牢记使命”主题教育以来，开展的“三服务”系列活动的一项重要内容，展现了主题教育以来县科协党员干部“守初心、担使命”的精神风貌和“勇创新、有作为”的履职风采。

【扶贫工程】 县科协将基层组织建设和扶贫工作作为科普工作的重点。2019年5月派出精干力量赴张家庄乡，担任旧广武村、油坊村驻村工作队和旧广武村党支部第一书记。在对旧广武村和油坊村进行深入走访调研的基础上，县科协决定在这两个村率先启动“科协扶贫扶智工程”。为两个村购置书架、筹集科普类书籍，截至8月底，两村科普书屋荟萃了种植、养殖、农产品加工、医疗保健、实用科技、自然科学等20余类、5000余册科普图书，受到村民们的热烈欢迎。

开展以“扶贫先扶志，科普惠农家”为主题的建设“科普书屋”活动，一方面，着力巩固前期扶贫工作成果，面向发展动力不足、后劲不足和缺乏可持续发展技术技能的贫困户，精准推送农村实用技术技能，激活广大贫困人口致富信心决心和内生动力潜力；另一方面，结合“三基”建设以科普营造“不忘初心、牢记使命”浓厚氛围，着力帮助村“两委”干部深刻认识新发展理念、切实拓宽新发展思路、务实构筑新发展平台、创新开辟新发展路径，以对口科普有力扭转“两委”软弱涣散的局面。

【农业科普示范基地】 2019年，县科协积极向省市科协申报山阴县科技惠农项目，通过申报全省农业科普示范基地，重点将山阴县合盛堡乡惠牧源农牧专业联合社，打造成全省一流的农业科普示范基地。惠牧源农牧专业联合社集奶牛养殖，牧草、粮食等农作物种植、收购、储存、加工、销售，农机服务，农技服务，技术培训，电商物流，农业休闲观光为一体，依托山西省农科院数10个研究所和中国农业大学50多位专家教授的技术支撑，建立了晋北有机旱作农业试验区和示范区，试验区面积2000亩，集中养殖奶牛1200头，采用全程现代化设施养殖生产，规模化种植的青贮玉米6000亩、苜蓿3000亩、特色经济林1500亩、特色小杂粮2000亩、渗水地膜谷子2000亩和特色瓜果500亩，同时，联合社大力发展以富硒小杂粮种植为主的第一产业；以小杂粮加工、富硒瓜果蔬菜深加工等为主要内容的第二产业；以土地共享、瓜果采摘、农事体验、休闲游乐为主要内容的第三产业，并实现“一二三”产融合发展。2019年10月，该项目成功被评定为省级农业科普示范基地。

【视力科普】 县科协在全县中小学校开展了“关爱青少年，科学保护视力”的活动。活动主要以传播科学的视力保护知识，为全县中小学生印发科学护眼知识手册、在教室内张贴科学预防近视保护视力的科普挂图，发放有关科普书籍，为学生建立视力档案等，并委托山阴县青少年视力保护协会每学期免费为学生测试视力，组织学生科学地做好课前眼保健操等，科学预防和控制近视的发生，力争达到教育部等八部门联合印发的《综合防控儿童青少年近视实施方案》要求。

【政治基础建设】 2019年，山阴县科学技术协会扎实开展大讨论和主题教育，加强思想理论学习。组织科协机关党员干部围绕“改革创新、奋发有为”大讨论和第二批“不忘初心、牢记使命”主题教育开展深入的学习、研讨。通过观看警示教育片、参观红色教育基地、重温入党誓词等形式，结合科协工作实际和“三个专项整治”要求，深入贯彻习近平新时代中国特色社会主义思想、习近平总书记视察山西重要讲话精神、中共十九届四次全会精神和习总书记关于新时代科协工作的论述。深入贯彻落实省、市和县委全会精神，重点围绕严格落实中央八项规定，以案促改整治形式主义、官僚主义突出问题，切实做到“守初心、担使命、找差距、抓落实”。经山阴县直机关工委批准，山阴县科协党支部召开全体党员大会，选举新一届支部委员会。新一届支部委员会召开第一次会议，选举产生了支部书记，并进行了支委会分工。科协党支部换届大会的顺利举行，既是对科协党支部过去工作的总结、回顾，也是对今后工作的规划、展望，进一步突出科协党支部的战斗堡垒作用，明目标、立任务、担责任，加强并完善组织建设，推进科协各项工作的有序开展，为开创科协党建规范化建设新局面奠定了坚实的组织基础。

工商联

【概述】 2019年，山阴县工商联以“不忘初心、牢记使命”主题教育为契机，坚定理想信念。在民营企业界开展“凝聚新力量，筑梦新时代”征文，选树了一些可信、可比、可学的先进典型，并组织非公经济人士相互观摩学习。组织民营企业家到山阴县红色教育基地薛圐圙知青旧址、下喇叭革命烈士陵园、刘辛烈士墓开展“不忘初心、牢记使命”主题教育，重温入党誓词，缅怀革命先烈，传承红色基因，并向革命先烈敬献花篮。开展了民营企业社会责任调研，通过查阅资料，实地走访，综合评估，确定了山阴县古城乳业集团有限公司、宇浩蘑菇有限公司、鑫邦燕麦有限公司、鑫霏农业有限责任公司、玉竹钙业有限公司作为优秀企业向省工商联推荐。开展经常性的爱国主义教育，使非公有制经济人士的思想政治素质和道德操守、诚信法制理念得到提高，进一步坚定了理想信念。

【考察学习】 2019年，山阴县工商联派出民营企业家外出考察学习。按照县委要求，结合山阴县民营企业的行业特点，一年共派出30多位企业家分别到北京、辽宁、内蒙、山东、广州、太原、运城、长治等地，通过实地参观考察，学习到了先进经营理念、管理经验，增强了现代企业意识，强化了转型发展的信心，增强了开放发展的紧迫感。

【政策宣讲】 2019年，为推动山阴县支持民营经济发展，召开了山阴县工商联第九届第二次执委会议，会议通报了2017年换届以来工商联开展的主要工作，集中学习了习近平总书记支持和鼓励民营企业发展的重要讲话精神；聘请专业辅导教员为会员解读《山西省委省政府关于支持民营经济发展的若干意见》“30条”，让非公经济人士深刻认识到民营经济是我国经济制度的内在要素、民营经济在山西省经济社会发展中的重要地位和作用、促进民营经济发展对山西省转型发展的重大战略意义。发放《关于促进民营经济发展的政策汇编》。为民营企业营造良好的营商环境，促进各类扶持政策措施落地见效，县工商联把扶持民营经济发展的文件政策汇编翻印150多本，发放到全县民营企业家手中，为促进民营企业经济发展壮大提供政策支撑。

【赞助青运会】 2019年8月，全国第二届青年运动员在太原召开。古城乳业作为首批赞助青运会的9家民企之一，共赞助乳制品折合资金1亿元以上。比赛场上，古城乳业的广告牌赫然在目，其产品特别是乳品饮料被各省参赛人员交口称赞。经过这场运动会，古城乳业极大地提升了知名度，扩大了山阴县的知名度。

【入企帮扶】 2019年，围绕县委、县政府的中心工作，工商联围绕民企转型创新发展、参与混合所有制改革和军民融合等，深入山阴县30多家具有代表性的企业开展调研和入企帮扶工作，工商联领导班子根据调查情况撰写调研报告7篇，向省工商联上报了宇昊蘑菇有限公司等4家民企需解决资金的问题。民企存在的其他问题，也提出建议转达政府或有关部门，为政府决策提供依据。

【发展商会】 2019年7月，山阴县工商联组织50余名青年企业家正式成立了“山阴青年企业家商会”，会员年龄均为40周岁以下，涵盖了全县20多个行业。此次商会组建增强了非公经济人士的归属感，为青年企业家拓展人脉网络和社交活动范围，多渠道获取并共享信息，扩大视野，开放式发展提供了一个平台。

【联合非公企业】 2019年，工商联继续积极推动非公企业实行“村企结对”，推进乡村振兴。进一步发挥全县民营企业在参与乡村振兴战略中的重要作用，按照《朔州市民营企业“百企百业兴百村”乡村振兴行动方案》的要求，紧紧围绕山阴县《实施乡村振兴战略的意见》的总要求，县工商联制定了《山阴县“村企结对”推进乡村振兴行动实施方案》。《方案》要求以企业家生长地村庄、企业所在地村庄、桑干河沿线村庄、旅游路沿线村庄、人口集聚村庄集镇为重点，采取“一企帮一村”“一企帮多村”“多企帮一村”等方式，动员工商联20余家会员企业与20个以上村庄进行结对，根据企业自身情况和结对村的区位优势、产业特色和发展需求，通过产业带动、公益捐赠、慈善救助、技能培训等途经，增加农民收入、完善农村基础设施，改善农村人居环境，助力山阴县乡村振兴，巩固提升脱贫攻坚成果，为脱贫攻坚工作做出新的贡献。

【履行社会责任】 2019年，工商联继续推动非公经济为脱贫攻坚、乡村振兴做出新的贡献，民营企业坚持以优先吸收贫困户劳动力、高于市场价收购贫困户农产品、扶贫资金入股给贫困户分红让利等方式，扶助贫困户早日脱贫。古城乳业每年出资40万元用于贫困户家庭清扫村镇卫生，鑫邦燕麦厂按保护价收购贫困村燕麦，太行村镇银行为贫困户无息小额贷款等等。按照中央、省、市推进乡村振兴战略意见，工商联也制定了相应实施方案，推动民营企业结对村庄，通过产业带动、公益捐赠、慈善捐助等途径，完善农村基础设施，改善农村人居环境，履行了企业的社会责任。

【队伍建设】 2019年，经过机构改革后的县工商联，不断加强队伍建设，长期坚持。

军　事

人武部

【概述】 2019年，山阴县人民武装部坚持以习近平新时代中国特色社会主义思想为统领，牢固树立习近平强军思想指导地位，着眼有效履行新职能新使命，以落实习主席“四个坚持”扎实做好备战打仗为重点，以迎接新中国成立70周年大抓安全稳定为牵引，按照坚决听党指挥、履行职责使命、聚焦主责主业、保持安全稳定”的工作思路，坚持科学统筹、合理分工、抬升起点，扭住重点，打造亮点，扎实推进年度各项工作，全面建设整体推进、稳步提升。

【党的建设】 2019年，山阴县人民武装部党委班子深入贯彻全军政治工作会议、党的建设会议和基层建设会议精神，全面加强党的领导和建设工作。坚持狠抓班子建设。始终把班子建设作为基础工作长抓不懈，坚持把先进性建设和能力建设作为重点，严格执行党委议事决策规则，注重加强民主集中制学习，认真贯彻落实“三会一课”、谈心谈话、组织生活会、民主评议党员等制度，党委班子的政治性、时代性、原则性、战斗性不断增强。坚持加强各级党组织建设。落实省军区基层建设工作会议精神，巩固深化国防动员部“三个一线”（一线指挥部、一线战斗堡垒、一线带兵人）集训成果，按照省军区帮建基层《三年规划》、“三个一线”建设《指导手册》《考评标准》，推进民兵应急力量预建党组织全覆盖。坚持正风肃纪反腐高压态势。认真贯彻中央八项规定、军委十项规定，坚决执行“禁酒令”，杜绝和纠治基层“微腐败”。严格落实党委（纪委）定期分析形势、专题纪律党课等制度，及时组织传达上级重要文件和案件通报，推动正风肃纪压力不断向下传导。坚持落实党委中心组带党员理论学习和学习讨论，除去上级组织的理论辅导外，每月安排不少于2天的理论学习，不少于1次的党委中心组带全体党员集中学习讨论。认真参加省军区理论集训和军分区集中授课，听取了专家教授理论辅导，进一步开阔了视野，深化了对习近平强军思想的认识理解。主题教育方面，人武部严密组织“贯彻军委主席负责制我有责”活动，组织讨论辨析会，逐人撰写学习心得、汇报思想认识、签订承诺书，在思想深处强化听党指挥、维护核心的自觉性；扎实开展“传承红色基因、担当强军重任”主题教育，大力挖掘红色基因，积极协调县有关部门推进358旅旧址抢救性挖掘保护，会同退役军人事务局，集中组织“缅怀革命先烈、传承红色基因”清明祭扫仪式活动，协调军地共同归葬8具烈士遗骸，组织官兵开展“继承革命遗志、重拾初心使命”烈士祭扫仪式，进一步汲取红色营养，强化初心使命。日常教育方面。针对人武部人员缺编、成份多样、思想活跃的现实问题，密切关注所属人员思想变化，利用行政例会、组织生活会、课余时间，积极进行思想引导和心理疏导，确保思想不掉队、工作不断线、标准不降低。积极营造常态化教育氛围，定期开展学习讨论、笔记展评，更换宣传橱窗，在耳濡目染中打牢官兵的思想政治基础。强化意识形态领域引导掌控，紧盯特殊敏感时节，开展“四反”警示教育，组织“净网”专项行动，确保不发生政治性、倾向性问题。积极探索新时代民兵思想政治教育方法路子，紧贴民兵现实思想，搞好政策解读和教育引导，引导官兵在解放思想中统一认识，最大限度凝聚改革正能量。落实理想信念、职能使命、党史军史，安全保密、形势战备等经常性教育，不断强化官兵职工的思想基础。同时，广泛开展谈心交心、三帮一助活动，认真做好一人一事思想工作，官兵思想稳定、精力集中，工作积极。

【军事建设】 2019年，山阴县人民武装部坚持用新时代强军思想统揽全局，按生成战斗力标准校验备战打仗成效。人武部狠抓应急备战准备。着眼辖区实际，全面规范战备方案内容体系，全年2次修订战备方案。投入资金更换战备器材货架、充实物资器材、按照“三分四定”要求区分设置，与驻县运输公司签订了车辆征用协议，应急准备不断完善。坚持常态应急备勤，人武部全年5次出动民兵分队参与森林灭火，出动200余人次，发扬连续作战，不怕疲劳，成功完成任务，表现了较好的战备素养，受到县委县政府高度肯定。

2月1日，山阴人武部以军分区组织的节前战备拉动为牵引，拉动民兵应急队员开展森林灭火行动演练。此次演练，注重切合实际，从情况报告、受领任务、分析情况、定下决心、组织机动、展开行动、组织撤回，每个步骤、每个程序、每个细节全部按照实际情况组织演练，为下步组织民兵开展灭火行动积累经验。演练前，注重研究问题，结合演练活动，人武部重新修订森林灭火预案和4个配套保障方案；建立4个微信联络群解决人员难通联，明确6个人员、车辆集中点解决春节期间离队民兵分散的问题；研究制定了利用3G可视指挥、集群对讲、无线对讲、卫星电话建立综合通信保障方案，并全程组织测试，确保演练联通顺畅、行动全程掌握。通过演练，指挥员全面掌握了组织指挥流程，民兵骨干清楚了森林防火任务分工、组织程序，每名参训人员明白了各自职责，需要携带的物资，防火器材操作方法，为下一步抓好森林火灾抢救打下了坚实基础。

狠抓军事训练落实。按照“能打仗、打胜仗”的要求，严格训练制度落实。坚持每天1小时体能训练，每周3次早操，每周一夜校学习、每周三训练日、每周五战备日等制度。大抓练兵比武活动，以落实《国防动员系统军事训练大纲》为契机，区分现役、职工、民兵等6类分别组训施教，全体人员按岗参训练技，军事训练等全面落实，在军分区组织的集训比武中，安荣乡武装部部长王东贤获得综合第一，北周庄镇武装部部长王振家被评为优秀教练员。严密组织民兵基地化训练，除完成规定的训练科目外，还组织演讲比赛、宣誓仪式、祭奠烈士等配套活动，探索总结的《着力强化民兵身份认同》集训做法，省军区《要讯》予以刊发。扎实组织民兵分队训练，利用整组时机，各编兵单位利用生产组织岗位自训，煤炭行业民兵开展一周强化训练，确保了民兵分队按计划落实。

扎实组织“太行—2019B”国防动员课题训练，11月11—16日，按照《国防动员系统军事训练大纲》有关规定和朔州军分区年度训练安排，山阴县人武部组织全体机关人员和县国动委办公室人员参加了“参加首都地区联合防空作战”为背景的年度国防动员课题训练。演练中，省军区吴副司令员和朔州军分区刘义清司令员现场指导，对演练活动给予了高度评价。针对辖区入冬以来未有效降雨雪，气候干燥，森林防火等级高的现实；以及春节临近，群众野外用火较多，火灾隐患增多的实际，组织民兵扎实开展森林灭火演练。

【兵役工作】 2019年，山阴县人武部扎实推进兵役登记工作，6—9月，人武部以“征集优质兵员、营造浓厚氛围”为目标，全为抓好年度兵员征集任务。利用征兵宣传车深入全县200多个村镇进行针对性宣传，利用电视台、广播、电子屏循环播放征兵广告，在县域主要道路、广场制做征兵宣传版面10个，悬挂征兵宣传标识100多条，印发大学生宣传手册500套、宣传公告5000份，设立征兵咨询站8个，营造浓厚的征兵宣传氛围。为实现廉洁征兵目标，人武部及时公布了县征兵领导组人员名单以及省市县三级廉洁征兵监督电话，聘请廉洁征兵监督员50名，全程对征兵工作监督检查，有效杜绝违规违纪问题发生。通过各级各部门共同努力，全县圆满完成年度征兵任务，实现了“一增一减两无”（大学生兵员征集率增加、低学历兵员征集率减少，无违规违纪问题、无退兵问题）的年度征兵目标。

2019年9月3日上午，山阴县征兵领导小组在县政府广场举行2019年度全县军民欢送新兵入伍大会。县政府副县长王建平、人武部部长张霈、县双拥办公室常委副主任王俊杰、县退役军人事务局局长王家民、县应急局局长王志文、县公安局副局长樊清发，县征兵办公室领导，入伍新兵及新兵亲属，部分群众代表共计300人参加欢送大会。

【拥军工作】 2019年，人武部巩固深化“双拥模范县”创建成果，借鉴以往拥军传统，广泛开展“大走访、大慰问”活动，春节和八一建军节前，2次组织对全县现役军人军属和烈属进行慰问，协调县领导走访慰问立功军人家庭，发放荣誉金（二等功2000元、三等功500元）、悬挂光荣“功臣之家”牌匾，社会效应良好，受到广大军属好评。按照脱贫摘帽不摘责任、不摘政策、不摘帮扶、不摘监管的要求，对冻牛坡村继续搞好后续帮扶。协调农业部门，积极引进优质土豆、谷子等新品种子，开展种植技术培训，提高农业产量；协调扶贫资金购置农机具2台，帮助建立农机具租赁制度，既提高农作效率，又增加集体收入。两节来临之际，为表达对山阴籍军人军属爱国奉献精神，发扬山阴县拥军优良传统，激发全社会爱国拥军热情，人武部积极协调县民政局，退役军人事务管理局筹备组以及各乡（镇、管委会）党委政府，大力开展现役军人军属节日慰问活动。元旦过后，组织县乡两级积极组织“五个一”慰问活动。协调民政系统，投入20万元向所有军属发放一张军属“年历画”、一套祝福“春联”、一封感谢“慰问信”、一床暖心“慰问毯”，以及为现役军人家属补发一块光荣“军属牌”，组织县乡干部党员，逐户上门走访慰问，让军人军属感受到荣誉和自豪。春节前，协调县主要领导、县直机关认真开展“向立功军人军属”送喜报活动。由人武部统一制作“功臣之家”光荣牌匾，县财政并拿出1万元，由县乡主要领导带队向荣立三等功以上的现役军人军属送去立功喜讯、荣誉牌和慰问金，将立功事迹在县电视台广泛宣传，进一步激发广大现役军人建功立业，献身国防和军队建设的热情。

【安全管理】 人武部坚持把安全稳定作为保底工程，以安全大检查、“百日安全”活动为牵引，严格落实《人武部日周月季工作规范》，扎实开展隐患排查和问题整改，持续夯实安全基础，人武部正规化建设水平和安全管理效能得到全面提升。人武部狠抓活动开展。以迎接全军安全大检查为契机，扎实开展“安全问题消除”活动，4次专题分析安全形势，每周组织安全检查督导，每月开展安全隐患排查，共整改消除隐患41处，单位安全基础不断夯实，在7月迎接省军区安全检查中，总体评价良好。严密组织“学条令、正作风、树形象”专题教育整顿，印制知识问答，开展条令法规学习、组织队列训练、规范“四个秩序”，管理秩序保持了正规有序。

扎实开展“百日安全活动”，对照方案中明确11个方面39项重点工作，专题分析安全形势，具体细化问题，坚持一项一项地抓，一个一个地改，确保问题见底归零，部队保持了安全稳定。狠抓人员管理。狠抓“两个经常性”工作，严格落实请销假、军容风纪检查、值班执勤抽查等制度，突出在外人员管控，加强“一网两外三圈”的监管，机关各科分工明确，责任到人，管理严格，形成齐抓共管的良好局面。狠抓车辆整治。严格落实车辆派遣“三证一单”、车辆返场和车辆事故“零报告”制度。

每月20日，集中进行警示教育，防止私自出车、违章行车、酒后驾车等问题的发生，车辆运行管理秩序进一步规范。狠抓保密制度落实。深入开展保密教育，认真学习上级保密文件精神，严密组织安全大检查和离岗退休退役人员“清密”专项整治，严格落实保密“三专”要求，远程系统配套电磁屏蔽桌，提高了安全保密防范基础。完善传阅登记制度，分类归档存放文件，加强涉密移动存储介质管理，确保不发生失泄密问题。

2019年3月，人武部按照省军区、军分区下发的《迎接安全大检查方案》明确内容标准，坚持“以活动带动安全，以督导促进安全，以安全推进全面建设”的安全稳定系列活动，坚持每月有活动牵引，每周有检查清理，每日有督导落实，全力打牢部队安全发展基础，确保各项工作有序推进、顺利开展。人武部先后组织开展“条令条例月”、枪弹清查、库管队伍集中整治、网络安全清理等活动，严密组织整治违规喝酒，扎实开展“查服从意识、查遵规守纪、查制度落实”作风纪律教育整顿，先后组织官兵进行了队列会操，规范了一日生活秩序，组织学习条令条例，提升了学用法规意识，组织安全隐患排查，对照上级通知明确的9个方面43项安全大检查内容、安全管理检查考评细则，按照建账、消账、查账、交账“四账”法方法步骤，逐项逐条进行了细化安排，层层开展安全隐患排查，确保安全大检查、大整治和大清除工作有效落实。在7月15日迎接省军区安全大检查中取得了较好成绩，为全年度各项工作安全顺利开展打牢了基础。

【综合保障】 2019年，山阴县人武部坚持聚焦使命保打仗，落实标准搞保障，健全制度抓管理，聚力保大事、干实事、解难事，为部队有效履行使命任务和全面发展建设提供有力保障。坚持党委理财。严格落实党委集体理财、经费预算和使用审批制度，科学统筹经费投向投量，从严从紧安排经费项目，积极开展阳光采购，规范采购操作流程，进一步提高了经费使用效能。加强财经监管。按照着眼长远、简洁规范、科学可行的要求，研究探索经费管理使用办法，加强资金、采购、招投标、油料监管和政府经费、行政运转经费管控，发挥群众监督作用，提高经费收支透明度。搞好服务保障。协调地方政府足额落实工作保障经费，维修办公楼及营院设施，加强营区美化绿化建设，改善伙食质量。

【国防教育】 2019年，山阴县人民武装部大力推动全民国防教育“五个全覆盖”和“七进”，发挥好传统媒体，运用好“两微一端”等新平台，开展国防宣传教育，提高宣传效果。积极巩固在交通干线和公共场所宣传成果，推动358旅旅部旧址红色基因挖掘，打造国防宣传新阵地，持续扩大国防教育影响力，提高全民国防意识。4月15日是第4个全民安全教育日，山阴县人武部抓住“国家安全，关系你我”主题，认真开展国防安全知识，组织机关干部职工和部分专武干部深入县乡人流较多区域，设置国防知识宣传站6个，悬挂宣传标识6条，编印国防安全知识手册500册，国防教育宣传单1000份，全部发放到参加活动的群众手中，并现场播放国防知识宣传片、现场宣讲国防安全解读等方法进行国防教育宣传。为深入推进“传承红色基因 担当强军重任务”主题教育落地落实，拓展民兵思想政治和国防教育工作形式。

2019年6月26日，山阴县人武部邀请朔州市国防教育宣传团一行5人在山阴县政府报告大厅组织开展国防教育宣传活动，此次宣传，进一步强化了民兵对国防和军队建设深刻理解，激发了官兵投身强军实践、担当强军重任，积极参与备战打仗准备热情。为推进国防教育活动开展，增强全民国防观念，激发爱国拥军热情，形成自觉履行国防义务的浓厚氛围，促进山阴县国防和后备力量建设创新发展。

2019年6月26日晚上，山阴县人武部组织参加国防教育宣讲活动的全体民兵以及部分党政机关干部、人民群众共计1500多人，在县政府报告大厅组织观看“不忘初心 传承红色基因 牢记使命 汇聚强军力量”国防教育专题文艺晚会，赞颂国防建设辉煌成就，庆祝山阴县首创“双拥模范”县为主题，共安排歌曲、小品、舞蹈等20个节目，在台上台下同唱《团结就是力量》中结束。山西省军区国防动员局副局长郑晓明、朔州军分区副司令员徐海昌和县四大班子领导全程观看晚会。

【民兵整组】 2019年5月6—17日，为贯彻落实新修订的《民兵军事训练大纲》，进一步提升基干民兵组织力和战斗力，山阴县人武部依托市国防教育训练基地，组织了1期县民兵应急连进行为期12天的集中训练。此次训练严格按纲施训，狠抓军事理论、共同课目、森林灭火专业训练、任务行动演练4项内容，突出以军事理论、战备常识、单兵战术基础、轻武器射击、卫生与救护、伪装与防护为主要内容基本训练，突出以防暴、抗洪抢险、抗震救灾、灭火救灾装备器材操作使用为主要内容专业训练，突出以民兵参加反恐维稳行动、民兵参加抢险救灾行动、民兵参加安保警戒行动等为主要内容任务行动训练。采取了1名教练员负责1~2项训练内容，指导2个班专业组训、2名退伍人员的帮带1名未当过兵的结对帮训、与常驻基地的市森林防火专业队挂钩施训等形式，坚持训一项、考一项、结业一项，有效提升了队伍素质。

2019年，山阴县人武部深入县直局办、企事业、行业系统等24个单位进行走访调研，全面搞清摸准编兵底数，将有关数据录入民兵工作管理系统，并确立“规范基础的、建强应急的、拓展产业的、挖掘新质的”整组工作思路，完成28支1006人基干民兵队伍编建任务。联合应急局印发《关于加强煤炭行业系统民兵建设的通知》，在全县煤矿系统新建15支基干民兵分队。按照平鲁现场会标准，投资30万元积极推进阵地建设，统一定制战备器材架，更换阵地版面，规范软件资料，进一步提升兵力力量建设规范化水平。10月份，对照国防动员实施细则中明确的19项检查内容，组织“回头看”和再督导，排查4个方面14条问题，对暴露出的问题逐条整改，确保问题归零、制度落实、工作完成。大抓群众性岗位练兵活动，1—6月，为立足国防动员系统新的职能使命对全体人员能力素质带来的新要求，牢固树立备战打仗标准意识，扎实落实《国防动员系统军事训练大纲》，区分现役、职工、民兵等5类大抓岗位练兵活动。在组织大家积极参加省军区、军分区比武竞赛的基础上，结合人武部实际和各类人员岗位特点，有针对性地开展岗位训练。现役人员突出提升国防动员能力，加大了参谋业务、动员业务和基本技能学习训练。专武干部突出组织指挥能力，在参加军分区集训的基础上，每周利用一天集中组织学习训练，重点轮流值班、轮流组训、轮流指挥。职工突出岗位特点要求，认真组织岗位自训、业务学习和体能训练，积极适应岗位需求。民兵骨干突出，利用民兵整组、应急拉动和基础化集训等时机，学习民兵工作业务和民兵参与非战争行动的组织方法。非现役警卫执勤人员突出执勤需求，练队列、强体能、开展处置突发情况的训练。通过训练，各类人员军事素质和业务技能均有明显提高。组织民兵应急队伍授旗，2—7月，在推进年度民兵整组活动中，人武部积极协调新组建的县应急管理局，联合下发了《关于民兵应急力量纳入政府应急管理体系的通知》，推进在全县煤矿企业编建应急队伍，按照人武部全面筹划，应急规划落实，煤矿具体落实的方法路子，在全县规模以上煤矿编组15支民兵应急队伍，并按照乡镇民兵应急排统一了民兵阵地调置、配置应急器材、落实学习教育，完成1周的入队基础训练。为把煤矿企业应急队伍建设进一步制度化和正规化。

2019年7月16日，人武部联合县应急管理局召开应急队伍组建大会，邀请军分区司令员刘义清、副县长王建平、人武部部长张彇和应急管理局局长王志文共同为新组建的民兵应急分队授旗，实现以往由武装系统编组民兵，扩展到企业系统编组，进一步拓展了民兵应急力量体系。规范民兵阵地建设，4—7月，为贯彻落实《山西省“十三五”时期民兵组织调整改革方案》，规划民兵阵地规范化、标准化建设，全面提升民兵“双应”能力。山阴县人武部投资了30余万元，突出抓牢各乡镇武装部和民兵营连部的阵地标准建设，2次召开任务推进会，组织专武干部相互观摩评比，进一步明确了阵地建设标准，制作了3个规格5种样式的图表版面，规范了3大类9种软件资料，为每个乡镇统一配5组器材架，购置补充了3大类20多种器材装备，使山阴县民兵阵地建设向前迈了一大步，实现了乡镇阵地覆盖率和达标率双100%，村级阵地覆盖率达到100%，达标率达到95%，有力地促进了民兵阵地规范化建设。

【挖掘红色基因】 2019年6—9月，为全面推进“不忘初心、牢记使命”和“传承红色基因、担当强军重任”两项主题教育落地落实，推动驻地红色革命基因挖掘保存工作，山阴县人武部在朔州军分区指导下，积极协调县委、县政府、县退役军人事务局，积极推动八路军358旅旧址开发保护和王老沟、水头战斗烈士遗骸挖掘工作。在军地领导、革命先烈后代见证下，组织当地村民在2个战斗遗址中搜寻并挖掘出裸露的8具烈士遗骸，全部按照烈士归葬办法重新整理、火化、收敛，全部归葬到下喇叭乡烈士园陵。27日，组织县乡干部、革命先烈后代、王老沟英雄连代表和部分党员干部40多人举行了隆重的烈士遗骸安葬仪式，省市县多家媒体进行报到。截至10月1日，先后有6家党政机关单位组织党员干部500多人前来祭奠烈士。通过此次红色基因挖掘，为山阴县国防宣传打造了新阵地，有力地促进了各级党组织“不忘初心、牢记使命”主题教育落实。

【队伍建设】 2019年，为贯彻国防动员部有关加强专武干部队伍建设文件精神，落实朔州市委、市政府、军分区《关于加强新时代专职人民武装干部队伍建设的实施办法》，全面提高专武干部能力素质，人武部按照朔州军分区统一计划，周密组织全县专武干部参加了资格认证工作。此次活动重点围绕专武干部“德、能、勤、绩、体、廉”六个方面，采取个人述职、民主测评、个别谈话、业务知识测试、军事素质考核、工作实绩分析、综合素质评定等方式，全面了解专武干部政治表现、思想道德、能力素质、履行职责、完成任务、遵守纪律以及身体、心理等情况，通过考评，有力地促进专武干部队伍建设质量，不断提高干部队伍建设质量打下了基础。组织召开党委民主生活会，6月26日，经军分区党委批准，为了落实中央军委《团级以上单位党委班子民主生活会暂行规定》，强化人武部党委班子创新理论武装，增强‘四个意识’、坚定‘四个自信’，做到‘两个维护’，贯彻军委主席负责制，以勇于担当作为，求真务实作风坚决把党中央、中央军委和习主席决策部署。人武部党委班子成员对照“四个带头”标准剖析检查，深刻查纠聚力推进备战打仗能力不够，贯彻国防动员主责主业不够，聚力推进备战打仗不够，贯彻全面从严治军不够等核心矛盾问题，按照六个步骤（深化理论学习、广泛征求意见、开展谈心谈话、深刻检查剖析、严肃集体交心、抓好整改落实），先后集中组织学习相关文件精神，向基层武装部、地方党政机关、编组单位征求意见建议4类13条，人武部党委2次召开会议研究推进问题整改，13个问题已完成整改11个，其余2个问题需要长期坚持落实。

武警山阴中队

【概述】 2019年，武警山阴中队按照《军队基层建设刚要》和《基层正规化管理规定》建设一支听党指挥、能打胜仗、作风优良的现代化武装警察力量为目标，始终坚持政治建军、改革强军、科技兴军、依法治军方针，坚决贯彻习近平强军思想，始终突出建设成为一支强大的现代化人民武装警察部队，深入开展“传承红色基因，担当强军重任”主题教育，紧扣“八项经常性工作”，突出抓好经常性基础工作落实这个重点，不断增强使命意识、责任意识和忧患意识，盯着问题抓落实，盯着难题抓攻坚，盯着弱项抓补课，凝魂聚气，强基固本，稳中求进，圆满完成了以执勤处突为中心的各项任务，有效推进了部队建设健康、安全、创新发展。坚持不懈抓中心、打基础、促稳定，部队全面建设呈现出开新图强、稳中有进、提力发展的良好态势。2019年，中队坚持贯彻习主席“不忘初心、牢记使命”的叮嘱，中队先后完成“武装押解”任务两次、“5·14”山林灭火、“二青会”、“9·30”国家公祭日安保执勤等一系列重大安保活动，圆满完成了以执勤处突为中心的各项任务，有效推进了部队建设健康、安全、创新发展。

【组织建设】 2019年，武警山阴中队坚持把工作重心放在部队全面建设上，下大力推动中队快速发展，坚持按照“贯彻落实好、内部团结好、求实作风好”的标准不断加强自身建设，坚决执行党的群众基本路线，全心全意为人民服务的根本宗旨，组织“筑牢政治忠诚、坚定维护核心”“弘扬奋斗精神、勇于担当负责”“坚持严实自律、树好作风形象”等教育，加强隐蔽斗争和“四反”工作，确保部队绝对忠诚、绝对纯洁、绝对可靠，利用开展先进性教育活动，对党员干部进行了加强党的先进性和增强政策纪律观念为主要内容的党课教育；注重抓好基础理论歇息，提高官兵理论素养，做到每个教育开展有计划，有备课，有落实。支部围绕发挥桥梁作用，大力加强“两个助手”建设，确保共青团组织和武警委员会工作的政策开展，团支部积极研究青年官兵的特点，扎实做好青年官兵的思想工作，认真组织适合团员青年特点的文体活动，调动了官兵的工作积极性，武警委员会充分保障战士在中队建设中的主人翁意识，使全体官兵以队为家的思想树立得更加牢固。

【政治建设】 2019年，武警山阴中队紧紧围绕学习贯彻习近平新时代中国特色社会主义思想，不断强化“四个意识”，增强“四个自信”，坚定“两个维护”，深入开展“传承红色基因、担当强军重任”主题教育活动，扎实开展经常性思想政治教育活动，不断在思想上深化官兵爱军精武，履行使命的热情，全体官兵在思想上时刻与党看齐，坚持“党怎么带领，我们怎么前进。”

【军事训练】 2019年，武警山阴中队坚持贯彻“仗怎么打，兵怎么练!”按照能打仗打胜仗的硬性标准来加强中队战斗力建设，深入开展和平积弊大讨论活动，进行大起底大扫除，结合中队任务实际，加强技战术训练，突出实战化要求，注重发扬“一不怕苦、二不怕死”的战斗精神，有效锻造了中队官兵的虎气胆气，提高了打赢能力，并以“专项考核”和“基础五项”为依据，基础科目训练，通过考核，对不同层次体能水平的官兵进行分析，切实提高中队官兵整体军事素质。

【执勤任务】 2019 年，武警山阴中队常态担负固定勤务，从始至终地把执勤工作当做饭碗工程来抓。围绕“从站形象哨向战斗哨转变”认真开展战备教育，分析敌社情，使大家牢固树立忧患意识，坚决克服当和平兵、站和平哨的麻痹思想，增强了完成任务的责任感和使命感，其次是加大查勤力度。突出节假日、休息日等时段查勤，夜间查哨必查铺等制度。并且扎实搞好专勤专训和方案演练，尤其是以执勤正规化等级评定和执勤能力考核为契机，中队下大力抓好执勤训练，切实提高官兵执勤和应急处置能力，确保目标安全。

【后勤工作】 2019 年，武警山阴中队坚持以推进全面建设现代化后勤目标为牵引，始终坚持“三服务”方向和“三倾斜”方针，大力开展伙食管理规范年活动，着力在后勤应急保障力量建设上求提高，在后勤规范化管理上求深化，在改善部队物质方面生活条件上求延展，在后勤信息建设上求发展，努力推动后勤建设再上新台阶。

【拥政爱民】 2019 年，武警山阴中队在县双拥工作领导小组的正确领导下，能切实地把双拥工作纳入党支部的议事日程，作为中队思想政治建设的一项重要内容，坚持以全心全意为人民服务的宗旨，始终与人民“同呼吸、共命运、心连心”，认真履行自身职责，开展好双拥共建的各项工作，继承和发扬了我军的优良传统，进一步加强了武政警民的团结，促进了山阴县建设，为山阴县发展战略实施贡献了一定的力量。采取“走出去、请进来”的方法，密切联系友邻单位，共建单位，开展军民共建社会主义精神文明活动，不断推进军民关系向前发展。在军民共建过程中，充分发挥共建对子的作用，与共建单位多次召开军民座谈会、开展篮球友谊赛，促进军民关系友好发展。节日期间，中队在确保以执勤、处突为中心的各项任务圆满完成和部队安全稳定的同时，紧密结合驻地实际，处分发挥部队有事，积极开展“学人民、爱人民、为人民”活动，引导官兵倍加顾全大局、倍加珍惜团结、倍加维护稳定，努力营造军爱民、民拥军的浓厚氛围，树立了武警部队威武之师、文明之师的良好形象。

驻军

【概述】 2019 年，驻山阴县某团上下积极应对“五个大考”、奋力担起使命重任、稳中求进推动部队建设发展迈出坚实步伐。面对改革过渡期特殊形势任务，始终保持头脑清醒、端正工作态度，紧跟中部战区陆军建设步伐，坚持不懈抓中心、打基础、保稳定，部队全面建设呈现出开新图强、稳中有进、提力发展的良好态势。

【政治建设】 坚持举旗铸魂，按照“走在前列”“关键要实”的标准要求，深入学习贯彻习近平新时代中国特色社会主义思想，组织“传承红色基因、担当强军重任”“四个正确对待”、维护和贯彻军委主席负责制等教育，加强隐蔽斗争和“四反”工作，确保部队绝对忠诚、绝对纯洁、绝对可靠。

【军事斗争】 坚持练兵备战，按照能打仗打胜仗的标准加强战斗力建设，坚持常态谋战思训，深入开展和平积弊大起底大扫除，全力推动“人人没有不及格科目”落地，战斗力水平明显提升。

【安全管理】 坚持依法从严，围绕“大事之年不出大事、改革之年安全稳定”，突出“人车枪弹密、酒油黄赌毒、网财疫火电、涉外涉地方”等重点，落实形势分析、风险评估等制度，贯穿全年狠抓“贯彻落实新条令、塑造陆军好样子”活动，开展“行法治、抓从严”和“安全警示月”活动，定期进行安全隐患排查整治，部队安全稳定保持良好势头。

【军民共建】 山阴县委政府一直支持关注团队发展，在议军会召开期间，县委、县政府主动征求部队需求，书记县长多次到团现场办公帮忧解困，在春节、八一期间组织慰问，营门丁字路口安装红绿灯和监控系统，协调解决随军家属和子女就业入学问题，帮助团建起室内训练场。团队发扬为人民服务的宗旨传统，与山阴县北周庄镇苑家辛庄村结对帮扶，依托山阴县腾圣种养殖合作社，投资 2.4 万元，采取部队出资、合作社经营、贫困户分红的方式合作养羊，多次组织村委成员和部分村民代表实地参观，为贫困户脱贫贡献力量。该团作为山阴六小的国防教育基地，先后 2 次组织该校师生过国防日，安排专人到学校进行国防教育宣讲，取得了较好的效果。团队与山阴工行进行共建，开设军人优先窗口，为该团工资发放、资金来往等业务开辟绿色通道。

法　治

政法委及综治

【概述】 2019年，全县政法工作坚持以习近平新时代中国特色社会主义思想为指导，认真贯彻落实中共十九大和十九届二中、三中、四中全会精神和习近平总书记重要讲话精神，按照中央、省委、市委政法工作会议部署要求，坚持以人民为中心的发展思想，坚持稳中求进工作总基调，以“铸忠诚、强能力、保平安、迎大庆”为主线，围绕县委创新“2361”工作思路，扎实推进平安山阴、法治山阴、智能山阴和过硬队伍“四大建设”，履行维护国家政治安全、确保社会大局稳定、促进社会公平正义、保障人民安居乐业的职责任务，为全县在“两转”基础上全面拓展新局面创造了安全的政治环境、稳定的社会环境、公正的法治环境和优质的服务环境。

【扫黑除恶】 2019年，各级各部门继续坚定信心，以“三打三治”为载体，集中力量，打好大案要案攻坚仗、起诉审理法律仗，重点行业领域治理仗，进一步细化目标任务、强化工作举措，确保扫黑除恶专项斗争取得了实效。

突出政治性，狠抓责任落实。一是强化部署。县委、县政府始终将扫黑除恶专项斗争作为政治任务列入重要议事日程来抓，主要领导认真履行第一责任人职责，多次调研，多次部署，靠前指挥，推动落实。2019年，召开了5次县委常委（扩大）会议、4次政府常务会议、1次党组会议、3次专项斗争领导小组会议，对上级出台的方针政策、召开的会议精神进行了及时的传达学习和部署落实。特别是在全县及政法系统对标一流述职会、县委政法工作暨扫黑除恶专项斗争推进会上都进行了再安排再部署，并表彰了2018年度扫黑除恶先进集体和先进个人，把工作会议开到乡村，一竿子插到底，高位推动专项斗争向纵深开展。二是强化领导。鉴于机构改革和人事调整，及时调整了领导组，配齐配强了成员单位组成人员，并延伸到乡镇、管委会。县委政法委抽调精干力量组成工作专班，统筹日常工作事务。各乡镇（管委会）、各成员单位也成立了一把手任组长的领导小组，为全面有序推进扫黑除恶专项斗争提供了组织保障。三是强化宣传。在大型人员密集场所、公路主干道和县城主要街道、乡村、社区和重点行业、领域、部门、各类媒体做到了广覆盖。运用“三同步”，建设好主阵地，同步跟进发布专项斗争最新战果，占领网络舆论的法律制高点，形成了专项斗争与意识形态的有机结合；各级各部门也采取群众喜闻乐见的形式。“草根化、接地气”地开展了丰富多彩的宣传：岱岳镇结合美丽乡村建设、薛圐圙乡利用弘扬孝文化、合盛堡乡借助农业文化节、文旅委以“免费送戏下乡”，教科局的“开学第一讲”为契机等形式，通过“舆论战”助力“实体战”，最大限度地调动和激发人民群众参与扫黑除恶专项斗争的积极性。2019年，发放举报线索奖励金4人2万元，推动党风政风社风明显好转，人民群众安全感、满意度进一步提升。

突出持续性，狠抓打击实效。一是案件线索全部清零。2019年，以“两个清零”为目标，聚集“六个延伸”，推动专项斗争取得实效。2018年收到的115条线索全部“清零”。2019年，共收到线索31条，查结29条，2条正在核查，10月底前的线索全部“清零”。二是黑恶势力全力打击。2019年，共打掉1个黑社会性质组织，2个恶势力犯罪集团、1个恶势力团伙，查封、扣押、冻结涉案资产2507.88万元；抓获犯罪嫌疑人16人，批捕16人，破获刑事案件11起，打击了黑恶势力嚣张气焰。严格落实重大案件会商机制，进一步加大涉黑涉恶财产的追缴力度，县公安局与县人民检察院、县人民法院、县司法局四部门联合制定了《在扫黑除恶专项斗争中加强协调联系工作机制》，明确了对涉黑涉恶案件的联席会议、协调配合、提前介入、快捕快诉、快审快判、资金查封扣押、律师监督等事项，进一步提高办案质效。三是所办案件全部“回头看”。中央督导组督导期间共批转山阴县11条线索，为保质保量按时完成核查任务，由班子成员包线索，每条线索成立一个核查专班，每日进行调度，推进核查进度，保证核查质量，顺利完成了核查任务。并结合群众反馈意见对4条不满意线索进行了复查。同时，对所办案件进行了“回头看”，循线深挖，看是否有遗漏，是否依法依规办理，进行逐一见底，做到案不漏人、人不漏罪，一查到底，除恶务尽。

突出专业性，狠抓深挖根治。一是形成协作配合机制。县纪委监委与政法机关密切沟通协作，严格落实问题线索移送反馈、进展情况及时通报、重点问题随时会商、重大案件协同查办等制度机制，全程体现深挖“保护伞”环节，凡侦必侦“保护伞”情况，凡审必审“保护伞”情况，形成发现问题、查处问题的强大合力。2019年，已掌握失职失责线索1条，查处“保护伞”3人。二是建立领导包案机制。进一步明确了涉黑腐败线索纪委书记亲自挂帅，涉恶腐败线索纪委副书记亲自办案，对涉黑涉恶腐败和“保护伞”问题线索优先处置、办案力量优先配备、审理部门优先审理，持续加大惩腐打“伞”力度。2019年，给予党纪政纪处分35人，其中：开除党籍6人、留党察看2人、撤销党内职务1人、党内严重警告13人、党内警告6人；开除公职5人、撤职2人、记过1人、警告4人。三是启动督导问责机制。严格落实县委《关于进一步压实工作责任深入推进扫黑除恶专项斗争的通知》要求，把专项斗争开展情况列入日常监督和巡察工作重点，对党委政府主体责任和相关部门监管责任落实情况开展专项巡察，对失职失责和推动工作不力等情况严肃追责问责。2019年，对在扫黑除恶专项斗争中，因存在不作为和失职失责问责13人，工作消极应付、弄虚作假问责1人，工作推动不力问责1人。特别是在“不忘初心、牢记使命”主题教育中，开展对“黄赌毒”和黑恶势力听之任之、失职失责甚至包庇纵容、充当“保护伞”问题的专项整治中，县委政法委认真履行牵头责任，联合县纪委监委、县委组织，指导全县各级各部门凝心聚力、合力攻坚，对公职人员以及党员干部从事赌博、吸毒违法犯罪活动予以严肃查处。2019年已有8名公职人员被不同程度的给予党纪处分，1名公职人员接受调查，通过专项整治的深入开展，全县干部作风进一步改善。

突出精准性，狠抓源头治理。一是统筹行业部门精准监管。全县针对前期打掉的黑恶势力犯罪案件暴露出来的行业管理不到位问题，县委主要领导及时深入实地调研，组织召开行业领域监管摸排会，县住建局、能源局、教育局等16个行业领域，特别是涉及矿产资源、建筑工程、物流运输等容易滋生黑恶势力的行业领域，组织了一系列的清理整顿。在年初，结合“改革创新，奋发有为”大讨论，开展了治乱百日攻坚行动，重点整治4大领域73项问题，着力消除“真空地带”。针对建筑行业领域乱点问题，查处违建45家11000平方米，强拆7000平方米，查封违法施工8家，没收建筑设备5台，遏制了建筑行业多年来无序乱搭乱建的势头。针对“黑加气站”乱点问题，责令停业无合法手续的4座，拆除无任何手续的1座，停工未办理施工许可证的2座，收到明显成效。针对校园周边，安全开展了专项整治，排查出隐患85条，整改了80条，进一步保障了广大师生的人身安全。二是统筹政法部门精准发力。县扫黑办建立了扫黑除恶专项斗争成员单位月分析研判机制，定期召集相关单位会商研判涉黑涉恶案件。同时，坚持以案促改，严格执行

"三书两办"制度。2019年，政法机关共发放《风险提示函》20份、《检察建议书》4份、《司法建议书》3份，全部收到回复，进一步做好预警预测预防，及时堵塞管理漏洞。三是综合治理精准创建。以中共十九届四中全会精神为指导，进一步推进落实国家治理体系和治理能力现代化。全县以基层治理为依托，以网格化服务管理为手段，深入开展了"666平安创建"工程，乡镇实行"1211"工程，16个行业系统实行"1111"工程，重点人群实行"分类管理、精细服务"和"心防工程"三大工程，全县零刑事案件村（社区）206个，占全县的83.4%，零治安案件村（社区）127个，占全县的51.4%，"两抢一盗"案件196起，同比下降22.8%。同时，认真落实"谁执法、谁普法"责任制，深入推进"七五"普法，加强乡村治理法治化建设，深入开展普法宣传，教育和引导广大人民群众增强法治意识，自觉运用法律规范约束自身行为。2019年，结合元宵节、"三八"节、"3·15"消费者权益保护日、"4·15"国家安全日、"12·4"宪法日等活动，开展法治宣传活动70余场次，发放宣传资料8万余份，受教育人数达10万人，营造了良好的法治氛围。

突出针对性，狠抓基层基础。一是在整顿软弱涣散基层党组织上发力。前年整顿了28个农村软弱涣散党组织，建立县乡村三级挂联包驻责任制，采取"六位一体"模式整改了26个。2019年再次确定了28个软弱涣散村党组织，实行县领导班子成员包联进点调研整顿，全部完成集中攻坚整改。二是在规范村（社区）"两委"换届上发力。扎实开展村（社区）"两委"换届工作进行"回头看"，组织专门力量采取"三评两审一甄别"的办法，对农村、社区1649名"两委"干部进行集中分析研判，调整"两委"主干25人，免职3人，责令辞职4人。三是在充分发挥党组织政治功能上发力。以基层党建为统领，自治、法治、德治相结合的基层社会治理体系，在整顿吏治，转化民风上起到助推作用。全县已成立了13个"新时代传习所"宣讲新时代中国特色社会主义思想，进一步调动全县干部工作积极性和主动性，增强党员干部的责任感和使命感。年初，山阴县顺利完成机构改革任务，研究干部450余人次，提拔重用170余人，特别是配齐配强了公安基层站所队伍，落实了26名科所队长的职级待遇，进一步提升了政法队伍的向心力、凝聚力、战斗力，使干部上下一心，全心全意谋发展，聚精会神搞建设，全面纵深推进扫黑除恶专项斗争取得实效。

【政法领域改革】 2019年，县委政法委准确把握改革方向和目标要求，严格落实中央、省委各项部署要求，推动政法领域各项改革任务取得实效。

深化法治保障机制建设，积极支持发展大局。县委全面依法治县委员会于4月18日召开第一次委员会议并成立，委员会下设3个协调小组，即：执法协调小组、司法协调小组、守法普法协调小组，办公室设在县司法局，统筹推进依法治县的职责，推动科学立法、严格执法、公正司法、全民守法全面进步，更好发挥法治固根本、稳预期、利长远的作用。政法各部门紧紧围绕打好三大攻坚战、打造"六最"营商环境部署要求，结合政法工作职能，提供有力的法治保障和服务。同时，加强对各种所有制产权的司法保护，健全涉企错案甄别纠正机制，大力支持服务保障民营经济发展，推动形成公平、开放、透明的法治化营商环境。

深化政法机构改革，优化政法机关职权配置。县委政法委稳步推进机构改革，整合内设机构，成立了5个室，即办公室、督导室、政治室、执法检查室、安全室，完成机构改革任务。同时，坚持扁平化管理、专业化建设相结合，继续推进法院、检察院机构改革。县人民法院26个科室机构，改革后合并成5个，分别是综合办公室（含司法警察大队）、诉讼服务中心、综合审判庭、执行局、政治部，并将人、财、物统一上划，明确了院长、庭长、主审法官、法官助理、书记员等各类人员及有关职能部门的权力边界。县检察院在2017年机构改革的基础上，进一步优化内设机构配置，设置内设机构4个：综合办公室（加挂政治部、司法警察大队牌子）、第一检察部、第二检察部、第三检察部。2019年，新的机构已组建完成，人员调整配备已全部到位，并按照新职能开展工作。县公安局全面落实户籍制度改革，配合辅警改革，推进立案改革和刑事案件“两统一”机制改革，使办案质量得到提高，办案程序得到规范，民警素质得到提升。

全面深化司法体制综合配套改革，确保司法责任制全面落地见效。落实《关于加强法官检察官正规化职业化建设，全面落实司法责任制的意见》，完善了《检察官联席会议制度》《案件质量监督评查实施细则（试行）》《检察业务管理监督办法》。全面深化“捕诉一体”改革，积极推动刑事案件专业化办理模式落地落实。切实保障了法官检察官的办案主体地位，科学组建新型办案团队，理顺法官检察官与司法辅助人员的权责关系，实现分工协作、优势互补。充分运用认罪认罚从宽、刑事和解等改革经验，探索配套机制，节约司法成本，提高办案质效。2019年，办理认罪认罚从宽案件25起27人，效果良好。全面深化诉讼制度改革，认真落实以审判为中心的刑事诉讼制度改革要求，进一步深化以“分流、调解、速裁”为内容的民事司法改革，推进案件繁简分流、轻重分离、快慢分道。

【重大风险防控】 2019年，山阴县委政法委认真贯彻党委（党组）国家安全责任制，严格落实属地责任，深入推进国家安全人民防线建设，坚决防范敌对势力渗透破坏。山阴政法围绕环京反恐怖“护城河”重点地段的使命，在敏感时期和节点，加大检查排查力度，坚决防止暴恐分子在山阴县筹集资金，实施“圣战”。积极配合支持新疆反恐主战场，打好组合拳，坚持凡“恐”必打、露头就打，切实推进反恐怖打防管控工作，全面提升反恐怖社会化、专业化、法制化水平。扎实推进情报、侦察、防范、应急等工作，加强防范打击暴恐活动信息共享平台建设，配合做好“境外清源”，深入开展“防回流”“打派遣”行动，坚决管好控死重点人员，防止各类恐怖活动的发生。不断完善反恐应急预案，修订完善《处置恐怖袭击事件应急预案》，进一步细化了各部门、各警种工作任务和处置规范，并强化反恐实战演练，增强广大群众反恐防暴安全防范的能力。在2019年国家安全宣传日，先后组织开展了反恐宣传进校园、进商户、进社区等系列反恐防暴宣传活动6次，提高了人民群众对自身安全的防护意识。同时，注重情报信息收集研判，做到预知、预测、预警、预控，确保各类重点人稳控在当地。全年共接收动态管控预警信息1712条，全部签收反馈；情报协作10次，临时布控6次，上报情报信息131条。

坚决防范意识形态领域安全。密切关注网上意识形态领域思潮动向，完善网络政治安全监测预警机制，进一步健全网上重点人员落地核查管控机制，加强微博、微信等即时通信工具的监管，提高对政治维稳重点人、重点群组的管控能力，严防负面舆情在网上网下交叉传导、叠加升级，严防通过网上串联实施跨区域大规模聚集。2019年，按照“三同步”原则，严厉打击网络政治谣言和有害信息，积极做好舆情发现、管控落查、快速封控、发声引导等工作，防止小事拖大、大事拖炸。2019年，共上报一般有害信息111条，舆情导控89条，翻墙信息1333条，核查平台谣言样本16条，认定通过3条。坚决防范打击各类邪教活动。持续严厉打击各种捣乱破坏活动，严密防范在网络上形成涉及全县的各类捣乱破坏活动。

【社会治安防控】 2019年，山阴县委政法委加强社会治安防控，筑牢重点人群防线。对扬言报复社会、严重精神障碍、刑满释放等人群，开展集中排查梳理。针对严重精神障碍患者，为2名患者进行了治疗。针对社区矫正人员，大力推进“智慧矫正”进程，全面运行网络信息监管系统，对新接收的23名服刑人员、60名安置帮教人员全部监管到位，无脱管、漏管。

筑牢矛盾风险防线。准确把握社会矛盾风险新趋势新特点，强化预测预警预防，做深做实做细影响社会稳定的矛盾问题摸排。2019年，由县委政法委牵头成立了“重大疑难复杂案件协调会商小组”，专门抽调政法部门及相关部门业务能手、律师等人员，对全县重大疑难复杂案件逐案过滤筛查，对应该解决且具备解决条件的，研究解决；对应该解决但2019年不具备解决条件的，提供解决思路和办法；对不应该解决的，做出明确答复意见，努力做到防范在先、发现在早、处置在小，切实把矛盾风险化解在基层和萌芽状态。

筑牢公共安全防线。继续推进以“雪亮工程”为重点的立体化、信息化社会治安防控体系建设。2019年，与上级部门沟通协调，争取政策倾斜和工作的支持，加大乡村、社区视频监控建设力度，逐步实现城镇道路交叉口无死角，主要道路关键节点无盲区，人员密集区域无遗漏，重点要害部位、案件高发区域、治安复杂场所以及农村（社区）主要出入口全覆盖。推进乡镇（管委会）和村（社区）综治中心视联网建设，建立健全联动协调、联通共享机制，织密织牢公共安全防控网。按照“三统一”要求，建设596路（含铁护）公共视频，1158路村（社区）视频，219个综治中心（室），已批准。

【创新基层治理】 2019年，山阴县委政法委继续强化学习推广“枫桥经验”，提升城乡基层社会治理水平。

突出一个引领，树党建品牌之星。坚持党建引领，充分发挥党委总揽全局、协调各方的领导核心作用，将基层社会治理和党的政治建设、思想建设、组织建设、精神文明建设等紧密结合，抓创新塑品牌、抓提升促服务，让党建工作成为推动各项工作的有力保障。抓基层建设：把加强基层综治建设与推动党的组织和党的工作全覆盖相结合，建成有持续稳定的集体收入、有功能齐全的活动阵地、有先进适用的信息网络、有群众拥护的双强带头人、有化解矛盾的组织机构，强化村（社区）党组织领导责任的“五有一责”体系，积极推进基层组织、基层群众自治组织、经济合作组织、综治维稳组织“四个全覆盖”。抓队伍管理：对基层党员尤其是充实到网格队伍中的人员，加强了教育培训，每年普遍开展一轮业务培训，提高工作人员的工作水平和服务能力。同时，加强综治信息员、矛盾调解员、平安志愿者、治安巡防队、民兵应急分队等群防群治队伍的建设和管理，充分发挥工、青、妇等人民团体、物业管理机构和服务性、公益性、互助性社会组织的协同作用，广泛调动社会各方面力量参与社会治理。2019年，依托综治信息系统，推行平安建设手机APP，对群众有关社会治安、矛盾纠纷方面的求助、投诉进行联动受理、处置、督办、反馈。综治信息平台共受理案（事）件16785件，结案16679件，结案率为98.7%，充分发挥了各级中心和网格工作人员在信息采集、人口协管、矛盾化解、隐患排查中的积极作用。抓示范引领：深入开展党员设岗定责积分评星、党员责任区和党员示范岗等活动，引导广大党员积极争当“领富、服务、敬业、生产、惠民、守法”先锋，使广大党员的先锋模范作用在履职尽责中充分彰显。

完善一套体系，树调解品牌之星。坚持源头治理，科学预防，抓早抓小抓苗头，抓制度建设和长效机制、抓金牌调解和多元化调解，力求将风险隐患、矛盾纠纷排查化解在萌芽状态，从源头上预防各类问题的发生。横向联防联动，“五联”窗口式对接。整合调解资源，健全调解组织、构建调解平台、创新调解机制，建立和完善以人民调解为基础，行政调解、司法调解衔接联动的大调解工作体系网，完成了政调、访调、公调、检调、诉调对接窗口建设，凡涉及矛盾纠纷突出的重点部门，都设立对接窗口或调解室，派驻调解员，做到矛盾纠纷有人管、处置快，由部门的“单打独斗”转变为“齐抓共管”，由被动处理转变为常态化解，最大限度地把矛盾纠纷化解在萌芽状态、处理在初始阶段。2019年，对接案件91起，其中诉调对接34起，检调对接9起，公调对接48起，全部调解成功，对接调解率达100%。纵向一线贯通，三级中心真运转。成立了山阴县矛盾纠纷调解中心，以人民调解、行政调解、司法调解“三位一体”为导向，整合医患纠纷、物业纠纷、劳动纠纷、环境纠纷等各专业性行业性调委会，对矛盾纠纷进行统一受理、集中梳理、归口管理、依法办理、限期处理，实现受理、登记、交办、承办、结案各个环节的有效衔接。13个乡镇均成立了矛盾纠纷调解中心，抽调具有法律知识和具有基层工作经验的人员组成调解机构，负责协调处理本辖区矛盾纠纷调解工作。各行政村也成立了矛盾纠纷调解室，在村（社区）党组织、村（社区）委会领导下开展工作，负责本村（社区）矛盾纠纷调解工作。三级调解中心受理矛盾纠纷后，按种类、性质进行登记，并进行集中“会诊”，根据纠纷性质、涉案范围及复杂程度，确定具体管辖部门，明确调处责任、时限，分流到有关职能部门或下一层级的调解组织调处。2019年，三级调解中心共受理案（事）件1229件，接待群众2000余人次，答疑解惑1000余次。特别是金牌调解员司法所所长刘培川，个人调解案件达355件，涉及金额6000余万元。全方位覆盖，多元调解体系出实效。通过专职专干、兼职辅助、聘用配合、律师指导等方式方法组建各个层面的调解机制，使调解融入社会生活的方方面面。建立了以人民调解为基础，行政调解、司法调解、社会调解衔接联动的大调解工作体系，实现了各类调解优势互补、良性互动，推动大调解工作规范高效运行。建立了人民调解与法院调解诉前、诉中相互衔接工作机制，道路交通专业调解组织机制，人民调解与检察院诉前调解联动工作机制；建立了征地拆迁、劳动争议、交通事故、村（矿）矛盾、医患纠纷、环境污染等六大领域为重点的矛盾纠纷化解机制。2019年，三级人民调解共受理各类矛盾纠纷286件，成功调解262件，调解成功率达92%。

拓展一个项目，树“网格+”品牌之星。坚持共同治理，共建共享，依托网格这一社会治理“微单元”，推行“网格+”社会治理新模式，抓管理树品牌，推进平安法治建设更深入，基层自治更有效。“网格+组织建设”，基层党建焕发新活力。加强基层党组织建设，按照“一格一支部、支部建在网格上”的目标，实现网格党组织全覆盖，形成“乡镇（管委会）党委—村（社区）村委—网格”的“三级”管理链条。完善党员议事会、民主生活会、党务公开、重大事项通报等制度，形成“组织联系党员、党员联系群众”的党群议事、调解工作方式，形成网格党员、居民共同参与的服务管理新格局，实现“小网格”激发基层党建“大活力”。“网格+文化引领”，邻里亲情氛围更加浓厚。以培育和践行社会主义核心价值观为根本，大力弘扬优秀传统文化，引导居民崇德尚善，塑造邻里相望、礼尚往来、和谐互助新文化。围绕建设“我们共同的家园”，在党建带动下，在网格内组建合唱队、健身队、器乐队、太极拳等各类居民活动团队，举办迎春座谈会、道德讲堂、健身舞展演等文化活动，增进邻里感情，营造温馨和谐的村（社区）乐园，倡导科学文明、健康向上的生活方式，让网格居民走出家门、融入村（社区），实现网格居民“人与人之间不再冷漠、更多一份亲情和融洽”。同时，联合县妇联，开展“寻找最美家庭”活动，评选“好家规、好儿女、好媳妇”，在村（社区）传承好家风、传递正能量、引领新风尚，辖区治安环境更加稳定。坚持厉行法治，推动网格内一切事物依法办理，开展法治宣传进网格、进楼院、进家庭，引导居民知法守法。在邻里纠纷调解上坚持小事网格调、大事社区调、涉法涉诉专业调的“三调”机制，充分发挥了第一道防线作用，真正做到了“小事不出网格、大事不出社区、矛盾不上交”目标。同时，加强“联防、互防、自防”防控网络体系，将警民联合巡逻、单位协同巡逻、看楼护院等形式结合，组建群防群治队伍，排查整治安全隐患，提高网格员消防应急救援、食品药品监督、环境保护监督能力，做到“三清楚”：网格安全基本情况清楚、安全隐患重点问题清楚、隐患排除进度清楚。

用好一个中心，树服务品牌之星。坚持以人为本，服务为先，全面推进三级综治中心建设，抓统筹共享、抓品牌服务，打通服务群众“最后一公里”。以便民利民为宗旨。在三级综治中心设立群众接待厅、矛盾纠纷调处室、监控研判室、心理咨询室，实行“一站式办理、一条龙服务、一揽子解决”模式，群众各项事务得到快捷办理，融洽了干群关系，减少了矛盾隐患，实现“小中心”“大服务”。2019 年，三级中心共接待来访群众 4 万余人次，办理服务事项 1 万余件，协调解决疑难事件 2000 余件。以数据运用为突破，接通综治视联网，将公共安全视频监控资源分权限接入各级综治中心，实现在大数据引领下精确指挥，实现三级中心快速对接，为快速侦破案件、分析研判治安形势提供真实数据。依托县综治中心，完善“五包一”责任制，落实重大事项决策风险评估机制，每周二、周四县处级领导干部定期接访，实现关口前移，妥善处理群众的合理诉求，力争实现“六个不发生”，为全县优化营商环境创造安全稳定的社会环境。

【信息化视频化建设】 2019 年，山阴县委政法委积极推进综治信息化建设，进一步提高服务群众的工作效能。坚持依靠群众，夯实基础，不断健全党委领导、政府负责、社会协同、公众参与、法治保障的基层社会治理体制，引导群众积极参与社会治理，抓法治搞宣传、创品牌树典型，进一步激发社会治理活力。创建“山阴政法”公众号。在微信公众号发布实时动态，宣传平安建设，弘扬法治精神。据统计，粉丝量 5000 余人，每期信息关注人数 200 余人，最高信息关注度达 1.5 万余人，累计关注量达 8 万余人。同时，政法各部门也开通了“两微一端”（微博、微信，客户端），宣传法律、弘扬法治、传递正能量，讲好平安山阴故事，增强社会成员风险识别、安全防范、自我保护能力。组建“法融山阴”平台。创新组织群众、发动群众的机制，整合“中书汇”和“悦读山阴”，搭建“书魂诗韵 · 法融山阴”网络平台，同步开展法律和书法“六进”活动，推进“小手拉大手”宣传实效，打造书法大县、法治大县，让政法人展现文艺情怀，让普通人讲述政法故事，让全社会充满公平正义，积极发声主动作为，占领网络舆论的制高点，最大限度赢得民心、汇聚民力、尊重民意，让群众成为创新社会治理的最大受益者、最广泛参与者、最终评判者。2019 年，在 11 所学校陆续开展了法治进校园宣传活动，在太行村镇银行举办法治书法展2场，书写法治作品200余篇，营造了良好的氛围。开播《法者释法》栏目。由司法局牵头，联合法院、检察院 、公安局、电视台等部门，开播电视栏目，让从事办案的法官、检察官、办案能手、律师等，以身边的案例和老百姓关心的热点问题为题材，现身讲法说法，普及法律。2019年，录制《吴马营命案》《土地承包纠纷》等5期，开播以来，收视率居栏目第二。开展法治大讲堂。借助老年大学这个平台，开设“法治讲堂”，充分发挥学员们素质高、经验多、政治觉悟高的优势，聚焦舆论热点，就平安山阴创建传播正能量，弘扬真善美，进行广泛宣传教育。特别是针对本县敏感事件、重要活动、争议事项及民生工程，发挥传、帮、代作用，为市民答疑解惑，防止恶意炒作和传播，占领舆论的制高点，引领全民法治意识提升，素质能力提高，为创建平安法治山阴做出积极贡献。搭建“会员之家”。法学会充分发挥广大法学爱好者、法律工作者、律师在法治建设中的重要作用，共培建团体会员4个，发展个人会员249人，在岱岳镇夏家窑村建立法学会员之家，定期、不定期组织会员开展活动。组织讨论《第十四届环渤海区域法治论坛征文》《第十二届中部崛起法治论坛征文》和法治进万家、进校园等宣传活动，组织观看“改革创新、奋发有为”大讨论文艺小分队演出等，使法学会真正成为全县“法学法律人才库”和全县广大法学、法律工作者、实践者和爱好者之家，为推动“法治山阴”建设贡献了智慧力量。

【执法司法规范化】 深入推进执法司法规范化建设，切实提高执法司法公信力。把严格执法放在首位，强化执法管理，规范执法行为，确保执法权威。通过执法检查、执法巡查、案件评查、案件督办等手段，协调解决敏感案事件办理中的执法司法问题。同时，加强对执法司法权的监督制约，形成有权必有责、用权必担责、滥权必追责的制度安排，坚决把权力关进制度的“笼子”。制定《巡逻考核管理》制度，切实做到白天见警察，晚上见警灯，街面发案率明显下降，群众安全感进一步增强。

深入推进执法检查、作风督查、案件评查、执法巡查，聚焦容易滋生执法司法问题的热点领域和关键环节，与时俱进完善铁规禁令，细化政法干警行为规范，筑牢防范执法司法腐败的“防火墙”。

积极推进政法公共服务体系建设，进一步增强人民群众的获得感。结合脱贫攻坚和乡村振兴战略，持续推进公共法律服务均等化建设，把法律服务向城乡社区延伸，向农村、山区和困难群体倾斜。2019年，指派法律援助案件91件，其中刑事61件、民事30件。共解答咨询7863人次，为当事人代写法律文书327份，法律宣传20多场次，受援人数700多人次，挽回经济损失5000多万元。同时，深入推进政法机关“最多跑一次”改革，加强诉讼服务体系建设，完善各项便民利民措施，最大限度为人民群众提供方便。2019年，共办理各类公证事项108件，其中民事107件、执行1件；法律援助2件，接待来信来访289人次，解答法律咨询516人次。同时，进一步整合律师、公证、人民调解等资源，充分发挥法学会作用，建立普惠均等、便捷高效、覆盖城乡的公共法律服务体系。进一步推进法律服务网建设，依托县乡两级公共法律服务工作机构，开展免费法律咨询便民工程。2019年，山阴县有免费法律咨询工作专职管理人员1名，免费法律咨询值班人员7名，每周在规定时间、规定地点、规定乡镇坐班服务，共免费解答群众法律咨询1760多条，群众满意度达到100%。

【队伍建设】 2019年，政法各部门加快推进政法队伍革命化、正规化、专业化、职业化建设，努力建设一支信念坚定、执法为民、敢于担当、清正廉洁的高素质政法队伍。旗帜鲜明讲政治：2019年，全县政法系统充分发挥领导班子和领导干部示范带动作用，充分发挥党组织战斗堡垒作用，认真组织开展了“改革创新、奋发有为”大学习大讨论活动和“不忘初心、牢记使命”主题教育，用习近平新时代中国特色社会主义思想武装头脑，筑牢了广大干警高举旗帜、听党指挥、忠诚使命的思想基础，着力解决政治、思想、组织、纪律、作风不纯问题，确保做到“四个服从”、牢记“五个必须”、严防“七个有之”，确保政法队伍绝对忠诚、绝对纯洁、绝对可靠。全面从严抓管理：持续深化政法队伍集中整肃活动，以零容忍的态度从严查处执法司法腐败问题。2019年，先后组织开展了“纪律作风整顿五个专项行动”和以身边事教育身边人警示教育活动，严格落实“两个责任”和“一岗双责”职责，加强政法干警日常管理教育，通过经常性的谈心谈话和督导检查活动，使广大干警的思想状态、工作作风、执法执纪行为从根本上得到转变，逐步树立了良好形象。实干历练强本领。把专业化建设作为主攻方向，持续开展“大练兵、大比武、大培训”活动，着力构建适应实战、贴合实际、方便实用的素质培养机制。大力提升法律政策运用能力：教育引导政法干警正确把握宽严相济的尺度界限，正确认识打击犯罪与保护人权、严格公正执法与规范文明执法的关系，提高执法司法业务水平。大力提升群众工作能力：把发扬优良传统与创新工作机制结合起来，既善于“面对面”倾听群众心声，又善于“键对键”提供便捷服务，全力以赴为群众解难题、办实事。继续引深“一村一警”联系走访活动，鼓励广大干警特别是年轻干警到条件艰苦、情况复杂、矛盾集中的地方经风雨见世面，在实践中感受群众疾苦、增强群众工作能力。大力提升科技应用能力：培养树立与信息化、大数据相适应的思维理念，加强对现代科技知识、实用工作技能的培训。创新人才引进培养机制，通过高薪聘用、柔性合作等方式，开辟急需特殊人才“绿色通道”，为政法工作智能化建设提供强有力的人才支撑。特别是2019年6月省委政法委、省公安厅、市委政法委“206”办案系统专题会议后，针对系统应用过程遇到的问题，对各单位进行技术指导。

公　安

【概述】 2019年，山阴县公安局坚决服从县委、县政府和市局党委的正确领导，以习近平新时代中国特色社会主义思想为指导，认真贯彻落实全国、全省公安工作会议精神，紧紧围绕新中国成立七十周年大庆安保维稳这一主线，持续发力推进扫黑除恶专项斗争这一龙头，按照“1136”工作思路，全力维护政治安全和社会稳定，服务保障全县经济社会发展，实现了全县社会治安大局持续稳定。2019年，在全省119个县区群众安全感、获得感和幸福感排名中，山阴县位居第46位，为历史最好名次，比2018年进位37名；在全市公安队伍自身认同感排名第一；有多项工作迈入省、市先进行列，在2019年度全市公安机关重点工作考核中，总体排名第二，在28个单项工作中，排名第一的有10项，排名第二的有7项，排名第三的有8项，排名第四的有3项。2019年，全局共接各类有效类警情6214起。其中刑事类警情401起，治安类警情2690起，同比分别下降12.3%、4%。全县未发生影响社会政治稳定的案事件，未发生有影响的重特大刑事案件。

【严打整治】 2019年，山阴县公安局深入推进打击盗抢骗专项行动，每两周召开一次案情分析会议，对两周内侵财案件进行汇总研判，提出打防措施，适时调整警力部署，对重点案件组织刑侦、网警、派出所等警种同步上案、分析研判、精准打击、快速破案，全面提升“盗抢骗”案件的破案能力。年内共立“两抢一盗”案件196起，同比下降22.8%，破获80起。深入推进“云剑行动”。在打击电信网络诈骗工作中，以网警大队为主，抽调精干警力，成立了一支15人的打击电信网络诈骗专班，开展了宣传教育、专项打击行动，共破获电信网络诈骗案件15起（其中破获山阴县5起，带破外省2起，外省带破山阴县8起），返还涉案资金5万元。2019年，县公安局在追逃工作中，共抓获县局上网逃犯32人，网上逃犯库存率下降达到65.6%；在打击“套路贷”工作中，接收公安部协作平台核查线索2条，市局转发省厅套路贷核查线索9条33人，全部核查上报；在打击民族资产解冻诈骗工作中，共接收上级转办核查线索4条（重复1条），全部核查完毕，涉及3人，其中稳控2人，死亡1人；接到省厅、市局实时推送涉案人员进京购票信息8条，已全部核查稳控。深入推进禁毒人民战争。组织开展了禁毒“两打两控”专项行动（打击制毒犯罪、打击贩毒犯罪和管控制毒物品、管控高危吸毒人员），破获了一批毒品案件，抓获了一批吸毒人员。2019年，共破获毒品刑事案件16起，刑事拘留24人，查处涉毒行政案件162起，行政拘留63人，强制隔离戒毒70人，社区戒毒43人，缴获毒品安钠咖10000余克，“忽悠悠”39克，土制海洛因0.766克，甲卡西酮1366克，冰毒32.86克。组织开展了禁种铲毒专项行动，县公安局禁毒大队、各派出所与辖区村委会、大棚种植户签订禁种责任书，在进行大规模航测的同时，派出所民警又深入辖区林地、田地、庭院等开展拉网式踏查铲毒行动，未发现违法种植罂粟的问题。县公安局深入推进食药环侦工作。以“昆仑行动”为主，深入开展打击食药环违法犯罪专项行动，2019年，共破获食品类刑事案件1起，抓获犯罪嫌疑人3人；破获环境类刑事案件19起，刑事拘留21人，其中移送审查起诉12人；查处环境类行政案件12起，行政拘留11人。2019年，县公安局指纹会战百案抓获人数3.21，DNA会战百案抓获人数3.85，人脸图像百案抓获人数4.49，各项指标均超过省厅要求的目标2.6、2.7、3.6。

【社会治安】 2019年，山阴县公安局紧紧围绕新中国成立70周年、“二青会”“五四”等一系列重大活动和敏感节点，全面强化各项安保维稳措施，确保万无一失。全力做好各项重大活动安保工作。全国“二青会”、新中国成立70周年期间，在加强严打整治、值班备勤、社会面巡逻等日常工作的同时，成立了由局长任组长，局党委班子成员为副组长、各科所室队负责人为成员的安保工作领导组。70周年大庆期间，在山阴高速口设立了由16人组成的治安检查站，对过往车辆、人员进行安全检查；通过严格落实各项安保措施，实现了“零失误”“零差错”“零炒作”的工作目标。健全完善社会治安防控体系。经过调整、充实，县公安局在原巡警大队的基础上，组建成立了一支52人的交巡警大队，共分九个巡逻小组，在县城内分组、分段、定点实行24小时巡逻防范，切实做到白天见警察、晚上见警灯，有效地防控了各类案件发生，增强了群众安全感。抓好重点单位、部位安保措施落实。开展了护校安园行动，按照“保安人员、视频监控、一键报警”三个100%落实的要求，对全县79所中小学进行安全检查，进一步完善了校园安保措施；对全县31家寄递物流企业进行安全检查，堵塞了管理漏洞；强化反恐措施落实，督促组织重点单位、广场、公交车站安装硬隔离设施682处。抓好危爆物品管理。先后对全县31家涉爆单位开展了三次拉网式、地毯式安全大检查，共消除安全隐患8处，全部限期整改；同时从严收缴流散在社会面上的涉爆物品。

2019年，共破获非法持有枪支刑事案件4起，刑事拘留2人，查处烟花爆竹治安案件1起，行政拘留1人，收缴烟花爆竹16箱；收缴过期炸药1123.8公斤、雷管5493发；缴获土制火枪一支，猎枪2支，猎枪弹6发，军用子弹42发，炮弹3枚，手榴弹2枚，全县实现了“不流失、不炸响、零事故”的管理目标。全面加强道路交通安全管理。组织交警大队在县城新增104处智能交通违法电子抓拍设备，对机动车超速行驶、不系安全带、开车打电话、开车抽烟、闯红灯、不让行人、违法停车、压线行驶、随意变更车道、不按导向车道行驶、逆行、大货车不靠右行驶等交通违法行为适时进行抓拍，有效提升了县城道路交通智能管理水平。进一步加大全县交通综合治理力度，通过日常查处和集中整治相结合，从严查处酒驾毒驾、“三超一疲劳”、乱停乱放、涉牌涉证等突出交通违法行为，全力以赴防事故、保安全、保畅通。全年共受理各类交通事故1515起，死亡31人，受伤187人，财产损失88.28万元，除死亡人数与去年持平外，交通事故、受伤人数、财产损失同比分别下降26.37%、23.67%、20.04%，未发生重特大道路交通安全事故。

【便民服务】 2019年，山阴县公安局积极推进“一网通一次办精准服务企业”平台顺利运行。为充分发挥“一网通一次办精准服务企业”平台作用，自平台上线运行以来，县公安局按照省厅、市局部署要求，召开了动员部署会议，成立了领导组和工作专班，每周例会对各单位注册认证情况进行通报，督促各派出所做好推广应用工作。县局政工监督室、各派出所通过电视台、县城主干道大型荧光屏播报、张贴宣传海报、举办宣传活动、发放宣传资料、走访企业等方式，多角度、多层次开展宣传工作，让广大企业和员工真正了解平台带来的方便和快捷。

山阴县公安局政工监督室与县工商质监局进行对接，提取全县在册企业信息，分发至各派出所。各派出所根据企业名单和辖区人口实有情况，在宣传发动的同时，对群众、员工和企业进行注册认证。2019年，平台个人注册104189人，企业认证3411个，注册率全市名列前茅，共为群众办理各类业务3789件，受到广大人民群众的一致好评。在“晋治安”APP注册工作中，按照省厅部署要求，公安局以治安大队牵头，组织各派出所对辖区党政机关、企事业单位、“九小场所”等信息进行整理，分类录入56个模块。为有效推动工作，县公安局每天对派出所注册情况进行通报，充分调动广大民警工作积极性。

2019年，共录入信息8348条。县公安局认真贯彻落实中央和省市县委关于“放管服”改革的指示精神，严格按照《朔州市公安局便民利企36条措施》规定要求，加强与群众、企业的互动交流、精准服务，构建良好警企、警民关系。同时，公安局组织各派出所大力整治企业周边治安秩序，严厉打击阻工行为，努力营造“六最”营商环境。2019年5月，对围堵水泉煤矿正常生产经营的6名领头闹事人员予以刑事拘留。县公安局以岱岳、桥西、北周庄、后所四个派出所为试点，以新时代枫桥经验“矛盾不上交、平安不出事、服务不缺位”为目标，以点带面，开展了枫桥派出所创建工作，建立阵地，加强宣传，规范职责，配强社区民警，积极开展安全防范、人口管理、矛盾化解、便民服务等工作，着力构建新时代良好警民关系。

【窗口建设】 2019年，山阴县公安局按照上级安排部署，继续深入推进户籍制度改革，简化办证流程，缩短制证时间，以提升服务质量为出发点和落脚点，对户政窗口单位强化教育管理，规范服务用语、行为举止和警容风貌，确保告知准确，避免办理差错。年内，共办理出生登记 1938 人，死亡注销 811 人、迁入 3315 人、迁出 4427 人、补录 10 人；受理二代身份证 11988 人，受理临时身份证 752 人；受理公民因私出国申请 1108 人，赴港澳申请 724 人，受理赴台湾 522 人；复查各类户口卷宗 8 卷，纠正户口登记项目差错 136 人，发现一人多户 838 人，2019 年已全部注销。此外，在春节、“五一”、国庆等重大节假日和中高考期间，县公安局开通绿色通道，随时为群众办证。其间，共受理二代身份证 6 个，领取 4 个。

【维护社会稳定】 2019 年，山阴县公安局全面贯彻总体国家安全观，全力维护全县政治安全社会稳定。县公安局围绕各类风险，坚决做到守土有责、守土负责、守土尽责，从严从实从细抓好安保维稳各项工作，防范化解各类重大风险，消除隐患，确保安全。一是强化情报信息收集研判。公安局充分利用“一指四组两平台”，建立完善指挥情报研判专班，实现了对重点人、组织、群组网上、网下一体化管控。围绕新中国成立 70 周年大庆等重大活动、重要节点，实行每日调度研判机制，深挖预谋性、行动性、破坏性情报信息，真正做到预知、预测、预警、预控，确保各类重点人稳控在当地。2019 年，接收动态管控预警信息 1712 条，全部签收反馈；情报协作 10 次，临时布控 6 次，上报情报信息 131 条。二是强化国保反邪教工作。公安局充分认识民族分裂渗透煽动破坏和宗教极端势力的潜在威胁，主动作为、敢于担当，按照省、市政法委和省厅、市局部署要求，坚持“万无一失、一失万无”标准和“细致、精致、极致”作风，全面加强民族分裂渗透煽动破坏和宗教极端势力的排查摸底、防范打击工作。

【扫黑除恶专项斗争】 2019 年，山阴县公安局全面深化扫黑除恶专项斗争，以扫黑除恶专项斗争为龙头，坚持以人民为中心的发展思想，深入开展了打击盗抢骗、黄赌毒、食药环等专项行动，主动进攻，精准打防，持续治乱，确保了全县社会大局平稳有序。2019 年，共破获各类刑事案件 168 起，抓获各类犯罪嫌疑人 90 人，追捕逃犯 32 名，打掉犯罪团伙 3 个 7 人；2 起命案全侦全破；受理查处各类治安案件 863 起，其中调解 595 起，行政拘留 185 人，群众的安全感、满意度、获得感持续提升。2019 年是扫黑除恶专项斗争承上启下、深挖根治、向全面纵深推进的关键之年。县公安局深入贯彻落实习近平总书记关于扫黑除恶专项斗争的重要指示精神，按照省委“十个进一步”“十个不断强化”和市委“六个进一步、六个再发力”的工作要求，紧紧围绕县局确定的 35 项工作重点，把斗争锋芒进一步对准农村、矿产、建筑等重点领域，集中精力、强化措施，努力提升打击整治成效。全面追缴黑恶势力涉案资产，彻底摧毁其经济基础。县公安局积极配合组织、民政等部门，加强对农村“两委”人选的背景审核，严防黑恶分子混入基层政权，进一步巩固了党的执政基础。2019 年，共接到线索 29 条，查结 29 条，接到上级转办线索 3 条，共打掉 1 个黑社会性质组织，2 个恶势力犯罪集团、1 个恶势力团伙，查封、扣押、冻结涉案资产 2507.88 万元。共抓获犯罪嫌疑人 16 人，批捕 16 人，破获刑事案件 11 起，已全部移送审查起诉。

检　察

【概述】 2019 年，山阴县人民检察院党组有 6 名成员，由 1 正 3 副检察长和 2 名党组成员组成。检委会共 8 名成员。政法专项编制共 24 名，占编 19 人；工勤编制 4 名，占编 4 人；事业编制 5 名，占编 5 人，实有事业人员 26 名。全院干警共48人，其中干部36人（其中副处级干部1人，正科级干部2人，副科级干部8人），工人12人。占政法编制人员中，共有员额检察官9人，司法辅助人员7人（其中法警3人，检察官助理3人，检察技术人员1人），司法行政人员2人。全院在职中共党员共26人，退休党员22人。全院本科以上学历39人。人员平均年龄42岁。其中35周岁以下的15人，36~45周岁的12人，46~55周岁的17人，55周岁以上的4人。

综合办公室（政治部、法警大队）：负责协助院领导处理检察政务。组织协调院重要工作部署、重大决策的贯彻实施，组织全院会务工作和重大活动。负责机要文电、保密工作、档案管理、外事、人大代表联络等工作。负责机关办公秩序、日常值班、文件文稿、检察信息、秘书事务等工作。负责领导同志批办事项督办工作。负责实施检察机关财务和装备规划。负责全院思想政治工作、教育培训、检务宣传、组织人事及司法改革工作。负责机关的党群工作、离退休干部管理服务工作。配合市院管理本院的机构设置、人员编制，制定相关管理办法。负责组织司法警察落实《人民检察院司法警察条例》，保障业务部门司法办案活动和机关内部安全保卫工作。

第一检察部：负责对法律规定由县级人民检察院办理的普通刑事案件的审查逮捕、审查起诉及相关案件的补充侦查、立案监督、侦查监督、审判监督，负责刑事执行检察、未成年人检察等工作。

第二检察部：负责重大刑事案件、经济类犯罪案件、监委移送职务犯罪案件的审查逮捕、审查起诉及相关案件的补充侦查、立案侦查、侦查监督、控告申诉检察、案件管理、法律政策研究、检务督查等工作。

第三检察部：负责民事检察、行政检察、公益诉讼等检察工作。负责对同级人民法院民事、行政诉讼活动的法律监督，对审判监督程序以外的其他民事、行政审判程序中审判人员的违法行为提出检察建议，对民事、行政案件执行活动实施法律监督，办理本院管辖的民事、行政申诉案件。负责应由本院办理的民事公益诉讼和行政公益诉讼。办理公益诉讼申诉案件。

【司改工作】 2019年，山阴县人民检察院完善改革举措，司改工作取得新进展。

一是全面推进内设机构改革。针对检察职能的调整、法律监督总体格局的重塑，在上级部门领导下，全面落实检察机关内设机构系统性、重构性改革。根据《中共山西省委机构编制委员会办公室关于印发〈关于市县人民检察院内设机构改革的实施意见〉的通知》精神，进一步规范了内设机构设置。改革后设置4个内设机构，即：综合办公室（加挂政治部、司法警察大队牌子）、第一检察部、第二检察部、第三检察部。新的机构已组建完成，人员调整配备已全部到位，并按照新职能开展工作。

二是持续推进检察人员职业保障。2019年完成了5名员额检察官等级晋升，对4名新晋一级的检察官进行了组织备案；完成了3名司法警察职务套改晋升工作；积极开展公务员职级套改工作，有7人完成了职级套改，其中1人套转为四级调研员，2人套转为四级主任科员，4人套转为一级科员。三是不断推进司法责任制落实。认真抓好《关于加强法官检察官正规化职业化建设，全面落实司法责任制的意见》落实工作，完善了《检察官联席会议制度》《案件质量监督评查实施细则（试行）》《检察业务管理监督办法》等。全面深化“捕诉一体”改革，积极推动认罪认罚从宽、刑事和解等落地落实。适用认罪认罚从宽制度以来，检察院刑事案件认罪认罚从宽处理达95%以上，占全年所办刑事案件的47%，全市检察系统排名第一，效果良好。

【维护稳定】 2019年，山阴县人民检察院紧紧围绕高检院“讲政治、顾大局、谋发展、重自强”的总要求和省院“坚守底线，勇攀高线，争创一流业绩”的工作思路，以提升办案质效为根本导向，积极强化业务建设，取得了一定成绩。

强化刑事检察工作。把新中国成立70周年大庆维稳作为重大政治任务，积极维护政治安全和社会稳定。2019年，共受理各类移送审查逮捕案件94件130人，批准逮捕77件101人，不予批准逮捕19件31人；共受理公安机关移送审查起诉案件121件207人，受理县监察委移送职务犯罪案件5件6人。经审查，提起公诉104件144人，报送市院7件41人，不起诉4件9人。批捕准确率、起诉准确率均达100%。受理未成年人审查逮捕案件2件，逮捕1件，不捕1件；受理审查起诉1件，提起公诉1件，发出《纠正违法通知书》2份，开展法治进校园活动10次。所办案件定性准确，适用法律正确，全年无无罪案件、超期羁押案件。

2019年，检察院扎实履行诉讼监督职能。牢固树立“双赢、多赢、共赢”的监督理念，积极强化法律监督。全年共介入命案现场勘查2件，监督立案1件，监督撤案4件，追加逮捕2人。追诉漏犯5人、漏罪5起，纠正侦查活动违法25件，纠正审判活动违法8件，提出量刑建议116人，提起抗诉3件5人。认真开展民行检察工作。积极探索维护弱势群体利益的有效途径，加强与法院、法律援助中心、律师事务所等部门的沟通与合作，采用多种形式服务群众，确保民事案件裁判公正。共办理支持起诉案件15件，审判监督16件，息诉8件；民事案件执行监督10件；办理公益诉讼案件40件。加大刑罚执行监督。通过开展看守所监管执法专项检查、监外执行专项检查，进一步规范执法行为，防止和纠正脱管、漏管、重新犯罪等现象。认真落实羁押期限同步跟踪监督制度，严防超期羁押现象。共纠正刑罚执行监管违法70件，对社区矫正违法发出纠违通知书53件，羁押必要性审查案件9件，向办案机关提出变更强制措施8件8人。深入开展控申检察工作。

【扫黑除恶】 2019年，山阴县人民检察院深入开展扫黑除恶专项斗争。认真落实党中央扫黑除恶专项斗争部署，推动扫黑除恶专项斗争深入开展，院扫黑办被县委政法委表彰为2018年度政法工作先进集体，扫黑办主任被朔州市院荣记个人三等功。2019年共受理审查批捕黑恶势力犯罪案件5件28人，经审查，批准逮捕4件17人。共受理审查起诉涉黑涉恶案件7件55人，经审查，提起“涉恶”公诉案件2件12人，法院均作有罪判决；经书面请示市检察院，将涉恶案件变更为普通刑事案件3件9人，以普通刑事案件提起公诉3件9人；依法报送市院审查起诉“涉黑”案件2件34人，市院审查后，将涉黑案件变更为恶势力犯罪集团案件1件12人，指定山阴县人民检察院审查起诉，已提起公诉。通过“扫黑除恶”，进一步提升了人民群众的安全感和满意度。

【队伍建设】 2019年，山阴县人民检察院忠实履行法律监督职责，全面加强检察队伍建设，坚持政治建检，深入开展“不忘初心、牢记使命”主题教育，推进习近平新时代中国特色社会主义思想融入日常、融入业务、融入内心。坚持将“不忘初心，牢记使命”主题教育等活动作为强化队建的重要载体，紧紧把握深入学习贯彻习近平新时代中国特色社会主义思想主线，组织干警认真学习《习近平关于“不忘初心、牢记使命”重要论述选编》《习近平新时代中国特色社会主义思想学习纲要》等，深入学习贯彻习近平总书记“三篇光辉文献”，全院牢固树立“四个意识”，坚定“四个自信”、自觉贯彻“两个维护”，干警的政治素养和综合能力明显提升。紧紧围绕习近平新时代中国特色社会主义思想主线，对标新时代先进典型，积极开展学习讨论。组织开展了专题学习、集中辅导、学习交流等多种研讨活动，筑牢干警思想基础，提高政治站位，进一步掀起思考初心、回问初心、寻找初心的热潮，确保把思想和行动统一到上级的决策部署上来。全年共开展专题学习45次，集中讨论20余次，组织学习交流研讨会7次。

2019年，山阴县人民检察院认真践行监督执纪“四种形态”，坚持抓早、抓小、抓平时，督促干警严守红线、底线，及时发现、纠正苗头性问题。组织班子成员认真阅读反面材料，结合实际，积极对照案例进行反思剖析，努力做到警钟常鸣。通过一级抓一级，层层抓落实，形成横向到边、纵向到底、覆盖完整的责任体系。全年召开党风廉政建设会议4次、全院干警专题学习会议20余次。积极组织“万名干部入企进村”、主题教育“三服务”等为民服务活动，强化干警宗旨意识，主动服务营商环境。检察院领导带队深入下喇叭乡榆树洼村、安荣乡大洋村等乡村，积极开展检察下访巡访和服务群众活动。其间，共走访贫困户52户，为群众提供法律咨询153件次，帮助群众解决生产生活问题50余件；组织干警开展入企调研84人次，将企业反映的问题及时上报，督促相关部门及时解决22件。同时，按照市委提出的“已脱贫的要巩固、未脱贫的要攻坚、整体上要提升”的扶贫工作要求，重点围绕“两不愁三保障”目标，坚持“点对点”服务、“一对一”指导、“多对一”帮扶，推动了包点贫困村脱贫攻坚任务的提前实现。自觉接受人大、政协和社会各界监督，主动征求县人大代表、政协委员和人民群众对检察工作的意见建议。

山阴县人民检察院通过“两微一端”主动公开检察动态，积极回应社会关切，接受各界监督。2019年共公开程序性信息198件，重要案件信息58件，法律文书96份；评查各类案件112件，案件程序查询50件次；向县人大常委会报告工作5次，组织检察开放日活动，接待人大代表、政协委员和各级群众视察调研检察工作3次。山阴县人民检察院通过强化队伍建设，干警理论素养得到全面提升，学习实践能力明显增强，拓展新局、勇攀高峰干劲更加充足，有20余名干警受到各级记功或嘉奖，1名干警受到国家级表彰，服务全县发展的能力和信心进一步增强。

【打击金融犯罪】 2019年，山阴县人民检察院加大金融犯罪打击力度，努力筑牢安全防线。办理非法吸收公众存款案1件，涉案金额达345万元；办理合同诈骗案件1件、虚开增值税专用发票案2件、网络诈骗案1件。同时，积极加强与公安机关、金融监管部门的联系，建立重大案件提前介入侦查、引导取证制度，确保形成防范金融风险工作合力，有针对性地堵截影响群众利益的金融风险。

【强化公益诉讼】 2019年，山阴县人民检察院认真落实与县环保局、国土局、林业局、水利局、食品药品监督局联合制定的《关于建立公益诉讼联动机制的实施意见》，建立沟通协调和联席会议、案件线索移送、公益诉讼案件协作配合机制，坚持原则，主动监督，提高了维护公共利益的合力。全年共摸排公益诉讼线索40件，发出诉前检察建议40件，行政机关回复并整改32件。通过办案，共恢复非法占地8.6亩，恢复植被20余亩，复垦荒地、沟地9.7亩；督促清理河道乱建、乱堆7件，整改河道面积1161平方米，清除河卵石25000立方米，拆除影响行洪安全的违章建筑2间；通过诉前程序，监督行政机关依法履职，在改善全县生态环境上取得了良好效果。

【强化涉农检察服务】 2019年，山阴县人民检察院借助“阳光百姓工程”专项资金监管系统，通过对涉农资金的拨付、发放和流程监督，推动各涉农资金管理单位依法办事，切实让涉农资金在阳光下运行。全年根据县财政公示的涉农项目资金300余条，监督各单位对涉农资金收支情况及时报备。同时，结合工作职能，积极维护农民工权益，全年办理支持农民工讨薪案件5件，涉案金额186220元。

【未成年人法制教育】 山阴县人民检察院深入贯彻“教育为主、惩罚为辅”的未成年人刑事检察理念，引导涉罪未成年人真心悔过、重归社会，取得良好的效果。在做好办案工作的同时，注重加强未成年人法治教育，积极开展法治进校园、进课堂活动。检察院9名员额检察官、2名内设部门负责人分别出任全县中小学法治副校长。2019年，开展了“关爱祖国未来，擦亮未检品牌”为主题的检察开放日系列活动，邀请县人大代表共同深入中小学，举办专题法治讲座，切实预防未成年人犯罪，增强青少年学法守法意识，提高自我保护能力。

法　院

【概述】 2019年，山阴县人民法院共有干警64人，其中占政法编制38人，占工勤编制7人，占事业编制19人。全院中共党员42人，占总人数的65%。人员平均年龄45岁。2019年，山阴县人民法院共受理各类案件2037件，审结1843件，结案率为90.5%。审执各项评估指标继续保持良好稳健运行态势，2019年度考核荣获优秀，1个集体、5名干警获得市级以上荣誉。

综合办公室（司法警察大队）：合并行使办公室、行政装备、网络管理、法警队、后勤中心、基建、财务、保安等部门职能。组织协调院务工作；办理院务会、院长办公会等各种会议事项；负责党组文秘、档案管理、院印使用、机要保密、文印工作；负责活动录像资料的摄录、归档工作；负责行政、财务、服装、办公设备、后勤、基建等事务管理工作；负责信息化建设；负责计算机、多媒体、局域网络的管理、维护、指导工作；做好计算机信息保密工作；组织落实司法警察工作的条例、规定、办法；组织落实司法警察管理的规章制度和细则；制订、实施司法警察工作计划；组织司法警察履行职责；组织实施司法警察的教育培训；管理司法警察装备；负责机关安全保卫。

政治部（机关党总支）：合并行使政工、党务、离退休人员管理等部门职能。负责队伍的思想政治教育工作；协助党组抓好队伍建设；负责人事管理和干警奖励、教育培训等工作；负责离退休人员管理工作。

立案庭（诉讼服务中心）：合并行使立案、诉讼服务、信访、审判管理、书记员室、研究室、审委会办公室等部门职能。办理刑事、民事、行政、执行、申诉等案件的审查和听证立案及诉讼服务工作；负责案件的鉴定、评估、审计的委托工作；处理来信、来访；负责各方转办和督办工作；负责申诉复查工作；统筹全院各类案件的流程管理工作；调查掌握法院审判工作动态；负责书记员的日常管理工作；负责新闻宣传报导；起草综合性材料、报告、院长讲话等；负责本院综合信息工作；负责审判业务理论调研、指导；司法统计工作；办理审判委员会会务。

综合审判庭：合并行使刑事审判庭、民事审判庭、行政审判庭、审判监督庭等部门职能。行使刑事审判、民事审判、行政审判、国家赔偿、审判监督等审判职能。执行局：执行本院发生法律效力民事法律文书及刑事法律文书中的民事财产部分，执行法律规定的其他事项。

【司法改革】 2019年，山阴县人民法院紧紧牵住司法责任制这一“牛鼻子”，积极有序推进四项基础性司法改革任务全面落地，进一步健全完善司法权力运行机制，促进公正高效规范司法。扎实推进四项基础性改革。遵循司法工作规律，严格落实中央、省市县和上级法院关于司法改革的部署要求，在顺利完成员额制遴选的基础上，组建了新型审判团队，确保85%以上的优质资源汇集到审判一线，落实院庭长办案常态化，下放裁判文书签发权，“由审理者裁判、让裁判者负责”。同时，加强审判管理，刑事、民事两个专业法官会议统一法律适用、提供法律咨询功能突显，切实做到“放权不放任，监督不缺位”，真正构建起了以审判为中心，以审判监督权和审判管理权为保障的审判权力运行体系，审判质效显著提升。人员分类管理、司法责任制推进落实、人财物上划、法官职业保障（薪酬待遇）等中央和省定改革任务均按省高院确定的时限要求基本完成。不断完善配套机制改革。以“三项规程”为抓手，积极推进庭审实质化，以审判为中心的刑事诉讼制度改革纵深推进，严格查明事实，严防冤假错案；以岱岳法庭为阵地依托和改革实验基地先行先试的家事审判改革顺利通过省高院验收；积极推行案件类型化审理、繁简分流、小额速裁、裁判文书创新改革，做到“简出效率、繁出精品”，逐步构建符合司法实际、符合审判规律、符合程序要求的运行机制。实行裁执适度分离，对执行体制改革进行有益的探索，为执行体制改革积累经验，探明路径。不断完善目标绩效考核，在制定绩效考核、奖金分配方案时，全面听取各类人员的意见，始终坚持公开公平公正合理；坚持绩效优先、多劳多得；坚持向一线人员倾斜，不与法官等级、行政职级挂钩；坚持统筹兼顾，注重调动法院不同类别人员的积极性，绩效考核与奖金分配直接挂钩。着手推进内设机构改革，建立健全符合司法规律和本院实际的内设机构体系，巩固司法责任制改革成果，落实新型审判权运行机制。

【阳光司法】 2019年，山阴县人民法院持续深化阳光司法机制。以信息化为支撑，深入实施阳光司法，积极推进司法公开，不断完善审判流程、庭审活动、裁判文书和执行信息公开“四大平台”建设。创新移动终端的信息公开服务，推进官方网站、微博、微信建设，加强与公众的互动、沟通。加强执行指挥中心实体化运作，实现远程执行指挥常态化，有效发挥执行指挥中心“司令部、指挥部、参谋部”的作用和“三统一”的功效，2019年5月、10月，书记陈振亮、省人大副主任李悦娥分别通过执行指挥中心平台现场观摩本院执行案件，并对山阴法院执行工作给予充分肯定。2019年，网上公开审判流程信息1208项，开展庭审直播400次，在中国裁判文书网公开裁判文书821份。修缮原有“数字法庭”，并新建三个“数字法庭”，把案件审判过程纳入信息化管理。及时发布典型案例，开展法治宣传。运用微博、微信等新媒体晒庭审、亮工作，微博、微信发布工作动态732条。在省市级以上报刊、网络媒体发表稿件370余篇，全方位宣传展示法院工作。

【司法服务】 2019年，法院突出执法办案第一要务，积极发挥和延伸司法职能，努力服务保障大局，为维护社会和谐稳定、促进社会公平正义和保障人民安居乐业提供优质的司法服务。依法惩治刑事犯罪，有效维护社会稳定。共受理刑事案件114件，审结110件，结案率96.5%。严惩暴力犯罪，审结抢劫、故意伤害、强奸、盗窃、猥亵儿童等犯罪案件15件31人。严厉打击破坏社会秩序犯罪，审结聚众斗殴、寻衅滋事、妨害公务、招摇撞骗、开设赌场等妨害社会管理和扰乱社会秩序犯罪案件10件18人。严惩职务犯罪，审结贪污贿赂等犯罪案件2

件2人，移送右玉1案，正在审理1案，做好新形势下与监委惩治职务犯罪工作的有序衔接，全力配合监察体制改革，确保反腐力度不减。依法惩处破坏环境资源犯罪，审结破坏环境资源保护犯罪案件11件11人，维护国家资源环境安全。扎实开展扫黑除恶专项斗争，坚决打赢“五场硬仗”，坚持“两个清零”“两个一律”，敢于刀刃向内，深挖彻查，打伞断血，不断将扫黑除恶斗争推向纵深。高质高效办理中院指定山阴县人民法院办理的12人涉嫌开设赌场、赌博、寻衅滋事涉恶案件，现有科技法庭不能满足案件审理的需求，在县委的大力支持下，短短一个月的时间，山阴法院就在看守所新建设一个高标准数字科技法庭，不仅为刑事审判工作再上新台阶奠定了良好的基层基础，也为大同、忻州、朔州其他区县未成年犯开庭审判提供了极大方便，节约了司法成本。积极参加社会治安综合治理，坚持宽严相济，正确适用非监禁刑，对符合法定条件和社区矫正条件的人依法判处缓管免刑和罚金刑，减少社会对立面，坚持惩治犯罪与人权保障并重，为23名符合条件的被告人指定辩护人，尊重和保障律师的职业权利，体现和司法文明和进步。

【化解民商纠纷】 2019年，山阴县人民法院妥善化解民商纠纷，切实保障经济发展。依法受理各类民商事案件1211件，审结1164件，结案率96.1%，紧紧围绕脱贫攻坚，全面实现小康，突出保障和服务民生，合理运用调解、判决方式解决各类民事纠纷，加强对群众人身权利和财产权的司法保护，妥善处理婚姻家庭、人身损害、劳动争议、借贷等案件，切实维护经济社会和金融秩序稳定，依法保护民间交易和维护市场稳定，营造良好营商环境，促进和谐社会建设。不断延伸审判职能，积极开展对行政部门执法工作的指导，健全与行政机关的联系沟通机制，加强府院良性互动，促进行政机关依法行政。

【解决执行难】 打赢“基本解决执行难”硬仗，坚决维护司法权威。2019年受理执行案件712件，执结569件，结案率80%，执结标的额19933万元。加大反规避执行力度，采取网上布控查找被执行人的财产，对恶意逃避、规避执行法院生效法律文书义务的被执行人将其纳入失信黑名单，对拒不履行法院生效文书、对抗执行的被执行人依法采取司法拘留、罚款等强制措施，对涉嫌构成拒不执行判决、裁定罪的被执行人员，移送公安机关查处，或由法院依法按自诉程序追究其法律责任，严厉打击拒执犯罪。

【提升诉讼服务】 2019年，山阴县人民法院加强诉讼服务，完善司法便民机制。建成集诉讼服务中心、诉讼服务网、“12368”诉讼服务热线、诉讼服务窗口“四位一体”的新型诉讼服务平台，实现线上线下诉讼服务功能互通，为群众诉讼、律师履职、法官办案提供全方位的服务；不断巩固立案登记制成果，加强立案指导，有效规制滥诉，确保有案必立、有诉必理，当场立案率达到99.1%；以群众需求为导向，以群众满意为目标，在全市率先成立法律援助工作站，为符合法律援助的困难当事人开辟“绿色通道”，力促法院审执工作和法律援助工作紧密结合，有效节省了司法资源。同时，积极探索建立多元化矛盾纠纷化解机制，不断满足人民群众的多元司法需求，切实增强人民群众司法获得感。

【优化惠民举措】 2019年，山阴县人民法院优化惠民举措，延伸司法服务职能。积极推进涉诉信访机制改革，完善诉访分离，畅通申诉、申请再审渠道，将涉诉信访纳入法治化轨道。对信访案件制定化解措施，建立化解台账。切实做到来访人人有接待、来信件件有回音，申诉和申请再审件件有复查、答复，减少信访存量的同时，有效控制信访增量，切实发挥了矛盾纠纷“稳压器”和县委政府“解压阀”的良好作用。全年共接待涉法涉诉信访来访65件300余人次，书面答复来信79份，办理上级领导机关转办的案件11件16人，对申诉、再审案件3案13人次认真予以审查，及时依法给予答复。积极开展“一村一警”联系走访、巡回审判、法律“六进”活动，延伸审判服务职能，恢复启用基层法庭，夯实了审判前沿阵地，打通了司法服务群众的最后一公里，大大方便群众诉讼。搭建以立案调解中心为协调、乡镇基层法庭与村基层调解组织为前沿的调解网络，实现了法庭与相关职能部门的诉调对接，三调联动，使大量的矛盾消弭于初萌，化解于基层。强化案件繁简分流，依法加大简易程序适用，推行小额速裁，大大缩短了诉讼周期，减轻了群众诉累。2019年，驻村法官走访群众500余人次，提供法律咨询135件（次），开展大型的扫黑除恶、执行大会战法治宣传2场次，发放宣传资料3530份。

【畅通司法救助】 2019年，山阴县人民法院畅通司法救助，体现司法人文关怀。不断完善司法救助机制，成立法院司法救助委员会，由立案、刑事、民事、执行等各审判领域员额法官组成，为权利受到侵害无法获取有效赔偿且符合救助条件的当事人采取救济措施，让司法有温度，让司法显温情。对于涉及妇女儿童权益保护、追索劳动报酬、赡养费、抚养费、交通事故赔偿等案件，实行优先立案、优先审理、优先执行和优先司法救助，保障弱势群体的合法权益最大限度得到实现。全年对经济困难的当事人依法缓、减、免诉讼费用金额164.22万元。共受理司法救助案件6案16人次，向县委、县政府申请司法救助金150余万元，积极实施司法救助。

【脱贫攻坚】 2019年，山阴县人民法院倾心参与扶贫，有效助推巩固脱贫成果，提升脱贫成色。结合“大学习、大调研、大走访”活动，院长和两名副院长带领扶贫工作队深入四个包扶村，掌握村情现状和制约发展的因素，找准贫困户的致贫原因，掌握脱贫需求，摸清了脱贫底数。建立完善帮扶台账，合力探索有效的解决途径，有针对性地精准施策，努力让群众早日过上富裕安康的生活。驻郭家窑村扶贫工作队被评为县先进扶贫工作队，副院长戈玉桃被评为市级扶贫先进个人，并荣立二等功。

【聚焦党建引领】 打铁必须自身硬，2019年，山阴县人民法院始终坚持从严治院、从严治警，全面加强队伍建设，注重内涵式发展，不断提高队伍素质，凝聚队伍合力，努力培养造就一支信念坚定、执法为民、敢于担当、清正廉洁的人民法院队伍。抓思想政治建设，全面夯实教育基础。巩固党的群众路线教育实践、“三严三实”专题教育成果，促进党建和审判工作深度融合，坚持同谋划、同部署、同落实、同考核，科学设计和不断创新党建活动载体，合理安排党建工作进度，通过“三会一课”、专题报告、主题党日、撰写心得等形式，深入开展“两学一做”学习教育和“维护核心、见诸行动”主题教育，推进“两学一做”学习教育常态化制度化，切实增强干警的政治意识、大局意识、核心意识、看齐意识，做到信念坚定、忠诚使命。6月，全体党员干警亲赴右玉，开展了“弘扬右玉精神、提高党性修养”主题党日活动。抓司法能力建设，提高司法为民本领。成立了县委党校山阴法院分校，以实践需求为导向，将“大练兵、大比武、大培训”作为提高干警综合能力水平的重要抓手，积极构建教、学、练、战一体化的教育培训机制；全院40余名干警参加了国家法官学院、党校市法院分校和省市县组织的各类培训，院政治处多次邀请县宣传部副部长高玉国对干警进行能力提升培训，法官们有效发挥了“传帮带”作用，审判辅助人员素质大幅提高。深入开展执法司法规范建设年活动，坚持问题导向，扎实补齐短板，严格遵守省高院“十五条禁令”，大力整治“六难三案”及“四风”问题，不断推进法院队伍正规化、职业化、专业化。抓党风廉政建设，保持健康政治机体。始终将纪律和规矩挺在前面，认真落实党风廉政建设主体责任和监督责任，坚持一岗双责、一案三查，严格执行中央八项规定，驰而不息纠正“四风”。严明工作纪律，改进工作作风，开展“力戒形式主义、狠抓工作落实”作风整顿、“加强作风建设、严守审判纪律、排除司法干扰、公正廉洁司法”正风肃纪专项整治、队伍集中整肃、“以案为鉴、筑牢防线”专题警示教育等一系列活动，切实纠正干警司法理念、司法行为、司法作风等方面的突出问题。制定党风廉政建设主体责任清单和《党风廉政建设和反腐败工作要点》，建立健全干警廉政（廉洁）档案，坚持廉政教育常态化，坚持教育与监督并重的原则，加大廉政警示教育力度，努力提高干警拒腐防变和抵御风险的能力，确保法官清正、队伍清廉、司法清明。实现了全年“无干警违法办案、无重大责任事故、无违法办案的“三无”目标。

交　警

【概述】 2019年，山阴县公安局交通管理大队坚持以中共十九大精神和习近平新时代中国特色社会主义思想为统领，紧紧围绕年初制定的工作思路和工作目标，以“压事故、保安全、保畅通”为出发点，以人民满意为目标，较好地完成了各项工作任务，为全县全面建成小康社会和“平安山阴”建设营造了良好的道路交通环境。

2019年，全县共发生交通事故1976起（其中适用简易程序处理的101起，适用一般程序处理的事故174起，快处785起），死亡36人，受伤215人，财产损失99.96万元；交通事故四项指标较去年同期相比：一般事故次数较同期下降21.62%，死亡人数较同期上升5.88%，受伤人数较同期下降20.96%，财产损失较同期下降19.2%。刑事拘留15人，行政拘留5人。辖区内未发生一次死亡3人以上的较大交通事故。通过数据统计反映和对安全整体情况的分析论证，全县整体道路交通态势相对平稳。交通安全管理工作成效明显，安全护航作用发挥充分，为推动全县经济建设和社会稳定发展提供了有力保障。

【“五大行动”】 2019年，山阴县公安交警大队开展“五大行动”，提升交通管理水平。

源头隐患清零行动。重点车辆检验情况：大型公路客运检验率100%，大型旅游客运检验率100%，校车检验率100%，危化品运输检验率100%；重型货车逾期未检33辆、检验率97.42%；重型挂车逾期未检17辆、检验率97.82%；农村面包车检验率95.59%，有63辆逾期未检。重点车辆违法处理情况：大型公路客运违法处理率100%，大型旅游客运违法处理率100%，校车违法处理率100%，危化品运输违法处理率100%，重型货车违法未处理75辆，违法处理率94.13%。全县重点车辆报废情况：山阴应排查1105辆，已排查971辆，完成率87.87%。其中重型货车580辆、重型半挂316辆、面包车64辆、“营转非”大客车1辆、小型汽车1辆；大型公路客运7辆、旅游客运2辆。大型公路客运报废率90.91%，有3辆未报废；重型货车报废率82.41%，有169辆未报废；重型挂车报废率97.6%，有8辆未报废；农村面包车报废率99.13%，有2辆未报废。B2

以上驾驶人“三率”：2019年山阴辖区B2以上驾驶人逾期未审验143人，审验率98.47%；逾期未换证7人，换证率99.93%；驾驶人满分学习率：99.58%。

路面秩序净化行动。截至12月25日，大队共查处各类违法行为63420起，其中酒驾489起，无证驾驶159起，使用伪造车牌2起，使用其它车辆号码牌11起，超载73起，超速5798起，面包车超员68起。收缴伪造号牌2副、其他车辆号牌11副。行政拘留9人，刑事拘留4人，取保候审8人。

农村安全守护行动。警保合作劝导站建设：大队已建成劝导站3处（薛圐圙乡、薛圐圙乡白坊村、岱岳乡王家涧村），已全部达标，分期分批地对劝导员全部进行了培训，较好地发挥了其宣传、教育、劝导、机动车驾驶人排查登记、隐患排查等作用。农村公路平交口“千灯万带”示范工程全部完成。“农安通”APP使用情况：安装使用率101%。劝导员日志录入数6622次。大队把治理农村面包车、农用车、拖拉机违法载人、无证无牌摩托车问题纳入农村交通综合治理范围。截至2019年底，山阴大队共排查事故多发点段3处（省道211线、虎山线织女泉村口弯道处、208国道（中煤路口）570km+250处、滨河路“湿地公园管委会”南侧）；已全部整改完毕。

宣传警示曝光行动。2019年，大队强化了交通安全警示教育，召开“五大曝光”媒体沟通会6次，投递新闻稿件437篇次，其中中央级媒体采纳5篇次，省级媒体采纳10次。开展交通安全知识“七进”宣传49次、安全生产月活动21次，发放宣传材料5万份，在人流集中地段摆放宣传展版286块，悬挂条幅100余条。在县城主要街道9处十字路口信号灯架粘贴反光材料安全标语150条。深入农村开展“七进”宣传30次，对“两客一危一货”企业开展安全主体责任宣传教育42次，发放宣传海报共计100套，印发文明交通画册2万册，设置LED电子显示屏2处（山阴一中东侧路口处、山阴县华联商厦南路口处），滚动播放安全标语3000余次。在县电视台曝光违法驾驶员420人。大队利用新媒体账号转发部局新媒体2633条，发布双微安全预警提示3610条，曝光酒驾、事故典型案例190次，通过短信平台、微信群向各类驾驶员发送各类安全提示警示信息4500条。12月2日，大队在政府广场开展“122”大型宣传活动，在广大群众中普及交通安全法规，告诫居民、驾驶员遵守交规、安全出行。

社会协同共治行动：县道交办协调调动各职能部门、企事业单位、社会团体和广大群众参与交通管理的积极性，努力构建党政牵头、政府领导、部门联动、社会支持、齐抓共管、综合治理的工作格局。大队针对夏季高温天气及秋季可能出现的大风，进一步加强预报、预警、预防工作，及时关注和发布了灾害性天气预警信息；完善应急预案，健全应急协调联动和快速反应机制，确保突发事件能及时有效处置。重点对辖区乡村道路与国省道交叉路口、高架道路等事故多发路段、连续长大纵坡、临水临崖、急弯陡坡、连续隧道群、易积水路段、农村公路出村口、农村公路急弯陡坡、城乡结合部路段、穿村过镇路段的农村路段、险桥险路桥隧结合路段以及设置在长大纵坡路段收费站进行全面排查的基础上，在长大纵坡、急弯、事故多发路段采取增设警示牌、减速带、制作宣传标语，保障安全通行。

【国庆安保】 2019年10月1日是中华人民共和国成立70周年纪念日。山阴交警大队高度重视国庆安保工作，将全县划分为五大片区，每一片区有一名大队领导和中队长包片负责，设置检查点5处，出动小分队1支，在山阴高速路口每日派遣6名警力协助县局开展安检工作，启动执法站2个，在全县范围内迅速掀起集中整治交通违法行为的高潮。特别是每晚组织路面警力开展集中夜查行动，严厉打击酒驾、醉驾、毒驾等严重交通违法行为。同时，通过县电视台专题播放、摆放展板、散发宣传资料等多种形式，大力宣传交通违法行为的危害性，提高了广大群众遵守交通法规的自觉性。全县国庆期间未发生重特大交通事故和交通拥堵事件，确保了国庆节假日期间交通安全。

【车驾管理】 2019 年，推进黄标车和老旧车淘汰治理工作。山阴交警大队就上级下达的任务，按照车辆所属区域，分别进行了任务分解安排，大队要求责任区中队在交通执勤执法检查中，依据相关淘汰标准，发现重点监管的黄标车和老旧车，已达报废期的依法查扣严格处理，临近报废淘汰期的，采用告知的方式，通知车辆驾驶人或所有人，尽快按期办理车辆相关业务合法手续。2019 年，黄标车淘汰工作成效比较明显。

【脱贫攻坚】 2019 年，山阴交警大队驻村工作队继续做好新的帮扶村吴马营乡屯港村的包村扶贫工作，工作队员从 5 月 10 日驻村后及时进村入户，走访贫困户，掌握前工作队资料，深入调查屯港村的基本情况。该村 2018 年在县委、县政府及乡党委、乡政府的正确领导下，在驻村工作队，第一书记及村“两委”的共同努力下，实现了全部脱贫。为巩固脱贫成果，深入查找存在问题，落实各项帮扶计划，研究制作长效脱贫攻坚方案，优化帮扶措施。雨季来临之际，工作队察看贫困户住房情况，并将住房情况上报市县扶贫办，9 月 4 日市帮扶单位已了解工程预算，沟通扶贫单位准备为危房户解决屋顶漏雨问题。针对村内街道坑洼不平，没有户户通道路，村南有耕地 1100 多亩，现在村民的春耕、秋收及日常生产要绕行 3 公里，现需修户户通公路 1800 米通往屯港村，并计划修建一条长 2000 米、宽 4 米的乡间道路，以解决群众的生产生活出行问题。

【队伍建设】 2019 年，山阴县公安交通警察大队加强政治理论学习教育，提升干警政治素质。深入开展习近平总书记系列重要讲话和党的各项方针政策，推进理论学习的制度化常态化，全体干警的政治信仰和理想信念更加坚定，政治意识、大局意识、核心意识、看齐意识显著增强。特别是深入开展“不忘初心、牢记使命”主题教育，党员干部更加坚定“四个自信”，树立“四个意识”，践行“两个维护”，紧紧联系工作实际，全体干警切实打牢了听党指挥、作风优良、能打胜仗的思想根基，矢志不渝做中国特色社会主义事业的建设者和捍卫者。2 月中旬至 4 月底在全队广大党员干部群众中开展大讨论，大讨论强化了政治意识，突出政治建设，党员干部自觉遵守政治纪律和政治规矩。为加强内部监督，专门成立了执法执纪监督检查组，大队组织监察、法制、秩序、宣教部门人员，组成督导小组，定期不定期深入到事故、车管、路面中队采取明察暗访形式，对民警的事故处理、车驾管业务办理、道路交通执勤执法等工作进行监督检查，针对存在的问题，认真组织开展执法不严、执法不廉专项治理活动。与此同时，完善了考勤考核等内部管理制度，使发现的问题能够及时纠正和解决，有效地避免了违规违纪现象的发生。2019 年，山阴交警大队集中开展纪律作风整顿，解决队伍中的突出问题。按照省厅、市局、县局开展纪律作风五个专项整治工作要求，经大队党总支研究决定，从 8 月 10 日起至 10 月底，在全队组织开展以因公出差就餐、罚没款管理、办公用房和借用车辆清查、接受服务对象宴请、婚丧嫁娶大操大办为主要内容的五个专项整治工作。通过专项整治，有效促进中央八项规定精神的贯彻落实，有效促进两个责任的贯彻落实，有效促进全队党风政风警风的持续向好，为打造公安交警铁军提供有力作风保证。

【交通运输管理】 2019年“春运”期间，传统“两节”、清明节、“五一”、端午节、中高考、中秋节、国庆节等传统节假日和全国“两会”、全县重大会议等重点时段，山阴交警大队科学安排警力，采用驻站强化客运车辆源头管理，启用辖区交通安全执法检查站布控，以及路面交通执勤执法巡查管控的交通安全保卫工作措施，细化分解工作任务，严格明确管理责任，具体落实工作措施，保证了安保任务圆满完成。加大路面交通违法行为查处工作力度，尤其是加大对渣土车不加盖苫布违法行为的查处力度。为了把环保工作落到实处，大队将全县划分为五个责任区，即：虎山线责任区、岱马路责任区、桑干河支渠以南薛圐圙片责任区、大运路责任区、县城片责任区。每个责任区都由一名大队领导和管片中队负责，全力整治渣土车、运煤车、石灰车等易遗洒载运物运输车辆交通违法行为，对于不加盖苫布未采取密闭措施的车辆，严格依法上限从严查处。由于管理措施严格，管理机制形成常态化，有关运输污染违法行为得到了有效防控和规范，道路运输污染在交通运输中，车辆所有人和驾驶人引起足够重视，并能够有效规避违法行为。防控污染物违规装运。各责任区路面中队，在路查路检中发现的违法营运车辆，通过询问打听获知车辆所载货物的装载站点、场地，并利用掌握的信息，主动上门寻根问源，采取告知警告劝导等工作方式，使站点、场地负责人引起重视，做到把没有封闭污染载运物的车辆防控在始发地，凡违规的一律拒绝出站、出场。切实使污染问题在源头上得以遏制。

【交通违法专项整治】 2019年，针对山阴县县城街道秩序比较混乱的实际，为深入推进县城文明建设，稳步提升县城道路交通管理能力，县公安局交通管理大队在县城集中开展道路交通秩序专项整治提升行动。整治重点：一是合理规划停车泊位，完善县城交通标志标线；二是清理取缔占用道路摆摊设点、堆物作业、随意停放车辆等非法侵占道路的行为；三是整治重点交通违法行为；四是实施重点路段管控。整治的有序开展，逐步提升县城交通管理水平，提升文明城市管理水平，提升人民群众的满意度。

消　防

【概述】 2019年，山阴消防大队开展了全县出租屋及校园周边经营场所消防安全综合整治；民政福利机构、文博单位、危险化学品企业“排险除患”行动；电动自行车消防安全管理、大型商业综合体、燃气加热火锅餐饮场所火灾隐患排查整治；制定出台高层建筑、多合一和三合一场所严管严控措施等各项工作。完成了“两会两节”、第二届“一带一路”高峰论坛、高（中）考、建国70周年大庆等重大节日、活动安保。全县火灾形势平稳，未发生一起重特大火灾事故和亡人火灾事故。

【基本建设】 山阴县政府专职队现位于东大滩工业园区，于2005年9月立项，于2007年8月底全部竣工，11月9日正式投入执勤。建站以来，县政府相继投入1500余万元购置车辆装备器材。大队执勤消防车共5辆，分别为斯太尔5吨水罐消防车1辆、东风抢险救援车1辆、奔驰32米登高平台消防车1辆、豪沃25吨水罐消防车1辆、豪沃16吨泡沫消防车1辆。消防员个人防护装备全部进行了备份，并按要求配齐了特勤器材，各类消防装备基本完善，共有3大类型器材，113种，1178件套。

【火灾情况】 2019年，消防救援队接警出动192起，扑救火灾152，抢险救援40起。出动消防车227车次，出动警力1524人次，抢救被困人员52人，疏散人员135人，抢救、保护财产价值536万元，参战人员无受伤、死亡。顺利完成了各项灭火救援任务。发生火灾区域，马营乡1起，玉井镇4起，吴马营乡1起，下喇叭乡3起，北周庄镇33起，岱岳镇53起，合盛堡乡7起，安荣乡16起，薛圐圙乡10起，古城镇11起，马营庄乡2起，后所乡9起，张家庄乡2起。经统计分析，发生火灾时段，1月7起，2月3起，3月19起，4月39起，5月4起，6月7起，7月13起，8月10起，9月11起，10月40起，11月25起，12月17起。春秋为火灾多发期，占总火灾起数的90%。发生火灾的原因，用火不慎是引发火灾的主要原内，用火不慎占总数的92%；起火场所分布，居民住宅22起、交通工具11起、其他7（包括：林业、农作物等）起。

【消防重点】 2019年，消防检查工作受到县领导高度重视，多次带队深入山阴辖区各类场所进行消防安全检查，现场督促各部门要加强监管力度，尽快消除隐患。全程跟踪重大火灾整改，对山阴现代医院、山阴县客都购物广场（一部）进行挂牌督办。隐患整改期间，大队多次对其单位隐患整改情况进行督导，帮助其拟定整改方案，落实整改措施，2019年已全部销案。

辖区消防重点单位划分情况一览表

表11

序号	单位名称	地址	序号	单位名称	地址
1	山阴县客都商贸有限公司分公司	山阴县同太北路56号	47	山阴县兴安液化气销售有限责任公司	山阴县七里沟村东
2	山阴县客都商贸有限公司	山阴县府东街99号	48	山阴县神达液化气有限公司	山阴县大运公路西水泥厂对面
3	山阴县好客都超市	山阴县府南路2号	49	山西三城天然气有限责任公司山阴分公司山阴加气站	山阴县刘家岭村7号
4	山阴县家佳利超市	山阴县同太路11号	50	山阴县田芳加油站	山阴县山阴庄村口
5	山阴县万人商厦	山阴县同太路33号	51	山阴张家庄农付产品购销服务部加油站	山阴县马营庄乡马营庄村3号
6	山阴县岱岳镇万人新天地购物中心	山阴县同太路35号	52	山阴县圆梦加油站	山阴县张家庄新广武村
7	山阴县万人商厦二部	山阴县同太南路39号	53	山阴县荣融加油站	山阴县岱马路25号
8	山阴县银海商厦有限公司	山阴县同太路16号	54	山阴县钰祥加油站	山阴县岱马公路苑家辛庄村
9	山阴县开源商城	山阴县同太路27号	55	山阴县钰珑加油站	山阴县岱岳镇大运路七里沟村东
10	山阴县长虹家具大卖场有限公司	山阴县府东街	56	山阴县佳宾加油站	山阴县大运路7号
11	山阴县茂源家居生活馆	山阴县同太北路	57	山阴县岱岳乡七里沟加油站	山阴县岱岳乡七里沟村
12	山阴县宏翔商贸有限公司	山阴县青年路52号	58	山阴县新和加油站	山阴县大运路国宾大酒店南35号

续表 11

序号	单位名称	地址	序号	单位名称	地址
13	山阴县信之誉股份有限公司	山阴县同太南路 1 号	59	山阴县大运加油站	山阴县七里沟村东二级路西
14	山阴县华圣大酒店有限公司	山阴县府南路 2 号	60	山阴县十方加油站	山阴县大运公路与世纪大道交界处
15	山阴县世茂大酒店	山阴县应山路口 1 号	61	山阴县洪铎加油站	山阴县玉井路
16	山阴县阳光酒店	山阴县虎山线南侧、同太路东侧	62	朔州市朔中苗木有限公司山阴县同太路加油站	山阴县北周庄镇北周庄村
17	山阴县格林快捷宾馆有限公司	山阴县岱岳镇府西街	63	山阴县吉升加油站	山阴县薛圐圙乡白坊村
18	山阴县唐朝俱乐部	山阴县西环路 32 号	64	山阴县兴瑞加油站	山阴县安荣乡东鄯河村 206 省道西侧
19	山阴县唐朝量贩 KTV	山阴县同太南路 1 号	65	中国石油天然气股份有限公司山西朔州销售分公司山阴岱马路口加油站	山阴县北周庄二级路 1 号
20	山阴县英皇俱乐部	山阴县青年路 17 号	66	中国石油天然气股份有限公司山西朔州销售分公司山阴玉井路加油站	山阴县玉井路口
21	山阴县瑞捷网络有限公司	山阴县同太路与北环路交叉口	67	中国石油天然气股份有限公司山西朔州销售分公司山阴东大滩加油站	山阴县东大滩 5 号
22	山阴县三秒钟网吧有限公司	山阴县青年东街	68	中国石油天然气股份有限公司山西朔州销售分公司山阴永静城加油站	山阴县北周庄镇永静城村
23	山阴县医疗集团	山阴县岱岳镇世纪大道	69	中国石油天然气股份有限公司山西朔州销售分公司山阴北城加油站	山阴县应山路 2 号
24	阴县中医医院	山阴县中商街	70	中国石油天然气股份有限公司山西朔州销售分公司山阴元营加油站	山阴县后所乡元营村 22 号
25	山阴县现代综合医院有限责任公司	山阴县岱岳镇青年西街	71	中国石油天然气股份有限公司山西朔州销售分公司山阴元营高速口加油站	山阴县后所乡元营村 31 号
26	山阴县老年公寓	山阴县七里沟村西山森林公园西北角	72	中国石油天然气股份有限公司山西朔州销售分公司山阴古城西加油站	山阴县古城镇西门外 21 号
27	山阴县第一中学校	山阴县青年东路 12 号	73	中国石油天然气股份有限公司山西朔州销售分公司山阴贺家窑加油站	山阴县安荣乡
28	山阴县平泽苑学校	山阴县世纪大道 2 号	74	中国石油天然气股份有限公司山西朔州销售分公司山阴城南加油站	山阴县上岱岳大运路西

续表 11

序号	单位名称	地址	序号	单位名称	地址
29	山阴县新洋学校	山阴县岱岳乡七里沟村西街 58 号	75	中国石化销售有限公司山西朔州山阴同太路加油站	山阴县同太路 8 号
30	山阴县第三中学校	山阴县北环路 9 号	76	中国石化销售有限公司山西朔州山阴山阴城加油站	山阴县古城镇北 5 号
31	山阴县第四中学校	山阴县商品街 19 号	77	中国石化销售有限公司山西朔州山阴兴马加油站	山阴县马营乡马营村东南
32	山阴县第五中学校	山阴县青年路东出口 8 号	78	中国石化销售有限公司山西朔州山阴鑫源加油站	山阴县 208 国道 23 号
33	山阴县浦泽学校	山阴东环路与应山路交叉口	79	中国石化销售有限公司山西朔州山阴城东加油站	山阴县应山路南 25 号
34	山阴县第二中学校	山阴文卫路 1 号	80	中国石化销售有限公司山西朔州山阴薛圐圙加油站	山阴县薛圐圙乡西李庄林荫路 21 号
35	山阴县新杰中学校	山阴县西环路 23 号	81	中国石化销售有限公司山西朔州山阴玉井路加油站	山阴县玉井镇虎山村 7 单元 8 号
36	山阴县广播电视台	山阴县府东街 48 号	82	中国石化销售有限公司山西朔州山阴口子梁加油站	山阴县大运路西侧 14 号
37	中国移动通信集团山西有限公司山阴县分公司	山阴县北环路 27 号	83	中国石化销售有限公司山西朔州山阴古城加油站	山阴县古城镇古城村北 2 号
38	中国联合网络通信有限公司山阴县分公司	山阴县府南路 1 号	84	中国石化销售有限公司山西朔州山阴北周庄加油站	山阴县北周庄镇李家窑村东街 4 号
39	中国建设银行股份有限公司山阴支行	山阴县府西街 21 号	85	中国石化销售有限公司山西朔州山阴刘家岭加油站	山阴县刘家岭村西
40	中国工商银行股份有限公司山阴支行	山阴县府西街 2 号	86	中国石化销售有限公司山西朔州山阴康庄 B 区加油站	山阴县大运高速康庄服务区
41	中国银行股份有限公司山阴支行	山阴县青年西路 20 号	87	中国石化销售有限公司山西朔州山阴康庄 A 区加油站	山阴县康庄高速路
42	中国农业银行股份有限公司山阴支行	山阴县同太北路 99 号	88	中国石化销售有限公司山西朔州荣乌高速路山阴县大虫堡停车场北区加油站	山阴县荣乌高速路
43	国网山西省电力公司山阴县供电公司	山阴县同太北路 31 号	89	中国石化销售有限公司山西朔州荣乌高速路山阴县大虫堡停车场南区加油站	山阴县荣乌高速路
44	山西华昱能源集团有限公司	山阴县北周庄镇北周庄村 16 号	90	山阴县人民政府	山阴县府西街 8 号
45	山西昱光发电有限责任公司	山阴县北周庄镇	91	山阴县人民检察院	山阴县南环路 3 号
46	山西古城乳业集团有限公司	山阴县古城镇东南街 38 号	92	山阴县人民法院	山阴县南环路 4 号

【宣传监督】 2019 年，消防救援队积极开展消防安全宣传、培训。召集全县重点单位消防责任人和管理人进行消防安全培训，并签订了承诺书。联合教育部门开展暑假、寒假中小学消防宣传教育专项行动。高一新生入学时，开展消防安全“进军训”活动。以开放消防站的方

式，让广大群众走进来，切实提高了民众消防安全意识。多部门联合执法，以安委办名义部署商业综合体消防安全专项整治。2019 年，对 92 家重点单位进行了不同时段的灭火演练，增强了各单位与消防官兵的协同作战能力。

2019 年消防监督检查情况表

表 12

检查单位（家）	发现隐患（条）	整改隐患（条）	下发《责令整改通知书》（份）	下发《行政处罚决定订书》（份）	临时查封单位（家）	责令“三停”单位（家）	行政罚款（元）
1519	1976	1943	756	48	15	17	277000

司法行政

【概述】 2019 年，山阴县司法局坚持以习近平新时代中国特色社会主义思想为指导，统筹推进法治政府、法治社会一体化建设，各项工作稳步向前推进。山阴县司法局全面认真履行职责，将依法行政作为建设法治政府的重点工作，积极筹备召开了县委全面依法治县委员会第一次会议，拟定了县委全面依法治县委员会及办公室和各协调小组人员名单，起草了县委全面依法治县委员会“两规则一细则”等文件，不断强化与县委政法委、各协调小组和局机关工作衔接，形成推动依法治县整体合力，促进全县依法行政能力和水平整体提升。

【法制宣传】 2019 年，山阴县司法局继续加强法治宣传教育工作。在乡镇、村委会（社区）悬挂宣传标语 30 条，在司法所设置举报信箱 15 个。利用元宵节、“3・15”消费者权益保护日、“4・15”国家安全日等节日，出动广播宣传车 20 余车次，发放宣传资料 3000 余份，受教育人数 24000 余人。切实加强特殊人群管控工作。完善社区矫正信息监管体系，将全县社区服刑人员全部录入信息化监管系统，纳入 GPS 手机定位。

扎实开展系列法治宣传活动。先后组织开展春节期间专项法治宣传、“三八”妇女集中维权、“4・15”全民国家安全教育、建国 70 周年“国庆”维稳等法治宣传活动等 70 余场次，发放资料 4 万余份，为全县做好防范化解重大风险、精准脱贫、污染防治、扫黑除恶专项斗争、优化营商环境等工作营造了良好的法治氛围。

【扫黑除恶】 2019 年，山阴县司法局加大涉黑涉恶线索排查力度，通过个人申报、司法所排查、互相揭发相结合的形式，建立起多层次、多渠道、全覆盖的涉黑涉恶线索排查网络，对全县在矫社区服刑人员逐个摸排，对近年来刑满释放人员逐个摸排，切实做到了“三类人员”底数清、情况明、去向知，管控到位，防止了脱管漏管；在每月开展的一次集中教育活动中，开展涉黑涉恶宣传教育，加强思想教育和心理疏导，使其了解黑恶势力的社会危害，认清参与黑恶势力的行为后果，督促其遵纪守法，2019 年尚未发现监管人员涉及参与黑恶势力团伙。加强律师学习培训，通过正面教育，讲政治、顾大局、守纪律；建立健全律师办理涉及黑恶案件请示报告制度，明确律师事务所主任是案件办理第一责任人，完善律师事务所接案审查、集体讨论、请示报告和责任追究等制度；加大对办理涉黑涉恶犯罪案件辩护代理工作的指导、监督和协调，规范律师代理行为。对律师代理涉黑涉恶案件实行月报制，及时掌握涉黑涉恶案件情况。对全县13个乡镇、2个管委会、216个村委会（社区）开展排查工作，积极引导村组人民调解员排查调处影响社会安全稳定的矛盾纠纷，防止矛盾升级激化，切实筑牢扫黑除恶斗争的第一道防线。

【社会维稳】 2019年，山阴县司法局大力推进“智慧矫正”进程，全面运行网络信息管理系统。全县社区矫正工作新接收服刑人员23人，解除社区服刑人员27人，有社区服刑人员53人。全年累计接收社区服刑人员525人，累计解除矫正472人；2014年以来共接收安置帮教人员共计404人，其中，2019年度接收安置帮教人员60人。对每一名社区矫正人员建立监管小组，多方合力共同教育转化社区服刑人员，进一步加强社区矫正监管力量，更及时准确地掌握社区服刑人员的动态信息。积极运用科技手段，全县社区服刑人员手机GPRS定位监控全部覆盖，8月，完成社区矫正远程视频督察系统安装调试工作，全面覆盖社区矫正中心和各司法所社区矫正执法区域。实行“全日制、全方位、全内容”监管考核模式，随时监控社区服刑人员的方位。同时依托社区矫正信息管理系统，落实专人定位核查、轨迹跟踪。在春节、“两会”、国庆等重大活动和重要时期，实行24小时值班备勤制度，启动安保期间“一日一报告”和重点人员管理机制；严格请销假审批，重点时期将请假审批权统一收归县司法局行使，对社区服刑人员请假外出的事由、期限等从严审批把关。

2019年，山阴县司法局认真开展监狱假释前的社会调查以及非监禁刑审（诉）前调查工作，着重对社会危害性、社区服刑可操作性及相关基础工作进行评估，向法院提出是否适用非监禁刑的相关建议和意见。全年共做审前社会调查33人次，为监狱、人民法院和检察院提供了有力的审判依据。在日常报告中严格按照社区服刑人员的等级进行周报告、月报告和电话报告制度，采用人脸识别仪规范报到报告记录。对申请请假外出的社区服刑人员，严格按照有关要求落实审批手续，落实监管手段。山阴县司法局根据社区服刑人员的犯罪原因、心理类型、现实表现等因人而宜地制定矫正个案，按现实危险程度和再犯罪可能性大小，实行重点对象严格监控、一般对象普通监管的不同的监管等级和方式，调动了社区服刑人员的改造积极性。社区服刑人员入矫后，每个月参加不少于8小时的集中学习和社区服务，让他们在参与中体现自身价值。组织开展了“4·15”（全民国家安全教育日）、“迎二青保大庆”“庆七一献爱心”“建国70周年”等维稳集中规范化训练和教育学习活动、分别到安荣乡养老院、山阴慈爱儿童福利院进行清理垃圾、杂草、擦玻璃等公益劳动；签订《社区矫正对象特赦明白书》。随着社区矫正工作的深入开展，管控工作明显见效，使社区服刑人员“有所畏惧、有所醒悟、有所进取”。

【基础建设】 2019年，按照全省公共法律服务实体平台建设工作安排，成立了山阴县司法局公共法律服务体系建设领导小组，完成了县、乡、村三级公共法律服务实体平台建设，形成了上下协同、部门协作的工作格局。建成县级公共法律服务中心1个，乡镇公共法律服务工作站13个，村级公共法律服务工作室252个。

【法律援助】 2019年，山阴县司法局审查指派法律援助案件91件。其中刑事61件、民事30件。共解答咨询7863人次，为当事人代写法律文书327份，法律宣传20多场次，受援人数700多人次，挽回经济损失5000多万元。共办理各类公证事项108件，其中民事107件、执行1件；法律援助2件，接待来信来访289人次，解答法律咨询516人次，收取公证费56000元。

代理民事案件7件，担任企业法律顾问4家。山阴县司法局进一步推进法律服务网建设，依托县乡两级公共法律服务工作机构，开展免费法律咨询便民工程。山阴县免费法律咨询工作有专职管理人员1名，免费法律咨询工作人员7名。人员结构分布为法律服务工作者1名，政法队伍退休人员6名（检察院1名、司法局2名、政法委2名、公安局1名），共免费解答群众法律咨询1760多条，群众满意度达到100%以上。内部排班管理以周为单位进行工作安排，制定考核制度，定期召开工作例会，对工作人员上岗情况实行动态监管。

【人民调解】 2019年，山阴县司法局加强人民调解工作，有效化解矛盾纠纷，一是完善调解组织网络。完善以县人民调解中心为依托，乡（镇）、村（社区）人民调解委员会为网点，纵横互补的三级人民调解网络。完善了诉调、检调、公调、政调、访调对接机制，实现调解信息共享、共同参与的大调解格局。二是大力推进人民调解规范化建设。大力弘扬“枫桥经验”，坚持“矛盾不上交”的工作原则，积极开展矛盾纠纷排查化解，全力维护基层社会稳定。继续开展调解案件回头看，深挖细查黑恶势力犯罪案件线索，充分发挥人民调解在化解矛盾、维护稳定方面“第一道防线”的作用。全县各级人民调解委员会共受理各类矛盾纠纷286件，其中，调解成功262件，调解成功率92%。

【普法工作】 2019年，山阴县司法局持续加强做强普法工作，一是继续深入推进“七五”普法，落实“谁执法、谁普法”普法责任制，做好全县法治副校长配备工作。继续抓好领导干部、青少年、企业管理人员、基层群众重点群体普法，积极拓展“互联网+普法”新阵地，大力推广“中国普法”“山阴司法”微信公众号，提升公民关注度。印发全县2019年度重点普法目录和法治宣传教育工作要点，将《中国共产党政法工作条例》《中国共产党支部工作条例（试行）》等党内法规纳入其中。二是加强法治创建。切实推进基层民主法治建设的不断深入。认真贯彻落实中共中央、国务院印发的《法治政府建设实施纲要（2015—2020）》，依法全面履行政府职能，深入推进行政执法机制改革，扎实落实行政执法“三项制度”，大力规范行政执法行为，坚持公正文明执法，强化对行政权力的制约和监督，制定方案、建立台账，确定示范创建单位，以点带面辐射全县各级行政执法部门。开展对食品药品领域司法情况专项督查，依法有效化解社会矛盾，全面提高政府依法行政能力。

【队伍建设】 2019年，山阴县司法局加强政治业务学习，加强纪律作风教育，开展“不忘初心、牢记使命”主题教育，对标一流典型和“改革创新、奋发有为”大讨论要求，认真查找存在问题和不足，强化政治理论学习，进一步提高政治站位，狠抓“三基”建设，加强政治业务学习，加强纪律作风教育，切实转变队伍作风，提高司法行政队伍整体素质。采取专题研讨、报告会、座谈会交流等形式，引导党员干部联系工作实际和思想实际深入开展学习研讨，切实增强对新时代爱国奋斗精神、党和国家奋斗目标的思想认同、情感认同、价值认同，让爱国奋斗精神入脑入心。重点围绕“不忘初心、牢记使命”这一主题，深入开展交流研讨，引导知识分子进一步提高认识，凝聚共识，汇集力量。改进机关效能，进一步提高机关办事效率。要紧紧结合“六个破除”，围绕“等、靠、要”思想和“慵、懒、散”不实作风，摒弃形式主义、官僚主义，加强作风问责问效，落实工作督查机制和责任追究制度，对违反党纪政纪的党员干部坚决依法依规处理，着力解决精神懈怠、遇事推诿、办事拖拉等机关效能方面的突出问题。加强机关党建。制定党建工作和意识形态工作要点，严格规范党内政治生活，高质量地开好了2019年度党组民主生活会、党员组织生活会，机关党建工作质量进一步提升。把加强党风廉政教育作为反腐倡廉的基础性工作，立足于教育，着眼于防范，促使反腐败的关口前移。

经济管理与监督

计　划

【概述】 2019年，发展和改革局坚决执行县委县政府的领导，在县人大、县政协的强有力的监督支持，以习近平新时代中国特色社会主义思想为指导，全面贯彻中共十九大和十九届二中、三中、四中全会精神，深入贯彻习总书记视察山西重要讲话精神和习近平总书记“三篇光辉文献”精神，不忘初心、牢记使命，创新发展“2361”工作思路，坚持稳中求进工作总基调，抢抓发展机遇，强化发展措施，统筹稳增长、促改革、调结构、惠民生、防风险各项工作，较好地完成了十六届人大四次会议确定的各项目标任务。

【主要指标】 2019年，山阴县经济平稳运行，综合实力稳步提升。全年地区生产总值完成136.8亿元，比上年下降1.3%。其中：第一产业完成9.8亿元，比上年下降10.5%；第二产业完成52.2亿元，比上年下降4.7%；第三产业完成74.7亿元，比上年增长3.7%，经济发展保持了平稳健康的态势。经济结构显著优化，一二三产业结构比重调整为7.2∶38.2∶54.6，三产服务业拉动经济效益显著。工业经济增速放缓，工业总产值完成149.7亿元，同比下降14.56%；规模以上工业增加值同比下降4.7%。投资持续增长，全县固定资产投资完成29.6亿元，比上年增长37.1%；全县非煤产业投资完成23.4亿元，占到项目投资的79.1%，经济转型升级步伐明显加快。城乡居民收入稳定增加，城镇常住居民人均可支配收入达36667元，比上年增长6.7%；农村常住居民人均可支配收入达18184元，比上年增长9.4%。消费基础作用不断增强，全县社会消费品零售总额46.6亿元，比上年增长7.5%，其中：城镇消费品零售总额35.4亿元，比上年增长7.4%；乡村消费品零售总额11.2亿元，比上年增长7.4%。公共财政质量总体平稳。全县公共财政预算收入15亿元，同比下降2.9%。服务业发展态势良好，服务业增加值完成74.7亿元，其中：交通运输、仓储邮政业完成增加值9.8亿元，批发零售业完成增加值22.01亿元，住宿和餐饮业完成增加值0.76亿元，金融业完成增加值4.4亿元，房地产业完成增加值9.1亿元，营利性服务业完成增加值5.1亿元，非营利性服务业完成增加值23.5亿元。生态环境持续改善，全力推进桑干河全流域治理，完成县城污水处理厂提温提标工程、玉马小区污水处理工程。持续推动西山生态修复工程，种植树木8.5万株。环境空气质量综合指数为5.65，同比下降10.9%。

【项目建设】 2019年，项目建设有序推进，发展动力逐步增强。着力“深化转型项目建设年”，立足生态为基、稳煤促新，全面构建“2+7+N”现代产业体系。项目建设进展顺利，2019年计划实施投资500万元以上项目70个，总投资349.14亿元，2019年计划完成投资28.2亿元。其中：续建项目27个，总投资50.08亿元，2019年计划完成投资15.86亿元，累计完成投资17.12元，完成率107.9%；新建项目43个，总投资299.06亿元，2019年计划完成投资12.34亿元，累计完成投资12.81亿元，完成率103.8%。重点项目有序推动，省级重点项目山西联胜新能源有限公司新建山阴县偏岭三期15万千瓦风力发电项目开工建设，漳泽电力山阴吴马营100MW风电场项目并网发电，投入运行。市级重点项目大同煤矿集团电力能源有限公司山阴织女泉风电场四期工程、山西朔州山阴金海洋水泉煤业有限公司兼并重组整合建设、山西朔州山阴兰花朱和咀煤业有限公司矿井兼并重组整合、山阴县锦晔清洁能源有限公司新建100万吨/年低阶煤分质利用示范项目、山阴县西山矿山生态修复项目、桑干河山阴段河道综合治理工程、山西超牌煅烧高岭土有限公司新建20万吨/年煅烧高岭土生产线项目进展顺利。项目开复工有条不紊，2019年计划实施重点项目70项，开复工项目66项，其中：新建项目40项，总投资38.26亿元，2019年计划完成投资11.74亿元；续建项目26项，总投资46.5亿元，2019年计划完成投资15.36亿元。开复工率达到94.3%。

【转型升级】 2019年，产业结构不断优化，转型发展步伐加快。围绕构建“2+7+N”产业体系，产业结构持续优化。现代农业质量提升，农业总产值达到19.9亿元，种植业粮食作物播种面积84.4万亩，粮食产量达2.8亿公斤，其中玉米产量达2.5亿公斤。畜牧业奶牛存栏7.95万头，鲜奶产量28万吨，生猪出栏3.25万头，牛出栏1.14万头，肉羊出栏10.1万只。实施品牌富民战略，举办全国有机旱作节水技术培训现场会、全省粮食产业经验交流现场会等大型现场会5次。山阴县在第十七届中国国际粮油博览会上被中国粮食产业协会授予“中国富硒小米之乡”称号，“塞外火山土”“雁门香”小米获中国第17届国际粮油产品会金奖，“农食美”牌小米获省粮食行业协会“放心粮油产品”称号。12月26日参加第二届全国小米品鉴大会和“山西小米”品牌建设推进会。鑫霏农业科技开发有限公司成为“山西好粮油”行动示范基地，带动全县小米产业走向“优、特、新、精”的发展格局。

传统产业升级步伐加快，全年原煤产量2675万吨，洗煤产量1717万吨，发电量54.5亿千瓦时，煤电产业成为经济增长的重要支撑。兰花朱和咀煤业与金海洋水泉煤业两个90万吨/年矿井开工建设；超牌10万吨/年耐火材料级煅烧高岭土二期生产线，进入试生产阶段；玉竹新材料1万吨/年硅酸钙新材料2万平方米绝热保温硅酸钙产业初具规模；奕光电厂2×350兆瓦低热值煤发电供热工程正式投产。新兴产业规模扩大，晋能8万千瓦光伏发电、同煤织女泉10万千瓦风电、漳泽吴马营10万千瓦风电并网发电，新能源发电占比达38%以上。山西联胜风能新能源有限公司新建15万千瓦风电项目开工建设。经济技术开发区建设，山西金胜达科技环保有限公司6万吨/年处理废旧轮胎橡胶输送带加工胶粉、改性沥青及下游产品项目改扩建工程试生产运营，山西松蓝化工科技有限公司4×20万吨丙烯酸及酯类项目正在建设，山阴新晔100万吨/年低阶煤利用项目建设接近尾声。

【改革创新】 2019年，山阴县经济技术开发区获批，持续推进“三化三制”改革，高起点规划编制“多规合一”（山阴经济技术开发区总体规划、国民经济发展纲要、土地利用规划、环境保护规划、产业发展规划与五规合一规划技术报告），开发区体制机制创新深入推进。电力体制改革方面，开发区被国家能源局批准为增量配电业务改革试点单位之一。成立了东炜泰投资有限公司，参与大用户直供电企业达到8家。实现风火打捆电力直接交易，山西超牌有限责任公司、朔州市金沙源橡胶制品有限公司、朔州市威龙混凝土搅拌有限公司3家企业享受低电价用电服务，交易电量1550万千瓦时，每度电降低成本0.14元，共为3家企业节约成本217万余元。医改方面，县乡医疗卫生机构“六统一”管理改革到位，建全了医疗服务价格动态调整机制。推动县、乡、村三级医疗机构全面配备、优先使用基本药物，促进三级医疗机构用药衔接。初步建立了现代医院管理制度，并拟定山阴县促进“互联网+医疗健康”发展两年行动方案。农村改革方面，以农业供给侧结构性改革为主线，深化农村土地制度改革和农村集体产权制度改革，完善承包地“三权”分置制度，积极引导农村土地有序流转，促进一二三产业融合发展，不断增强农业农村动力活力，有效实现农业增效、农民增收的目标，推动山阴县从农业大县向农业强县迈进。抓特色、创品牌，重点培育有机旱作农业示范县，不断巩固粮食大县、畜牧强县地位，全年粮食总产2.8亿公斤，鲜奶总产28万吨。“放管服效”改革方面，深化“放管服效”改革，依托“互联网+政务服务”，清理审批事项、简化行政流程、优化办事效率，对接省市一体化在线政务服务平台，实现政务服务事项“一网通办”；全面启动“一枚印章管审批”，做到了政务便民服务中心进驻单位“两集中、两到位”，营商环境进一步优化。

【基础设施】 2019年全县城乡面貌持续改观，基础设施不断完善。城市承载能力提升，韩原线山阴动车站、新建山阴汽车站投入运行；府东街城市棚户区跨线立交桥项目有序推进；供水日新增供水量5000立方米，供热新增供热面积100多万平米。基础设施不断完善，世纪大道道路改造工程、王家涧路道路改造工程已完工通车；正在建设西二环道路拓宽工程、虎山线入城道路工程、河阳大道—污水处理厂—麻疃村道路工程；公共设施康馨集贸市场拆迁工作接近尾声，位于世纪大道与西环路交叉路口临时批发市场投入使用。美丽乡村建设持续推进，农村危房改造任务490户，其中“四类重点对象”300户、一般贫困户190户。乡村清洁农村生活垃圾治理按照“村收集分类、乡（镇）保洁监管、县转运处理”的模式，投资437万元购置垃圾转运车10辆，发放配套的勾臂箱85台，240升的垃圾分类桶1300个。农村生活污水治理完成21个村的生活污水治理工程，铺设污水管网100.908公里，筑起检查井3143座．建制镇生活污水处理设施建设项目涉及三个重点镇，北周庄镇、古城镇污水处理站已完工，玉井镇污水管网已完工。传统村落保护完成旧广武戏台复建和排水管网工程建筑面积146.78平方米，巷道内2020米的雨水管网铺设；燕庄村、故驿村传统村落保护规划编制完成。

【社会事业】 2019年，社会事业不断进步，人民群众幸福感、获得感稳步增强。教育事业启动实施《振兴山阴教育五年行动目标》，新建职教中心通过省级评估验收，完成了北周庄学校改扩建，安装了考场监控三合一终端。医疗卫生县人民医院和县中医医院分别达到二级甲等医院建设基本标准，县人民医院心血管内科被市政府命名为首批市级临床重点专科，以山阴县医疗集团人民医院牵头建立了朔州市心血管病和骨科两个专科联盟，开展了优质医疗服务基层行活动，整合后的村卫生室全部达到标准化建设。强化医疗服务能力，启动新一轮优质护理服务评价和向基层医疗机构覆盖延伸工作，制定开展优质服务基层行活动方案，成立本级活动领导小组，建立活动工作制度，与九个部门联合出台了《护理服务业改革与发展实施方案》，引进外地域医疗专家来山阴县医疗机构进行医疗健康服务。文化体育举行了首届农民丰收节、“全民健身日”活动，第二届全国青年运动会实体火炬传递活动圆满成功。社会保障，城乡居民医保参保人数达17.9万人，制作社保卡24.1万张，完成年初任务的108.1%。电子社保卡的签发量22418张，完成人社部签发率的100.5%。实现人力资源和社会保障业务线上化和移动化，提升了公共服务水平，促进民生服务和智慧城市建设。就业创业城镇新增就业人数4396人，创业带动就业人数669人，失业人员再就业人数1198人，就业困难人员就业人数415人，转移农村劳动力人数3954人，建档立卡贫困劳动力转移就业人数557人，全县城镇登记失业率控制在1.49%以内，低于全省平均水平。同时，民政、人防、残联、党史研究、国防动员、老龄、宗教、对台、审计、妇女儿童、档案等工作取得新成效。

审　计

【概述】 2019年，山阴县审计局坚持以习近平新时代中国特色社会主义思想为统领，全面加强审计机关党的建设，切实履行审计监督职责，各项工作取得新进展。2019年，县本级共安排审计项目61个，完成审计项目59个，完成市审计局委托项目3个。审计查出问题金额合计3.09亿元（违规金额0.53亿元，管理不规范金额2.56亿元）。出具审计报告62篇，提出审计建议72条。

【审计监督】 聚焦改革发展，加强政策措施贯彻落实情况跟踪审计。按照省审计厅下达的工作要点，成立专项审计组，按季跟踪。一、三两个季度自行组织开展，二季度市、县上下联动。通过审计，摸清了底数，揭示了存在的问题，促进了整改。清理拖欠民营企业中小企业账款，2月底拖欠5461.52万元，8月底拖欠3251.36万元，计划年底前全部清理完毕。化解隐性债务风险，2月底余额116468.61万元，8月底余额109916.9万元。政府债券未化解，2月底余额23148.37万元，8月底余额3548.37万元。新增债券未安排使用，2月底尚有971.33万元，8月底全部整改到位。未拨付转移支付资金，8月底14892.81万元。聚焦财政资金安全绩效，加强预算执行审计。认真贯彻中办《关于人大预算审查监督重点向支出预算和政策拓展的指导意见》精神，制定预算执行审计工作方案，确定审计项目计划及审计内容。以积极财政政策落实、收支结构优化、财政绩效管理、政府债务风险防范为目标，重点关注支出预算总量与结构、重点支出与重大投资项目、部门预算执行、财政转移支付、财政风险防控等方面，采取“统一调配人员力量、统一组织进点实施、统一审计工作方案、统一汇总审计情况、统一审计处理口径”“五统一”方式，组织对2018年度县本级预算执行和其他财政收支情况进行审计，同步延伸审计县财政局、县地税局、县国土局、县安监局、县人社局、县交通局、县公安局和交通队8个部门单位。发现财政收入、财政支出、财政预算编制及财务管理、决算编制、财政资金使用绩效、财政管理和政府采购七方面22个问题，并向人大常委会作了专题报告。聚焦群众切身利益，加强教育、供水、供暖、环境卫生等专项审计。2019年初县委审计委员第一次会议精神，审计局及时调整审计项目计划，集中时间集中力量对县一中、县自来水公司、县供热公司、县城环境卫生队、全县人防系统、全民技能提升工程等进行了专项审计。通过审计发现供水能力与用水需求的矛盾较大，输水管线及水表设备老化，供热能力弱，供热热量分配不均衡，“两部制”热价推进滞后，取暖费拖欠突出，城市生活垃圾处理费收取不到位，部分小区物业、居民和施工单位垃圾乱倒，缺乏有效管理手段，民用建筑项目未申报人防工程，人防工程建设项目工程进度缓慢等问题，为县政府提供了决策参考依据，促进了有关职能部门在建设、管理工作规范运行。

【项目投资审计】 2019年山阴县审计局积极创新审计方法，将竣工决算审计和工程建筑项目全程跟踪相结合，共组织实施了政府投资审计项目8个。其中：竣工结算审计项目3个，送审金额991.5万元，审定937.21万元，核减54.29万元，核减率5.48%；跟踪项目5个，分别是：韩原线山阴站改造项目、韩原线山阴站道路建设项目、广武旅游路改建项目、农村“四好公路”建设项目、职教中心建设项目，对跟踪中发现的问题及时提出，并进行了整改。通过建设项目跟踪审计、竣工结算审计等方式，提高政府资金使用效益，促进建设项目管理水平提升。

【财政收支审计】 2019年4月12日县委审计委员会第一会议精神，及时调整审计项目计划，将多年来一直无人问津的县委办公室、政府办公室、县纪委和县统战部4个单位2017—2018年财务收支情况审计列入审计计划，清除了审计“死角”，推进了审计“全覆盖”。

【上级部署审计】 2019年，山阴县审计局积极配合上级审计机关的审计工作。审计局先后派出9人次参加了省、市审计机关组织开展的专项审计，分别是：市审计局组织的预算执行大数据审计、省审计厅组织的原平市自然资源资产审计、市审计开展的忻州市扶贫资金和大同市水环境保护和污染防治交叉审计，以及市审计局开展的交叉审计。这些审计，不仅突出了审计重点，加大了审计监督力度，而且通过配合审计，跟班学习，开拓了审计局审计人员的视野，特别是自然资源资产审计和大数据审计，积累了审计经验，探索了审计方法，为下一步审计局开展自然资源资产审计和大数据审计奠定了基础。

【干部经济责任审计】 聚焦权力规范运行，开展领导干部经济责任审计。2019年共安排了34个领导干部经济责任审计项目。当年已完成17个，开展实施县直水利局、县经信局、县统计局等4个单位主要负责人和3个乡镇党委书记、乡镇长6人经责审计。协同县委组织部开展了领导干部任前经济责任审查工作，2019年对任命的县直各部门、各单位和各乡镇领导干部经济责任审查204人。按照市审计局安排，完成了怀仁市政法委书记、宣传部部长和山西省洪涛山森林公园管理中心原主任经济责任审计。

【党的建设】 习近平总书记指出：审计机关不仅是国家机关，更是政治机关。2019年，山阴县审计局以“改革创新、奋发有为”大讨论活动和“不忘初心、牢记使命”主题教育为契机，以习近平新时代中国特色社会主义思想为指导，按照县委党建工作要求，局党组认真研究并制定2019年党建工作要点，明确年度党建工作总体要求，不断加强机关政治、思想、组织、作风和廉政建设工作。坚持党建工作和审计工作同安排、同部署，以党建促审计，推动审计工作开展。不断推进机关政治建设。严格落实“三会一课”、主题党日、领导干部双重组织生活和民主评议党员等党内生活制度。组织全体人员认真学习党章党规党纪和习近平总书记系列重要讲话精神。增强“四个意识”，坚定“四个自信”，做到“两个维护”，充分发挥审计机关在国家治理中重要作用。不断推进机关思想建设。以学习为先导，坚持每周二集中学习，同时以学习强国平台、好干部在线学习平台和审计大讲堂为载体，通过领导领学、专家导学、个人自学，全面领会、准确把握习近平总书记系列讲话、在山西考察时讲话和对右玉精神的批示的丰富内涵和精神实质，提高政治站位和理论素养。7月组织机关党员干部赴延安红色教育基地开展了革命传统教育，10月组织全局在职党员深入南口前村、白坊村和康庄村三个教育基地开展艰苦奋斗、心系群众教育活动，坚决做到不忘初心，牢记使命。不断推进机关组织建设。全县党政机关改革之后，针对领导干部的调整，5月局党支部班子及时进行了改选。8月，按照支部换届的要求，选举产生了新的党支部班子，局党组书记当选了支部副书记，3位年轻党员进入了支委班子，增强党支部的凝聚力和战斗力。进一步巩固“三基”建设成果，对成立的县委审计委员会及其办公室，制定了工作规则和工作细则。按照新编制的“三定”方案，结合党支部换届情况，对原有工作制度进行了全部修订完善。不断推进机关作风建设。扎实开展“改革创新、奋发有为”大讨论和“不忘初心、牢记使命”主题教育。在活动中，审计局制定了《山阴县审计局关于开展“改革创新、奋发有为”大讨论的实施方案》《山阴县审计局开展“不忘初心、牢记使命”主题教育的工作安排》，在完成省、市、县规定动作的基础上，完成自选动作 1 项，全体党员干部紧紧围绕“六突破、六着力”，对标一流，查找了自身存在的问题，党组成员还结合意识形态工作查找了自身的不足。在召开专题民主生活会和组织生活会上，全体党员干部认真剖析问题产生的根源，明确了整改方向，局党组书记作了对标一流述职，强化标杆意识和作风改进。在“不忘初心、牢记使命”主题教育中，局党组制定了在周二集中学习讨论的基础上，局党组书记带头讲课，营造了学习氛围。结合审计部门工作特点，全体党员对照党章、“5 个查找”“18 个是否”等开展了检视问题，重点查找推、浮、躲、懒、散、慢问题，局党组成员还发放了征求意见表、开展了谈心谈话等检视班子和自身存在的问题。领导班子成员、党员干部，挖根源，促整改，坚持问题导向，盯着问题不放，边学边查边改，坚决摒弃人浮于事、庸懒散拖的问题。

【自身建设】 2019 年，山阴县审计局大力推进审计机关自身建设及审计队伍，全力推进审计体制改革。全县党政机关改革方案出台之后，审计局及时编制了《山阴县审计局职能配置、内设机构和人员编制规定》，将县委审计委员会办公室职责列入“三定”方案，明确了工作职责，优化了资源配置，整合审计力量。4 月 12 日召开的山阴县委审计委员会第一次会议，讨论通过了《中共山阴县委审计委员会工作规则》和《中共山阴县委审计委员会办公室工作细则》，进一步规范了审计执法制度，坚定了党对审计工作的领导。

持续加强审计人员综合素质培训。充分发挥媒体的功能，通过视频会议系统，全局人员参加了审计署组织的扶贫审计、自然资源资产离任审计培训、固定资产投资审计和集中整训等专题培训，参加审计大讲堂 11 期学习，充实审计干部的综合知识，提高了业务能力。以干部在线学习、和审计干部在线学习为抓手，通过参与在线学习、专题讨论、知识测试等方式，着力提高审计干部政治理论知识和审计业务知识水平，进一步提升综合素质。4 月，局长程毅赴南京审计大学参加了为期 10 天的县级审计局局长专期培训班，为尽快熟悉审计并开展工作奠定了基础。持续开展跟班培训，2019 年先后有 5 人参加了省市审计机关组织的以审代培审计，主要学习了大数据审计、自然资源资产审计、扶贫资金审计，既是一个学习提高的契机，又是一个交流进步的平台。积极鼓励符合条件的审计人员参加审计技术职称考试，今年有 5 名审计人员报名参加审计师资格证书，促进了审计人员全面锻炼、进步和成长，同时促进了机关自学业务的风气。

努力改造办公环境。审计局现有办公场所年久陈旧，部分房屋楼板断裂，存在很大安全隐患，并与居民、商铺混杂，环境很不适宜办公。而且包括档案室和会议室在内人均使用面积不足 7 平方米，办公用房严重不足。从去年开始与县交警队沟通协商合署办公，2019 年，县政府同意，县交警队将在建的新办公楼调出第三层作为审计局办公场所，调出二层的西南角阳面第二个房间（约 45 平方米）作为审计局的多功能会议室，预计年底前入住。为营造审计执法环境，规范执法程序、加大安全保密力度奠定了基础。

【脱贫攻坚】 2019 年，审计局驻村工作队采取多种形式开展扶贫帮扶。及时传达各级精准扶贫会议精神，落实各项扶贫政策，及时解决贫困户生产生活中存在的困难，为1户联系办理慢性病证书。调动贫困户的种植积极性，有6户计划租种土地。积极调整种植业结构，有3户计划种植青椒，有2户计划种植西瓜，有10户计划种植渗水地膜谷子，促进增加收入。引导村里有劳动能力的贫困户，就近进入种植、养殖园区务工。协助村委会发放政府补贴的地膜、化肥，推动了补贴政策落实。3月，按照山阴县“全省万名干部入企驻村帮扶”工作安排，审计局派出6名干部分两个组开展了入企驻村工作，分别入驻朔州百瑞源枸杞销售有限公司和张家庄乡西察罕铺村、泉子沟村。工作组通过召开座谈会、入企入户走访，摸清了企业在融资、生产和销售等方面的瓶颈，摸清了两个村在生产、生活中存在的困难，按照存在问题层次，逐级上报，有的问题工作组及时进行了解决，有的向上级进行了报告帮扶解决，密切了党群干群关系。从5月开始，按照组织部安排，驻村工作调整到后所乡水峪口村整顿软弱涣散党支部，驻村后工作队通过多种形式了解情况，查找原因，协助村支部建阵地，完善制度，特别是结合“不忘初心、牢记使命”主题教育，局党组成员深入该村开展调研，同时慰问困难户3户，着力解决部分耕地灌溉困难的问题，扎实提高党支部的战斗力和凝聚力。

统　计

【概述】 2019年，山阴县统计局以习近平新时代中国特色社会主义思想为指导，认真学习贯彻落实中共十九大、十九届四中全会和省、市、县相关会议精神，根据省、市统计工作会议要求，以强基础、严质量、优服务、求创新、争一流的工作目标，严抓干部队伍建设，强化重点工作落实，为全县经济社会平稳发展提供了有力的统计保障。山阴县统计局承担组织领导和协调全县统计工作，拟定并组织实施全县国民经济核算制度和全县投入产出调查方案，核算全县国内生产总值，汇编提供国民经济核算资料，组织实施全县人口、经济、农业等重大国情国力普查，汇总、整理有关统计数据。

【经济普查】 2019年5月，第四次全国经济普查工作完成正式登记。期间，山阴县统计局经历组织机构设立、工作方案制定、经费物资和人员保障、普查宣传、业务培训、单位清查、正式登记、数据审核等环节，消耗了大量的人力物力，普查工作取得显著成效。历时9个多月，全县共完成2607家法人和产业单位的普查，6684户个体户的调查。山阴县第四次全国经济普查工作顺利通过抽查验收。

【贫困监测】 贫困监测工作是了解和掌握该乡农村贫困状况的重要手段，是上级出台更加科学的扶贫政策数据支撑。山阴统计调查监测中心从思想上高度重视，行动上扎实稳妥做好该项工作。认真学习方案，提高认识。深入调查，严格把关。调查过程中坚持做到“五看五不准”，“五看”即：看调查对象收入多少、看房屋结构怎样、看有否病残、看子女上学费用多少、看劳动力是强是弱，“五不准”即：入村调查不漏户、入户调查不漏项、数据不凭空臆造、表格填写不马虎、资料整理不更改。调查过程要做到公开公正透明。确保贫困监测工作高质、高效地完成。

【经济监测】 2019年，山阴县统计局为认真贯彻省统计局县域经济监测工作会议精神，科学客观完整做好县域经济监测的基础性工作，推动全县县域经济社会持续健康发展。统计局和监测中心高度重视，多措并举扎实安排县域经济监测工作，确保县域年报数据质量。一是高度重视，明确责任。根据县域经济社会发展监测考评指标体系，1月9日，组织指标体系所涉及的教育、公安、财政、国土、住建、卫计、科技、商务等15个部门召开县域经济监测工作会议，要求相关部门充分认识县域经济考核的目的及意义，明确县域经济社会发展考核的范围、内容和方法；夯实各成员单位工作职责；明确落实了各单位主要负责人对上报数据认真把关等相关责任。二是加强沟通，强化培训。根据工作实际，在部门县域监测会上，采取逐单位进行讲解培训，学习每项指标解释及计算方法，探讨交流促进监测统计工作方法等手段，有效提高了部门统计人员的积极性，增强了部门单位的配合意识和时效意识，为填写报表打下坚实基础。三是夯实基础，确保质量。要求加强与部门之间沟通协调，做好上下衔接，对所有的监测指标做到省、市、县三级数据衔接一致。加大数据的检查审核力度，特别是要关注当年数和上年同期数，对幅度变化较大的指标要认真审核和分析，查明原因，按照省、市统计局要求的时间按时上报，同时要求分管领导签字并加盖地方政府公章，确保县域监测的每一项数据准确可靠，真实有效，科学客观反映县域经济社会发展情况。四是加强分析，做好监测。针对县域经济发展中的情况和问题加强分析研究，总结剖析本地的优势和短板，深入了解当前经济社会发展实情，撰写高质量统计分析资料，为政府领导提供详细的参考资料，更好地发挥决策的参谋助手作用。

【统计年定报】 2019年，山阴县统计局为进一步提高统计数据质量，加强对年定报工作的业务领导，对数据认真审核把关，增强基础数据的匹配性和支撑性；在党中央国务院及省、市主要领导对统计数据质量先后作出批示的情况下，县统计局及时向县委、县政府主要领导汇报，并引起高度重视。统计局加强与发改、经信、财政、住建、招商等相关部门和上级统计部门的沟通、衔接，掌握第一手资料，确保统计数据有理有据、真实可信，统计局严格执行入规企业申报条件、要求和流程，联合税务、商务局等部门对2019年年度拟入库企业进行实地调研，严格把关，确保入库企业申报资料齐全完整。2019年，全县新入库5000万元以上投资项目4个，小升规企业6家。全年共完成420家在库基本报表单位的5184份报表的356994个指标的统计、汇总、分析任务。其中：劳动工资年、季报完成报表审核784份，“四上”企业完成报表审核11722份。同时还完成妇女儿童两纲监测、城镇私营单位工资统计、交通运输、能源消费、文化产业、科技、投入产出调查等专项调查工作。为全县区域经济发展提供了有效的数据支撑。

【提高统计质量】 统计数据是统计工作的生命，是提供精准统计服务的基石。2019年随着经济下行压力的增强，统计数据采集、统计对象管理难度日益加大，面对复杂的统计环境，统计局全体干部职工真抓实干、锐意进取、恪尽职守、齐心协力，统计工作取得了新成效。坚持依法统计、依法治统，如实调查，严格把关。一是实行数据上报动态监控制度和数据异动查询制度。每月数据上报期间，要求各专业人员密切关注企业上报情况，在系统审核基础上加大人工审核力度，及时向部门发出预警，做到发生异动立即过问、立即纠正，做到即审、即改、即验，确保数据质量。二是成立统计法治领导小组，制定下发《2019年统计法治工作要点》《2019年统计执法检查通知》，对执法内容、任务进行量化分解；为提高发现统计违法违纪案件线索的能力，更好地防范和惩治统计造假、弄虚作假等违法行为，统计局成立了县统计违法举报工作领导小组，同时在县政府门户网站公布了统计违法举报渠道，积极接受群众监督举报，成为推进统计法治工作规范化的一项有力举措。三是持续深化“七五”普法工作，认真落实领导干部和统计工作人员学法用法制度，先后组织学习了宪法、统计法、统计法实施条例，中央意见、办法和规定等重要法律法规，全面提升干部职工执法水平和工作能力。四是严把统计源头数据上报，严厉打击虚报瞒报统计数据现象。在各企业单位自查自纠的基础上，对全县51家企业进行了统计数据核查工作；对未按照统计法要求，建立健全原始记录和统计台帐以及未按照统计法律法规开展统计工作，且存在统计违法事实的单位，发现一起查处一起，截至2019年，共下发统计法律事务告知书107份，切实保障了统计数据质量的真实性。2019年，未发生一起统计违法案件。

【提升服务水平】 2019年，山阴县统计局为着力构建现代统计体系，强化数据分析与运用，不断优化统计服务。一是按时编发统计产品。始终把《统计年鉴》《统计月报》《统计公报》作为“拳头”产品定期编发，向社会各界提供及时、完整的统计数据。每月定期整理统计月报，通过微信、短信发送给县领导及主要部门，通过山阴县人民政府门户网站向社会公布，为全县各项指标、数据的参考、查询提供权威资料。二是强化数据分析。面对新形势、新要求，围绕县委、政府中心工作，撰写了一批有价值的统计分析和信息。截至2019年，共编发工作动态30篇、统计信息15篇、统计分析3篇，专报10期，《山阴县2018年统计年鉴》编纂工作已进入资料收集、排版阶段，预计2020年出版。三是强化对企业的服务工作。加强工作调研，密切关注经济形势变化。着力加强对重点行业、主导产业、龙头企业的动态监测，高度关注工业增加值、固定资产投资、社会消费品零售总额、工业用电等重要统计数据。加强分析研究，及时反映经济运行中苗头性、趋势性问题，有针对性的提出对策建议，为企业的发展提供参考数据。

【城乡居民收入调查】 2019年，山阴统计调查监测中心从五个方面开展居民收支调查基层基础工作和数据质量检查：一是样本管理情况，二是《现金和实物收支账》质量，三是执行国家统计局及山西调查总队山西省统计局工作制度情况，四是住户调查应用平台运行和管理情况，五是电子记账开展和管理情况。进行自查和检查整改，先后四次深入全县100户调查记账户全面检查，认真询问、查阅账本，发现问题及时纠正，把问题消灭于基层。5月28日省质量检查组、7月3日国家调查队山西调查总队、10月11日市调查监测中心三次深入山阴县进行质量大检查，通过机账比对，查阅原始台账，对记账疑问深入住户进行跟踪落实，深入八里庄和贾家窑村深入记账户查看记账情况，并了解了相关情况，通过检查对数据质量进一步肯定。

根据省调查总队和省统计局要求，积极推进电子记账，通过在全县范围内对符合电子记账条件的记账户进行三期业务培训，手把手教如何上网、如何打开记账平台、如何记账修改保存，经过努力，共发展电子记账户43家，达到上级下达的推广目标。

【粮食产量跟踪监测】 2019年，山阴县统计局为扎实做好农业调查工作，严格按照上级工作部署，把数据质量这条红线贯穿始终，多管齐下，紧抓对调查各环节的督查指导。山阴统计调查监测中心从6月24日起经过15天对全县抽中的15个村根据卫星遥感地图确定的3个地片大约每个村90多块地通过PDA定位踏田进行分作物播种面积调查。9月23日山阴县统计局全体人员深入到抽中的10个村对主题作物玉米进行实割实测，完成了产粮大县春播作物播种面积的卫星遥感调查。

【规模以下工业和服务业抽样调查】 2019年，山阴统计调查监测中心积极推进规模以下工业和服务业统计调查工作。认真进行辅助培训工作，详细解读了定期报表中的指标；加强对调查员的检查、指导，及时、高效、准确地完成了报表收集、数据汇总、进度分析、报表说明等任务；绘制适合山阴县的《规模以下抽样调查工作流程图》，编印、使用《规模以下工业调查回访（查询）记录》和《规模以下工业调查报表核查清单》，确保了推算数据的真实可靠。

不断强化服务业统计调查工作。一是强化样本维护。为确保有效样本，对被纳入调查样本的企业的基本信息进行全面核对，确保企业有效样本的上报率。二是强化数据评估、审核。加强现场登记数据与历史数据的对比，保证数据的连贯性和一致性，对上报数 据采取三审措施，做到企业调查员初审、专业负责人二审、分管领导三审，确保源头数据真实可信。三是强化现场调查。6月初，对部分已上报报表企业进行了实地调查，重点核实企业人均月工资情况，利润总额小于营业利润情况，固定资产原价减少情况。经核查，更正了部分数据，保证了上报数据能真实反映企业的实际运行状况。

市场监督

【概述】 山阴县市场监督管理局于2019年3月1日挂牌。机构整合原县工商和质量监督管理局、县食品药品监督管理局的所有职能，以及盐务、酒类、专利以及物价检查等有关职能。县局内设机构15个，下属事业单位有个体劳动者协会、民营企业协会、消费者协会和质量监督检验测试所，下设5个市场监管所及7个市场监管站。市场监管综合行政执法队于2019年3月29日挂牌成立。2019年，山阴县市场监督管理局认真学习习近平新时代中国特色社会主义思想和中共十九大及十九届二中、三中、四中全会精神，深入贯彻落实习近平总书记系列重要讲话精神和习近平总书记视察山西重要讲话精神，紧紧围绕县委、县政府“2361”总体思路和经济工作中心任务，主动适应经济发展新常态和机构改革新形势新任务，以推进改革、服务发展为主线，以推进“两大任务”和服务“双创”为主题，以强化事中事后监管为手段，以提高服务水平和提升执法效能为保障，积极主动履行工作职能，为市场主体及全县消费者营造良好的营商和市场环境，为促进全县经济发展做出了积极的贡献。

【商事制度改革】 2019年，山阴县市场监督管理局深入推进商事制度改革，不断激发市场主体活力。积极推进注册登记便利化改革。涉及企业（包括个体工商户、农民专业合作社）登记、备案等有关事项和各类证照共106个事项全部整合到营业执照上，实现了“多证合一、一照一码”。为防止公民身份证盗用注册的“被老板”现象，从2019年5月1日起，开始实施注册登记实名认证，全县企业注册登记实名认证2100余人，办理涉及证照分离登记业务623件。积极推进“先照后证”改革，不断简化审批流程，为各类主体进入市场提供便利。加强与行政许可部门的信息互通互联，对省政府明确的后置审批事项积极主动履行“双告知”职责，为市场主体进入市场后的监管提供重要基础信息。山阴县市场监督管理局进一步简化和完善了企业注销流程。在坚持“便捷高效、公开透明、控制风险”的基本原则基础上，对未开业企业和无债权债务企业实行简易注销登记程序。共注销各类企业152户，其中简易注销66户。

【市场监管】 2019年，山阴县市场监督管理局进一步强化事中事后监管，市场主体信息公示工作。按照《企业信息公示暂行条例》规定，督促开展企业信用信息公示和行政处罚信息公示，不断强化企业的诚信义务和法律责任，加强社会监督，维护公平竞争的市场秩序。全县企业年报公示率达到国家局要求85%以上，全局行政处罚信息公示实现了公示率、及时率、准确率三个100%。积极推进企业信用体系建设。按期及时梳理上报企业信用信息和行政处罚信息，按时报送行政许可、行政处罚“双公示”信息，认真落实联合惩戒制度，督促企业自觉履行信息公示义务，强化自律的同时不断完善社会监督，促进企业诚实守信，规范经营。推进“双随机一公开”工作。2019年机构改革后，及时更新了执法人员名录，共录入140名执法人员信息，信用协同监管平台26家单位重新注册。严格按照上级抽查的市场主体数量和匹配到的执法人员名单，组织开展随机抽查。年内除省、市局的10次抽查外，县局还组织了6次针对餐饮监管、涉及消防安全的电动自行车等专项抽查。抽查处理结果及时通过国家企业信用信息公示系统进行了公示。2019年接省市县三级任务随机抽取企业共153家，其中加油站26家，广告经营户15家，危化品1家，特种设备6家，工业产品生产许可证企业3家，食品经营户9家，餐饮服务企业10家，电商经营户5家，电动自行车销售企业5家，涉及执法人员306余人次。

【规范市场秩序】 2019年，山阴县市场监督管理局加强监管执法力度，确保人民群众饮食用药安全和市场安全稳定。开展学校食堂和校园周边食品安全整治。共检查中小学学校食堂36家，幼儿园食堂20家，出动执法人员268人次，检查覆盖率达100%。严厉打击校园及周边食品违法经营行为，严厉查处不合格食品，有效解决校园及周边食品安全突出问题，为广大师生营造安全放心的饮食环境。开展流通领域白酒专项整治、食盐专项整治、药品流通领域亮证专项整治活动，共出动执法人员120人次，排查各类企业56家，发现安全隐患问题3条，下达整改意见3条，立案1起，结案1起。加强网络市场监管，对电子商务平台经营户开展调查摸底，2家网站已经全部亮证亮标。开展了打击传销宣传活动。县局及时调整了全县“打传”工作领导小组，开展了无传销社区（村）创建，印发打传宣传资料5000份。对县城重点区域，群众反映较大的门店经营活动进行重点关注和监控，及时驱散群众举报的涉嫌违法聚集活动。开展整治“保健”市场乱象百日行动。与发改、工信等部门联合印发了《山阴县开展联合整治“保健”市场乱象百日行动方案》，县局同时制定出台了方案，出动监督检查人员104人次，检查社区、公园、广场等人员密集场所16个，检查宾馆、酒店等重点场所29个，检查保健类店铺41个，检查旅游景区、农村集市、城乡结合部等重点区域28个，开展宣传活动19次，印发宣传资料2000余份。保化监管环节，以虚假广告宣传声称减肥、缓解疲劳、增强免疫力、改善睡眠和辅助降血糖5类功能保健食品为重点品种，对保健食品化妆品经营单位集中整治非法添加、假冒伪劣、冒号套号、标签说明书不符合规定、超过有效期等违法违规行为，开展了美容美发用品专项检查，并对5个批次的保健品化妆品抽取样品送省食品药品检验所检验。强化食品药品日常监管。食品生产环节，重点盯紧原辅料进货查验、生产过程控制、成品出厂检验等关键环节。食品销售环节，重点排查许可证照、经营条件、进货查验等自律制度和从事直接入口食品从业人员健康证等方面情况餐饮服务环节，以大中型餐饮单位、中小学校食堂、旅游景区餐饮店为重点单位，以原料采购、餐饮具清洗消毒、食品添加剂管理和使用、食品留样等为重点环节，共检查餐饮单位156家，餐饮服务单位健康体检5000余人次。医疗器械环节以索证索票、进货查验、台账记录标签标识为重点环节，开展了含麻制剂专项检查，共检查药品经营单位42家。抓好标准公开，推动标准实施。全县15家企业在企业标准信息公共服务平台上报29项标准涵盖35种产品。企业标准上报15项，占比51.7%、国家标准上报12项，占比41.4%、行业标准上报2项，占比6.9%。标准的公开，推动了标准的有效实施。以标准化示范区建设为中心，发挥示范带动作用，两家企业获批省级有机旱作农业标准化示范区项目，项目的立项标志着山阴县标准化示范工作迈上了一个新台阶，对山阴县标准化发展起到示范引领作用。

2019年，山阴县市场监督管理局积极配合公安、消防、自然资源等部门，做好全县的生态环境保护和安全大检查工作，及时掌握辖区内企业安全管理状况，有效排除事故隐患。严格市场主体准入，严格管控散煤销售网点，县城“禁煤区”“禁燃区”内新设立的散煤销售点，不予核准经营；加强民用散煤销售日常监管，五个工商所加大监管力度，配合乡镇、居委会等相关部门予以清理整治，对无照经营煤炭的网点，依法进行取缔。对各级环保督查反馈问题积极开展调查，依法处理。开展特种设备安全大检查。元旦、春节期间，对人员密集的商场、超市、宾馆进行了检查。开展了电梯、液化气瓶、锅炉、压力容器等4次专项检查，全年出动执法人员200余人次，发出《特种设备安全监察指令书》26份，发现的35条隐患已全部整改。开展无证无照专项整治。出动执法人员266人次，出动执法车辆82台次，检查经营户数365户，引导办照86户，限期整改13户。

【规范价格秩序】 2019年，山阴县市场监督管理局严格规范市场价格秩序，规范经营者的明码标价行为，全年共不定期抽查检查商铺50多家，特别是在节假日加大对商铺的监管，确保各大超市的明码标价率达到100%，其它商户达到90%以上，有效维护消费者的合法权益。

【提升服务】 2019年，山阴县市场监督管理局积极主动服务，不断强化窗口建设，注册登记实行“审核合一”，坚持行政审批事项进驻县政务大厅办理，应进全进，不搞“体外循环”。落实“放管服效”各项政策举措，不断压缩企业开办登记时间。进一步简化办事程序，优化工作流程。坚持首办负责制和限时办结制，为人民群众提供高效服务，不断促进市场主体发展。截至2019年底，全县企业总数2449户，其中内资企业284户，私营企业2165户；农民专业合作社1299户，个体工商户10016户，各类市场主体总量14013户。积极配合行政审批改革推进落实，2019年底，将包括注册登记的18项行政审批许可事项统一划转至县行政审批局。加大知识产权宣传保护，提高品牌意识，深入企业、农民专业合作社，实地指导注册商标运用。通过股权出质登记、动产抵押登记等服务职能，帮助解决小微企业融资难问题。结合“不忘初心、牢记使命”主题教育，深入企业实地调研，开展“三服务”，切实解决实际问题。帮助惠牧源农牧专业合作社通过了省农业农村厅、省市监局的省级标准化示范区第一年度项目工程验收，并着手准备国家级标准化示范区申报。深入推进非公党建工作。不断推进非公党的组织和党的工作“两个覆盖”。“不忘初心、牢记使命”主题教育期间，全局派52名党员作为非公党建指导员对接全县企业开展学习指导，收到良好效果。心系困难群众，打好脱贫攻坚战。根据工作实际及时调整工作队员，驻村工作队积极主动对接，开展精脱贫攻坚提升，积极为贫困户寻找就业创收门路，为他们适时脱贫提供有力的物质保障。

【消费维权】 2019年，山阴县市场监督管理局不断强化商品质量监管和消费维权工作，大力推动“12315”行政执法体系“四个平台”建设，健全覆盖城乡的消费维权网络，方便消费者就近处理消费纠纷。“12315”热线与政府“12345”并网后，更加全方位为全县群众提供政策帮助，协调处理消费纠纷，及时处理各类投诉举报，共接待群众咨询80余人次，受理“12315”“12345”申诉举报114件。配合省、市局开展质量抽检，成品油共抽柴油21个样品，汽油14个样品；县局组织抽检汽、柴油各16个样品；配合省市局抽检煤样23个，民用煤4个，型煤4个，动力煤15个；配合市局认证科抽检电缆电线，处理不合格案件1起。

【机关建设】 2019年，山阴县市场监督管理局加强队伍建设，提高依法行政能力。运用国家市场监督管理总局行政学院、山西干部在线学院、学习强国等平台，持续推进干部知识更新，通过外出参加培训、网上自学等多种方式，开展全员知识更新培训，参加人数350余人次。组织全体党员干部认真学习了十九届四中全会精神和习总书记的重要讲话内容，进一步增强了全体干部跟党走，爱党护党的信心和决心，干部队伍素质得到进一步提升。大力推进机关法治建设。抓好法治宣传，以“3·15”消费者权益日、“4·26”知识产权日和“12·4”法制宣传日为重点时段，开展各类宣传活动。对县局权责清单实施动态管理，机构改革后，对原工商质监、食药的权责重新整理，及时调整和修改了相关内容。组织开展《市场监管行政执法程序规定》学习培训，充分发挥案件评审小组作用，严格执行行政处罚裁量权标准，进一步规范行政执法行为，进一步营造依法办事、依法行政的良好法治氛围。

自然资源管理

【概述】 2019年，山阴县自然资源局履行全县全民所有土地、矿产、森林、草原、湿地、水等自然资源资产所有者职责和所有国土空间用途管制职责。负责全县自然资源调查监测评价、自然资源统一确权登记工作、自然资源资产有偿使用工作、自然资源的合理开发利用。负责建立空间规划体系并监督实施，统筹国土空间生态修复。负责组织实施最严格的耕地保护制度。负责管理地质勘查行业和全县地质工作。负责矿产资源管理工作。负责测绘地理信息管理工作。推动自然资源领域科技发展。配合国家、省、市自然资源督察在山阴县开展的工作。负责自然资源执法监察工作。对县林业局进行统一领导和管理。

【生态建设】 2019年，山阴县自然资源局大力推进绿色矿山建设，组织全县22家非煤矿山企业开展了矿山企业综合整治和生态修复治理。按照五项要求，2019年全县22家非煤矿山企业硬化储存场地与主干道衔接道路73.6公里，植树种草979亩，修建防风抑尘网36770平方米，共计投入治理资金5366.8万元，取得较好效果。针对历史上因私挖滥采造成的西山生态破坏的问题，按照县委、县政府安排部署，组织开展了西山生态修复集中治理行动。截至2019年底，已累计完成投资2.8648亿元，土建工程全部完成，绿化工程完成80%以上，达到了一年见效、二年见绿的预期目标。

【耕地保护】 2019年，山阴县自然资源局加强耕地保护，一是县与乡、乡与村层层签订了耕地保护责任书，2019年，山阴县耕地保有量107万亩，超额完成了上级下达山阴县耕地保护面积104.24万亩和永久基本农田保护区面积84.01万亩的保护任务。二是扎实推进耕地占补平衡。完成验收了3个县级补充耕地项目；新立项3个县级补充耕地项目；建设高标准基本农田项目5个；新立项土地综合整治项目1个。

积极引进中煤矿业、山西大地集团土地开发公司，投资补充耕地项目3个。全部建成后，新增耕地面积2695.66亩。三是认真贯彻落实《中共山阴县委全面深化改革委员会2019年工作要点及责任分工》精神，积极推进城乡建设用地增减挂钩。2018年度城乡建设用地增减挂钩土地复垦项目已经开始实施。完成了2019年度城乡建设用地增减挂钩实施方案和土地复垦设计报告的批复。两个项目拆旧区复垦面积2614亩，新增耕地1776亩，城乡建设用地增减挂钩节余指标按照助力脱贫攻坚相关政策，在省内以每亩15万元全部易地交易，交易收入2.6645亿元。

【执法管理】 2019年，山阴县自然资源局将新修订的《中华人民共和国土地管理法》、城乡规划法、矿产资源管理法等法律法规作为重点学习内容，列入全年学习计划，全年组织干部职工集中学习20次，开展集中交流讨论学习3次，法律知识考试2次，有效提高了干部职工依法办事、依法履职的能力和水平。

加大普法宣传。坚持“谁执法、谁普法”的原则，先后结合扫黑除恶专项行动、第三次国土资源调查，“4·22”地球日、“6·25”土地日、“12·4”宪法日开展了形式多样的宣传活动。印发宣传资料8000余份，发放户外宣传挂图2000余份，依托微信群、QQ群等新媒体开辟了宣传平台，适时向群众推送自然资源管理法律新规，取得了较好效果。严格执法管理。一是推行了网格化管理机制，县、乡、村，局、队、所按照主管、分管、监管职责，一级抓一级，人人有责任，形成横向到边、纵向到底的监管体系。二是从严查处各类违法违规行为。全年查处违法占地行为7宗，责令拆除建筑物和构筑物22.16亩，没收违法建筑物面积33.77亩，退还土地77.78亩，罚款419.9291万元。三是加大对县城危旧房改造和平改楼规范管理。2019年3月规划职能划转至新组建的自然资源局后，自然资源局立即叫停了不法开发商未经规划许可，私自购买居民住宅非法建设商品住房的行为，对历史遗留的非法建设全部立案查处。同时，对县城长期存在的居民自建房改造不经规划审批，土地改变为商业用途不交出让金，随意建设的行为进行了大力整治。有15户居民自建房改造建设全部经县规委会审查，按照城市规划审批的高度、密度、建筑风格建设，并补交住宅用地改变为商业用地土地出让金195.11万元。按照中央、省、市、县委安排部署，2019年开展了“大棚房”专项整治和违建别墅整治行动，拆除“大棚房”8处。立案查处1宗疑似违建别墅，责令补交土地出让金185万元，罚款17.9万元。

自然资源局坚持依法行政。聘请了常年法律顾问，对涉及民生和群众重大利益的事项，在出台文件和作出行政行为决定前都要进行法律审查，尤其对一些敏感性问题还要广泛听取群众意见。2019年在征地方面举行听证会3次，在建设工程规划许可方面举行听证会1次，从而保证了自然资源管理行政决策和决定依法合规，符合群众利益。做实信访接待工作。全年共受理信访案件61件，其中自然资源部、省市转办案件29件，网上受理案件3件，直访受理案件和直接解答信访问题23件，重复回复反映的信访问题6件，已回复办结58件，办结率95%，实现了进京非正常重复访、赴省集体访、赴市集体访为零的目标。

【资产管理】 2019年，山阴县自然资源局主动超前研判自然资源管理新形势、新特点、新走向，综合施策、统筹推进，努力提高自然资源资产管理法制化、科学化水平。认真开展了年度国土空间开发保护现状工作，编制了第三轮矿产资源规划；调整了土地利用总体规划和土地整治规划；开展了山阴县国土空间规划编制工作，使土地、矿产等自然资源管理做到于法有据、有规可依。积极促进自然资源节约高效利用。围绕全县经济社会发展总体布局，按照抓重点、保民生、促转型的总体思路，在土地使用管理中坚持盘活存量、优化增量、节约集约使用土地资源，2019 年处置批而未供土地 1041.7635 亩，处置完成率 104%，闲置土地 18 亩。强化矿业权出让收益征缴力度，征缴煤炭生产企业矿业权出让收益 3.7659 亿元，完成省政府下达指标任务的 3.2 倍。非煤矿山征缴矿业权出让收益 52.48 万元，缴纳土地复垦保证金 1260.09 万元，地质环境治理保证金 160.5477 万元。

【不动产登记管理】 山阴县自然资源局坚持以营造“六最”营商环境为导向，最大程度压缩不动产登记办理时间，从 2019 年 3 月份起，提前 9 个月完成了国务院规定的压缩不动产登记办理时限。在 2019 年 12 月份，又率先在全市六县（区）落实推行不动产登记“一窗受理、并行办理”改革新举措，提高了办事效率，极大地方便了群众。2019 年全年办理不动产权属证书 116 件，不动产登记证明 1772 件，出具各类不动产登记信息 1103 份。全力推进“房地一体”农村集体建设用地和宅基地使用权确权登记颁证工作，在全县选择一批基础好条件好的村庄作为试点先行登记颁证。2019 年，全县已有 30%的乡村开展此项工作。

【矿产资源管理】 2019 年，山阴县自然资源局及时为 7 家煤矿和 10 家非煤矿山办理了采矿许可证延续手续，5 家煤矿办理了采矿长期许可证，保证了企业依法开采和正常生产。完成 26 家矿山储量动态监测和 45 家采矿权人信息公示。查处无证开采、越界开采石灰石资源违法案件 3 件，没收非法所得 4.918 万元。

【地质灾害防治】 2019 年，山阴县自然资源局加大地质灾害防治宣传培训，发放“两卡一书”200 余份，印发宣传防灾避灾挂图 5000 余册，开展 1 次县、乡防灾减灾应急演练。加强地质灾害防治群测群治体系建设，县、乡、村签订地质灾害防治责任书，调整配优地质灾害防治监测员 98 名，构建起了横向到边、纵向到底、全覆盖、多层次、立体化的地质灾害防治体系。坚持防为前提、治为关键，由公路段、岱马路太东山隧道公司投资 980 多万元对岱马路和虎山线 10 处地质灾害隐患点进行工程治理，清除了两条主要交通运输道路的安全隐患。

【废物利用】 山阴县是重点产煤县，煤矸石乱倾乱倒、违法占用土地，一直是困扰企业和政府的一个难题，针对这一现状，2019 年，县自然资源局在充分调研的基础上，研究制定了《山阴县利用煤矸石、粉煤灰开发造地实施方案》，将煤矸石、粉煤灰变废为宝，充分利用其进行填沟造地，已有 3 家企业正在积极办理前期手续。

【国土空间规划】 2019 年，山阴县自然资源局全面开展了国土空间规划编制工作，完成了“三线”划定，生态保护红线划定面积 55451.69 亩；永久基本农田 84 万亩，储备区划定面积 8927.66 亩；城镇开发边界划定完成了基础数据，初步确定县城规划区面积 30 平方公里左右，已上报省自然资源厅审核。

【自然资源开发利用】 2019 年，山阴县自然资源局集中人力、集中时间，开展了第三次国土调查工作。全县受调面积 1644.6 平方公里，调查图斑 58378 个，举证图斑 17436 个。2019 年 10 月 23 日上报自然资源部，通过了质检核查，摸清了全县自然资源家底，为下一步全县国土空间布局和管控，实现高质量发展奠定了坚实基础。加快土地报审出让，全年上报省政府批准建设用地1612.93亩；全年供应出让土地43宗，面积1823.775亩，其中出让土地31宗，出让面积654.54亩，收取土地出让金19754.1051万元。积极推进了矿业储量用地整合工作，2019年4月获得朔州市规划和自然资源局批复《关于对山阴县矿业存量土地整合利用土地复垦项目变更设计报告的审核意见》，复垦总面积调整为52.2023公顷，7个煤矿享受到这项政策红利。

【脱贫攻坚】 2019年，山阴县自然资源局充分发挥自然资源部门在全县脱贫攻坚中的优势和职能，保障扶贫产业项目用地，加快扶贫易地搬迁后土地复垦，积极助力全县打赢脱贫攻坚战。为玉井、下喇叭两个乡镇安排扶贫项目用地规划30余亩。将玉井镇东石人坡、西石人坡、北祖、王坪沟4个村贫困户的旧宅基地复垦列入山阴县2019年城乡建设用地增减挂钩项目中，实现易地交易土地指标收益1.4359亿元。帮助定点扶贫村——玉井镇宋家沟村建起党建阵地和活动场所，将财政下拨的扶贫资金投入到朔州市俊宝宸农业科技公司和古城乳业，实行委托经营，年实现收益1.82万元。联系、协调中煤顺通北祖煤业等投资20余万元，为宋家沟村改造建设了日间照料中心和村文化广场，硬化了村中道路，并为2019年脱贫的一户贫困户装修了房屋。

【党风廉政建设】 2019年，自然资源局党组坚持把党风廉政建设摆在突出位置，与业务工作同部署、同落实、同考核，切实做到业务工作与党风廉政建设“两手抓、两手硬”。每月定期召开一次党组会议，专题研究党风廉政建设和全面从严治党工作。同时要求班子成员坚决扛起分管领域党风廉政建设“一岗双责”和全面从严治党主体责任。在强化制度建设上下功夫。严格执行“三重一大”事项集体决策、“一把手”三不直接分管和末位表态制度。健全完善了财务、接待、车辆管理等一系列制度措施，严格执行中央八项规定，控制“三公”经费支出。建立党组定期研究党风廉政建设和全面从严治党制度，严格落实谈心谈话和诫免谈话制度，对干部存在的苗头性问题早发现、早介入、早提醒、早纠正。在强化纪律约束上动真格。坚持每月开展一次警示教育活动，用身边的人和事教育党员干部。同时，加大问责追责力度，对违纪违规的，坚持零容忍。2019年，对三名党员干部因工作不认真履职被党组追责问责，收到了很好的教育震慑作用。

应急管理

【概述】 2019年3月机构改革，山阴县应急管理局，加挂山阴县地方煤矿安全监督管理局牌子，同时承担县人民政府安全生产委员会的日常工作。负责全县应急管理工作，指导各乡（镇）、各部门应对安全生产类、自然灾害类等突发事件和综合防灾减灾救灾工作。负责安全生产综合监督管理和工矿商贸行业安全生产监督管理工作。贯彻执行应急管理、安全生产等方针政策和法律法规，按照相关地方性法规、规章、地方标准，组织编制应急体系建设、安全生产和综合防灾减灾规划并监督实施。指导应急预案体系建设，建立完善事故灾难和自然灾害分级应对制度，组织编制县级总体应急预案和安全生产类、自然灾害类专项预案，综合协调应急预案衔接工作，组织开展预案演练，推动应急避难设施建设。牵头建立统一的应急管理信息系统，负责信息传输渠道的规划和布局，建立监测预警和灾情报告制度，健全自然灾害信息资源获取和共享机制，依法统一发布灾情。组织指导协调安全生产类、自然灾害类等突发事件应急救援，承担县应对一般灾害指挥部工作，综合研判突发事件发展态势并提出应对建议，协助县委、县政府指定的负责人组织一般灾害应急处置工作。统一协调指挥各类应急专业队伍，建立应急协调联动机制，推进指挥平台对接，衔接驻山阴预备役和武警部队参与应急救援工作。统筹消防、森林和草原（地）火灾扑救、抗洪抢险、地震和地质灾害救援、生产安全事故救援等专业应急救援力量建设，管理县级应急救援队伍，指导乡（镇）及社会应急救援力量建设。组织指导消防监督、火灾预防、火灾扑救等工作。指导协调森林和草原（地）火灾、水旱灾害、地震和地质灾害等相关防治工作，负责自然灾害综合监测预警工作，指导开展自然灾害综合风险评估工作。组织协调灾害救助工作，组织指导灾情核查、损失评估、救灾捐赠工作，管理、分配中央划拨和省、市、县级救灾款物并监督使用。依法行使安全生产综合监督管理职权，指导协调、监督检查县有关部门、单位和乡（镇）政府安全生产工作，组织开展安全生产巡查、考核工作。按照分级、属地原则，负责监督管理工矿商贸行业企业安全生产工作，依法监督检查工矿商贸生产经营单位贯彻执行安全生产法律法规情况及其安全生产条件和有关设备（特种设备除外）、材料、劳动防护用品的安全生产管理工作。负责煤矿安全监督管理工作。负责全县洗（选）煤厂、配煤、型煤加工企业的安全生产监督管理工作，贯彻落实有关安全监督管理标准。煤矿附属洗（选）煤厂的安全监管以煤矿的分级监管层级确定。负责危险化学品安全监督管理综合工作和烟花爆竹安全生产监督管理工作。依法组织并指导监督实施安全生产准入制度。依法组织指导生产安全事故调查处理，监督事故查处和责任追究落实情况。组织开展自然灾害类突发事件的调查评估工作。开展应急管理方面的行业交流与合作，组织参与安全生产类、自然灾害类等突发事件的救援工作和县际之间应急救援合作。制定应急物资储备和应急救援装备规划并组织实施，会同县发展和改革局等部门建立健全全县应急物资信息平台和调拨制度，在救灾时统一调度。负责应急管理、安全生产宣传教育和培训工作，组织指导应急管理、安全生产的科学技术研究、推广应用和信息化建设工作。完成县委、县政府交办的其他事项。

【安全生产检查】 2019 年，山阴县应急管理局认真开展安全生产集中检查活动，确保“两节、两会”期间全县安全生产。从 1 月 21 日至 3 月 20 日认真开展了“两节”“两会”期间安全生产集中检查活动。加强组织领导，强化责任落实。一是及时召开安全会议。1 月 24 日，县长苏坡主持召开了 2019 年第一次全县安委会全体（扩大）会议，总结了 2018 年全县安全生产工作，安排部署了 2019 年全县安全生产工作，特别是对“两节”“两会”期间全县各行业安全生产工作提出了具体要求。山阴县应急局紧紧围绕“防风险、保安全、迎大庆”这条主线，对国庆节期间全县安全生产工作及早安排部署。8 月 14 日县政府召开了第三次全县安委会全体（扩大）会议，对国庆节期间全县安全生产大检查工作进行了具体安排，全县成立了安全生产大检查领导组，县长担任组长，常委、常务副县长担任常务副组长，各位副县长担任副组长，成员由各乡镇长、安委会成员单位主要负责人组成。同时各行业成立了专项检查组，制定了详细的实施方案，做到分工明确，责任到人，措施到位。山阴应急局于 9 月 24 日召开了迎国庆安全生产工作会议，再次对煤矿、非煤、危化、冶金工贸等行业重点领域安全生产工作进行了安排部署，特别是全面安排部署了国庆期间煤矿停产检修工作。一是由局长和分管煤矿安全局领导牵头，组织“五人小组”和煤矿专家组对全县煤矿开展了全覆盖安全大检查；二是由相关分管局领导牵头，组织劳动用工、培训中心、纠察队、调度室、矿山救护队相关人员对煤矿用工、培训和监测监控系统、火区等安全管理进行了专项检查；三是国庆节期间，严格管控煤矿火工品，对炸药库进行了封存，确保安全万无一失；四是国庆节期间，对煤矿实行停产检修措施，从9月25日至10月2日各煤矿对矿井各系统、各环节进行停产检修工作。

【消防安全检查】 2019年，消防救援大队开展了“两节、两会”安保以及“防风险、保平安、护二青、迎大庆”消防安全执法检查专项行动，聚焦问题导向，根据辖区火灾形势实际，围绕火灾防控重点难点，联合公安、民政、卫健、教育、住建等部门，深入开展火灾隐患集中排查整治，特别是针对养老院、幼儿园、老旧建筑商场等消防安全“不放心”单位，加大与相关部门联合执法力度，落实管控措施，全力确保安全。共检查单位1428家，督促整改火灾隐患或违法行为1877处，下发责令改正通知书705份，临时查封单位15家，责令“三停”单位17家，办理行政处罚案件45起，罚款25.7万元，消除了一大批火灾隐患，有力震慑了各类消防违法行为。尤其对山阴县客都购物广场（一部）和山阴县现代综合医院有限责任公司重大火灾隐患提请政府进行挂牌督办。

【煤矿安全生产检查】 2019年，应急管理局认真开展了春节期间煤矿安全大检查。春节期间，应急局开展了煤矿停产检修和节后煤矿复工复产安全大检查。重点检查了煤矿领导带班执行情况和全员职工培训情况，凡未经全员培训或存在重大安全隐患的矿井，一律不予复工复产。严格落实煤矿安全生产挂牌责任制。2月3日，县长苏坡深入元宝湾煤业和华夏煤业开展了安全生产调研和检查，并提出了安全生产意见：一要严格落实三个责任（企业主体责任、政府领导责任、部门监管责任）；二要严格执行煤矿安全生产各项规章制度，严把煤矿“四道防线”，确保煤矿安全生产。同时，县政府班子成员在春节前深入煤矿企业开展了全覆盖安全生产挂牌责任制检查，进一步指导督促煤矿企业落实各项防范措施，确保煤矿安全生产。为深刻汲取“2·2”内蒙银漫矿业公司井下跑车事故教训，从3月4日开始，应急局组织开展了为期半个月的全县煤矿安全生产集中检查和运输系统集中整治专项检查活动，共检查煤矿15座，查出隐患问题128条并全部整改，同时查扣井下使用的不合格和老旧车辆28辆。为进一步推进煤矿运输专项整治工作，于3月14日在华夏煤业召开了全县煤矿运输车辆清理整顿和问题车辆集中销毁现场会，对查扣的28辆不合格淘汰的车辆全部现场予以销毁；北祖煤业介绍了运输车辆管理经验和做法，五家沟煤业作了运输管理表态发言，县委常委、常务副县长郭兆文对全县煤矿运输管理工作进行了全面安排部署，通过这次集中检查和运输专项整治，为全国“两会”期间煤矿安全生产提供了有力保证。深化安全生产大检查，切实抓好第四季度煤矿安全生产。应急局决定从11月21日至12月底开展为期40天的煤矿安全生产大检查。及时传达贯彻煤矿安全生产会议精神。2019年11月19日下午，省政府召开了全省煤矿安全警示电视电话会议。会后，山阴县立即组织全县煤矿矿长召开了煤矿安全专题会议，对省市会议精神进行了具体贯彻落实。严格开展煤矿企业自查和县局全面排查。山阴县立即开展了全县煤矿安全自查自改和县局全面排查整治工作。排查煤矿15座，查出隐患问题301条，处罚2座煤矿，共计罚款106万元，矿长记分6分，同时对存在问题全部责令限期整改，并派驻专管人员跟踪落实，确保隐患问题整改到位。

【非煤行业领域安全检查】 2019年，按照“全覆盖、零容忍、严执法、重实效”的要求，集中开展了全国“两会”期间安全生产集中检查活动。在安全生产集中检查活动期间，应急局对非煤矿山、危化、烟花爆竹、洗储煤场、冶金工贸等行业共检查各类企业94家，查出隐患186条，责令全部整改到位。国庆期间进行安全生产大检查。非煤矿山，县应急局排查23家，全部停产。其中8家因采矿证、安全生产许可证到期责令停产，其余15家自行停产。2019年，山阴县应急局地面煤监管股对全县储洗煤场进行了摸排巡查，及时发现问题，立即督促整改，确保地面煤场安全生产。鉴于地面煤场存在安全管理不健全，用电混乱，作业场所煤尘大，劳保发放不全，警示标识欠缺等问题，要求进一步加强管理。

【应急救援】 2019年，山阴县应急管理局组建以来，一是积极主动参与森林消防救援，与相关部门密切配合协作，成功完成荆家庄、平鲁界下喇叭、金沙滩林场等森林火灾灭火救援任务，县应急管理局消防大队、矿山救护中队、森林消防专业队共出动装备23台次，出动人员480多人次。上半年，全县森林火灾形势总体平稳，未发生较大以上森林火灾，特别是清明节期间虽有多处火情，均得到及时处理，未造成人员伤亡，共处置森林火情50余次，参加4次大型火灾救援，确保了清明节期间重大节日未发生重大火情。在做好应急救援工作的同时，加强日常防火巡查，联合林业部门做好重点时段（清明、秋冬季节）的森林防火工作，并完善相关资料，制作了相应的林相图、卫星地图、地形图等各类型地图。二是服务矿山，做好矿山救援的各项准备工作。年初山阴县矿山救护队与山阴县15座生产建设煤矿签订了年度救护协议，并开展了矿山救护预防性安全检查。上半年出动救护队员预防性检查15次，查出危及安全生产的隐患86条，下发整改建议书15份；整改率达100%。同时矿山救护队做到“一队多专、一专多能”，矿山救护队先后参加了地面6起火灾救援工作。下半年，矿山救护队参加了全县综合应急演练活动和县政府组织的“二青会”火炬传递活动，同时完成了同煤千井煤矿井下CO超限治理和兰花口前煤矿密闭启封工作，2019年完成了对全县煤矿开展预防性安全检查工作和矿山救护队标准化验收和队员复训工作。

【应急演练】 2019年，山阴县应急局完成各行业应急预案备案15家，完成煤矿重大危险源备案10家，对煤矿灾害预防处理和计划批复6家。同时各煤矿按照年度应急演练计划，全面开展了以水、火、瓦斯、顶板为主要灾害的应急演练活动，尤其是6月“安全生产月”活动期间，县委书记李旭清、县委常委常务副县长郭兆文和应急管理局主要领导分别参加了煤矿等企业的专项应急演练活动，特别是7月2日在湿地公园河阳广场举行规模盛大的矿山救护队、地面消防队、森林消防专业队、煤矿预备役民兵共4次队伍600余人的综合应急联合演练活动，市委常委、副市长张韬和市委常委、军分区司令员刘义清以及县长苏坡和市县相关部门领导亲临现场进行了观摩。

【“三个专项行动”】 2019年山阴县应急局对高陡边坡隐患排查、护林防火专项督查、安全生产大检查“三个专项行动”进行了集中整治。健全完善了风险管控和隐患治理“双重”预防机制，强化了风险预警预判，落实了风险管控措施，彻底排查了治理隐患，有效防范和遏制了各类生产安全事故和非法违法行为“反弹”，保住了不发生重特大生产安全事故的底线，维护了全县社会大局稳定。对各重点行业领域煤矿、危险化学品、非煤矿山、冶金等行业领域，进行了系统治理，彻底解决了存在的突出问题。

一是高度重视，全面安排部署。县委、县政府，分别于4月1日、4月4日召开了贯彻落实“三个专项行动”紧急会议，对全县各乡镇（管委会）、各行业领域持续开展安全生产大检查工作进行了全面安排部署，县安委办印发了《关于在全县持续推进安全生产集中检查强化风险隐患排查治理工作的通知》（山安办发〔2019〕9号），同时各乡镇（管委会）、各行业部门制定了相应的工作方案，确保了全县安全生产大检查工作有序开展。5月8日，县政府召开了2019年全县安委会第二次全体（扩大）会议暨消防安全执法检查专项行动专题部署会议，全面安排部署了以煤矿为重点的安全“体检”和危化品、道路交通、消防专项整治工作，确保全县各行业安全生产大检查持续扎实开展。二是精心组织，全力排查整治。4—6月，全县各行业部门持续开展了安全生产集中检查，全力开展了安全风险和隐患排查治理工作，重点行业领域开展了安全“体检”和安全专项整治活动。在安全大检查和安全“体检”中，县政府班子领导和行业监管部门领导进行了督导检查，同时各行业各企业开展了全方位的再排查再整治，现场查找安全风险和隐患，各行业部门检查企业532家，排查各类隐患983条，并全部责令限期整改。在这次持续开展安全生产集中检查活动中，重点开展了煤矿安全“体检”和专项整治工作，山阴县应急局抽调“五人小组”组长5名和4名专家共10余人组成“体检”组对全县煤矿开展了全覆盖安全“体检”，每矿体检2～3天，按照采掘、防治水、一通三防、机电运输、顶板火工品、安全管理等六个专业开展全方位排查，并针对排查出的问题召开通报会，研究落实整改措施，同时由“五人小组”驻矿盯守，严格督促整改，确保全县煤矿安全生产。

【治乱百日攻坚】 山阴县应急局紧紧围绕县委县政府开展治乱百日攻坚的各项部署要求，结合行业内安全大检查工作，深入推进重点治乱工作，确定了6项行业重点整治措施：规范煤矿、非煤矿山企业的开采作业行为，严格按照设计要求规范开采；对隐患整改迟缓的情况加大处罚力度；规范清理煤矿临时用工及小型队伍乱象，对不符合用工条件的队伍，坚决予以清理、取缔；规范煤矿销煤和煤场购煤购销合同和实际拉运人；严厉打击超载运输，重点抓好煤和石料等装运源头管理工作；规范煤场运行，对不符合安全生产条件和环保要求的坚决不准生产。

【安全生产月】 2019年，山阴县应急局积极开展了第18个“安全生产月”活动。山阴县安委办印发了《关于开展2019年“安全生产月”活动的通知》（山安办发〔2019〕16号），对第18个“安全生产月”活动进行了总体安排部署，各单位也根据各自实际制定了相应的活动方案。6月17日县安委办在县政府广场组织开展了以“防风险、除隐患、遏事故”为主题的安全宣传咨询日活动，县长和副县长参加了安全宣传活动，各行业各单位开展了丰富多彩的宣传活动。活动期间，首先全县各单位悬挂各类安全宣传横幅1345条，印发宣传书册3万份，宣传资料5万份，印制绥带540条，设置大型LED显示屏宣传15处，发放事故警示教育片500份，并在电视台进行了滚动宣传；其次，县委、县政府和县应急管理局主要负责人深入各行业、各企业进行了安全主题宣讲活动，同时各煤矿开展了“安康杯”知识竞赛和煤矿调度技术人员大比武等各项安全竞赛活动；再次，将由应急局牵头组织，县委、县政府主要领导参加，在湿地公园河阳大道举办了地面消防队、矿山救护队、森林消防专业队、煤矿民兵预备役开展抢险救灾联合应急演练活动，参赛人员达600余人。

【煤炭运行管理】 2019年，山阴应急局煤炭职工培训中心对全县煤矿进行了全员安全知识培训，共计培训职工6461人，并考核统一发放了培训合格证。其中对煤矿新增人员安全知识培训，共计培训900人。对全县煤矿特种作业人员培训进行了资格审查，审查通过197人。对全县煤矿特种作业人员持证上岗情况进行了专项检查，采取现场人证对口拍照检查的方式，共计检查有效证件1095人，收缴人证不符证件121个。同时对安平、元宝湾两座煤矿培训检查发现问题进行5万元的处罚。按照“人本安全、培训教育、素质提升”实施方案和煤矿从业人员变招工为招生文件要求，严格把关，上半年新招录煤矿从业人员1608人，全部符合准入标准，变招工为招生比例达100%；同时对煤矿从业人员进行了体检，完成15座煤矿共计6690人的体检工作。按照“三个一批”要求，处理回复信访案件2起，网上回复信访案件7起，现场处理煤矿工资纠纷引发的信访案件5起。应急局监控中心加强煤矿各大监控系统的日常管理，对煤矿调度监控“六大系统”各类报警、数据异常、网络中断等情况及时下达整改指令，并及时与各煤矿联系督促整改，确保各种数据正常上传。下半年，开展了煤矿信息监控系统和通讯联络系统专项检查，检查12座煤矿，查出问题78条，已全部整改落实。

【扫黑除恶】 随着党政机关机构改革的深入推进和人事变动，县应急局在原安监局的基础上，进一步提高政治站位。及时调整了开展扫黑除恶专项斗争工作领导组，局党组会议、局务会议把扫黑除恶专项斗争列入重要议事日程。局党组成员根据新的工作分工，加强对分管股室和下属事业单位的督导检查，形成了上下联动、整体推进的工作格局，保证了机构改革过渡期间思想不乱、工作不断。加大宣传和线索摸排力度。应急局专门制定了扫黑除恶宣传方案，从局机关到下属事业单位，再到各相关企业，通过悬挂宣传横幅、出动宣传车辆、绘制墙体固定标语、电子屏等多种途径开展形式多样的扫黑除恶宣传活动，特别是利用今日头条以及微信群等新媒体进行广泛传播，做到了宣传声势不减，充分发动全系统干部群众对身边的黑恶势力进行积极大胆地举报。2019年底，共排查出涉黑涉恶线索4条，其中安监系统1条，煤炭领域3条，已全部移送县扫黑办。深入推进中央、省委扫黑除恶督导反馈意见整改落实。按照县委、县政府《中央、省委扫黑除恶督导反馈意见整改落实工作方案》，制定了具体的实施方案，对监管的煤矿、非煤矿山、冶金工贸、危化品等分行业开展业务指导，并将各行业线索摸排责任明确落实到基层股室和单位，落实到具体责任人，深挖涉黑涉恶线索。同时结合安全隐患的排查整治，对监管的相关行业企业乱象乱点进行集中排查，并制定了相应的整改措施。

【脱贫攻坚】 2019年，山阴县应急管理局结合窝棚沟村实际情况，有目的、有步骤进行了精准帮扶，加快了窝棚沟村贫困群众脱贫致富进程，切实改善了贫困群众的生产生活条件，全面推进了窝棚沟村物质文明、精神文明、政治文明协调健康发展。大力发展农村特色产业，带动脱贫致富和整村提升。继续大力发展特色小杂粮种植和优质马铃薯种植项目。为了提高村民的业余文化生活，新建2000平方米村文化活动广场一座，为村民提供了娱乐活动场所，已投入运行。为了扩宽村委会办公场所，新建杂物间一间。粉刷村委会办公室7间，对村委会院内进行硬化，并铺设彩钢顶层8间，砌筑村委会院墙，装设铁艺栅栏，修建厕所一座。驼岳粉厂由于销售环节受阻滞，不能为村民创造利润，且看护粉厂设备还需要投入一定资金雇人看护，村委会研究决定将其进行租赁经营，每年租金3500元，2019年，已将租金3400元发放至脱贫户手中，村集体留存100元。所有脱贫户享受村集体产业收益及扶贫专项资金委托经营收益年人均2029元。金融贷款委托经营收益三户，金融贷款自家屋顶光伏收益五户。出资解决该村人畜饮水。本年度共出资6360元，切实解决了村民人畜饮水困难。开展了以“献爱心，助扶贫”为主题的“扶志扶智”工程，建立“以奖代补、多劳多得”的脱贫正向奖励机制，切实改变部分贫困户“等、靠、要”思想。村委会设立爱心超市1座，接受爱心人士捐赠，为山阴县巩固脱贫攻坚工作做了应有贡献。

【机关党建】 山阴县应急局党组始终把党风廉政建设作为党建工作的核心抓在手上，上半年大力开展了“改革创新、奋发有为”大讨论活动，扎实推进“三基”建设工作；下半年认真开展了“不忘初心、牢记使命”主题教育工作，同时开展了警示教育活动和纪律作风整顿工作，营造全局党员干部职工风清气正和真抓实干的良好氛围。一是加强局党组和支部建设。大力推行股室和单位负责人兼任支部书记，落实一岗双责，加强考核，不断提高党组织能力。二是加强党建基础工作。推行党支部标准化、规范化，严格执行“三会一课”，推行支部主题党日活动，把每一个基层党组织建设成为坚强的战斗堡垒。三是充分发挥党建带群建的作用。健全工会、妇委会等组织建设，建立困难党员家庭生活档案，开展分类帮扶。四是积极开展“不忘初心、牢记使命”主题教育工作。按照县委的统一安排部署，局党组开展了警示教育和作风整顿工作，特别是局领导干部深入企业开展了调研和入企服务活动，解决企业存在的实际问题。五是强化从严治党主体责任。领导班子成员认真落实“一岗双责”，对职责范围内的党风廉政建设负领导责任，专题研究部署分管股室及下属单位的党风廉政建设，加强对任务落实情况的跟踪检查，同时加强党员干部党性修养教育，开展党风廉政建设和正风肃纪整顿，坚决杜绝行业不正之风，树立了良好的工作形象。

农林水牧

农　业

【概述】　2019年，山阴县农业农村局以习近平新时代中国特色社会思想为指导，深入贯彻习近平总书记关于“三农”工作的重要论述和视察山西重要讲话精神，认真落实中央、省、市农村工作会议精神，坚持农业农村优先发展，以实施乡村振兴战略为总抓手，以深化农业供给侧结构性改革为主线，以农业增效、农民增收、农村增绿为目标，大力发展有机旱作农业，着力培育农业新型经营主体，不断改善农村人居环境，扎实推进农业农村改革，稳步巩固提升产业脱贫成果，为实现农业全面转型升级，农村全面繁荣进步，农民全面富裕发展迈出了坚实的步伐。

2019年，第一季度农村居民可支配收入完成2851元，增8.6%；第二季度农村居民可支配收入完成6560元，增9.1%；第三季度农村居民可支配收入完成11051元，增幅8.5%。前三季度完成农产品加工销售收入34.8616亿元，销售收入增长6.52%。前三季度新认证“三品”产品共28个：其中无公害农产品18个，绿色农产品9个，有机农产品1个。认证面积4.2万亩。

【农业产业】　2019年，山阴县不断优化提升“北山小杂粮、南山经济林、川区粮草蔬”产业发展水平，着力实施农业产业发展四大工程。一是杂粮产业振兴工程。示范推广穴播技术渗水地膜谷子种植7万亩；重点推广坝莜18号、白燕2号、11号等优质燕麦种植3.5万亩；着力推广晋杂31号、晋早5564覆膜高粱3.9万亩。二是草牧业发展工程。发展种植18万亩优质玉米饲草、2万亩优质苜蓿、2000亩柠条等多年生牧草。三是特色蔬菜种植工程。采用膜下滴灌技术，在马营庄、后所、张家庄等乡镇种植1.4万亩特色露地蔬菜；在基础较好的乡镇发展种植反季节黄瓜、西红柿、油菜等设施蔬菜；着力打造集加工包装、冷藏储存、运输销售为一体的蔬菜集散基地。四是中药材产业发展提升工程。通过“公司+基地+农户”的模式，重点在玉井、吴马营、马营、下喇叭山区四个乡镇发展中药材种植7500亩。

【旱作农业】　围绕有机旱作农业示范县建设和雁门关生态畜牧经济区建设契机，把农业产业结构调优，规模做大，培育别具特色的优势产业，重点打造优质杂粮种植基地、现代农业种植基地、特色露地蔬菜种植基地、食用菌培育基地、特色农产品加工基地五大基地，有效带动区域农业产业化发展。大力发展有机旱作农业。按照全县种植业三大区域布局，围绕北山片4个乡镇发展燕麦、豆类为主的小杂粮、马铃薯和中药材；南部坡区和平川片3个乡镇发展蔬菜、果业、粮草兼用玉米；川区片6个乡镇发展谷子、糜黍、杂豆为主的小杂粮、粮草兼用玉米和优质牧草，着力推进功能农业，打造创建优质名牌农产品。特别是9月7日承办了全国旱作节水农业现场培训会，山阴县旱作节水农业建设受到与会人员一致好评。9月24—25日，山阴县承办了全省粮食产业经验交流会，充分肯定了山阴县杂粮产业发展的做法。

【质量兴农】　2019年，山阴农业沿着有机旱作农业的发展方向，积极推进特色农业提质增效，坚持走出一条农业绿色化、优质化、特色化、品牌化的新路子，大力挖掘和培育本地特色优势产业，加大“三品一标”认证力度，搞好品牌建设、包装提升和市场推介，在品牌、品质、品味上下功夫。在品牌建设上，已认证无公害农产品18个、绿色农产品10个，“中国富硒小米之乡”申报成功，成为山阴杂粮产业的一张靓丽名片。

【杂粮产业】 2019年，重点推进了以渗水地膜谷子为主的有机旱作农业种植，发展种植面积7万亩。加大对连片规模种植基地的扶持力度，重点建设合盛堡黄花梁富硒有机旱作农业种植基地、七里沟旱地谷子种植基地等标准化生产示范基地和南山坡区旱地谷子种植示范基地，不断增强示范辐射效应，实现全县均衡发展。统筹整合资金，对种植渗水地膜谷子的贫困户加大产业帮扶，完成了地膜、肥料、播种机具等生产物资的补贴支持。扶持鑫霏农业、惠牧源联合社、朔煤燕麦等新型经营主体与贫困种植户的生产销售无缝隙对接，切实解决贫困人口“有粮不好卖”和“卖不出好价钱”等后顾之忧。

【牧草种植】 2019年，山阴县按照“调优结构，以畜定草，草畜结合，以草促牧，以牧富民”的发展思路，着力推动粮经饲统筹、农林牧结合，切实带动贫困户发展草牧业种植。2019年在玉米优势种植区域内发展种植玉米饲草18万亩；在古城、后所、薛圐圙等乡镇种植优质苜蓿2万亩；在玉井、吴马营等乡镇种植优质燕麦草2万亩。

【蔬菜药材产业】 2019年，农业农村局以建档立卡贫困户为重点，采取土地流转获取租金、土地入股获取股金、在基地从事蔬菜生产赚取佣金等方式带动贫困户增收致富。在马营庄、后所、张家庄等乡镇发展种植青尖椒、西葫芦、豆荚、胡萝卜等特色露地蔬菜1.4万亩；在薛圐圙乡，重点依托宇昊蘑菇，发展食用菌种植生产，引导帮扶贫困人口从事食用菌种植生产。

健全完善农户与产业发展的利益联结机制，2019年重点在玉井、吴马营、马营、下喇叭山区四个乡镇种植道地药材，实施中药材崛起工程；优选板蓝根为退耕还药的主推品种，实施退耕还中药材工程；以种植大户、农业专业合作社等新型经营主体为带动，优先流转贫困人口土地，吸引贫困人口打工，实施新型经营主体带动工程。

【农村改革】 2019年，农业农村局认真贯彻落实中共十九大提出的巩固和完善农村基本经营制度，以农业供给侧结构性改革为主线，深化农村土地制度改革和农村集体产权制度改革，完善承包地“三权”分置制度，积极引导农村土地有序流转，促进一二三产业融合发展，不断增强农业农村动力活力，有效实现农业增效、农民增收的目标，推动山阴县从农业大县向农业强县迈进，争当全省农业农村改革排头兵。积极开展农村承包地确权登记“回头看”工作，加大农村承包地确权登记矛盾村、纠纷户的协调处理工作；加快推进农村土地承包经营权证的打印颁发、档案整理和农村土地承包管理信息系统建设。

全面开展农村集体资产、资源、资金“三资”清产核资工作，科学确认农村集体经济组织成员身份，稳妥推进农村集体经营性资产股份合作制改革，逐步构建归属清晰、权能完整、流转顺畅、保护严格的农村集体产权制度，保护和发展农民作为农村集体经济组织成员的合法权益。按照《山阴县农村集体经济组织成员身份确认工作指导意见》要求，山阴县各乡积极开展农村集体经济产权制度改革工作。各乡镇积极选派工作人员参加区清产核资培训会，成立了各级清产核资工作领导小组。各乡镇、村居根据县级清产核资方案及自身实际情况，制定清产核资工作方案；农村财务清理涉及面广、量大，工作难度大，各相关人员明确自身职责，落实口常工作，为财务清埋工作的开展提供了有力的组织保障。清查过程采取自上而下与自下而上相结合，帐内清查与帐外核查相结合，做到账账相符、账款相符、账实相符、账据相符、账内与账外相符。全县13个乡镇于

2019年6月30日全面完成了成员身份确认工作，保障了广大农民的合法权益。

【农村改造】 2019年，山阴县全面开展了声势浩大的农村人居环境整治、村庄清洁行动，取得了明显实效。一是“拆违治乱”，拆除违法搭建和乱搭乱建，共整治2195处，整治面积391021平方米。二是“清理农村生活垃圾”，共整治堆放点8281处，清理垃圾129336.8吨，沿路68409米清理13011.1吨，沿河5570米清理2556吨，沿沟8515米清理386.2吨，绿化92961平方米。三是“清理村内河道沟渠”，共整治116处，污水减排量4861吨，减少污染面积70400平方米。四是“清理畜禽养殖粪污等农业生产废弃物”，排查规模养殖场是否配套建设了粪污处理设施89处，对条件不具备的整改5处；病死动物统一收集处理1头数；整治秸秆乱扔、乱堆、乱放551处，“四化”利用量81291吨，其中能源化利用量548吨，肥料化利用量10999吨，饲料化利用量52744吨，基料化利用量17000吨；整治秸秆焚烧面积75615亩，其中减少秸秆焚烧量52981吨；整治农业固体废弃物乱扔、乱堆、乱放116处，其中：收集、无害化处理农药、化肥包装物6吨，收集、无害化处理废弃农膜5.5吨；整治根茬（枯秧）、育秧盘、谷壳、果壳等废弃物乱丢乱弃、随意堆放571处。五是重点工作，全县改善农村人居环境共投入资金3588.4万元，为美丽乡村建设提供了坚实的资金保障，其中一部分是整合项目资金。农村生活污水治理、农村生活垃圾治理等项目资金3037万元，用于改善农业生产条件和农村基础设施；另一部分乡村自筹资金。各乡镇在经费紧张的情况下，均拿出一定资金补贴到美丽乡村建设上，部分村集体也把有限的财力用在美丽乡村建设上，乡村两级已共自筹资金551.4万元。部分农户自发投资。通过积极引导，部分农户自觉配合美丽乡村建设，舍得花钱对自家庭院残墙断壁、破败房屋进行修整。154个村制定村庄清洁各类标准村，165个村建立完善村庄清洁各类规章制度，180个村将村庄清洁纳入村规民约，188个村建立村庄清洁保洁员制度；印刷各类宣传材料18274份；组织培训学习68次。2019年山阴县改厕任务4000座。水厕改造涉及21个村，分别为安荣乡泥河村、岳庄村、安荣村；岱岳镇北王庄村、麻疃村、小快乐村；北周庄镇郑庄、北周庄、辛留村；合盛堡乡康庄；古城镇古城村、羊圈铺村、卢岭村；薛圐圙乡庞家堡村、河曲堡村、薛圐圙村、白坊村、老羊寨村；张家庄乡旧广武村、新广武村；玉井镇玉井村。2019年完成水冲式厕所改造1684座。旱厕改造在安荣乡西鄯河村和北周庄镇永静城村建设试点。

【农产品加工】 2019年，农业农村局以帮助建档立卡贫困户增收为工作目标，以建设种养基地、吸纳贫困户就业为工作途径，通过政府主导、市场运作、企业经营、农户参与等措施，支持带动作用明显、吸纳就业效果显著的古城乳业、鑫霏农业、朔煤燕麦、宇昊蘑菇、泰和牧业等农产品加工企业率先发展，实现农产品就地转化、就地增值，切实增加贫困户收入。

农牧场

【概述】 2019年，山阴农牧场加快土地整合进度。按照“职工自愿、土地整合、规模量产、项目实施、经济发展、互惠共赢”的办法，各分场开展了土地整理工作，2019年整理出来的土地面积共计2400亩，全部种植苜蓿，发展以牧草为主的种植业，以此进行调整农业种植结构，逐步实行规模化的经营模式。

【试验推广】 2019年，山阴农牧场为了农业种植多元化，专门在五分场规划种植其它牧草，试验种植了燕麦草34亩，火麻30亩。

【成立牧草公司】 2019年，农牧场为响应农业部提出的振兴草业、发展经济的号召，按照省农业农村厅《关于提前下达2019年中央财政国有贫困农场扶贫资金使用计划的报告》、省财政厅《关于提前下达2019年中央财政国有贫困农场扶贫资金使用计划的通知》要求，根据垦区国有贫困农场发展实际，利用扶贫资金规划发展。山阴农牧场本着“党建引领、以草兴企”的发展理念，为充分利用好扶贫资金，设立项目公司——山西天牧园草业有限公司，并于2019年7月2日行文请示山西省农业（农垦）产业集团有限公司，2019年7月23日得到了批复。该公司注册成立，按项目要求，进行牧草基地水利设施及配套设备建设。

【转变经营方式】 2019年，山阴农牧场对往年种植的苜蓿继续实行了承包经营，苜蓿地的承包经营，是一种经营方式的转变，是由亏损转为盈利的有效手段，且收益提前实现，此举为农牧场的发展起到了一定的示范作用。

【节水灌溉】 2019年5月16日，省委脱贫攻坚第七巡视组、省农业农村厅有关领导一行5人对山阴农牧场2000亩节水灌溉建设项目进行了检查。农牧场于2019年5月，组织相关人员召开了项目建设的推进会议，责成分管领导白全有和林业科科长武巍尽快办理项目工作，2019年7月19日与山西海通工程招标代理有限公司协商，对该项目进行网上公开招标，有三家公司报名参加招标，经会议评审山阴县宏发公司招标成功。2019年8月19日开始施工，2019年11月16日建设完成。

【秸秆建材】 为了充分利用农牧场丰富的秸秆资源优势，产生的秸秆能够就地消化，解决部分职工的就业，增加职工的家庭经济收入，促进企业发展，决定实施秸秆建材项目，该项目已报请山西省农业（农垦）产业集团有限公司批复。9月25日，百源众创（北京）实业发展有限公司在场相关领导的陪同下实地察看了项目实施地点，并对项目合作事宜进行了详细的商谈。

【安全与扫黑】 2019年，山阴县农牧场持续抓好扫黑除恶专项斗争工作。通过会议部署、在场区和各分场中心点悬挂扫黑除恶标语、张贴扫黑除恶公告等多种形式大力宣传，发动职工群众积极参与，发现线索及时报告。要求保卫科积极配合当地派出所开展工作，持续抓好农牧场扫黑除恶专项斗争工作，为农牧场的各项事业发展创造一个安全和谐的治安环境。农牧场召开会议、制定制度、发放资料、口头宣传等形式，加强安全工作，普及安全知识，提高职工群众的安全意识和防范能力，同时对国有资产加强管护。农业备耕备播期间，要求各分场要加大安全生产宣传力度，要经常性地检查本单位的安全隐患，教育职工注意车辆出行安全，春季风大，要注意防火，切实抓好安全生产工作。在日常工作中，责成保卫科不定期到各基层单位进行了安全检查，对发现的问题，责令其限时整改，努力做好全场的安全生产工作。

【注重民生】 2019年，为切实解决山阴农牧场职工群众老有所依、老有所养的问题，山阴县老年公寓租赁山阴农牧场安泰公寓成立了山阴农牧场养老院，并于10月10日举行了开业仪式，正式投入运营。危房改造：为了推进危房改造工程项目工作，山阴县农牧场召集山阴县国营林场、施工方、物业公司负责人召开了会议，对项目存在的问题、到期移交、财务账务等情况进行了通报并讨论，就相关工作作了具体安排。

【考察学习】 2019 年 4 月 8 日，山阴农牧场组织分场场长和有关科室科长参加了在山阴县北王庄由朔州市骏宝宸农业科技有限公司主办、山西省农业科学院玉米研究所协办的农业生产托管推进会，参观了现场演示的耕地、撒粪、撒肥、旋耕镇压、播种、喷药等农业生产机械流程作业，进一步拓宽了领导干部的思路，学习取经，创新思维，进一步推动了农牧场改变农业经营模式，为逐步实现现代农业发展奠定良好基础。

6 月 21—27 日，组织分场场长和相关科室科长一行 13 人赴内蒙、北京进行为期 7 天的考察学习，重点学习了苜蓿、燕麦草的生产技术，并与专家进行了座谈学习。返场后立即召开了学习总结研讨会，取人之长，补己之短，查问题，找差距，促发展。努力形成集牧草种植、生产、收割、产品加工、销售为一体的经营格局，打造山西省第一大牧草业基地，逐步向现代农业迈进。

7 月 4—7 日，由农牧场党委书记、场长冯成義带队，组织相关人员一行 7 人赴内蒙、山东进行为期 4 天的考察，先后参观了牧草种植、收割及牧草深加工机械设备，并与专家探讨了牧草业在国内种植生产及深加工的市场前景，进一步了解了牧草种植及深加工的可行性，对山阴农牧场牧草业的发展具有非常好的帮助和借鉴作用，推动产业转型发展。

11 月 28 日至 12 月 2 日，农牧场党委书记、场长冯成義带队一行 7 人前往内蒙古呼和浩特市正时生态农业（集团）有限公司进行实地考察谈判，双方进行了友好协商，并对牧草业下一步的深入合作达成了共识。12 月 9—11 日，正时农业公司对山阴农牧场土地和苜蓿进行了为期 3 天的考察和技术指导，双方依托良好的交流合作关系，进一步加强沟通，结合双方的资源优势深入开展合作，共同推动牧草产业快速健康发展。

【党的建设】 2019 年，山阴农牧场加强党建工作。2—4 月，通过召开“改革创新、奋发有为”大讨论动员部署会，结合本场实际，安排了 3 项自选动作，在全场开展了一场学习的革命、思想的革命、工作的革命，并取得了成效。9 月 17 日，组织全场干部职工召开了“不忘初心、牢记使命”主题教育动员大会，场党委书记、场长冯成義做了动员部署讲话，要求各支部要以深入学习贯彻习近平新时代中国特色社会主义思想为根本任务，以守初心、担使命、找差距、抓落实为总要求，认真做好主题教育的各项规定动作，认真学习《习近平关于“不忘初心、牢记使命”论述摘编》，利用学习平台“学习强国”APP，提高党员干部队伍素质。全体党员在学思践悟中牢记初心使命，增强“四个意识”，坚定“四个自信”，做到“两个维护”，为农牧场发展提供强大思想保障和精神力量。强化纪律，杜绝腐败。加强节日期间的内部管理，要求领导干部特别是党员干部，要认真贯彻落实中央“八项规定”精神，坚决做到“十严禁”，牢固树立廉洁自律意识，自觉抵制不正之风，在严守党纪上远离违纪红线，带头崇廉拒腐，增强执纪守规的自觉性和坚定性，坚决杜绝“节日腐败”。

农技与开发

【农技推广】 农技中心以农技体系补助项目为依托，突出公益推广，推进多元推广，大面积提高农民的科技素质。全县选择科技素质高、实践经验多、责任心强的 83 名农技员、畜牧员、农机员深入到 13 个乡镇 83 个村庄和农业园区、合作社，每人全程指导 3 户农业科技示范户，重点推广大丰 30、大京九玉米、晋谷 21、晋亚7号等高产多抗新品种和玉米青贮技术、渗水地膜谷子精密穴播技术、籽粒玉米谷子机械收获技术、奶牛全混日粮技术等新技术，为249户科技示范户每户免费提供优良玉米品种和优质复合肥、专用肥，价值500多元，既减轻了农民劳动强度，又引导农民大胆使用新品种、新技术，提高科技对农业的贡献率。根据山阴农业主导产业，在马营庄、岱岳镇、下喇叭乡选择天源生态合作社、翠美蔬菜合作社和精粟黍合作社，分别建设玉米试验示范基地、蔬菜实验示范基地和小杂粮实验示范基地，每个基地推广3项新技术，组织周边农民观摩培训，为全县农民实现科技增产起到了辐射带动和示范引领作用。

【农民培训】 2019年，农技中心承担职业农民培训工作，中心分管主任、科教股长和承担培训任务的五个农业公司和农业合作社，积极深入乡村调研，广泛筛选学员，根据山阴农业产业结构和区域特点，收集农民培训意愿和需要解决的实际问题，分别开设玉米、小杂粮、蔬菜等专业培训班，采取进村就地培训和宾馆封闭培训两种形式，免费吃住，专门聘请省农科院玉米所、高寒所、朔州农校教授以及本地土专家，针对性解决农民生产实践中遇到的技术难题，每个农民培训5~8天，熟练掌握1~2门农业实用技术。已培训650多人，有效提高了农民科学种田素质。

【测土配方】 2019年，山阴县农技中心利用耕地质量提升与减肥增效项目，全县取土化验108个土样，在北周庄镇永静城村设置玉米化肥利用率试验1个，肥效校正试验2个，印发悬挂测土配方施肥方案200多份，委托山西农大对现有土地进行了耕地等级评价，使全县配方肥施用面积达40万亩以上。严格按照工程项目法人制、招投标制、监理制和工程合同制“四制”要求，加快高标准农田建设实施进度。2019年，高标准农田建设项目涉及前张堡和李珠庄两个工地，专门成立项目协调领导组，分管主任任组长，土肥站业务骨干参与，经常深入工地一线，督查检查，协调推进工程进度，严把工程质量关。2018年前张堡高标准农田建设项目全部完成，更新机井8眼，架设高低压线2450米，安装变压器1台，埋设输水管道3320米，整修道路1850米。朔州碧源水利工程监理公司全程监督。李珠庄省级土地出让金建设高标准农田项目完成80%工程量，新打机井3眼，新修维修防渗1.5公里，架设高低压线3.5公里，整修田间路3.5公里，经过改造，井机电渠路实现五配套。

【燕麦基地】 2019年利用上级资金项目，围绕山区农民增收，重点推广坝优1号、18号两个优质燕麦品种，大力推广“一旱三改”和“两深一浅”栽培技术，沿山（阴）和（林格尔）线，建成1万亩优质燕麦基地，涉及玉井、下喇叭、吴马营3个乡镇20多个村，公开招标，购买燕麦种子80多吨，有机肥90多吨，免费送到农户家中，即提供可靠农资，又减轻了农民负担。同时在织女泉、吴儿城、吴马营、屯港四个村设置试验示范田800亩，进行示范推广，抽调技术人员到山区巡回培训指导，推广“一旱三改”和“两深一浅”栽培技术，经过技术指导培训，全县燕麦生产喜获丰收。经秋粮测产，每亩燕麦产量达175多公斤，最高达250多公斤，创历史最好水平。

【智能节水】 2019年，山阴县农业技术开发中心根据全国旱作节水农业现场会要求，立足山阴实际，利用项目资金，投资108万元，引进国内先进智能化控制设备，重点推广三项新技术：一是水肥一体化智能监控新技术。重点对北王庄村骏宝宸公司周边原有的普通管灌进行升级改造，控制面积800亩，新上两套全部智能化过滤、配肥和手机远程控制系统，示范推广微喷灌、滴灌、涌泉灌三种管灌节水模式，选择玉米和萝卜两种作物，全部推广膜下滴灌节水技术，节水效果十分明显，原来大水漫灌每亩150多立方米，现在亩用水60立方米左右，节水60%以上。二是引进土壤墒情自动监测新技术。购买全自动墒情监测设备一套，主机安装在黄花梁东双山有机旱作基地，其余4个监测点分布在北王庄、农牧场、帐头铺、玉井四个代表川区、坡区、山区、水地、旱地不同类型的区域，每个点都埋入感应设备，设置手机芯片，可以24小时提供土壤水分、温度、湿度等10多项土壤和气候参数，使山阴县第一次实现了土壤自动化监测，大大满足了作物需水规律，为作物高产提供了科学依据。三是引进新型软体水窖新材料。针对山坡区水土流失严重问题，如兴建混凝土蓄水坝投资大、周期长、寿命短、不可移动，2019年第一次引进新型软体水箱新材料，在东双山旱坡区因地制宜安装两个软体水窖，容积200立方米，将平时白白流失的自然降水及时收集起来，作为蓄水池，调节水源，丰雨旱用，有效缓解了作物干旱需水难题，为旱作农业走出了一条新路。为此，农业部在山阴县召开全国旱作节水农业现场会，推广山阴的典型做法。

【防治病虫害】 针对2019年病虫害发生情况，因地制宜，科学防治，群防群治与统防统治相结合。一是草地贪夜蛾防控工作。坚持以防为主，群防群治的原则，在“防”字上做文章，县政府专门成立领导组，各乡镇乡镇长为成员，召开三次领导组会议，实行日报告和零报告制度，农技中心24小时值班，购置7万元的防治药品，在后所、张庄、北王庄等5个村设立观察点，动员全县乡村和农业合作社所有人员全部投入防控草地贪夜蛾狙击战，全县没有发生一起草地贪夜蛾虫害，有效保护了植物正常生长。二是薛圐圙区域蝗虫防治工作。坚持统防统治原则，引进运城市临猗县飞防专业队统一防治，防治区域覆盖农牧场、辛兴铺等村庄面积6000多亩，时间短，效率高，成本低，效果好。三是安良铺和白坊村玉米红蜘蛛防治工作。针对虫害发生地蔬菜较多的实际，为了避免药害影响，坚持免费供药，分户防治办法，根据病虫害发生程度，按亩发放防治药品，农户自己分散防治，有效减少了对周边蔬菜的要害影响。

【有机旱作农业】 2019年，山阴县农技中心以调整优化农业结构为主线，以谷子、高粱、黍子等杂粮作物为重点，以粮油高产创建项目为载体，以规模化种植，标准化生产，机械化收获为途径，大力推广晋谷21号、晋杂22号高粱、黑黍等新品种、渗水地膜穴播等新技术、粮菜间作套种等新模式，加快杂粮产业升级换代，积极发展杂粮深加工，带动农民致富奔小康。利用上级项目资金，经过考察筛选，在北王庄、东双山、沙河三个村实施杂粮绿色高产创建示范片1500亩，其中北王庄谷子示范面积500亩，实验种植谷子、糜黍、高粱、杂豆四种作物60多个品种和四种模式，主推品种晋谷21号；东双山黄花梁基地高粱、谷子示范面积500亩，试验品种由省农科院高粱所（晋杂22、草高粱）、高寒所（大同30、35、38谷子）等科研院所提供；沙河村种植黑黍500亩，作为鑫菲农业公司种植基地，主要出口韩国。三个示范基地全部按照有机旱作农业要求，增施农家肥有机肥，减施化肥，甚至不施化肥，大力推广渗水地膜穴播四垄、三垄和两垄覆盖，病虫害绿色防控，飞机喷洒硒肥，大型机械收获等新技术，实验示范取得预期效果。经过抽样测产，试验示范田杂粮平均产量比传统种植增产16%以上，其中谷子平均单产350多公斤，糜黍

200多公斤，高粱600多公斤，杂豆150多公斤，2019年谷子收购价1.5元/公斤，亩纯收入1500多元，为农民科学种田增收提供了新的致富渠道。

【农技扶贫】 2019年，更换驻村队员一名，担任辛兴铺村第一书记，充实扶贫队伍。平时扶贫工作队严格按照“四不脱”要求，五天日夜驻村工作，帮扶薛圐圙乡河曲堡村、庞家堡村、辛兴铺村三个村，共有25个贫困户，为每户农民免费提供玉米优种5袋5亩，免费提供农业技术培训2次，免费为辛兴铺村飞机防治蝗虫3000多亩，价值3万元，累计为贫困户减负增收5万多元。平时工作中，利用单位技术优势，指导贫困户科学防治病虫害，减少灾害损失。帮助庞家堡规划整修村庄，铺设下水，村容村貌大变样，由落后村变成先进村。

农 机

【年度目标】 2019年，农机服务中心坚持以“兴农机、强农业、富农民”的工作宗旨，深入贯彻落实中央、省、市决策部署，扎实推进农机化发展提档升级。2019年，农机部门努力克服工作经费不足、农机项目分散、农机市场低迷等不利因素，统筹谋划、主动作为，农机化各项关键指标稳步提升，全部完成或超额完成年度目标任务。据统计，全县农机总动力达到30.25万千瓦，增长1万多千瓦；农机综合机械化率达到84.9%，超任务2.07个百分点；全年使用农机购置补贴资金497.77万元，补贴各类农机具202台套，受益农民172户，分别超出目标任务3台和85户。全县新增玉米收获机械63台（含青饲料收获机12台），超任务33台，玉米（含青贮）综合机械化率95.39%，超任务2.41个百分点。主要农作物全程机械化作业面积53万亩，超任务20万亩；完成深松整地作业面积10.2万亩，超任务2000亩；高标准、高质量完成丘陵山区农田宜机化改造面积600亩；农作物秸秆还田面积完成56.4万亩，超30.4万亩，“四化”转化量61万吨，超21万吨；培育省级示范合作社一个；新建农村磨坊3个；召开朔州．山阴农机新技术、新机具现场培训会一次，培训150人；新增农机新技术推广示范点两个；新注册登记拖拉机、联合收获机（含履带式）155台，农机安全生产继续保持“零事故”的良好态势。在项目资金争取方面，共计落实国家和省级农机项目资金720万元。其中，农机购置补贴资金500万元，现代农机推广资金55万元，农田宜机化改造试点项目资金90万元，农机深松作业补贴资金75万元。

【农机党建】 2019年，农机服务中心加强政治建设、突出党建引领，全面夯实从严治党主体责任。一是严格执行政治纪律和政治规矩。领导班子坚持从自身做起，共同学习研讨，将党的各项纪律规定作为党员领导干部的“必修课”，切实做到内化于心、外化于行。通过深学细研，进一步树立了正确的权利观、政绩观和利益观，在思想上政治上行动上同以习近平同志为核心的党中央保持高度一致，在大是大非面前立场坚定、旗帜鲜明，坚定不移地贯彻执行上级党委政府的重要决策部署，坚定不移地忠于组织安排，严格要求党员干部，做到了听党指挥，令行禁止。二是认真履行管党治党责任。始终坚持“抓班子，班子抓”，确保领导班子坚强有力，驾驭全局。2019年，中心党组严格执行中央八项规定和省委四个实施办法、市委十项规定，不断夯实主体责任，紧盯“四风问题”隐形变异和反弹回潮，深入开展“四个对照”回头看，扎实推进纪律作风大整治，全面从严治党的力度不断增强。三是扎实推进党风廉政建设。主要领导认真履行党风廉政建设第一责任人职责，坚持将党风廉政建设和农机化工作同研究、同部署、同落实，专门召开支部会议研究党风廉政建设工作，成立领导小组，制订工作计划，明确工作内容，由班子成员分别牵头层层抓好落实，努力营造风清气正的干事氛围。四是廉洁自律依法办事。班子成员在工作和生活中坚持提升自身素养，从思想上筑牢反腐倡廉、拒腐防变的思想长城；坚持严于律己，时刻以廉洁自律规定来要求自己，争做廉政表率；坚持以身作则，从不搞特殊化，从不损害集体利益；坚持管好自己家庭、子女和身边的人，绝不利用职务之便为他们谋取不当利益；坚持学习农机化法律法规，做到知法守法，不越权越位。通过抓好领导干部这个“关键少数”，带动农机系统纪律作风持久转变。

【机关建设】 2019 年，农机服务中心认真学习贯彻习近平新时代中国特色社会主义思想和中共十九大精神，深入贯彻落实习总书记视察山西重要讲话精神。在理论学习上，主要采取个人自学与集体学习相结合、集中培训与座谈研讨相结合、系统学习与专题学习相结合等形式，不断创新学习方法，丰富学习内容，提升学习效果。一是班子成员带头学习。成立理论学习中心组，分别制订学习计划，列出必读书目，明确研讨主题，切实将理论学习抓在实处。二是扎实开展集中学习。领导班子充分发挥政治引领作用，在先学一步、学深一层的基础上，不断完善硬件设施、创新思路举措，利用多媒体设备开展视频学习，通过“学习强国”进行网络学习，结合主题党日赴基层一线开展现场学习，不断将理论学习引向深入。三是认真开展专题辅导。主题教育以来，班子成员精心准备发言材料，结合党和国家发展历程、反腐败斗争取得的压倒性胜利实例，联系自己学习、工作经历，为党员干部讲了专题党课，通过现身说法让理论学习更加鲜活生动。在贯彻落实上，领导班子始终心系农机化发展，认真落实习近平总书记视察山西重要讲话精神，围绕主题教育活动“三服务”具体要求，创新方式方法搞好考察学习和基层调研。组织本地种植大户、农机合作社、农机经销企业和农机技术骨干，远赴山西省长治市襄汾县、晋中市祁县和省农机新技术公司，围绕土地托管经营、机械维修、生产作业、技术服务等内容开展考察学习；组织农机部门技术人员，在“三秋”和“三夏”农业生产期间，深入生产一线，开展综合调研，向农民群众问需问计、回应关切。这些务实举措，进一步拉近了党员干部与农民群众的距离，为他们解了难题，办了实事，得到农民群众的高度认可。

原种场

【种植结构调整】 2019 年，原种场积极调整种植业结构，逐步改变种植大户以粮食玉米为主的习惯性传统种植，有序扩大饲草和瓜果蔬菜种植规模，2019 年全场青贮玉米种植面积 3800 亩，瓜果蔬菜种植面积 1200 亩。

【基础设施建设】 2019 年，依托种植大户对场内耕地进行高标准农田建设 4200 亩，并于 2020 年实施规模化苜蓿种植，充分发挥原种场的农业规模种植示范作用。稳步推进，切实改善人居环境，2019 年对场区人居环境进行集中整治，共清理场区各类垃圾 80 余吨。配合县水利局完成 2680 米自来水主管道铺设工作。

【基层组织建设】 2019 年，原种场高标准完成软弱涣散党支部整顿工作，理顺党员组织关系，将不在场支部的党员 9 名职工组织关系转接回场支部，并按时高标准做好支部换届工作。从严做好“不忘初心、牢记使命”主题教育，对照目标要求，做到以“四心”抓落实，强力推动主题教育落地见效。一是学习教育炼忠心。通过领导带头学、党员自学和三次集中学习，广大党员干部党性修养进一步提升；积极创新学习形式，班子成员讲专题党课，践行初心使命；以案例明法纪，组织观看警示教育影视片，并进行以案促改警示教育。二是调查研究见真心。班子成员紧扣各自分管领域研究制定调研课题，主动认领调研任务，开展专题调研，形成调研报告2篇，着力推动各项决策部署落地落实。三是检视问题守初心。按照“六个对照”“五个查找”“18个是否”的要求，深刻检视剖析。召开找差距专题会，严肃检视剖析问题原因，从党的政治建设、思想建设、作风建设上找根源，切实以“刀口向内”的勇气，抓好了自我革命。四是整改落实有恒心。原种场坚持把现实问题的整改率、推动发展的贡献率作为主题教育落地见效的重要指标，坚决做到边学边改、边查边改、边议边改、即知即改。特别是针对本场农业发展示范带动作用不明显的短板，建设高标准农田3800亩，引导场内耕种大户于2020年集中联片种植苜蓿，充分发挥原种场农业发展的示范带动作用。

林 业

【概述】 山阴县林业局拟订全县林业生态保护修复、规划并组织实施，组织开展全县森林、荒漠和陆生野生动植物资源动态监测和评价。组织全县林业生态保护修复及造林绿化工作。组织实施林业、草原（地）重点生态修复工程，开展退耕还林，拟订全县造林绿化的指导性计划，参与拟订相关县级标准和规程并监督执行，指导公益林和商品林的培育，组织、指导植树造林、封山育林等生物措施防治水土流失工作，组织、指导全民义务植树工作、城乡绿化工作。组织、指导林业、草原有害生物防治、检疫工作。承担林业应对气候变化的相关工作。组织编制并监督执行全县森林采伐限额，指导执行林木凭证采伐、运输，指导森林经营、利用工作。负责林地、林权管理和天然林保护工作，拟订林地保护利用规划并指导实施，组织、指导天然林划定和管理工作。

山阴县林业局组织、协调、指导全县荒漠化防治工作。组织拟订全县防沙治沙、石漠化防治及沙化土地封禁保护区建设规划，按照国家荒漠化防治标准拟定配套政策措施并监督实施，监督管理沙化土地的开发利用；组织、指导建设项目对土地沙化影响的审核。组织、指导陆生野生动植物的救护繁育、栖息地恢复发展、疫源疫病监测。监督管理陆生野生动植物猎捕或采集、驯养繁殖或培植、经营利用。按分工监督管理野生动植物进出口，承担濒危物种进出口和国家、省级保护的野生动物、珍稀树种、珍稀野生植物及其产品出口的上报工作。

山阴县林业局拟订集体林权制度、国有林场、等重大改革意见并指导监督实施。拟订农村林业发展、维护林业经营者合法权益的有关措施。指导、监督农村林地承包经营工作。按照国家和省林业资源优化配置、木材利用及相关林业产业政策，拟订相关配套措施并监督实施。指导全县林业产业结构调整，对全县林业生产企业实行行业指导。按分工组织、指导林产品质量监督。指导国有林场和国有苗圃基本建设和发展，组织建立种质资源库，负责良种选育推广，管理林木种苗生产经营行为，监管林木种苗质量。监督管理林业生物种植资源、转基因生物安全、植物新品种保护。监督管理林业资金和国有资产，提出林业预算内投资、财政性资金安排建议。参与拟订全县林业经济调节措施。牵头查处林业开发利用违法案件。指导全县森林公安工作，监督管理森林公安队伍，指导林区社会治安治理工作。

山阴县林业局统一行使全县全民所有森林资源资产所有者职责，为保护和合理开发利用全县森林资源提供科学指引。进一步加强全县森林资源的保护和合理开发利用，建立健全源头保护和全过程修复治理相结合的工作机制，切实加大生态系统保护力度，加强森林监督管理的协调，大力推进国土绿化，实现整体保护、系统修复、综合治理，保障全县生态安全。创新激励约束并举的制度措施，推进全县森林资源节约集约利用。进一步精简有关行政审批事项、强化监管力度，充分发挥市场对资源配置的决定性作用，更好发挥政府作用，强化森林资源管理规则、标准、制度的约束性作用，推进全县森林资源监督管理和评估的便民高效，更好促进和保障全县经济社会发展。

【林政管理】 2019 年，山阴县林业局全面完成了“十三五”规划中第四年的目标任务。全县森林蓄积量达到 358794.47 立方米，完成规划制定的“十三五”期末预定目标的 86.04%，全县森林保有量达到 78.2769 平方公里，是规划制定的 2020 年森林保有量目标值 89.8544 平方公里的 87.12%，全县林地保有量达到 474.1191 平方公里，是规划制定的 2020 年林地保有量目标值 476.0801 平方公里的 99.59%。林政工作站、森林公安派出所、防火办密切合作，对全县森林资源进行全方位监管，对县境内发生的各类乱砍滥伐、乱占林地、森林火灾等案件进行及时查处。2019 年，森林公安派出所对重点区域、重点地段开展明察暗访、摸底排查，全年共出动警力 478 人次，出动车 279 辆次，受理查处各类涉林案件 9 起，其中：刑事案件 1 起（已移送市森林公安分局），受理林业行政案件 8 起，查处 8 起，罚款 771200 万元。

林地林木资源管理严格执行省林业厅下达的征占用林地年度定额指标，坚持“逢占必批”的原则，坚决杜绝未批先占、少批多占现象的发生。全年共审核同意占用征收林地项目 6 个，审核同意占用征收林地面积 109.1507 公顷，其中永久性使用林地项目 5 个面积 96.9156 公顷，临时性使用林地项目 1 个面积 12.2351 公顷。全年发放林木采伐许可证 89 份，批准采伐林木面积 291.73 亩，采伐林木蓄积 1260.77 立方米（其中采伐限额 344.87 立方米，占总采伐限额的 8.1%）。在森林资源管护方面，对 8.5 万亩未成林造林地进行了基础管护设施建设，经过乡村充分酝酿讨论、精心筛选安排了 59 名有管护能力的人员参与管护；进一步深入开展政策性森林保险，对全县 20.78 万亩的森林进行了投保；对全县公益林地进行了核实调查工作，涉及 13 个乡镇 174 个村，公益林落实到户面积 22.82 万亩，完成总任务的 100%，发放公益林补助资金 296.66 万元。

【造林绿化】 2019 年，山阴县造林任务共 5 万亩，其中京津冀生态屏障 0.3 万亩，国家京津风沙源治理工程 0.3 万亩。省级重点区域造林 2 万亩，县级造林 2.4 万亩。鼓励社会各界积极参与投入到绿化山阴美化山阴的大潮中。春季造林取得了很大成绩，生态屏障、风沙源治理、重点区域和县区造林都已完成，整体造林完成 5 万亩，完成率 100%，栽植各类树木 400 万株，完成投资 5233 万元。按照集中连片、规模成林的原则，2019 年造林总体规划以全域绿化为抓手，点面结合。主要林区重点工程完成：1. 国家京津风沙源治理工程 0.3 万亩，总投资 150 万元，全部由国家投资，布局在下喇叭乡织女泉村、玉井镇南祖村、马营乡龙泉寺村三乡镇交界一带。2. 省级重点工程京津冀生态屏障工程 0.3 万亩，总投资 150 万元，全部由省级投资，布局在北周庄镇上神泉、白殿沟村一带。3. 县区造林 2.4 万亩，总投资 3900 万元，全部由县级投资。按照向西山的后山区域推进，布局主要在宜林地较多的下喇叭乡和前山仅剩少量荒沟未绿化的安荣乡，主要建设内容为成片造林 2.4 万亩，重点打造绿化“一条循环路，一个流域”，即2018年工程区—柳沟村—高山微波站—口子梁—鸳鸯会道路绿化20公里，下喇叭—冻牛坡—吴庄道路两侧流域绿化治理12公里。另外对西山历年实施完工的旧工程和虎山线进行补植补造完善。4. 省级重点区域造林工程2万亩，总投资1000万元，全部由省级投资，布局在洪涛山两侧涉及5个乡镇24个村，具体为下喇叭乡9240亩、马营乡8620亩、玉井镇1200亩、北周庄镇700亩、岱岳镇240亩。

【森林检疫】 2019年，完成了对全县56.6万亩应监测林地的监测。加强了林业有害生物的预测预报，区划了有害生物易发区，设立了观察站。便于及时准确地掌握林业有害生物的发生情况、发生规律，侧重防治向预防的转变，采用低残留高效率生物防治药物防治松毛线虫，防治面积3000亩。主要发生病虫害有杨树天牛、林业鼠兔和松毛虫。县国营林场通过飞防和人工喷药完成0.3万亩松毛虫的防治任务，并联系中煤财产保险股份有限公司进行了鉴定保险理赔。检疫执法工作，完成产地检疫各类苗木面积500亩，造林工程苗木400万株；检查了县域周边的木材加工企业6家。印制和发放森林病虫害宣传图纸2000份。

【森林防火】 2019年，山阴县林业局防火工作常抓不懈，一是大力宣传森林法及森林法实施条例等法律法规，印发了宣传条幅200条，发放防火入户通知书10000张，防火宣传帽3000个，防火宣传围裙6000个。在电视台每天播放防火通告、滚动防火标语。各乡镇、村、重点林区悬挂条幅1000多条，印发传单20000份，出动督查车辆40台，出动大型装载机90台次。下发隐患整改通知书23份。对防火物资进行补充，增加了经费投入，对照物资储备标准，局里储备灭火弹4000枚，风力灭火机50台，油锯5台，铁扫帚300把，铁锹200把，对讲机6部，水枪40套，组合工具20套。物资发放到基层，宣传达到了横向到边，纵向到底。全面落实包保责任制，签订县乡防火责任状30多份，下发防火文件及整改建议200多份。严格执行24小时领导带班值班制和火灾报告制度。通过全县上下的不懈努力，防火形势基本平稳，过火面积控制在0.5‰以下。二是为防止因上坟烧纸引起的火灾，对重点林区内的坟墓周边组织队伍在进入防火期前实施了药剂灭草、建设防火基础、开设防火隔离带等工作，从源头上杜绝因上坟烧纸引起的森林火灾；对重点时节、重点地段实行重点管理、网格化管理。三是对西山森林公园隐患较大的区域进行了修底枝、清杂草、防虫害抚育。管理措施合理到位，2019年全县未发生大的森林火灾。

【林木管护】 2019年，山阴县林业局加强对公益林和未成林管护。深入开展政策性森林保险，对全县20.78万亩的森林进行了投保；对全县公益林地进行了核实调查工作，涉及13个乡镇174个村，公益林落实到户面积22.82万亩，完成总任务的100%，发放公益林补助资金296.66万元。对8.5万亩未成林造林地进行了基础管护设施建设，经过乡村充分酝酿讨论、精心筛选安排了166名有管护能力的人员参与管护，增加劳务收入。

【扶贫攻坚】 山阴县林业局继续深化扶贫工作，2019年在2018年已有27家扶贫攻坚造林专业合作社的基础上，又新注册成立了6家扶贫攻坚造林专业合作社。2019年，共有扶贫攻坚造林专业合作社33家（工商注册）。造林劳务扶贫。2019年，朔州市下达山阴县的林业建设生产任务共计5万亩，扶贫造林专业合作社完成造林2.3万亩，其中京津冀生态屏障工程0.3万亩，省级重点区域造林工程2万亩，24家扶贫攻坚造林专业合作社承担了2.3万亩造林任务。

栽植各类树木170.2万株，投资1150万元。24家合作社成员总数498人，包括贫困人员370人，其中351人参加造林，当年获得造林劳务费人均5753元。生态管护扶贫。2019年，全县共有国家公益林面积29.82万亩（国有林场7万亩，村集体22.82万亩），权属为集体的国家公益林22.82万亩，共聘用管护员344名，其中贫困户110名；全县未成林造林地管护面积计划8.5万亩，共聘用管护员80名，其中贫困户59名。两类管护员共计424名，其中贫困户169名，每年可获得国家补偿资金381.66万元，其中劳务管护资金102.69万元。人均年管护收入4415元。

【野生动植物保护管理】 加强宣传教育，大力开展了“爱鸟周”“野生动物宣传周”等多种内容丰富、形式多样的野生动植物保护宣传活动，悬挂保护鸟横幅标语、宣传彩旗，发放到饭店、学校，设立了专题展板。协助做好野生动物救助工作，2019年共救助国家二级保护动物5只。

【目标任务】 2019年，山阴林业完成了“十三五”规划中第四年的目标任务。全县森林蓄积量达到503424.77立方米，完成规划制定的“十三五”期末预定目标的120.72%，全县森林保有量达到13854.81公顷，是规划制定的2020年森林保有量目标值8985.44公顷的154.19%，全县林地保有量达到45511.11公顷，是规划制定的2020年林地保有量目标值47608.01公顷的95.6%。

【林业审核】 2019年山阴林业共审核同意占用征收林地项目12个，审核同意占用征收林地面积122.5457公顷，其中永久性使用林地项目9个面积114.086公顷，临时性使用林地项目3个面积8.4597公顷。2019年发放林木采伐许可证146份，批准采伐林木面积2226.15亩，采伐林木蓄积971.71立方米（其中采伐限额112.9立方米，占总采伐限额的2.63%）。

林　场

【护林防火】 2019年，林场为了搞好森林防火工作，一是对林场各营林区周边的群众进行防火宣传教育，使护林防火家喻户晓，另一方面要求林场各营林区护林员对本营林区进行全年的巡护，尤其是在防火期，要进行重点巡护。在大年三十、正月十六、清明节、七月十五、国庆这些特殊日子里，林场所有护林员和职工坚持24小时值班，严防死守。在清明节、国庆前后野外用火危险性很大，林场护林员和职工对林区的坟地要严格看守、蹲点防守，在林区内严格火源管理，对进山人员及车辆进行严格检查登记，不间断在林区内进行安全巡逻，同时严厉打击林区内违规用火人员。二是森林公园防火。对公园景观区内所有林地全部耕隔离带，对不能耕的地方全部人工除草，有效地防止了杂草的生长。通过一系列的防火措施，林场全年无一起山林火警的发生，有力地保护了全县森林资源的安全。

【林木管护】 2019年夏季林场发现织女泉林区内落叶松、油松上有毛虫，受灾面积2722亩，林场组织人力物力采取无人机打药、人工打药的方法进行防治，有效地防止了虫害的蔓延。森林公园管护。每天组织人力在公园广场、公园主路、林间小路进行清扫，保持了日常卫生的干净，为市民们提供了良好的休闲娱乐场所。对森林公园1140亩树木进行了修剪。在重点林区进行了围网11885米，对部分林区1329亩的林木进行了抚育。

水 利

【概述】 2019年，山阴县水利局依托项目抓水利，围绕改革兴水利，以农村饮水、农业节水、水生态建设、防洪保安等为重点，全面加大重点工程建设力度，全力推进水利事业改革发展再上新台阶，为全县建设小康社会提供了坚强的水利支撑保障。

【农村饮水】 2019年，山阴县水利局全面推进农村饮用水氟超标集中连片改水工程，项目涉及山阴县北周庄、安荣、合盛堡3个乡镇24个村庄1.83万农村居民和0.1万农村学校师生，涉及贫困户231户，贫困人口570人。工程计划总投资2079.31万元，其中：中央预算内资金1338万元，县级配套资金741.31万元。工程于2019年8月17日开工建设，2019年完成了项目工程主体部分。

【山区引黄】 2019年，山阴县水利局圆满完成平山右部分山区引黄供水工程。平山右部分山区引黄供水工程是朔州市2018年重点实施的民生工程之一，山阴县工程从2018年7月开工建设，当年完成了主体工程，2019年完成了剩余工程量。解决了吴马营、玉井2个乡（镇）、34个行政村、2.12万人的饮水安全问题，涉及11个贫困村，贫困户863户，贫困人口2276人。完成工程总投资2404.64万元，其中：国补投资1558.07万元，县级配套投资846.57万元。工程建成后，经请示县政府同意，引入了第三方进行工程供水运行管理，2019年工程管理运行正常。

【水保水利】 2019年度工程计划总投资600万元，其中：中央投资400万元，地方配套200万元。工程于2019年9月开工建设，预计2020年9月竣工。

【清河行动】 2019年，水利局组织县清河办有关成员单位扎实有效开展全县清河行动水污染防治任务，共涉及62项内容，项目计划总投资47165.64万元，累计完成投资46265.64万元。通过开展清河行动工作，全县水质持续改善，河流沿岸生态环境得到初步改善，环境污染隐患基本消除。开展了全县河湖“清四乱”（乱占、乱采、乱堆、乱建）专项行动，重点对县域内15条河流的“四乱”问题进行集中整治，2019年发现5处，已全部清理完成，推动了河长制湖长制工作取得实效，维护了河湖健康生态。

【水旱防御】 按照水利部门承担的水旱灾害防御职能，坚持底线思维，严格落实责任，细化防御措施，突出抓好水库安全度汛、水工程调度、堤防巡查防守、山洪灾害防御等重点工作，确保了防洪安全。

【桑干河综合治理】 2019年8月28日，山阴县农牧交错带桑干河灌区故驿片区高效节水灌溉工程项目启动实施。项目涉及山阴县6个乡镇8个村庄，计划新增高效节水灌溉面积1.92万亩，工程计划总投资3717.32万元，计划工期为2年，2019年完成投资1599.08万元。桑干河山阴段河道综合治理工程，计划治理河道26.56公里，新建堤防34.795公里，工程计划总投资28922万元，计划工期2年。工程于2019年9月20日开工建设，2019年完成投资5326.91万元。

畜 牧

【概述】 2019年，山阴县畜牧兽医服务中心紧紧抓住雁门关农牧交错带结构调整先行区和粮改饲试点县的发展机遇，认真学习贯彻中共十九大精神，坚持以习近平新时代中国特色社会主义思想为指引，深入贯彻落实习近平总书记视察山西重要讲话精神，坚持创新、协调、绿色、开放、共享的发展理念，以推进农业供给侧结构性改革为主线，以实施乡村振兴战略为依托，按照“调优结构、以畜定草、草畜结合、以草促牧、以牧富民”的发展思路，以现代化养殖、畜牧业发展、粪污治理及资源化利用为抓手，以种养循环、生态良好、农民增收为目标，着力培养打造示范点、示范地，引领带动畜牧产业绿色发展、健康发展，将山阴县建成养殖现代、种养结合、农牧循环、产业高效、产业链条完整，一二三产业融合发展的生态畜牧强县和国家农牧交错带示范核心区。

【粮改饲】 2019 年，山阴县畜牧兽医服务中心紧紧抓住国家粮改饲政策发展机遇，加快推进雁门关农牧交错带示范区建设，按照“调优结构、以畜定草、草畜结合、以草促牧、以牧富民”的发展思路，指导种植户采取合作协议、市场化等多种模式开展全株青贮玉米和燕麦草的种植。强化了技术指导与技术服务，在早春 3 月积极行动，抓好今年全县粮改饲种植工作的部署，为实现全县农业调优结构，合理种植优质饲草，完成全年的收贮任务奠定了基础。全县收贮企业通过自有和流转土地 5.66 万亩种植全株青贮玉米，与种植户签订种植合同 526 份，完成全株青贮玉米种植 14 万亩，预计可收贮全株玉米青贮 25 万吨。另外，全县共种植燕麦草 2 万亩、新增苜蓿 0.64 万亩。2019 年，草牧业试验试点项目建设了区域性贮草中心 1 万平方米，具体由朔州市骏宝宸农业科技有限公司承担建设区域性规模贮草棚 5000 平方米，朔州市隆祥农牧有限公司承担建设区域性规模贮草棚 5000 平方米，重点解决全县苜蓿收贮和玉米秸秆收贮问题。2018 年，引进的苜蓿裹包青贮技术，缓解了苜蓿雨季收贮困难的压力，极大地调动了农民耕地种草的积极性。全县苜蓿累计拥有量达 2.5 万亩，亩产干苜蓿草 1 吨，全县每年优质干苜蓿草产量可达 2 万吨、裹包苜蓿青贮 1 万吨。苜蓿产业的蓬勃发展，大大降低了奶牛饲喂成本，增加养殖效益，真正实现了“节本增效”，为全县奶牛养殖业提质增效提供了基础性支撑。

【粪污处理】 2019 年，山阴县畜牧兽医服务中心上半年完成 8 个规模养殖场粪污处理利用设施建设任务。对规模化养殖场污染防治和粪污资源化利用设施建设和运行工作进行全面安排，指导其规范建设和运行，进一步提高粪污处理和资源化利用率，全县畜禽粪污综合利用率达 75%以上，粪污处理设施装备配套率达 81%。

按照 2019 年中央一号文件要求，牢固树立和贯彻落实创新、协调、绿色、开放、共享的发展理念，紧紧围绕党中央国务院确定的目标任务，坚持政府支持、企业主体、市场化运作的方针，坚持源头减量、过程控制、末端利用的治理路径，以畜禽粪污肥料化利用为主要处理方向，以就地就近消纳，用于种植业培肥地力为主要使用方向，加快构建种养结合、农牧循环、可持续发展的格局。采取“一场一策”“填平补齐”“改造提升”“引领示范”办法，通过整县推进，填平补齐、改造完善规模养殖场畜禽粪污收集、处理、利用等整套粪污处理设施，两年时间全部完成全县畜禽规模养殖场粪污处理和资源化利用，形成农牧结合，种养循环发展的产业格局。

山阴县列入农业农村部直连直报系统的各类畜禽规模养殖场共有 123 个，年产生畜禽粪污 78.77 万吨，2019 年，山阴县列入农业农村部畜禽粪污资源化利用整县推进项目，制定的实施方案已通过农业农村部评审。该项目国家投资 3500 万元，县财政配套 300 万元。2019 年底完成了24个重点规模畜禽养殖场和4个集中处理中心以及沿桑干河、黄水河、木瓜河三河流域两岸14个规模养殖场的畜禽粪污资源化利用工作，全县畜禽的粪污资源化综合利用率达到75%以上，粪污设施装备配套率达到95%以上。到2020年末，完成全县129个规模养殖场和养殖密集区的畜禽粪污资源化利用工作，使全县畜禽粪污资源化综合利用率达到国家规定的90%以上，粪污处理设施装备配套率达到100%，完成畜禽粪污资源化利用整县推进任务。

【畜禽良种繁育】 2019年，山阴县畜牧兽医服务中心为了提高养殖业生产的水平，实现低投入高产出，按照种畜禽管理条例，积极开展畜禽品种引进工作，适时测定，加强畜禽良种繁育体系建设。一是认真组织实施奶牛良种繁育工程。全县奶牛禁止使用劣质精液配种，统一使用由农业部指定调运的奶牛优质细管冻精，全县奶牛良种精液实现全部免费使用。良种覆盖率达到了100%，此项工作的开展为山阴县良种奶牛扩繁升级创造了良好条件。二是在奶牛育种核心群内开展了DHI测定，通过对乳脂率、乳蛋白率、脂蛋比例等指标的测定，为改进饲养管理、提高产奶量、改善牛群品质、增加养殖效益提供了科学依据。2019年完成奶牛良种补贴2.9万头，改良绵羊3.2万只，改良山羊1.06万只，推广三元优种猪3.3万头，推广优种蛋鸡5.6万只。

【饲料兽药监管】 2019年，山阴县畜牧兽医服务中心加强饲料销售环节监管，严防在饲料中添加“三聚氰胺”“瘦肉精”等违禁添加物，严厉打击在饲料中添加激素类药品或其他禁用药品行为，保证饲料销售市场秩序稳定，着力构建饲料质量安全监管的长效机制，全面提升饲料监管能力和执法水平，确保养殖业投入品和畜禽产品质量安全。2019年，共出动执法人员16人次；检查饲料生产企业3个（次），经营门市3个（次）。

【防疫稳步推进】 2019年，山阴县畜牧兽医服务中心为做好动物重大疫病和非洲猪瘟疫情防控工作，确保全县不发生动物重大疫病和非洲猪瘟疫情，山阴县畜牧兽医服务中心贯彻落实农业农村部和全国、省、市、县关于非洲猪瘟等动物疫病防控工作会议精神和各项防控措施，多次组织举办非洲猪瘟及塞内卡病毒病防控培训会和非洲猪瘟防控工作推进会，做到主要领导亲自抓，分管领导具体抓，调动所有防疫员和村级防疫员对所有生猪养殖场（户）进行日排查，执行日报告制度，给各大生猪养殖场户发放非洲猪瘟挂图及宣传资料；给所有生猪养殖场（户）发放《致广大生猪养殖场（户）的公开信》和《关于禁止泔水饲喂生猪的通告》；给所有餐饮企业、面馆、学校食堂张贴《关于严禁向养猪场（户）提供餐厨剩余物（泔水）有关规定的通告》。建立并完善县、乡、村三级动物疫情报告制度，进一步加强村级疫情报告制度，加强村级疫情监测的管理工作，严格做好栏舍消毒工作，做好免疫档案和免疫标识工作，在进行动物免疫注射接种工作的同时，全面开展了疫情普查工作和栏舍的消毒工作。

2019年，动物防疫工作在各乡政府大力支持和各村干部帮助的基础上，联系各村实际，采取灵活的工作方法，有的采取了集中防疫注射与经常性免疫工作相结合、专业户自行免疫与统一免疫相结合，有的则采取组织防疫人员逐户逐村进行免疫。在全体工作人员的共同努力下，免疫率均达到100%，耳标佩戴率达到100%，免疫建档率达到100%，全县畜禽防疫工作取得了较好的成绩，无重大动物疫病发生。

【生鲜乳质量监管】 2019年，山阴县畜牧兽医服务中心使用“健康奶业”远程监控系统和生鲜乳运输车GPS定位跟踪系统，运用现代网络技术对生鲜乳收购站的挤奶、贮存环节和生鲜乳运输车辆奶罐注入口进行全过程24小时不间断实时监控，全面掌握生鲜乳收购情况和运输情况，真正实现生鲜乳从生产、收购、贮存、运输和销售环节质量安全监管的无缝对接，彻底消除生鲜乳质量安全监管的盲区。监控系统的运行，提高了奶牛养殖园区的安全意识，加强对掺杂使假违法行为的预警和防范，保障了生鲜乳质量安全。自监控系统安装以来，未发生过一起生鲜乳质量安全事故。强化生鲜乳收购站和运输车的常态化监管：积极做好生鲜乳质量安全隐患排查，增加检查频次，掌握生鲜乳质量安全新动向，及时发现和消除隐患。依据检查结果，严厉查处和执法，对生鲜乳生产、收购和运输环节各种违法违规添加行为，严厉打击，绝不手软，从重从快进行处罚，推动全县优质奶源基地建设再上新台阶。严格按农业部下发的生鲜乳收购站标准化管理21项标准和生鲜乳运输车辆5项标准，对生鲜乳收购站点及运输车辆进行执法检查，对存在不合格的责令整改，对违法的坚决取缔。在检查硬件设施、相关制度的同时对生鲜乳中违禁物质添加进行了重点检查。加大生鲜乳检测力度：积极配合农业部、省农业厅对全县的89个生鲜乳收购站和32辆生鲜乳运输车开展的生鲜乳抽样检测工作，确保全县生鲜乳质量安全。

2019年，山阴县畜牧兽医服务中心共对400个批次的生鲜乳进行抽样检查，超额完成农业部下达山阴县的监测任务。其中监测生鲜乳收购站223批次，生鲜乳运输环节177批次。检测项目为三聚氰胺的共检400批次，合格率100%；皮革水解物260批次，合格率100%；重金属170批次，合格率100%，硫氰酸钠220批次，合格率100%。反馈结果是生鲜乳质量安全，生鲜乳质量明显改善。

【畜牧业经济指标】 2019年，全县奶牛存栏79511头，肉牛存栏5890头，牛出栏9310头；生猪存栏8.553万头，其中能繁母猪7206头，生猪出栏12.263万头；肉羊存栏21.265万只，出栏14.786万只；蛋鸡存栏72.68万羽，出栏48.27万羽；肉类总产1.6177万吨，鲜奶产量28.22万吨，蛋类总产1.015万吨。规模养殖情况：全县现有规模奶牛养殖园区106座，入园奶牛7.9万头，占到全县存栏奶牛的99%以上，其中存栏奶牛500头以上规模养殖园区有30座，存栏奶牛1000头以上规模养殖园区有15座。肉牛规模养殖场6个，肉羊规模养殖场13个，生猪规模养殖场16个，蛋鸡规模养殖场9个。

【养殖技术培训】 2019年，山阴县畜牧兽医服务中心举行培训3次，培训人员达到500余人，培训内容涵盖：高产优质牧草种植与加工、粮改饲、全株青贮玉米加工及利用、繁育改良、生猪养殖及疫病防控、塞内卡病毒及非洲猪瘟疫情防控和牧场粪污综合利用等。不仅为推进山阴畜牧业健康发展打好了理论基础，对促进养殖效益的提高也起到了积极的推进作用。

【畜牧养殖提档升级】 2019年，山阴县畜牧兽医服务中心提质增效，扶优汰劣，推进奶牛养殖园区转型升级。奶牛园区化养殖向牧场化养殖转型是奶牛养殖业的重大革命，是传统干草喂养向全日粮科学化喂养和现代化管理的根本转变，奶牛养殖智能化和信息化的同步发展，包括发情监测系统、饲料配方软件、牧场数据化管理系统、分群管理系统、电子识别系统、生鲜乳收购站和运输车辆管理系统等的应用。近年，在奶业市场低迷、竞争日趋激烈的形势下，奶牛传统喂养模式利润空间越来越小，园区化养殖已不适应新形势的发展，只有转型升级为牧场，才能在奶业市场激烈的竞争中求得生存和发展。为此，山阴县畜牧兽医服务中心紧紧抓住各种政策机遇，利用农牧业项目资金、吸纳社会投资，加大对奶牛养殖园区基础设施建设，加快奶牛园区向牧场转型的步伐。2019年，全县已实现转型牧场45座，改扩建现代化自由采食棚22.5万平方米，建设现代化挤奶站20座。转型后的牧场，实现了奶牛分群管理、自由采食、全混日粮（TMR）饲喂、自动脱杯挤奶，奶牛单产水平从过去的18公斤/天，提高到30公斤/天。通过科学化的饲喂和现代化的管理，减少了奶牛疾病的发生率，降低养殖成本，实现了资源整合，增加了养殖收益，增强了企业的市场竞争力和抵御风险的能力。今年，完成棚圈建设4.5万平方米，青贮窖3万立方米，完成5座奶牛养殖园区向牧场转型。

【奶牛养殖园区转型牧场】 2019年，山阴县畜牧兽医服务中心积极推进奶牛养殖园区向牧场转型，转型牧场实现“五统一”，即统一管理、统一挤奶、统一销售、统一防疫、统一饲料，采用全混日粮（TMR）饲养，分群管理，自由采食的奶牛养殖场，牧场做到了资源合理配置、集约经营管理，降低了管理成本，从而提高了资源利用效率并产生规模效益。奶牛单产稳步提高，奶牛单产提高到30公斤/天，每公斤鲜奶生产成本降低0.3元。完成转型的5家奶牛养殖园区：山阴县新星奶牛专业合作社、朔州市玉收农牧有限公司第一分公司、山阴县顺友养殖专业合作社、山阴县诚信奶牛专业合作社、山阴县桃仁养殖专业合作社。

乳　业

【主题教育】 2019年，山阴县乳业服务中心在扎实开展“不忘初心、牢记使命”主题教育中，党支部把专项整治贯穿于主题教育的全过程，作为检验主题教育力度和效果的“试金石”，边查边改、即知即改、立行立改，确保专项整治见底见效。在认真落实中央明确的专项整治任务基础上，结合实际，针对发展站位不高、思想保守问题和好人主义问题增加了两项专项整治，既保质保量完成专项整治“规定动作”，又创新思路抓好“自选动作”，确保整治工作不悬空、整改成效全见底。党支部书记带头开展形式主义、官僚主义问题大排查，把自己摆进去，把职责摆进去，把工作摆进去，重点排查党性不纯、政绩观错位、责任心缺失等问题。

【乳业党建】 2019年，山阴县乳业服务中心积极开展学习实践，立足单位实际，认真研究制订了党建工作计划，坚持党员学习制度，党建工作措施得力，成效显著。党支部积极开展组织建设工作，定期检查计划落实情况，组织党员、积极分子学习有关党建的文章，学习优秀党员的先进事迹，广大党员干部积极分子提高了认识，明确了目标，鼓足了干劲，促进了各项工作的开展。每年对党员进行考核，及时总结党建工作，发现问题，及时解决，重大事情党支部研究决定，起到了党支部的领导核心和战斗堡垒作用。党支部制定了党建工作长效机制并认真执行，做到了上级抓书记，书记抓落实，积极探索推进基层党建工作的有效载体和办法，通过开会、上党课、做读书笔记、交流心得体会等活动，加强党建工作，深入总结党组织创造的新经验，及时转化为制度成果，建立健全了常抓不懈的工作机制。各位党员进行了廉政自查，并相应建立了党员干部廉政档案，进行廉政谈话，加强党风廉政建设。教育党员干部践行廉洁自律，以求真务实的作风推进各项工作，积极营造风正、气顺、劲足的良好工作氛围。

【队伍建设】 2019年，山阴县乳业服务中心认真抓好党员的日常性教育管理工作，做好党内关爱帮扶，坚定党员信念，增强党员意识，健全党员经常受教育、永葆先进性的长效机制。认真落实基层党组织“三会一课”制度。积极开展党员政治谈心谈话制度，落实对党员的关心关爱工作。认真做好发展党员工作，加强党员教育、管理、监督和服务工作。健全落实了党内激励、关怀机制，积极推进党内民主建设，大力推行党务公开制度，保障了党员对党内事务的广泛参与和有效监督。深入开展争先创优活动，引导党员加强党性修养、提升自身素质。

工　业

工业和信息化

【概述】 2019年，机构改革后，原山阴县经济和信息化局改为山阴县工业和信息化局，是县政府的工作部门之一，为正科级，加挂山阴县科学技术局、山阴县民营经济发展促进局牌子。县工业和信息化局作为全县工业和信息化行业管理部门，主要负责管规划、管政策、管标准、指导行业发展。要坚持政企分开的原则，不干预企业生产经营活动。充分发挥行业协会和社会中介组织的作用。加强和改善工业和信息化行业管理，充分发挥市场配置资源的决定性作用，强化政策标准的引导和约束作用。牢固树立新发展理念，坚持供改和综改相结合，深化改革创新，推动形成有利于新技术、新产业、新业态、新模式发展的体制机制和政策环境。优化营商环境，提升服务企业效能，加快推进简政放权，减少微观管理事物和具体审批事项，强化事中事后监管。推动工业和信息化高质量转型发展。

贯彻执行国家、省、市工业和信息化工作的法律法规和方针政策。提出全县工业高质量发展战略，协调解决工业高质量发展进程中的重大问题，组织实施工业和信息化发展规划，推进产业结构战略性调整和优化升级，推进信息化和工业化融合。提出工业和信息化领域固定资产投资规模和方向（含利用外资和境外投资），拟订全县工业和信息化行业规划和产业政策，提出优化产业布局、结构的政策建议，组织实施行业技术规范和标准，指导行业质量管理工作。拟订全县创新驱动发展规划以及科技发展、引进国外智力的规划并组织实施。拟订全县基础研究规划并组织实施，组织协调县重大（重点）基础研究和应用基础研究。推动科研条件保障建设和科技资源开放共享。拟订高新技术发展及产业化、科技促进农业农村和社会发展的规划和措施。组织开展重点领域技术发展需求分析，提出重大（重点）任务并监督实施。组织推荐和管理高新技术企业。拟订全县科技成果转移转化和促进产学研用结合的相关措施并监督实施。指导科技服务业、技术市场和科技中介组织发展。拟订全县科技对外交往与创新能力开放合作的规划、措施。

负责培育发展全县战略性新兴产业，承担全县新材料、原材料、装备制造、化学工业、消费品和电子信息等行业指导和产业促进工作。负责全县信息化工作。协调工业领域信息化建设中的重大问题，推动电信、广播电视和计算机网络融合，指导推进工业数字化、智能化、网络化制造和应用。

负责工业和信息化领域经济技术对外交流合作工作。负责科技监督评价体系建设和相关科技评估管理，指导科技评价机制改革，统筹科研诚信建设。组织实施创新调查和科技报告制度，指导科技保密工作。负责引进国外智力工作。拟订全县重点引进外国专家总体规划、计划并组织实施。负责工业和信息化财政性资金安排使用工作。按规定权限，负责企业技术改造类固定资产投资项目（不含煤炭类项目）的核准、备案。负责全县新型工业化产业示范基地、工业园区、信息产业园区的宏观指导、规划发展、组织协调等工作。负责省科学技术奖的推荐工作。

【项目建设】 2019年，山阴县工业和信息化局积极培育新项目，在新企业入规方面，着重培育了以下五家企业。一是山西超牌煅烧高岭土有限公司在高岭土行业为国内标杆企业，煅烧高岭土总产能达到38万吨，现已启动IPO创业板上市计划。该项目2017年10月动工建设，总投资为2.23亿元，占地198.5亩。项目一期年产10万吨耐火材料级产品生产线已于2018年11月下旬投产；项目二期年产10万吨橡胶级产品生产线于2019年11月调试。截至2019年8月底，已完成固定资产投资1.5103亿元，占总投资的67.7%。已进入生产阶段。二是山阴县锦晔清洁能源有限公司建设年产100万吨低阶煤分质利用示范项目，总投资3.615亿元，已累计完成投资2.05亿元。全年计划投资0.88亿元，推进土建完成95%，安装完成80.5%。预计投产后年销售收入可达到6.98亿元，实现利税0.9亿元，安排就业160人。三是山西古城乳业集团有限公司建设年产15万吨液态奶生产线扩建项目，总投资2.0132亿元，已累计完成1.9152亿元。全年计划投资0.436亿元，推进完善后段配套的机械手装箱、码垛，立体库建设、配置机器人入库系统等车间内部建设内容；完善15T流化床锅炉及配套的脱硫、脱硝、布袋除尘等设备设施的购置安装。预计投产后年销售收入可达到7.2亿元，实现利税0.9583亿元，安排就业130人。四是山西山阴县石星化工有限责任公司建设30000吨/年纳米级碳酸钡联产10000吨/年二氧化硫脲项目，总投资3000万元，已累计完成2134万元。全年计划投资816万元，预计投产后年销售收入可达到2.5亿元，实现利税0.6亿元，安排就业100人，工程已全部结束。五是山西金胜达环保科技有限公司建设年处理6万吨废旧轮胎加工胶粉、再生胶及其下游产品项目，总投资1.3亿元，已累计完成0.948亿元。年内计划投资0.12亿元。预计投产后年销售收入可达到2.36亿元，实现利税630万元，安排就业280人，已试生产。

【技术创新】 2019年，山阴县工业和信息化局全面推进企业各级技术创新中心建设工作，已获批市级技术中心2家，申报省级技术中心1家，国家级技术中心1家。鼓励龙头企业牵头组建创新联盟，最大化激活现有创新资源，鼓励、引导企业参加国际性、国家级、行业性论坛、展会，在开放中寻求发展机遇和平台。

在技术改造方面，帮助企业申请技术改造，建立全县技术改造重点项目库，建立动态跟踪、分级负责推进制度，重点推进4个技术改造项目。一是山西超牌煅烧高岭土有限公司年产20万吨煅烧高岭土项目；二是山阴县锦晔清洁能源有限公司年产100万吨低阶煤分质利用示范项目；三是山西玉竹新材料科技股份有限公司年产8万吨针状硅酸钙新材料和700万平方米绝热保温硅酸钙板生产线项目；四是帮助山西古城乳业集团有限公司争取到技术改造奖励资金1640万元，山西金胜达环保科技有限公司获得奖励资金510万元，奖励资金已到账。

【“三供一业”分离】 2019年，山阴县工业和信息化局继续推进全县国有企业分离办社会职能工作，取得突破性进展。全县国有企业“三供一业”工作共涉及两家企业，分别是山阴县供电公司两个小区和中铁太原局集团有限公司两个小区（房建段、供电段），其中供电维修改造工作由电力公司承担，供水维修改造由山阴县自来水公司承担，供热维修改造由山阴县热力公司承担，物业分离改造由山阴县晶景城市建设投资有限公司承担，签订施工合同并实施。

山阴县热力公司承担的铁路职工家属区集中供热分户管理改造工程涉及两个小区改造户224户，维修改造资金212.8万元，已到位127.68万元，已完成80%工程量；山阴县供电公司职工家属区集中供热分户管理维修改造工程设计两个小区99户，维修改造资金206.18万元，已到位67.2万元，已完成84%工程量；山阴县自来水公司承担的铁路职工家属区供水分离移交改造工程，改造资金451.57万元，已拨付工程及其他费用94.5万元，已完成70.5%工程量；山阴供电公司家属区供水分离移交改造工程到位资金20%，待自来水公司账户解冻后拨付50%，已完工。山阴县晶景城市建设投资有限公司承担的中铁集团铁路家属区物业改造工程，补助资金已到位139万元，工作量清单已交付移交方审核，已开工建设；山阴县电力公司物业改造工程已完工。

【清欠民营企业账款】 2019年，山阴县工业和信息化局根据朔清欠组字〔2019〕1号、2号文件精神，认真研究，积极筹措资金清理所欠民营企业中小企业账款，在第一时间出台了工作方案（山经信字〔2019〕1号），经过第一阶段及第二阶段2—9月认真清理，取得了一定成绩。具体情况是：截至2018年12月31日，全县拖欠民营企业中小企业账款10212.49万元。到2019年底清理拖欠账款8777.31万元，清偿比例为85.9%，剩余1435.18万元已列入2020年底前清偿任务；拖欠大型国有企业账款1200万元全部清理。

【入企服务】 2019年，山阴县工业和信息化局扎实开展“改革创新、奋发有为”大讨论相关活动，圆满完成规定动作，全县入企干部和企业以问题为导向，以需求为着力点，以帮助解决困难为目标，以增效为目的，最大限度地发挥政策引导、综合协调、要素保障作用。入企干部重点宣讲减税降费、金融支持、民营经济发展、企业技术改造、科技创新和优化营商环境等方面的政策，共发放《全省万名干部入企服务政策宣讲手册》《惠企政策汇编》等资料500余册，使企业全面了解掌握了各项利好政策，帮助企业切实解决存在的困难和问题。经收集汇总共梳理出问题62个，已解决44个，办结率达到71%。其中：形成省级问题6个，已解决2个；市级问题8个，已解决3个；县级问题48个，已解决39个。另外，还协调解决了一些企业复产复工的难题，全县入企服务工作取得阶段性成效。

【答复代表建议】 2019年，山阴县工业和信息化局共收到两位代表的提案：一是武彩萍代表“更好地优化民营企业发展环境，推进民营企业发展壮大”的建议；二是武志芳代表提出的“加大对困难企业帮扶力度，促进企业发展”。该局高度重视这两份提案，主要从以下几个方面予以答复。1. 根据国务院办公厅《关于转发国务院减轻企业负担部际联席会议清理拖欠民营企业中小企业账款工作方案的通知》（国办发明电〔2018〕14号）和《山西工业和信息化厅关于省抓紧清理民营企业中小企业账款的通知》（晋工信办发电〔2018〕6号）的精神和要求，按照县政府的工作指示和安排，县工信局牵头制定了《山阴县清理拖欠民营企业中小企业账款工作方案》，成立了山阴县清理拖欠民营企业账款工作组，工作组办公室设立在县工信局，会同相关部门加强对县内清欠工作的督促指导。2. 结合单位职能职责和企业反映的问题，积极宣传政策，规范清理不合理、限制企业发展的文件，协调金融部门及各大银行与民营企业完成对接，助力企业发展，为民营企业良好发展创造宽松的环境。同时，协调财政、发改等部门妥善解决拖欠民营企业债务问题，开展专项行动，帮助企业查清责任，优先清理政府性工程欠款。此外，积极协调能源局，在电力改革方面，充分利用北周庄低碳循环工业园区增量配电业务，帮助企业开辟绿色通道，参与加入大用户网前直供和电力监测平台的使用，降低民营企业用能、用电成本。

【学习培训】 2019年，山阴县工业和信息化局全面落实省、市、县关于促进民营企业发展相关要求，积极组织全县规模以上工业企业参加由市经信委组织的“陶瓷业专题”系列调研培训，培训20人次；组织全县农业合作社等技术人员进行科技培训，全面提升县农技人员素养；组织三家陶瓷企业（明星、嘉国达、禹恒）参加“朔州市应县陶瓷进出口交易会”，并在展会上设立工业产品展览专柜，大力推广山阴县乳制品、小杂粮、钙化工产品、型煤等，为山阴县工业企业提供对外宣传平台；参加亚洲粉煤灰大会，全年煤矸石综合利用量123.93万吨，粉煤灰综合排放量69.82万吨，利用量55.38万吨，利用率79.3%；钢铁冶炼渣综合排放量1.2万吨，利用量1.95万吨，利用率162.5%；脱硫石膏综合排放量17.02万吨，利用量8.03万吨，利用率47.2%，各项固废利用指标均达标。

【科普宣传】 一是依托山阴县泰宏农业科技有限公司的“谷子病虫害绿色防治及高产栽培技术”和山阴县春旺养殖专业合作社的“奶牛健康养殖技术集成与示范推广”两个“三区”人才计划项目，在泰宏公司、春旺合作社分别举行了三期种植和养殖方面的科技知识、实地指导、亲手操作、示范引领的培训，培训300人次。二是依托“三区”人才计划项目，由俊宝辰农牧有限公司牵头组织五批人员参加了山西省农业大学举办的“2019年三区科技人才培训”和山西省农科院组织的“山西省三区人才科技能力提升专题培训”，培训农村养殖、种植科技人才16人。三是依托“三区”人才计划项目，积极与乡、村两级配合，科技帮扶、科技引领，帮助张家庄村17户54人、芦岭村5户16人脱贫。四是完成2019年浩海农牧专业合作社、山阴县泰宏农业科技发展有限公司、山阴县驿泽奶牛专业合作社和俊宝辰农牧专业合作社4个“三区”人才计划项目的验收申报工作。五是完成了科技部关于开展2018年度全国科普统计调查工作，涉及全县25个科局级管理部门。山阴县创客小镇星创天地和山阴县骏宝宸农科星创天地被科技部认定为国家级“星创天地”工作。

【党建活动】 2019年，山阴县工业和信息化局开展“不忘初心、牢记使命”主题教育，结合工作实际，制定实施意见。全面把握“守初心、担使命，找差距、抓落实”的总要求，坚持抓思想认识到位、抓检视问题到位、抓整改落实到位、抓组织领导到位。局党组把开展主题教育作为重要政治任务，切实履行职责，抓好组织领导，层层传导压力，成立主题教育领导小组，抽调相关力量组建办公室，负责主题教育的谋划组织、督促推动、宣传引导等工作。局党组书记亲自精心谋划安排系列活动内容，带头讲党课，担负起第一责任人的职责，以饱满的政治热情带头参与到主题教育中，带动全局党员干部跟着学、照着做，在全局上下营造悟初心、守初心、践初心的浓厚氛围，发挥了良好的示范带头作用。班子成员认真履行“一岗双责”，抓好分管领域主题教育，在分管领域开展调研、讲党课。主题教育内容丰富，紧密结合实际，教育引导全局广大党员干部不忘历史、不忘初心，有效解决形式主义官僚主义突出问题，更好地履职尽责，深入企业开展研讨交流，稳增长、调结构、促转型，加快构建现代产业体系，推动“三服务”落实落地，奋力开创工信工作新局面，以优异成绩迎接中华人民共和国成立70周年。

【网络扶贫】 2019年，山阴县工业和信息化局深入贯彻落实中共十九大关于坚决打好精准脱贫攻坚战的战略部署，按照省、市、县委提出的“已脱贫的要巩固，未脱贫的要攻坚，整体上要提升”的总体要求，以加快网络扶贫应用为方向，以推进网络基础设施建设为突破口，以贫困村、定点帮扶村为重点，逐步缩小城乡“数字鸿沟”，为打响精准脱贫攻坚提供坚实的网络支撑。重点就未通宽带贫困村建立台账，动态跟踪进展情况。积极协调移动、联通、电信三大运营商，加快电信普遍服务试点建档立卡贫困村光纤网络建设步伐，确保按时按质完成任务。积极争取电信普遍服务结余资金用于贫困村网络建设，进一步加大网络提速降费力度，引导基础电信企业加大面向贫困乡村和贫困人口的优惠力度，落实扶贫专属资费优惠，减轻贫困群体宽带网络使用负担。电信山阴分公司积极向上申请扶贫政策，大力减少贫困户通信消费，基本通信消费在正常政策基础上再优惠50%，让贫困户更好地享受资费优惠和通信便利。

【驻村帮扶】 2019年，山阴县工业和信息化局精心组织安排，全力以赴帮扶贫困户实现巩固脱贫成效。一是做好扶贫数据资料年底整理基础工作。按照相关要求，对2016—2019年度脱贫退出台账、相关资料进行整理完善，按标准规范相关内容和入户上墙资料，补充相关图片资料等。二是开展节前慰问贫困户工作。对山阴庄、陆庄、羊十二庄全部贫困户及部分因灾低收入农户进行全覆盖慰问，发放米、面、油等生活必需品。三是指导农户开展春耕备耕工作。组织村民及贫困户加入山阴县俊宝辰公司山阴庄站“土地托管服务”项目及齐达养殖专业合作社，降低农业生产成本。四是积极组织村民发展蔬菜种植，并帮助农民集中出售辣椒。羊十二庄今年全村蔬菜辣椒180亩，组织贫困户参与采摘辣椒增加收入。五是加强农村基层组织建设，推进民主进程。加强以党组织为核心的村级组织建设，建立健全村民自治机制，严格运用“四议两公开”工作法，充分调动农民参政议事的积极性，共同决策村级大事，加快推进基层民主政治建设，切实保障农民民主权利，逐步建立健全村级管理新机制。引导党员干部学理论、学政策、学技能、学先进，争当政治上强、带头致富和带领群众共同致富能力强的“双强”党员；通过正确引导、搭建舞台、创业扶持等方式，多渠道帮助农村党员干部转变观念、拓宽思路，增强基层党支部带领农民发展致富的能力，争创领导班子好、党员干部队伍好、工作机制好、小康建设业绩好、农民群众反映好的“五好”党支部。

能 源

【概述】 2019年6月，山阴县能源局正式组建运行，全局干部职工认真贯彻落实习近平总书记关于能源革命的战略思想和视察山西时的重要讲话精神，按照国务院和省委省政府、市委市政府、县委县政府的总体部署，坚持把深化供给侧结构性改革和能源革命改革紧密结合，全面实施清洁发展绿色发展和稳煤促新战略，着力构建现代化产业体系，持续推进经济结构战略性调整，全县能源供给和消费发生巨大变革，取得辉煌成就。

【煤炭行业管理】 煤炭产业是山阴县的支柱产业，县能源局把煤炭行业管理作为工作的重中之重，从采掘计划的监督、产能公告、煤质管理、劳动用工、隐患的排查和治理等工作入手，加大执法力度，保证了各项工作正常进行，煤炭发展呈良好态势。一是严格产能公告，加强煤矿煤质管理。2019年，县能源局按照要素公告管理要求，对全县生产煤矿进行了两轮全覆盖检查，发现问题63条，已全部整改闭合。同时，加大了井下煤质管理，要求煤矿成立煤质管理机构，制定煤质管理办法，把煤质管理纳入日常工作管理中，要求灰分大于40%、硫大于3%的井下原煤严禁出井。此外，凡采掘遇有构造的要加强煤质管理，要制定保障措施，确保正常生产。二是严格劳工用工管理，加强煤矿安全基础教育。以煤矿职工的素质培养和劳动用工档案管理为抓手，按照权利清单进行规范，劳动用工档案共备案1900人。

2019年配合市局对职工技能进行培训，一期共培训71人；对生产矿井全员培训进行监督和规范，共培训282人。三是严格煤矿建设程序加强事中监管。2019年，全县共有建设项目5家，其中建设矿井2家，整合矿井项目1家，煤层配套开采2家。年内五家沟矿整合矿井项目和芍药花矿延深开采项目未领到开工报告，一直未开工；其余3家均已开工建设。全年共检查11次，发现问题20条，已全部闭合。四是严格执行采掘计划依法依规稽查。加大煤矿采掘计划执行的监督力度和隐患排查治理的管理力度，采取“四不两直”方式对所有煤矿进行不定期突查共发现问题8条，罚款250万元，所有问题都实现了闭环。

2019年，全县煤炭产量达2298.07万吨，同比增长11.14%，原煤入洗达1980.64万吨。山阴县锦晔能源有限公司100万吨/年低阶煤清洁利用示范项目，总投资3.2亿元，土建工程已结束；山西松蓝化工科技有限公司2×40万吨丙烯酸及酯类和60万吨/年煤制乙二醇一体化项目，总投资159亿元，项目落地及备案手续正在办理中。此外，申报完成了朱和咀煤业90万吨/年项目，已开工建设。五是保质保量为农村地区供应优质煤，全年共完成优质煤供应3648吨（截至2020年1月3日），同比增长2390吨，圆满完成了县政府下达的任务。

【电力发展】 山阴县依托丰富的煤炭资源，逐步形成“煤电”一体化发展的能源产业格局，电力产业已成为第二支柱产业，光伏、风力清洁新能源发电则是这个产业里新的动力源泉。2019年，全县投产的7家发电企业总装机容量193.55万千瓦，其中火电140万千瓦，新能源风电、光伏电53.55万千瓦，新能源占比为27.7%。在建和扩建的项目有织女泉风电场10万千瓦、吴马营风电场10万千瓦和联成风电场15万千瓦，共计35万千瓦；全部建成后新能源占比将达到38.7%，总装机容量达到228.55万千瓦。

2019年，全县电力产业项目共11个，投产发电的电力项目7家，装机容量为193.55万千瓦，分别为山西昱光发电有限责任公司130万千瓦、山阴永皓煤矸石电厂10万千瓦、同煤织女泉风电一、二、三期共计15万千瓦、山阴偏岭一、二期集中式风电项目9.95万千瓦和分散式风电项目3.6万千瓦、山阴中电新能源有限公司一、二期10万千瓦、山西煜元泰光伏5万千瓦、晋能光伏10万千瓦；已经开工、正在建设的电力项目3个，装机容量为35万千瓦，分别为同煤织女泉风电四期10万千瓦、山阴联成风电三期项目15万千瓦、漳泽电力吴马营风电项目10万千瓦。全年发电量突破59.45亿千瓦时，同比增长32.02%，创历史新高。同时，积极推进“风火打捆”交易电力市场改革，推进电力直接交易，落实园区长协交易协议，全年完成交易电量3100万千瓦时。北周庄低碳循环经济工业园区增量配电项目被国家确定为山西省五个增量配电业务改革试点项目之一，已完成项目投资主体招投标。

【长输油气管线】 2019年，山阴县能源局加强长输油气管线安全监测，确保长输管线安全。山阴县境内已有四条长输油气管线（县能源局负责长输油气管线不负责县内管线），分别是三城然气（个人途径山阴县管长36.2公里）、中石油北京然气（国有途径山阴县管长8.3公里）、京朔然气（国有途径山阴县管长13公里）和山西天然气（国有途径山阴县管长42公里）。从7月开始，县能源局深入四家企业与主要负责人对接，详细了解企业相关情况，实地查看管线走向及现场巡护情况，建立企业相关档案。8月14日，与市局发展规划科对三成天然气企业进行调研座谈，查阅相关资料。9月25日，按照县政府节前安全大检查要求，深入三城然气企业进行安全大检查，发现问题5条，下达了责令整改书，企业积极开展隐患整改，于10月5日将安全隐患全部整改完成并上报。按照

"三定方案"，县能源局对电力行业和长输油管道两个行业实施严格的安全监管，年内未发生安全死亡事故，实现了零死亡事故。

【扫黑除恶】 2019年11月，山阴县能源局向各煤电企业下发了《山阴县能源局在能源资源领域深入推进扫黑除恶及核查"保护伞"专项行动的工作方案》，聚焦能源资源领域涉黑涉恶突出问题，从整治行业乱点和整治企业乱点两方面入手，加大排查力度，深挖群众反应强烈、深恶痛绝的黑恶势力违法犯罪和"保护伞""关系网"等涉黑涉恶线索。通过边排查、边打击，边整治、边提升，各类乱点乱象得到全面整治，行业管理秩序明显提升，人民群众获得感、幸福感、安全感得到增强，为推进能源革命综合改革试点创造健康的政治生态和稳定的社会环境。

【脱贫攻坚】 2019年，山阴县能源局驻村帮扶工作在广大干部群众的共同努力下，取得明显成效，赢得了广大群众的认可。一是建立完善定期走访、帮扶协调、长效管理等一系列帮扶机制；二是参与帮扶的党员干部每个月至少走访一次帮扶贫困户，深入贫困户家中了解实际情况，认真细致地做好调查摸底，及时掌握贫困村、贫困户的致贫原因、帮扶需求等情况；三是在全面了解实际情况的基础上，帮助贫困户认真分析致贫原因，理清帮扶工作思路，及时采取有效帮扶措施，由"输血型"向"造血型"转变，引导和帮助帮扶对象逐步提高生产自救能力。

【党的建设】 2019年，山阴县能源局始终加强党组织体系的标准化、规范化、精细化建设，借助"学习强国""山西好干部在线"等学习平台持续加强理论学习，定期开展学习经验交流会及主题党日活动。"不忘初心、牢记使命"主题教育开展以来，该局坚持把主题教育作为一项重大政治任务来做，精心谋划，压实责任，认真找差距、抓落实，教育全体党员干部忠诚于党，忠诚于人民，忠诚于信仰，牢记初心使命，确保主题教育取得实实在在成效。

煤炭运销

【考核指标】 截至2019年11月底，山西煤炭运销集团朔州山阴有限公司营业收入累计完成20224.27万元，完成市公司2019年下达的考核指标15000万元的134.83%，比上年同期增加8030.02万元，同比增长65.85%；利润总额累计亏损825.45万元，比上年同期累计亏损增加88.64万元。较市公司全年考核指标-700万元增加亏损125.45万元；煤炭贸易量累计完成49.08万吨，完成市公司全年考核指标85万吨的57.74%，比上年同期减少21.62万吨，同比下降30.58%。三项费用累计发生1171.43万元，比上年同期减少124.57万元，同比下降9.61%。其中：销售费用累计发生85.53万元，同比减少110.15万元，下降56.29%；管理费用累计发生1085.58万元，比上年同期减少13.87万元，同比下降1.26%；财务费用累计发生0.32万元，比上年同期减少0.55万元，同比增长63.21%。

【煤炭贸易】 2019年，山阴煤炭运销公司依托国有品牌优势、地域优势，积极与煤矿企业对接，持续拓宽购售渠道，始终保持稳定销量。同时，加强市场调查研究，对区域煤炭资源生产数量、煤质、流向进行摸底排查，做好煤炭采购市场的有关价格信息的收集和整理，及时地了解市场行情和动态，分析研判市场需求与运力保障，强化与老用户、终端用户的沟通联系，巩固发展长期合作。截至2019年11月底，完成煤炭贸易量49.08万吨。

【清欠工作】 2019年，山阴煤炭运销公司下大力气做好清收清欠工作，党政一把手亲自挂帅，牵头主抓。一是细化清欠任务，落实清欠责任，坚持“谁分管、谁负责”，确保清欠工作取得进展；二是制定清欠工作进度表，根据清欠难易程度，将清欠任务按周按月分类进行分解落实；三是建立清欠激励机制，提高清欠人员的工作积极性和主动性；四是加大清欠力度，通过电话通知、上门告知和致函等方式进行催收，确保清欠任务顺利完成。截至2019年11月底，共清收欠款1968.29万元。

【企业重组】 2019年，山阴煤炭运销公司按照集团公司推进重组整合压减企业法人工作要求，对列入注销范围内的山阴县春光农业开发有限责任公司进行清算审计和资产评估。经股东会决议予以注销，进行登报公示，严格规范工作程序，推进注销工作。已完成税务注销。

【内部管理】 2019年，山阴煤炭运销公司规范劳动用工管理，严格执行劳动用工使用上报审批程序，对年龄不符合要求的劳动用工进行摸底和清退，切实降低劳动用工使用风险。为加快推进煤炭企业生产信息采集和物流服务平台的建设，按照项目建设需求，通过对区域内煤矿及洗选企业产运销基础数据和公司人员的摸底，切实做好前期人员部署，扎实做好平台前期准备工作，确保平台顺利启动运行。

【党的建设】 2019年，山阴煤炭运销公司党总支坚持以习近平新时代中国特色社会主义思想为指导，深入推进“改革创新、奋发有为”大讨论和“不忘初心、牢记使命”主题教育活动，按照上级公司党委工作部署和市公司下发的《月度党务工作推进和完成情况表》，详细安排部署，积极贯彻落实。强化政治责任。通过党的组织生活制度，进一步学习贯彻落实习近平新时代中国特色社会主义思想和中共十九大精神，持续推动基层党组织和党员干部提升政治站位，树牢“四个意识”、坚定“四个自信”，做到“两个维护”。

加强政治理论引领。利用“三会一课”、主题党日和中心组学习等方式，组织学习了习近平新时代中国特色社会主义思想、习近平在庆祝改革开放40周年大会上的讲话，学习了《中国共产党党支部工作条例（试行）》《中国共产党党员教育管理条例》和《中共中央关于加强党的政治建设》等内容，重点学习了《习近平新时代中国特色社会主义学习纲要》、习近平总书记在中东部地区崛起工作座谈会上的重要讲话和上级公司工作会议精神等内容，使党员干部思想、能力、行动始终跟上党中央要求，跟上时代前进的步伐，保持政治定力和政治清醒，做政治上的明白人。推进“三基”建设。按照集团公司下发的《党支部标准化建设手册》要求和上级公司“三基”建设年度工作任务清单，抓好各项任务落实，提升党组织的基本能力，发挥党组织的政治功能，助力企业发展。深入开展“改革创新、奋发有为”大讨论活动。对照“六破除、六着力、六坚持”重点任务，转变观念，积极应变，主动求变，敢破敢立，逐步破解公司发展难题，探索企业高质量发展新思路和新举措。组织开展以“不忘初心、牢记使命”为主题的主题党日活动，年内召开了2018年度领导干部民主生活会、“改革创新、奋发有为”专题组织生活会和“不忘初心、牢记使命”主题教育专题民主生活会。加强意识形态领域工作。利用党组织生活会线上平台和学习强国、上级公司微信公众号等平台，加强对干部职工的政策宣贯、政治引领和分析研判，提高政治鉴别力，保持了队伍稳定和企业和谐。全年共向市公司报送刊发新闻稿件34篇。深入开展“不忘初心、牢记使命”主题教育。按照集团公司《实施方案》和市公司《主题教育安排意见》，加强领导，积极推进，完成了集中学习研讨、讲党课、找差距和总结交流等规定动作，锤炼党性修养，提升组织活力，助力公司发展。

【纪检监察工作】 2019年，山阴煤炭运销公司严格执行监督执纪工作规则，坚持把纪律挺在前面，切实担负起党风廉政建设的监督责任。一是多种渠道开展准则和条例的学习，加强对党员干部的教育和引导，公司上下政治纪律和政治规矩意识明显增强。二是按照上级公司的安排部署，经常性地围绕“四风”问题开展自查自纠工作，主动按照集团下发的违反中央八项规定精神细则，认真对照检查，逐条逐项排查，发现问题主动上报，及时采取措施，积极整改落实。三是建立完善副科职级以上干部《廉洁档案》，建立了党员干部丧娶报备制度，建立了“三重一大”签名制度，建立了问题整改和问题销号台账，加大纪委口径清欠工作的监督跟踪和落实，全力营造公司风清气正的良好政治生态。

【脱贫攻坚】 2019年，山阴煤炭运销公司深入开展脱贫攻坚工作，在原帮扶的玉井镇窝棚沟村、王坪沟村和2019年新调整的安荣乡泥河村、西鄯河村、下寨村，驻村工作队始终认真贯彻习近平总书记关于扶贫工作论述，认真落实上级扶贫工作精神和要求，立足精准，开展帮扶工作，全面履行国有企业的社会责任。

【企业文化】 2019年，山阴煤炭运销公司为全体职工和退休职工进行了全面健康体检，开展了金秋助学、访贫问暖等活动，组织参加了市公司“讴歌新时代、共创新未来”迎新年文艺晚会、“改革创新、奋发有为”大讨论知识竞赛和庆祝建党98周年“不忘初心跟党走”大合唱活动、庆祝中华人民共和国成立70周年《我和我的祖国》MV拍摄，充分展示了公司职工的精神面貌，增强了企业发展凝聚力。

国家电网

【概述】 截至2019年12月，全县境内拥有1000千伏交流特高压输电线路74公里，±800千伏直流特高压输电线路16公里，500千伏过境线路230公里；拥有220千伏变电站2座/540兆伏安，110千伏变电站6座/560兆伏安，公司管辖运维35千伏变电站6座，主变12台，变电容量105.2兆伏安；10千伏开闭所1座。所有站均实现了双回路供电和综合自动化。山阴电网拥有35千伏线路36条，总长349.932公里；其中公用线路17条，182.486公里，用户专线19条，167.446公里；拥有10千伏线路84条，总长1522.043公里，其中公用线路61条，1347.61公里，用户专线23条，174.433公里；运行配电变压器共计2504台，总容量508.63兆伏安，其中公用配电变压器1279台，252.505兆伏安，用户专变1260台，278.965兆伏安。公司现管理高压用户1302户，低压用户99472户，共计100774户。公司先后荣获全国用户满意服务企业、全国优秀质量管理小组、山西省文明单位、山西省优秀企业、山西省功勋企业、山西省电力公司先进集体、朔州市“五一”劳动奖状等荣誉。

【经济指标】 2019年，国网山阴供电公司售电量累计完成6.62亿千瓦时，完成进度计划6.37亿千瓦时的106%，同比增长10.06%；平均电价累计完成545.43元/千千瓦时，比计划低18.26元/千千瓦时（未剔除直购电因素影响）；综合线损率累计完成5.15%，同比下降0.95个百分点，比计划下降0.75个百分点；电费回收率完成100%。全年未发生电力生产人身轻伤及以上事故、未发生一般电网事故和一般设备事故、未发生火灾事故及人员恶性误操作事故、未发生交通事故，安全生产累计实现长周期运行10335天。

【安全生产】 2019年，国网山阴供电公司从严从紧、强化管控，始终把保障人身安全、杜绝人身事故作为首要任务，严格落实安全生产三级管控和工作现场的“哨所式”管理，全面落实安全生产责任制，强化各项安全保障措施。一是配齐公司安全总监，编制新版应急预案，建立全员安全责任清单，使安全理念深入人心。二是优化对生产运维人员的绩效考核模式，完善按劳分配机制，最大限度地调动一线运维人员责任心，有效提升了运维质效。三是组织开展安全性评价工作，修编2019版应急预案，对自查暴露出的问题进行清单式整改，有效提升公司安全管理水平，受到了省、市公司查评组的一致好评。四是持续开展高掉闸线路整治，年内重点对省公司下发的15条高跳闸线路进行“一线一案”专项分析，针对鸟害、树害等突出的问题进行集中治理，共处理鸟害625处，处理树线矛盾230处，捎树头600余棵。同上年相比，故障报修量同比降低26%，运检类投诉同比减少57%，10千伏线路故障次数同比降低31%，超额完成压降目标，有力地保证了供电质量。

【电网建设】 2019年，国网山阴供电公司坚持科学部署、有条不紊的原则，稳步推进山阴电网协调发展。一是结合山阴电网现状，充分利用地方政府和企业城建提速及新能源建设步伐加快的有利时机，多渠道完善网架结构，编制上报2020—2022年三年项目储备计划。二是针对10千伏北辛线、沙岭线等供电半径长和10千伏玉史线、玉下线等设备老化的问题拟定了改造方案，集中精力解决网改遗留问题，最大限度发挥电网建设投资效益。三是先后投运元广线、黑后线、黑西线、山工Ⅱ回线、山北Ⅱ回线等5条10千伏线路，实现了2条百公里线路、206台变台的切改工作，有效缩短线路供电半径。同时，山工Ⅱ回线、山北Ⅱ回线的投运也解决了县域城网双电源的问题，从根本上提高供电可靠性。四是组织开展网改工程回头看工作。对历年来的网改工程，特别是机井改造工程进行自查，严格按照工程管理要求，做到工程批复设计、生产营销系统、工程现场情况三对应的同时，仔细排查台区用电性质，切实保证机井工程服务“取之与民、受之与民”。五是强化属地责任，主动担当、主动作为、主动沟通，克服各种困难，稳步推进特高压及送出工程线路通道清理工作，保证线路按期投运、安全稳定运行。

【经营管理】 2019年，国网山阴供电公司精益管控、提质增效，经营水平提升显著。一是以迎接营销专项稽查审计、整治漠视群众利益为龙头，将“定制度、立规矩、严考核”贯穿经营管理全过程，全方位提升了营销工作质效。二是以台区治理为切入点，通过日通告、周对比、月总结，将合格台区占比提升稳定在96%以上，合格线路占比提升了80%以上，采集率稳定在99.9%以上。三是加强供用电合同的管理，重新签订高压合同1265份，整改低压合同97901份，有效规避了法律风险。四是深化服务体系建设，在县城范围内制作张贴台区经理公示牌600余块，发挥台区经理一线服务、协同作用，实现报修工单总量、投诉总量“双降”，其中投诉总量同比减少55例，降幅53%，全面提高了用电客户电力“获得感”，公司被全国质量管理协会授予“全国用户满意服务企业（AA级）”称号。五是主动服务光伏用户，实现光伏电费按月结清，结算率达到100%，确保扶贫政策资金及时足额落实到位。六是坚持“留住人、提升人”的理念，让“肯干事、能干事、干成事”的人发挥更重要的引领作用，先后选拔9名大学生到生产经营一线任职班长、所长，为公司发展提升注入“催化剂”。七是以同业对标、动力体系升级工程为抓手，在公司范围内营造干事创业、奋勇争先的良好氛围，实现了同业对标、业绩考核、动力提升等综合考评排名的历史性突破，被评为2019年度山西省功勋企业。八是进一步加大对供电所建设的投入，提升供电所管理水平。后所供电所被中国电力传媒评为“中国最美供电所”，被省公司选为省级企业文化争创示范点，并再次荣获省公司“工人先锋号”称号；岱岳供电所在省公司首次发布的动力提升工程排名中，以满分的成绩荣膺标杆样板类供电所。九是持续发挥公司QC工作优势。全年形成5个QC成果，在省电力行业协会、省公司评比中获得了优异的成绩，其中绿色小草QC小组还成为全省供电企业唯一一家荣获“全国优秀质量管理小组”的小组。

【企业建设】 2019年，国网山阴供电公司凝心聚力、团结奋进，外树形象，内强素质，坚持“人民电业为人民、山阴供电为山阴”的理念，主动服务山阴地方政府和经济社会发展的大局，和谐企业建设成效显著。积极对接、主动作为，为山阴县高铁站顺利通车、扶贫光伏项目配套接入、小区配套及“三供一业”改造等重大工程项目“保驾护航”，公司企业形象和工作能力受到了山阴县委、县政府和全县人民的一致认可和广泛好评。在多渠道畅通干部员工成长成才通道的同时，坚持“让职工充分享受改革发展的红利”的理念，创造条件多纬度体现企业对员工的关怀关爱。加大对困难员工和退休员工的关怀，开展好各类常规慰问的基础上，在中秋、春节等传统节假日进行节日慰问，在三八、国庆、元旦等节日组织各类文体活动，让职工在工作之余充分感受到企业大家庭的温暖，有效提升了职工的幸福感。按照“统筹规划、分布实施”的原则，创造条件改善职工工作生活条件，完成了公司本部宽带升级改造，实现了全部供电所外网全覆盖，完成大院大楼保卫门禁系统的改造升级，完成了办公楼供热、茶水间改造，完成职工食堂搬迁及食堂服务外包工作，为职工提供了坚实的后勤保障。率先完成两个家属区供热、供水及物业分离移交改造工作，保证住户在采暖季到来前享受到改革红利。

【公司党建】 2019年，国网山阴供电公司始终把政治建设摆在首位，建立常态化、标准化党组织管理模式，使全体党员“四个意识”更加牢固、“四个自信”更加坚定、“两个维护”更加坚决。高质量开展“不忘初心、牢记使命”主题教育，认真贯彻落实习近平总书记关于“不忘初心　牢记使命”的重要论述，实现了全体党员“思想政治受洗礼、理论学习有收获、干事创业敢担当、清正廉洁作表率”的目标。公司原书记李银平、线路班长刘野芊作为亮旗先锋参加了市公司组织的“亮旗工程”党员先锋颁奖礼。积极开展“改革创新、奋发有为”大讨论、漠视群众利益自查自纠以及“刘修占”以案促治等工作，认真对照、仔细查摆，列出问题清单，促进工作更严、更细、更实。

城镇集体工业联合社

【概述】 2019年机构改革由原来的二轻工业总公司更名成立城镇集体工业联合社。山阴县城镇集体工业联合社宣传、贯彻、落实党和国家关于集体经济的法律、法规、方针、政策，监督实施《中华人民共和国城镇集体所有制企业条例》，检查政策、法规执行情况。负责全县集体企业的管理工作，根据国家的产业政策和本地区的实际情况，研究和拟定城镇集体联合社行业的发展规划，指导城镇集体联合社行业改革和结构调整；指导、检查、监督企业的安全生产，汇集和分析企业生产动态、经济运行等数据指标。

【社会职能】 山阴县城镇集体工业联合社主要负责全县集体企业的管理工作。根据国家的产业政策和本地区的实际情况，研究和拟定城镇集体联合社行业的发展规划，指导城镇集体联合社行业改革和结构调整；指导、检查、监督企业的安全生产，汇集和分析企业生产动态、经济运行等数据指标；协调行业内部关系，监督指导行业开展互助合作相关活动；对城镇集体联合社集体企业的经营、投资和改革等重大事项进行审批和监督，确保国有、集体资产安全运营与保值增值；宣传、贯彻、落实党和国家关于集体经济的法律、法规、方针、政策，监督实施《中华人民共和国城镇集体所有制企业条例》，检查政策、法规执行情况；选拔、任免系统内企业班子成员，管理系统内党群事务、人事劳资、职工档案等，指导企业开展党建、思想政治等工作。承办县政府和市二轻联社交办的其他事项。

【主要业绩】 2019 年，所属华夏煤业公司持续加大环保投入，始终狠抓安全生产，全年共完成工业总产值 4.75 亿元，销售收入 4.81 亿元，工业增加值 1.42 亿元，上缴税费 0.9 亿元。在工艺美术方面，以众福缘工美合作社为龙头的带动下，全年完成工业总产值 142 万元，销售收入 91 万元，工业增加值 41.5 万元。此外，该合作社利用电商平台将新开发的苦豆豆系列香包制品成功融入市场，带动了就业，增加了收入。

【党建引领】 2019 年，山阴县城镇集体工业联合社认真开展了“改革创新、奋发有为”大讨论活动和“不忘初心、牢记使命”主题教育活动，充分激发全系统工作活力，取得了突出成效。在脱贫攻坚方面，按照三年帮扶规划，夯实致富项目，加强入户交流，不减扶贫力度，有效巩固脱贫成果。在信访工作方面，该单位通过深入细致的思想工作，改变策略，特事特办，面对面交流，大力宣传政策法规，加强扶危济困力度，实现了全年赴省、进京零上访。

工业企业服务中心

【概述】 2019 年，山阴县工业企业服务中心带领全系统广大干部职工深入贯彻落实中共十九大精神，坚持以习近平新时代中国特色社会主义思想为指导，紧扣县委“2361”工作思路，认真落实县委经济工作会议各项任务，大力推进“两大任务”建设，切实把“六大发展”理念融入到企业日常管理和生产建设之中，牢牢把握发展和稳定两大主题，同心同德团结拼搏，克服经济下行压力，保持企业稳定运行，为工业系统健康平稳运行和全县经济社会发展做出了积极贡献。2019 年，因工业品出厂价持续走低、企业融资困难、成本不断加大、产品销售不畅等原因，导致工业系统的 7 家企业停产。面对重重困难，全系统各企业积极应对，从维护广大职工利益的高度出发，尽全力组织生产，千方百计克服不利因素，扭转局面。

【自身建设】 2019 年，山阴县工业企业服务中心全面贯彻落实中共十九大精神，牢固树立科学发展观，以建设为民、务实、清廉机关为目标，牢牢把握服务中心、建设队伍的两大核心任务，持续加强自身建设，完善了领导干部包厂和专职干部驻厂制度，用制度规范下厂调研和深入基层工作，切实了解企业的困难和职工的要求。结合自身工作实际，认真开展“改革创新、奋发有为”大讨论活动和“不忘初心、牢记使命”主题教育活动，针对热点和难点工作，通过客观科学的调查分析提出建议，真正为企业服务，为职工解难。

【脱贫攻坚】 2019年，山阴县工业企业服务中心扶贫工作队驻村为马营庄乡西安峪村、云水庄村、许家洼村和南口前村，共涉及贫困户10户24人。在乡、村两级的大力支持下，驻村扶贫工作取得了实质性进展，建档立卡贫困户全部超过脱贫标准，通过了省、市、县三级验收，圆满完成了脱贫任务。为了巩固脱贫工作成果，杜绝返贫，重点突出了四个精准。一是加强领导，落实责任，精准发力。组织精干人员和驻村干部成立工作组，由中心副主任王运昭担任组长。二是摸清情况，分析原因，精准识别。对建档立卡的贫困户10户24人，对照标准逐一核实，准确掌握贫困户的详细情况及致贫原因，认真完善一户一册，一户一台账，认准‘扶持谁’，确保扶到点上、根上，真正让贫困群众得到实惠。三是制订计划，多措并举，精准施策。组织乡、村两级相关人员召开会议，分析每户贫困户的致贫原因及帮扶需求，制订具体帮扶计划，做到因户施策，因人施策，实现“一户一策”的精准帮扶措施，提高扶贫实效。四是积极宣传，耐心教育，精准引导。深入宣传中共十九大精神，立足于扶贫先扶志，脱贫先脱懒，千方百计提升内动力。通过与群众座谈、拉家常，了解群众需求，精准引导，着力转化思想观念，坚持自强自立，丢掉等、靠、要的消极思想。年内帮扶村“两委”班子的凝聚力显著增强，村容村貌焕然一新，从根本上改善了干群关系，驻村工作队成了群众的贴心人。除了因病去世的1户1人外，其余9户23人全部脱贫，脱贫率100%，圆满完成年度脱贫任务。

【扫黑除恶】 2019年，山阴县工业企业服务中心深入贯彻落实习近平总书记重要指示精神及省、市、县关于严厉打击“扫黑除恶”专项斗争相关文件精神，广泛动员全系统各企业积极参与“扫黑除恶”专项斗争。通过悬挂横幅、张贴标语、发放宣传单、提供法律咨询等方式，大力宣传党和国家关于“扫黑除恶”专项斗争的重大决策部署，讲解“扫黑除恶”专项斗争重点打击的十五类问题，营造浓厚氛围，让全系统职工群众感受到“扫黑除恶”的高压态势。

【安全】 2019年，山阴县工业企业服务中心强化安全，细化安全监管，深刻汲取各类事故教训，时刻把握安全生产的主动权，确保社会和谐。年内继续派出专职干部驻厂安全监督员，深入生产一线现场监督，周周反馈，安全生产工作取得了明显成效。目前，共排查各类隐患58起，整改58起，完成率100%，实现了全年安全生产零事故。

【信访工作】 2019年，山阴县工业企业服务中心面对系统内复杂形势，提早动手、积极应对，主动深入企业，倾听职工呼声，将各类涉诉涉访苗头消除在萌芽状态。

小企业发展促进中心

【概述】 2019年，山阴县小企业发展促进中心在县委、县政府的正确领导和上级业务主管部门的精心指导下，全体党员、干部、职工精诚团结，锐意进取，守正创新，担当尽责，深入贯彻落实习近平总书记在民营企业座谈会上的重要讲话精神，以习近平新时代中国特色社会主义思想为指导，认真学习《中共山西省委、山西省人民政府关于支持民营经济发展的若干意见》《中共朔州市委、朔州市人民政府关于支持民营经济发展的实施意见》《中共山阴县委、山阴县人民政府关于支持民营经济发展的实施意见》等文件精神，创新贯彻县委“2361”工作思路，为全县中小微企业提供了优质服务，把培育“小升规”企业作为壮大中小微企业经济实力的重要渠道，把培育“专精特新”企业作为引领中小微企业高质量发展的重要途径，把股改作为建立现代化企业管理制度，实现做大做强的必由之路，把双创基地、中小微企业服务站作为推动中小微企业创新创业的重要载体，把企业家培训作为推动中小微企业素质提升的有力举措，让中小微企业家安心、便捷、规范、激情创业，年度各项工作取得了较好的成绩。全年新增各类小微企业466户，超年度考核指标300户的55.35%。

【培育“小升规”企业】 2019年，山阴县小企业发展促进中心履职尽责，全方位、多角度充分发挥职能作用，高度重视中小微企业发展和“小升规”工作，作为产业转型升级、县域经济高质量发展、民生、就业、创业创新头等大事来抓，强化入企服务，精准培育，为“小升规”谋发展，在控风险、抓重点、解难点、金融服务等方面做了大量的工作，全县中小微企业和“小升规”培育工作发展态势良好。该中心把朔州市朔煤古城食品有限公司、山西香饽饽食品有限公司、山阴县佳美瓷业有限公司、朔州市宏远农牧发展有限公司、山西华汇瑞祥能源有限公司、山西瑞之琦洁净煤有限公司、山阴县通盛煤炭运销有限公司、国家电投集团山阴县煜元泰光伏发电有限公司、山西超牌煅烧高岭土有限公司、山阴县佳佳有建材销售有限公司、山阴县柳沟石料厂、山阴县泰昌农业有限责任公司、朔州市骏宝宸农业科技有限公司等企业作为“小升规”培育对象，深入企业进行了调研，进车间、访员工、看产品、听汇报，尤其在政银企对接、优化产业布局、扩大产业规模、升级业务模式、研发产品种类、降低成本要素、实现物流便利等方面给予全方位指导服务。重点企业项目均符合国家产业政策，环评达标，发展潜力大，最具影响力，已成为今后全县经济发展的一支生力军。年内“小升规”达标企业共7家，分别为山阴县通盛煤炭运销公司、山西华汇瑞祥能源有限公司、国家电投集团山阴县煜元泰光伏有限公司、山西瑞之琦洁净煤有限公司、山阴县升华环保能源洗煤有限公司、山阴县鑫海洗煤有限公司和朔州市朔煤古城食品有限公司，超额完成了市考县指标。省局确定5家获奖企业分别是朔州市朔煤古城食品有限公司、国家电投集团山阴县煜元泰光伏有限公司、山西瑞之琦洁净煤有限公司、山阴县通盛煤炭运销公司和山西华汇瑞祥能源有限公司。

【破解企业融资难】 2019年，山阴县小企业发展促进中心坚持强化引导，助解融资难题，千方百计开展政银企对接工作，为各类中小企业融合融资。多年来一直保持与建行山阴支行、山阴县太行村镇银行良好工作关系，适时地把科技含量高、市场竞争力强，环保节能、诚实守信、急需资金的企业推荐给金融机构，实现政银企对接。年内建行山阴支行、山阴太行村镇银行为21家中小企业融资达5974万元，超年度考核指标5000万元的19.5%。

【股改工作】 2019年，山阴县小企业发展促进中心在省、市主管部门的正确指导下，大力宣传，积极开展中小企业股份制改造工作。家庭管理体制已不适应新时代高质量发展的需求，股改势在必行，这是中小企业全面提升整体素质，做大做强的必由之路。年内通过精准入企服务，严格把关，朔州市东昱彩钢钢构有限公司、朔州市骏宝宸农业科技有限公司两家企业符合省市要求，经上级有关部门审核批准，已完成股改工作。

【技能培训】 2019年，山阴县小企业发展促进中心认真贯彻落实《国务院办公厅关于印发职业技能提升行动方案（2019—2021年）的通知》（国办发〔2019〕24号）文件精神。一是完成了赴省、市、北大培训5次、参训人员9名的年度指标。二是精心指导朔州市新型职业培训学校，7月25日至9月6日深入山阴县岱岳镇、安荣乡、古城镇、薛圐圙乡、张家庄乡、合盛堡乡、马营庄乡、北周庄镇、后所乡、玉井镇、吴马营乡和朔城区窑子头乡、代县胡峪乡，内蒙古自治区乌兰察布市白音朝克图苏木、白音朱日等地先后开展了6期技能、技艺、手工艺培训班，参训人员达300人，提升了参训人员个人素养和创业信心。三是山阴县山区片中小微企业服务站分别于5月8—18日，9月9—19日举办了两期振兴乡村经济、提升妇女技艺技能的培训班，参训人员为马营、水泉、山村、下石井、张家堡、观音堂、庄窝和上石井8个村的适龄妇女，共计186人。全年参培人数达495人，超年度考核指标260人的90%。

【法规宣传】 2019年，山阴县小企业发展促进中心加大中小微企业法律法规宣传、应用工作力度，印刷《支持民营经济发展最新‘省30条’‘市48条’和‘县50条’》等政策法律法规选编500本。6月27日、8月1日在政府广场举办了两期世界“中小微企业日”和新修订的《中华人民共和国企业法》宣传活动，发放中小企业法、“地方党政领导干部安全生产责任制规定”等宣传资料10000份，充分解读省市县鼓励发展民营经济的相关政策。

【党风廉政建设】 2019年，山阴县小企业发展促进中心深入开展“不忘初心、牢记使命”主题教育活动。召开了全中心党员、干部、职工大会，传达了省市县关于深入开展“不忘初心、牢记使命”主题教育活动的重要战略意义；组织全体党员、干部、职工观看了两次警示教育专题片；要求股长以上干部必须做好读书学习笔记，并给党员干部发放了《习近平关于“不忘初心，牢记使命”论述摘编》《习近平新时代中国特色社会主义思想学习纲要》、党史文汇等重要学习资料；每周进行集体学习；党员干部必须做好答题问卷；要求股长以上党员干部书写观后感、学习心得，副科级以上干部写好集中学习交流研讨材料、检视剖析材料、找差距专题会材料及学习习近平总书记在国庆七十周年大会上的讲话和中共十九届四中全会精神体会、学习省委十一届九次全会精神心得；要求股长以上干部列出检视问题清单；召开了民主生活会，联系实际查找存在的问题。2019年，该中心严格落实集体领导和个人分工负责制，坚持民主集中制，经常听取党员干部意见，自觉接受群众监督，积极开展批评与自我批评，全面促进党风廉政建设，确保各项决策部署的正确和顺利推进。

·朔州市朔煤古城食品有限公司·

该公司于2014年筹备建设，2016年6月正式投产，项目总投资1.5亿元，隶属大同煤矿集团朔州煤电公司，是一家集燕麦育种、产品研发、加工生产销售于一体，年设计加工规模为5万吨（其中产燕麦片及系列产品3万吨，产杂粮豆类2万吨）的全资国有小杂粮食品加工企业，生产能力达到国内同类产品最高水平。

办企理念：公司秉承“全心全意为用户服务”的办企宗旨，立足“让百姓吃上放心食品”的职业操守，追求“同而不同”最适合中国人体质的产品目标。

专业技术：公司燕麦片生产线采用世界先进的瑞士布勒食品加工设备，其色选机、全封闭无菌加工、最大限度锁住营养成份、“零”添加等设备和控制系统，为生产高端产品 提供了安全保障。

产品品质：公司所加工的燕麦和小杂粮均产自北纬38°~43°之间，其间的光照、温度、水质和土壤孕育了具有特殊营养的农产品，特别是膳食纤维含量丰富，农药残留、重金属含量均受到技术部门的严格监控。

人员队伍：公司现有硕士研究生5人，本科以上学历的青年技术骨干占职工总数的60%，整体人员队伍呈现出高学历、高技能、精明强干、锐意进取的良好风貌。

产业扶贫：公司作为省属、省政府“百企千村”产业扶贫项目的实施单位，自投产以来，累计与周边种植户储粮5092吨，为700余户农民增收1705.25万元。

·山阴县泰昌农业有限责任公司·

山阴县泰昌农业有限责任公司位于山阴县合盛堡乡东双山村，成立于2016年3月21日，注册资金300万元，是一家集小杂粮、饲草料种植、加工、收购、销售，农业机械作业服务，农业技术培训咨询为一体的农业产业化综合企业。

公司自成立以来，以周边8个村的15000亩土地为依托，有效促进内部要素的优化配置和高效运作，种养加管全系配套的良性循环体系初具规模，形成“种植一养殖一加工一采摘一销售”内部循环和农牧一体化发展的新格局。已完成注册“塞外火山土”和“黄花梁泰和”两个商标，完成了黄花梁坡区15000亩无公害种植区产地认证，完成了富硒小米认证、无公害农产品认证、有机认证。“塞外火山土”富硒小米参加中国公信网中国好小米评选活动，被评选为唯一一个“优秀产品”，被誉为“中国好小米”。

该公司以山西省农科院数十个研究所和中国农业大学50多位专家教授为技术支撑，建立了2000亩的晋北有机旱作农业试验区和示范区，其中基地核心区800亩、核心区外1200亩，辐射带动周边5万余亩耕地，涉及农户5000多户，户均年增收3000元以上。2018年被评为朔州市农业产业化“龙头企业”“中国‘3·15’示范单位”称号，被朔州市供销合作社联合社评为农业社会诚信经营化服务先进单位。

·朔州市骏宝宸农业科技有限公司·

朔州市骏宝宸农业科技有限公司成立于2013年7月22日，注册资金2000万元，是山西农科院技术推广协作单位，山西农大科技创新、大学生实践教学和 大学生就业基地，山西省农业农村厅种子站良种示范展示基地，朔州市农业产业化龙头企业。公司以牧草种植推广加工和农业生产托管社会化服务为主，托管服务山阴县、应县、朔城区、右玉县和大同市左云县、新荣区等区县的116个村、42个合作社、4123户农户的近8万亩土地。

新建项目依托山西省雁门关生态畜牧经济区、北方农牧交错带核心区和朔州市作为国家级草牧业发展试点市的产业政策优势，全面提升种、收、贮、用综合能力和社会化服务水平，推动饲草料品种专用化、生产规模化、销售商品化，替代进口，推动养殖业降成本、提质量、增效益，逐步实现规模养殖场青贮饲料全覆盖，进一步优化奶牛、肉牛、肉羊养殖场饲草料结构。项目总投资8000万元，引导全市种植业结构调整，新增苜蓿2万亩，全株青贮玉米2万亩，燕麦草2万亩，到2022年将带动全市新增苜蓿种植20万亩、全株青贮玉米种植10万亩、燕麦草种植10万亩；购置耕作、播种、灌溉设施设备40余台套；购置牧草收获、加工设备50余台套；建设储草棚10万平方米。截至2019年6月，该项目已完成投资3000多万元，公司直接经营种植苜蓿1.1万亩、全株青贮玉米5000亩，加工服务苜蓿2.5万亩、全株青贮玉米2万亩、燕麦草1.5万亩；购买牧草收割加工设备16台套；新建储草棚5000平方米。优越的地理环境和优质的牧草产品吸引了内蒙古等周边省市的养殖企业与公司签订购买协议，牧草产业的发展具有广阔的前景。公司把农业生产托管服务和牧草业的发展有机结合起来，发展规模草场，引导农业种植结构调整，促进生态环境的修复，为农民提供持续稳定的增收渠道。

经济效益：公司种植苜蓿、全株青贮玉米全部加工裹包青贮饲料，除供应本地养殖园区，还与内蒙古、河北、安徽、福建、广东等省市客户签订销售合同，2019 年预计实现总产值 8700 万元，加工及销售利润 1960 万元，带动农户每亩平均增收 400 元。项目全部达产后，将在全市带动新增牧草种植面积 40 万亩以上，年加工牧草产品 80 万吨，农民种植增收 2 亿元，公司销传收入 6.4 亿元，公司将建设成为技术成熟、产量稳定、标准化生产、服务体系完善的牧草业龙头服务企业。

社会效益：牧草种植可以解决农业结构现存的问题，节约对粮食的消耗，缓解人畜争粮矛盾，保障粮食安全；可以摆脱进口，推动养殖业降成本、提质量、增效益，逐步实现规模养殖场青贮饲料全覆盖，进一步优化奶牛、肉牛、肉羊养殖场饲草料结构，促进畜牧业转型升级，提高畜产品质量；可以提升对土地的集约利用程度和减少农业生产资料的投入量，改良土壤生态环境。

生态效益：草地具有固碳能力大、固微成本相对低、固碳形式稳定、调节全球温度等多重功能，对于减少长波辐射、调控大气温度、促进生态环境的修复，能起到关键性的作用，是推动我国低碳经济发展的重要支柱和保障。

·国家电投集团山阴县煜元泰光伏发电有限公司·

国家电投集团山阴县煜元泰光优发电有限公司成立于 2014 年 11 月 25 日，统一社会信用代码 91140621317 186165X，生产经营范围为太阳能发电，注册资金 1500 万元，注册地位于山阴县马营庄乡沙家寺村。国家电投集团山西新能源有限公司持股 60%，山西煜元泰投资咨询有限公司持股 40%。公司法定代表人程怀亮，从业人数 10 人，其中本科以上学历 5 人。公司上网电价按照 950 元/千千瓦时（含税）执行，其中，标杆电价 332 元/千千瓦时，补贴电价 618 元/千千瓦时。公司自建设以来，已连续多年帮助解决当地贫困人员就业，助力脱贫攻坚。

云雾峪维检中心站马营庄分站位于马营庄乡境内，距离县城约 25 公里，地貌属山前洪积扇。该电站为独立并网光伏电站，装机容量为 50 兆瓦，于 2015 年 12 月 30 日升压并网，2016 年 12 月 24 日全容量投产。电站以 110 千伏电压等级接入古城 110 千伏变电站 110 千伏母线侧，线路长度约 10.8 公里。

云雾峪维检中心站马营庄分站采用单独监控室，已接入太原生产运营中心，由太原生产运营中心及现场共同监控运行。

·山西华汇瑞祥能源有限公司·

山西华汇瑞祥能源有限公司隶属于山西省山阴县华夏煤业有限公司，由华夏煤业独资注册，独立法人，公司位于山阴县北周庄镇苑家庄村东北 1.5 公里处，占地面积约 630 亩，交通便利，属华夏煤业配套储选煤厂，设计洗选能力 300 万吨/年。该项目总投资达 14 亿元，于 2012 年开工建设，2018 年 5 月完工，同年 9 月 5 日试生产，9 月 17 日邀请环保专家对“山西省山阴县华夏煤业有限公司 300 万吨/年洗煤厂建设项目”进行竣工环境保护验收现场检查，顺利通过验收。

该项目洗煤设备为目前国内最先进的重介主再洗、螺旋分选机，建有一条 12 公里长从坑口直接到园区选煤厂的全封闭输煤皮带栈桥

（该皮带总投资 4.6 亿元，年输送能力为 1500 万吨，节省了 21 公里的汽车运输里程）；建有 1 座 8 万吨矸石仓，2 座 20 万吨的锥环型封闭式储煤仓（一座储存原煤，一座储存精煤，目前为省内最大储煤仓），仓内配有现代化的大型堆取料机，设有自动喷淋设施；建有无扬尘污染的快速汽车装车点，每分钟可发运 5 辆煤车；建有存量为 8000 吨的中煤棚、存量为 4000 吨的煤泥棚、35 千伏变电站、污水处理站、锅炉房、职工宿舍等生产生活设施。场内外道路全部硬化、绿化，硬化面积 5.5 万平方米，绿化面积 16.9 万平方米，还配置了吸尘车，安装了两套车辆自动冲洗设施。此外，还建有一座处理能力为 20 立方米/时的生活污水处理站，废水经处理后可用于绿化、道路除尘等。燃煤锅炉均配置了布袋除尘器及脱硫脱硝设施。

园区生产采用智能化管理手段，大部分矸石与矸石发电公司合作再利用，小部分矸石运至西山坡荒沟内建设的正规、高标准的矸石场，进行科学合理处置。公司秉承“高起点起步、跨越式发展”思路，坚持用先进技术提升改造传统产业，成为低碳环保的洁净煤工业园区，走循环经济和节能环保产业的可持续发展之路。自建成以来，为当地群众提供了 200 多个就业岗位。

·山阴县鑫海洗煤有限责任公司·

山阴县鑫海洗煤有限责任公司是按照现代企业制度创立的股份民营企业，是山阴县委、县政府确定的 2004 年度重点招商引资项目之一。该公司位于山阴县北周庄镇苑家辛庄村西，在山阴县北周庄工业园区内，占地面积 90 余亩，总投资 1200 万元，年洗选能力 60 余万吨。该公司于 2004 年 5 月开始筹建，当年 9 月底正式投入运营，各种证照齐全、有效，现有职工 30 多人，设立生产、财务、质检、综合等机构。自建成以来，严格按照国家政策导向，逐步发展为提升煤炭产品产质、推进产业结构升级的可持续发展项目。公司采用当前先进的煤化成套设备，主要以洗选焦煤、电煤为主，环保措施符合国家的环评标准。多年来一直是国家统计局核定的规模以上工业企业。洗选的电煤全部供予当地的各大煤站，焦煤运销河北、山东等地。

2019 年初，为适应市场需求，满足客户需要，公司决定扩大产能，增加洗选量，将原有的 60 万吨/年洗选设备淘汰，投资 2000 余万元，购进年洗选能力为 120 万吨的设备一套，配套设施包括全封闭煤棚、洗车平台、厂区道路硬化等。预计正式投产后，年收入可达 4000 余万元，实现利税 600 余万元，将更多地解决一部分社会劳动力的就业问题，同时为当地经济发展和社会稳定做更大的贡献。

·山阴县升华环保能源洗煤有限责任公司·

山阴县升华环保能源洗煤有限责任公司的洗煤厂位于山阴县北周庄工业园区内，于 2005 年 3 月 17 开始建设，2008 年进行了改扩建，采用跳汰工艺，现洗选原煤能力为 60 万吨/年，同年办理了环评手续，并取得了朔州市环保局下发的环评批复（朔环函〔2008〕209 号），2009 年完成了环保竣工验收工作（朔州市环保局，朔环验 2009122 号）。2018 年 10 月进行改扩建项目，项目总投资 3495.33 万元，工程规模为年入洗原煤 120 万吨达到环保要求。建设内容有：一座破碎筛分车间及设备、一座主厂房及设备、一座浓缩车间及设备，循环水池、原煤储存库、精煤储存库、矸石、煤泥储存库，一座事故水池、两座收集池，电气工程、场内道路硬化绿化等。公司入洗的原料煤主要来自大同煤矿集团朔煤电运销公司、铁峰煤业有限公司、中煤华昱能源有限公司、中煤华昱能源水泉煤矿、平鲁木瓜界煤矿，生产采用跳汰洗煤工艺。该工艺具有操作维护方便，适用性较强、分选效率较高，处理量大等优点，对中等可选性以下的原煤均适用，也是我国选煤厂采用最多的一种选煤方法。

根据国家《工业企业总平面设计规范》（GB50187—2012）的要求，总图布置在满足生产工艺流程的前提下，严格遵循安全、卫生等有关规范规定，充分利用地形优势，做到功能分区明确。此外，为方便生产和管理，尽量减少人流、物流的交叉干扰，以满足厂区洁净要求和安全要求。

该公司职工定员为40人，其中生产人员35人，管理、技术及后勤人员5人。工作制度为年工作日330天，每天工作10小时。该公司以科学管理、诚信经营为理念，以自主创新、自我发展为方向，以做大做强、争创一流为目标，始终坚持以人为本、安全为天的生产方针，在推进非公有制经济又快又好的发展进程中，开拓进取，奋发向上。

住房和城乡建设

环境保护

住房和城乡建设

【概述】 山阴县住房和城乡建设管理局是县人民政府工作部门，为正科级建制。职能职责是指导全县住房和城乡建设管理秩序，承担住房和城乡建设领域的法规宣传、行政执法、行政复议、行政诉讼等方面的工作；承担住房和城乡建设领域的劳动争议、信访受理等方面的工作；指导行业法规制度建设方面的工作；承担住房保障和物业管理方面的工作；承担关于住房和城乡建设管理方面的行政许可、行政确认等事项的集中办理；承担建筑工程质量的监督；承担工程竣工验收；指导招投标方面的工作；监督建设、勘查、设计、施工、监理、图审机构、检测、预拌混凝土生产单位的技术标准和规范工作；承担建筑工地、建材企业、施工机械设备、混凝土搅拌站的环境保护和安全生产方面的监管工作；承担市政公用行业安全生产方面的监管工作；指导建筑行业环境保护和安全生产方面的制度建设；承担区域内公用事业的建设、改造、维护方面的指导工作；落实上级关于市政建设方面的政策；监督市政运营单位的日常经营管理，统筹市政运营单位的环境保护工作；指导城市防涝防汛工作；承担乡（镇）、村建设管理和乡村住房保障方面的工作；承担乡村振兴和农村人居环境改善等方面的工作；指导乡（镇）、村规划和重点镇建设，以及传统村落保护等方面工作。

【道路建设】 府东街跨线立交桥建设项目：全长820米，主线宽28米，主桥（跨铁路段）长120米，双向六车道，工程总投资9425.6万元，已完成工程量的80%，预计明年7月完工通车。该项目的实施，将为扭转山阴县城落后局面奠定坚实的基础。世纪大道道路改造工程：总长1.175公里，宽41米，总投资2519.62万元，已完工通车。王家涧路道路改造工程：总长1.172公里，宽30米，机动车道15米，总投资1266.21万元，已完工通车。西二环道路拓宽工程：全长1.584公里，宽29米，总投资2664.77万元，预计2020年8月底竣工。“四好”农村路改造工程：主线全长8.08公里（其中西二环南段2.967公里已于2013年建成，实际修建内容为西二环北端5.113公里），宽度12米，支线全长1.044公里，宽度8.5米，总投资2067.08万元，预计2020年6月底竣工。虎山线入城道路工程：全长1.037公里，宽15米，双向四车道，总投资760.52万元，目前已完成工程量的60%。河阳大道—污水处理厂—麻疃村道路工程：全长4053.34米，总投资1421.91万元，山阴县建成区至入河口综合治理工程已完成工程总量的80%。

【公共基础设施】 2019年，山阴县住房和城乡建设管理局密切关注民生，大力完善市政公共基础设施。康馨集贸市场：位于县医院旧址，占地33.66亩，该项目拆迁工作接近尾声。应群众要求，将变更为体育公园，目前新规划设计方案待审定。府东集贸市场：位于四中西侧，占地4925m^2，概算投资198万元，项目正在进行。临时批发市场：位于世纪大道与西环路交叉路口东南角和西南角，占地17.24亩，总投资240.35万元，已建成并投入使用。8座公厕：原址使用2座，完成装修改造4座，新建2座，总投资约90万元。两处过街信号通道：位于同太路地毯厂处和原百货大楼处，总投资51万元，已建成并投入使用。

【乡村建设】 2019年，全县农村危房改造任务490户，其中“四类重点对象”300户、一般贫困户190户，涉及10个乡镇。危房等级由第三方公司鉴定，已全部完成。在农村生活垃圾治理方面，按照“村收集分类、乡（镇）保洁监管、县转运处理”的模式，发放配套勾臂箱85台，240升的垃圾分类桶1300个，投资437万元购置垃圾转运车10辆，将农村生活垃圾清运到现有的4座垃圾中转站进行压缩处理，再运送至县垃圾处理厂进行无害化处理。对于群众反映强烈的13处农村非正规垃圾堆放点的整治任务及台帐销号工作，已全部完成，基本建成了全县农村生活垃圾收运处置体系，惠及全县243个行政村14万人口。在农村生活污水治理方面，投资495万元完成了21个村的生活污水治理工程，铺设污水管网100.908公里，筑起检查井3143座。建制镇生活污水处理设施建设项目涉及玉井、古城、北周庄三个重点镇，北周庄镇、古城镇污水处理站已全部完工，玉井镇已完成污水管网。旧广武村是山西省108处中国传统村落保护单位，该项目被列入中央财政支持范围，总投资273万元，建筑面积146.78平方米，巷道内2020米雨水管网铺设全部完工。燕庄村、故驿村传统村落保护规划：北周庄镇燕庄村、马营庄乡故驿村作为第五批中国传统村落保护单位，保护规划已编制完毕。

【规范整治】 2019年，山阴县住房和城乡建设管理局深入摸排，广泛宣传，大力开展“乱搭乱建”专项整治行动，共出动执法车辆20台次，执法人员100多人次，进入建筑工地50家，进入小区86家，共发放宣传资料3000余份，在小区物业开展宣传教育活动30余次，同13家小区签订了《扫黑除恶责任承诺书》。针对县城同太路菜市场、贸易大楼市场、商品街市场、西环路五万三市场、旧街市场及政府广场、地税广场等地段的临时市场占道经营问题，进行了集中整治，清理占道经营商贩200余家，发放《严厉打击县城占道经营通告》5000余份，拆除占道经营临时搭建房30余户，拆除违建面积约800平方米，规范店外经营商家100余家，整治店外烧烤商家20余家，共清理占道经营物品80余立方米、生活垃圾200余立方米。2019年，全县新开工建设（房屋新建、翻建）工程共9例，经过住建部门审批的有2例，新建、翻建房屋占地总面积约2000平方米，为此下达执法文书7份，依法强制拆除7例，拆除违法建筑面积约5.2亩。依法依规妥善化解信访矛盾，对于年内收到的3起群众来信来访，已全部结案。截至11月底，办结行政处罚（建设领域）案件共5件，合计罚款金额538.1352万元。

【安全监管】 2019年，山阴县住房和城乡建设管理局加强安全行业监管，办理质量监督注册26项，总投资36060.36万元，建筑面积18.79万平米，工程质量监督覆盖率100%，开展复工前质量专项检查4次，进行质量执法检查4次，签发《质量监督抽查通知单》共计6份。按要求全部签订《质量终身责任制承诺书》、《法人授权书》及《接受意见书》，竣工验收严格按要求设置永久性标识牌，办理安全监督备案手续24家。在建工程16个项目，19个标段，各建设单位、施工单位均签订了安全生产责任状及承诺书。在专项检查上，集中组织了“两节”期间安全隐患排查、春季复工安全生产大检查、安全生产大排查大整治、“安全生产月”等一系列安全生产专项行动，下达《限期整改通知书》48份，发现234条一般安全隐患，对排查出的隐患逐项登记造册，限期整改。对11家扬尘治理不力的建筑工地累计处以11.1万元罚款，2019年所发现的各类隐患已全部整改完毕，建筑施工安全隐患整改率达到100%。在燃气企业安全监管方面，按照专项检查和日常监管相结合，行政监督和技术服务相结合，综合检查和集中整治相结合的措施，查封关停6座未许可的汽车加气站，要求尽快完善相关手续，其间，不得从事燃气经营活动。

建筑市场、工程招投标和节能监管日趋完善。一是建立了在建工程项目台账，项目各方责任主体诚信档案。严厉打击建筑施工转包、违法分包行为，依法办理发放施工许可证16个，办理报建手续16项。二是公开监督房屋建筑和市政基础设施工程招投标项目16个，22个标段，投资额17731.5478万元。三是开展节能专项检查21次，出具专项检查表15份，下达停工通知书1份，下达整改通知书1份，办理《建筑节能认定书》7份、图纸审查备案8项，办理《建筑节能专项验收合格证书》8份、备案质量承诺书1份，自查《中国地震动参数区划图》执行情况16次。

【便民服务】 2019年，山阴县住房和城乡建设管理局大力推进政务服务"一站式"受理。政务服务事项全部进入服务大厅受理，实行"一口受理、并行办理、限时办结、统一答复"。2019年，办结政务服务事项53项，完成商品房网签190户，房屋信息查询约4000户，房屋他项权利登记82户，房屋交易完成8户。全年共发放廉租住房补贴户141户。

【党建】 2019年，山阴县住房和城乡建设管理局全面落实党建工作责任，严格落实党组书记抓党建"第一人"的责任。党组书记亲自部署党建工作、亲自研究党建问题、亲自督办党建事项。坚持每月召开一次党建工作专题会议，制定党建工作要点、理论学习计划、党风廉政建设工作要点等文件，分解责任、细化任务。结合工作实际，重新修订了《住建局制度汇编》，深入推进党内政治生活规范化、严格化。一是顺利完成支部换届。局党委原下设11个支部，为了便于管理和开展工作，调整为5个支部，8月底完成了各支部换届工作。二是规范党费收缴管理。建立党费收缴工作台账，指定专人负责党费核定和收缴工作，全年共收缴党费16603.89元。三是警示教育常态化。先后组织召开了4次警示教育会议，向党员干部通报了今年以来各地重点违法违纪案件查处及问责情况。四是扎实开展"不忘初心、牢记使命"主题教育活动。局党组组成3个调研督导组，坚持问题导向，深入2个基层工作联系点、2户重点企业，分别进行了"全县工程建设项目审批制度改革工作""农村危房改造工作""工程质量安全和住房保障工作"的专题调研。结合三个专项整治，认真梳理工作中存在的问题，逐条审视，逐项整改。

征收补偿

【概述】 山阴县国有土地上房屋征收与补偿中心成立于2016年1月1日，股级建制，全额补款事业单位，核定编制8个，隶属县人民政府办公室管理。2016年4月7日，根据朔编办字〔2016〕19号文件精神，将山阴县国有土地上房屋征收与补偿中心机构规格调整为正科级，核定领导职数一正一副。单位主要职责：宣传、贯彻、执行国家、省、市有关国有土地上房屋征收与补偿管理法律、法规和政策；制定辖区内国有土地上房屋征收与补偿管理的规划、政策并组织实施；核发房屋征收许可证，发布房屋征收公告；对房屋征收活动进行协调、监督和检查，对相关工作人员进行岗位培训。

【征收补偿】 2019年，国有土地上房屋与征收补偿中心进行了对和顺社区棚户区改造项目的征收工作，征收总户数为914户，截至2019年12月底，总拨回补偿款金额为188821141元，现已征收回户数为365户，已付补偿款16350817.5元。同时对2017年山阴县岱岳镇北街社区梁山村、兰园村城中村房屋改造和山阴县府东街延长线棚户区改造项目以及2018年山阴县铁东棚户区改造一期工程（城中村）项目进行了前期工作的安排和部署。

公共事业

【概述】 2019年，山阴县公共事业局就全县供热、供水及市政道路建设工作进行了认真安排，稳步推进县城基础设施建设，持续改善居民生存环境。在供热方面，将昱光2×35兆瓦热源系统全部连通，提升供热能力200万平方米，新增供热面积100万平方米。在供水方面，改造自来水水源地自流复线，新建安荣加压站1000立方米蓄水池2个，完成河阳湖水源并入县城主管网，增加水量，供水能力明显提升，大大缓减了供需矛盾。在市政道路建设方面，下大力气修复改造县城街巷，收到良好的社会反响。

【供热】 2019年，县公共事业局精心组织，周密安排，实现安全供热175天无事故，较好地完成了冬季供热工作。一是在8月底前，对全县34座换热站和供热管网、井室进行了全面检修，确保冬季供热平稳安全。二是新建劳动局、职中、劳技校换热站，完成土建、机组安装和变压器安装及一次管网对接工程，解决换热能力不足。三是和顺社区（东环路段）北延线与热电联供铁东主网对接工程，管道全长1500米，采用国标DN700聚乙烯保温管，运行后可提升供热能力200万平方米，可以承担原第二供热站自备锅炉供应的80万平方米的供热面积，并可扩大县城集中供热范围，大大缓解用热供需矛盾。四是完成纵三路供热一次网建设，可解决棣阁文赢、金玉花园、浦东小区和县五中共41万平方米的集中供热。五是职中至茂源小区供热一次管网工程，管道总长度6000米，11月底管道建设全部完工。年内完成主管网建设，接通职中、晋剧团、五小和茂源小区，具备集中供热条件。计划明年做沿途换热站建设，然后向河阳大道以西铁东区全面拓展推开，改变平房区域燃煤取暖现状。六是更换府南路供热老旧管网，彻底提升和保障县城一次网的供热能力和运行安全。七是完成了地毯厂小区、桃园小区、水利局小区、防疫站、老干局住宅小区等内部老旧管网改造，使居民温暖过冬，收到很好的反响。八是“三供一业”涉及的铁路职工家属区224户和供电公司职工家属区99户，分别投资212万元和206万元，集中供热分户管理改造工程均已完工，具备供热条件。九是解决群众诉求，垫资完成吉祥小区350户居民的供热管道敷设。十是落实环保要求，垫资完成精神病院集中供热管网和换热站建设。十一是协调解决聚鑫苑、熙宝家园小区管网移位，保障700户居民温暖过冬。十二是解决居民12年低温过冬状况，垫资完成了水利局及周边小区的供热主管网更新改造，保障370余户居民温暖过冬。

【供水】 2019年，完成了水源地自流复线510米管道建设任务，日均供水能力增加2000立方米，缓减县城缺水矛盾。完成了河阳湖输水管道并入县城输水线网应急工程，已于10月底通水运行。该工程包括铺设3100米河阳湖至安荣加压站DN500变300PE输水管道，建设泵站蓄水池及电力专线。该工程施工难度大、技术含量高，顺利完成了桑干河河道下翻5米深、穿越两处共200米长的艰难任务，已完工并投入运行，日均补水能力3000立方米左右，保障了县城居民用水需求。针对部分小区水压不够、缺水严重的情况，改造了学府苑小区的供水渠道，对加压站和两个水厂进行了28次维修和检修；完成抢修县城主管道20处，维修阀门井、水表井、消火栓井、排气井260余处。抢修输水主管线故障8次，确保以最快的速度、最短的时间恢复县城供水。推进铁路家属区、电力家属区“三供一业”分离移交改造工程，已接管其供水管理并对水网进行过滤。

【市政道路】 2019年，县公共事业局因地制宜，分类实施；针对不同情况，采用不同硬化形式，优先硬化与县城干道相连的巷道，同时推动街巷环境整治，提倡社区和居民自发拆除违建厕所、炭房、车棚等，先易后难，整体推进，年内硬化巷道 24 条。紧急抢修华联商场门前因载重砼运输车侧翻压塌的路面，设置警戒区，昼夜施工，三天时间抢修硬化面积 760 平方米，恢复通行。全年共计完成县城（铁西、铁东）应急抢修和道路修补 11770 平方米。

市容市貌

【教育宣传】 2019 年，山阴县市容市貌事业中心强化宣传，不断提高居民自觉维护市容市貌环境意识。通过县城中小学校和单位发放“爱我山阴、从我做起”宣传材料 15000 份，并在同太路绿化护网上制作了宣传展板。通过宣传，对内加强了职工的思想教育，对外提高了居民的市容环境意识。

【城市管理】 2019 年，山阴县市容市貌事业中心扎实开展占道经营治理工作。针对流动占道摊点和“马路市场”管理难点等问题，采取“日常管理与重点整治”方式，加大对重点路段、人员密集场所摆摊设点、店外经营、占道作业的违章违规行为进行治理。在此基础上，还重点加强对节假日占道经营的集中整治，共取缔、规范、制止各类占道经营行为 400 余起。集中整治校园周边秩序。对学校反映的“校园周边流动摊点使用瓶装液化气经营，存在安全隐患”的问题，采用“提前控制、定点守侯、机动巡查”相结合的方法，着重在学校上、下学时段，集中人员开展整治，共清理县城两所幼儿园、五所小学周边占道经营商户 29 家，暂扣燃气瓶及饮食摊点经营工具 7 台，有效地保障了学生人身安全和车辆通行畅通。积极开展禁燃禁放工作。为了减少垒燃原煤旺火和燃放烟花爆竹对大气环境质量的影响，按照县委、县政府实施方案要求，共向县城沿街单位、商铺、住户发放禁燃禁放通知 1000 余份。在春节期间，加大对县城禁燃禁放区巡查力度，制止垒燃原煤旺火和流动销售烟花爆竹。集中开展市容市貌综合整治。为迎接全国“二青会”召开和新中国成立 70 周年，中心队所联动集中开展市容市貌综合整治工作，着重对县城临街住户、单位、商店门前“脏、乱、差”等乱象进行了集中整治。共清理乱设乱挂条幅 50 多条，铁丝、绳索 210 条，拆除破旧门店招牌 14 块，清除沿街墙体、门窗的宣传标语、张贴画、小广告 300 余处，下发设置不规范广告牌匾整改通知书 45 份，清理乱堆乱放杂物 12 处，有效地维护了县城市容市貌。

【环卫保洁】 2019 年，山阴县市容市貌事业中心持续夯实责任，进一步探索环卫管理工作新模式，积极探索清扫保洁工作由粗放式向精细化管理迈进的新办法和新措施，进一步细化量化保洁要求，实行机械化清扫、洒水除尘同人工保洁相结合的环卫工作模式，向县城清扫保洁全覆盖、精细化迈进。严格控制道路扬尘污染，加强道路机械化清扫作业，积极推进面源污染治理，坚持机扫与保洁相结合，对同太路、青年街、政府街、府南路、南环路、北环路、西环路等主要干道分上下午两次机扫，次要干道因车辆堵塞每天机扫一次，县城建成区现有保洁道路机械化清扫率达到 75%；加强道路洒水频次和延长道路洒水时间，坚持道路洒水降尘与清扫保洁相结合，夏天对同太路、青年街、政府街、大忻线县城段主要路段洒水 4 次；对炎热天气重要时间节点增加洒水次数，如中考和高考期间每天洒水 6 次，道路洒水时间延长到立冬时节。坚持白天保洁与夜晚延长保洁时间相结合，对政府广场前路段，针对暑假期间因人流量加大而产生的垃圾多的现状，延长保洁时间到晚上9：30，并对政府路夜晚生活垃圾堆进行积极治理，增加夜晚垃圾拉运车次，对沿街小区、酒店等进行不厌其烦的说服教育，使他们更好地配合县城环境卫生工作。加强对县城范围内20条主次干道和29条小街小巷及6个城中村的日常清扫保洁和生活垃圾拉运出城中转至垃圾处理厂。对没有纳入日常保洁的生活垃圾和建筑垃圾不定时集中清运处理。从6月初开始，环卫队再次集中人力、车辆、并雇佣工程机械设备对城乡结合部进行环境卫生大整治，共出动人员270多人次、工程机械设备和环卫拉运车辆13台，清运垃圾8600余立方米。特别是7月以来，对县城居民拆除碳房、厕所、杂物房等倒在大街上和巷子里的建筑垃圾进行了清理，共清理建筑垃圾13000多立方米。

【亮化工作】 2019年，山阴县市容市貌事业中心积极配合城市建设，做好世纪大道、王家涧路新竣工道路的路灯亮化工作。河阳广场前顺通街中华灯灯罩因年久风化损坏严重，为了使路灯美观整洁，保障正常照明，及时更换了灯泡和灯罩，为迎接“第二届全国青年运动会山阴县火炬传递”工作提供更好的环境。对旧城中商街、站前路、站北路和古城高速公路引线的路灯进行了改造和维修。同时，加强县城路灯日常管护力度，确保路灯亮灯率和完好率。年内共维修LED灯头280盏，维修电缆混线、短路70多处约90多公里，维修配电设施60多次，维修变压器15台，更换电缆1800多米，更换镇流器500个、更换触发器620个，路灯设施完好率达到95%以上，主要道路亮灯率达到98%以上，为县城亮化和方便群众生活工作做出了积极贡献。

【防洪防汛】 2019年，山阴县市容市貌事业中心防患于未然，进行县城防洪沟汛前检查和隐患处理。5月8日，该中心组织队所负责人重点对县城土牛沟、大寺沟进行汛前安全检查，安排环卫队组织人员，雇用工程机械和车辆，对土牛沟矿业小区东沟内、大寺沟同太路西段沟内大量积存的生活垃圾进行清掏并拉运处理，共清理沟内垃圾900余立方米。通过整治，有效地提高了沟渠排污泄洪能力，为县城防洪防汛做好准备工作。

【机关建设】 2019年，山阴县市容市貌事业中心通过上半年的“改革创新、奋发有为”大讨论和下半年的“不忘初心、牢记使命”主题教育活动，通过开展革命传统教育、形势政策教育、先进典型教育和警示教育学习，通过开展批评与自我批评，通过县委巡视督导，通过持续整改，认真践行“守初心、担使命、找差距、抓落实”的总要求，紧紧围绕“理论学习有收获、思想政治受洗礼、干事创业敢担当、为民服务解难题、清正廉洁作表率”的目标任务，机关建设不断提升，集中表现在队伍作风建设明显提升。具体表现在：一是加强理论学习，强化了思想武装；二是强化一线真抓实干，工作作风更加务实；三是自觉对照检视，找准了差距不足；四是扎实推进整改，提升了能力水平。

【园林与市政管护】 2019年，山阴县市容市貌事业中心强化管护，促进园林和市政公用事业有序推进。3月移植商品街北京桧39株，对辖区内行道树和绿化带及色带浇灌春季解冻水，共浇水7次、清理绿化带杂草2次、修剪绿化带4次。在儿童公园、紫源广场、东城广场修剪树木3次、清理杂草2次；对火车站广场杂草进行了清除；对南环路、北环路、东环路部分行道树进行了去冠大型修剪。修缮了紫源广场和东城广场公共卫生间；对土牛沟华联后排污沟进行每天巡查，及时清淤。更换辖区和小街小巷破损雨水井盖260套、污水井盖80套；人工清掏雨水井200余眼、机械疏通雨水井190余眼；用沥青补剂维修整理雨水井40余眼。山阴县建成区绿地率达到38.26%、绿化覆盖率达到了44.69%、人均公园面积达到10.66平方米。年内新增绿化面积10000平方米，使县城园林工作向更高水平迈进。

生态环境

【概述】 2019年，朔州市生态环境局山阴分局以习近平新时代中国特色社会主义思想为指导，坚持绿水青山就是金山银山的绿色发展理念，认真贯彻落实中共十九大精神和习近平生态文明思想，下大力气推进中央、省环保督察及中央环保督察"回头看"反馈问题整改，大打蓝天保卫战、污染防治攻坚战，着力开展违法排污大整治"百日清零"专项行动，扎实开展"改革创新、奋发有为"大讨论和"不忘初心、牢记使命"主题教育活动，推进生态环保监管体制改革，全方位深层次加强全县生态环境保护，改善提升环境质量。

【约束性指标】 环境空气质量。2019年1—12月，山阴县空气质量达标（二级以上）264天，同比减少21天；重污染天气10天，同比增加4天，综合质量指数5.65，同比下降10.9%。出境断面水质达标情况。山阴县地表水共两个考核断面，分别为河头村、南湛村，断面水质要求达到地表水Ⅳ类标准。经朔州市环境监测站检验，河头出境断面上半年主要超标项为氨氮，其他监测因子全部达标。氨氮超标的主要原因是县城污水处理厂扩建工程处于调试阶段，因冬季温度较低，导致氨氮超标。3月中旬，调试完成。进入4月，断面水水质各项指标已稳定达到Ⅳ类水质标准。6月南湛村断面总磷和COD均超标，根据朔州市环境监测站断面水水质监测报告的监测结果看，6月南湛断面水流量为零，采样点处于静止状态，只有一滩死水，造成水质恶化。7—12月，两个断面水质各项均达标。饮用水水质情况。2018年，为保障全县饮用水水质安全，对全县4个集中式饮用水源地开展了水源环境年度评估，编制了《山阴县城市集中式饮用水水源2018年度环境状况评估报告》和《山阴县乡镇集中式饮用水水源2017年度环境状况评估报告》，采集相关基本信息、监测数据，经专网上报省市相关部门数据采集系统。通过开展评估，及时、全面了解和掌握全县饮用水源环境状况，为消除隐患确保饮用水安全提供了保障。

【环境管理】 建设项目环评管理。全县一般性建设项目办理情况。2019年共完成建设项目环评审批45个（其中报告书5个，报告表40个）。总投资17.98亿元，其中环保投资6.64亿元，占总投资比例的36.92%。按行业类别统计，煤炭行业项目16个，制造业项目12个，土砂石开采项目2个，加油、加气站项目4个，光伏发电项目1个，环境治理业项目3个，医院项目2个，等级公路及管道工程项目3个，生活污水处理项目2个。重点建设项目环评审批情况。2019年，该局提前介入服务，对全县重点项目进行认真梳理，分类管理，在项目审批阶段开通绿色通道，压缩审批时间，加快项目审批进度，推进项目落地上马。全年共办理全县固定资产投资项目43项，其中不需要办理环评手续的项目13项，已办理环评手续的24项。审批办结率达86%。

核与辐射建设项目环评办理情况。2019年10月底，该局为山阴县润明齿科医院等9家单位在省辐射环境影响评价登记表备案系统完成申报备案，共备案申报项目39件。

建设项目资金申报管理。为进一步改善县域生态环境质量，该局积极与上级部门沟通协作，争取生态环境治理资金，推进全县环境质量提升。结合大气、水污染防治行动计划和目标责任书，及时对项目库进行动态更新，形成建设一批，补充一批，退出一批的良性循环机制，对有条件的、成熟度和积极性高的及时上报。2019年对进入环保局专项资金项目库的《山阴县华夏煤业有限公司燃煤锅炉特别排放限值改造项目》等9个项目，进行名录管理，随时创造条件进行组织申报。

项目竣工环境保护验收工作。2019年，在企业环境管理中，大部分企业未能按照《环境影响报告书（或表）》和批复的要求如期完成污染防治设施建设，导致企业未能按时完成竣工环境保护验收，有的甚至长期违法生产。为此，该局通过不断深入企业，对标帮扶，督促企业全面完成验收任务。共有30家企业完成了竣工验收。

危废规范化管理工作。为推进山阴县危险废物处置利用、规范化管理，2019年对全县近30多家工业危废产生单位和24家医疗产废单位进行了现场核查，核查率达95%以上。针对各产废单位存在的危废管理不规范问题提出整改要求，当年企业整改工作都已基本结束，产废单位按照危废转移联单执行制度规范转移危险废物23批次，共计512吨。此外，完成了30家产废工业企业和20家医疗机构全国固体废物管理系统申报工作。在市局对全市危险废物规范的管理工作进度情况的通报中，全县30家工业产废单位全部通过市局审核，审核通过率100%，20家医疗机构单位审核通过率为75%。

污染源普查工作。从2019年1月开始，县普查办组织第三方技术人员对全县所有纳入普查的对象进行数据审核和修改。已完成了五类源污染物产生量与排放量的核算、数据质量核查、数据汇总审核及问题整改。全县最终纳入普查的对象共683个，其中工业源173家、农业源137家、生活源锅炉64台、入河排污口3个、集中式2个、移动源40个、行政村264个。

【大气污染治理】 2019年，为推进全县大气污染综合治理，持续改善环境空气质量，山阴县出台《山阴县打赢蓝天保卫战2019年行动计划的通知》（山政办发〔2019〕45号），印发了《关于在建成区划定禁燃区的通告》，要求全县各单位切实扛起改善大气环境质量的责任，加强环境质量改善。

石料开采企业整治。针对西山石料群粉尘污染问题，县委、县政府高度重视，5月24日印发了《山阴县石料开采加工企业生态破坏和环境污染问题专项整改方案》，成立了专项整改领导小组，对全县范围内石料开采加工企业进行专项整治，重点是安荣乡西山石料开采加工企业，其他乡镇举一反三，参照执行。2019年西山区域的石料厂在原有防风抑尘网、破碎筛分全封闭的基础上，积极建设全封闭料库、硬化场地、建设洗车设施等，各企业每天进行洒水降尘。其中，小东叉石料厂、宏岩建材有限公司、林鑫石料厂已完成全封闭料库建设；徒斗山石料厂、富财石料厂全封闭料库主体工程已完成；建国石料厂、元泰石料厂场地进行了硬化，完善了车辆清洗设施，积极筹建全封闭料库；玉竹石料厂长期停产，厂区物料全部进行了防尘网苫盖，待复产时全部建成污染防治设施后方可生产；振兴石料厂场地无物料，设施已拆除，已不具备生产条件。总体上看，山阴县西山区域石料厂污染防治设施建设和运行均取得了积极成效，石料厂扬尘污染问题得到了有效控制，生态环境得到进一步恢复治理。

VOCs（挥发性有机物）的专项整治。2019年，朔州市生态环境局山阴分局积极落实省、市《挥发性有机物污染防治工作方案》的要求，有效控制辖区内重点行业VOCs的排放，持续改善全县大气环境质量，印发了《关于完成VOCs综合治理的通知》（山环发〔2019〕24号）和

《山阴县汽车维修企业挥发性有机物治理方案》（山环发〔2019〕51 号）文件，要求产生排放 VOCs（挥发性有机物）的木器加工行业和汽车维修企业进行集中整改，进一步提升工艺装备和污染防治水平，有效减少 VOCs 排放量。年内，山西华森木业有限公司、山西金胜达环保科技有限公司两家企业已按要求完成了整改；7 家有喷烤漆工艺的汽修企业中，山阴县大众汽修厂和山阴县宏达物流配送有限责任公司已经停业，山西博昌汽车服务有限公司已安装离子净化器。

工业企业无组织排放专项整治。按照《山西省打赢蓝天保卫战三年行动计划》和全省《煤场扬尘污染防治技术规范》关于工业企业无组织排放管控的要求，该局印发了《山阴县环境保护局关于工业企业无组织排放限期整改的通知》（山环发〔2019〕24 号）。对辖区内所有使用粉状、块状原辅材料或生产粉状、块状产品的企业和涉及燃煤锅炉无组织排放的企业提出管控要求。2019 年，8 家相关企业完成了整改。

非道路移动机械污染物专项治理。为摸清全县非道路移动机械保有量和提高污染物排放治理水平，建立全县非道路移动机械基础数据库，有效控制非道路移动机械尾气污染，县环委办印发了《关于开展非道路移动机械基本情况摸底调查工作的通知》（山环委办发〔2019〕6 号）文件，出动排查人员，对辖区内所有的燃油非道路移动机械开展摸底调查，建立了清单台账，进行核查登记。同时，为有效降低非道路移动机械排放量，针对非道路移动机械污染物排放量大的情况，促进非道路移动机械质量升级，达到排放标准，改善大气环境质量，划定了高排放非道路柴油移动机械禁止使用区域并予以通告。

工业窑炉深度治理。为加强全县工业窑炉深度治理，该局印发了《关于开展工业窑炉深度治理的通知》（山环发〔2019〕51 号）文件，对列入 2019 年全市大气污染防治重点任务的山西元泰钙业有限公司、山阴县永恒陶瓷有限责任公司的煤气发生工业炉窑，要求取缔淘汰，年内取缔工作基本完成。

移动源污染防治工作。为了打好污染防治攻坚战，打赢蓝天保卫战，进一步提升柴油货车污染物排放达标率，有效降低空气污染物浓度，改善城市环境空气质量，专门组织召开专项行动开展工作会议，安排部署制定方案，配备了尾气检测仪器 2 台，对柴油运输车辆进行尾气检测。年内摸底调查运输物流车队 5 家，共抽查柴油货车 45 辆，全部达标。

【水污染防治】 2019 年，县环委办出台《山阴县水污染防治 2019 年行动计划的通知》（山环委办发〔2019〕25 号）文件，细化分解防治工作，层层落实到各职能部门。工矿企业黑水治理。按照 2019 年水污染防治攻坚百日会战要求，全县共涉及 34 家工矿企业黑水治理任务，其中有涉煤企业 31 家、陶瓷企业 3 家。年内，除永恒陶瓷长期停产和水泉煤业属于基建矿井正在建设外，其余 32 家企业已全部完成黑水治理。地表水断面监测能力建设。2019 年，山阴县按照省生态环境厅《关于做好全省地表水跨界断面水质自动监测站建设工作的紧急通知》要求，进一步完善全县水环境自动监测网络，提升水质监测预警能力，理清水环境污染状况、厘清水环境污染责任，投资 965 万元完成桑干河、黄水河段麻疃、河头和元营 3 个断面水质自动监测站。2019 年 7 月 13 日，三个站点的设备已调试完毕，实现数据上传，3 个断面水质自动监测站全部委托第三方运营，累计进度完成 100%。

【土壤污染防治与固废治理】 2019 年，朔州市生态环境局山阴分局协助第三方对本行政区域内的山阴县赤钰冶金有限公司、山西晋能山阴冶金有限公司等6家重点行业企业的土壤污染调查进行了信息采集工作，此项工作的完成为将来企业用地风险筛查与分级、初步采样调查、日常管理提供了基础信息。山阴县固废主要为煤矸石，一部分进行综合利用，一部分进行地下填埋。在综合利用方面，一是用于发电，主要集中在中煤华昱公司的三个电厂（永皓、昱光、奕光）加以利用，截至2019年10月上半月共有98.1917万吨煤矸石用于发电；二是用于制砖，主要消耗企业是山阴县金海洋新型墙体材料公司，2019年共利用煤矸石1万多吨。全县现有的13家生产煤矿产生的煤矸石，都按照环评要求拉运到自备矸石库，分层碾压，黄土覆盖，种植植被，进行规范化处置。其中6家生产煤矿上半年产生的48.4331万吨煤矸石，全部进入矸石场进行规范填埋处置，其余7家生产煤矿的出井混煤全部外销，矿内不进行原煤洗选和矸石分拣。另外，截至2019年7月份，中煤华昱洗运中心罗庄矸石场产生煤矸石约168万吨，综合利用约50万吨，剩余的进行填埋治理，并在治理区域进行绿化，覆土20万立方米，种植植被20万平方米，石砌坝墙3200米。山阴县华夏煤业有限公司对井田范围内历史遗留的35万立方米矸石、废渣进行环境治理，共投入资金4000万元，清运弃渣，砌挡土墙和排水沟，建蓄水池，覆土种植灌木、乔木，播撒草籽改善生态环境，治理面积20多公顷。该矿山生态恢复治理示范项目于7月底完工，并于9月5日通过省生态环境厅验收，是首家通过山西省生态环境厅矿山生态恢复治理试点示范工程验收的项目。

【生态环境监管】 2019年8月，山阴县围绕重点任务、重点工程、重点时段，全面落实县乡主体责任，采取强化环境质量监测分析、污染源排放监管、环境应急防范等手段，上下联动、高位推进，积极开展违法排污大整治“百日清零”专项行动，在燃煤锅炉超低排放改造、县污水处理厂保温提效改造、地表水集中式饮用水水源地保护区环境违法问题和工业企业违法排污等问题中持续加大整改落实和处理处罚力度，有效改善环境空气质量，确保所有问题在最短的时间内全面整改到位，做到全部清零，不留隐患。行政处罚案件立案47件，其中经济处罚44件，罚款101.3046万元，处罚到位39件上缴国库94.1046万元，同时收缴上年罚款154万元，共上缴国库248.1046万元；四类典型案件2件，均停产治理；根据实际情况有1件，经研究免于处罚。2019年，全县有重点污染源在线监控企业10家，共安装联网在线监控设备15套，废水监控设备4套，废气监控设备11套。2019年山西金源化肥有限公司、山西晋能集团山阴冶金有限公司2家企业停产，山阴县赤钰冶金有限公司筹备安装，其余7家都正常生产运行，全年在线监控企业在线监控设备运行良好，数据上传率达到95%。

【信访与宣传】 在2019年3月召开的县政协九届四次会议上，有3位委员从关心环保、关注环境出发，提出了3件提案，该局都进行了认真答复。年内该局还办理了举报平台信访案件21件，切实做到件件有落实，事事有答复。在宣传方面，“6·5”环境日期间，该局组织30余人统一着装走上街头进行宣传，发放宣传资料5000余份；在“3·15”消费者权益日、“宪法宣传日”、“12·4”普法日等重要时段组织宣传，发放宣传资料10000余份。通过有力地宣传党和国家环保方针政策、环保法律法规和环境保护知识，为推进生态文明建设，绿色发展，创造了良好的氛围。在生态环境领域社会治安综合治理方面，为全面完成全年各项工作任务，推动环保与经济协调发展奠定基础。

【机构建设】 2019年，朔州市生态环境局山阴分局针对生态环保工作职能，大力推进生态环境综合治理，切实解决群众关心的突出热点、难点问题。一是营造氛围。根据综合治理工作责任书的要求，结合自身实际情况，把创建活动作为年终考核的重要工作内容，成立了创建综治工作领导小组，明确了责任划分，按步骤、有计划地启动创建工作，通过大力宣传、广泛动员，形成了全局齐心抓创建、干群协手创平安的良好氛围。该局还将环境警示教育纳入综治工作内容，防止和预防环境污染事件中出现的群体矛盾事件。二是队伍教育。要求全体干部职工在每周一、三、五上午都要认真学习环保、大气污染防治等法律条文，认真学习环境保护法、水污染防治法，加强法制宣传，提高环保意识，提升执法质量。三是定期召开碰头会。研究每一阶段综治工作措施，解决突出问题。通过不间断地抓和促，使全局综治工作形成了时时有人抓、事事有人管、上下协调、分工合理的工作局面。在各个法定节假日局机关安排24小时值班。“12369”环保热线全天候值守。

【垂直管理改革】 2019年，朔州市生态环境局山阴分局深入落实习近平生态文明思想，始终践行“绿水青山就是金山银山”的理念，大力推进环境保护工作取得新进展。3月29日，组建成立了市生态环境局山阴分局山阴县生态环境保护综合行政执法队。市、县领导到会并讲话，对新时代中国特色社会主义思想下山阴县生态环境保护工作提出新要求，为打造一支生态文明建设和环境保护的铁军，推进以蓝天碧水净土攻坚战为主体的环境保护工作，持续改善生态环境质量，建设“塞上绿洲、美丽朔州”创佳绩、立新功提出新期望。

【脱贫攻坚】 2019年，朔州市生态环境局山阴分局驻村扶贫工作队积极帮助村“两委”完成建档立卡52户200多本手册台账资料，使贫困户村级档案资料得到完善。在新年春节之际，该局领导亲自带队，全局干部职工慷慨解囊，踊跃捐款购买白面大米等生活必需品，书写新春对联，慰问榆树洼村贫困户及孤寡老人，为群众送去了温暖，同时体现党和政府对弱势群体的关爱。

【扫黑除恶】 2019年，朔州市生态环境局山阴分局认真贯彻落实习近平总书记的重要讲话精神，以“三打三治”为重点，以创新“七项制度”为保障，推动扫黑除恶专项斗争实现新突破，不断提升人民群众的安全感和满意度。一方面调整了领导小组、出台了方案，分别在大气污染防治、水污染防治、土壤及固废污染防治、行政审批和监管执法五个方面，强化政治责任，厘定职责、细化分工，推动扫黑除恶专项斗争工作向纵深发展；另一方面加大舆论宣传和发动群众力度，加强在重点工作办理过程中核查线索，层层传导压力、强化督促指导。积极对全县120多家监管企业进行摸排，未发现存在黑恶势力以及“保护伞”。

【机关党建】 2019年4月，经上级部门批复，朔州市生态环境局山阴分局成立了新的党组领导班子；8月，选举产生了由5人组成的新一届党支部班子。年内先后开展了“改革创新、奋发有为”大讨论和“不忘初心、牢记使命”主题教育活动，出台了三项党建制度，组织党员干部学习了《习近平新时代中国特色社会主义思想纲要》《习近平关于“不忘初心、牢记使命”论述摘编》《习近平新时代中国特色社会主义思想三十讲》《中国共产党纪律处分条例》和《习近平在庆祝改革开放40周年大会上的讲话》等书籍篇目10余册40余篇，受教育党员干部40多人，大大提高了党员干部理论素养。

交通运输　邮政通信

交 通

【概述】 2019年，县交通运输局以习近平新时代中国特色社会主义思想为指导，以“不忘初心、牢记使命”主题教育为主线、加快推进交通基础设施建设，不断强化运输行业监管，有效开展交通行政综合执法改革，加强安全监管，较好地完成了各项工作任务。

【基础建设】 年度“四好农村路”建设：总里程121.5公里，预算总投资9499.69万元，其中，工程（一）项目含15条道路，全长52.681公里；工程（二）项目含26条道路，全长63.82公里；窄路基路面拓宽改造工程项目含2条道路，全长5公里。截至11月底，2019年度“四好农村路”建设工程全部顺利完成，为全县打赢三年交通脱贫攻坚战奠定了坚实的基础。朔州古长城旅游扶贫农村公路（山阴段）朔城区界—G208项目：起点位于朔城区与山阴县交界的广梵线上，终点位于广梵线和国道208交叉口处。主要控制点是起终点、旧广武村、新广武村、新广武互通连接线、G208，路线全长3.233公里，批准预算总投资1234.81万元，二级公路标准，路基宽度10米，设计速度60公里/时，于2019年5月8日开工，9月10日通车。该路段的建设质量，受到省交通运输厅总工王四小的高度评价，称赞建设质量堪比高速公路。该项目的实施对加快广武旅游区开发建设有重大意义。韩原线山阴站建设项目：位于古城镇马梁村西，总投资6800万元（由县政府自筹），主要工程包括客运站房、站前广场、道路三大部分。客运站房建筑面积1871.97平方米，工程投资3700万元，其中候车厅658.94平方米，售票厅159.61平方米；站前广场及道路投资3100万元，道路全长2.914公里，二级公路标准建设，路面宽10米，路基两侧每隔30米设置一座路灯。已于9月20日全部完工。该建设项目责任重大，直接关系到广大群众的切身利益，是一件大事、要事，不仅对山阴及周边的旅客出行提供便利，还将带动周边土地开发，拉动周边区域建设，增加就业机会，推动建筑、金融、环保、商贸及文化教育等相关产业的发展。该项目的建设质量受到高键市长的高度评价。高速路和虎山线连接改造项目：全长0.82公里，投资1300万元，一级公路标准，56米宽。该项目完成后将极大便捷全县公路交通。集白线改造项目：全长8.225公里，投资2400万元，于12月初开工建设，资金全部由县政府筹集。已完成全线混凝土面板拆除和6公里路基。该项目的实施将极大改善运煤专线的扬尘污染治理。

【宣传教育】 2019年，按照依法治县、扫黑除恶、整治行业乱象的要求，交通运输系统在局机关大楼、运管所、客运办、公路客运站内候车大厅、汽车站前广场、公路超限检测站的电子屏和出租车顶灯、公交车LED显示屏上滚动播放宣传标语及打击重点。专项斗争开展以来，共悬挂横幅和标语80条，发放宣传资料2000余份，广泛宣传交通工作动态和法律法规。实施“素质教育”提升工程。联合交警部门开展了文明交通进驾校行动，推动驾驶员培训从“应试教育”向“素质教育”转变，促进全县驾培教学质量的提高。加大对经营者的宣传教育。2019年3月8日，组织全体治超执法人员深入宏星混泥土搅拌站、南阳坡煤矿和槽山石料厂等源头企业开展源头治超有关法律法规的宣传活动，组织货运源头企业相关人员集中学习治超法律法规知识，为全年开展治超工作创造了一个良好开局。开展“规范经营、优质服务”的考核评比和“诚信驾培、满意维修”竞赛活动，提升经营者诚实、文明、守法意识。坚持局领导学法制度，开展“法制交通”专题讲座，参加省市法规培训和法律知识竞赛，不断提高依法行政意识和能力，规范执法。坚持公示执法情况，接受社会监督。对照有关法律法规和规章，将行政权力清单和公共服务事项清单公开、透明，尽可能纳入网上平台运行管理。强化事中事后监管，严肃查处违法违规行为，整顿和规范交通建设和交通运输市场秩序。

【交通安全生产】 2019 年，山阴县交通运输局全面落实“党政同责、一岗双责”制度，积极开展“平安交通”创建活动，坚持把安全隐患排查整治工作常态化、动态化贯穿始终，建立隐患台帐销号制度，确保隐患明白、整治到位。通过抓源头、抓细节、强排查、强监管，切实保证交通运输安全形势稳定。该局工作人员经常上门帮助和指导危货运输企业规范管理，排查不安全因素，加强 GPS 实时监控、安全学习、档案建设等工作管理力度。年初，联合县公安交警大队在公交公司对全县道路运输从业人员进行了安全培训，参加培训 800 多人。认真开展道路交通安全整治工作。深入持续开展重点路段和重要时段的安全隐患整治工作，督促在危险路段和危桥处设置警示标志，建设防护设施，雨雪、冰冻等恶劣天气，安排专门人员上路巡查路况，确保通行安全。加大对公路施工现场的安全监管力度。妥善处置“阻工”现象。对山阴站连接线、旅游公路、“四好农村路”施工过程中出现的村民正常经济补偿诉求与胡搅蛮缠行为区分开来，会同乡村、派出所及县直有关部门，发挥行业监管职能，确保工程顺利进行。

【查处违法行为】 2019 年，山阴县交通运输局联合公安部门，加大国省干线公路和县乡道路等重点地段区域的公路“双超”治理力度。6 月 11 日，查处超限超载车辆源头企业翠微山石料厂，处罚 1.15 万元。持续开展道路客运市场、驾校培训等运输市场专项整治行动，严肃查处各类违法运输经营行为。3 月 4 日、4 月 10 日、15 日分别查处岱岳—太原的非法营运黑出租车 3 辆，罚金 1.5 万元。

【客运市场管理】 加强春运期间对车站和各客运线路的巡查，发现隐患现场及时处理，较好地完成了春运组织及安全监管工作；完成了清明、“五一”、端午、国庆等节假日的运输组织及安全监管工作，节日期间无重特大运输安全责任事故发生。督促企业建立健全各项管理制度和基础档案，继续规范和完善客运车辆的技术档案和管理档案，认真组织客运企业进行了 2018 年度质量信誉考核；不断完善客运服务网络，提升服务品质，以山阴县广武旅游景区为依托，继续推进旅游集散中心新型客运服务。全系统先后出动运政、路政执法车辆 200 台次，投入执法人员 700 人次，检查营运车辆 6306 台次，查扣非法营运“黑车”16 台，异地营运车辆 59 台次，纠正处理载客不打表、无服务监督卡、服务质量差等行为 54 起，受理投诉举报电话、信件 25 件，约谈违章出租车 100 余台次。

【货运市场管理】 2019 年，山阴县交通运输局积极推进物流业发展，引导全县传统货运企业向综合物流商转型，大力发展甩挂运输，促进运力结构合理调整。制定了《山阴县农村物流和城市配送试点推进方案》和《山阴县冷链物流发展现状的有效解决方案》，规范货运管理工作，加强货运市场发展调查，及时上报货运车辆数、货运周转量等统计信息，进一步落实企业安全主体责任，按规定完成了对货运企业 2018 年度的质量信誉考核。

【维修与驾培市场管理】 2019 年，山阴县交通运输局将山阴博昌 4S 店作为汽车配件追溯体系试点建设企业，开展了二类以上汽车修理厂维修健康档案工作，实现修理厂对车辆进厂到出厂的全程管理。完成了 2018 年度维修企业质量信誉考核工作。该局对每期培训学员档案作了规范化指导，对教练员理论和实际操作课的授课情况及车辆性能进行检查。

【脱贫攻坚】 交通运输系统在脱贫攻坚中主要承担村通硬化路和村通客运班车（即“双通”）两项重点工作。2019 年，山阴县交通运输局以推进全县整体脱贫为重点，坚持精准扶贫与整体推进相结合，以全县 14 个贫困村为核心，紧紧围绕农业产业园、工业科技园、煤炭生产区、旅游风景区、交通枢纽区，下大力气争跑项目，不断完善和提高各类园区道路通行状况。注重解决“断头路”，打通“最后一公里”，切实为贫困村“解难题，办实事”，为全县打赢脱贫攻坚战提供良好的交通运输保障。截止目前，全县 13 个乡（镇）、247 个建制村已全部实现通硬化路、通客车。

【监督落实】 2019 年，山阴县交通运输局共收到人大代表建议、政协委员提案 7 件。该局高度重视，逐一认真研究，制定办理计划，明确领导责任，落实工作措施，严格按照办理要求和规定时限认真办理，并报告办理情况。坚持把办理工作的重点放在提高质量、讲究实效、狠抓落实上。能解决的问题，马上迅速解决；一时难以解决的，认真调查研究，具备条件的列入计划逐步解决，暂时不具备条件的，耐心诚恳地作出解释。每年都由局领导带队与人大代表、政协委员见面，将该局办理的措施、结果及时反馈，切实提高面商率、办结率、满意率，做到了事事有回音、件件有着落，树立良好的社会形象。

【队伍建设】 2019 年，山阴县交通运输局领导班子深刻认识开展“改革创新、奋发有为”大讨论、“不忘初心、牢记使命”主题教育活动是塑造交通文明行业、树立良好行风的需要，是推进交通运输科学发展和跨越发展的需要，始终坚持先把自己摆进去，率先垂范，履职尽责，不辱使命，争先创优。一是切实履行主体责任，抓党建带行风，抓廉政促效能。严格执行党风廉政责任制及领导干部廉洁自律的各项规定。二是制定和完善局务会议事规则、财务管理等各项制度，坚持民主集中制，凡涉及重大决策、重要人事任免奖惩、重大项目安排和大额资金使用等均由班子成员集体研究决定。三是崇尚节俭，严控“三公经费”支出。在工作中坚持原则，严格自律，尤其在工程质量上不留情面，不留遗憾；在工程招标上不打招呼，不违规操作。交通系统现有自收自支人员 130 多人，这部分人员的住房公积金、养老保险金、医疗保险费、调资缺口欠账较大，职工有怨言、闹情绪，影响正常工作。对于这一情况，该局经过详细摸底，多方协调，反复论证，最终局务会决定挤出部分资金逐步弥补欠账，使大家看到了希望，工作态度也发生了很大变化。年内在全县职工乒乓球比赛、元宵节文艺会演、国庆期间办公场所亮化美化等活动中，局班子成员带头，全体干部职工或家属一齐参与，丰富了精神文化生活，提振了干部职工士气，干部职工团结协作，精神振奋，树立单位形象成为每个“交通人”的自觉行动。

公　路

【概述】 山阴县公路管理段成立于 1963 年 4 月，其前身为山阴岱岳公路站，原位于县城同太路中段，当时下设两股一室一队（生产股、财务股、综合办公室、路政大队），管养里程 192 公里，由机械化养护中心和十三个道班负责养护。1971 年，重新划分职能后更名为山阴县公路管理段，沿用至今。2013 年 7 月，因县城建设规划，该段办公场所整体搬迁至同太北路应山路口北100米处路东。截至2019年底，全段共有职工111人，其中：正式工32人，协议工66人，非全日制13人。具有大专以上学历24人，有中、高级工职称的8人，中、高级技术职称的12人。山阴公路管理段主要养护5条干线：G208线k561+504—k615+680、大忻线k57+000—k88+000、天神线k555+800—k582+643、虎山线k68+000—k122+382、呼北线k131+000—k156+000。

【路政管理】 2019年，该段共上路巡查1200人次，清理路障100余处，纠正各类路政违章200余次，排除非公路标志50余块，拆除临时广告牌95块，拆除违章建筑5处共200平方米，整治7处加水站和停车场、搅拌站等。全年立案查处38件路政案件，查处率、结案率均达到100%，共收取路政赔（补）偿197500元 。年内市县挂牌督办安全隐患治理地段4处，都按照整改项目逐项落实，增加了警示标志、禁令标志40套，爆闪灯6套，画减速带标线100平方米，摆放夜间反光桶30个，真正做到经常性检查，并做好记录，发现问题及时处理。全年共划标线12026平方米，确保道路标线清晰，行车安全。

【安全生产】 2019年，山阴公路管理段按照“党政同责、一岗双责、齐抓共管”的原则，认真履行安全监管职责和隐患排查治理，及时消除排查中发现的安全隐患和问题。狠抓安全生产工作目标责任制的落实，始终执行安全生产年度考核，各项安全指标严格控制在上级下达的控制数内，全年未发生较大及以上的安全事故。

【养护生产】 2019年，山阴公路管理段对路基边坡进行了挂线整修，对路两边绿化平台和绿化带进行了整修平整。年内共整修路肩边坡179834平方米，填补路基缺口9878立方米，整修绿化平台3218平方米，清理塌方3465平方米；共计处理翻浆76.8平方米，修补坑槽14216平方米，处理波浪拥包1326平方米，龟网裂刷油6217平方米，刷油灌缝363126米；清理维修边沟326公里，修复路沿石5437米；修补石砌边沟15860米，油漆粉刷沿线设施289公里，补设标志134套，划设标线10026平方米，补设轮廓728根，补修长城墙，隔离墩1327米；对国道208线k592+000—k602+000连续10公里沿线设施标准化设置示范路段进行平交道口安装面包路沿口，补缺平交道口警示柱，增设标志，划设标线，对大型接入的平交道口进行渠化、标识等标准化建设。

【大中修工程】 在日常养护方面，整修路肩136公里，为开展桥梁提档升级锥坡，八字墙维修：139立方米，车辙4856平方米，警示柱1876根，修补波形护栏50米，发现、上报、处理水毁18处。部分路面进行了冷再生基层处理12850平方米，网裂严重段罩面88700平方米，并铺筑沥青混凝土路面。全年大中修工程完成情况：虎山线地质灾害治理工程，全长12.68公里，总投资为1400万元。5月10日开工，10月15日全部完工。机械化养护中心，占地1400平方米，总投资300万元。10月开工，11月完工。完成创建文明样板路，进行公路绿化、美化，增设公路停车区3处（元营、泥河、玉井）。

【应急抢通】 2019年，山阴公路管理段持续加强应急管理工作，切实提高应急保障能力。采取实物储备和协议储备相结合的办法，建立了物资储备库，现储备应急物资草袋500个、蛇皮袋1000个、铁锹50把、雨衣50件、镐10把、撬棍10把、50发电机和30发电机各一台、警示标牌100件、防撞桶100个等。此外，还在机养中心储备融雪剂50吨、冷补料30吨，沿线道班及油场备防滑料3600立方米，并与所雇用的抢险应急车辆签订了雇用合同，切实做到有备无患，随时可用。

【服务人民】 2019新年伊始，山阴公路管理段领导班子成员深入一线，看望道班职工，为他们送去新年的问候和祝福。同时对一线职工们的思想状况、家庭生活和工作情况进行了详细了解。勉励一线职工在新得一年里继续发扬“铺路石”精神，为保障公路畅通和建设“美丽山阴”做出新的贡献。为精准扶贫帮扶村——张家庄乡水河铺村送去生活必需品，慰问贫困村民。在春运期间，切实做好巡路、清理路上冰雪等各项相关工作，保障了公路的安全畅通，确保车辆、旅客顺利出行、安全出行。

【党风廉政】 一是不断完善党风廉政和行风规章制度，加强细节和重点环节管理，以良好的制度管理事、约束人。二是强化监督问责，加强廉政风险防范。以公路改扩建、大中修工程和行政执法为重点，创新方法，强化措施，加强监管。对不履行或者不正确履行职责，以致影响执行力和公信力，贻误工作或者损害工作相对人合法权益等行为坚决追究。三是强化党风廉政建设责任制。领导班子和主要负责人带头落实党风廉政建设责任制和反腐倡廉工作责任，深入学习贯彻党风廉政和行风建设规定等有关精神，不断提高廉洁从政和“一岗双责”意识。四是进一步健全党风廉政建设监督检查机制、考核评价机制和责任追究机制，加大党风廉政建设责任制落实的问责力度。

【精神文明建设】 2019年，山阴公路管理段积极开展“三德”教育活动和“文明股室”“五好家庭”创建活动，坚持培养职工的敬业精神和家庭美德。党支部把教育工作纳入年终党员评议、职工考核和基层工作目标考评范围，确保思想政治教育工作“人员、时间、内容、效果”四落实，积极进行教育引导，不断提高职工思想素质。

公　交

【概述】 山阴县津鑫城乡公交有限公司成立于2006年，有员工84人，拥有固定资产5860万元。该公司始终按照上级有关部门的要求，一直把安全工作放在各项工作首位，深刻认识到作为客运企业，没有安全就没有效益，安全是公司永恒的主题，是一切工作的核心，千方百计提高安全意识，逐步完善安全制度。该公司现有营运车辆80多辆，线路有市区、川区和山区，实现了全县公交全覆盖，多年来运行良好，从未发生大的交通事故。2013年6月20日，山西省公安厅交通管理局在《山西省公安厅交通管理局工作简报》上向全省转发山阴县津鑫城乡公交有限公司的安全管理做法，肯定了该公司的工作。2014年通过《城市公共汽车客运企业安全生产标准化》达标考评。该公司自成立以来，一直以低廉的票价惠及广大群众，始终坚持免费接送残疾人、老党员、离退休干部，截至2019年底，已累计让利约4086万元。

【营运】 该公司在2006年成立之时，营运车辆为82部，开通23条公交线路，覆盖全县13个乡镇和250多个行政村，年运送乘客约1000万人次，往返行程300余万公里。在城乡公交一体化过程中又新建马营、后所、玉井3个乡镇客运站，形成定点、定时、定班对发，完全实行公交化运营。2013年2月2日正式开通县城免费公交，依托“政府买票、企业运营、市民实惠”的服务精神，规划线路5条，投放22部新能源公交车，安装候车厅64处，受到一致好评。2016年10月，该公司自筹资金购进HFX6810BEVG11型纯电动公交车60辆，并于当年正式投入运营，进一步加快新能源汽车的推广应用，给全县城乡居民创造更加健康环保的出行环境，推动全县人流、物流、信息流的发展和人民生活水平的提高。

【荣誉】 该公司自成立以来，公交便民、惠民情况多次被《中国交通报》《山西交通报》《山西交通运输》《朔州日报》和山西电视台、朔州电视台、山阴电视台等多家媒体进行了报道。被中共朔州市委、朔州市人民政府授予2006年村村通油（水泥）路、通客车工作先进单位；2007年3月，被中共山阴县委、山阴县人民政府授予2006年度先进集体；2008年4月，被中共朔州市委、朔州市人民政府授予2007年度“双通”工作先进单位；2008年11月，荣获第八届《新世纪之声·和谐中国》“兴企报国，奉献社会”先进企业；2009年2月，荣获山西省交通运输管理局春运工作先进企业；2009年9月，被山阴县人民政府确定为道路交通安全教育基地；2011年4月，被山西省交通运输管理局和朔州市交通运输局分别授予2010年度农村客运先进企业；被山西省交通运输管理局授予2011年度全省道路运输行业农村客运先进企业；2012年荣获山西省交通运输管理局质量信誉考核先进单位。

治　超

【主体责任】 2019年，山阴县治理非法超限超载车辆工作事务中心坚持政府主导、部门联动的格局，不断强化主体责任，完善由政府副县长为组长，交通运输、公安、工信、市场、自然资源等部门参与的治超工作领导组，强化政府治超主体责任，扎实推进全县治超工作。在上级治超部门对全县治超工作的考核中名列全市前茅。

【源头监管】 2019年，山阴县治理非法超限超载车辆工作事务中心坚持强化源头治超监管工作。对全县货运源头企业进行了公示，各监管部门严格履行治超法定职责，采取宣传、教育、签订目标责任书、巡查、约谈、整改、处罚等措施，依法加强对源头企业监管。

【路面监管】 2019年，山阴县治理非法超限超载车辆工作事务中心路面治超高压态势显著提高。一是县治超工作领导组组织环保、治超、交通、交警、运管等部门执法人员开展了治污与治超专项行动，组织开展了“迎国庆、除隐患、保安全”专项行动，向驾驶人员、企业发放宣传材料3000份。执法部门对超载车辆及驾驶人员依规进行了卸载、罚款、记分等处置。二是根据朔州市治超办的安排，全年开展区县之间互检工作，查扣的超限超载车辆全部交由超限检测站处理，对一家违规给车辆超标准装载的企业，由县运管部门进行了处罚。全年共检测车辆1823587辆次，处罚各种超限超载车辆73辆次，卸载1058.45吨，罚款5.36万元，记分282分。县交管大队通过电子抓拍，对不进站接受检测的货运车辆，全部录入系统。

【科技治超】 2019年，山阴县治理非法超限超载车辆工作事务中心按照省治超办的要求，进一步推动科技治超。在全县范围内开展治超工作信息化建设工作，各超限检测站检测数据、路面监控数据与县治超信息指挥中心连接正常。

【治超舆论】 2019年，山阴县治理非法超限超载车辆工作事务中心充分利用各种新闻媒体，多层面、多角度加大治超工作的宣传力度，扩大治超宣传的覆盖面，治超舆论宣传氛围日益浓厚，提升了治超工作的影响力。全年编发《治超动态》30多期，被省治超办“山西治超”微信公众号采用了7条，被《朔州日报》宣传报道了3次。

山阴站

【生产经营】 2019年，山阴站在朔州车务段党委和朔州车务段的正确领导下，在山阴县人民政府的大力支持和配合下，全站职工团结一致，奋力拼博，顺利完成了全年的各项工作任务。该站自2019年9月开通动车以来，日常接发列车22趟，其中动车13趟，分别开往太原南、运城北、西安等地。全年旅客发送量99856人，客票收入64.89万元。春运期间及清明、“五一”、端午、国庆等节假日旅客运输均创历年同期最好水平。

【车站环境】 2019年，山阴站持续改善车站环境，不断完善功能，明确服务标准，落实重点服务。一是对候车厅进行了改扩建，5月开工，9月交付使用。新建候车厅1351平方米，对候车区功能进行优化划分，包括母婴候车厅、软席候车厅、重点旅客候车区、军人候车区等。二是投入新设备。新配备自助售票机3台，自助取票机1台，自助验票机2台，自助检票机4台，能够完成旅客从购票到检票进站全过程自助服务。三是改善车站卫生。落实保洁作业程序和工作标准，坚持日常保洁和深度保洁相结合，提高车站客运保洁质量，为旅客提供干净舒适的候车环境。

【服务质量】 2019年，山阴站坚持“内强素质、外树形象”，全面提升服务质量。一是提升业务素质，重点做好人身安全、实施、消防、防洪等培训。根据岗位要求，开展了针对性、实用性培训，提升各级管理和专业技术人员业务素质。二是强化服务质量。严格执行重点旅客“三知、三有”，从购票、进站、候车、乘车等环节的服务需求出发，保证重点旅客优先购票、优先候车、优先乘车。邀请朔州站专业礼仪服务人员，组织客运人员进行服务礼仪培训，提升服务意识品质。三是与地方政府积极对接，开通了朔州客运站——山阴站摆渡大巴车，打通旅客出行“最后一公里”，做到了铁路与公路的有序衔接，让广大旅客出行更加顺畅。

岱岳站

【车站概况】 山阴县岱岳火车站位于山阴县岱岳镇，该站中心里程位于北同蒲线自大同站86.093公里处，隶属大秦铁路股份有限公司朔州车务段管辖。该站按技术性质为三等中间站，按业务性质为客货运营业站，主要担负列车到发、会让等工作。

岱岳站与区间分界线相邻站情况表

表13

线别	方向	邻站	站间距离（公里）	区间正线数	站界名称	站界里程	进站信号机外制动距离内进站方向换算坡度（%）		
							800米	1100米	1400米
北同蒲线	下行	北周庄	9.677	双	X	85km+362m	3.34下坡	3.56下坡	2.88下坡
北同蒲线	下行	北周庄	9.677	双	XF	85km+371m	3.34下坡	3.56下坡	2.88下坡
北同蒲线	上行	东榆林	9.894	双	S	87km+117m	2.1上坡	0.72上坡	0.03下坡
北同蒲线	上行	东榆林	9.894	双	SF	87km+117m	2.1上坡	0.72上坡	0.03下坡

【车站运营】 2019年，岱岳火车站旅客发送量为19.3076人，客票收入394.759万元。全年货运发送量为24.4488万吨，货运收入4964.7223万元。

邮　政

【概述】 中国邮政集团公司山西省山阴县分公司按照国家规定，以普遍服务、寄递业务、金融业务、农村电商等为主业，实行多元化经营。经营业务主要包括：国内和国际信函寄递业务；国内和国际包裹快递业务；报刊、图书等出版物发行业务；邮票发行业务；邮政汇兑业务；机要通信业务；邮政金融业务；电子商务业务；各类邮政代理业务；国家规定开办的其他业务。山阴分公司认真贯彻落实省、市分公司决策部署，坚持“断老路，走新路”的转型理念，严格按照市分工作发展经营战略思路，积极加快发展，发挥党建引领，全力以赴推进各项业务的发展。

【邮政经营】 2019 年，山阴邮政业务总收入 709.04 万元，同期增幅 7.47 个百分点。金融板块业务全年收入 387.17 万元，其中储蓄业务收入 387.17 万元，保险业务收入完成 21.42 万元。寄递板块业务总量实现了大幅提高，业务收入 66.92 万元，其中快包收入 47.46 万元，标快收入 18.77 万元，国际快递收入 0.39 万元。文传类业务全年收入 159.2 万元，其中报刊业务流转额突破 435 万元，完成收入 108.25 万元，集邮业务收入 18.67 万元；函件业务通过转变发展思路主动顺应“互联网+”趋势，业务收入 32.29 万元。渠道平台板块完成收入 92.25 万元，其中分销业务收入 25 万元，农资销售强力推广“邮农合作社”发展模式，全年平台实现收入 51.6 万元。

【脱贫攻坚】 2019 年，山阴邮政公司积极响应当地政府攻坚扶贫号召，成立驻村扶贫工作队，队长由董全勇同志担任，赵继平、郭兴盛任队员。帮扶对象涉及马营乡 5 个村的 19 户 36 人。

【机关党建】 2019 年，山阴邮政深入学习贯彻中共十九大精神，持续抓好思想政治工作，不断夯实党员干部思想基础。一是进一步学习宣传党的各类会议精神和习近平总书记系列重要讲话精神。党支部坚持领导干部示范带动，带头讲党课、带头抓好整改落实，不断提升党员素养。二是进一步深化学习型党组织建设。坚持以党的政治建设为统领，把学懂弄通做实习近平新时代中国特色社会主义思想作为首要政治任务，开展“理论武装提升行动”，持续落实“三个第一时间”学习机制，确保中央精神第一时间传达学习和贯彻落实。三是扎实推进党支部学习教育常态化制度化。通过“大学习、大讨论、大落实”“强化责任担当提高执行力”“改革创新、奋发有为”大讨论活动、“反对形式主义、官僚主义专项整治”活动和“不忘初心、牢记使命”主题教育活动，推动党建、经营工作两手抓。四是强化基层党组织建设。规范党支部“三会一课”和“四必议、两必做”制度落实，充分利用“学习强国”“中邮先锋”“中邮网校”三个平台督促全体党员登录学习并答题，强化各支部和党员干部的日常学习教育，深化了学习效果。五是在“不忘初心、牢记使命”主题教育期间，按照“守初心、担使命、找差距、抓落实”的总要求，开展了支部组织生活会，工作作风得到进一步改进。

联　通

【概述】 山阴县联通公司是县城内三大基础运营商之一，主要经营固定宽带、移动电话、信息应用、信息内容、系统集成、云平台等通信信息服务产品，能够满足客户的各种通信及信息服务需求。

【企业文化】 山阴县联通公司作为县内实力雄厚的综合信息服务提供企业，坚持以党建为统领，以市场为导向，以客户为中心，建立完善了以“内容+应用+接入+服务”为主的综合信息服务产品体系。一是坚持服务创新。建立完善以客户为中心营销服务体系，面向个人，家庭客户实行标准化服务，面向商务客户实行差异化服务，面向政企客户实行“一站式”服务。二是坚持管理创新。建立了完善的内部控制管理体系，实施精确化管理。三是坚持服务社会。该公司始终热心公益事业，勇于承担社会责任，在全力建设农村基础通信网络、快速提供应急通信服务方面做出了突出贡献。

【通信网络】 山阴县联通公司肩负着全县257个行政村的固网、互联网、移动通信任务。该公司在上级党委的正确领导下，在当地政府的支持下，十多年内建成通信主干网、市话网、移动网、瓦斯监控网、平安城市网。1. 国家级干线网。有京太西一干网，大同朔州太原二干网，京呼太一干网。2. 市话通信网。有城市市话传输网，农村通信支撑网，共计三大环路五条支链。3. 无线通信。建成南环、北环、市内环的移动通信传输网。4. 矿区瓦斯监控网。为53座煤矿接入该网，现整合为13个网点。5. 平安城市监控网。该网与交警队合作建成，实现城市智能化管理。

【主要业绩】 2019年，山阴县联通公司主营收入2704万元，同比增幅5.67；通服收入2662万元。移网发展9875户，到达用户数51711户；宽带发展3476户，移网出账用户40276户，较年初增长27.55%，宽带出账14638户，较年初增长8.91%。

【公司党建】 2019年，山阴联通公司党支部在市公司党委与山阴县委的指导下，以中共十九大精神与十九届四中全会精神为指引，深入学习贯彻习近平系列重要讲话精神，扎实开展“不忘初心、牢记使命”主题教育活动，持续推动习近平新时代中国特色社会主义思想往深里走、往心里走、往实里走，促进全体党员干部增强“四个意识”、坚定“四个自信”、做到“两个维护”，同时也为各项工作开展提供了坚实的组织和作风纪律保障，为完成好全年各项业务工作提供了可靠的政治保证，实现党建工作和业务发展互促互赢。进一步持续学习贯彻落实中共十九大精神和习近平新时代中国特色社会主义思想。每月开展主题党日活动，严格执行中央规定，贯彻执行《中国共产党廉洁自律准则》和《中国共产党纪律处分条例》，重点学习习近平总书记讲话讲话精神，学习宪法和党章，按时召开“三会一课”足额收缴上缴党费，开展运用“互联网+手段”提升党建工作质量，安排全体在职党员下载手机APP软件，做到随时随地登录“联通先锋”平台和“智慧党建”平台、“学习强国”平台，上传资料及浏览和学习平台发布。

【脱贫攻坚】 2019年，山阴县联通公司积极响应政府攻坚扶贫号召，派出扶贫工作队，对关岱岳、上岱岳、兰园、先进四个村的5户贫困户进行驻村帮扶，为先进村贫困户丰广义解决了旱厕问题，为兰园村贫困户李万忠解决了窑顶修缮和更换断桥门窗问题，帮助上岱岳贫困户任换连进行窑顶粉刷。

移　动

【概述】 山阴县移动公司主要经营移动话音、数据、IP电话和多媒体业务、计算机信息网络国际联网和基于移动通信业务的各类增值业务；提供基本话音业务，提供数据、传真、IP电话、无线上网、宽带接入、视讯通、移动办公、信息点播、彩铃、彩信、手机证券、CMMB手机电视、手机支付、手机阅读、MM（移动应用商场）、无线城市等多种增值业务。拥有“全球通”、“神州行”、“动感地带”等著名客户品牌，拥有全县最大的 GSM 数字移动电话网和全县最先进的 TD-LTE 网络。

【企业文化】 该公司自成立以来，秉承“正德厚生，臻于至善”的企业核心价值观，以服务地方经济和社会发展为己任，不断提升服务质量，积极承担社会责任，大力推进农村信息化，为数字山阴、智慧山阴的建设贡献了积极的力量。先后实施了村通电话、农村网络文化站、教育网、财政网、森林防火监控网等工程，有力地推动了全县信息化建设步伐。针对社会反映较为强烈的问题，公司联合相关部门加大了电信诈骗、用户实名制、伪基站、垃圾短信的治理力度，切实维护了广大消费者的合法权益。

【生产经营】 2019 年，山阴县移动公司坚持党建工作服务生产不偏离，坚持党建与生产经营在日常工作安排中四个同步和四个对接，实现了党建工作与生产经营工作的结合、融入、渗透，有效发挥了党建在生产经营中“根与魂”的作用，全年生产经营工作取得了可喜的成绩。通信客户：全年累计新增客户 1.21 万户；通信份额占比 68.22%。年内集团业务在保有的基础上加大拓展力度，通过营销活动的带动寻找新的增长点和突破口，实现集团信息化收入的增长和集团成员价值的保有。全年发展中煤集团华昱能源有限公司语音统付话费 90 多万元，挖转晋能清洁能源风力发电有限公司数据专线 3 条，带动年信息化收入 45 万元，新增专线 21 条，全年信息化收入完成 305 万元，云企信成员达到 25000 多户。年内发展太东山煤业企业宽带 358 户。截至 2019 年底，共有宽带小区 253 个，城市小区 156 个，宽带到达用户 2.41 万户，到达份额 47.52%（截至 11 月）。目前，已在山阴县移动新生产大楼与联通县局开通了 5G 基站，预计 2020 年底陆续在全县开通 110 余个 5G 站点，通过 RF 及参数优化、D 频段清频、故障整改等措施提升 5G 网络能力。上传速率可由 46.77Mbps 提升至 62.49Mbps，下载速率可由 412.57Mbps 提升至 594.63Mbps。保障全县 5G 用户享受极速网络，以及后续 VR、超高清视频业务需求。同时，通过对网络分层、参数调整、RF 优化、邻区核查等优化措施满足 5G 建设开通过程中 4G 网络质量稳中有升。

【网络覆盖】 2019 年，山阴县移动公司本着“红色通信”、国企属党的政治属性，加强通信事业服务人民的宗旨，开展网络规划及安全建设工作。全县现有 NB 站点 60 个，TDD 宏站 424 个，室分 59 个，微站 32 个，FDD900 站点 203 个，FDD1800 宏站 107 个，5G 站点 2 个。综合覆盖率 97.99%，下载 37.33Mbps，上传 4.66Mbps。VOLTE 全程呼叫成功率为 100%，呼叫建立时延为 3.08 秒。电信普遍服务覆盖 15 个村，完成 16 个城市小区、2 个农村宽带建设任务。传输网络建设：省际传输干线 67.5 公里，省内干线 21.7 公里，本地骨干线路 241.255 公里，本地汇聚线路 142.96 公里，本地接入线路共计 1671.37 公里，基本覆盖了全县所有乡镇。

【公司党建】 2019 年，山阴县移动公司以党建为统领，充分发挥党支部战斗堡垒作用，认真执行省、市公司各项工作部署，准确把握新时代党的建设总要求，积极树立“四个意识”，践行“两个维护”。在省、市公司党委的正确领导下，结合“两学一做”、反腐倡廉主题教育、党员带头促发展电渠能力筑新篇等专题教育活动实施方案要求，认真贯彻落实省、市公司党委各项党建及生产经营责任目标，突出党建是第一业绩。重点从党性修养、遵纪守法、主动作为三方面扎实推进。全体党员在党的理论水平、遵纪守法的意识、积极主动作为的热情等都有长足的进步，为公司转型发展奠定了扎实的基础。以党建工作为统领，全面推进高质量发展。一是做好中共十九大报告精神学习及二中、三中、四中全会精神学习，真正学深悟透报告内容，用马克思主义理论武装自己，切实实现思想建党；二是继续推进“两学一做”，认真开展“不忘初心，牢记使命”主题教育活动，真正做到用新的理论武装头脑，推动各项工作；三是做好党风廉政建设和反腐败宣传教育，充分利用第一种形态开展好提醒谈话；四是开展警示教育，用身边事教育身边人，筑牢思想防线、强化舆论引领、营建崇廉风尚。坚持巡视整改，发挥党建引领。对照“不忘初心、牢记使命”主题教育任务清单、集团内审及省公司党委第六巡视组监察反馈意见，积极主动作为，坚持问题导向，开展问题整治。推动解决党建质量不高、监督责任缺失、发展动力不足、干事创业精神懈怠等一列突出问题。坚持党支部作用发挥、党员作用发挥，把自己摆进去，剖析问题，以上率下。把“改”字贯穿始终，立查立改、即知即改。坚持作风整治，强化服务意识。按照力戒“形式主义、官僚主义”整治要求，继续推进作风整治。结合嵌入式防控体系建设，切实从思想深处解决问题。坚决杜绝漠视群众利益、损坏群众利益行为发生。切实加强督促检查和落实，形成务实工作作风，坚持敢于负责，勇于担当，杜绝推诿扯皮和避重就轻，拿出解难题、破瓶颈、促发展的好办法。

【脱贫攻坚】 2019 年，山阴县移动公司深入学习贯彻中共十九大精神，全面落实省委、省政府《关于聚焦深度贫困集中力量攻坚的若干意见》，推进电信普遍服务试点工作，加快全省农村宽带网络建设步伐，提升农村信息通信基础设施建设和服务水平，助力脱贫攻坚。根据《山西省 2017 年度电信普遍服务试点建设项目中标通知》（项目编号：HAZB-ZC-FW—20170625），以及《关于启动 2017 年第三批电信普遍服务试点工程建设的通知》（部门通知计字〔2017〕73 号），2018 年该公司协助完成了 25 个行政村的电信普遍服务工程建设任务。2019 年该公司负责承建第五次电信普遍服务试点 15 个。

电 信

【概述】 山阴县电信公司成立于 2003 年，为国有企业，现有员工 30 人，有总经理 1 人、业务经理 1 人、经理助理 1 人和职工 27 人。全县共设营业网点 19 家，其中 2 个电信自营厅，代理点 17 家。主要经营固定电话、移动通信、卫星通信、互联网接入及应用、信息应用、云平台等综合信息服务。该公司多年来始终致力于信息技术助力下的现代生活，牢牢把握人民群众对美好生活的向往，始终围绕用户对信息通信服务的需要，积极顺应信息消费升级和技术变革加速的趋势，致力于为广大用户打造更加便捷高效、更有温度的产品服务。

【企业文化】 山阴县电信公司坚持秉承让客户尽情享受信息新生活的企业使命，追求企业价值和客户价值共同成长的经营理念和用户至上、用心服务的服务理念，以安全畅通的网络、健康环保的产品、方便快捷的服务，为国民信息化建设提供强有力的通信支撑和综合信息服务。坚持高质量健康发展理念，稳步推进用户规模及收入提升。

【网格建设】 2019 年，山阴县电信公司把加快网络升级扩容作为扩大有效投资的重要着力点，按照市公司在通信建设方面的规划部署，结合实际情况，以市场为导向，有步骤有规划地持续优化网络结构，提高网络技术层次，突出发展重点，充分挖掘现有设备潜力，以适应通信市场高带宽需求。年内新建宽带端口 1382 线，累计建设端口32137线，累计覆盖小区（村）167个。其中县域累计建设端口26930线，覆盖小区130个，城市小区覆盖率达到90%；农村累计建设端口4685线，覆盖行政村37个，覆盖率达到18%。

【生产经营】 2019年，山阴县电信公司落实提速降费要求，全面下调套外流量价格。针对用户担心产生高额套外流量费的情况，全面下调套餐外流量资费至不超过0.03元/兆，推出更加优惠的“达量放心用流量包”。针对套餐流量使用饱和度较高或有溢出的畅享套餐用户，推出“达量放心用流量包”。用户订购后，不达量不收费，达量后直接叠加5元/GB或3元/GB流量包，解除大流量用户手机上网的后顾之忧。推广“无忧卡”套餐。面向不喜欢受套餐约束、希望简单消费的用户，推出了“地板价”、阶梯计费、越用越便宜的“无忧卡”套餐。套餐消费，主动提醒。主动以短信形式向用户告知套餐消费情况，重点对套餐使用达量、使用期限、消费账单等情况进行及时提醒，让用户明明白白消费，确保用户知情、敢用、放心用。全年业务累计收入1055.45万元，同比增长6.39%，累计新增移动用户4421户，新增宽带用户1575户。

【脱贫攻坚】 2019年，山阴县电信公司积极响应当地政府扶贫攻坚号召，驻村帮扶张家庄乡泉子沟村和东堡村脱贫。2019年，东堡村有精准扶贫建档立卡户11户38人，泉子沟村有14户32人。这两个村一直以种植、养殖为主，大部分贫困皆因大病致贫，需要药物长期维持。一年来，驻村工作队坚持进门入户，走访群众70余户，讲解相关惠农政策，研究富民门路，与受困群众一起解决生产生活中遇到的问题，及时将相关情况反馈给乡村有关领导，实时监控，更好地解决实际困难问题。为切实改善村委会办公条件，山阴县电信公司为村“两委”送去书柜、纸张、计算器等办公用品。

【公司党建】 2019年，在上级公司党委的坚强领导下，山阴县电信公司党支部以习近平新时代中国特色社会主义思想和中共十九大精神为指导，紧紧围绕公司党委工作计划和党建工作目标，扎实推进支部主体责任和党风廉政建设任务的落实。坚持党建统领，深度融合各项工作，稳步推进各项工作，不断增强党建工作水平。

财税　金融

财 政

【概述】 2019年，山阴县财政部门组织实施对社会保障资金使用的财政监督；负责审核世行贷款项目和中小企业担保金的使用监督；管理和指导全县会计工作、监督执行会计规章制度；监督财税方针、政策、法律、法规的执行情况，提出加强财政管理的政策建议。

【一般公共预算收支】 2019年一般公共预算收入150077万元，为年初预算164821万元的91.05%，较同期154616万元下降2.94%。其中：税收收入116392万元（固定用途7533万元），为年初预算114821万元的101.37%，较同期90218万元增长29.01%；非税收入33685万元，为年初预算50000万元的67.37%，较同期64398万元下降47.69%。在预算执行中，按照征收情况，调增税收预算1571万元；调减非税预算16315万元，其中：调增行政事业性收费收入预算10387万元、调增罚没收入预算1447万元、调减国有资源（资产）有偿使用收入预算24033万元、调减专项收入预算4049万元、调减其他非税收入预算67万元。上级补助收入96724万元，其中：返还性收入3267万元（固定用途624万元）、一般性转移支付收入67031万元（固定用途43815万元）、专项转移支付收入26426万元（固定用途）。上年结转收入20569万元（固定用途）。调入资金15336万元。调入预算稳定调节基金2427万元。债务转贷收入13000万元，其中：再融资一般债券8000万元，新增一般债券5000万元。

一般公共预算支出257066万元，为年初预算230695万元的111.43%，较同期268929万元下降3.64%。预算执行中，按照转移支付指标，调增一般转移支付安排的支出23986万元、专项转移支付安排的支出23783万元；按照债务转贷指标，调增新增一般债券安排的支出5000万元；按照“每一项政府性基金结转资金超过该项基金当年收入30%的部分调入一般公共预算”的规定，调增调入资金安排的支出13472万元，调增其他调入资金安排的支出1864万元；按照预算短收规模，调减支出14744万元；按照结算事项通知，调减支出138万元；安排预算稳定调节基金，调减支出13820万元。转移性支出41067万元，其中：上解支出6215万元，为年初预算6077万元的102.27%，较同期6730万元下降7.65%；债务还本支出8000万元，为年初预算的100%，较同期2152万元增长271.75%；安排预算稳定调节基金13820万元；年终结转13032万元。预算收支平衡，总量均为298133万元。

挖掘潜力稳定增长。当前经济下行、减税降费、刚性支出等因素叠加，挖掘税费潜力，稳定收入增长，成为预算管理工作的重中之重。年初预算和同期均扣除一次性罚没和探（采）矿权出让收益等非税影响因素后，一般公共预算收入为年初预算的111.32%，超出预期；较同期增长20.43%，实现三连涨，为保基本、调结构、惠民生、防风险等各项工作提供了稳定的财力支持。

【政府性基金预算】 2019年，政府性基金预算收入17967万元，为年初预算25000万元的71.87%，较同期9480万元增长89.53%。其中：调减国有土地收益基金收入137万元、农业土地开发资金收入28万元、国有土地使用权出让收入7058万元；调增城市基础设施配套费收入188万元、其他政府性基金收入2万元。上级补助收入581万元，其中：专项转移支付收入581万元。年初结转收入3926万元。债务转贷收入5500万元。

政府性基金预算支出13207万元，为年初预算29068万元的45.43%，较同期23226万元下降43.14%。其中：调增专项转移支付安排的支出439万元；按照债务转贷指标，调增新增专项债券安排的支出5500万元；按照预算短收规模，调减支出7033万元；按照“每一项政府性基金结转资金超过该项基金当年收入30%的部分调入一般公共预算”的规定，调减支出13472万元；按照结算事项通知，调减支出6万元。

转移性支出14767万元，其中：上解支出6万元，调出资金13472万元，年终结转1289万元。预算收支平衡，总量均为27974万元。

【社保基金预算收支】 2019年，企业职工基本养老保险基金收入37998万元，支出24346万元，收支结余13652万元，年末滚存结余29748万元；城乡居民基本养老保险基金收入9139万元，支出5917万元，收支结余3222万元，年末滚存结余22418万元；机关事业单位基本养老保险基金收入24644万元，支出19806万元，收支结余4838万元，年末滚存结余14237万元。其余社会保险基金预算，按照体制上级统筹。

【政府债务余额】 政府债务年初余额180580万元，当年举借18500万元，当年偿还8000万元，当年核销18700万元，年末余额172380万元。其中：一般债务年初余额143970万元，当年举借13000万元，当年偿还8000万元，当年核销18700万元，年末余额130270万元；专项债务年初余额36610万元，当年举借5500万元，当年偿还和核销0万元，年末余额42110万元。

按照债务转贷指标，当年举借额调增10500万元，其中：一般债券调增5000万元、专项债券调增5500万元，均为新增地方政府债券，专项用于新（续）建工程项目；玉井国有煤矿棚改贷款余额18700万元，经省级财政核定核销，不再纳入政府债务管理。

【预算改革】 2019年，山阴县财政局推进预算绩效管理，提高财政资金效益，对偏玉线道路改造、中小学校舍维修和双寨片高标准农田建设等6个项目，共计4276万元财政资金进行了重点绩效评价；深化结转结余资金管理，盘活部门存量资金1864万元；减轻企业负担，清理民营企业欠款8059万元；规范政府采购行为，下达采购预算4601万元，实际成交4494万元，节约资金107万元，中小微企业成交占98%；强化信息公开，预决算公开内容更加完整、细化、透明，预算公开取得了全国第一的好成绩；其他预算改革任务也取得了一定的成效。

【重点项目】 2019年，山阴县财政局统筹政府性基金和债务转贷等资金，重点支持了以下民生实事。府东延长线和纵四路路灯亮化300万元，县城小街小巷硬化565万元，铁东区纵四路道路工程600万元，污水处理提标改造700万元，煤改气700万元，乡镇机关基础设施均等化和“五小”建设890万元，“四好”农村路和旅游路建设900万元，污水处理站1000万元，职业中心校改扩建1000万元，世纪大道和王家润道路改造1000万元，美丽乡村建设1400万元，农村生活污水和垃圾综合治理1480万元，府东延长线道路建设1500万元，桑干河新区污水处理1800万元，韩原线—山阴站连接线道路2000万元，县区造林2000万元，县城应急供水供热改造2458万元，韩原线山阴站站房改造3000万元，大原铁路客运专线山阴段征拆3000万元，西山矿山生态修复项目3400万元，铁东棚户区改造（一期）3500万元，府东街棚户区跨线立交桥6220万元等。

【风险防控】 2019年，山阴县财政局坚持举债要与偿还能力相匹配的经济规律，积极防范化解财政金融风险。政府债务年末余额172380万元，较年初余额180580万元下降4.54%，限额空间剩余25620万元，综合债务率为67%左右，有效控制了不发生区域性系统性财政金融风险底线。全年争取地方政府债券转贷资金18500万元，其中：新增债券10500万元，有力支持了府东街跨线立交桥、韩原线火车站改造、棚户区改造、农村生活污水综合利用、美丽乡村建设等一批新（续）建重点项目建设；再融资债券8000万元，专项用于到期债券还本，缓解了财政支出压力。

【基本民生】 2019年，县财政进一步化解了工资拖欠存量，工资发放足额有序。基本工资、津补贴、年终奖金、社保缴费、离退休费等工资福利全年累计支出73693万元。年内兑现了2008年7月至2012年12月拖欠津补贴和2014年10月至2015年12月个人养老保险缴费，共计9204万元。在教育、文化旅游体育与传媒、社会保障和就业、卫生健康和住房保障五项民生领域，全年累计支出104899万元，较同期100977万元增长3.88%，较好地满足了广大人民群众多层次民生需求。在节能环保方面，全年支出12103万元，较同期8575万元增长41.14%，其中：污染防治4310万元，自然生态保护461万元、退耕还林1362万元、风沙荒漠治理3539万元、能源节约利用252万元、污染减排19万元、其他节能环保2160万元。

【脱贫攻坚】 2019年，山阴县财政局继续巩固脱贫攻坚成果，坚持为全县打赢脱贫攻坚战提供坚实的资金保障。在农村基础设施建设、生产发展等方面，全年累计支出3276万元，其中：县级资金668万元，较同期585万元增长14.19%。在用于脱贫攻坚和巩固成效等领域，因需而整的资金1967万元。

【“三基”建设】 2019年，山阴县财政局坚持经费向基层组织倾斜、待遇向基层干部倾斜、硬件向基层一线倾斜，顺利推进“三基”建设，涉及运转经费、工作补贴、机关基础设施均等化、美丽乡村、一事一议等相关领域。全年累计支出6518万元，较同期4699万元增长38.71%。

税　务

【概述】 2019年，国家税务总局山阴县税务局始终坚持以中共十九大精神为指引，按照省、市局2019年工作会议精神和县委经济工作会议精神的安排部署，结合税收工作新常态和山阴县税务工作实际，以组织税收收入和社保费为中心，以落实减税降费政策为主题，以优化营商环境为主线，着力推进税制改革、纳税服务、税收征管、队伍建设，实现了组织收入的稳定增长，为县域经济“两转”做出了积极贡献。

【税收】 2019年，山阴县税务局依法组织税收收入，坚持抓早、抓紧、抓实、抓出成效的组织收入工作思路，牢固树立组织收入工作中心意识，严格落实组织收入工作原则，及时召开工作会议，科学分解组织收入任务，向各税务分局、税务所等征收部门下达税收任务，强化干部职工的大局意识、责任意识。全年累计完成组织收入436304万元，同比增收126484万元，增长40.82%。其中：税收收入403820万元，同比增收94150万元，增长30.4%；非税收入8259万元，同比减收2475万元，下降23.06%；社会保险基金收入21241万元；其他收入2984万元。

【减税降负】 2019年，山阴县税务局把全面落实减税降费政策作为一项政治任务抓紧抓实，不折不扣落实各项税收优惠政策，推动地方经济高质量发展。全年共减免各类税款达24274万元。切实做好宣传工作，一方面通过微信群推送、电视台专题节目、上街发放宣传资料、办公场所悬挂宣传横幅、入户面对面辅导等方式开展政策宣传，确保纳税人“应知尽知，应会尽会”；另一方面成立税宣小组，开展税收宣传月系列活动，共制作印发11类3000册减税降费政策手册。

【税源管理】 2019年，山阴县税务局结合征管体制改革中税源管理变化情况，不断夯实征管基础，优化征管资源配置，按照“行业+规模+属地”的税源管理模式，及时将新增管户分配至6个税源管理部门。至年底，全县正常管户5839户，其中单位纳税人1750户，个体纳税人901户，临时登记纳税人2941户，其他247户。

【税务改革】 2019年，山阴县税务局不断深化落实税收改革制度，积极推进社保费划转征收，进一步构建以“税费同征同管”为基础的“1+3”差异化征管机制，建立完善依托政府、税务局推进、协管员配合、银行划转、办税厅兜底的征收格局。该局与财政、人社、医保等部门每周召开碰头会，各征收分局、税务所与全县13个乡镇、257个村密切联系。年内社保费累计入库21241.97万元，基本完成了预算任务，保障了全县20多万名城乡居民和机关事业单位7000多人的切身利益。

【优化税收执法】 2019年，山阴县税务局把防范化解执法风险作为工作的重中之重，强化工作措施，完善执法制度，不断提高执法规范性，努力将执法风险降到最低。一是在办税服务厅公示各类办税信息和办税人员信息，张贴申请材料示范文本，全年共公示相关制度和信息1056条。二是给8个税收执法部门配备执法记录仪60台，实现执法全过程留痕和可回溯管理。三是成立法制审核队伍，建立重大执法决定法制审核委员会，发挥法制审核制度的“防火墙”作用。

【提高服务质量】 2019年，山阴县税务局着力整合办税资源，不断提高服务质量。一是坚持聚焦主业、服务大局，持续深化“放管服”改革，深入开展以“新税务 新服务”为主题的“便民办税春风行动”，提高税收服务质量，不断优化税收营商环境。二是通过电子税务局、移动办税手机APP等多元化服务渠道，构建起网上、掌上、自助办税以及办税服务厅窗口“3+1”多元化办税模式。三是强化“互联网+税务”办税模式，推出“全程网上办”清单，推行新办纳税人“套餐式”服务，促进线上线下融合，增强纳税人的满意度和获得感。

【党建活动】 2019年，山阴县税务局始终把从严治党主体责任牢牢扛在肩上，坚持党建统领各项税收事业，不断创新党建活动载体，丰富党建活动内容，突出党建引领效应。一是充分利用“中国税务网络大学”“学习强国”等平台，学习习近平系列重要讲话精神和中共十九届四中全会精神。二是在“不忘初心、牢记使命”主题教育期间，共组织开展集中学习12次，中心组学习4次，党委专题学习研讨3次，支部学习研讨20余次，提交研讨材料30余篇；观看警示教育专题片《初心泯灭的歧路》，并撰写观后感100余篇；党委书记和支部书记讲党课8次，十九届四中全会精神专题辅导1次。三是局领导班子始终坚持从落实全面从严治党主体责任的政治高度出发，持续严肃党规党纪，从严管理干部队伍，不断净化政治生态，实现了行政复议零发生、税收执法零诉讼、重大过错零记录、干部队伍零发案的良好记录。

中国人民银行山阴支行

【银行业与业绩】 2019年末，山阴县辖内共设有银行业金融机构12家。其中：国家政策性银行1家，为中国农业发展银行山阴县支行；国有商业银行7家，分别为中国工商银行股份有限公司山阴支行、中国农业银行股份有限公司山阴县支行、中国银行股份有限公司山阴支行、中国建设银行股份有限公司山阴支行、中国建设银行股份有限公司朔州北周庄分理处、中国建设银行股份有限公司山阴同太路支行、中国邮政储蓄银行股份有限公司朔州市山阴县支行；股份制商业银行2家，为晋商银行股份有限公司山阴支行、大同银行股份有限公司山阴支行；地方性金融机构2家，分别为山西山阴农村商业银行股份有限公司、山阴县太行村镇银行股份有限公司。年内全县各项存款余额187.21亿元，较年初增加13.48亿元，增长7.76%；各项贷款余额103.94亿元，较年初增加13.3亿元，增长14.67%，存贷比55.52%，新增存贷比98.66%。

【金融监管和服务】 2019年，中国人民银行山阴县支行在朔州中支党委的正确领导下，以习近平新时代中国特色社会主义思想为指导，树牢“四个意识”，坚定“四个自信”，坚持“两个维护”，全面贯彻落实上级行工作会议精神，以“筑牢基础强管理，转变作风树形象”为主线，按照“稳定安全谋发展、强化管理夯基础、突破亮点求进位”的总体思路，着力打造“文明清廉型、金融为民型、监管从严型、放管结合型、行务高效型”的“五型支行”。

在加强和改进“三农”服务、金融助力乡村振兴方面，3月2日，中国人民银行山阴县支行依据《中共山西省委、山西省人民政府关于推进乡村振兴战略的实施意见》和《中国人民银行太原中心支行关于金融服务山西省乡村振兴的指导意见》等文件精神，研究议定将《精准发力助乡村 因地制宜促振兴——打造“一行一品”金融助推乡村振兴新模式》作为2019年全行重点工作向朔州中支申报；3月5日，印发了工作方案；4月10日，中国人民银行山阴支行组织召开了山阴县金融服务乡村振兴创新工作推进会，山阴农商行作为“一行一品”示范行汇报了工作思路，并作了表态发言，分管副县长出席会议并作重要讲话。

在扩大服务“三农”产业振兴的多样化金融服务需求、进一步推动山阴农商行“一行一品”示范带动效应方面，4月22日，中国人民银行山阴支行向辖内各银行业金融机构印发了《金融服务乡村振兴工作实施方案》；5月12日，山阴县政府办以山政办字〔2019〕1号文件转发到各乡镇和县直各单位，金融支持乡村振兴工作全面推开；5月14日，朔州日报以《精准聚焦特色产业 创新助推乡村振兴——人民银行山阴县支行推进金融服务乡村振兴成效初显》为题进行了专题报道；9月22日，组织全县10家银行业金融机构在“中国富硒谷子之乡”合盛堡乡参加了山阴县第二届“中国农民丰收节”，并提供全程金融服务；10月9日，在山阴北王庄村试点授信的基础上，推动山阴农商行启动了“整村授信”工作；11月29日，向山阴县人民政府和副县长柴俊呈报了《中国人民银行山阴县支行关于金融服务乡村振兴工作推进情况的报告》，柴俊副县长批示：“人行山阴县支行在全县金融服务乡村振兴工作中，站位高，要求高，措施得力，成绩显著，希望继续发挥金融牵头抓总职能作用，在持续推动该项工作中再立新功，再做新贡献”。

银监办山阴监管组

【金融服务】 2019年，山阴监管组引进银行业金融机构网点2个。一是信贷支持小微企业。截至2019年末，辖内各银行业金融机构支持小微企业160户，较年初增加了46户，贷款余额189860.63万元，较年初增长了17684.15万元，有力地为地方经济发展和小微企业信贷支持及转型提供了良好的金融服务保障。二是加大支农信贷力度。截至2019年末，共发放涉农贷款5184户，发放余额为253064.14万元，较年初增加6472.49万元，为县域内的奶牛养殖、种植业、养殖园区、农产品加工和农户耕种等“三农”产业提供了资金保障。三是积极为贫困户发放小额扶贫贷款。年内督导辖内工行、农行、建行、晋商银行、邮储银行、山阴农商行、山阴县太行村镇银行7家机构为393户建档立卡的贫困户发放小额扶贫贷款，共计1965.21万元。

【创新监管机制】 2019年，山阴监管组坚持每月收集各类监管资料进行非现场分析，监管出现异常的及时下达监管意见书，并跟踪督导整改。全年共接到金融服务投诉事件1起，已办结。此外，该监管组进行不定期现场检查各网点对金融产品和安全防范工作，促进金融机构合规经营、稳健运行，严守风险底线，确保不发生金融风险事（案）件。

中国工商银行股份有限公司山阴支行

【概述】 中国工商银行股份有限公司山阴支行成立于1986年5月23日，隶属于中国工商银行股份有限公司，属于大型国有控股商业银行下属分公司。业务经营范围：人民币存款、贷款、结算业务，办理票据贴现、代理发行金融债券、代理发行、代理兑付、销售政府债券、买卖政府债券、代理收付款项等。

【存款】 截至2019年末，该支行各项存款余额329745万元，较上年末增加15706万元，同业排名第一。其中，储蓄存款余额263614万元，公司存款余额16811万元，机构存款余额49319万元，同业排名第一。

【贷款】 截至2019年末，该支行各项贷款余额91294万元。其中，个人贷款余额8134万元，公司贷款余额83160万元，较上年末增加34180万元。

【利润】 2019年，该支行累计实现净利润3032万元，累计实现中间业务收入327万元。2019年，该支行私人银行客户55户，对公客户净增110户。票据贴现累计9521万元。全年累计销售理财产品79389万元，国债1129.66万元，保险1741万元，品牌贵金属48万元。全年累计发放社会保障卡7193张，为山阴社会保障事业蓬勃发展贡献积极力量。

【党建】 2019年，该支行党支部持续加强党建工作，不断加强员工思想政治教育，持续推动转变工作作风，严格执行“三会一课”制度，积极开展“不忘初心、牢记使命”主题教育活动，以党建工作统领全局，收到了很好的效果。2019年，在中共中国工商银行朔州分行党委的正确领导下，在中共山阴县委、山阴县人民政府的关怀和大力支持下，通过全行上下员工的共同努力，该支行努力践行“您身边的银行，可信赖的银行”的服务遵旨，始终以客户为中心，为山阴经济社会稳健发展做出了积极的贡献。

中国农业银行股份有限公司山阴支行

【概述】 中国农业银行股份有限公司山阴县支行成立于1979年2月，主要业务有人民币存款、贷款、结算业务；票据贴现；代理发行金融债券；代理收付款项及代理保险业务以及总行在中国人民银行批准的业务范围授权的业务，经中国人民银行批准的其他业务。

【存款】 截至2019年末，农行山阴支行各项存款余额212142万元，较年初净增41318万元。其中：个人存款余额166788万元，较年初净增17810万元；对公存款余额45355万元，较年初增加23509万元。

【贷款】 2019年，农行山阴支行落实市分行党委发展战略，进一步加大贷款的营销投放力度。全年累计发放贷款12.05亿元。截至年末，各项贷款余额13.69亿元，存贷比达64.6%。此外，该支行积极营销拓展小微企业，深耕三农，不断丰富"青贮e贷""羊e贷"等产品，有力支持了当地实体经济发展。

【利润】 2019年，农行山阴支行精准发力，主动营销，全年实现中间业务收入693.02万元。同时，充分利用线上线下新兴渠道全面发卡，全年累计发放信用卡5040张，信用卡当年累计分期额2623.83万元，带动了中收业务的发展。

【党建】 2019年，农行山阴支行围绕党中央和行党委的决策部署，扎实开展党建工作。一是深入开展"改革创新、奋发有为"大讨论。在全行掀起了大讨论热潮，推动思想再解放、改革再深入、创新再发力，激发广大党员干部实干担当。二是认真开展"不忘初心、牢记使命"主题教育活动。坚持思想建党、理论强党，推动广大党员干部不断增强"四个意识"、坚定"四个自信"、做到"两个维护"，筑牢信仰之基、补足精神之钙、把稳思想之舵。三是强化组织建设。因人员轮岗，对支部党员进行重新调整，为机关、营业室和岱岳分理处三个党支部重新选派了支部书记，增强支部力量。四是强化队伍建设。为各党支部配备一名纪检委员，年内转预备党员一名，确定为发展对象一名，充实党员队伍。五是丰富组织生活。在"七一"建党98周年之际，组织党员干部观看了《因为，我是中国共产党员》，重温入党誓词，增强党员党性；在主题教育期间，开展"暖冬行动"，为环卫工人送上了保暖设备，增强党员责任意识；组织全体党员参观知青大院，激发党员干部艰苦奋斗、砥砺前行的斗志。

中国银行山阴支行

【概述】 中国银行山阴支行前身为中国银行山阴同太北路分理处，于1988年5月25日挂牌成立，1991年7月升格为中国银行山阴支行，位于山阴县岱岳镇青年路58号。2006年6月，中国银行山阴支行更名为中国银行股份有限公司山阴支行，下设支行营业部、同太南路支行、同太北路支行三个经营性网点；内设综合管理部、业务发展部2个部门。该支行有职工共计44人，属国有大型银行的分支机构。从建行以来，该支行为山阴糠醛厂、山阴外贸公司、山阴地毯厂、山阴东升煤矿等企业共发放贷款9521万元，因企业经营不善或改制因素产生不良的贷款，全部于2002年底前剥离核销。截至2019年底，为中煤华昱能源有限公司发放长期贷款56300万元，为山西奕光发电有限公司发放长期贷款30000万元。截至2019年底，该支行存款209318万元、贷款87668万元，在支持地方经济发展方面做出了巨大贡献。

【业务范围】 中国银行山阴支行办理人民币存款、贷款、结算业务；办理票据贴现；代理发行金融债券；办理发行、代理兑付，销售政府债券，买卖政府债券，代理收付款及代理保险业务；外汇存款，外汇贷款，外汇汇款，外币兑换，贸易，非贸易结算；资信调查，咨询，见证业务；其总行在中国银行业监督管理委员会批准的业务范围内授权的业务；经中国银行业监督委员会批准的其他业务。

【公司文化】 长期以来，中国银行始终秉承"为社会谋福利、为国家求富强"的历史使命，深入践行"担当社会责任，做最好的银行"的发展战略，积极履行国有大型银行社会责任，助推普惠金融，构建和谐社会的理念，深入贯彻落实总行“用最好的党建引领最好的银行建设”的战略部署。

建设银行山阴支行

【概述】 2019 年，建行山阴支行在市行党委的坚强领导下，全行员工在新班子的团结带领下，以“优化激励机制，转变发展方式，提高市场份额”为指导思想，团结协作，奋力赶超，以营销发展为思路，强化管理，改进服务，较好地完成了市行下达的各项业务。

【存款贷款】 截至 2019 年 12 月 31 日，建行山阴支行一般性存款余额 109989 万元，较年初新增-2942 万元。其中：对公存款余额达 8740 万元，较年初新增-4430 万元；个人存款余额达 101249 万元，较年初新增 1487 万元。年内加大对中小企业贷款的回收力度，通过多种措施（主要是法律诉讼），压缩小微企业贷款 2918 万元。同时，继续加大对楼盘项目的营销力度，为有住房需求的优质客户圆了住房梦。截至 2019 年底，该行个人类贷款余额 14842 万元，当年净投放 1239 万元。

【业务业绩】 2019 年，建行山阴支行把中间业务和理财业务作为实现创收的重要渠道，充分调动和发挥客户经理、大堂经理的积极性，挖掘部分优质客户的潜在需求。在全行员工的共同努力下和上级行的大力支持下，年内销售个人理财产品 1.12 亿元，销售账户金 1368 克，实物金 789 克，新增信用卡 368 张，办理信用卡分期 89 万元（其中账单分期 38.6 万元，现金分期 260.4 万元）。全年实现利润 1517 万元，经营利润稳步提升。

【电子银行】 2019 年，建行山阴支行继续强化管理，多管齐下，大力宣传电子银行业务的优势，加强售后服务，现场对客户进行业务指导，帮助客户激活使用银行电子银行产品；同时，调动前后台人员工作积极性，内外协作，互相联动，实现了电子银行业务同步签约率在短时间内大幅提升。全年对公网络系统客户新增 18 户，企业网银交易 1.6 亿元，个人网银活跃客户 33 户，交易 260 笔，手机银行活跃客户新增 428 户，交易 6598 笔，龙支付新增 600 余户，善融商务活跃客户达 500 多户。

【内控案防】 2019 年，建行山阴支行严格执行各项规章制度，进一步提升全行员工按章操作的自觉性，在全行营造依法合规经营的工作氛围。一是根据上级行和银监部门的安排部署，对各项业务进行全面自查，对检查发现的问题以及内外部审计发现的问题，积极进行整改落实。同时，充分发挥轻微违规积分管理在杜绝违规行为、加强日常管理中的作用。二是根据监管部门及上级行的有关精神，及时调整充实反洗钱工作领导组成员，明确反洗钱信息员，责成会计、储蓄部门专人严格落实反洗钱相关规定，切实发挥好各级银行反洗钱的社会公共职能，进一步防范金融风险。三是根据银监部门和上级行案件防控工作的要求，完善相关内容，年初由行长与分管行长及所辖全部员工签订了 2019 年《案防安保工作责任状》，明确责任目标、责任内容和责任考核与追究；日常抓好落实工作，及时组织全行员工学习总、分行《案件防控工作动态》、市分行《案件风险提示》和其他重要资料，落实市分行警示教育有关要求，使全行员工对各个时期案件风险的防控形势、防控重点有清楚的了解，做到警钟长鸣；各部门围绕责任状开展好本部门的案件防控工作，支行每半年进行一次考核，年终对该项工作全面总结考核。此外，在日常工作中，各级领导主动与员工开展谈心活动，及时了解员工思想、交友等情况，还根据上级行的安排，对员工异常行为进行了一次集中排查。四是抓好员工轻微违规行为积分工作。按规定召开了案件风险分析月例会和季度分析会议，邀请银监部门领导参加，做好相关记录并按时上报了有关部门。支行负责人做好案件防控的九项规定性动作，包括定期查库、查看监控录像资料、对账、履职大堂经理、业务风险自查自纠等。五是按照公安银监部门和上级行的要求，做好安全消防工作，在日常工作中勤检查、勤督促，把安全消防的各项要求落到实处，为全行业务健康稳步发展奠定良好的基础。

【“三大战略”】 2019年，建行山阴支行根据总行及省市分行的安排部署，积极推进“普惠金融、金融科技、住房租赁”三大战略的落地生根，全行加大线上产品的宣传营销力度，积极宣传“手机快贷”“云税贷”等新的信贷产品，推进民生平台的搭建工作，与山阴县洪涛山庄联手搭建养老平台，为县供热公司提供了缴费平台，极大地方便了供热公司和广大用户。

【扶贫】 建行山阴支行积极响应各级党委、政府及上级行的号召，组建扶贫工作队，开展驻村帮扶工作。经过辛勤帮扶，该行所帮扶的贫困户2017年已脱贫13户35人，2018年脱贫2户2人，为全县如期摘掉贫困县帽子做出了应有贡献。2019年，该行持续巩固脱贫成果，坚持开展帮扶工作，积极宣传党的扶贫政策和惠农政策，为贫困户捐赠生产资金，防止发生返贫现象。

【ETC】 2019年6月以来，建行山阴支行积极配合交通部门高速公路收费改革，为提高广大车主的出行通过率，连续半年开展ETC营销攻坚活动。工作人员进社区、到乡村，悬挂宣传横幅，发放宣传资料，手持高音喇叭向过往群众宣传有关政策和ETC的快捷实惠。年内共办理ETC约2000个。

【党建】 2019年，建行山阴支行认真贯彻执行党风廉政建设工作责任制，坚持标本兼治综合治理的方针，从源头上加大预防和治理腐败的力度，班子成员担负起“一岗双职”的责任，“一把手”认真履行第一责任人的职责，其他班子成员按照“谁主管、谁负责”的原则和“管业务必须管廉洁”的要求，抓好职责范围内的反腐倡廉工作。通过开展“不忘初心、牢记使命”主题教育活动，进一步强化了党纪法纪教育和廉政教育。领导干部在工作中率先垂范，以身作则，全行上下风清气正，形成良好的干事创业氛围。

中国农业发展银行山阴支行

【概述】 中国农业发展银行山阴支行成立于1996年12月26日，现有正式职工13人，主要职责就是服务山阴县地方经济发展。成立以来，该支行坚决服从大局、遵循银行规律、推进创新发展，在探索中前进，不断在改革中发展，为保障国家粮食安全、保护农民利益、维护农产品市场稳定、促进城乡一体化作出了重要贡献。中国农业发展银行的主要任务是：按照国家的法律、法规和方针、政策，以国家信用为基础，筹集农业政策性信贷资金，承担国家规定的农业政策性和经批准开办的涉农商业性金融业务，代理财政性支农资金的拨付，为农业和农村经济发展服务。中国农业发展银行在业务上接受中国人民银行和中国银行保险监督管理委员会的指导和监督。主要代理业务为：企业财产保险、家庭财产保险、机动车保险、交强险、货物运输保险、责任保险、短期健康保险、意外伤害保险、工程保险。

【业务范围】 中国农业发展银行的业务范围，由国家根据国民经济发展和宏观调控的需要并考虑到农发行的承办能力来界定。中国农业发展银行成立以来，国务院对其业务范围进行过多次调整。中国农业发展银行的主要业务是：办理粮食、棉花、油料收购、储备、调销贷款；办理肉类、食糖、烟叶、羊毛、化肥等专项储备贷款；办理粮食、棉花、油料加工企业和农、林、牧、副、渔业的产业化龙头企业贷款；办理粮食、棉花、油料种子贷款；办理粮食仓储设施及棉花企业技术设备改造贷款；办理农业小企业贷款和农业科技贷款；办理农业基础设施建设贷款。支持范围限于农村路网、电网、水网（包括饮水工程）、信息网（邮政、电信）建设，农村能源和环境设施建设；办理农业综合开发贷款，支持范围限于农田水利基本建设、农业技术服务体系和农村流通体系建设；办理农业生产资料贷款，支持范围限于农业生产资料的流通和销售环节；代理财政支农资金的拨付；办理业务范围内企事业单位的存款及协议存款、同业存款等业务；办理开户企事业单位结算；发行金融债券；资金交易业务；办理代理保险、代理资金结算、代收代付等中间业务；办理粮棉油政策性贷款企业进出口贸易项下的国际结算业务以及与国际业务相配套的外汇存款、外汇汇款、同业外汇拆借、代客外汇买卖和结汇、售汇业务；办理经国务院或中国银行业监督管理委员会批准的其他业务；办理投资业务。

【贷款支持】 2019 年，投放 1680 万元，支持山阴县鑫霏公司收购谷子和薛圐圙粮站转换储备玉米。截至年底，累计投放项目贷款 66919 万元，全部用于支持地方经济发展。在支持地方粮食机构改革方面，从原有的 14 家国有粮食供销企业改革保留为 1 家，分流人员近千人，解决了历史遗留老大难问题。支持地方储备粮食贷款 3600 万元，解决了农民卖粮难问题，稳定了粮食市场。

【企业文化】 2019 年，农业发展银行山阴支行持续加强企业文化建设。企业宣传语：“中国农业发展银行　服务乡村振兴的银行”。面对新形势，农发行作为以服务“三农”为根本宗旨的国家农业政策性银行，支持建设新农村是农业发展银行义不容辞的责任，也是必须承担的义务。“服务乡村振兴的银行”是银行对国家、对公众、对未来的庄严承诺，也是对银行定位的清晰描述。作为农业政策性银行，在过去 20 年来，该支行一直遵循以农为本的宗旨，以服务“三农”为己任，为“三农”的发展做出了积极的贡献。大力弘扬和培育“至诚服务、有效发展、以人为本、构建和谐”的核心理念。

农村商业银行

【概述】 自成立以来，山阴农商银行始终坚持“深耕三农、细作小微、精准扶贫、倾力重点”为市场定位，加快推进电子系统、线上建设进程，努力打造成为最受欢迎的百姓银行。办理的业务主要有：吸收公众存款；发放短期、中期和长期贷款；办理国内结算；办理票据承兑与贴现；代理发行、代理兑付、承销政府债券；买卖政府债券、金融债券；从事同业拆借；从事银行卡业务；代理收付款项及代理保险业务；代理发放理财业务；经银行业监督管理机构批准的其他业务。

【创新产品】 2019 年，山阴农商银行在负债方面创新开办大额存单业务；在资产方面创新研发 10 种信贷产品，包括农贷、个贷、企业贷等。

【存款贷款】 截至 2019 年末，山阴农商银行各项存款余额 62.47 亿元，较年初增加 4.02 亿元，增幅 6.88%，存量市场份额 33.81%，为全县第一，增量市场份额 33.58%，为全县第二；各项贷款余额 47.34 亿元，较年初增长 4.38 亿元。其中，涉农贷款余额 41.09 亿元，较年初增长 2.43 亿元；支持小微企业贷款余额 10.63 亿元，支持民营企业贷款余额 40.46 亿元，投放扶贫贷款 3.27 亿元。

【电子银行】 2019 年，山阴农商银行全面开通网上银行、手机银行、微信、快捷支付，实现轻松管理个人账户；全部实现全国联网结算，大小额支付、汇兑，实时到账；不断拓展生活缴费代理业务，通过柜台及电子渠道实现学费、采暖费、天然气费、交警罚没款自助缴费功能。全年为城乡居民代缴社保费 1088.5 万元，受惠人数达 4.35 万人。

【扶贫贷款】 截至 2019 年末，山阴农商银行共投放扶贫贷款 28330.41 万元。其中：产业扶贫贷款 27700 万元；个人精准扶贫贷款 2185.13 万元，全部为扶贫小额贷款，本年累计投放 630.41 万元。严格按照相关要求办理扶贫小额贷款的发放，精确瞄准建档立卡贫困户，坚持“户贷户用、用于发展生产”原则，严格遵循扶贫小额信贷的政策要点（5 万元以下、3 年以内、免抵押免担保、政府贴息），贷款利率严格执行基准利率。贯彻银监会等五部委《关于促进扶贫小额信贷健康发展的通知》精神，对能够按时结息、生产经营项目正常、贷款到期后仍有需求的贫困户扶贫小额贷款，提前介入调查，在风险可控的前提下，在脱贫攻坚期内依法合理办理无还本续贷。对诚实守信、生产经营正常、有资金需求的出列贫困户，在还清原有贷款后，用普通农户贷款的方式、利率给予持续支持。

【驻村帮扶】 2019 年，山阴农商银行为持续做好脱贫巩固工作，每月至少入户走访贫困户一次，针对性地为不同类型的帮扶户采取对应的帮扶措施，或为其解决种植业所需资金，调配农机具春耕春播，或为其介绍外出打工，或建议村“两委”为确无能力的老、弱、病、残解决最低生活保障予以救助。

【案件防控】 2019 年，山阴农商银行持续健全相互制衡的全面风险管理组织架构，设立专门的风险管理部门，加强风险管理条线的独立性和专业性；强化风险管理委员会职能、落实风险总监履职，建立健全风险管理委员会，加强风险管理委员会对风险事项的评估和审议职能；夯实风险全流程管理，不断完善风险管理办法；加强风险队伍人才建设，明确风险经理职责。

【农村金融服务综合站】 山阴农商银行以推进“助农取款村村通”工程建设为抓手，升级建设农村金融综合服务站，推动金融服务向乡村和社区延伸，不断提高辖内农村金融服务覆盖率和便利度，让广大农民足不出村，在家门口就可以取款、刷卡消费、缴纳生活费用等，享受与城市一样的现代金融服务。

【党建】 2019 年，山阴农商银行坚持围绕“以党建促业务，以业务促发展”的工作思路，扎实有效的开展党建和思想政治工作，不断提高员工的政治素质和思想水平。一是开展“党建+”活动。层层签订责任书，围绕经营抓党建，抓好党建促经营，将党建工作与提升金融服务同步推动；强化组织建设创新、考核机制创新和活动内容创新，切实把党建活动与业务经营发展有机结合起来。二是开展党员活动。引导广大职工群众参与企业文化建设，夯实企业文化建设的群众基础。严格落实党风廉政建设责任制，建立廉政档案，落实个人重大事项报告机制。三是开展形式多样的警示教育活动。结合“不忘初心、牢记使命”主题教育活动，通过开展讲党课、组织观看警示教育片等多种形式，自我查摆反思；强化节假日和重要时点的廉政提醒，通过微信平台向广大干部员工发送廉政短信；任前廉政谈话，按要求对年内调整的 8 名中层管理人员进行任前廉政谈话，提前打好“预防针”。

邮政储蓄

【概述】 2007 年 3 月，根据国务院金融体制改革的总体安排，在改革原有邮政储蓄管理体制基础上，中国邮政储蓄银行有限责任公司正式成立。2008 年 5 月，中国邮政储蓄银行有限责任公司朔州市山阴县支行挂牌成立。中国邮政储蓄银行是在改革邮政储蓄管理体制的基础上组建的商业银行，承继原国家邮政局、中国邮政集团公司经营的邮政金融业务及因此而形成的资产和负债，并将继续从事原经营范围和业务许可文件批准、核准的业务。2012 年 2 月 27 日，中国邮政储蓄银行发布公告称，经国务院同意，中国邮政储蓄银行有限责任公司于 2012 年 1 月 21 日依法整体变更为中国邮政储蓄银行股份有限公司。

【存款】 截至 2019 年底，邮储银行山阴县支行存款总余额达到 20830 万元，其中对公存款总余额为 2155 万元。一是始终树立效益优先理念，把提高企业效益、提高工作质量作为一切工作的出发点和落脚点，不断加强网点服务管理，优化网点劳动组合，在渠道建设和考核管理上狠下功夫，努力实现个金业务的高效、快速发展。二是积极利用节假日时机，开展业务宣传活动，在重大节日上门慰问宣传，提高了银行的知名度和客户的忠诚度。三是统一思想，协调配合，为全员营销提供优质平台。通过召开行办会、座谈会、动员会，明确了个金业务的重要地位，加大了对营销人员的服务支持力度，实行了全行各部室网点的协同配合，确保了营销成功率。四是跟踪政府重点工程项目，实行重点业务捆绑营销。在企业开户、信用卡、电子银行、信贷业务等方面提供了方便服务，促进了支行相关业务的联动发展。五是开展了反假币和人民币宣传活动，加强人民币管理，维护人民币信誉。根据反假币和人民币宣传活动方案要求，支行成立了领导组，做到目标明确，责任到人。积极宣传，使周边居民和商户对人民币的认识提高了，也使居民认识到了假币的危害性，同时要求前台人员对此项工作高度重视，以维护人民币的形象和居民的利益。截至 2019 年 12 月末，该支行在经营性贷款业务方面，结余 5388.75 万元，放款 5432.7 万元；在网贷通业务方面，结余 306.25 万元，放款 156.81 万元；在政贷通（扶贫）业务方面，结余 388 万元，放款 323 万元。

【支行网点】 截至 2019 年底，邮储银行山阴县支行员工总数 46 人，其中支行长 1 人，副行长 1 人，后台部门员工 19 人，网点人员 25 人；本科学历占 81%，专科学历占 19%。该支行内设部门四个，辖内二级支行一个。具体为：综合管理部、公司业务部、三农金融事业部、营业部和同太南路支行。机构网点：山阴县支行营业部，位于府东街县支行一层办公区，占地 300 多平方米，共开设三个台席（两个个人金融业务台席，一个对公业务台席），共有员工 11 人（其中部门经理 1 人、机构柜员 7 人、客户经理 3 人）；支行后台部门，位于支行二层办公区；中国邮政储蓄银行山阴县同太南路支行，位于县城同太南路路东临街一层三间门面，占地 230 平方米，共开设两个台席（均为个人金融业务台席），共有员工 14 人（其中支行长 1 人、机构柜员 7 人、客户经理 6 人）。机构网点人员由经理（二级支行长）、理财经理兼大堂经理、公司柜员、综合柜员和普通柜员组成，以人员平均年龄 33 岁。

【银行特色】 2019年，邮储银行山阴县支行三农金融事业部安排专人定期走访农业部门、扶贫部门、相关产业规划及主管部门，收集扶贫部门扶贫项目库并定期更新信息，梳理符合本行授信政策的信息并建立行内扶贫项目库，对名单库开展精准营销，逐户走访，了解资金需求，积极推广本行扶贫贷款产品。按照“精准扶贫”方略，以对接建档立卡贫困户为重点，做到“户贷、户用、户还”。该支行派出驻村扶贫工作队，进村入户开展调研，大力宣传扶贫政策，为脱贫致富出谋划策，发动贫困农户参与扶贫产业项目建设，积极为贫困户争取项目和资金支持，合力推进项目建设，为贫困村建设、贫困户脱贫致富发挥了积极作用。年内走访扶贫客户41户，发放贷款203万元。

晋商银行

【概述】 晋商银行是经中国银监会批准成立的省属大型国有股份制商业银行，主要股东结构：山西省政府为第一大股东，中国华能集团公司为第二大股大，其余均为本省的大型国企，另外吸收部分大型民营企业参股。晋商银行山阴支行于2014年5月20日正式挂牌成立，地址位于朔州市山阴县岱岳镇青年街，隶属于晋商银行股份有限公司朔州分行。该支行现有在编员工17人，另外聘用三方员工8人，共有职工25人；内设两大条线部门：零售业务部和运营业务部。成立以来，晋商银行山阴支行在保持原有服务的基础上，不断加强业务、服务和产品创新，办理、开办了基金代销、信用卡、个人理财、大中小企业贷款、个人综合消费贷款、住房贷款等多种新业务，成为一家产品丰富、服务全面的全功能国有商业银行。

【存款贷款】 2019年，该行各项存款及资金总量达11.5亿元，其中个人存款余额5.2亿元，单位存款2.6亿元；理财产品存续量3.7亿元；各项贷款余额达6亿元，其中个人贷款余额312万元，单位贷款余额5.97亿元。从2017年到2019年累计发放扶贫小额贷款3700万元，涉及600余户贫困户。在信贷资产投放方面，重点支持本地区龙头企业华昱能源有限公司、古城乳业集体以及部分煤炭企业和新型建材行业等，受到当地居民、企业及政府部门的一致认可。

【风险管控】 2019年，进一步完善风险内控制度，不断提升风险管控能力。建立健全风险内控制度，加强各个业务环节的风险管控；不定期组织开展业务检查，提高合规操作能力；严格落实安全保卫和案件防控工作，每月组织开展安全保卫检查，每季度组织应急预案演练和案防内控知识学习和测试；认真落实岗位责任，切实增强专项操作风险管理能力；深入开展案防警示教育，进行风险提示，不断提升员工风险意识；建立健全营销机制和团队，不断提升员工的综合营销能力。年内以组建客户经理团队为契机，通过人员、产品、资源的整合，实现队伍的整合营销，并定期组织开展培训、考核和集中学习，不断充实员工的业务知识，提升营销能力，组织营销实战演练，充分利用团队开展有针对性地营销活动。

【服务管理】 2019年，该行继续开展“网点标准化流程”管理工程，建立了周学习制度，细化了服务管理流程，通过组织网点员工利用夕会时间，积极开展集中学习网点标准化流程管理规范、开展服务检查、知识考评等活动，不断建立健全网点服务软硬件设施，强化规范管理服务流程，提高了网点服务形象，提高客户满意度。同时，结合《营业网点服务质量检查标准》和《营业网点服务质量考核办法》，每月组织开展服务检查，并结合上级行服务通报和神秘人服务检查通报，通过服务积分处罚和服务积分奖励等，增强员工主动服务意识，切实提高员工服务质量，进一步规范员工服务行为，不断提升了网点服务质量。

【队伍建设】 2019 年，该行持续加强廉洁工作和党风廉政建设工作，定期开展全员培训教育活动。一是加强领导班子建设。做好领导分工，建立学习制度，认真落实各项工作和任务，认真开展领导班子合规履职检查工作。二是建立员工学习考核管理制度，提高员工业务知识和业务操作技能。积极参加“2019 年度职工职业技能大赛”，切实提高了员工业务知识和业务技能。三是认真落实“三会一课”制度和廉洁知识学习制度。认真组织开展专题学习，深入基层开展调研活动，召开民主生活会和组织生活会，落实工作作风建设，提高班子成员管理能力，提升领导班子公信力。四是强化专业队伍建设。提高客户经理队伍的能力，做到合规经营。

【精神文明建设】 2019 年，晋商银行山阴支行持续深入开展精神文明建设工作。组织集中学习《员工职业道德标准》，并开展了职业道德警示教育活动，切实提高员工合规经营意识；开展了“送温暖”等活动，落实自身社会职责，提高了员工的社会责任感；组织开展了员工健康查体活动，切实保障了员工的身体健康；召开第一期职工代表大会，认真落实行务公开、政务公开；建设了“职工之家”和“职工小家”，切实为员工营造了良好的工作和生活氛围。

【支持地方经济】 2019 年，晋商银行山阴支行继续大力支持地方经济发展，坚持服务大中小微企业、服务城乡居民的大型零售商业银行，强化内部控制，合规稳健经营，为广大城乡居民及企业提供优质金融服务，支持国民经济发展和社会进步。

大同银行

【概述】 大同银行股份有限公司山阴支行于 2017 年 12 月开始筹建，2018 年 12 月经朔州银保监分局正式批复开业，2019 年 3 月 9 日正式开业。该行位于山西省朔州市山阴县商品街 1 号，业务范围为：吸收公众存款；发放短期、中期和长期贷款；办理国内外结算；办理票据承兑与贴现；发行金融债券；代理发行、代理兑付、承销政府债券；买卖政府债券、金融债券；从事同业拆借；买卖、代理买卖外汇；从事银行卡业务；提供信用证服务及担保；代理收付款项及代理保险业务；提供保管箱服务；经国务院银行业监督管理机构批准的其他业务。

【账户改革】 5 月 21 日，大同银行山阴支行组织员工，积极宣传中国人民银行有关取消企业银行账户许可的规定。根据国务院“放管服”改革有关“放管结合”精神和国务院常务会议有关强化银行账户管理职责的要求，该行在取消企业银行账户许可的同时，将大力加强企业银行账户管理。

【应急演练】 2019 年 7 月 23 日，大同银行山阴支行邀请中消联安大同宣安消防科技中心主任李伟进行消防知识专项培训并进行第三季度安全疏散和防火演练。11 月 12 日，进行四季度防抢劫应急演练，为员工熟练地掌握应急处理程序和出现突发事件时有效地组织应急响应活动，减少因此造成的人员、财产损失打下良好的基础。参加人员严肃认真，听从指挥，在保护客户及个人安全的情况下确保了银行的财产安全。演习过程层次分明，充分展现了不同阶段的应急处理方法。

【普法宣传】 为贯彻落实中共十九大精神和全国金融工作会议精神，进一步增强金融消费者的风险识别能力、自我保护意识和责任承担意识，切实树立以消费者为中心的经营理念，提升服务质量和服务效率，切实守住金融风险底线，构建山阴县和谐的金融消费环境，2019年3月15日，大同银行山阴支行员工以“权利、责任、风险”为主题，在网点周边进行了“3·15”消费者权益保护宣传活动。4月11日，进行“个人金融信息保护”宣传，进一步增强全县老百姓的个人金融风险识别能力、自我保护意识。4月15日，组织全体员工进行了“4·15全民国家安全教育日”普法知识学习，积极组织培训、宣传，并做了现场试卷测试；在政府广场散发宣传折页，接受群众现场咨询，传播国家安全教育知识，切实承担社会责任，进一步树立良好服务形象。4月25—26日，该支行在网点附近组织了“存款保险 保护您珍贵的存款”主题宣传活动，共计开展宣传活动5次，发送宣传材料约1000份，达到了预期的宣传效果。6月7—8日，该支行在山阴一中校门口开展了助力高考的宣传活动，为广大考生及家长提供便利服务。6月20—22日，该支行在中考考点搭设帐篷助力中考，为广大考生创造了一个整洁有序、温馨惬意的考试环境，得到了广大考生和家长的一致好评。

【企业文化】 为活跃和丰富企业文化生活，2019年7月10日，大同银行山阴支行举行了《假如我是……》演讲比赛，选手们紧扣主题，立足岗位特点，用饱满的热情进行了情感真挚、鼓舞人心的演讲。比赛共评出一等奖1名，二等奖2名，三等奖4名。该行坚持关注民计民生、关心弱势群体，11月19日，赞助了恒爱·燕赵残疾人艺术团在山阴县影剧院举办的“不忘初心、励志前行”文艺晚会。

【队伍建设】 为全面推进“改革创新、奋发有为”大讨论活动，按照总行党委《关于开展“改革创新、奋发有为”大讨论活动实施方案》和朔州市金融办相关工作要求，大同银行山阴支行结合实际情况，于2019年3月20日进行了大讨论集中学习，观看了改革开放40周年专题片以及电视剧《右玉和她的县委书记们》，并去右玉县参观考察，实地学习“右玉精神”。10月17日，该行召开下半年综治工作例会，将分析研究综治工作形成常态化，牢牢把握工作主动权。针对日益严峻的社会治安与金融犯罪形势，坚持联系实际，把综治工作与本行安全保卫、反腐倡廉工作相结合，与依法行政、完善金融监管、防范化解金融风险工作相结合，坚持每半年召开一次会议，分析人员思想和安全保卫形势，做到有的放矢。平时采取普遍教育、个别谈心等方式，加强对人员的工作、思想、生活等方面的内部控制。2019年12月，支部主题党日活动以“学精神 提能力 践行动”为主题，重新布置党员活动室，员工自发清扫道路积雪，发扬党员的奉献精神，强化党员的服务意识，促进党员队伍建设。

太行村镇银行

【概述】 2019年，山阴县太行村镇银行董事会勤勉履职，运筹帷幄，掌舵领航，经营层积极应对监管要求和市场变化，坚守战略定位和市场定位不动摇，积极维护和发展县域三农和小微市场，坚守合规风险底线，持续加强信贷和运营两大业务领域基础管理，下大力防范和化解各类风险，紧抓企业文化建设不放松，企业品牌形象进一步提升。截至12月27日，各项存款余额达18.38亿元，较年初增长12.35%；其中储蓄存款净增2.07亿元，较年初增长14.60%；当年累放实体贷款4.81亿元，实体贷款余额为4.61亿元，较年初净增0.29亿元，实现了全年的稳健可持续发展。

【服务三农】 2019年，山阴县太行村镇银行以“服务三农、服务小微”为市场定位，大力支持当地经济建设。始终坚持市场定位不动摇，充分发挥联系农民金融纽带和农村金融主力军的作用，不断加强支农信贷的投放力度，有力地促进了农民增收、农业增产和地方经济的发展。一方面，根据三农及小微客户需求，不断创新农户贷款产品。陆续推出小微贷、“小额农贷”“园区贷”“奶农贷”“诚信通”“农家车易贷”“幸福安居贷”等一系列金融支农产品，切实解决农村贷款难题；另一方面，认真贯彻落实普惠金融，积极向下延伸农村金融服务网点，发展农村联络员，布设助农POS机，购买下乡车，在4个乡镇下沉设立服务网点，为51个行政村布设自助宝便民服务终端，为32个行政村安装助农POS机，有效地解决农户金融服务难题，实现了向贫困村、空白村延伸金融服务，打通农村金融最后一公里。同时，在金融服务中个对人汇款转账业务全免费，给农贷、消费贷让利，真正让普通老百姓感受到实惠和便利。

【风险管控】 2019年，山阴县太行村镇银行风险防范机制进一步建立健全，运营、信贷等业务条线的制度化、规范化建设持续加强，监督制约机制有效落实，专业人员力量的配备不断加强，业务操作风险和信用风险防控工作扎实有效。守风险底线，防各类案件取得成效。制定了各类风险防范和案件防范的详细预案，并组织了培训和演练，搭建了防范风险的组织架构和运行机制，认真落实了各项案防制度，实现了全年无案件，无重大违规事件和责任事故发生的风险防控目标。

【业务管理】 2019年，山阴县太行村镇银行配齐配强了运营管理人员，在借鉴、参考发起行经验的基础上，对各项业务操作流程作了梳理和完善，并且加强了培训工作。进一步加强柜员的日常管理，柜台业务差错率明显减少，运营条线的整体管理能力和水平进步较大，受到了村镇银行管理部的表扬。稳步推进信贷基础管理。在专业性较强、工作认真负责、扎实细致的首席风险官的推动下，授信用信的流程进一步优化，信贷审批制度进一步完善，贷审会议事规则进一步科学，贷款调查报告、审查意见进一步规范，放款岗经过培训把好最后一道关的能力进一步提升，信贷业务的合规性、规范性进步较大，受到发起行的肯定。

【管理成本】 2019年，山阴县太行村镇银行有效控制管理成本。一是有目的地培养全员成本意识、节约意识、效益意识。养成从我做起，节约每一分钱、每一度电，逐步向无纸化办公过渡，有效减少日常耗用成本。二是把控制管理费用纳入经营管理综合考核的范围，逐月考核，奖惩兑现。三是厅堂营销更加注重成本的预算管理，在各项活动开展前要对成本进行提前把控。

【品牌形象】 2019年，山阴县太行村镇银行持续加强文化建设，不断提升品牌形象。一是在员工队伍建设方面，坚持员工思想建设不动摇。全员学习和条线学习持续推进，调整学习计划，更加注重实践性和实用性。在全行范围内开展了“企业文化反思会”和“两装”文化践行整风肃纪民主生活会，整顿了工作作风和工作纪律，对全行人员进行了思想洗礼。此外，还参加了发起行组织的多次专业课程，组织开展了技能比武，持续提升员工的专业技能。二是弘扬“爱出者爱返，福往者福来”的大爱文化。通过开展“端午节”包粽子比赛、老年文化艺术展演、“不忘初心·逐梦前行”消夏晚会、“银民一家亲”趣味运动会、“百姓大舞台·银民一家亲”品牌宣传活动，拉近了银民之间的关系。三是积极推进政协倡导的“书香山阴”建设。中央电视台和市、县政协、工商联、妇联等单位领导多次参观交流，有效提升了银行的品牌形象。通过加强企业文化建设，赢得了广大客户的良好口碑，荣获“市级文明单位标兵”称号。

【控制不良贷款】 2019年，山阴县太行村镇银行加大不良贷款的清收力度，集中精力化解存量不良贷款，取得了一定的效果，特别是法律清收成效显著。一方面，为加强总行层面的清收组织力量，成立了风险资产监测清收中心，与合规暨风险管理部合署办公，并配备专人集中精力加强风险资产的监测管理、清收和处置；另一方面，加强与法院的沟通协调，加大了法律清收“老大难”包袱贷款的力度。

人寿保险

【概述】 2019年，中国人寿保险股份有限公司山阴县支公司在山阴县委、政府的坚强领导下，在省、市分公司的正确指导下，深入贯彻中共十九大、全国金融工作会议和集团系统工作会议精神，全力落实新的发展理念，全面深化改革创新，统筹推进加快发展、转型升级、防控风险三大任务，在优化业务结构、强化队伍驱动、推进销售转型、服务经济社会、强化基层党建等方面均取得了较好成绩。

【业务】 2019年，中国人寿保险股份有限公司山阴县支公司业务工作迈上新台阶。在上年业务高平台基础上，年内继续保持强劲增长态势，全年实现保费收入3759万元，其中个险业务达成732.46万元、团体保险业务达成51.81万元、银行保险业务达成396.92万元，向社会给付满期金、生存金、红利分配及各类赔款共计819万元，为全县经济发展和社会保障体系的完善做出了积极贡献。

【业绩】 2019年，中国人寿保险股份有限公司山阴县支公司坚持以客户为中心，始终把“提升服务”作为公司的服务宗旨，把客户利益放在首位，积极为客户分担风险，如实宣传、稳健经营，服务品质实现了新提升。特别是按照上级公司考核各项指标要求，客服人员认真努力工作，全年没有发生投诉案件。此外，还有效推行“微信回执和微信回访”，节约了营销人员和客户的时间，提高了工作效率和服务质量，在努力做到快速赔付的同时，调查质量和调查时效均有所提高，更好地发挥了保险对社会经济的助推作用及稳定作用。

【队伍建设】 2019年，中国人寿保险股份有限公司山阴县支公司坚持一手抓业务发展、一手抓队伍建设，以夯实客户经理、保险规划师队伍建设和提升服务质量为保障，努力打造一支优秀的团体保险业务拓展团队。一方面，常态化抓增员及育成辅导，对公司主管精心培训，充分调动主管及新人的积极性；另一方面，强化人本管理，弘扬“成己为人、成人达己”文化，利益共享，责任共担，努力把公司打造成广大员工和销售伙伴的精神和事业家园，激发广大员工干事创业热情，为公司的发展注入了源源不断的活力。

【脱贫攻坚】 2019年，中国人寿保险股份有限公司山阴县支公司帮扶张家庄乡西察罕铺村贫困户。公司精心组织实施，细化脱贫任务，凝心聚力帮扶，做到了真行动、真帮扶、真扶贫。派出驻村工作队，将该村26户67人贫困户帮扶任务落实到公司干部职工头上，确保所有贫困户都有人管、有人问，用真情、真心去帮助每一名贫困人员。方法上坚持多措并举，因地因人制宜，先后实施光伏发电、园区入股、打井分红产业扶贫及养殖业扶贫等脱贫措施，精准帮扶成效显著。截至2019年底，26户贫困户已全部脱贫，驻村帮扶工作赢得了村民们的一致好评。

商务　商贸

商务

【概述】 山阴县商务局是在2019年机构改革中新成立的单位，属政府的工作部门，为正科级，加挂县促进外来投资局的牌子，于3月2日正式挂牌成立。主要职能：贯彻落实国家和省、市有关内外贸易、国际经济合作和招商引资的发展战略、方针、政策；拟定全县相应的发展规划以及规定、办法和措施。研究提出流通体制改革意见，培育发展城乡市场，推进流通产业结构调整和连锁经营、商业特种经营、物流配送、电子商务等现代流通方式。研究拟定全县规范流通领域市场体系及流通秩序和打破市场垄断、地区封锁的措施，建立健全统一、开放、竞争、有序的市场体系；承担组织实施重要消费品市场调控和重要生产资料流通管理的责任。拟订和推进全县科技兴贸战略。负责全县对外经济合作工作。贯彻执行国家和省、市电子商务方面的法律法规和政策方针，统筹推进县电子商务发展，负责推进各行业电子商务应用，指导全县电子商务发展，牵头推进各行业电子商务应用，牵头做好电子商务市场管理。2019年，山阴县商务局认真贯彻落实省市一系列商务工作会议精神，围绕中心，服务大局，以内贸流通、外资外贸、农村电子商务、项目建设工作为重点，加强行业监管，整顿和规范市场经济秩序，突出工作重点，创新工作思路，不断开创商务工作新局面。

【经济指标】 2019年主要商务经济指标完成情况：限额以上企业社会消费品零售总额全年预计完成45亿元，同比增长7.6%。外贸进出口总额全年预计完成229万元。

【电商示范】 2019年，山阴商务局坚持创新理念，率先在全县建立鑫霏电子商务运营中心，通过建立网络监管和质量精选平台，在农产品的种植、原料、生产、加工、市场流通等各个环节均建立详细的电子档案和网上数据库，精心打造特精、优、特农产品网上销售。电子商务模式亮点频闪，收到良好的促销效果。全县小杂粮精品通过电子商务模式，与多家企业签订销售合同，客户遍布全国各地。特别是有机旱作富硒谷子打入国际市场，远销欧洲、东亚及东南亚地区，形成省内较具规模的新型农产品流通圈，现在鑫霏电子商务企业成为省级电子商务示范企业，电商发展氛围浓厚。

【行业监管】 2019年，山阴商务局注重常态抓行业监管，完善健全加油站、再生资源、商场、超市、餐饮、宾馆、批发市场、等重点领域的行业监管台账，形成纵横到边到底的监管责任机制和监管合力，促进企业规范运营、安全运营。定期不定期对全县商贸领域安全生产情况进行重点督查检查，检查生产加工、流通销售企业的生产经营场所、设施、设备是否存在安全隐患。国庆期间，组成督查小组，深入企业帮助指导督促开展隐患排查治理，以督查促排查、以督查促整改，确保了隐患排查治理工作的实效。对全县52家加油站进行检查并签了安全生产责任书；对商场、超市、餐饮等经营场所的消防安全进行了检查，指出问题督促整改，消除了安全隐患。积极培育新业态，发展新产业，强化流通服务。重点培育具有示范样本的住宿和餐饮业、批发和零售业。一年来多次深入企业开展摸底调查，了解经营情况和存在困难，积极帮助企业排忧解难，千方百计为企业发展提供政策、促销和融资等方面的服务，与企业建立营商、优商环境，促进企业持续向好经营。维护稳定，认真化解历史遗留问题。2019年协调承包商筹措资金130余万元，为百货大楼13名即将退休职工解决企业拖欠的养老统筹费。通过多次调研，研究方案，解决职工养老金问题。强化统计管理，确保数据客观准确。与统计局和企业沟通联系，督促企业统计人员如实、按时上报数据。对限上企业上报数据，按月份进行统计整理，及时掌握社零额完成进度，确保社零额计划目标的顺利完成。全面收集信息并进行分类、整理，形成完善的市场监测数据和资料，使上级部门能够及时掌握市场动态，加强市场调控，从而营造公平稳定的市场环境。

【党建】 2019 年，山阴县商务局统筹兼顾，党建工作全面有序开展。认真履行局机关党建工作职责，围绕上级党委关于基层党建工作要求部署，切实加强党支部规范化建设，充分发挥党支部战斗堡垒和党员先锋模范作用。按照“组织健全、制度完善、运行规范、活动经常、档案齐备、作用突出”标准，严格落实各项“规定动作”。按照“守初心、担使命，找差距、抓落实”总要求，认真开展“不忘初心，牢记使命”教育实践活动，达到了干部受教育、企业得实惠、工作有动力的效果。同时，不折不扣地完成组织、纪检、宣传、维稳、统战、保密、扶贫、安全等各项工作部署。

供　销

【概述】 2019 年，山阴县供销合作社领导班子团结带领全系统广大干部职工认真贯彻学习习近平新时代中国特色社会主义思想、中共十九大和十九届二中、三中、四中全会精神，以习近平新时代中国特色社会主义思想为引领，履职尽责，狠抓领导班子和干部队伍建设，扎实开展“不忘初心、牢记使命”主题教育，进行“改革创新、奋发有为”大讨论，着力巩固“三基”建设成就，集中整治官僚主义、形式主义，切实解决漠视侵害群众利益问题，各项工作取得新的成效。

【经济指标】 2019 年，全县供销系统按照“保稳定、求发展、促和谐”的总体思路，围绕年初制订的目标计划，积极拓展业务，各项经济指标实现了新的增长。全系统完成商品购进总额 6.3 亿元，同比增长 19.6%，商品销售 6 亿元，同比增长 18.9%，实现利润 600 万元，同比增长 20%，圆满完成了市供销社下达的各项经济指标。

【惠农工程】 2019 年，县供销合作社按照上级供销部门的安排部署，加大力度规范提升农业社会化服务惠农工程，新建惠农服务中心 2 个，提升 1 个；新建惠农服务站 6 个，提升 2 个；新建庄稼医院 2 个；新增土地托管面积 4 万亩，新增土地服务面积 2 万亩；为农村繁荣、农业增效、农民增收发挥了积极的作用。

【队伍建设】 2019 年，县供销合作社领导班子在工作中，紧紧围绕“建一流班子、带一流队伍、创一流业绩、树一流形象”为目标，提高政治站位，充分发挥表率作用，引领全社党员干部进一步增强“四个意识”、坚定“四个自信”、做到“两个维护”，讲政治，讲纪律，讲规矩，在敬业奉献、攻坚克难中增强主人翁意识，在政令畅通、执行有力中强化大局意识，在团结协作、担当负责中锻造忠诚干净担当的政治品质。坚决维护习近平总书记在党中央和全党的核心地位，坚决维护党中央权威和集中统一领导，不断加强作风建设，着力打造过硬的一流班子。狠抓领导班子建设，强化学习，提高工作水平。抓好党委及领导班子学习，着重政治理论素养、宏观战略思维、党性意识及驾驭复杂问题的能力提高。狠抓党组织建设。在党建工作中，以“党员做先锋，支部筑堡垒，班子树旗帜”为载体，精心组织，规范完善了各个党支部，切实提高了党组织的凝聚力和战斗力，为供销工作的发展起到了保驾护航的作用。一是实行领导班子民主决策制度。班子成员之间能够虚心地相互学习，凡单位的大事都集体议定，共同商讨。通过定期召开党支部会议，对党内的和单位的大事、要事进行集体商讨，增强决策的公平化、科学化、合理化。二是加强党内民主建设。以民主生活会、组织生活会为主阵地，引导广大党员积极开展批评与自我批评，互相监督、互相学习、加强沟通、增进感情，达到共同提高、共同发展的目的，让党员人人成为业务能手、岗位标兵。在“不忘初心、牢记使命”主题教育、整治官僚主义、形式主义，整治漠视侵害群众利益问题，扫黑除恶专项斗争学习教育中，召开了高质量的民主生活会和组织生活会，深刻剖析，自我教育、相互帮助，增强了干部职工的党性修养。三是加强“三基”建设。按照习近平总书记新时期中国特色社会主义思想要求，以强化基础工作条件改善，基本素质提高为抓手，对全系统党员干部进行个人业务能力培训，并进行业务知识考试。全系统党员干部通过培训、考试，业务技能有了一定提高。

2019年，县供销合作社领导班子始终把党风廉政建设和反腐败工作摆上重要位置，坚持同业务工作一起部署，一起落实，一起检查，一起考核。通过落实党风廉政建设责任制，进一步提高了领导班子整体素质，改进了机关作风，增强了服务意识，为供销合作社各项工作的顺利开展创造了良好的环境。加强领导，落实党风廉政建设责任制。注重教育，提高干部队伍整体素质。严格管理，认真践行“八项规定”。在资金的使用上，建立健全各项管理制度，如公务接待、公物购置、支出审批等，严格执行国家规定的范围和标准，对违反财经纪律和财务制度的开支一律不予支付。力争从多方面降低办公经费，减少浪费，从细微之处践行“八项规定”的要求。

【内部建设】 2019年，县供销合作社一是狠抓制度建设。在认真总结多年来工作经验的基础上，通过认真讨论，对各股室、各个岗位的职责任务、目标要求、工作程序、考核标准、将惩办法等都重新做出明确具体的规定，做到了有章可循，便于操作。一切事情按照制度规定办理，力求规范化、程序化，努力做到职责明确、运转有序。二是完善考勤办法。坚持上班签到，中途查到，下班签到，工作逐日登记，考核同步实施。三是进行集中整顿，重点解决精神状态问题。针对各股室工作人员在思想、作风、纪律等方面存在的问题，提通过以整顿机关干部思想纪律作风为突破口，狠抓机关作风的转变和干部队伍建设，树立了良好的形象，明确了服务宗旨，改进了工作作风，改善了服务态度，提高了工作效率。为改善办公环境，提高工作效率，投资28万多元对院内环境及楼内卫生间进行了整治。

【组织建设】 2019年，县供销合作社把基层社改造和综合服务社创建工作放在了一切工作的首位，强化领导，加大投入，统筹安排，积极推进。首先针对基层供销社设施陈旧，功能不全，效益偏低等不能适应现代市场经济需求的突出问题，县供销合作社整合现有资源，重新改造基层社。成立了全市首家乡镇农合联，设资近60万元建成食用盐储备库1座，共投资6万元改造基层社1个，改造面积达235平方米，统一制作了门头标识，统一进行了室内装修，统一选购了敞开式货架，对从业人员进行了统一培训。其次是按照省、市供销社农村综合服务社规范建设的要求，投资8万元将2个效益逐渐下滑的基层供销社改造成了功能完善、设施齐全、便民实用的综合服务社，实实在在帮农民解忧，助农民减负，为农民服务，使之成为了促进农村和谐稳定的幸福工程。最主要的是从农民群众最基本的需求着手，把文体活动、医疗卫生等公共服务纳入了服务社，并通过市场运作把生产生活必需品和电信、金融产品销售等经营服务引入了服务社，实现了服务内容的社会化、系列化。同时，结合当地实际设立了文化娱乐活动室、图书阅览室、建身广场、移动交费、老年人养老金发放等服务内容，从根本上解决了广大农民用的、花的、玩的、看的等民生问题。

【脱贫攻坚】 为扎实开展脱贫攻坚帮扶工作，提升工作效率。县供销合作社深入贫困户家中，同贫困户面对面的交谈，了解贫困户的家庭情况，掌握第一手贫困户信息并大力宣传党在精准扶贫工作中的惠民政策，让贫困户真正明白惠在何处，惠从何来，不断增强党在贫困户心中的感召力和凝聚力，让贫困户记党情、感党恩。其次是深入田间地头，实地察看农业、产业等基础设施建设情况，与贫困户和村支两委深入交谈详细了解村集体经济发展情况，贫困户的生产生活状况，积极帮助贫困户制定发展规划。投资 5 万元在张家庄村建起了集测土化验、配方施肥、病虫害防治、农副产品推销于一体的惠农信息服务中心，为全乡繁荣农村经济、助农增收发挥了积极的作用。按照县委、县政府的安排部署，积极开展下乡驻村扶贫增收活动，为结对帮扶贫困户赠送了慰问品。组织开展了“一帮一”“一带一”党员和贫困户结对子的帮扶活动。书记、村主任帮 2 户贫困户，有条件的党员帮 1 户贫困户，从春播到秋收一帮到底。从而引导农民树立合作致富、共同致富理念，提高农民组织化程度，达到共同富裕的目的。为方便农民，确保农民秋收碾压粮食安全，按照农民反映，经村委会、驻村工作队与帮扶单位主要领导协调，计划投资给张家庄村建一个打谷场，确保村民秋收碾压粮食安全。

烟 草

【概述】 山阴县烟草专卖局（营销部）属于国有企业，卷烟营销、客户服务和品牌培育是其主要职能；同时山阴县烟草专卖局具有执行烟草专卖法和烟草专卖法实施条例赋予的烟草专卖行政执法职能；根据国家烟草专卖法、法规、规章及有关政策和上级批示制定本地烟草专卖管理和行业内部管理的具体规章制度和办法。依照烟草专卖行政处罚程序规定负责本辖区违法涉烟案件的查处工作。组织宣传贯彻国家烟草专卖法律、法规和规章。组织、审核、发放烟草专卖许可证。做好全县卷烟需求预测及品牌培育工作，组织开展卷烟新品的宣传、推广工作。

【烟草专卖】 2019 年，山阴县烟草专卖局坚持专销结合，推动运行 213 专销联动工作机制，明确各部门、各岗位工作责任，打通信息通道，延伸信息收集触角，不断扩大信息互通的广度和深度，提高转销联动工作机制的运行水平和工作效率；充分发挥网格化管理作用，落实区域市场监管责任，户管员、中队、大队分工明确，无缝衔接；继续开展大户治理专项行动、二次批发等违法违规行为；继续运用 APCD 工作法开展市场重点监管工作，用好监管模型这个武器，最大限度的发挥信息系统大数据优势，通过分析数据挖掘案件线索，模型命中率稳步提高，积极开展天价烟专项治理行动，不断加强宣传、检查工作力度，严防天价烟现象反弹，开展电子烟整治专项行动，积极做好宣传、摸底工作。

2019 年，山阴县烟草专卖局针对不同群体做好普法宣传工作：一是利用自律互助小组会议积极对卷烟经营户及时开展烟草专卖法律法规特别是一户一码的培训，引导广大零售户守法经营；二是对违规户不定期组织开展法律培训，以案说法，警示违法经营；三是对社会公众，利用“3·15”“6·29”等法定宣传日，通过微信平台、发放宣传资料等形式加强对烟草行业相关法律法规的宣传。山阴县烟草专卖局采用专题学习和法律法规知识竞赛的方式，组织全体干部职工深入学习宣传贯彻中共十九大精神、习近平总书记关于全面依法治国的重要论述、深入学习烟草专卖法律体系及与行业专卖行政管理有关的其他法律法规的学习宣传。

【卷烟打假】 2019年，山阴县烟草专卖局以五级网格化市场监管以及APCD工作法为抓手，以专管员负责经营户守法经营率、中队负责区域市场净化率、大队负责大要案件查办，提升案件线索挖掘和经营能力；继续加强多部门联合查处工作机制，加强多部门联合执法能力。通过日常监管、集中检查和联合执法检查，建立起信息收集及时、专卖行动迅速、打击准确的专卖管理机制，严厉查处和打击各类涉烟违法犯罪活动，为卷烟经营营造了良好的市场环境。2019年，山阴县局共查获各类违法案件68起，其中真烟案件37起，假私烟案件31起，查扣各类真品卷烟34.71件，假私烟10.03件，2万元以上案件6起。

【许可证管理】 2019年，山阴县烟草专卖局共有持证户954户。山阴县烟草专卖局把行政许可作为落实放管服要求一项重点工作，在办公场所公示行政许可办理的相关法律法规、流程及告知事项，推行“一站式”服务。同时积极推动许可证网上申办工作，真正做到让零售户少跑腿，提高办证效率，在许可证后续管理方面，加强与市稽查中队、营销、配送等部门信息沟通，开展许可证专项清理行动，强化对辖区内停、歇业卷烟零售户的监督管理。利用“两员”信息灵、情况熟等优势，对辖区内停、歇业卷烟零售户及时予以清理取缔。

【卷烟营销】 2019年山阴县局（营销部）销售卷烟9029.15箱，比去年同期增172.42箱，增幅为1.95%。卷烟销售收入21859.26万元，同比增加1873.91万元，增幅9.38%；2019年单箱销售收入2.42万元，比去年同期单箱销售收入2.26万元增加0.16万元，增幅为7.08%。2019年1—12月卷烟条均价为96.84元/条，同比增长6.58元/条，增幅7.29%。2019年年初营销部坚持“深思熟虑、立足实际、合理轮换”的原则，对片区实际情况进行认真梳理，并结合客户经理工作经验、能力特点和发展意向，积极开展了客户经理一系列轮岗工作安排，划片分组，交叉走访。协调信息中心，通过后台统一对客户经理片区和所属客户进行调整，协调信息、物流、营销中心等部门，做好一系列相关的交接，同时要求客户经理相互迅速熟悉新市场，确保了基层营销工作的无缝对接。按照县域卷烟零售户分布状况，整合优化客户服务路线，班子成员分别包片带队，兵分三路，交叉走访。以“管大户、抓中户、促小户”为重点，严密收集掌握各类客户卷烟销售信息。此次活动，县局（营销部）客户经理对市场新片区社会库存、品牌价格、客户毛利进行了解掌握，为及时调整营销策略打下基础；对从事不正常卷烟行为的大户进行监控，为专卖队伍净化市场，防止低价倾销、打击非渠道卷烟冲击市场行为提前铺路；对经营困难客户聚焦，积极主动提升服务意识，提高服务能力，做好功课。

【“云POS”扫码枪】 山阴营销部扫码枪管理以为抓手，促进客户改进经营模式，用数据驱动自律小组建设再升级。县局营销部按照“遵守客户自愿、鼓励自我发展”的原则，制定终端扫码枪推广计划推进表，加强终端扫码跟进指导，引导客户养成自觉扫码卖烟习惯，逐步实现全品类商品扫码销售，山阴扫码枪客户为49户，打造以“全商品扫码、全店铺管理、全渠道支付”为核心的现代终端经营新模式。

【内部监督管理】 2019年，山阴县烟草专卖局突出把规范卷烟经营，从根本上推动真烟非法流通治理作为当前内部监管工作的重中之重。一是加强日常监管。在日常监管中切实加大了对异常订单卷烟零售户的走访力度，进行有计划、有策略的实地核查，重点掌握零售户的真实经营情况、库存状态及销售流向。二是加强部门协助。进一步加强与营销、专卖部门的沟通协作机制，落实联席会议机制抓好源头监管，阻断其他真烟冲击的源头，对辖区卷烟市场开展不定期检查，实现对真烟案件、零售户监管的日常监管和市场检查的有效联运，保持打击真烟非流通的高压态势。三是注重分析。针对省市局反馈真烟外流卷烟，内管人员严格按照非现场监管模式组织对真品卷烟外流原因进行了深入分析和调查核实。着力把真烟非法流通控制在萌芽期，从源头上遏制真烟非法流通蔓延态势。

山阴县烟草专卖局继续推进非现场监管模式，适应营销方式转变，优化系统应用，丰富监管手段，发挥监管作用。一是转变方式。在对卷烟经营各个环节、节点全面分析排查总结的基础上，将监管工作重心放在卷烟经营数据监测分析上，进一步明晰了利用指标监测这一方法对卷烟经营进行有效监管，力求监管节点实现有效前移，每月形成准确真实、有针对性的监测分析报告。二是加强应用。内管部门每月主要对卷烟销售数据进行跟踪分析，排查内部经营不规范行为。加强部门协同配合，注重对分析监测结果的应用。内管部门通过对重点品牌、日销量、销售金额等方面提出了具体意见建议和整改要求。三是全面检查。按照《山阴县烟草专卖局内部专卖管理监督检查实施方案》要求，每季度对营销部部门卷烟经营情况进行了全面检查。今年向营销部门提出意见建议13份，营销部门调查后做出对应反馈，收到了良好的监督效果。

【机关党建】 2019年，山阴县局（营销部）在市局（公司）领导的正确领导和精心指导下，扎实开展“不忘初心 牢记使命”主题教育工作，较好地实现了各项工作目标。坚持“三会一课”制度深入开展“两学一做”学习教育，为完成全局营销及专卖目标任务提供坚强的组织保证。通过党支部集中学，党员自学，晨会例会一起学等方式，利用书籍和“学习强国”APP，先后开展警示教育、冻牛坡脱贫攻坚活动、帮扶困难零售户活动、全员立足岗位讲责任活动、主题教育应知应会知识测试、刊登信息简报、制作宣传标语等，形成了领导干部带头、职工积极参与、广泛讨论、相互学习、共同提升的浓厚氛围。

文化　旅游　广电

文 化

【概述】 为庆祝中华人民共和国成立70周年，充分展示山阴县公共文化成果，满足人民群众日益增长的美好生活需要，增强人民群众的文化获得感、幸福感，山阴县文化和旅游局以“放歌新时代 唱响新征程”为主题，以平民视角、百姓舞台为主线，举办了群众文化系列活动。

【群众文体活动】 2019年2月18—20日，组织了以“共筑中国梦 文化进万家”为主题的元宵节文艺活动。4月11日晚，在夏家窑村举办了“改革创新、奋发有为”大讨论专题文艺晚会。这场文艺晚会既是一场接地气的群众文化活动，也是一次激发干部群众解放思想，奋发进取，努力开创工作新局面的活动。“壮丽七十年，奋进新时代”歌手大赛，是继送戏下乡庙会专场之后的又一场群众文化活动。系列文化活动充分展现了山阴人民的魅力风采，突显奋进新时代朝气蓬勃的青春力量，取得了较好的社会反响。

【送戏下乡】 2019年7月27—31日，在县文化广场开展为期五天的送戏下乡活动。用喜闻乐见的形式，弘扬中华传统文化，为群众和广大戏迷奉献传统晋剧文化大餐。

【脱贫攻坚】 2019年11月18日，气温骤降，寒潮席卷。山阴县文旅局近50名党员干部心系贫困户，冒着严寒，克服路面结冰、冰冻等困难，赶到几十公里之外的吴马营村、西短川村、南屯村，先后走进69户贫困户家中，开展帮扶活动。

党史方志

【概述】 2019年3月完成了机构改革，由原来政府系统的史志馆变为县委直属事业单位，正科建制，新名称为中共山阴县委党史研究室（山阴县地方志研究室）。2019年7月完成了山阴县史志馆党支部换届工作，并变更党支部名称为中共山阴县委党史研究室支部委员会。2019年8—11月接受了山阴县委巡查组为期3个月的巡查。对巡察反馈意见照单全接，对每一个问题和线索逐一消化处理，逐项逐条严格安排部署，整改落实，全部消零。

【党史工作】 完成省党史研究院（省地方志研究院）《方志山西》每周一域的稿件、革命烈士家书日记书信等文稿、南下干部文稿资料等。完成《朔州市志》征稿任务等。协助县委宣传部中央电视台科教频道设置组完成《中国影像方志》山阴篇的拍摄编辑任务。

完成各部门索要各种表格、报送各种报表、查阅各种资料、打扫环境卫生、党报党刊的订阅等。建立和完善了各种规章制度，实现了资料管理定职责、编辑工作定任务、文印办公一体化的新格局。

【完成“志鉴两全”目标】 2019年，山阴县委党史研究室为了保质保量实现“志鉴两全”目标。对县志评审稿进行不断的修改、补充、完善。对省市专家评审时提出的意见和建议逐字逐句改，对志稿存在的问题一个一个解决，对短缺的资料一家一家补充。每个环节每次审稿修改都要印刷成书，专家评审还要求配有分编成册的三套。从初稿通稿征求意见到印刷出版共印刷7次。2019年4月底完成了终审送审稿。在中共山西省委党史研究院（山西省地方志研究院）进行终审时，继续完善修改稿件。5月9日召开编撰委员会全体会议，决定了志鉴印刷册数，并由政府采购中心将出版印刷志鉴捆绑公开招标。6月底省院完成终审评审，并提出终审评审意见和建议，9月底完成终审评审的修改，按规定送中国方志出版社审校。11月底完成出版社三审三校一核红和修改完善工作，行成170余万字定稿。年底出版印刷。

2019年，山阴县委党史研究室按照省委、省政府的要求和山西省省委党史研究院（山西省地方志研究院）的安排，依照中央、省、市2015—2020年地方志规划纲要。实现“志、鉴两全”全覆盖的要求成立了山阴年鉴编纂领导组，《山阴年鉴（2019）》编辑部，下设5个联络指导小组负责全县单位的资料收集与编纂工作。组长、成员们各负其责。资料收集编纂稿下发各单位编修人员用于指导资料的收集和编纂工作。科学设置年鉴篇目。从篇目设置之初前后经过10余次的修改，最终形成征求意见稿（篇目）和资料收集编纂指导稿（篇目）两个版本。于2019年8月完成了《山阴年鉴（2019）》初稿的编辑任务并在全县下发200余份征求意见稿，要求单位与个人填写了年鉴征求意见反馈卡。对各单位与个人反馈意见进行梳理、汇总，拾遗补缺。9月定稿安标书规定送中华书局编审，11月底完成三审三校一核红，经修改完善形成60余万字定稿，2019年完成印刷出版。

【省市年鉴】 按照省委、省政府的要求和省地方志办的安排，山阴县委党史研究室组织精兵强将，收集、整理、编辑《山西年鉴》山阴部分，于2019年5月完成了2019年《山西年鉴》的编辑任务，顺利上交山西省委党史研究院（山西省地方志研究院）年鉴处。按照市委、市政府的要求和市地方志办的安排，单位全体职工精诚团结任劳任怨，积极主动收集资料、整理文稿、编辑《朔州年鉴》山阴部分，于2019年5月完成了2019年《朔州年鉴》的编辑任务，顺利上交朔州市地方志办。

【机关建设】 2019年党史研究室抓党建教育工作，大讨论从2019年2月中旬至4月底。扎实推进党史研究室“改革创新、奋发有为”大讨论深入开展，按照省委、市委、县委统一部署，结合单位实际，制定了实施方案，成立了领导组。进行了动员部署、学习研讨、查找问题、创新载体、深入实践、巩固提升。破除僵化保守，着力解决改革意识不强问题，坚持以改革破解发展难题。破除因循守旧，着力解决创新精神不足问题，坚持以创新激发动力活力。破除封闭狭隘，着力解决扩大开放不够问题，坚持以开放促改革促发展。破除资源依赖，着力解决市场理念不浓问题，坚持以市场打开发展新通途。破除随遇而安，着力解决工作标杆不高问题，坚持以一流标准创造一流业绩。破除慵懒散漫，着力解决作风不实问题，坚持以过硬作风彰显担当作为。9月12日，党史研究室召开“不忘初心、牢记使命”主题教育动员会。提前预热，进入第二批主题教育活动。全体干部职工深入学习贯彻习近平总书记在中央“不忘初心、牢记使命”主题教育工作会议上的重要讲话精神，认真落实省委、市委、县委主题教育动员会议部署，自觉把思想和行动统一到中央、省委、市委和县委部署要求上来，以主题教育为契机，推动 党史方志工作更上一层楼。每一名工作人员要紧密结合工作实际，充分认识开展主题教育重大意义，不断增强思想自觉、政治自觉和行动自觉，积极主动投入到主题教育中，以真学、真查、真改，推动主题教育取得实实在在的成效；聚焦目标任务，切实找准抓实主题教育着力点和突破口。按照县委部署，坚持聚焦主线、问题导向、统筹推进、以上率下，结合工作实际，抓好组织实施，推进贯彻落实；加强组织领导，切实强化抓实主题教育创新力和执行力。

【加强基层党建工作】 2019年，党史研究室强抓“三基”建设工作，以“改革创新、奋发有为”大讨论和“不忘初心、牢记使命”主题教育活动为扭带，切实加强基层党建工作，着力破难题、补短板、激活基层党组织，增强基层组织力，创建政治强、作用好、服务优的党支部。深入推进基层服务型党组织建设，坚持政治属性，发挥服务功能，推动基层党建工作全面进步。严格执行“三会一课”制度，积极开展党员先锋行活动；注重教育培训，提升党员干部职工履职能力和业务能力；加强制度建设，提高基础工作建设水平；个人能力有了很大提高，通过各级各类学习全体人员思想觉悟理论素养进一步提高。根据单位在职党员少，为了全体干部职工整体提高，所有学习延伸到全体干部职工。

文　联

【综述】 2019年，县文联在县委、县政府的正确领导和市文联、县委宣传部的大力支持下，用十九大和十九届四中全会精神统领机关工作，坚持文艺为社会主义服务，为人民服务的方向和百花齐放、百家争鸣的方针，弘扬主旋律，提倡多样化，树立精品意识，采取多种方式鼓励和组织全县文艺工作者认真学习，深入生活，加强文艺实践，开展文艺交流，促进文艺事业的繁荣。认真履行“联络、协调、服务”职责，主动配合县委、县政府中心工作，积极开展精品创作，为县域文化建设的发展、繁荣发挥了应有的作用。认真学习习近平新时代中国特色社会主义思想，先后开展“改革创新奋发有为”大讨论和“不忘初心牢记使命”主题教育活动，完成各项任务。组织专人完成《王家屏传奇》的编写，丰富了地方文化。参与了《阅读山阴》一书的审核和编辑，该书由山西人民出版社出版。积极开展文艺繁荣工作，组织编印完成四期《桑干河》杂志，发表各类作品100余篇，活跃了群众文化。此外，按照县里安排，组织专人为县城部分街道重新命名；审核了《山阴县志》(1998—2016)；参与中央电视10台《山阴影像志》的录制并提供了相关资料；参与红色之村绿色宝地——玉井镇东庄村的调研并提供了相关资料；与有关单位联合创建《山阴读书会》并组织开展了三场活动；配合有关部门参与县里一年一度的庙会活动，完成分配的书画笔会和戏曲研讨会的相关任务；积极参与农民丰收节，圆满完成所承担的任务；协助有关单位完成《山阴建设志》（初稿)；先后成立山阴县中青年硬笔书画协会、山阴县文史协会、山阴县作家协会。

新华书店

【经济指标】 2019年1—11月公司共完成营业总收入1595万元，完成年度优秀值目标任务的95%。比上年同期的1504万元增长了6%。其中两教销售961.5万元，完成全年任务的104%；POS机销售253.64万元（其中连锁销售91.1万元、传媒销售82.98万元、联营产品销售79.56万元）完成全年销售任务的98.6%。实现利润总额123万元，完成全年利润总额（138万元）的90%。

【图书销售】 2019年，山阴分公司在努力做好营销活动的同时重点以社会效益为抓手，突出新华书店的主渠道地位和两个文明建设的重要责任，截至2019年为止，公司因地制宜地开展了一系列形式多样的活动：1月24日下午3点举办了“迎新春、送春联”活动，参与人数约150多人，获得了良好的社会口碑；2月15日下午3点举办了“猜灯谜、送图书”活动，共售出各类图书56册，码洋1568元；4月23日开展了以“书香三晋　文化山阴”为主题的全民阅读活动。参加本次阅读活动的有县委常委、宣传部部长刘宇、政府副县长何兴斌、教育局副局长祝启海、学校代表任世厚、电视台新闻记者以及广大师生约600多人；4月24日开展了“手拉手 献爱心、关爱留守儿童”活动，共捐赠少儿类图书50册、码洋1092元；5月22日上午，走进军营，开展售书活动，共销售图书800多元；5月28日举办了首届“绿色阅读、名家进校园”公益讲座。共捐赠图书60册，码洋1540元；5月30—31日举办了以“我阅读、我成长”为主题的“六一”图书大联展活动，共销售各类图书2895元；6月7日在一中高考考点门前设立“高考服务站”为高考助力加油；6月28日山阴分公司和山阴县东城管委会共同举办了“不忘初心、牢记使命”主题阅读活动，参与群众约200多人，活动当天共销售各类图书306册，码洋8319.2元；7月24日利用每年的传统“庙会”摆摊销售，共销售各类图书6800多元；8月20日邀请郭曼宇老师开展“如何打造书香门弟”专题讲座，获得了良好的社会口碑；8月25日—28日利用“开学季”摆摊设点促销售，共售出各类图书620余册，实现码洋6440.3元；9月15日与“学益思”教育机构共同举办了“小记者在行动”活动，受到了读者和家长的广泛赞誉；9月26日在山阴分公司教材库举办了题为“翰墨书香、共庆华诞”书画作品展。本次书画展由县教育局主办、县关工委和县新华书店共同承办，共展出书画作品531幅，展期15天，社会效益显著；10月1日至11月底，与海豚出版社共同开展了优惠促销活动，共实现销售码洋820元；11月11日举办了第二届泉林纸品钜惠活动，共销售5565元。以上活动共捐助各类图书110册、码洋2632元；销售各类图书27642.5元、纸品当前码洋5565元。

为将全民阅读落到实处，深入到每个人心中，由中共山阴县委宣传部主办，县新华书店、县文联承办的“山阴读书会”于2019年7月30日在县委党校正式成立，宣传部长刘宇，副部长李德华，党校常务副校长丰贵宝等领导出席了揭牌仪式，并成功举办了“说说我们的赛”、郭曼宇精品讲座、“我的青春和这片热土”等活动，力求将全民阅读推广到每一位山阴民众。

【政治图书发行】 2019年，山阴分公司能够认真对待政治图书的发行任务，从备货、生成文件到送货、开票等环节层层把关，力求使效率最大化，发行数字最大化，用户满意度最大化，截至2019年，《第五批全国干部培训教材》发行210套，《习近平在正定》发行138册，《新时代面对面》发行77册，合计码洋113625元。纲要共发行大字本8640册，码洋24.19万元，小字本2040册，码洋3.06万元。合计销售10680册，27.25万元。党员学习笔记本1000册，码洋3.74万元。《党的十九届四中全会重要文件及辅导读物》现已销售130套，码洋9620元。《学习辅导百问》销售230册，码洋6440元。2019年，山阴分公司政治类图书共销售12465册、套，码洋43.95万元。有力地弘扬了主旋律、筑牢了主阵地。

【“两教”与校园书屋】 2019年春季“两教”共发行码洋454.7万元，其中教材销售21.4万元，教辅销售368.6万元，较去年同期增长了11.4万元。2019春季教材回款率为99.51%，承付率达到100%。2019年秋季“两教”共销售506.8万元，其中教材销售46.76万元，教辅销售360.73。2019年，山阴分公司已有校园书店一所（四中店），智能书柜一台（政府二楼），均正常运营。在建校园书店五所，分别是一小、二小、一幼、二幼和一中（高中）。在建的五所校园书店中除一中校园店准备自营外，其余四所均采取联营的方式管理，合同已签订，装潢结束后预计下学期投入运营。

旅 游

【概述】 山阴县文化旅游发展中心以全省锻造新的三大旅游板块为契机，努力做好辖区内涉及的长城文化旅游板块建设规划，充分发挥山阴县广武明长城文化资源优势，全力打造长城文化精品在广武这一文化旅游品牌，以开发广武明长城文化旅游为重点，沿线打造新旧广武古村落、汉文化博览园、莲花山佛教文化、化悲岩寺道教文化、翠微山蝴蝶谷自然生态文化、胡峪口、水域口隘口文化等著名的旅游品牌。

【旅游发展】 2019 年，山阴县文化旅游发展中心配合完成明长城旅游开发规划编制工作。山阴县自然风光雄奇秀丽，古朴庄严，人文景观源远流长，文化内涵丰富，原生态自然旅游资源丰富，文物景观、历史遗迹较多，有闻名全国的国保文物“广武汉墓群”，是2019 年我国最大最集中保存最完整的汉墓群，共有封土堆 293 座；有保存完整的古城堡“旧广武城”为雁门关外一座长方形城堡式防敌据点，与雁门关明长城形成一个完整的军事防御体系，对研究我国古代军事文化和战争历史有着独特意义；有代表中华民族悠久文明历史象征的古代军事建筑奇观“明长城”，全长 20 公里，较完整的长 10000 米，上面有敌楼 16 座，整个长城极具军事科学研究和旅游观赏价值。山阴县共有国保文物单位 3 处（广武汉墓群、旧广武城、广武明长城），省级文物保护单位 3 处，市、县级文物保护单位 152 处，馆藏文物 88 件（二级 17 件、三级 71 件）。旧广武村分别于 2009 年列入山西省历史文化名村；2015 年列入中国第三批传统村落；2016 年列入中国第四批美丽宜居村庄。政府重点规划建设的旅游景区 1 处（中国·山阴广武边塞文化旅游区），民间资本开发的旅游景点 2 处（九龙湾旅游景点、化悲岩寺旅游景点），自然形成的生态景观 1 处（翠微山国家森林公园）。

【党建】 2019 年，山阴县文化旅游发展中心深刻开展“改革创新、奋发有为”大讨论，贯彻习近平总书记在庆祝改革开放 40 周年大会上重要讲话的关键举措；坚持以习近平新时代中国特色社会主义思想为指导，认真学习贯彻中共十九大和十九届二中、三中全会精神，深入贯彻落实习近平总书记视察山西重要讲话精神和对右玉精神的重要指示精神，高举新时代改革开放旗帜，按照省委十一届七次全会关于“改革创新、奋发有为”大讨论的安排部署和市委六届八次全会《关于大力学习和弘扬右玉精神推动改革开放再出发的决议》要求，突出目标导向、问题导向、实践导向，增强改革不能落后、创新驱动发展、占领开放高地、勇于担当作为的信念，推动思想再解放、改革再深入、创新再发力、开放再提质、工作再抓实，为全面提升改革开放质量和水平，营造良好氛围，以优异成绩迎接中华人民共和国成立 70 周年。

深入开展“不忘初心、牢记使命”主题教育活动，及时学习习近平总书记关于主题教育的重要论述以及中央、省、市的最新部署，坚持思想建党、理论强党，坚持学思用贯通、知信行统一，推动习近平新时代中国特色社会主义思想往深里走、往心里走、往实里走，不断增强“四个意识”，坚定“四个自信”，做到“两给维护”，严明政治纪律和政治规矩，切实把习近平总书记重要指示批示和党中央决策部署抓到底落到位。认真完成上级主管部门交办的关于“不忘初心、牢记使命”主题教育活动的各项任务。

【旅游宣传】 积极参加旅游宣传促销工作。为进一步加强山阴广武旅游整体形象宣传推广，应市旅游发展委员会的邀请于 4 月 16—18 日参加在应县木塔广场举办“2019山西·朔州陶瓷产品进出口交易会”。2019年5月19日“中国旅游日”的到来，进一步展示山阴县广武景区的良好形象，为游客提供一个干净、舒适的旅游环境。5月16日上午，全局干部职工及文化志愿者，对广武汉武大帝广场、广武明长城等文物保护单位开展“爱护文物古迹，共建美好家园”景区卫生大扫除主题活动。

【招商引资】 2019年，山阴县文化旅游发展中心努力开展旅游招商引资工作。主要以广武旅游为重点，加大广武旅游项目招商引资力度，按照广武旅游发展的实际情况，制定了积极可行的招商引资政策，把有前景的、有发展前途显而易见的、好的旅游项目优先推出进行招商。山阴县人民政府已于银泰文化旅游集团签订框架合作协议，就合作事宜还在进一步磋商中。

广 电

【新闻宣传】 2019年，山阴县广播电视台紧紧围绕县委、县政府中心工作，不断提高新闻舆论传播力、引导力、影响力、公信力，巩固壮大主流思想舆论。广大编辑记者坚持走转改，践行“三贴近”，发扬优良作风，扑下身子、沉下心来，扎根一线，把镜头更多地对准基层，对准群众，采写了《陈永和学习右玉精神永葆本色初衷》《薛圐圙乡日间照料中心启动》《山阴县医疗集团一路绿灯完成心梗急救》等有深度、有格局、有观众、有“粉丝”的精品民生新闻，弘扬了主旋律，传递了正能量。新闻在本台、朔州电视台播出后，收到了良好的社会效益。《山阴县移民新村小香包打造文化大产业》《山阴子林牧场建设现代化奶牛养殖园区助推脱贫攻坚》《山阴骏宝辰农牧科技有限公司试验推广作物良种》等产业扶贫深度报道，为全县巩固提升脱贫攻坚提质增效营造了良好的舆论氛围。同时围绕全县“不忘初心、牢记使命”主题教育活动、扫黑除恶，脱贫攻坚、美丽乡村建设、文明创建等进行重点报道，《不忘初心、牢记使命》专栏播出20期，制作播出《山阴新闻》120期，稿件900余件，在朔州电视台、山西卫视发稿100余条。制作播出中小学安全教育、扫黑除恶、“不忘初心、牢记使命”等公益广告80余条，为全县经济发展、社会稳定提供了强大的精神动力和舆论支持。起到了凝心聚力，引领舆论的重要作用。得到了县委、县政府的高度肯定。为全县经济发展、社会稳定提供了强大的精神动力和舆论支持。起到了凝心聚力，引领舆论的重要作用。

【栏目活动】 坚持唱响主旋律，弘扬正能量，做大做强主流思想舆论。在办好《山阴新闻》传统品牌栏目的同时。又开办《三下乡》《全民运动汇》《健康中国》等栏目，满足广大电视观众的收视需求，形成以时政新闻为主、健康类、知识类节目为辅的自办节目多元化新格局。

【媒体融合】 2019年围绕新时代，服务新时代，全力在建平台、创载体、拓业务上下功夫。逐步整合各方力量、搭建技术平台。开通今日头条-网信山阴，抖音山阴官方账户。阅读山阴、中书汇微信群开始运行。在山阴声屏手机APP中开办“直播”“党建”“平安山阴”“文明创建”等栏目，进一步完善节目板块。同时加大山阴声屏手机APP推广普及力度，在农历六月二十四日传统庙会期间，通过扫描山阴声屏手机APP二维码或下载客户端等方式，推广注册用户6000余户，为下一步媒体深度融合奠定了坚实基础，让党的声音在互联网上更响亮、传得更远。

【安全播出】 2019年，邀请县公安消防大队干警举办消防灭火演练1次，举办消防知识培训班2次，派出5名一线编辑记者赴朔州电视台参加业务培训班1次。有力地提高了全台干部职工的安全防范意识。同时加强现有采编播设备技术更新力度，积极开展安全播出大检查，9月，通过省局安全播出检查。截至2019年，有线电视安全传输7200多个小时，无线安全播出4800多个小时，圆满完成了春节、全国“两会”、“纪念五四运动100周年大会”“二青会”“建国七十周年” “第七届世界军人运动会”“十九届四中全会”等重要安全播出时段的安全播出工作任务。杜绝了错播、漏播、误播现象的发生，实现节目安全播出、传输零事故。

【服务功能】 圆满完成农历六月二十四传统庙会期间大型文艺晚会、山阴首届“丰收节”、“二青会”山阴段火炬传递仪式、建国70周年山阴广场舞大赛等大型活动的录播活动。

【事业建设】 为夯实广电事业发展基础，全力在设备改善、节目覆盖、推进项目等方面取得了新突破。一是夯实基础。加大投入保障，更新硬盘播出系统一套、空调一台，更新UPS电源一套，确保节目优质播出。二是扩大覆盖。数字电视改造有序推进，2019年共改造900余户。同时继续巩固完善村村通广播电视工程，做好了山区片4167户直播卫星设备的维护保养工作。确保“户户通”变成长期通。三是将扎实推进农村广播电视基础公共服务设施建设。5月，派技术人员赴山东德州市考察农村大喇叭工程（应急广播）。

【脱贫攻坚】 2019年，山阴广播电视台全面贯彻落实脱贫攻坚工作精神，全力以赴做好脱贫攻坚工作。在全省“万名干部进村入企”活动中，派出3名队员、党员帮扶干部20人深入包点村开展工作，全力落实结对帮扶各项举措，督查组调查满意度100%。

【队伍建设】 坚持把队伍建设作为立台之本，不断提升干部职工的政治素养和专业素养。一是抓牢党建。扎实推进基层党建工作，以党建促提升。全力推进“两学一做”学习教育常态化制度化，定期开展党日主题活动，严格“三会一课”落实，不断增强了广电台机关党组织的创造力、凝聚力、战斗力。二是抓严作风。严格落实中央、省、市、县关于作风建设的各项要求，采取了定性、定量、定职、定责的方法，对台属各部室人员配置和岗位职责进行了明确。修订完善了《新闻三审制度》《安全播出管理办法》等，营造风清气正、务实创新的环境氛围。三是扎实开展“导师带徒”活动，在采编播骨干团队的培养方面逐步跟进，在新人的发现和培养方面同步跟进。切实提高广电团队的整体业务能力。一年来，有10名业务骨干带徒30余人次，有力提高了干部职工的业务能力。四是大力开展走出去学习活动。2019年3月，选派县委宣传部、广播电视台主要负责同志赴北京参加由广电总局组织的全国广电网络发展博览会。4月组织广播电视台技术骨干参加全省县级融媒体建设培训班，5月组织宣传、广播电视台等有关单位赴山东德州市考察农村大喇叭工程（应急广播），5月到山西平遥广播电视台考察学习智慧平台建设先进经验。有力地提高了从业人员的素质。11月，派出业务骨干在县委宣传部的带领下到陕西、湖北考察学习融媒体建设工作。

新闻中心

【职责职能】 新闻中心主要职责：坚持与党中央的路线、方针、政策保持高度一致，坚持正确的舆论导向，加大对县内外新闻宣传工作，引导全县经济社会保持健康、持续发展。以县委、县政府的中心工作为核心，大力宣传山阴县发展取得的巨大成就，为招商引资、经济建设、社会发展鼓与呼。围绕县委、县政府各时期的中心工作，制订各阶段新闻宣传计划，确定宣传重点，落实新闻宣传工作，采访撰写新闻稿件并刊登于社会各大新闻媒体平台。坚持从严方针，建立健全各项规章制度并严格执行，加强思想政治工作，努力培养一支政治强、业务精、纪律严、作风正的新闻队伍。坚持以人为本，树立新闻服务意识，联系群众、贴近群众、倾听群众呼声，关注社会热点，弘扬真善美，鞭挞假恶丑，更好地在统一思想、凝聚力量、促进发展、维护稳定等方面发挥重大作用。承办县委、县政府和上级业务部门交办的其他工作。

新闻中心办公室主要职责：协助中心领导处理中心日常内外事务。负责拟订中心综合性文件及各项工作规定、制度并监督、执行。负责中心各类会议的会务工作。负责中心文秘、信息、统计、档案、信访、保密工作。负责中心人事、社保、劳动工资、财务管理、资产管理、综合治理等后勤保障工作。负责办公室人员的考核工作。

【队伍建设】 突出“团结、鼓劲、和谐”的办报宗旨，做山阴权威的、最有影响力的政治经济社会文化新闻，为山阴又好又快发展营造有利的舆论环境。直接联系和组织宣传员队伍，具体负责保证和挖掘新闻稿源。及时、准确地报道全县政治、经济、科技、文化、教育、体育、法制等各类新闻，做好各类专题专栏宣传工作。加强内部人员管理、考核、培训和政治理论学习，增强紧迫感和责任感，提倡优质厚酬，不断提高记者业务技能，努力打造一支适合山阴新闻宣传的记者队伍。完成中心领导交办的其他工作。

【宣传报道】 2019 年，山阴县新闻中心在省市县各级媒体上共发表稿件 135 篇，两个头条号共推送图文消息 360 余条。其中省级 4 篇，市级 22 篇。“学习强国”学习平台上传视频 5 个，其中，《山阴华绽幸福韵，灯耀闹新春》《山阴县着力建设现代化生态畜牧基地》刊登于《山西日报》，《山阴县首届“雁门关外好人家·米香乳醇数山阴”农民丰收节开幕》和《朔州山阴县党员干部重温习近平总书记“三篇光辉文献”》发表于“学习强国”学习平台、《朔州日报》以及各新媒体平台，都受到高度好评。8 月份参与《山西画报》——山阴专刊的编辑工作。

微波站

【安全传输】 2019 年，山阴微波站圆满完成了春节和两会以及“中非合作论坛北京峰会”、上海“进博会”、“庆祝改革开放 40 周年大会”等重要保障期，特别是在庆祝中华人民共和国成立 70 周年重要安保期，台站领导和技术骨干，值班一线，坚守岗位，以良好的精神状态圆满地完成了国庆安全播出任务。

2018 年 9 月至 2019 年 9 月山阴站的停传率为 0。

【基础建设】 2019 年，山阴微波站职工对机房改扩建进行前期规划，并由相关单位对施工区域进行了测绘、地勘。山阴站将厨房煤气灶改换为电磁炉，新增不锈钢橱柜，使厨房更加安全美观。更换柴油发电机组老化油管，确保柴油发电机组正常运行。并在部分重要位置安装烟感报警器，确保消防、用电安全。更换部分陈旧的被褥，改善职工的住宿条件。修整上山道路，开挖排水渠，确保行车安全。搬迁代维代管设备，美化机房环境。雇用有资质的电力公司为微波站进行地阻测试。山阴微波站使用铁艺栅栏对变压器室中高压真空断路器进行了防护，保障职工在变压器室工作时的人身安全。

对山阴微波站旧宿舍房顶的彩钢瓦进行加固处理。更换锅炉房的防盗门。山阴站配合微波部和调频电视部安装自台监控系统，运行正常。修整党员活动室和部分宿舍。更换了厨房抽油烟机轴流风机与部分通风管道。山阴微波站自行购置一台 UPS 电源，为视频监控和微波信号监视器提供不间断电源。更换高压线路避雷计数器的连接线。山阴站自行安装调试一台高清监控云台，对微波站周边环境进行实时监控。微波站职工自己动手在变压器室外围接地网处增加降阻剂，降低接地电阻。山阴微波站职工抢修被雷电击坏的部分设备，包括：磁盘录像机、视频监控电源、卫星天线高频头、1 分 4 功分器等。对山下基地宿舍楼、办公区、院内进行修缮。山阴微波站更换雷电击坏的北京环路网单路标清综合解码器。山阴微波站配合调频电视部安装 UPS 电源，为自台监控提供不间断电源，试运行正常。为微波天线的螺杆和螺母涂抹黄油，防止生锈，同时对天线周围清除杂草，开辟防火隔离带。山阴微波站利用周二时间进行庆祝中华人民共和国成立 70 周年安全播出大检查。职工配合微波部技术人员为山阴微波站安装数字电视解码器。山阴微波站对部分破损暖气片和管道进行了更换和维护，保障了冬季正常供暖。

【日常维护】 2019 年，认真贯彻落实维护管理规程，组织实施本站维护检修计划。24 小时不间断监视本站设备的运行情况，及时发现并处理设备故障。定期维护和保养铁塔、天馈线、供配电等重要设施，确保不间断、高质量地完成广播电视节目的安全传输任务。微波设备维护：每天对微波设备巡视，做好记录，定期测量电池电量、除尘等。天馈线系统维护：定期检查馈线松动和天线偏移情况。当恶劣天气过后都要上铁塔检修，重点检查馈线松动和天线偏移情况，每次维护完毕做好详细记录，并填写维护人员姓名，责任到人。供配电维护：定期对变压器巡查，检查各真空断路器接线情况，观察仪表各项数值；按照柴油发电机的操作流程，定期检查，详细记录柴油机的工作状态，开展停市电、启动油机发电的应急演练。生活区维护：检查供水、供暖设备及周围环境状况等。

【学习培训】 2019 年 3 月，组织干部职工前往兄弟台站 328 台进行学习交流，学习其先进的维护管理经验，对标一流，提升微波站技术人员的业务水平。4 月 10—16 日，指派 1 名技术骨干参加京—冀—晋—蒙微波电路技术培训班。8 月 13 日，指派三名技术骨干参加中心举办的 2019 年广播电视发射技术能手竞赛，并取得了三等奖的好成绩。山阴微波站每天上午 10：00—11：00 由机房主任组织职工集中学习，学习内容覆盖全体员工，由于微波站的换班情况特殊，所以每月挑选两个大换班日人员集中的时候，集体学习讨论，适时进行各种形式的学习、考核、实践操作等活动。为了进一步激发职工学习的兴趣，微波站组织了灵活多样的知识竞赛，比如电子元器件的焊接，危化品及全民安全应急知识的竞答，专业知识的抢答比赛等。

【党建工作】 2019 年，山阴微波站党支部认真贯彻落实中央的路线、方针和政策，扎实推行山西省委开展的“改革创新、奋发有为”大讨论活动，深入开展了“不忘初心、牢记使命”主题教育活动。按照支部全年工作计划认真贯彻落实“三会一课”制度。组织干部职工认真研读党章、《习近平新时代中国特色社会主义思想学习纲要》和《习近平关于“不忘初心、牢记使命”重要论述选编》，要求党员和入党积极分子做好学习笔记、撰写学习心得体会。党支部积极开展了系列主题党日活动，赴右玉干部学院学习“右玉精神”，赴下立羊泉烈士陵园缅怀革命先烈。

【精神文明建设】 2019年，山阴微波站全面落实山西广播电视无线管理中心关于在中心开展文明创建活动的各项任务，以创建省级青年文明号为契机，积极推动和提升精神文明建设工作，3月组织开展清理乡村道路学雷锋活动。4月16日组织开展“我为广电改革创新做什么”演讲比赛。5月4日，山阴微波站开展了纪念五四运动100周年主题团日活动，通过学习习近平总书记在纪念五四运动100周年大会上的讲话精神、讲解五四运动史、佩戴团徽重温入团誓词、合唱歌曲《我和我的祖国》等形式，进一步激发青年干部职工立足本职岗位，为广播电视传输发射工作做出更大贡献。6月7日山阴微波站学雷锋志愿服务队开展“爱心送考暖人心”活动。6月18日山阴微波站举办了喜迎“二青会”第五届乒乓球比赛。6月28日山阴微波站“六进”小组到织女泉风电参观交流。6月30日山阴微波站党支部组织全体党员前往朔州市右玉县开展“不忘初心、牢记使命”迎“七一”主题党日活动，接受革命传统教育。参加山西广播电视无线管理中心举办的第十三届羽毛球暨第七届乒乓球比赛。山阴微波站职工自愿为贫困大学新生进行捐款，帮助其顺利完成学业，助力山西省打赢脱贫攻坚战。

教育科技

教　育

【概述】　2019年，山阴县教育科技局在全县机构改革中更名为山阴县教育局，教育局在县委、县政府的坚强领导下，按照《振兴山阴教育五年行动目标》，提出了振兴山阴教育的目的意义、总体要求、行动目标、主要措施和组织保障，按照“一年打基础、三年见成效、五年进先进”的思路，稳步推进各项工作。

【教育健康发展】　2019年，山阴县教育健康发展。学前教育健康发展。对全县62所公民办幼儿园开展“幼儿园小学化”专项治理活动，进一步规范办园行为，提升办园水平。配合公安局、市场监督局、综治办、卫生局、交警队、消防队开展了2019年学校安全工作大检查，发现并排除安全隐患18条。对全县民办幼儿园无证办园进行规范整顿工作。四是联合住建局、自然资源局、财政局、编办、卫生局、民政局等职能部门对6所幼儿园开展“城镇小区配套幼儿园专项治理”工作。对27所幼儿园开展了督导评估工作。对全县62所幼儿园教师进行了培训，320多人参训。

九年义务教育均衡发展。全面推进义务教育均衡发展，坚持政府主导、统一规划、扶持薄弱、以县为主、分步实施的原则，着力推进山阴县区域内义务教育均衡发展。加强学籍管理。严格执行学籍管理制度，按规定办理转学、休学、留级和复学等手续。做到学生基本情况、入学、转学、辍学等情况底数清楚，手续健全，进一步规范了山阴县的学籍管理工作。落实义务教育阶段教材免费政策。春季免费教材共计142456册，合计金额860690.01元；秋季免费教材共计160596册，合计金额1046484.96元。全面完成“学生奶”工程。春季共为24166名学生免费提供学生奶；秋季共为21924名学生免费提供学生奶。

高中教育健康发展高中教育在变革中寻找新突破。2019年，山阴一中管理队伍连续三次调换领导，王成元在关键时刻接过了管理山阴一中的重任，300多名教职员工的队伍，在他的带领下，有条不紊地开展常规教学活动。2019年参加高考学生1935人。其中理科考生1580人，文科考生355人。达线人数为482人。中考报名人数为2020人，比上年增加了55人。600分以上286人。

职业教育迈开新步。为迎接省政府教育督导部门对职教中心的验收，县委、县政府投资4890万元，为职教中心新建教学楼、学生公寓、实训基地、餐厅伙房等设施，工程分两年实施建设任务，于2019年8月正式开工，2019年教学楼、实训楼、公寓楼工程主体已完工，实训基地与餐厅伙房基本完工。

规范民办教育办学行为。对全县民办学校办学行为进行了安全大检查。2019年，在安全大检查中发现，新杰学校校舍陈旧，存在重大安全隐患，责令其尽快整改。2019年正在落实整改措施。严格规范校外培训机构，全县已办理许可证10家。

根据国家、省、市教育部门要求，对山阴县疑似辍学学生进行了排查，排查了13个乡镇，2个管委会，158个村，322个疑似辍学儿童，最近又重点对剩下的58个疑似失学儿童重新进行了排查，其中：超龄离校6人，重病重残4人，在校有学籍的47人，户籍原因1人。8月以来，有18名适龄儿童经劝返，回到了学校。同时，建立了台账，具体问题具体分析，与各学校对接，逐个销号。对因病因残儿童送教上门，力争不让一名适龄儿童因贫因病辍学。2019年，未发现因贫因病辍学的学生。

【抓教学促成效】　教育质量提升工程有序推进。2019年，教育局继续同省教科院联手推进教育质量提升工程。截至2019年，已聘请专家57人，深入山阴县听课、评课95节，作示范课13节，举办讲座66场，受训教师达8714人次。同时派教师186人外出学习。通过这些活动，加强了校长、教师、教研员三支队伍建设，提升了各类人员的专业水平。同时，充分利用现代教育教学设备设施，切实重视实验教学和信息技术教学的开展。教学常规管理和教研工作不断加强。《山阴县中小学教学常规管理基本要求（试行）》《山阴县中小学教学管理和质量综合考评方案（试行）》《山阴县中小学校本教研工作实施方案（试行）》三个文件已经出台并下发各学校，目的是规范学校的常规教学，促进教学规范化、科学化，使学校教学常规落到实处，教学管理水平得到明显提升。通过实施科研兴校战略，创新教研工作新思路，完善教研运行新机制，注重校本教研，开创学校教研新局面，提高教师教学水平和教改能力。同时，组织开展了市级中小学学科带头人和骨干教师推荐申报工作。

中高考考风考纪全市一流。2019年高考前夕，为切实加强高考安全保密工作，投资17.7万元，为教育局保密室安装高清网络标准化设备。为防止并有效地应对高科技器材的作弊，利用最新169频段数字作弊信号压制设备，对山阴一中两栋考场楼从外围加以屏蔽。每个考场放置两台一般功率的屏蔽器，进行二次屏蔽，力求做到全覆盖、不留死角、不留盲区。投资181.5万元安装高清网络标准化考场监控设备。投资59.96万元，购置身份采集认证三合一终端70套。投资5.2万元，购置8套标准化考场考试专用安检门系统。同时，教育局抽调精兵强将参加中高考，高考中考平安顺利，考风考纪受到省巡视团领导的肯定。

【抓“三乱”促稳定】 2019年，山阴县教育局严格禁止义务教育阶段学校利用节假日、双休日和休息时间组织学生上课和集体补课。严格控制学生考试次数，统一和规范了学年教学时间、周课时数和作息时间。中小学生保证每天有1小时的体育活动时间。针对2019年“三乱”问题蠢蠢欲动的苗头，及时安排部署，坚决制止乱补课、乱收费、乱订资料，并安排副局长赵军义及教育局监察室等人员进行明察暗访，发现一起，严肃查处一起，绝不姑息迁就。并安排有学生的家长配合监督举报。第七监察组函询6人次，谈话2人，函询加谈话的两个单位及两名相关责任人。有6人受到处理，其中记过处分1人，党内警告处分1人，警告处分4人。同时，诫勉谈话5人。

【抓考核促达标】 2019年，山阴县教育局抓考核促达标。出台了《山阴县义务教育学校管理标准达标评估实施办法》。教育局局长与各学校校长签订了年度责任状，2019年各学校正在进行自评，县教育督导室将组织有关人员对各学校进行督导评估，采取专职督导和综合督导相结合的办法，并将引入第三方进行考核评价。连续两次考核不合格的校长免职。

【抓党建促行动】 2019年，教育系统以“改革创新 奋发有为”大讨论活动为契机，推进《振兴山阴教育五年行动目标》的落实。要求各学校，要以大讨论活动为契机，进一步解放思想，更新观念，创新工作思路，钻研工作方法，在推进《振兴山阴教育五年行动目标》上出点子、想办法，按照《振兴山阴教育五年行动目标》以及相关配套文件精神，结合各学校实际，制订切实可行的工作计划和工作思路，确保2019年“打基础”目标如期实现。对机关干部提出了“山阴教育要振兴，机关干部怎么办”的问题，要求机关干部针对这个问题，人人撰写发言材料，从思想上、认识上提高振兴山阴教育的责任感和使命感，当好振兴山阴教育的排头兵。按照县委的安排部署，积极开展“不忘初心、牢记使命”主题教育活动；一抓学习，利用“学习强国”平台和机关学习时间，学习主题教育活动有关文件，学习党章党规，学习习近平重要讲话，学习相关文章等。二抓研讨，党员干部轮流上党课，召开研讨会，就主题教育活动有关事项进行研讨。三抓检视，班子成员深刻检视自身存在的问题和领导班子存在的问题。四抓调研，班子成员深入学校调研，广泛征求意见建议，形成报告，并召开交流会交流调研成果。五抓整改，制定整改措施，限期进行整改。

【脱贫攻坚】 2019年，山阴县教育局高度重视贫困学生的上学问题。为避免适龄儿童因贫失学，领导班子及工作人员认真做好扶贫助学工作。一是认真核查贫困学生，分类整理，摸清受资助对象。二是按照有关标准，落实“两免一补”等资助资金。贫困幼儿资助按照全县适龄幼儿人数15%的比例核定，标准为1000元/人·学年；义务教育阶段学生全面落实好“两免一补”政策，保障建档立卡等学生享受义务教育寄宿生生活补助，标准为小学1000元/人·学年，初中1250元/人·学年，并实施全县寄宿生营养餐全覆盖政策，学生奶每人每天一袋，营养餐每人每天2.5元；普通高中贫困学生享受国家助学金和免学费政策，助学金标准为2000元/人·学年，免学费800元/人·学年。中职贫困学生助学金和免学费资助标准均为2000元/人·学年。对建档立卡等四类家庭经济困难学生实行精准资助。三是加强宣传教育与管理，对转学条件不充分的家长进行耐心细致的思想工作，进一步稳定生源，防止学生无序流动。四是认真做好包村扶贫工作。中秋节为兰家窑村委会和6家贫困户送去价值2500元的慰问品。

电　大

【概述】 2019年，山阴县电大新增农村干部学历提升专业两个，即“一村一”行政管理（村镇管理方向）专科班和农村区域发展本科班。2019年山阴电大农村干部学员共计招收110名，招生规模在全市六县区名列第一。2019年山阴电大在校总人数达427人，2019年累计毕业学生74名。

【招生考试】 2019年，全站上下以高度的责任感和敬业精神，精心组织、全力完成考试工作，不断强化考务管理和考风考纪的整肃和网考和纸质考试的保密工作。考场秩序、考务工作完成质量都有了很大提升。在日常教学工作中，认真完成新学员入学水平测试，根据中央电大的专业规则，适时为新学员选课并征订教材，按时保质完成学籍注册、教材发放、面授辅导、形成性考核作业评阅、本科生论文答辩、春秋两季招生服务工作，各项工作顺利完成，教学教务工作继续实现零差错。2019年全省教学检查工作组到朔州交流督导期间，山阴电大作为朔州市六县区唯一观摩检查点，教务教学工作受到检查组的一致肯定和好评。

【培训编纂】 2019年山阴县农村干部学历提升工程是由县委组织部主办、山阴县电大承办的一项重要工作。全体教职员工形成一致共识，本着“讲政治、顾大局”的根本意识，本着为山阴县培养服务于新农村建设的新型农村干部的追求，将办好农干班作为服务山阴县农村工作的一项重点工作。在县委组织部的安排部署和指导下，全力完成了年度各项任务。

《悦读山阴》是由山阴县委宣传部主办、山阴电大承办的又一项重要工作。本着挖掘、整理、宣传山阴文化、传播山阴正能量的初心，山阴电大完成了100余万字和2000多幅图片的筛选和编辑工作，最终完成了集35万余字和200余幅图片的成书。该书是山阴县历史上第一本图文并茂记录山阴历史文化的书籍，已被全国近百家图书馆收藏。

【学习和党建】 2019年，山阴电大准确把握“不忘初心，牢记使命”主题教育目标要求，不折不扣落实各项重点措施。认真学习贯彻习近平总书记重要指示精神和习近平总书记视察山西重要讲话精神，把“守初心、担使命，找差距、抓落实”的总要求贯穿始终，坚持抓思想认识到位、抓检视问题到位、抓整改落实到位、抓组织领导到位，围绕学习贯彻习近平新时代中国特色社会主义思想这条主线，引导党员干部牢固树立“四个意识”、坚定“四个自信”、做到“两个维护”。突出问题导向，着力解决党员、干部自身存在的问题特别是思想根子问题，着力解决群众最关心最直接最现实的热点难点问题，特别是在坚决打赢脱贫攻坚战上下功夫，山阴电大真抓实干，充分发挥班子的整体效能，精心研究，帮扶措施到位，2019年顺利完成两个村的脱贫攻坚任务。

进　修

【概述】 2019年，山阴进修校根据《中共山西省委 山西省人民政府关于全面深化新时代教师队伍建设改革的实施意见》（晋发〔2018〕29号）、《山西省人民政府办公厅关于印发山西省乡村教师支持计划实施办法的通知》（晋政办发〔2015〕120号）和《山西省中小学教师继续教育规定》（山西省人民政府令第135号）等文件精神，结合《山阴县教育振兴五年规划》，为进一步推进全县中小学幼儿园教师全员培训改革，强化教师常态化研训制度建设，建立符合山阴县师训工作实际的教师专业发展支持服务体系，增强全员培训的针对性和实效性，进一步强化与中国教师研修网的合作，创新工作思路，秉承“小集体、大服务”的治校办学理念，坚持“需求导向、服务为本”，按年初工作计划及2019年度目标责任考核指标的要求较好地完成了工作任务。

【年度考核指标】 2019年，山阴进修校制定的全年主要目标任务为：全面贯彻落实党和国家的教育方针、教育规划纲要，坚持“小集体、大服务”的治校办学理念，以服务教改、服务教师成长的工作切入点，以全省上下开展的“改革创新、奋发有为”大讨论为载体，紧盯一线教师课改需求及校本研修、网络研修融合趋势，以《山西省教育厅关于做好中小学幼儿园教师全员培训工作的通知》（晋教师〔2019〕15号）文件精神为指导，因校施策、特色开展校本研修指导、督促工作，圆满完成全县中小学幼儿园教师全员远程培训任务和“国培计划”送教下乡、乡村教师访名校、乡村校园长培训项目的对接配合工作、与教育局教研室共同举办了12场次的全县中小学幼儿园教育质量提升系列培训；持续开展校本研修与网络研修整合培训工作；在自身队伍建设、师德建设、集中形式主义、官僚主义问题等做了扎实有效的工作。

【“三基”建设】 2019年，山阴进修校2019年，全省上下发起了“改革创新、奋发有为”大讨论，进修校作为承担全县教师培训工作的专职机构，近年来，受诸多方面的因素的影响一些工作开展成效不佳，2019年，学校支部按照县委组组织部、直机关工委的统一安排部署，紧紧抓住“改革创新、奋发有为”大讨论的契机，不断放大学校“三基”建设成效，结合年初制订的教师成长发展计划，把“改革创新、奋发有为”的内涵和精神实质融入到学校的日常思政工作中，并加以消化吸收。在过去的一段时间里，教师进修学校为各级各类学校的教师成长发展做出了大量扎实有效的工作。随着新入编教师学历的不断提高、教师培训方式、途径的不断更新变化，教师进修学校在知识传授、主要目标任务上发生了较大的变化，特别是由于自身服务职能的老化，导致了学校工作很难受到重视，客观上也影响了教师们的积极性、自觉性。通过“改革创新、奋发有为”大讨论，学校支部、校委会借此机会，整理提炼了许多富贵的经验与做法，从巩固提升薄弱学科教师队伍上入手，注重自身学习，实施“每周五集中学习”制度，加强前沿信息引领，提高专业指导能力和实效，注重基层调研，采取“团队送教到校”的做法，通过了解培训需求、跟班督导，以提高师训工作的实效为落脚点，尽管这种打破常规的做法才刚刚起步，还有相当一部分教师不能认同接受，但通过近一年时间的努力，在实践中再一次证明了进修校采取的这些新做法、新举措对促进学校的发展、教师的成长起到了积极的作用，特别是社会上一直以来把教师进修学校当作为“教育系统的敬老院”的错误认识得到了大大的改观，进修校的青年骨干研训团队的“雏鹰引领”作用正在不断增强，基层学校对研训团队由“不欢迎、不认同”变成“结对研修、主动融合”，为一下步全面实现进修校由“有为”向“有位”提升转变探索新路、积累经验。

【师资培训】 2019 年，全面完成了各项师资培训工作任务，取得了丰硕的成绩。

认真落实义务教育统编教材，根据《教育部办公厅关于关于加强义务教育语文、历史、道德与法治学科教师培训工作的通知》及上级教育行政主管部门关于统编三科教材培训工作方案的要求，使广大一线教师正确理解、把握统编教材在全面融入社会主义核心价值观等方面的编写思路，实现统编教材全员培训的目标。进修校积极与县教科局教研室沟通协作，分别于 2019 年春季学期和秋季学期进行了两期集中培训，培训分初中、小学两大类九个批次进行，根据上级教育行政主管部门的方案要求，结合山阴县教师培训及教材使用的实际情况，进修校积极发挥基层培训承办机构的灵活作用，与北京尚睿通教育科技股份有限公司的网络平台和专家库的资源优势，利用“互联网+技术”以集中授课、交流探讨为主要培训模式，在培训过程中采用实时联线、视频答疑、专家解惑等线下线上互动发力的方式，对全县 361 名教师进行了一级培训，同时从 361 名教师中选拔了 90 名组成进修校的统编教材二级培训指导员，在进修校派驻各学校包校工作人员的陪同下，利用双休日分组送培下乡。通过培训，进修校的一线教师深受启发，大家一致认为采取的这种培训方式灵活、有效，特别是后续的工作时间，持续转发、转载有关师训、统编教材的培训心得、专家见解，让教师真正理解、领会教材的编写思路，并把统编教材的编写思路在日常的课堂教学中体现出来，真正达到用教材教，而不是教教材。教师对教材的理解、运用水平和能力直接影响到课堂教学效果，为了确保统编三科教材更好地使用，实现“三年全覆盖”，作为县级教师培训机构进修校积极响应上级号召，用积极的工作态度、创新的工作方式、先进的工作理念，努力做好三科统编教材的培训、解读，特别是收集、整理的教材介绍、重难点解析、教学课例及点评深受广大一线教师的好评，有效实现了“三科”统编教材的山阴县各级各类学校的软着陆，并取得了良好的效果。

中小学幼儿园教师全员培训工作扎实推进，2019 年进修校按照“管理线、指导线、执行线”三线支撑的项目运行原则，继续承担全县中小学幼儿园教师全员培训的组织、监督、管理任务，自 2019 年 10 月初安排组织以县直各学校、乡镇中心校、幼儿园为单位报名以来，全县共有312名高中教师，72名幼儿园教师、869名初中教师、903名小学教师报名参加远程培训。培训开始以来，进修校把努力做好全县中小学幼儿园教师全员远程培训的包校辅导、学习监督工作作为全校的主要工作任务之一。根据网上统计结果，全县已有896名小学教师、868名初中教师、70名幼儿教师、309名高中教师完成了网上培训学习任务，完成了发帖、提交实践作业，全县教师参训率、学习率、在线率均位居全市前列，受到了继教网山西办事处和省厅教师工作处的多次表扬。2019年全员培训高中教师主要“新课标、新课堂、新高考”三新为主要研修内容、义务教育教师以“学科素养进课堂、学科知识大讲堂、信息技术优课堂”为主要研修内容、职中教师以“素养技能双提升”为主要研修内容、幼儿园教师以“家园合力，让游戏更加自主”为主要研修内容，坚持立德树人，强化教师对学科育人的认识和理解，着力提高教师的教育教学能力和水平。进修校2019年的全员培训工作组织实施连续三年以来的“包校到人、绩效挂钩”的办法，全校37名在职教职工安排了32名专职教师分别下级到各级各类学校、幼儿园，负责全员培训的组织、注册、学习、答疑及成绩登记工作。

校本研修与网络研修融合进一步深化，按照教育部教师发展司的总体规划结合山西省“十三五”教师成长发展计划，山阴县从2016开始在全县义务教育学校开校本研修试点工作，2017年开始延伸到高中、幼儿园开展，当前校本研修与网络研修整合工作正在推向深入，但从整体来看，校本研修作为一项新时期教研工作的新方法、前沿做法，各级各类学校已逐步开展，但受传统习惯的影响和大部分老教师的思想抵触进展相对缓慢，山阴县的校本研修工作还没有突出亮点、形成特色，为此，进修校利用远程网络教室的平台，尝试开展网络环境中的校本研修。提倡教师建立博客，积累教学经验，要求以教研组和师训组为单位分别建立QQ群、微信群，提倡将每项任务的总结反思直接写到群里，不仅促使个人及时反思，而且便于同行之间的业务交流，并定期整理，希望以这种方式，对教师自主研修起到巨大的促进作用。

职教中心

【概述】 山阴县职业教育中心是一所公办性质职业技术学校。学校位于山阴县城先进小区，地理位置优越，交通便利，学校成立于2006年，编制为11人，现学校教职员工共23人。属事业单位。

【职教成绩】 20119年，山阴县职业教育中心申报了计算机和汽修两个职业教育高水平实训基地建设项目和音乐、会计电算化两个职业教育高水平重点专业建设项目。与北京商鲲教育控股有限公司高铁服务、人工智能、3D打印、无人机专业方面在签订了合作协议，与山阴鹏程汽修服务中心在汽修专业签订合作协议、山阴黄鹂鸟演出策划公司在音乐专业签订合作协议、太原市惠印网络科技有限公司、山阴县鸿雁工艺美术社等在计算机、广告设计方面签订合作协议。向发改局争取产教融合建设资金1900万元。产教融合取得实质性进展。通过山西省教育厅关于“山西省县级职教中心达标建设评估验收”。县政府大力支持职教中心发展，斥资4800余万元新建综合教学楼、实训楼、实训基地、学生公寓、餐厅等，总面积达26000平方米；引进了自来水、集中供暖。教学环境大幅度改善。县教育局为职教中心招聘专业课教师2名，缓解了学校专业课教师不足的现状。学校购置近170万元的计算机广告设计的设备，已安装并投入使用。

职业学校

【概述】 2019年，山阴县综合职业学校有教学班3个，学生154人，设置专业有计算机应用、机电技术应用、汽车维修、音乐、绘画、体育等专业。设有相应的专业计算机教学实训教室、机电电子实训室、音乐实体教学教室、操场、篮球场、足球场。提出“以服务对象为宗旨，以学生为主体，培养德、智、体、美、劳全面发展的高素质和技能型人才”。招生对象为初中毕业或具有同等学历的社会青年。学制为三年或一年制学历教育和短期技能培训。2019年有部分同学参加了对口升学考试并顺利进入高等院校就学，实现了山阴县职业教育对口升学考试新的突破。学校举行社会再就业劳务培训，配合劳动部门进行职业资格证书类鉴定考试。

【办学理念】 综合职业学校“坚守质量立足点，唱响发展主旋律”的办学思路为抓手，努力实践“德智体美全面发展，知情意行和谐统一”的办学理念，在全体师生的共同努力下，各方面工作都取得了长足的发展。学校在职教发展方面主线清晰，专业课程开全开足，实训教学适应工作需求，不断探索职教模式，坚持“以服务为宗旨，以就业为导向”的职教理念，以培养社会实用型人才为目标。落实中职生国家助学金、免学费政策。

【校园建设】 2019年度，县政府投资4000余万元建设职中，新建了教学楼、实训楼、行政楼、公寓楼、餐厅共7000多平方米，水、电、暖各种设施配套，将在2020年9月份交付使用。

技工学校

【概述】 朔州市技工学校（原名为雁北地区劳动技工学校），1977年9月由雁北地区行署创办，1989年随着朔州市成立，划归为朔州市人民政府主办。为全额拨款事业单位，正处级建制，2011年核定编制为120人，2019年编制为81人，共有职工67人，其中教师45人（高级讲师14人，讲师25人，助理讲师6人），其中一体化教师17人。主要职能是开展技工学历学制教育和职业技能培训工作，为社会各行各业输送专业技工人才。

【技能教学】 2019年寒假期间，朔州市技工学校招收技工学历学生40人，开设了计算机应用和汽车维修专业。至秋季，学校有在校全日制学生92人，另有非全日制学生17人。朔州市技工学校作为朔州市职业培训基地，2019年，技工学校全年开展创业培训300人，开展全民就业技能培训3714人。

2019年初，市委人才办为技校招聘3名紧缺专业研究生学历人才，实际到校英语专业1人。9月起到12月初，技校主动与山阴县供热公司对接，对技校北墙处原锅炉房进行了改造，建成了加热站，改善周边居民用户的冬季供暖。12月17日，经省技工学校高级教师职务评审委员会评审通过，技校又有2名教师获得高级讲师专业技术职务资格。2019年12月底，技工学校与北大青鸟公司签订合作办学协议，正式筹办精品计算机专业。2019年，技工学校投入办公经费，为教学、办公场所更新了办公设备。

山阴一中

【概述】 山阴一中共设有教学班61个，学生2781人，教职工365人，其中教师358人，工人7人，专任教师学历全部合格。现有中学高级职称的教师77人，中学一级教师117人，中学二级教师164人。师资队伍结构合理，热爱教育事业，业务精，能力强。山阴县第一中学校近年来先后被中国关工委、教育部关工委授予“全国中华魂主题教育活动先进集体”，三年连续获得山阴县“红旗单位”光荣称号、朔州市平安校园；多次受到省教育厅、市教育局等有关部门的表彰。

【硬件设施】 2019年，山阴一中总占地面积288674平方米，其中建筑用地面积223049平方米，绿地率35%，总建筑面积100817平方米。地上建筑面积96853平方米，地下建筑面积3964平方米，教学楼及实验楼26766平方米，图书馆9120平方米，行政楼5415平方米，艺术楼4792平方米，餐厅总面积14622平方米，可同时容纳3200人就餐，学生宿舍25942平方米，浴室及锅炉房1500平方米，综合楼3750平方米。学校现有物、化实验室各6个，物、化、生探究室各1个，生物准备室3个，物理准备室4个，化学准备室5个，生物观察室3个，通用技术设计室2个，通用技术实践室2个，语音室4个，语音准备室2个，计算机室6个，电子备课室3个，阶梯教室3个，每间教室配有现代化教学设备，实现了多媒体教学，使课堂真正变得“有声有色”，传统教学与现代信息技术结合有效地促进课堂教学的改革，提高了教育教学质量。

【教师团队】 2019年，山阴县第一中学校专任教师配备及学历结构：学校现有专任教师358名，其中女教师221人，男教师137人。在校学生2781名，师生比1∶9。其中研究生学历44人，本科学历314人，占专任教师人数的100%。专任教师职称结构：高级职称77人，占总人数比例为21.5%；中级职称117人，占总人数比例为32.7%；初级职称164人，占总人数比例为45.8%。专任教师年龄结构：30~40周岁219人，40~50周岁90人，50~60周岁56人。

【学生情况】 2019年下学期学校共2781名学生，有61个教学班，平均班额46人。全部学生实行分层均衡编班。学生体质健康率情况：现有学生2781名，参加体质测试的学生2781名，其中体健测试的学生及格及以上共2700人，学生体质健康合格率为96%。山阴县第一中学校的进城务工人员子女共50名，和本地学生同等享受国家政策。学校对留守儿童在生活和学习上给予充分的关爱，给予特别关心照顾。

【教学管理】 学校以“品学兼修，知行合一”为校训，全面贯彻落实党的教育方针政策，坚持“营造书香型校园，打造学术型队伍，培养创新型人才”的办学理念，以“服务学生，服务家长、服务社会”为办学宗旨，求发展，创特色，谋跨越。学校多次受到国家、省、市、县的表彰，成为国家基础教育实验中心重点课题《中国学校心理健康教育行动研究》“实验基地学校”，全国人大常委会副委员长、全国妇联主席陈至立一中学校高度赞扬，并题写了校名；与首都师范大学全方位、深度的合作已初有成效。

二　中

【概述】 学校贯彻执行国家的教育方针、政策、法律、法规，落实省、市、县关于教育的决议，制定初中教育管理规章制度。贯彻执行国家语言文字工作的方针、政策，负责语言文字管理工作，指导普通话的推广和培训测试工作。综合管理、督导、评估本校初中教育工作。指导教职工思想政治工作和学校精神文明建设，搞好学校体育、卫生、艺术教育及国防教育。负责教育经费和补助专款管理，教育基建专款的管理，监督、指导学校基建，校舍安全和校园绿化、美化工作。统筹规划，指导教育教学改革。抓好学校内部人事制度和管理体制改革，管理学校教育科研、现代信息教育技术、教学仪器设备配置工作。抓好教职工队伍建设，组织学校实施资格制度，职称改革、教师的培养、培训和教师专业技术职务的推荐聘用工作和继续教育工作。抓好学校党的建设和领导班子建设，指导工会、共青团、少先队工作，抓好纪检、行政监察、信访、审计和行风建设。抓好招生工作。负责学校人事管理和考核、报批工作，学校教育基本信息统计、分析、发布和信息系统的开发工作，归口管理的对口支援工作和对外宣传交流。全面贯彻“管理立校、教改强校、文化兴校”三位一体的办学思想，完善制度，精细管理。是省级示范初中学校，省级平安校园学校，朔州市五星级学校。

【硬件设施】 山阴县第二中学现有建筑面积31938平方米，其中教学楼一幢五层8140平方米，综合实验楼一幢五层6984.62平方米，学生公寓两幢五层，共9076平方米，学生餐厅一幢三层7014平方米，阶梯教室一个324平方米，运动场9600平方米，可容纳2000名学生就读。综合实验楼设有图书室3个，阅览室4个，其中图书有26大类，共43391册，生均22册，各类视听资料、教学软件、模型、挂图等计68件，物理实验室3个，化学实验室2个，生物实验室1个。化学仪器135种8868件，物理仪器143种3524件，生物仪器112种3645件。计算机教室2个，共有学生计算机110台，教师专用机4台。音乐教室2个，美术教室2个，舞蹈教室1个，音、体、美专用教室符合标准。音乐器材11种15件，美术器材30种576件，体育器材51种853件。笔记本电脑160台。每位专任教师都配备专用笔记本电脑一台。班班配置有多媒体。全校所有教室、教研室和办公室全部接入互联网。安全保障方面实现“三防”，分别为人防：有校园义务消防队1个，安全应急小组1个，校园安全保卫1个，专职公寓管理队1个。技防：有校园监控系统1个，有摄像头120个，全部为高清摄像头，实现校园全覆盖，校园一键警报器2个。物防：有干粉灭火器78个，二氧化碳灭火器8个，消防栓60个，微型消防站1个。学校固定资产总值62153278.19元，净值48757100.81元。其中：房屋及构建物53782681.77元，净值46982316.25元；通用设备3210775.14元，净值858043.69元；专用设备343358元，净值140449.06元；图书、档案1069553.28元，净值626716.7元；家具、用具33746910元，净值149575.11元。

学校校内有路灯36个，夜晚灯火通明，宣传橱窗16个，文化氛围深厚。校园栽植有松柏树、丁香树、金叶榆等，走进校园碧绿、金黄交相呼应，丁香花阵阵飘香，使人感到身心愉，精力充沛，活力无限。

【教师团队】 2019年，山阴县第二中学专任教师配备及学历结构：学校现有专任教师129名，其中女教师85人，男教师42人。其中本科学历124人，占专任教师人数的96.1%，专科学历5人，占专任教师人数的3.9%。在校学生1145人，师生比1∶11.3。

专任教师学科结构：专任教师129人，其中，语文教师22人，数学教师21人，英语教师22人，物理教师8人，化学教师4人，生物教师6人，历史教师8人，地理教师7人，音乐教师5人，体育教师7人，美术教师3人，综合性学习教师3人，信息技术技术教师3人，通用技术教师3人，研究性学习教师3人，地方校本课程教师5人。

专任教师职称结构：高级职称15人，占总人数比例为10%；中级职称49人，占总人数比例为38%；初级级87人，占总人数比例为52%。

专任教师年龄结构：30岁以下7人，30～34周岁25人，35～39周岁21人，40～44周岁

32人，45~49周岁15人，50周岁以上29人。

【学生情况】 2019年第一学期学校共1668名学生，有31个教学班，平均班额54人。严格执行国家课程标准，学生每天的课外作业不超过40分钟。学校共1668人，参加体质健康测试的学生共1668人，其中体质测试及格及以上共1605人，学生体质健康合格率为96.2%。2019年第二学期学校共设有24个教学班，1145名学生，全部学生实行就近入学，均衡编班。

【教学管理】 学校着力优化师资队伍，师资结构合理，教师资源均衡配置，“老中青”三结合的模式，形成了以老带新，以新促老的良性发展格局。在教学管理上，学校经常组织开展各类教研活动，形成了独特的办学风格，建立并完善了一整套科学、严谨的管理制度和严明的奖惩制度，得到了广大家长的一致认可与好评。学校定期召开学生、家长座谈会，向学生、家长发放调查问卷，注重听取学生、家长的意见与建议。

山阴三中

【概述】 2019年，山阴县第三中学第一学期学校共设有17个教学班，868名学生，在编在岗教职工149人，借调在岗教师2名，专任教师学历全部合格。现有中学高级教师19人，中学一级教师49人，学科带头人45人，省、市、县教学能手60人。2019年中考又一次取得优异成绩，参考人数仅有85人，600分以上21人，5位同学位居全县前十名，中考优秀率全县第一。学校以提升增效为目的，加强班主任和教师队伍建设，提升学校内涵发展，加强学生理想前途教育和行为习惯养成教育；通过家访活动和教师结对帮教活动，改善师生关系，密切家校关系，形成了家校教育合力，不断提高育人质量和教育质量，向全县人民交出一份满意的答卷。

【硬件设施】 2019年，山阴县第三中学建筑面积46620平方米，校舍建筑面积16090平方米，学校按国家规定拥有理化生实验室、音乐教室、计算机机教室、美术教室、阅览室等专用教室，并班班安装了多媒体，拥有1个400米环形跑道和100米直线跑道面积为19553平方米的体育场。学校设有图书室2个，阅览室4个，其中图书有26大类，共60000册，生均69册，各类视听资料、教学软件、模型、挂图等计68件。物理实验室2个，化学实验室2个，生物实验室1个。化学仪器135种8868件，物理仪器143种3524件，生物仪器112种3645件。计算机教室2个，共有学生计算机114台，教师专用机4台。音乐教室2个，美术教室2个，舞蹈教室1个，音、体、美专用教室符合标准。音乐器材体育器材11种15件，美术器材30种576件，每位专任教师都配备专用笔记电脑1台。班班配置有多媒体设备，可以开展多媒体教学。全校所有教室、教研室和办公室全部接入互联网。安全保障方面实现“三防”，分别为人防：有校园义务消防队一个，安全应急小组一个，校园安全保卫一个，专职公寓管理队一个。技防：有校园监控系统一个，有摄像头149个，全部为高清摄俊头，实现校园全覆盖，校园应急警报系统一个。物防：有干粉灭火器78个，二氧化碳灭火器8个，消防栓60个。学校固定资产总值13209743.3元。其中：房屋及构建物9930000元；通用设备1330832.2元，专用设备294401.3元，图书、档案1321385.24元，家具、用具1654509.8元。

学校校内有路灯16个，夜晚灯火通明，宣传橱窗6个，文化氛围深厚。校园栽植有松柏树、丁香树、金叶榆等，走进校园煦日融融，鸟语花香，清风拂面，格言警句，名人字画，时文选粹，映衬其中，是学子静心读书，快乐求学的好地方。

【教师团队】 2019 年，山阴县第三中学专任教师配备及学历结构：学校现有专任教师 149 名，其中女教师 80 人，男教师 69 人。在校学生 868 名，师生比 1∶6。其中本科学历 149 人，占专任教师人数的 100%。专任教师学科结构：专任教师 149 人，其中语文教师 25 人，数学教师 24 人，英语教师 25 人，物理教师 9 人，化学教师 6 人，生物教师 8 人，历史教师 8 人，地理教师 8 人，音乐教师 5 人，体育教师 7 人，美术教师 5 人，综合性学习教师 3 人，信息技术技术教师 3 人，通用技术教师 3 人，研究性学习教师 4 人，地方校本课程教师 5 人。专任教师职称结构：高级职称 19 人，占总人数比例为 12.8%；中级职称 49 人，占总人数比例为 32.9%；初级职称 83 人，占总人数比例为 55.7%。专任教师年龄结构：30～40 周岁 25 人，40～50 周岁 73 人，50～60 周岁 51 人。

【学生情况】 2019 年下学期学校共 868 名学生，有 17 个教学班，平均班额 51 人。全部学生实行就近入学，均衡编班。无择校情况，严格执行国家课程标准。学生每天的课外作业不超过 40 分钟。参加体质测试的学生 868 名，其中体健测试的学生及格及以上共 830 人，学生体质健康合格率为 96%。山阴县第三中学校的进城务工人员子女共 30 名，和本地学生同等享受“两免一补”国家政策。学校对留守儿童在生活和学习上给予充分的关爱，给予特别关心照顾。

【教学管理】 2019 年，山阴县第三中学以“针对性与有效性结合、示范性与多样性结合、普及性与提高性结合、指导性与管理性结合”的基本思想，以“尚德、博学、明理、善为”为校训，秉持“以人为本、彰显个性、多元提升、和谐发展”的办学理念，坚持“德育是首位、教学是中心、效率是灵魂、质量是生命”的办学原则，认真贯彻科学发展观，从提高教师学历与水平入手，建立了骨干教师培养机制，强化内部管理，实施制度约束的情感交流管理手段，充分挖掘与启动内部活力，为办学目标夯实了基础，办学质量名列全县同类学校前茅，深受家长及学生的欢迎和社会的好评，多次受到国家、省、市、县的表彰，先后获得“先进基层党组织”“依法治理示范单位”“平安校园”“朔州市文明和谐单位”等殊荣。

山阴五中

【概述】 山阴五中成立于 2013 年，是一所公立全封闭式寄宿制初级中学校。2019 年，三个年级共有 35 个教学班，1787 名在校学生，132 名教师，其中研究生学历 3 名，本科学历 125 名。其中调入的教师 82 人，借调教师 50 人。40 周岁以下教师 111 名，40～50 周岁的教师 15 名，50 周岁以上教师 8 名。中高级职称 39 名，荣获省市学科带头人，骨干教师 28 名。2019 年 2 月何文东担任山阴五中校长。

【硬件设施】 山阴五中学校占地面积 101 亩，建筑面积 36000 平方米，操场面积 13000 平方米，绿化面积 12900 平方米。各类实验室 20 个（化学 5 个、物理 5 个、生物 5 个、地理 1 个、语音 4 个），专用教室 9 个（音乐 2 个、美术 2 个、计算机 5 个），多媒体阶梯教室 1 个，教学用计算机 130 台，其中：笔记本 60 台，台式 70 台，图书阅览室藏书 55000 册。学校信息化建设达到了班班通，校园监控实现了全覆盖。

【教学管理】 成绩提幅大。五中成立近六年来，面对招收学生相对成绩较差的状况积极进取，在历次全县统考、中考成绩都很突出，学生整体成绩提高幅度大。班级容量小。五中实行小班化教学的初中学校。每班严格执行不超50人的规定，有利于个别对待、因材施教，各科教师三年不放弃一个学生。教学管理严。实行全封闭管理的初中学校。休息、就餐、活动、两操、课间统一管理，整齐划一。努力培养学生团队精神。学生分配均。实行均衡编班的初中学校。按成绩均衡分配学生，均衡搭配教师，严格实行教师全员绩效考核，真正能调动全体教师的积极性。师资年纪轻。2013年五中面向全省特招了30名本科以上学历的教师，从全县选拔了优秀的70多名年轻骨干教师，使五中的师资具有学历高、年纪轻、质量好的特征，整体队伍朝气蓬勃、积极向上、劲头十足。

山阴四小

【概述】 2019年，山阴县第四小学校坚持以社会主义核心价值观为指导，以“德育为首，以人为本，质量强校”的办学思想，以教学常规管理为切入点，依法治校，认真抓好学校各项管理工作，努力构建和谐校园、平安校园，较好地完成了工作任务。

【师德师风】 山阴第四小学高度重视师德师风建设。先后多次专题开会学习了上级有关教师作风建设文件，要求教师在平时的教学工作中时时严格要求自己，时时自我反省，做学生的表率。开展师德培训，塑造教师为人师表的良好形象。学校有针对性地提出了几点要求，一是要求全体教师爱护关心学生，走近学生的心灵，和学生做知心朋友、和学生的家长交朋友，不准冷嘲热讽伤害家长，更不准教师训斥家长；二是严禁教师体罚和变相体罚学生；三是禁止教师有偿补课、私自为学生乱订资料。通过开展师德师风自查活动，全体教师进一步转变了工作作风，提高了办事效率，文明执教，优质服务于学生。学生、家长对教师工作的满意度有了大幅度提高。

【教学质量】 山阴第四小学教学工作始终坚持以教育教学质量为中心，以教学常规管理为切入点，强化本年度的教学工作。规范教学秩序、强化教学常规管理。学校严格执行教学“六认真”，教师做到认真备课、认真上课、认真布置批改作业，认真辅导学生，教导处做到认真检查、认真考核评价，强化教学过程每个环节的实效。除坚持每月进行一次教学常规检查并及时通报检查结果外，平时校长和教导处还对教师授课进行不定期的抽查。教导处将常规教学检查融入到平常的教学过程之中，采取了分学科进行指导，将检查结果及时反馈给校长和任课教师，并提出改进意见，不断完善和提高教学水平。严抓教学计划的制定和落实，加大了听课、查课的力度，对教学过程中出现的问题及时处理并做好记载，根据教学常规考核细则有针对性地提出改进措施。认真组织了期中和期末教学质量检测活动，并结合日常教学工作不定期检查教师的备课、听课、业务学习及作业批改等情况并及时记载，作为学期结束，教师绩效考核的依据之一。同时要求各位教师平时要重视基础训练如：作业分层次，抓好错题过关，作业布置有针对性、讲究实效，做到精而少，辅导及时、针对性强。特别要重视个别辅导，充分体现面向全体学生，为了每一个学生的宗旨。

【教师团队】 2019年，山阴县第四小学抓好教师队伍建设，提高教师素质。继续开展帮教活动。学校每学期集中安排了公开教学周，通过听课、评课，反馈教学情况，使教师比较迅速地成长起来。发挥骨干教师、教学能手的示范和引领作用，积极选派成海霞、郭彦洋两位教师参加了山阴县第三届（2019年）中小学教师教学技能竞赛。此外，学校还开展了一系列教研活动，促使教师学习课改精神和理念，积极钻研新教材。严格执行“减负”规定，向课堂教学要效益。学校要求每位教师要树立“向四十分钟要质量意识”，充分利用好课堂教学平台和教育资源，切实提高教学质量。要求任课教师结合学科特点，提升自己的专长，为全面提高教学质量发挥应有的作用。同时改进教学方法和学习方式，引导学生自主、合作、探究学习，注重培养学生的学习能力、独立思考能力、创新能力和实践能力，发展学生的个性特长。

【素质教育】 2019 年，山阴县第四小学实施素质教育，既是学校工作的基本点，也是最关键的部分，一直以德育工作为首位。开展丰富多彩的活动，坚持每周一的升旗仪式。精心准备升旗仪式，利用国旗下讲话 对学生进行文明礼貌、行为习惯等教育。开展了丰富多彩的学生课外活动，如古诗文诵读比赛、“六一”儿童节庆祝活动、拔河、跳绳比赛等，让学生得到了展示的平台。坚持文明班级评比，继续开展了“流动红旗”评比活动。给学生创造一种积极向上的氛围，让学生自己管理自己。注重常规教育，抓学生行为习惯养成教育。以《小学生守则》《中小学生日常行为规范》为标准，在全校范围内开展争做规范生活动。学校要求各位教师加强与学生家长进行交流；采取家访、电话访谈等形式，了解家长的需求，及时掌握好学生的学习动态。并结合上级安排开展了“小手拉大手”活动。

【安全和后勤】 2019 年，山阴县第四小学加强学校安全和后勤服务工作，强化安全管理责任，学校安全直接关系到广大师生的生命安全，关系到社会和谐稳定。学校后勤部门本着服务于教育教学工作的原则，努力创造优美舒适的校园环境，为教育教学提供安全保障，尽心尽力做好后勤服务工作。坚持常规工作不放松，确保教育教学的正常进行。在开学初及时发放了办公用品；检修了各教室照明设施；维修了学生损坏窗户玻璃。对各班级的财产和物品进行核查并登记入册，落实固定资产的管理工作。每月进行了安全排查，平时也不定期对学校电器进行安全检查，并将检查记录进行汇总，发现问题及时维修。对学生损坏的课桌椅、门、锁、窗、水电也及时进行了维修。强化安全意识，紧抓安全工作不放松。开学初，向每位学生家长都发放了《致家长的一封信》，并要求在回执上签字。学校也与教职工、特别是班主任老师签订了安全目标责任书。进一步完善了各项安全制度和应急预案，加大了安全宣传力度，认真落实了安全课进课堂，每学期都组织了不少于两次的小学生安全知识竞赛和学生紧急疏散演练，使学生的安全意识得到了很大的提高。对学校教学设施、体育设施、电路等，不定期进行了检查，发现问题，及时整改。加强学校内保工作，严格执行学校各项管理制度，把教师轮班制度落到实处，认真履行职责，严禁闲杂人等进入校园，确保校园安全。

【学生活动】 2019 年，山阴县第四小学 3 月，举行“学雷锋纪念日”活动；4 月 3 日，开展主题为“清明节，倡导文明祭礼，杜绝森林火灾”消防安全实践演练活动。4 月 4 日，开展主题为“手拉手关注学生健康，心连心构建和谐校园”卫生健康知识讲座。开展主题为“点燃读书激情，共建书香校园”读书节活动。5 月 31 日，开展主题为“童心飞扬，欢庆六一”活动。2019 年 9 月 5 日，在山阴县政协主席段国强，中书汇山阴工作站站长闫加春的带领下，由大同市山阴商会秘书长赵国忠、副秘书长薛登科牵头，特邀国际联盟书法家协会大同分会主席刘鸿泉、杭州分会主席连福俊，大同卫校、大同日报社、大同市美协相关领导一行人走进山阴县第四小学，参观调研“书法进校园”活动。10月1日，举行“我为祖国庆生日”活动。11月1日，举办主题为“我运动，我快乐”校园运动会。

新杰中学

【概述】 1999年8月建校，位于岱岳镇府西街与西环路交叉处，2003年8月由原来的技校高中实验部、山阴县新杰中学、天风中学高中部合并组建，形成现在规模的新杰中学。新杰中学是山阴县唯一一所全日制民办普通高中。学校严格依据《民办教育促进法》进行依法办学，贯彻执行党的教育方针、政策，遵守国家法律法规。学校制定了普通高中教育、教学、管理、安全等规章制度，立足学校现实，以人为本，立德树人，编制符合本校高中教育的发展战略，综合展开学校的管理督导、评估工作，努力为山阴县培养各级各类有用人才。新杰中学为6轨制民办普通高中，占地40余亩。学校现开设18个教学班，在校学生1024人，教职工92人。学校配有计算机室、多媒体教室，音乐、绘画、编导、体育、舞蹈等都有专门教室，对学生进行个性培养。校园网络覆盖，安全监控无盲区。

【教学改革】 山阴新杰中学在发展中经历了高考的辉煌，现在因种种因素造成校生源较差。鉴于这种情况，新杰中学制订切实可行的“241”教学方案。“2”是针对学生知识基础薄弱进行了两项设计：压缩非学习时间，延长学习时间，足够的时间是打好学习基础的保障；根据学科特点，适当弥补初中知识短板，服务高中教学。“4”是根据学生特点，要求全体教师必须做到四个坚持：坚持鼓励学习，树立学生学习信心；坚持以问题为导向，明确目标，学以致用；坚持学习教研，培养研究型教师；坚持基础教学，为60分努力。“1”是每班根据本班的学生特点再制定适合本班的教学、鼓励、测试等1个方案，做到班班有特色，人人有信心。

【校园文化】 2019年学校团委、政教处通过学习、研究、讨论，本着“增强班级凝聚力，爱家爱校爱祖国”的宗旨，确定以中国传统节日及国家节日为主线，进行校园文化建设，最终形成“151”建设方案，“1”是以“清明节—青年节—教师节—国庆节—‘一二·九’”为节日主线；“5”是策划举办5次全校大型文化活动；“1”是以班级为单位，根据本班需求和班主任、任课教师与班干部共同策划，在班内形成一个具有本班特色的班级文化建设方案。

【学校党建】 根据上级党委有关重要会议精神，在不影响正常教育教学工作的前提下，新杰学校党支部采取集中学习和个人自学相结合的方法，学习十九大精神、学习习近平总书记的系列讲话、学习“改革创新、奋发有为”的思想精髓，党员之间开展学习心得交流，畅谈学习所得，提升思想认识，不断增强学习效果。校党支部通过深化理论学习，明确以“为学生服务”为使命，全体党员以高度的政治责任感和使命感奋斗在工作一线。以身作则，发挥党员榜样作用，使党员和教师对学校教育的发展充满信心。学校党支部2019年有2名青年党员转正，有2名预备党员，1名发展对象、3名入党积极分子，使党支部党员年青化、充满朝气。

浦泽学校

【概述】 浦泽学校建于2000年，是山阴县较早一所民办学校。学校占地面积38991平方米，建筑面积19309平方米；2016年秋学校进行重组，2017年学校新建3698平方米的宿舍楼和1200平方米食堂，可同时容纳1000多名学生住宿和就餐；5000 平方米的操场在建设中。三年发展，学校现有小学部、幼教部两个教学部，28 个教学班，在校生 1005 名，在岗教职工 105 人，专任教师 92 人，专任教师学历合格率为 100% 。学校的办学思路非常清晰，那就是认真吸收先进的办学、治学经验，遵从教育规律，扎根山阴大地办教育。一切从实际出发，继承而不守旧，借鉴而不照搬，追赶而不追随，秉持“以学生为中心”的发展思想，走出一条“以立德树人为根本任务，以提高学生素质为基本要求，以优化学业为主攻方向，以深化内部管理为动力”的特色道路。

【教师团队】 班子建设突出责任落实。学校要求领导成员及全体教职员工要牢固树立六个意识，服务意识、团队意识、创新意识、竞争意识、危机意识、责任意识，建设一个与时俱进，团结进取、追求卓越、争创一流的领导班子。师德建设重在潜移默化。定期组织全体教师认真学习教师法、《中小学教师职业道德规范》，扎实开展“爱与责任”主题教育系列活动，进一步提升了教师的责任感。努力打造让人民满意的教师队伍。教师管理实现有章可循。学校坚持从建章立制入手，不断完善学校规章制度，使学校不断向规范化、系统化、科学化的管理轨道迈进。制定和完善了《教职工考勤制度》《教育教学奖励暂行办法》《教代会制度》《文明班级评估细则》，以及备课、上课、辅导、作业布置与批改、检测、教师听评课、集体备课、安全工作等一系列规章制度，凡事用制度说话，制度面前人人平等，做到有章可循、有法可依。

【教学管理】 浦泽学校加强教学常规的全程管理。教导处不定期抽查教师的教学设计、教学反思、教学案例、听课笔记、作业批改，对每个年级采用定期或不定期的知识抽查，并认真填写“检查情况记录表”。对检查中发现的问题分类汇总，及时与相关教师交流，敦促整改。加强校本教研活动。学校坚持听课日制度、每周一次教研活动制度。教研活动做到期期有计划，每次活动有主题，有中心发言人，有活动记录，学期有总结。搭建活动平台，开展岗位练兵。开展老教师示范课、青年教师汇报课、组内教研课、校内优质课、课件制作大赛、全员基本功达标等各类活动，促进教师教学教研水平的整体提高。教务处组织教研组编写学案，打造高效课堂，实现“日清—周测—月结”循环。积极参加主管部门组织的各类培训活动，明确参培学习的要求任务，建立学习档案，保证了培训质量。

【校园文化】 浦泽学校高度重视校园文化建设，认真谋划，集思广益，大力推进校园文化建设，为师生提供良好的育人环境。以“爱心 、礼仪、励志、健康”为主题的教学楼楼道文化墙，以让学生“了解、学会、养成”为主题的宿舍楼楼道文化墙，以“文明 、安全 、节俭 、自立”为主题的餐厅文化墙等，墙墙生动活泼，处处主题鲜明。让墙壁“说话”，使学生整个学习和生活的环境成为一部立体的、多彩的富有吸引力的教科书。到 2019 年止，校园四周、操场周围种植各类树木 300 多株，每到夏天花团锦簇、芳香扑鼻。

【校园活动】 浦泽学校始终从细节入手，围绕学生的日常生活及做人、做事展开丰富多彩的活动，从多个层面对学生进行教育管理，坚持以爱育人，使学生的思想得到净化，能力和素质得以提高。深入开展“文明礼仪伴我行”活动。本校结合《中小学生守则》和《中小学生日常行为规范》，坚持从学生的日常行为抓起，要求学生做到“文明在我心中”“文明在我手中”“文明在我脚下”。教育学生在家做个好孩子；在校做个好学生；在社会做个好公民。积极开展丰富多彩的活动，结合重大节日、纪念日开展的有声有色的庆祝、纪念活动，使爱国主义教育、集体主义教育和革命教育寓以其中。在中华人民共和国成立70周年之际，举办了“弘扬中华魂 传承民族精神”诗朗诵及征文比赛，进一步激发了学生的爱国热情和民族自豪感。为了加快特色学校创建的步伐，学校积极响应县教育局的号召，成功举办了“名人佳作入校园——展示会”。活动从走近名人、朗诵会、让名著走上舞台、名曲欣赏、等各个方面展示了学校在提高学生素质方面所取得的成果。

【教学方法】 浦泽学校以教学目标为核心，通过明晰的课堂教学脉络。分步实施，分层推进，优化教学过程，最终达到高质量完成教学任务的目的，整个教学过程是一个由目标展现到目标达成的过程。在教学过程中，注重传授学生观察、分析综合的教学方法，培养学生多种能力，自学能力、合作能力、探究能力、自我表现能力，最终养成一种自我完善、自我反思的能力，实现课堂的高效管理和课堂自我管理的最高境界。

分段教学第一段：确立目标、自主学习，教师与学生明确共同学习的目标，将一部分能够自主学习和解决的小目标、小任务，交给学生自主学习自主解决，不能通过自主学习解决的目标任务，通过交流生成课堂问题，由教师带领学生解决。要求：控制在10分钟内，教师巡视课堂，把握学生学习状态，。贯彻学法指导，汇集学生问题，归纳明确，概括出蕴涵本课知识点的问题，使教学目标问题化、具体化。

第二段：探究释疑，合作展示。将学生或教师发现汇集上来的问题进行探究，寻求解决的方法和答案，在教师组织下，要明确问题答案，解决疑虑，掌握新的知识，达到应知应会。要求：教师要引导学生积极思考，启发学生解决问题，训练学生思维，师生共同构建知识结构，让学生在解决问题的过程中，学习新知识，提高学生的思维能力和解决问题能力，培养学生的思考习惯。师生共同解决问题，展示解决问题的过程，陈述要准确，简洁明了，体现知识结构的维度。方法多种多样，讲解、提问、互动、辩论等，体现学生的主体地位，教师启发诱导学生探究问题，教师语言准确精练、简洁。

第三段：归纳总结，训练检测。师生共同总结，让学生在教师的指导下，对所学知识作总结，并记在笔记本或书上，使学生形成完整的知识结构，对目标任务实现清晰化。要求：对目标的深化、训练检测题、题型多样、有针对性、有层次性、有基础有拓展、对知识的拓展延伸。时间控制在7分钟内。检测学生对当堂学习效果，为下一步的教学提供依据。建议学生采用“日清—周理—月结”循环式学习法。

气　象

【概述】 2019年，山阴县气象局进一步解放思想，紧密结合“改革创新、奋发有为”大讨论活动和“不忘初心、牢记使命”主题教育活动，主动融入经济社会发展的主流之中，在基础业务、公共气象服务、气象决策服务、雷电灾害防御、社会管理等方面发挥了积极的作用，取得了显著的经济效益和社会效益，为经济社会发展提供了优质气象服务。

【职责职能】 山阴县气象局负责本行政区域内气象事业发展规划的制定及气象工作的组织实施；对本行政区域内的气象活动进行指导、监督和行业管理。组织指导本行政区域内气象灾害防御工作；组织拟订和实施本行政区域的气象灾害防御规划；组织气象灾害防御应急管理工作；管理本行政区域人工影响天气工作，指导和组织人工影响天气作业；指导城乡气象工作，组织推进农村气象灾害防御体系和农业气象服务体系建设，组织指导乡镇（街道）气象工作站和气象协理员、信息员队伍建设。组织管理本行政区域内雷电灾害防御工作，会同有关部门指导对可能遭受袭击的建筑物、构筑物和其它设施安装的雷电灾害防护装置的检测工作；负责本行政区域内雷电灾害防护装置的设计审核和竣工验收；负责管理本行政区域内的施放气球活动。组织本行政区域内气候资源的综合调查、区划，指导气候资源的开发利用和保护，组织并审查重点建设工程、重大区域经济开发项目和城乡建设规划的气候可行性论证和气象灾害风险评估。负责本行政区域内的气象台站和气象设施的组织建设和维护管理；组织管理本行政区域内气象探测资料的采集、传输和汇交；依法保护气象设施和探测环境；负责审查建设项目大气环境影响评价所使用的气象资料。负责本行政区域内的气象监测、预报预警、公共服务管理工作；组织管理本行政区域内气象信息的发布和传播；组织重大活动、突发公共事件气象保障工作；承担重大突发公共事件预警信息发布系统建设及运行维护。组织开展气象法制宣传教育，负责监督有关气象法律法规的实施，对违反《中华人民共和国气象法》等法律法规有关规定的行为依法进行处罚，承担有关行政诉讼；组织宣传、普及气象科学知识。管理本级气象部门内部的计划财务、人事劳动、队伍建设、教育培训和业务建设；负责气象部门双重计划财务体制的落实工作；负责党的建设、精神文明和气象文化建设。承担上级气象主管机构和本级人民政府交办的其他事项。

【基础业务】 2019 年，气象局的基础业务质量取得较好的成绩。测报错情率大大较少，预报准确率逐步提高。杜绝了迟测、漏测、早测、缺测和各类责任事故的发生。在全体测预报人员中形成了一个比学习、比工作和比贡献的良好氛围。重视公众气象预报的发布，每天通过微信群、公众号、短信发布气象信息，全年共发布了长、中、短期、农业专题预报 1200 余份。在第一时间将气象信息传递给广大人民群众。为农业增产、农民增收做出贡献。为了更好地搞好今年汛期气象服务工作，进一步提高气象服务水平，在进入汛期之前，气象局详细部署了今年的汛期气象服务工作，坚持防汛抗旱两手抓，单位领导坚持带班，业务人员 24 小时不间断守班，努力做好今年汛期的气象服务工作，作好作准各项天气预报，不放过每一个重要天气过程，及时及早向有关领导汇报天气情况，为我县防汛抗旱工作和工农业生产提供了优质服务。2019 年汛期，全县降水偏少，气温偏低，降水偏少和局部降水的不均给农作物的生长带来一定的影响。山阴县气象局召开了汛期全局动员大会。开展了汛前自查，重点传达学习了中国局和省市局关于汛期的组织安排，成立了汛期气象服务领导小组。明确了领导值守班和带班制度。发动全局抓好、抓早、抓实，做好组织、人员、技术、装备、应急气象服务和后勤保障等方面的工作。对自查出的需要市局协助解决的问题及时上报到市局请求协助。得到了市局有关科室的大力支持。

【气象服务】 2019 年，在进入主汛期以来，山阴县气象局坚持把汛期服务工作当作重中之重来抓，把安全生产工作作为最高要求，要求全体人员必须认真履行汛期服务岗位职责，确保基础业务工作的正常进行，做好情报服务工作，订正预报和跟踪服务，并制定出气象情报上报制度、服务材料递送签发制度，重大天气会商等制度、以及在出现重大紧急情况下的应急处理工作，制定了决策气象服务方案和工作流程，更新了农业周年服务方案。县级公共气象服务业务平台及山洪地质灾害预警系统运行正常，气象局和国土资源局共同合作开展地质灾害预报预警工作。与地震、林业、水利、安监等部门建立了突发事件协作防御和联动响应机制。

制作并发布《重要气象信息》12期，国家法定节假日、重大社会活动等《专题预报》10期,《决策服务》12期,《天气快报》5期，各类灾害性天气预警信号发布56期。农业气象服务、新农村建设气象服务全年共制作并发布《春耕春播气象服务专报》1期，县农村工作会、防汛抗旱工作会《气象信息专报》1期，《气象旬报》20期,《天气公报》2期。

各类服务材料根据不同内容，将纸质或电子版本发送各服务单位；08时-08时降水量、重要天气预报信息、预警信号等通过微信群和短信发布平台随时发送到县相关单位领导及用户手中；每天16：00—16：30，24小时、48小时天气预报通过微信群发送县领导。公众服务24小时、48小时预报每天16—17时电子版本发送电视台。加强与林业部门的配合，在防火和林业种植方面取得不小的成绩。对个人承包的退耕还林、还草的人员，部分下发了中、长期天气预报资料。

【应急服务】 成立了应急管理领导机构、应急队伍；以政府发文的形式，各乡镇出台了应急预案、开展了应急管理认证。制定了重大气象灾害应急工作流程和响应处置程序；制定了突发公共事件应急气象保障预案、气象部门内部重大突发事件处置应急预案；落实部门联防、区域联防、上下游联防等制度，开展了1次应急演练。完善汛期24小时应急值守制度和领导带班制度；值班电话、应急联系电话24小时保持通畅，传真、E-mail、NOTES等正常连接并畅通。

通讯网络系统全年运行正常，网络通讯畅通。关键设备都有备份。制定了《山阴县气象局业务工作应急预案》，以便在业务系统出现故障时可以按流程及时恢复业务系统运行。成立业务服务工作应急指挥协调组，建立组织机构，成立了防汛工作领导组，由局长全面负责担任组长，综合管理科、防灾减灾科和气象台，任务分解，各负其责，从5月1日起全天24小时昼夜守班，测、预报人员均能坚守工作岗位，严格执行汛期工作制度。

预报人员严格执行会商制度，遇有重大性，灾害性，关键性等天气过程，召集有关人员做出预报并及时通知县委、县政府有关部门和防汛部门，做到服务及时，且实况过程结束后向其汇报降水情况，及时收集灾情并进行汇总，受到各有关领导和相关部门好评。

【农业服务】 2019年，山阴县气象局进一步加强基础业务工作，地面测报工作严格执行各种规章制度和观测规范，注重学习新技术、新知识，增强了人员基础业务的素质。汛期的安全生产工作至关重要，重点从单位的安全、设备防雷方面的性能，以及夜间的值、守班情况入手，排查隐患，保证汛期中单位和人员的安全，确保了汛期工作的顺利完成。充分发挥了单收站资料的运用，早9点准时收看天气会商，注重数值预报的应用，加强了天气会商、预报的准确率。强化了情报信息服务工作，向政府领导和有关部门、单位提供了决策材料22期，412份气象情报和专题服务材料。充分利用电视传媒的优势，及时发布天气预报，让群众及时掌握天气信息。并加强与群众的联系，及时向生产单位和人民群众发布预报。“二青会”期间气象局制作发布专题预报5期，为“二青会”在山阴县火炬传递提供了及时有效的气象服务。农民丰收节期间气象局组织职工去现场开展专题气象服务，为农民提供了近期的天气预报，对农民提出的问题进行耐心解答，为当地农民丰收做了有效的气象保障。9月21日组织职工赴山阴县合盛堡乡万亩富硒基地开展气象服务，

10月14日，山阴县气象局组织职工赴北王庄村骏宝宸农业科技有限公司开展“不忘初心、牢记生命”主题教育专题调研活动。

【专业服务】 2019年，山阴县气象局始终把基础业务放在工作的首位，不断加大管理、检查和奖励力度，业务质量得到提高，服务效益显著提升。区域自动气象站运行正常；定期对各乡镇雨量站进行维护，检修，确保正常。资料质量控制信息反馈流程执行畅通；通过集体学习和自学，强化提高测报人员对业务规范和汛期业务制度的掌握以及观测员对自动化设备维护、故障处理和在应急情况下人工补测和发报的能力。开展了张家庄乡、后所乡蔬菜大棚气象服务。和国土资源局合作开展地质灾害预报预警工作。密切监测地质灾害易发区的气象要素，并与国土、地震、林业、水利、安监等部门建立了突发事件协作防御和联动响应机制，制定了应急值班制度和局领导带班、值班制度。落实人工影响天气作业安全责任制，坚持作业公告制度、规范高炮作业安全射界、严格遵守操作规程等情况；作业人员全部参加市局组织的岗前培训持证上岗。开展了人工影响天气业务安全检查，制定了人工影响天气工作实施方案和应对森林火灾、环境污染等突发事件的作业预案。

【气象科技创新】 2019年，山阴县气象局在工作中注重运用新方法，利用新科技，通过NOTES网学习气象资料，通过宽带网络的运用，查阅资料、通过资料的运用为气象局正确做出气象预报服务提供了指导。制定汛期值班制度，安排人员进行汛期值班，耐心的进行解答电话咨询。

【气象应急演练】 2019年6月26日上午，山阴县气象局与县应急管理局联合开展2019年防灭火应急救援综合演练。参与此次综合演练的有山阴县气象局、应急管理局“三支救援队伍”、“120”急救中心。副县长郭兆文对气象人员爱岗敬业，气象局主动融入县委、县政府防灾减灾救灾全过程、主动融入县应急服务领域，主动融入人民群众生产生活领域，积极与应急管理局联合开展应急救援演练提出表扬。

【社会职能】 2019年，山阴县气象局履行防雷减灾社会管理职能，加强与相关部门的合作，积极做好防雷减灾工作。利用“3·23”世界气象日、“5·12”防灾减灾日等组织防雷技术人员到公共场所开展雷电灾害科普宣传工作，免费发放有关雷电科普的宣传材料1100多份，确保了全县的防雷安全形势的稳定，切实保障了国家和人民生命财产的安全。

【文娱活动】 2019年9月29日，山阴县气象局参加朔州市气象局举办的庆祝中华人民共和国成立70周年文艺会演。山阴县气象局获得优秀组织奖，经过层层评选，山阴县气象局的情景剧《永远的格桑梅朵》以独特新颖的形式赢得领导和同事的阵阵掌声并荣获三等奖，山阴县气象局独唱《明天会更好》荣获三等奖。

【党的建设】 2019年，山阴县气象局班子成员层层签订了2019年党风廉政建设责任书；传达学习贯彻了中纪委、国务院、山西省、朔州市和县委、县政府廉政工作会议精神；全省气象部门党风廉政建设工作会议精神；对2019年党风廉政建设和反腐败工作进行了安排部署，做到明确任务、细化分工。对党风廉政宣传教育月活动进行了安排部署。

防震减灾

【概述】 2019年，防震减灾中心深入学习贯彻习近平总书记关于防灾减灾救灾、提高自然灾害防治能力重要论述，认真贯彻落实中央和省市县相关文件精神和工作要求，在县委、县政府的正确领导和上级部门的指导帮助下，围绕全县中心工作，服务经济社会发展大局，克难奋进、扎实工作，不断加强防震减灾工作机制体系建设，努力提升社会防御地震灾害的能力，强化地震科普宣传教育，增强全民防震减灾意识，防震减灾事业得到了长足发展。

【抗震设防】 2019年，山阴县防震减灾中心强化震情观念，积极参加地震应急演练，提高快速反应能力。组织业务骨干和“三网一员”等相关工作人员积极参与了省、市地震信息平台应急演练，通过演练检验了队伍、检验了预案，提升了应对突发性地震灾害的处置能力，取得了良好效果。广泛开展防震减灾科普宣传教育，增强全社会防震减灾意识。进一步加强校园安全工作，利用“5·12”“7·28”防灾减灾宣传周等重大节日和时段，进校园、进机关、进社区、进商场、进车站开展内容丰富的地震科普知识宣传教育活动，发放宣传资料，通过新闻媒体播放宣传标语，进一步提升社会公众的防震减灾意识和应急避险、自救互救能力。

【防震减灾监测】 2019年，山阴县防震减灾中心依法加强地震监测点环境保护，不断完善地震监测设施，努力提高监测水平。加强地震监测点建设管理工作和环境保护，对地震监测仪器进行检修、维护保养；认真做好震情短临跟踪工作，加强地震应急值班及宏观异常零报告工作，及时有效进行异常落实；配合完成国家地震预警点的土地选址定点及前期位置钻探工作；加强防震减灾“三网一员”的指导和管理，切实发挥群测群防工作的重要作用。

【党的建设】 2019年，山阴县防震减灾中心围绕党的建设，进一步加强思想政治工作。加强对机关党员干部的思想作风建设，以习近平总书记系列重要讲话为指导和遵循，学习贯彻党中央和省市县精神，与落实防震减灾目标任务统一起来，深入开展“不忘初心、牢记使命”主题教育工作、学习弘扬“右玉精神”、“改革创新、奋发有为”大讨论等活动，教育引导领导干部加强党性修养，坚持实事求是，改进工作作风，着力解决“不严不实”问题，努力在深化“四风”整治、巩固和拓展党的群众路线教育实践活动成果上见实效，促进了党员干部能力素质进一步提高，思想作风进一步改善，改革创新能力进一步提升。认真贯彻执行县委、县政府关于党风廉政建设和反腐败工作精神，认真配合纪检巡查工作，开展以案促改警示教育等活动，紧紧抓住主体责任这个龙头，坚持“一把手”负总责，厘清各层级的责任内容，层层落实党风廉政建设责任制，使“两个责任”体系全覆盖，层层传导压力，层层抓好落实。把党中央、中央纪委和省市县重要精神及要求传达到全体工作人员，普及法律法规，让每一个人遵守法律、敬畏法律。坚持党要管党、从严治党，把纪律挺在前面，完善内部管理规定等各项规章制度，明确职责分工，领导干部带头严格执行制度，认真履行监督责任，加强权力运行监管，强化了责任意识，形成按制度办事，靠制度管人的有效机制。召开防震减灾工作会议，总结2018年防震减灾工作，并对2019年的重点工作作出了安排部署，围绕服务中心，推进重点工作落实。

卫生　医疗

卫 健

【概述】 2019年机构改革，撤销卫生和计划生育局，组建为卫生健康和体育局（简称卫健局），于3月2日正式揭牌。

县卫生健康和体育局的主要职责：贯彻执行党和国家国民健康方针政策，贯彻落实卫生健康事业发展地方性法规、规章和政策、规划，负责职责范围内的标准化工作。统筹规划卫生健康资源配置，指导县区域内卫生健康规划编制和实施。组织实施推进卫生健康基本公共服务均等化、普惠化、便捷化和公共资源向基层延伸等政策措施。协调推进深化医药卫生体制改革，研究提出深化医药卫生体制改革重大方针、政策、措施的建议。组织分级诊疗制度建设，组织实施推动卫生健康公共服务提供主体多元化、提供方式多样化的政策措施，组织深化公立医院综合改革，推进管办分离，健全现代医院管理制度，提出医疗服务和药品价格政策的建议，协调推进药品供应保障制度建设。组织医疗卫生行业综合监管制度建设。负责拟订疾病预防控制和免疫制度、规章、规划以及贯彻落实、严重危害人民健康的公共卫生问题的干预措施，执行国家检疫传染病和监测传染病目录。负责卫生应急工作，组织指导突发公共卫生事件的预防控制和各类突发公共事件的医疗卫生救援。贯彻落实应对人口老龄化政策措施，负责推进老年健康服务体系建设和医养结合工作。贯彻执行国家和省市有关体育工作的方针、政策和法律、法规。贯彻落实国家药物政策和国家基本药物制度，实施基本药物目录，开展药品使用监测、临床综合评价和短缺药品预警，提出基本药物价格政策的建议。组织开展食品安全风险监测，依法进行食品安全标准跟踪评价工作。贯彻落实职责范围内的职业卫生、放射卫生、环境卫生、学校卫生、公共场所卫生、饮用水卫生管理规范、标准和政策措施，组织开展等相关监测、调查、评估和监督管理，负责传染病防治监督，建立健全卫生健康综合监督体系。组织实施医疗机构、医疗服务行业管理办法，建立医疗服务评价和监督管理体系。组织实施医疗机构及其医疗服务、医疗技术、医疗质量、医疗安全以及采供血机构管理的规范、标准，会同有关部门贯彻执行国家卫生健康专业技术人员资格标准，实施卫生健康专业技术人员执业规则和服务规范。负责计划生育管理和服务工作，开展人口监测预警，研究提出人口与家庭发展相关政策建议，完善计划生育政策。负责拟订基层医疗卫生、妇幼健康发展规划，指导基层医疗卫生、妇幼健康服务体系建设和全科医生队伍建设，拟订并组织实施卫生健康科技发展规划，推进卫生健康科技创新发展。负责拟订全县中医药事业发展规划并组织实施。加强中医药行业监督管理，统筹推进中医药振兴工作。负责卫生健康宣传、健康教育、健康促进等工作。负责相关人员的医疗保健管理服务工作，负责重要会议与重大活动的医疗卫生保障工作。承担县爱国卫生运动委员会、县老龄工作委员会、县深化医药卫生体制改革领导小组等日常工作，指导县计划生育协会的业务工作。完成县委、县政府交办的其他任务。

【医疗机构】 推动县域医疗服务提质增效、全力推进医疗卫生项目建设、加强人才培养和引进工作、保障乡镇卫生院良好运行、全面建设人口健康信息网。所有医疗机构的医疗废物全部实行了集中处置。至2019年底，全县共有各级各类医疗卫生机构总数383个，其中：公立医疗机构3个、民营医院5个、建制乡镇卫生院13个、乡镇卫生院分院7个、村卫生室214个、小区卫生室29个、村级卫生所53个、个体诊所56个；专业卫生机构3个，即：疾病预防控制机构1个、妇幼保健计划生育服务中心1个、卫生监督所1个。医疗机构编制床位总数1196张。全县各级各类卫生技术人员总数1688人。

【医卫改革】 2019年，卫健局建立了现代医院管理制度。综合卫生监督持续发力，并受到省级表彰，组织完成了国家、省下达的“双随机、一公开”监督抽检工作任务，卫生监督覆盖或巡查覆盖率100%。制定了护理服务业改革与发展实施方案。实行了县乡村医疗卫生机构一体化管理，疾控中心与医疗集团进行了深度融合。与7个省市三甲医院组建了医联体。县医院心血管内科被市政府命名为首批市级临床重点专科，以山阴县医疗集团人民医院牵头建立了朔州市心血管病和骨科两个专科联盟。开展了优质医疗服务基层行活动，整合后的214个村卫生室全部达到标准化建设；集团成立一年多以来，共派出下乡专家383人次，接诊患者4466人次，培训基层医疗卫生人员330人，开展健康讲座20场次，免费接收进修人员12人；农村居民90.16%的疾病在县域内得到解决。全年共引进48人次，服务达100天次，县医院在帮扶合作医院的指导下已开展新技术10多项，成功完成介入手术近973例，多项手术均为全市首例，并独立完成首例人工股骨头置换术。组建家庭医生签约服务团队39个，以县为单位重点人群签约率达97%。山阴县老年公寓养老养老床位1060张，为入住的386名老年人提供了全天候的医疗保健服务。基础设施建设实现了新突破，县中医医院住院楼基本建成，现代医院即将整体搬迁。

【职能转变】 县卫生健康和体育局牢固树立大卫生、大健康理念，推动实施健康山阴战略，以改革创新为动力，以促健康、转模式、强基层、重保障为着力点，以增强人民群众健康获得感为目标，把以治病为中心转变为以人民健康为中心，为人民群众提供全方位全周期健康服务。一是更加注重预防为主和健康促进，加强重大疾病预防控制工作，推动落实严重危害人民群众健康的传染病、慢性病、地方病、职业病等疾病的综合防治措施，提高医疗卫生服务质量和水平，推进卫生健康基本公共服务均等化、普惠化、便捷化。二是更加注重工作重心下移、资源下沉，强化基层服务网络功能，推进卫生健康公共资源向基层延伸、向农村覆盖、向贫困地区和生活困难群众倾斜。三是协调推进深化医药卫生体制改革，加大综合医改和公立医院综合改革力度，推进管办分离，创新和转变监管方式，构建协同顺畅、信息共享的监管机制，推动卫生健康公共服务提供主体多元化、提供方式多样化。四是更加注重老年健康事业，积极应对人口老龄化，健全健康服务体系。五是更加注重全民健身体育活动，统筹规划全县体育发展和运动项目的设置与布局，推进体育体制改革。

【协作共建】 山阴县卫生健康和体育局与县发展和改革局的有关协作职责分工。负责开展全县人口监测预警工作，研究提出与生育相关的人口数量、素质、结构、分布方面的政策建议，促进生育政策和相关经济社会政策配套衔接。县发展和改革局负责组织监测和评估人口变动情况及趋势影响，研究提出人口与经济、社会、资源、环境协调可持续发展，以及统筹促进人口长期均衡发展的政策建议。与县民政局的有关协作与职责分工。贯彻落实应对人口老龄化、医养结合政策措施，综合协调、督促指导、组织推进老龄事业发展，承担老年疾病防治、老年人医疗照护、老年人心理健康与关怀服务等老年健康工作。县民政局负责统筹推进、督促指导、监督管理养老服务工作，承担老年人福利和特殊困难老年人救助工作。与县市场监督管理局的有关协作与职责分工。负责开展食品安全风险监测，会同县市场监督管理局等部门实施食品安全风险监测方案。对通过食品安全风险监测或接到举报发现食品可能存在安全隐患的，应当及时将相关信息通报县市场监督管理局等部门，县市场监督管理局等部门应当立即采取措施。县市场监督管理局会同本局建立重大药品不良反应和医疗器械不良事件相互通报机制和联合处置机制。与县医疗保障局的有关协作与职责分工。在医疗、医保、医药等方面加强制度政策衔接，建立沟通协商机制，协同推进改革，提高医疗资源使用效率和医疗保障水平。

【医疗安全】 2019 年，山阴县卫健局综合卫生监督持续发力，并受到省级表彰，组织完成了国家、省下达的“双随机、一公开”监督抽检工作任务，卫生监督覆盖或巡查覆盖率 100%。开展并完成了医疗乱象、中医乱象、非法行医专项整治行动、打击“两非”活动、依法执业信用监管工作。所有医疗机构的医疗废物全部实行了集中处置。安全生产、消防综合治理得到进一步加强，完成了重要节日节点安全生产、消防安全、综治工作任务，平安医院建设成效显著，全年无安全生产责任事故，安全生产形势稳定良好。

【妇幼计生】 2019 年免费产前筛查 1646 人。免费筛查宫颈癌、乳腺癌各 3100 人。0~6 周岁残疾儿童初筛 14 人。免费新生儿疾病筛查 1298 人。全员人口数据入库率为 100%、个案信息重复率小于 0.13%、身份证准确率大于 99.7%、数据审核差错率小于 0.15%；跨省流动人口网络化协作按时处理率大于 90%、电子婚育证明查验率大于 85%；符合政策生育率大于 95%；“4+2”计生奖励扶助兑现率为 100%，群众对计生工作满意率大于 90%。实现了计生特殊家庭联系人制度、就医绿色通道、家庭医生签约服务“三个全覆盖”目标。下发了《山阴县农村留守儿童健康关爱实施方案》和《开展“添爱暖心·五个一”活动方案》；计生特殊困难家庭上报准确率和奖扶资金发放及时到位率均达到 100%；县乡村三级共 15 名干部和 5 名计生协会、志愿者与计生特殊家庭的 5 户 8 人确立了结对帮扶联系制度。共上门送去慰问金或生活用品进行慰问达 18 次，就医、精神慰籍等 8 次。2019 年推荐出了 5 个代表山阴县创建“幸福家庭”的典型，并上报市卫健委。

【老年服务】 全县建成养老机构 5 个，养老床位 1238 张，入住老年人 452 人，其中山阴县老年公寓为入住的 386 名老年人提供了全天候的医疗保健服务。县域 4 所二级医院全部开通老年人就诊绿色通道，满足了老年人日常医疗救治需求。65 周岁以上常住人口健康管理率达 68%，并落实了国家基本公共卫生服务老年人健康管理项目，为老年人提供生活方式和健康状况评估、体格检查、辅助检查及健康指导。以县为单位农村建档立卡贫困人口家庭医生签约率达 97%。圆满地完成了全国“二青会”火炬传递工作任务，顺利举行了“全民健身日”活动。

【基层医疗】 2019 年，制定出台了优质服务基层行活动方案，成立本级活动领导小组，建立活动工作制度，组织基层医疗卫生机构对照标准开展自评整改，完成了申报复核工作。67%的中心乡镇卫生院开展优质护理服务工作。人均基本公共卫生经费 60 元达到国家年度目标要求。启动新一轮县级名中医评选工作，3 人得到省级认定。开展了“中医中药中国行——中医药健康文化推进行动”。完成了中药资源普查任务。培训老年专业护理员 35 名。完成了 2019 年度农村贫困人口大病专项救治工作。发放营养包 1603 分，营养包有效服用率达到 77.8%。完成了166名护工（含35名养老护理员）的培训任务。

【政府信息公开】 2019年，山阴县卫健局加强政府信息公开工作。全年在山阴县人民政府网站公开信息2次。印发了6个文件、召开了7次会议、出了9个工作简报。

防疫

【概述】 山阴县疾病预防控制中心正科级建制的一类公益性事业单位，负责全县疾病预防控制、监测检验、健康教育和促进公共卫生从业人员健康体检和培训、卫生学评价等工作；承担传染病流行、中毒、污染等公共卫生突发事件；实施全县计划免疫接种工作，负责预防用生物制品的使用与管理。2019年度在县委、县政府和省、市疾控部门及卫生行政部门的领导、指导、督导下，山阴县疾病预防控制中心全体职工团结一致，努力做好疾病预防控制工作，推动公共卫生服务均等化，积极推动全县疾病预防控制工作再上新台阶，切实保障人民群众的身体健康。根据国家要求，山阴县疾病预防控制中心12月正式将山阴县唯一的数字化预防接种门诊全部移交县人民医院，开展接种工作。

【免疫接种】 2019年，扩大国家免疫规划疫苗接种情况仍实行按月分“本地”与“流动”儿童接种报告。截至2019年11月以接种门诊为单位应报告10次，实报告10次，报告完整率100%。全县共接种一类疫苗29531针次。乙肝、卡介苗、糖丸、百白破、含麻疹成分疫苗、甲肝、乙脑和流脑等8苗报告接种率以乡镇为单位均在为95%。全县OPV、DPT、DT、流脑、乙脑、麻疹类疫苗加强免疫报告接种率均在99%以上。全县2019年AFP病例监测指标完成情况：AFP病例1例、AFP排除病例1例。医院主动监测30次。外地报至山阴15周岁以下儿童中非脊灰AFP病例报告数1例。全县召开了脊灰疫苗免疫程序“2+2”转换培训工作，传达当前脊灰疫情及省市有关精神，精心组织、认真制定计划、方案，疾控中心专业人员对本次程序转换工作进行业务培训。2019年全县共报告麻疹病例3例，外地报至山阴病例0例，排除病例3例，72小时送达率100%。医院主动监测30次。2019年全县13个乡镇共20个接种门诊全部规范接种，全部启用沈苏公司金苗客户端，开展儿童预防接种信息管理。2019年全县共报告AEFI病例4例，一般反应3例，异常反应1例。

【监测检验】 2019年，为进一步加强农村饮水安全工作，根据山西省饮水水质卫生监测实施方案要求，共监测水质：枯水期，14个乡镇，每个乡镇3份，4所学校，每所学校1份，6份城镇供水，共52份，31项。丰水期52份同上。完成地方病研究所下发的盲样监测：尿碘，碘盐，水砷，尿砷，水氟各2份。完成尿碘监测300份。碘盐监测300份，水氟监测96份，水砷监测5份。定期进行艾滋病监测，已监测样本717份。每月对县医院的疟疾血片进行复核，未发现阳性病例。

【传染病防治】 2019年，山阴县疾病预防控制中心严格执行疫情报告管理制度和传染病疫情信息分析与利用制度，建立了传染病报告异常信息快速反应机制。对各医疗单位报告中存在的问题和异常信息及时核实并规范处置。截至11月24日，山阴县无甲类传染病和突发公共卫生事件，共报告乙丙类法定传染病14种，737例，发病率为73.7/10万，发病数较去年同期有所下降。发病数居前五位的分别是乙肝236例、肺结核91例、其他感染性腹泻140例，流行性腮腺炎57例和布病77例。市疾控中心对县医疗集团、中医医院和现代医院进行了传染病报告质量督导，存在制度陈旧，门诊日志本登记不完整规范，存在漏报现象。建议强化传染病相关知识的培训，强化大夫报告意识，杜绝漏报。完善门诊登记项目，规范各科室登记本的登记。聚集性疫情和突发公共卫生事件管理。每天坚持6次以上传染病信息审核，以学校、医院等集体单位为重点，积极主动监测传染病聚焦性疫情信息。2019年及时处置预警事件37起，对所有预警进行了及时、有效处置。

【地方病防治】 2019年，碘缺乏病监测情况。分别在第四小学、北周庄镇小学、东大滩小学、古城镇小学、白访小学，采集儿童尿样各40份，尿碘检验结果正常。100份孕妇尿样中位数偏低。采集300份盐样经检测，合格碘盐食用率为95.7%。砷、氟中毒病监测情况、氟砷改水工程。按照国家地方病三年攻坚任务的安排，建立病人档案，随访1216人，为80名氟骨症患者开展免费治疗工作。加强地方病防治宣教工作，“5·15”碘缺乏病日，联合盐业站工作人员在山阴县地税广场上进行了宣教工作，配合省地方病研究所，在山阴县饮水型地方性砷中毒病区，拍摄了饮水型砷中毒防治宣传片。

【结核病防治】 2019年，山阴县疾病预防控制中心管理病人47人，阳性病人3人，阴性病人44人，督导乡镇3次，随访村级10次。“3·24”结核病日宣传，采用不同方式在县城综合医院、现代医院电子屏幕文字宣传6次，放宣传单2000份、悬挂条幅2条、彩门1个。各乡镇卫生院以不同形式宣传结核病防治知识，使群众对肺结核的认识，做到早发现、早治疗，促进健康教育的宣传，深受广大群众的好评。随访情况，应追踪90例，实追踪88例，到位率88.9%。2019年开展了中小学校2018年新生入学结核病ppd筛查：应筛查6740人，实筛查6065人，筛查率89.99%。强阳性学生21例，教职工17例。

【艾滋病防控】 2019年自愿检测：600人次，羁押人员检测：全年应检测120人次，截至12月底全部超额完成。2019年截至12月底新增HIV感染者6人，共管理HIV/AIDS 41人，抗病毒治疗31人，1人未得到主治大夫允许自行停药，未治疗9人（患者不配合治疗）；AIDS抗病毒随访：全年应随访116次，实际随访112次，1人不配合造成。注：2019年7月按照国家要求抗病毒治疗患者全部转入朔州市人民医院进行治疗，疾控中心10月底已全部移交，并随访后得知转入32例病人中31人已经全部到市人民医院报到，并继续领药治疗。HIV随访：全年应随访18次，实际随访16次，1人因吸毒常年居所不定未能定期随访。CD4检测：全年应检测37人次，至2019年底检测33人次。病毒载量检测：全年应检测26人，至2019年底实际检测24人。

【职业病防控】 2019年9月全市召开了职业防治工作业务培训会，安排了全市的职业病防治工作，山阴县尘肺病人回顾性调查共计调查451人，并对以上451人的各项待遇进行落实。工作场所职业病危害因素监测任务35个企业，2019年已完成16个企业的调查。

【精神病患管理】 2019年，山阴县登记患者病人1282例，在管患者1030人，非在管47人，死亡98人，失访107人。

【慢性病管理】 2019年，按照上级要求，开展慢性病管理服务项目。截至11月底，老年人22522人，签约12412人，签约率为55.11%。35周岁以上人员首诊测血压数是19654人，高危人群数是12118人，高血压登记数是18745

人，纳入规范管理数是15176人，参加体检的人数是8623人，控制率达到80%，糖尿病登记数是5654人，纳入规范管理数是3759人，参加体检的人数是2330人，控制率达到77.58%. 对以上人员建立了个人管理档案，并按期进行随访。

【食源性疾病监测】 2019年，应采样28份，实际采样28份，包括：焙烤及油炸类食品、乳与乳制品、水果、蔬菜、蛋类、禽类等，并按时按要求送达市疾控中心。截至11月底共监测因食物引起中毒181例，并按时审核、上报上级疾控中心。截至11月底无爆发食源性疾病案件发生。

医疗保障

【概述】 2019年，山阴县党政机构改革方案批准设立山阴县医疗保障局，为县政府工作部门，正科级建制。全局下设综合股、待遇保障和基金监督管理股、医药服务管理股三个股室，行政编制6名，局长1名，副局长1名。张连任医疗保障局党组书记、局长，卢彦斌任党组成员、副局长。下设有一个副科级事业单位，为山阴县医疗保险事务中心，中心主任卢彦斌兼任。医保中心共有事业编制56名，实有事业人员48名。全局共有中共党员16人，成立了一个党支部。

县医疗保障局主要职责：一是贯彻落实中央和省市医疗保险、生育保险、医疗救助等医疗保障制度的政策、规划和标准，并做好组织实施工作；二是组织实施山阴县医疗保障基金监督管理办法，建立健全医疗保障基金安全防控机制，推进医疗保障基金支付方式改革；三是组织落实山阴县医疗保障筹资和待遇政策，统筹城乡医疗保障待遇标准，建立健全与筹资水平相适应的待遇调整机制。健全完善大病保险制度，组织拟订并实施长期护理保险制度改革方案。负责中央、省属、市属驻山阴和县属企业、机关、事业、社会团体等单位的医疗保险和生育保险管理工作；四是按照全省、全市城乡统一的药品医用耗材、医疗服务项目、医疗服务设施等医保目录和支付标准，进行监督，严格执行；五是参与制定全市药品、医用耗材价格和医疗服务项目价格、医疗服务设施收费等政策并组织实施；建立医保支付医药服务价格合理确定和动态调整机制，推动建立市场主导的社会医药服务价格形成机制，建立价格信息监测和信息发布制度；六是制定全县药品、大型医疗设备和医用耗材的招标采购政策并监督实施，指导药品、医用耗材招标采购平台建设；七是制定全县定点医药机构协议和支付管理办法并组织实施，建立健全医疗保障信用评价体系和信息披露制度，监督管理纳入医保范围内的医疗服务行为和医疗费用，依法查处医疗保障领域违法违规行为；八是负责全县医疗保障经办管理、公共服务体系和信息化建设。组织制定和完善异地就医管理和费用结算政策。建立健全医疗保障关系转移接续制度。开展医疗保障领域对外合作交流；九是完成县委、县政府交办的其他任务；十是职能转变。县医疗保障局应完善统一的城乡居民基本医疗保险和大病保险制度，建立健全覆盖全民、城乡统筹的多层次医疗保障体系，不断提高医疗保障水平，确保医保资金合理使用、安全可控，推进医疗、医保、医药“三医联动”改革，更好保障人民群众就医需求、减轻医药费用负担；十一是与县卫生健康和体育局的有关职责分工。县卫生健康和体育局、县医疗保障局等部门在医疗、医保、医药等方面加强制度、政策衔接，建立沟通协商机制，协同推进改革，提高医疗资源使用效率和医疗保障水平。

【基金监管】 2019年，山阴县医疗保障局坚持以人民为中心的思想，把切实维护基金安全、守护好广大参保人员的“看病钱”“救命钱”作为重中之重来抓，通过采取有力举措，实现了对医保基金事前事中事后全程监管，构建了医保服务长效管理监督机制。一是持续加大了打击欺诈骗保的宣传力度。于2019年3月联合县公安、卫健、市场监管等部门，开展了“打击欺诈骗保、维护基金安全”主题宣传月活动，营造宣传氛围。同时，要求县内各协议医药机构要按照实施方案要求，精心安排部署，密切协调配合，认真组织实施，面向社会广泛宣传，确保宣传月活动取得实效。二是开展了打击欺诈骗取医保基金专项行动回头看、再回头看，针对虚假住院、重复住院、挂床住院等易发问题，对多家定点医疗机构加大监管力度，多次开展了稽核检查。三是针对市医保局检查组2019年3月对山阴县2018年城乡居民医保运行情况存在问题的处理建议要求，从6月14日开始，山阴县医保局组织有关股室和城乡居民医保中心有关人员，深入七家定点医院分别进行核实调查，七家定点医院对不合规收费、不合理费用和处理建议没有异议，接受处理。四是针对城乡居民医保负结余问题，县委、县政府主要领导高度重视，作出批示，政府常务会进行了专题研究，县政府分管领导组织召开了协调会，按照医保基金支付方式改革精神，在定点医疗机构实行了医保基金年度总额付费模式，进一步缓解医保基金支付压力，着力解决城乡居民医保负结余运行的问题。五是通过加大日常监管力度，切实做好事前预防、事中事后审核工作。2019年，已累计查处住院挂床40余起、冒名顶替1起、不合理用药300余项，为医保基金直接挽回50余万元，过度医疗、过度支出基金得到有效控制。六是专项整治漠视侵害群众利益问题，制定《实施方案》，加强组织领导，重点围绕严肃查处定点医疗机构和零售药店骗取医保基金问题的整治任务，积极推进整治工作落实。在推行医疗费用年度总额控制结算的基础上，采取专项检查的方式，进一步强化基金规范管理。组成两个专项检查组，9月2日开始对定点医院和定点药店进行定期和不定期检查，切实加大监督力度。2019年，共检查定点医疗机构19家，定点药店15家。对现场检查发现的药店药师不在岗、摆放日用品等问题，责令3家药店立即整改。

【便民服务】 2019年，全县城乡居民医保参保人数为179315人，基金收入为13269.3万元。城镇职工医保参保人数为21980人，基金收入为6691万元。为参保人员服务是贯穿医保工作全过程的主线和主题，最大限度地达到便民目的，是医保工作者的份内职责。一是基本医疗待遇保障得到落实。2019年，城乡居民医保报销16824.763万元，城镇职工6200多万元。二是简化转诊方式，高效推进跨省异地就医直接结算。不断优化备案流程、简化备案手续，由原来出示住院证明，必须由本人或者代办人到窗口办理，改为可由电话转诊，办理异地就医备案，使群众在零跑腿的情况下办理住院转诊。2019年，城乡居民医保、城镇职工医保共办理了异地就医备案6659人次。三是按照省市县的安排部署和工作要求，于9月底完成生育保险和职工医保的合并实施工作。四是做好常见慢性病防治，扎实推进高血压、糖尿病等门诊用药纳入医保报销的承办工作，上年发放居民、职工慢性病本1183个。五是优化医疗救助审核程序，规范医疗救助标准，进一步完善基本医保、大病保险与医疗救助衔接办法，实现各项医保待遇“一站式”结算。六是精准扶贫支撑有力。认真组织开展医保扶贫工作，全面贯彻落实“三保险、三救助”医保帮扶政策，办理流程全部实行了“一单式结算、一站式办理”，减轻了个人医疗费用负担，基本解决了因病致贫、因病返贫问题，有力促进了脱贫攻坚任务完成。2019年度，山阴县建档立卡贫困人员普通门诊报销共计17692人次，医保个人账户支付124.1万元；门诊慢性病、特药报销共计2980人次，报销金额160.5万元。住院补偿共计7980人次，报销金额5151.3万元。七是按照市委、市政府下发的关于调整《朔州市农村建档立卡贫困人口医疗保障帮扶方案》通知和县委主要领导批示精神，认真做好政策待遇调整和宣传解释工作，做到严格执行，坚决落实，切实整改建档立卡贫困户“零自付”的问题。并按照要求，将医保结算直报系统政策调整时间节点明确为9月16日。八是在驻村帮扶的基础上，三次组织局机关、医保中心相关人员，深入新岱岳、上神泉、贺庄村就医保政策、医疗服务、医药报销等方面给村民进行宣传解读，特别就2020年度医疗保险缴费方式进行了宣传、指导，现场通过微信支付平台的城市服务模块办理医保缴费作了演示，使村民进一步了解和知晓了医疗保障政策。九是针对群众反映问题，进行点对点服务。全年通过政务便民服务中心窗口接收医保报销病例2782份，并全部办结。通过“12345”热线、信访受理、现场咨询、电话反映等渠道，对群众提出的具体问题，依据政策规定，进行答复，给予解决。去年以来，“12345”热线回复45人次，信访办理3人次，医保中心现场咨询答复9000多人次，工作人员电话回复办理1500多人次。十是配合做好2020年城乡居民医保征缴工作，积极与税务部门搞好衔接，共享信息，确保了征缴职能顺利划转。协助税务部门通过电视广播、网络微信、宣传资料等多种方式进行全方位的宣传，协助召开全县医保征缴推进会，争取县财政的大力支持，共同发力做好征缴工作，为全面完成2020年度征缴任务打下坚实的基础。

【自身建设】 2019年，山阴县医疗保障局加强党风廉政建设，廉洁自律、勤政廉政。一是带头做到廉洁自律。始终把纪律和规矩挺在前面，坚持以上率下、以身作则，严格落实中央八项规定精神及其实施细则，严守党的政治纪律和政治规矩，带头纠“四风”、转作风，自觉践行“清新简约、务本责实”的作风导向，带头执行公务用车、住房、接待、重大事项报告和收入申报等制度。在繁杂的工作面前，时刻注重自身形象，不忘公仆职责，坚持勤政廉政。遵守党的民主集中制原则，做到个人服从组织，少数服从多数，下级服从上级，在思想政治和行动上与党组织保持高度的一致。能积极地、不折不扣地执行和完成组织决定和上级领导交办的各项任务。二是坚决履行主体责任。认真落实全面从严治党主体责任，在医疗保障局开展思想作风建设，定期开展廉政学习和集中收看警示教育片，提高了党员干部的廉洁自律意识。督促机关党员干部认真落实廉政承诺、重大事项报告、外出报备等制度，确保在严格执行相关制度中规范好党员干部廉政行为。教育引导机关党员干部牢固树立群众宗旨意识，不断提高党性修养，自觉接受监督，从源头上切实杜绝腐败问题的发生。三是强化日常监督管理。自觉接受日常各项监督，自觉接受党章党规党纪的约束。在思想上筑起防线，顶住诱惑，管住小节，自觉做到不正之风不染，不义之财不取，不洁之事不干，清清白白为官，堂堂正正做人。在工作上能坚持党的优良传统和作风，兢兢业业，任劳任怨，勤政廉政。

【党的建设】 2019年，山阴县医疗保障局坚持把医保工作放在贯彻落实习近平新时代中国特色社会主义思想和中共十九大精神的高度上来规划和考量，从严抓好党建工作，促进医保事业发展。一是提高站位，增强政治素养。认真贯彻中央和省、市、县的决策部署，在思想上坚定看齐，在行动上精准对标，切实把讲政治和“四个意识”“四个自信”“两个维护”落实到推动医疗保障改革发展的里里外外、方方面面。把学习贯彻习近平总书记在重要场合、重要活动、重要会议的最新讲话和重要指示精神作为局党组会、局务会的首要议题；党中央国务院和省市县以及上级医保部门召开的会议、印发的相关文件精神第一时间进行传达学习、贯彻落实；县委、县政府领导的重要批示指示第一时间专门研究，不折不扣落地落实落细、见行见效见底。二是结合实际，扎实开展“改革创新、奋发有为”大讨论。按照县委部署要求，紧密结合工作实际，重点对照“六个破除”“六个着力”“六个坚持”，落实好规定动作，召开动员部署会，出台实施方案，召开民主生活会，迅速掀起大讨论的热潮，推动思想再解放，引领全局党员干部激发干事热情、增添破难勇气、坚定赶超信心。三是务实重效，认真开展“不忘初心、牢记使命”主题教育活动。始终把“不忘初心、牢记使命”主题教育的学习教育、调查研究、检视问题、整改落实融为一体，牢牢把握守初心、担使命，找差距、抓落实的总要求，做到学思用贯通、知信行统一。制定了实施方案，明确了总体目标、主要任务、方法步骤，责任清单，成立了“不忘初心、牢记使命”主题教育活动领导组专抓“不忘初心、牢记使命”主题教育工作。深入查找岗位疲劳、庸懒散漫、推诿扯皮、服务不够精准、事业宣传不够深入、医保基金监管力度不足、医保作用发挥不够的问题，研究探讨解决问题的对策。重点突出目标方向，问题导向和实践方向，聚焦工作体制不顺、制度执行不力、工作作风不实等问题，要求全体医保工作者必须树牢“四个意识”、坚决做到“两个维护”。针对新成立单位的实际和人员状况，局党组明确提出原来的城乡居民医保、职工医保、生育保险工作人员要思想安定、工作稳定、岗位固定。四是强化队伍建设，提升服务能力和整体形象。以开展“不忘初心、牢记使命”主题教育为契机，建立健全机关考勤、财务管理、公文管理等制度，在制度建设上做文章，努力构建用制度管人管事管资金的长效机制。不断强化干部职工的廉政意识和服务意识，加强干部作风建设，优化服务，切实做到了服务零距离，树立医保工作者的良好形象。

医疗集团人民医院

【概述】 山阴县医疗集团人民医院成立于2017年12月8日，占地面积53400平方米，建筑面积54000平方米，编制床位320张，开放床位600张，总投资2.96亿元。是一所二级甲等医院。截至2019年12月，山阴县医疗集团人民医院门诊人数150514人次，同比增幅15.26%；为14143人次进行了住院治疗，同比减幅5.64%；手术1637例（其中介入手术387例）；血液透析7000人次；脑卒中静脉溶栓36例；业务总收入1.17亿元，住院次均费用4876元，药占比30.67%，2019年收治危重症患者176人，邀请上级专家手术、会诊456人次。

【医疗技术】 山阴县医疗集团人民医院通过引进多个国内著名医疗团队和医联体建设，对上与北京、太原、大同市多家三甲医院签订了医联体合作协议，对下指导、培训各乡镇卫生院，形成“大手牵小手”带动县、乡医疗技术的整体提高，引进了磁控胶囊胃镜、椎间孔镜、数字血管造影系统等大型省内先进医疗设备，通过新设备和技术团队的引进先后开展了10余项新技术新项目，心脏病介入治疗、周围血管介入治疗、射频消融、腰椎间盘微创摘除、全髋关节置换、钬激光前列腺汽化切除、经尿道柱状水囊前列腺扩开术、环形激光治疗下肢静脉曲张手术、脑膜瘤切除、房间隔缺损封堵术、颅内动脉瘤介入栓塞术、椎动脉支架植入术、ERCP下肠/胆道支架植入术、肝癌供血动脉介入栓塞术、显微镜下大脑深部胶质瘤切除术等项目均全朔州市首例，填补了全市医疗技术的空白。以山阴县医疗集团人民医院牵头，成立了全市心内科和骨科专科联盟。制定了《双向转诊实施方案》和《双向转诊工作制度》，并成立了双向转诊办公室，建立双向转诊登记本，2019年，上转46人，下转9人。明确了上转指针和下转指针，逐步形成“小病不出乡、大病不出县、康复回乡镇”的有序医疗服务格局。

山阴县医疗集团人民医院院领导班子为提升大病医疗水平和管理水平，成立了胸痛中心、脑卒中中心、创伤救治中心、微创中心、危重孕产妇救治中心、新生儿救治中心等急救中心。并取得了“国家县域内分泌学科发展助力工程试点项目实践基地”认证，这是朔州市唯一一家实践基地。胸痛中心通过国家级胸痛中心认证。脑卒中中心通过国家脑防委双认证，成为第一批国家分娩镇痛试点医院，山西仅有17家医院入选，朔州市只有山阴县医疗集团人民医院跻身其中。心血管内科、骨科、呼吸科成为朔州市政府颁发的全市重点专科，朔州市心血管内科、骨科全市联盟，山阴县医疗集团人民医院为牵头理事长单位，获得全市“文明单位”称号。

为进一步加强县域学科建设，山阴县医疗集团人民医院2019年新建成立了全市首家“呼吸与重症医学科”“绿色氧吧”“碎石中心”“预防接种门诊”“重症医学科”等科室，重症医学科为全市唯一设立的科室。专业科室设置的进一步细化，促进了医院学科建设的新一轮提升，更利于疾病专业化、精细化治疗。

【乡镇义诊】 2019年，山阴县医疗集团县人民医院为各乡镇卫生院培训15人，对各乡镇卫生院指导、培训19次，专家组到各乡镇卫生院开展巡回义诊22次，参加义诊专家126人次，为各乡镇735人进行了义诊服务，对各乡镇卫生院开展技能讲座、查房等多方位交流，实施传、帮、带，形成“大手牵小手”带动乡镇医疗技术的整体提高，同时，对上与海军总医院、协和医院、大同市三医院等多家三级医院开通了远程会诊，对下与各乡镇卫生院开通了远程会诊，老百姓在家门口就能看到县医院的医生，享受“县医院”的治疗。

中医院

【概述】 山阴县中医医院成立于1993年3月，二级甲等医院，差额事业单位。医院占地8517平方米，建筑面积13058平方米，业务用房7178平方米，固定资产5133万元，医院编制床位150张，实际开放床位150张。2019年急诊35955人次，住院2315人次，全年业务收入2198万元。编制110人，在编95人，专业技术77人（正高4人，副高14人，中级20人，初级39人），工勤人员18人（技师9人，高工7人，中工2人）。医师41人（中医执业16人，临床执业35人），护士30人，药师3人，检验师2人。聘用人员117人，专业技术59人（临床医师4人，中医医师1人，护士46人，检验4人，药师2人，康复师2人），后勤58人。

【中医活动】 2019年2月19日至5月开展“改革创新、奋发有为”大讨论活动。4月10日市县九三学社领导莅临中医院调研指导工作。5月24日山阴县中医医院住院楼改扩建项目封顶。7月15日至8月21日完成山阴县中药资源普查样地40块，完成中药标本1300余个。8月10日“山西省针灸学会中医优势技术推广基层行一山阴站”在山阴县中医医院圆满举办。8月13日举行山阴县中医医院党支部第八届换届选举大会。9—12月开展“不忘初心、牢记使命”主题教育活动。

10月12日，建立冯五金名医工作室。通过“名医、名科”建设，以点带面，中医院得到快速发展，综合服务能力和水平有了很大提高。中医药事业的良好发展，充分发挥了中医药在预防保健和治疗疾病中的优势，保障了人民群众的身体健康，促进了经济社会的和谐发展。10月24日上午，朔州市政府副市长韩文让一行到中医院调研学科建设情况。11月15日县政协主席段国强及政协委员调研中医院中医药传承创新工作。12月25日山阴县中医医院举行《国家基本公共卫生服务·中医药健康管理》知识培训。

【中医中药中国行】 2019年9月20日，举行中医中药中国行——中医药健康文化主题活动，为群众义诊200余人，发放中医药知识科普传单800多份，提供中医健康咨询、宣传中医健身理念、体验中医康复技术、品鉴中药养生茶级精致中药材及标本展示等。10月17日，山阴县中医医院医疗队在吴马营村和闫家窑村开展扶贫日义诊活动。11月7日山阴县中医医院举行“不忘初心惠百姓，牢记使命送健康”义诊活动。

中医精神病院

【概述】 中医精神病院是朔州市乃至全国唯一的以传统中医中药为主治疗精神疾病和内科其他杂病的中医特色专科医院，是卫生部、公安部、民政部、中残联等有关部门确定的全国精神疾病防治康复试点医院和朔州市新农合定点医院，2013年8月又被省、市确定为收治易肇事肇祸精神障碍患者定点医院。医院占地面积31960平方米，总建设面积12500平方米，新开设3个封闭病区、3个开放病区和1个康复科病区，实际使用病床将增加至320张。医院技术力量雄厚，具有收治肇事肇祸精神障碍患者的能力，解决精神科和内科杂病急、重、难病例的诊疗能力及心理卫生综合服务功能。诊疗范围主要有各类精神疾病以及各型高血压、胃肠消化系统疾病、妇科疾病等内科杂病。

【特色治疗】 朔州市中医精神病医院治疗精神疾病方法独特，特色突出，以祖传师传、中医中药、开放护理、心理治疗等优势而闻名全国，并确立了在中医药行业治疗精神疾病的品牌地位。改革开放以来，根据医院特点、优势和条件，因地制宜，按照突出特色、救治精神病人的思路，基本形成了“院是专科、科是专病、病有专药、人有专长”的格局。治疗精神病的丸、散、膏、丹33种，筛选出协定处方67个；在治疗精神病的方法上创用了“先疏达气机、再排有害因素、然后调理善后”的三步疗法，疗效颇著。

【特色科研】 在中医药治疗精神疾病的科研、诊断、治疗、护理、预防、康复等方面不断创新，成效卓著。在老院长李清福等先辈的基础上科研组先后发表论文60多篇，所撰写的《〈易〉·〈医〉心语》《中医中药在治疗精神分裂症中的作用》和《中医中药治疗老年性精神病便秘浅谈》拓宽了精神病的治疗、诊断范围，证实了中医中药在治疗精神病中的重大作用。所编写的《中医精神病学》《中医精神病护理与治疗学》等四部著作挖掘和整理了中医中药治疗精神病悠久的历史、科学的理论、独特的方法、良好的疗效，填补了中医药治疗精神病与护理的空白，对精神病学科发展起到了重要作用，并且获天津市优秀图书奖和晋康基金会特别奖励。研制出各种治疗精神病的丸、散、膏、丹。

现代医院

【基础设施】 山阴现代医院（山阴县现代综合医院有限责任公司）于2010年经朔州市卫健委

批准成立的综合医院，是一所二级综合医院，山阴县城镇职工医疗保险，城乡居民医疗保险、工伤医疗保险定点医院，占地面积14010平方米，建筑面积16080平方米，住院楼建筑面积7980平方米，门诊楼建筑面积5600平方米，设立住院床位248张，层流洁净手术室3个，导管介入手术室1个，标准微生物，艾滋病实验室各1个。配备西门子64排螺旋CT、1.5T核磁共振各1台，深圳贝斯达数字摄影系统（DR）数字胃肠造影系统，全自动生化分析仪、PC化学发光仪、ACSONX—2000全彩超、日本奥林巴斯P50胆道镜、290胃肠镜、斯塞克高清腹腔镜等高科技医疗设备。院设有6个临床科室，4个医技科室、1个体检科、1个理疗康复中心，主要设有内科，普外科、骨科、脑科、妇产科门诊部，其中普外科、妇产科为我院重点科室，以腹腔镜技术为支撑点，开展胆结石，宫外孕、子宫肌瘤剔除术等微创手术。设有放射科，CT室、检验科、功能检查室四大医技科室；设有收费，药房、导医3个服务科室；设有办公室，护理部、财务科、保卫科、后勤科、党支部、工会、报销中心、八大管理室、设1个体检中心，形成小综合、大专科的医院特征。2018年动工，投资5000万元资金建立了山阴现代医院住院楼，经过一年半的努力，于2019年12月竣工，实现了整体搬迁，新设备、新技术的投入使用，医疗功能得到了进一步完善，医疗水平大幅度提高。

【服务群众】 2019年，随着医院的不断壮大，服务区域得以拓宽。全县13个乡镇、247个行政村均有患者到现代医院就诊。医院85%的患者来自农村，10%的患者来自城镇职工、居民医保，5%的患者来自周边区县及县内矿山外来人员，服务区域覆盖全县所有村庄，呈现出以县内患者为主，辐射周边区县的服务网络。山阴现代医院2019年，医院共接待门诊6.3万人次，住院治疗人数4320人，邀请专家手术会诊78人次，全年为患者施行手术1244例，抢救危重病患者192人次，邀请上级专家手术305人次。建院以来，无论医院收入如何，医院把奉献和回馈父老乡亲作为立院根本，勇于承担社会责任。

【技术水平】 山阴现代医院与大同现代医疗集团管理公司，大同瑞慈康复医院、朔州现代医院、朔州泰康医院、忻州现代医院组成医疗集团，实现资源共享，共同发展，并和中国人民解放军总医院（301医院），北京天坛医院、北京宣武医院、山西省人民医院、山西医科大学附属第一、第二医院，山西省肿瘤医院、山西省中西医结合医院、大同第一、三、五医院，大同同煤总医院、大同新健康医院等知名医院建立了长期合作关系，实现引进先进技术和人才会诊手术。特别是妇产科作为重点科室建设，有主任医师魏玉峰，副主任医师邢建平及3名主治医师，通过王洪宝教授的传帮带，在腹腔镜下实施子宫肌瘤剔除术、宫外孕、卵巢囊肿等妇科多发病治疗方面，已成为全县一流的技术队伍。其他科室通过院部组织各类培训讲座，有力地促进了各科室医务人员的技术水平的提高，使医院整体技术水平迈上新台阶。

【监督管理】 2019年，现代医院全年接待上级各有关部门监督检查7次，主要包含医疗质量安全，院感控制、医保基金使用、母婴保健、传染病防治、消防安全等项检查中，对检查中发现的问题，及时进行整改。特别是在医疗质量安全和医保基金使用方面，经常邀请相关专家对医务人员进行专题培训，使全院职工不断树立安全和医保安全意识，保障医院平稳健康发展。

【财务管理】 医院收入主要分为药品收入，医疗收入两大部分。2019年医疗收入2953万元，药品收入1413万元。在支出方面实施年初预算化管理，其收入部分的40%用于设备维护更新，实现自我发展，收入55%为人员工资性支出，2%收入作为市场风险金、纳税，符合现代医院财务管理模式。医院本着诚信办院的理念，共和多个单位和个人发生资金来往，坚持做到诚信守诺，不失信，以鉴定各类合同为履约标准，及时、准确履约合同，未发生过违约行为，同有关单位和个人建立起良好的互惠互利协作关系。规范药品，办公用品、医疗设备，医用耗材等采购。配合上级部门财务审证，财务运行状况良好。

【传染病及突发公共卫生事件】 2019年，现代医院对大型传染病及突发公共卫生事件及时报告制度，认真开展传染病防治及突发公共卫生事件报告和处理培训工作，做好发热病人的采样送检，及时发现登记就诊的疑似病例，按要求积极开展传染病的流调及疫点输送工作。疫情报告率100%，报告及时率100%，无突发公共卫生事件的发生。对0~6周岁儿童健康按规范要求开展儿童健康管理服务，认真开展接种疫苗。对老年患者和慢性病患者举办健康讲座，正确辅导用药。

社会生活

人力资源和社会保障

【概述】 山阴县人力资源和社会保障局主要职责：1. 贯彻执行国家、省、市人力资源和社会保障事业发展规划和政策法规，拟定全县人力资源和社会保障事业发展规划，并组织实施和监督检查。2. 拟定全县人力资源市场发展规划，指导全县人力资源市场建设，建设统一规范的人力资源市场，促进人力资源合理流动、有效配置。3. 负责全县促进就业工作，拟定统筹城乡的就业发展规划，完善公共就业服务体系，拟定就业援助制度，完善职业资格制度，统筹建立面向城乡劳动者的职业培训制度，牵头落实高校毕业生就业政策，会同有关部门落实高技能人才、农村实用人才培养和激励政策。4. 统筹建立覆盖城乡的社会保障体系，组织实施城乡社会保险及其补充保险政策和标准，会同有关部门拟订社会保险及其补充保险基金管理和监督办法，编制全县社会保险基金预决算草案。5. 负责全县就业、失业、社会保险基金预测预警和信息引导，拟订应对预案，实施预防、调节和控制，保持就业形势稳定和社会保险基金总体收支平衡。

6. 负责统筹全县机关企事业单位人员管理工作，会同有关部门拟订机关、事业单位人员工资收入分配政策，建立机关企事业单位人员工资正常增长和支付保障机制，落实机关企事业单位人员福利和离退休政策，指导和监督国有企业工资总额管理和企业负责人工资收入分配。7. 会同有关部门指导事业单位人事制度改革，拟订全县事业单位人员和机关工勤人员管理办法，参与人才管理工作，建立完善专业技术人员管理和继续教育制度，牵头推进深化职称制度改革工作，负责高层次专业技术人才选拔和培养工作。8. 推动劳动用工相关政策的落实，协调解决重点难点问题，维护劳动者合法权益。9. 落实劳动人事争议调解仲裁制度和劳动关系政策，完善劳动关系协调机制，监督落实消除非法使用童工政策和女工、未成年工的特殊劳动保护政策，组织实施劳动监察，协调劳动者维权工作，依法查处重大案件，受理劳动人事信访事项，会同有关部门协调处理有关重大信访事件和突发事件。下设机构：办公室、行政审批和工伤鉴定股、事业单位人事管理股（专业技术人员管理股）、工资福利和离退休股、规划就业指导股、社会保险股、劳动监察股、财务资金（基金）监督管理股。

【人才人事管理】 2019 年，加强工资管理，完善机关事业单位工资制度。严格执行国家统一调整机关事业单位基本工资标准。对全县机关事业单位在职人员正常晋档晋级、津贴、补贴提高标准。捋顺 2018 年 7 月工资标准调整。2019 年事业单位专业技术取得资格共 668 人，其中高级 84 人、中级 350 人、初级 234 人。上报高级评审委员会人员 93 人，上报中级评审委员会人员 214 人。申报工人技术等级（初级工、中级工、高级工、技师），初级工报名 15 人，中级工报名 39 人，高级工报名 84 人，技师报名 94 人，报名者基本信息录入山西省职业技术鉴定中心考务管理系统。办理退休手续和丧葬抚恤手续。截至 2019 年，机关事业单位办理退休手续 226 人。办理丧葬抚恤 53 人，办理遗属补助 32 人。开发创新人才引进服务机制。引进各类急需紧缺人才，推动人才结构战略性调整。2019 年 4 月，面向社会公开招录煤矿专家 4 名。8 月，公开招聘事业单位工作人员 33 人。严格笔试、面试，公开、平等、择优录用教师 29 人，医护人员 3 人，疾控中心 1 人。

【创业就业】 2019 年，创业带动就业人数 669 人，完成年任务的 121.6%；失业人员再就业人数 1198 人，完成年任务的 119.8%；就业困难人员就业人数 415 人，完成年任务的 115.3%；转移农村劳动力人数 5165 人，完成年任务的 166.6%；建档立卡贫困劳动力转移就业人数 557，完成年任务 550 的 101.3%。认真落实省委省政府关于继续实施全民技能提升工程精神，全年 7 所学校共开设了 54 期培训班，培训人数 2468 人，已培训结业 54 期，结业合格人数 2221 人，已完成年任务的 101%，其中建档立卡贫困人员 277 人，采煤沉陷区 33 人。专业有家政服务 1132 人，中式烹饪 353 人，农业技术员 81 人，民间工艺品制作 497 人，保育员 86 人，手工编织 24 人，电子商务 48 人；创业培训 3 所学校开设了 7 期培训班，培训人数 216 人，结业合格人数 186 人。

2019 年，山阴县人力资源和社会保障局开展了一系列公共就业服务活动，重点研究解决建档立卡贫困劳动力、复转军人和未就业高校毕业生就业问题，把促进充分就业作为脱贫攻坚、维护社会稳定的头等大事来抓。2 月 28 日，联合山阴扶贫办、县总工会、县妇联在山阴县地税广场举办了 2019 年“春风行动”专场招聘会，此次活动共发放宣传资料 2 万余份，为 800 余人了提供公共就业服务，实现转移就业 44 人。4 月 22 日上午，在山阴县劳动保障大楼召开了山阴县 2019 年民营企业招聘周专场招聘会，招聘会共组织 16 家用人单位现场招聘，提供机械、美容、销售、计算机、财会、医师等就业岗位 2000 余个。到场咨询、应聘的求职者达 500 余人，发放宣传资料 800 余份，现场达成求职意向 180 人。12 月 25 日上午，在劳动保障大楼举办山阴县 2019 年“暖冬行动”冬季招聘会，14 家企事业单位进场招聘，涉及制造、加工、教育、文秘、医疗等 10 多个行业，提供 300 余个就业岗位。同时，现场设立了“四送一服”、社会保险、技能培训、劳动维权、就业创业等政策咨询台，为群众解答各种疑问和相关惠民举措。活动当天，接待求职人员 300 余人，初步达成就业意向 100 余人，为 100 余名群众提供了政策咨询服务。通过开设职业介绍窗口和利用乡镇保障平台不定时发布招聘用工信息，扩大宣传覆盖面，畅通群众求职渠道，弥补企业用工缺口，使城乡居民能够就近享受到劳动就业等公共服务。

【劳动执法】 2019 年，山阴县人力资源和社会保障局加强构建和谐劳动关系机制建设。认真贯彻落实劳动合同法、劳动争议调解仲裁法等法律法规，强化信访维稳工作联动机制，多渠道、多形式解决劳动矛盾纠纷。2019 年，积极开展政策宣传工作，把做好劳动用工备案工作作为规范企业用工行为、维护劳动者合法权益和构建和谐劳动关系的重要抓手，劳动用工备案工作进展较快，截至 2019 年，全县共 84 家企事业单位进行了劳动用工备案，涉及 10000 余人。截至年底，国务院大督查转办的山阴县 1 起欠薪案件，涉及农民工 267 人，涉及拖欠工资 151.8765 万元，已动用农民工欠薪应急周转金得以彻底解决；省政府督办的国务院“互联网+督察”平台交办案件山阴县 3 起，这 3 起案件已全部进行了核查，并及时将情况报告回省政府；接待群众来电来访 104 起，为群众当场解答各类劳动保障问题以及协调劳资纠纷 91 起，当场处理拖欠工资案件 23 起，为 278 名劳动者追发工资报酬 295 万元。全年共受理案件 78 件，裁决结案 27 件，调解和解结案 51 件，结案率为 100%，调解和解率为 65%，平均结案天数为 15 天。

【社会保障】 2019 年，山阴县人力资源和社会保障局严格执行各项社会保障政策规章，以构建和谐社会保障体系为中心，积极贯彻落实国家和省市降低社会保险费率和调整缴费基数政策为企业减轻负担。2019 年 5 项社会保险费参保人数累计达 23 万人次，征缴各项社会保险费

33273.57万元，各项社会保险费待遇发放达50108.93万元。其中企业养老保险参保人数18220人，完成年任务18220人的100%；保险费征缴15389万元，待遇支付22074万元；机关事业单位养老保险参保人数7223人，完成年任务7590人的95.2%（因山阴县有8家自收自支事业单位已登记但未缴费，分别是雁山饭店、城管执法队、林业经销站、客运办、湿地公园管理中心、广武旅游接待中心、水利供应站预计难以完成任务）。保险费征缴12185万元，待遇支付19806万元；城乡居民养老保险参保人数158842人，完成年任务162100人的98%，保险费征缴2268.94万元，待遇支出5905.93万元；工伤保险参保人数30580人，完成年任务30580人的100%，保费征缴2775万元，待遇支付1734万元；失业保险参保人数20503人，完成年任务20100人的102%，保费征缴566万元，待遇支付589万元；社保卡制作完成了24.1万张，完成了上级年初下达的22.3万张的108.1%。电子社保卡的签发22418张，完成人社部下达任务22300张的100.5%。特别是在社会保障卡的应用方面取得重大进步，城乡居民养老、机关事业单位养老保险等待遇支付都实现了通过社保卡发放的目标。同时实现人力资源和社会保障业务线上化和移动化，提升了公共服务水平，促进民生服务和智慧城市建设。

【脱贫攻坚】 2019年，山阴县人力资源和社会保障局认真落实城乡居民养老保险扶贫政策，采取有效措施，摸清底数，主动作为，确保建档立卡贫困人口、低保对象、特困人员等困难群体全部参加城乡居民基本养老保险，实现应保尽保，不漏一人，并由政府为其代缴部分或全部最低档次养老保险费，减轻贫困人口缴费负担。截至2019年12月31日，人社部扶贫系统人数16904人，应参保人数15431人，其中4672人已领取待遇（人社厅发〔2018〕111号文受益人数58人），应参保缴费人数9607人，已经代缴的建档立卡贫困人口9607人，每人代缴100元，共计代缴金额960700元，代缴完成比例100%。山阴县低保总人数13060人，应参保人数8515人，其中3194人已领取待遇，应参保缴费人数5366人，已经代缴的低保人口5366人，每人代缴100元，共计代缴金额536600元，代缴完成比例100%。重残总人数2817人，应参保人数2233人，其中1168人已领取待遇，应参保缴费人数1095人，已经代缴的人口1095人，每人代缴100元，共计代缴金额109500元，代缴完成比例100%。经审核符合政府代缴的建档立卡贫困人口、低保、五保、和重残16068人，已经代缴16068人，每人代缴100元，共计代缴金额1606800元，代缴完成比例100%。全年通过帮扶贫困劳动者实现就业785人，就业帮扶率100%，稳定就业率90%，新建扶贫车间2个（山阴县信誉农牧专业合作社、山阴县众福缘手工专业编织合作社），完成技能脱贫培训492人，累计发放各类补贴资金49.8万元，农村养老保险扶贫293.3万元。山阴县人力资源和社会保障局扶贫工作取得了预期效果，特别是技能提升培训工作名列全市第一。

民　政

【概述】 山阴县民政局拟订全县民政事业发展规划和民政系统财务管理有关政策并指导实施；对财政拨付的民政事业专项资金的使用进行指导并实施监督管理；按照上级彩票公益金使用管理办法，管理使用好上级下拨的彩票公益金；负责机关及所属单位财务管理有关工作；负责机关及所属事业单位国有资产管理和审计工作；负责民政统计管理工作。监督实施行政区划管理政策和地名管理办法；承办村级以上行政区域的设立、撤销、调整、更名和界线变更及政府驻地迁移的审核申报工作；会同有关部门编制乡、镇、街道行政区划排列顺序及代码；负责全县地名的命名、更名和标准化处理相关工作；审核申报村级以上行政区划名称、重要自然地理实体地名命名、更名；负责行政区域内的勘界工作；负责全县标准政区与地名地图、资料的编辑和审定相关工作。牵头拟订全县社会救助政策和标准，统筹城乡社会救助体系建设，负责全县城乡居民最低生活保障、特困人员救助供养、临时救助、生活无着流浪乞讨人员救助工作，指导全县救助服务机构管理。监督实施老年人、残疾人和特殊困难儿童权益保护法律、法规；拟订全县老年人、残疾人和特殊困难儿童权益保护政策并组织实施；拟订全县社会福利事业发展规划和政策办法并组织实施；指导社会福利机构的管理；负责福利彩票公益金管理、使用工作；承办国内居民儿童收养工作，指导社会捐助工作。监督实施基层群众自治组织建设和社区建设的法律、法规、办法；研究提出加强和改进基层政权建设的建议；指导村（居）民委员会民主选举、民主决策、民主管理和民主监督工作，推动村（居）民自治和基层民主政治建设；指导城乡社区建设和服务管理工作；指导协调全县农村村务公开工作。监督实施婚姻、殡葬管理法律法规；拟订婚姻、殡葬事业发展规划并指导实施；推进婚俗和丧葬改革，强化公墓监管；指导婚姻、殡葬服务机构管理；承办国内居民婚姻登记管理；承担全县婚姻登记信息联网建设及管理工作。责县级社会组织党组织的组建和管理；指导社会组织开展党的宣传、教育、组织、群众工作等；负责社会组织党员的教育培训、管理服务和发展党员工作。监督实施社会组织法律、法规、政策、办法，依法对全县社会团体、社会服务机构等社会组织登记管理；按照管理权限，负责全县性社会组织的执法监督；指导和监督基层对社会组织的登记管理工作。负责行政审批制度改革相关工作，负责政务服务管理工作，负责具有审批性质行政职权事项的受理、办理或牵头组织联审联办工作，指导本系统行政审批制度改革工作。

【低保专项治理】 2019年，为全面贯彻落实全国低保专项治理电视电话会议精神，山阴县民政局以主题教育为契机，按照省市低保专项治理要求，坚持问题导向，聚焦特殊困难群体基本生活保障、聚焦群众反映强烈的突出问题，大力整治漠视侵害群众利益问题，建立健全农村低保规范管理长效机制，有效发挥农村低保在脱贫攻坚中的兜底作用，切实保障困难群众基本生活。经过专项治理排查发现并清退不符合条件低保对象100户142人，纳入低保对象353户604人。对全县城乡低保对象和特困人员进行年审复核、部门信息比对，对不再符合低保条件的对象及时退出保障范围，将符合低保条件的对象及时纳入保障范围。

【关爱特殊群体】 2019年，按照《山阴县2019年特殊群体关爱行动计划》，将孤儿保障标准由原执行的600元/人·月提高到1000元/人·月。2019年，为185名孤儿发放生活保障资金231万元；为166名困境儿童发放保障资金79.91万元。将经济困难高龄老年人标准由30元/人·月提高到50元/人·月。将失能老年人补贴标准由60元/人·月提高到100元/人·月。为767名农村高龄老人发放生活补贴资金55.02万元；为66名城市高龄老人发放生活补贴资金3.21万元；为30名农村失能老年人发放生活补贴资金4.98万元；为6名城市失能老年人发放生活补贴资金0.69万元；为1028名农村经济困难残疾人发放生活补贴资金78.09万元；为430名城市经济困难残疾人发放生活补贴资金23.21万元；为3827名重度残疾人发放护理补贴资金114.81万元。认真落实《生活无着的流浪乞讨人员救助管理办法》，从临时生活用品、医疗、返乡等方面，努力为生活困难的流浪乞讨人员分类提供人性化的帮助，2019 年共出动救助车辆 153 次，发放救助物资 52 件（套），发放饮用水和方便面 189 人次，共救助 285 人次，救助金支出 18.34 万元。为查找不到家庭户籍长期滞留人员，发布寻亲公告，帮助 4 人查找到了家庭户籍并护送返乡。

【养老服务】 2019 年，为全面推动养老机构向高质量迈进，山阴县民政局按照养老院服务质量建设专项行动和历次安全生产工作会议要求，以“清隐患、防风险，补短板、促达标，提质量”为主要任务，坚持问题导向、分类指导、精准施策，着力解决影响养老机构服务质量的突出问题，持续加强养老机构标准化、专业化、信息化建设和精细化管理。全面清除全县养老机构已排查出的重大风险隐患，使全现老年人获得感、幸福感、安全感持续增强。

【社会组织】 2019 年，为确保行业协会商会与行政机关脱钩工作，山阴县民政局紧紧围绕“五分离、五规范”的工作目标，坚持“服务、建设、规范、发展”工作理念，着力加快形成政社分开、权责明确、依法自治的现代社会组织体制建设，全县行业协会商会与行政机关脱钩工作按计划顺利完成。对全县社会组织进行了年检。积极支持社会组织参与老年人、“三留守”人员、精准扶贫等服务项目，推进了薛圐圙村、农牧场、白坊村、康庄村、东城社区老年人日间照料中心运行，高标准开展养老院服务质量建设专项行动。全县社会组织积极助力脱贫攻坚工作，开展对建档立卡贫困户进行走访慰问并发放节日生活物资。会同县医疗集团、县诚信企业联盟、县太行村镇银行、县老年公寓开展了“社会扶贫、民政扶贫、金融扶贫、医疗扶贫进万家”活动 5 场，为贫困户发放慰问金 1 万多元，为 300 多名贫困户开展免费体检，发放各类宣传单和手册 5000 余份，发放价值 1 万多元的生活用品，进一步引导和鼓励全县社会组织、慈善组织和企业单位，积极参与脱贫攻坚工作，帮助贫困群众脱贫增收。

【重点建设项目】 2019 年，山阴县民政局聚焦民政基础设施建设的短板，主动作为，积极进取，充分利用国家的相关支持政策，依托国家重大建设项目库，申报建设和正在建设山阴县中心敬老院、山阴县社会福利中心儿童福利院、山阴县流浪乞讨人员救助站（山阴县未成年保护中心）、山阴县殡仪馆等建设项目，得到了国家和省市方面的大力支持。投资 1908 万元新建的山阴县中心敬老院建设项目年底全部完成建设内容。投资 1913 万元新建的山阴县社会福利中心儿童福利院建设项目进入主体工程建设阶段。山阴县流浪乞讨人员救助站（山阴县未成年保护中心）和山阴县殡仪馆建设项目已完成可研报告。按期完成了 3 所日间照料中心建设任务，实现了山阴县民政基础设施建设大提升。

【扫黑除恶】 2019 年，山阴县民政局认真贯彻中央和省、市、县开展扫黑除恶专项斗争部署，将扫黑除恶专项斗争作为民政系统一项重要的政治任务来抓，建立了涉黑涉恶线索周报、日报和零报告制度。深入开展了全县 247 个行政村村委干部和 10 个社区居委会干部“回头看”排查工作。全年召开会议研究扫黑除恶工作共 6 次，印发有关文件 3 份，共排查出涉黑涉恶线索 2 条，建立台账 40 余份。

【脱贫攻坚】 2019 年，按照“民政跟着扶贫走，低保围着脱贫转”工作思路和《山阴县 2019 年农村低保扶贫行动计划》《山阴县民政局 2019 年巩固脱贫成果行动计划》文件精神，将农村低保标准由原执行的 3840 元/人·年提高到 4440 元/人·年。将城市低保标准由原执行的

462元/人·月提高到492元/人·月。将农村特困人员标准由原执行的4500元/人·年提高到5500元/人·年。为1887人建档立卡贫困人口发放低保金469.41万元；为3331户5382名农村低保对象发放低保资金1437.05万元；为1253名农村特困人员发放保障金1057.37万元；为2999户7266名城市低保对象发放低保资金3340.22万元；为687名发放医疗救助对象发放救助资金74.02万元；为1782名困难群众发放临时救助资金531.4万元；为全县13个乡镇2个管委会下拨临时救助资金390万元；为58名城市特困人员发放保障金40.86万元；为1253名农村特困人员发放保障金1057.37万元；为全县城乡低保户、特困人员发放临时价格补贴资金295.53万元。

【主题教育】 自第二批"不忘初心、牢记使命"主题教育启动以来，按照县委的部署，县民政局成立主题教育领导小组，通过召开党组中心组学习会，传达学习了习近平总书记对民政工作的重要指示、重要论述和第十四次全国民政会议精神，学习了习近平总书记在"不忘初心、牢记使命"主题教育工作会议上的讲话精神和省市县主要领导在"不忘初心、牢记使命"主题教育工作会议上的讲话精神等。组织全局党员干部进行了理论学习10余次，党员领导干部交流发言10余人次。向党员发放"不忘初心、牢记使命"主题教育应知应会手册30本，切实让每位党员做到扎扎实实学，认认真真记。围绕开展主题教育的具体目标，局4位班子成员分别以养老服务、社会组织、城乡低保和社会救助4个方面为主题深入到镇、村、社区开展具体调研。组织党员同志分别到358旅旧址和彭云事迹展览馆教育基地开展革命传统教育和警示教育，切实把"不忘初心、牢记使命"作为永恒主题、终身课题，加强党的建设工作，做好"三会一课"、主题党日活动。认真解决深化改革、放管服和创新发展的"最后一公里"。

【党风廉政】 2019年，山阴县民政局坚持把党风廉政建设作为重大政治任务，将全面从严治党同日常工作进行同研究、同部署、同落实。按照要求签订了党风廉政建设责任书，局党组书记同局党组成员、与局属单位及局内设股室签订了《党风廉政建设责任书》。对重点岗位和关键环节，建立了领导干部廉政档案，签订八小时以外承诺书，从源头上预防和遏制腐败想象发生。始终把坚持学习，增强党员党性意识放在首位，通过多种形式开展党风廉政教育，把"一准则三条例"纳入党组中心组学习和机关学习的重要内容，定期组织开展党风廉政建设理论学习活动。全年开展专题教育学习10场，观看专题警示教育片2场。严格执行内部财务审批制度、预算审批制度，确保财务工作规范化开展；认真执行各项管理制度，严格考勤、请假、签到等日常管理制度，规定上班时间不做与工作无关的事情；加强单位车辆管理，严格执行公务车辆管理及配备制度；实行办公室统一配备制，提高用处效率，公务车辆定点存放、保养、维修，杜绝公车私用等违规行为；强化教育监督管理制度，从源头上预防，杜绝不廉洁行为发生。严格控制单位公务接待、出差、用车等公用经费支出，管理使用好项目经费，健全完善财务管理制度，强化履行节约，全面推行廉政建设。严格财务手续，严格执行财务制度和财经纪律。严把政策关，杜绝工作出现违纪审批，把关失控现象。截至2019年无违纪违法事情发生。

【支部建设】 2019年，山阴县民政局按照新时代党的建设和主题教育总要求，采取有力措施，狠抓机关党支部建设。对照学习教育活动开展、"三会一课"制度落实、党组织活动开展、党内政治生活等党建要求，深入开展机关党建工作，跟进工作措施，抓好整改落实。选举产生了新一届党支部领导班子。通过抓学习强素质、抓制度强管理、抓落实强作风、抓班子强队伍，有效提升机关党建工作规范化水平。

退役军人事务

【概述】 2019 年，山阴县退役军人事务局一班人不忘使命，牢记嘱托，认真履行职责，努力工作，全县退役军人事务工作在县委、县政府的坚强领导和上级退役军人事务部门的精心指导下，积极适应新时代新常态，坚持以服务好退役军人为目标，狠抓工作落实，努力破解难题，有效应对挑战，退役军人事务各项工作任务得到了全面贯彻落实，受到了省市的表扬和肯定。

【双拥工作】 军地密切协作，全省“双拥模范县”争创成功。2019 年 10 月，经过军地双方的共同努力，顺利通过了省级的考核验收，并于 10 月份被省双拥领导组评为双拥模范县。优抚对象抚恤和生活补助政策落实到位。按照上级文件规定优抚对象的各项待遇政策，深入贯彻落实各级有关双拥工作的一系列指示精神，立足基层，服务大局，注重建设，营造了军爱民、民拥军，军民鱼水一家的社会氛围。抚恤和生活补助做到了全部按时足额发放到位，并把每年“八一”建军节、春节走访慰问形成常规制度。2019 年初，县退役军人事务局对全县退役人员、优抚对象及现役军人进行了走访慰问，对 2018 年现役军人立功受奖同志发放慰问金共计 7000 元。同时为“两参”人员开辟了绿色通道，在“两参”纪念日为所有“两参”人员发放 1000 元慰问金，并对在乡“两参”人员增发每人每月 800 元的生活补助。另外，确定了全县凡符合低保条件的“两参”人员，优先享受低保待遇，对生活困难的“两参”人员优先给予办理医疗救助。同时，在乡“两参”人员申请廉租房与城镇居民同等对待，凡本人或家庭成员享受低保的，优先申请廉租房。

【宣传与服务】 2019 年，退役军人事务局提高政治站位，退役军人服务工作有序开展。一是全面展开信息采集工作。在退役军人事务局成立之初，就立即开展了退役军人及其他优抚对象信息采集工作。采取向社会发布公告、张贴宣传画、向县直各部门发送函件，还通过微信、公示栏等方式进行宣传，层层落实责任，将宣传延伸到村级每家每户，确保采集对象人人皆知，力争采集工作不漏一人。二是为全县军烈属，退役军人和现役军人家属一一悬挂光荣牌，让军人军属切实感受到“一人当兵、全家光荣、一次参军、一生光荣”的自豪感与荣誉感。三是举办了刘幸烈士陵园祭扫活动。四是责成专人通知 2017 年、2018 年全县自主就业退役军人参加 6 月 18 日朔州市退役军人专场招聘会。

【纪念烈士】 2019 年，县退役军人事务局在“八一”前夕，走访慰问军休人员，将党的关怀送到他们的心中。开展在王老沟、水头村两场战斗中牺牲的部分烈士遗骨挖掘工作并在下立羊泉烈士公墓举办了安葬仪式。9 月 18 日，县退役军人事务局按照市军分区和县委、县政府安排，在县人武部的大力支持下，在玉井镇党委政府、下喇叭乡党委政府的全力配合下，于 9 月 18 日上午，召集民间有祭祀活动经验的人员，在玉井镇王老沟村、水头村抗日战斗遗址，开展了革命烈士遗骸挖掘工作，并在下立羊泉革命烈士陵园，按照市军分区领导意见，修建了烈士遗骨埋葬墓穴。9 月 27 日，在市军分区和县委、县政府、县人武部、玉井镇党委政府、下喇叭乡党委政府相关人员以及村民代表的见证下，按照烈士安葬程序，对 9 月 18 日、19 日挖掘出的革命烈士遗骸骨灰在下立羊泉革命烈士陵园进行了安葬，举行了安葬仪式，并树抗日烈士碑以示纪念。在“9·30”公祭日，举行烈士纪念日向英雄敬献花篮。

【退役军人安置】 2019年，退役军人事务局从维护稳定大局、构建和谐社会的高度出发，按照“抓落实求提高、解难题谋发展、保稳定促和谐”的工作思路，充分发挥政府的宏观调控和主导作用，确保按时完成符合政府安置条件退役军人的安置工作。一是对全县2011年至今的所有符合政府安置条件的退役军人100%完成安置，无遗留人员；二是对2018年度符合安置政策的9名转业士官，根据安置计划和本人自愿选岗相结合的方式已经安置到县直所属的6个事业单位，现已安置到位；三是研究了2019年度符合政府安置的退役军人的安置政策，将按照安置政策100%的完成安置工作；四是针对全县符合政府安置工作现失业下岗的对象，按照分类分批逐步解决的原则，逐步安排选岗再就业。解决部分退役军人社保接续工作，是充分体现党和政府对退役军人的关怀和关爱，是全力保障退役军人合法权益的重要举措。根据中央办公厅、国务院办公厅、山西省委办公厅、省政府办公厅、市退役军人事务局的相关要求，山阴县委、县政府把解决部分退役军人社保接续工作作为一项事关全局的重大政治任务，及时开展了部分退役军人的社保接续工作，着力解决部分退役士兵未能及时参加基本养老、基本医疗保险或参保后因企业经营困难、下岗失业等原因缴费中断，享受养老、医疗保障待遇面临的困难，此项工作正在条不紊地进行中。

【机关建设】 2019年，县委、县政府高度重视县退役军人事务局这一新机构的组建工作，多次召开专题会议，认真研究部署，依据中央、省、市相关要求，及时成立并充实了县乡村三级退役军人事务机构，成立了由县委副书记任组长、县政府副县长等多名主要领导任副组长、20个县直部门15个乡（镇、管委会）为成员单位的县委退役军人事务工作领导小组，及时调整充实了县双拥工作领导小组，积极组织召开了各类涉及退役军人事务的会议，全力为推进退役军人事务工作提供了组织保障。强化责任担当，矛盾问题化解工作扎实开展。安排专人做好来电来访接待工作，截至2019年共接待来电来信来访人员120余人次，反应的问题均得到妥善处理。同时，围绕县委、政府中心工作任务，积极认真完成脱贫攻坚驻村等相关工作任务。

残联

【概述】 山阴县残疾人联合会第六次代表大会经县委、县政府同意，于2018年3月13—14日举行。会议产生了山阴县残疾人联合会第六届主席团领导、第六届执行理事会和专门协会主席。山阴县残疾人联合会班子成员，党组书记杨志清，党组成员李勇、吕文祥、冀昌文、王大鹏，山阴县残疾人联合会执行理事会理事长杨志清，办公室主任赵鹏，组联股股长张敏，维权股股长郭玉军，宣文股股长刘文音。2019年，山阴县各乡镇（管委会）残联理事长：西城区残联理事长张瑞云、北周庄镇残联理事长申海军、下喇叭乡残联理事长段莉、吴马营乡残联理事长孟升、玉井镇残联理事长马建、马营乡残联理事长任国栋、马营庄乡残联理事长白继宇、农场场残联理事长尹建兵、东城区残联理事长戎秀清、岱岳镇残联理事长黄晓刚、合盛堡乡残联理事长高迎峰、安荣乡残联理事长李宝鑫、薛圐圙乡残联理事长王瑜瑶、古城镇残联理事长孙书伟、后所乡残联理事长高永军、张家庄乡残联理事长刘志霞。

【民生工程】 2019年，山阴县残疾人联合会落实医疗兜底保障措施，协助养老、医保部门为辖区一二级重度残疾人统一缴纳医保及养老保险。按照2019年省政府民生实事残疾预防重点干预、残疾儿童抢救性康复项目、残疾人精准康复服务、0~6周岁儿童残疾复查和诊断项目等相关要求，县残联到2019年完成了诊断阳性0~6周岁儿童19名；残疾评定280人；残疾儿童抢救性康复项目18名，圆满完成上级下达的任务。

【助残扶贫】 2019年，山阴县残疾人联合会完善残疾人扶贫基地扶持办法，推动农村残疾人扶贫基地规范化建设。巩固提升山阴县佳玉手工制作专业合作社扶贫基地安置、辐射带动残疾人就业60余人。积极开展实用技术、职业技能培训。提高残疾人素质和技能的重要手段和有效途径。根据市残联下达的相关任务指标，制订了年度计划，采取集中学习的方式对50名贫困残疾人进行了实用技术培训培训，对60名残疾人进行了职业技能培训。通过培训，大大提高了广大残疾人参与社会建设的积极性，促进了贫困残疾人自食其力、自力更生，改善了其家庭生活面貌。积极将残疾人扶贫融入政府扶贫工作大局，安排精准扶贫、精准脱贫任务。为18户残疾人家庭无障碍改造项目，改善残疾人居家环境，提高残疾人生活质量；为以车代步的41名肢体残疾人发放燃油补贴；为2名贫困残疾人家庭子女大学生发放了助学金；农村基层党组织助残扶贫26人次，每人资助2000元（上级1000元，县级配套1000元），开展了35名智力、精神和重度肢残人托养服务。截至2019年底，全县1400名贫困残疾人全部脱贫。

县残联派出驻村工作队吕文祥、高四海、丰廷彰3人承担了马营乡马营、五家沟、腰寨、张家沟、张家堡、水泉6个村的扶贫任务。驻村帮扶期间，扶贫干部严格执行驻村工作纪律五天四夜进行工作；通过广泛调查、召开座谈会等方式，了解全村总体情况、贫困户生产生活状况及致贫原因；帮助村委会制定脱贫攻坚及巩固脱贫成果措施；进村入户讲解扶贫政策、传达党和国家方针政策；帮助贫困户清扫家院；为有其他需求的贫困户积极联系协调有关部门办理等帮扶，为贫困户送去了党和政府的关心、关怀、关爱，使贫困户感受到了极大的温暖。得到广大人民群众的一致好评和县委、政府的肯定。

【扫黑除恶】 2019年，县残联党组认真贯彻落实县委的安排部署，切实把“扫黑除恶”专项行动抓在手上，落在实处。为了不断增强残疾人的获得感、幸福感、安全感，维护社会和谐稳定，巩固党的执政基础。建立了联络工作机制和线索移交机制，与各乡镇（管委会）残联、县扫黑办明确联络员专门负责残联扫黑除恶工作的材料收集、信息上报、上传下达工作。在日常工作中，各乡镇（管委会）残联、农牧场残联工作人员走村入户发现线索，如有发现及时上报，加强了信息共享。

【残疾人证管理】 2019年，山阴县残疾人联合会按照规范、便民、高效原则出台山阴县残疾人证管理实施细则，促进残疾人证管理工作服务提升、管理严格、群众满意。到2019年为止，新办残疾人证227人、换领残疾人证801人、变更残疾人证12人。

2019 年受奖情况

集 体

省部级

2019年12月，山阴县总工会被山西省总工会、团省委、省科协授予2019年全省“五小六化”竞赛活动优秀组织奖。

2019年12月，山阴县供销合作社联合社被省供销合作社联合社授予全省供销系统农业社会化服务先进单位。

2019年，山阴县公安局被省公安厅评为“治安防控体系建设”先进单位。

2019年，山阴县教育局荣获由中华人民共和国教育部主办的全国第六届中小学生艺术展演活动优秀组织奖；荣获山西省第六届中小学生艺术展演活动优秀组织奖。

市级

2019年，山阴县公安局被市公安局荣记集体三等功、被评为全市文明标兵单位。

2019年4月，山阴县供销合作社联合社被市供销合作社联合社评为基层组织建设先进单位。

2019年7月，后所乡人民政府被朔州市人民政府授予2018年度人口和计划生育工作“先进集体”。（连续4年被市政府评为“人口和计生工作先进集体”）

2019年7月，朔州市人民政府授予北周庄镇人民政府2018年度人口和计划生育工作先进集体。

2019年10月18日，朔州市劳动竞赛委员会授予岱岳镇人民政府集体一等功。

2019年，山阴县气象局参加全市气象部门庆祝中华共和国成立70周年“与共和国同成长与新时代起奋进”文艺会演，山阴县气象局选送节目《永远的格桑梅朵》荣获三等奖。同时山阴县气象局荣获组织奖，个人独唱《明天会更好》荣获三等奖。

县级

2019年1月，山阴县公安局交通管理大队被山阴县人民武装部评为国防动员先进单位。

2019年7月，山阴县公安局交通管理大队被中共山阴县公安局委员会评为先进党组织。

2019年3月，后所乡被中共山阴县委、县政府授予2018年度综治工作“先进集体”。

2019年3月，中共山阴县委、山阴县人民政府授予北周庄镇2018年度综治工作先进集体。

2019年，山阴县教育局被县委评为优秀单位。

2019年度目标责任考核

优秀乡镇（管委会）和优秀单位名单

一、评定为“优秀”等次的乡镇（管委会）（6个）：北周庄镇、合盛堡乡、下喇叭乡、安荣乡、张家庄乡、县东城社区管理委员会。

二、评定为“优秀”等次的县直单位（19个）：县纪委监委机关（含县委巡察工作办公室）、县人大常委会机关、县政府办公室、县政协机关、县委组织部、县委宣传部、县委统战部、县委机构编制委员会办公室、县人民法院、县财政局、县工业和信息化局、国家税务总局山阴县税务局、县农业农村局、县水利局、县教育局、县民政局、县卫生健康和体育局、县总工会、县妇女联合会。

三、评定为“突出贡献”奖的驻县垂直管理单位（10个）：朔州市统计局山阴县统计调查监测中心、中国移动通信集团山西有限公司山阴分公司、中国人民银行山阴县支行、山西山阴农村商业银行股份有限公司、山西省山阴公路管理段、山阴县气象局、中国工商银行股份有限公司山阴支行、山阴县消防救援大队、朔州车务段山阴站、朔州车务段岱岳站。

个 人

省部级

2019年山阴县医疗集团人民医院老年病科、感染性疾病科主任王玉军荣获“山西省劳动模范”荣誉称号。

2019年山阴县看守所所长林密被评为全省“智慧监管”先进个人。

2019年山阴县桥西派出所民警樊立东被评为全省公安“一网通办”先进个人。

2019年山阴县桥西派出所副所长吕志权荣获“全省优秀人民警察”称号。

市级

山阴消防大队专职队员宗少华荣获朔州市消防救援支队“火焰蓝”比武综合成绩第二名。

岱岳派出所所长武宏章获市劳动委员会颁发的个人一等功。

2019年山阴县公安局8名民警被市公安局荣记个人三等功，13名民警受到嘉奖，3个基层单位荣立集体三等功。

2019年6月，在纪念建党98周年之际，县直工委选派机关党员王海叶同志参加由市直工委主办的“守初心，担使命”主题演讲比赛，荣获优秀组织奖。

2020 年年鉴资料编辑报送人员名录

表 14

单位	人员	姓名	职务	学历	政治面貌
县委	负责人	朱志勇	副主任	大学本科	中共党员
	编辑人	李　刚	科员	大学本科	中共党员
人大	负责人	陈　续	办公室主任	专科	中共党员
	编辑人	丰　智	办公室科员	大学本科	中共党员
政府	负责人	闫志民	正科	大学本科	中共党员
	编辑人	白　杨	科员	大学本科	中共党员
政协	负责人	赵晋虎	办公室主任	大学本科	中共党员
	编辑人	魏志旻	科员	大学本科	民进会员
纪委监委	负责人	刘培福	办公室主任	大学本科	中共党员
	编辑人	范　东	干部	大专	中共党员
经济技术开发区	负责人	孙培峰	综合办主任	大专	中共党员
	编辑人	麻瑞平	干事	大专	中共党员
玉井镇	负责人	麻鹏斗	党委书记	大学本科	中共党员
	编辑人	解俊明	党政办主任	大学本科	中共党员
马营乡	负责人	吕志宇	乡党委书记	大学本科	中共党员
	编辑人	吕剑君	乡干部	大学本科	中共党员
吴马营乡	负责人	韩　英	副乡长	大学本科	中共党员
	编辑人	李凌伟	党建办主任	大学本科	中共党员
下喇叭乡	负责人	高小军	人大主席	大学本科	中共党员
	编辑人	段天军	办公室主任	大学本科	中共党员
北周庄镇	负责人	樊宇峰	镇党委副书记	大学本科	中共党员
	编辑人	樊慧敏	主任科员	大学本科	中共党员
合盛堡乡	负责人	高迎峰	组织委员	大专	中共党员
	编辑人	刘雁军	党政办主任	大学本科	中共党员
岱岳镇	负责人	丁广厚	副镇长	大学本科	中共党员
	编辑人	解文宇	科员	大学本科	中共党员

续表 14

单位	人员	姓名	职务	学历	政治面貌
安荣乡	负责人	王　聪	党委书记	大学本科	中共党员
	编辑人	王桂花	办公室科员	大学本科	中共党员
薛圐圙乡	负责人	李智兴	副乡长	大学本科	中共党员
	编辑人	王瑜瑶	党政办主任	大学本科	中共党员
后所乡	负责人	龙海鹰	副乡长	大学本科	中共党员
	编辑人	赵国军	党建办公室主任	大学本科	中共党员
张家庄乡	负责人	刘志霞	副乡长	大学本科	中共党员
	编辑人	魏文星	办公室主任	大学本科	中共党员
古城镇	负责人	郭少华	副镇长	大学本科	中共党员
	编辑人	宋　毅	科员	大学本科	中共党员
马营庄乡	负责人	刘　澎	副书记	大学本科	中共党员
	编辑人	姚建国	秘书	大学本科	中共党员
东城管委会	负责人	苑　平	管委会书记	大学本科	中共党员
	编辑人	戎秀清	科员	大专	中共党员
西城管委会	负责人	赵贵卿	管委会副主任	大学本科	中共党员
	编辑人	边治强	德望社区居委会主任	大学本科	群众
组织部	负责人	王建永	常务副部长	大学本科	中共党员
	编辑人	卢文权	办公室主任	大学本科	中共党员
科协	负责人	丰建国	主席	大学本科	中共党员
	编辑人	魏志旻	副主席	大学本科	民进会员
统战部	负责人	赵占祥	部长	研究生	中共党员
	编辑人	刘　春	副部长	大学本科	中共党员
武装部	负责人	钟军辉	政治委员	大学本科	中共党员
	编辑人	石　磐	部长	大学本科	中共党员
党校	负责人	丰贵宝	常务副校长	大学本科	中共党员
编办	负责人	许永平	县编办主任	大专	中共党员
	编辑人	胡文娟	县编办干部	大学本科	中共党员
共青团	负责人	李永东	副书记	大学本科	中共党员
	编辑人	赵晓睿	办公室主任	大学本科	中共党员
机关事务服务中心	负责人	安美丽	副主任	大学本科	中共党员
	编辑人	吕跃乐	办公室负责人	大学本科	中共党员
妇联	负责人	赵晓君	主席	大学本科	中共党员
	编辑人	王晓宇	副主席	大学本科	中共党员
县直机关工委	负责人	夏珍萍	副书记	大学本科	中共党员
	编辑人	崔宇航	科员	专科	群众
总工会	负责人	王建永	副主席	大学本科	中共党员
	编辑人	史润萍	办公室主任	专科	中共党员

续表 14

单位	人员	姓名	职务	学历	政治面貌
工商联	负责人	解洪明	主席	大专	中共党员
	编辑人	谷文有	副主席	大学本科	中共党员
档案馆	负责人	李卫东	馆长	专科	中共党员
	编辑人	马森莲	干事	专科	群众
党史研究室	负责人	侯志林	主任	大学本科	中共党员
	编辑人	何晓娟	干事	大专	群众
人力资源和社会保障局	负责人	李志国	副局长	大学本科	中共党员
	编辑人	董日宏	办公室主任	大学本科	中共党员
项目资金监控	负责人	王平家	主任	大学本科	中共党员
	编辑人	张青雲	科员	大学本科	群众
审计局	负责人	程　毅	局长	大学本科	中共党员
	编辑人	卢　永	科员	大学本科	中共党员
民政	负责人	刘福广	局长	大学本科	中共党员
	编辑人	李国亮	科员	大专	中共党员
行政审批服务管理局	负责人	赵永胜	局长	大学本科	中共党员
	编辑人	王海新	办公室主任	大学本科	中共党员
防震减灾中心	负责人	王常厚	主任	大专	中共党员
	编辑人	周玉东	工程师	大专	中共党员
医疗保障局	负责人	张　连	局长	大学本科	中共党员
	编辑人	王佳文	办公室主任	大学本科	中共党员
应急管理局	负责人	王志文	局长	大学本科	中共党员
	编辑人	徐　海	办公室副主任	大学本科	中共党员
信访局	负责人	高　海	局长	大学本科	中共党员
	编辑人	冯国良	办公室主任	大专	中共党员
宣传部	负责人	闫文光	副部长	大学本科	中共党员
	编辑人	王建新	科员	大学本科	中共党员
教育局	负责人	祝启海	副局长	大专	中共党员
	编辑人	王雄鹰	办公室主任	大学本科	中共党员
文化和旅游	负责人	张富生	副主任	大专	中共党员
	编辑人	徐晓丽	三区人才	大专	
广播电视台	负责人	赵日文	台长	大学本科	中共党员
	编辑人	吕高立	副台长	大专	中共党员
卫生和健康局	负责人	罗殿林	局长	大专	中共党员
	编辑人	王志全	干部	大学本科	中共党员
新闻中心	负责人	闫文光	主任	大学本科	中共党员
	编辑人	张冬梅	科员	大学本科	中共党员
广武风景名胜区	负责人	武浩月	主任	大学本科	中共党员

续表 14

单位	人员	姓名	职务	学历	政治面貌
疾控中心	负责人	范力胜	办公室主任	大专	中共党员
	编辑人	王小娟	办公室副主任	大学本科	中共党员
医疗集团人民医院	负责人	李晓明	院长	大学本科	民主党派
	编辑人	韩丙财	主任	专科	群众
中医院	负责人	殷占东	院长		中共党员
	编辑人	马成帅	办公室主任		
文化旅游发展中心	负责人	李永红	副主任	大专	中共党员
	编辑人	栗　葳	办公室主任	大学本科	群众
进修校	负责人	牛世宝	校长	大学本科	中共党员
	编辑人	池利军	办公室主任	大学本科	中共党员
一中	负责人	王成元	书记	大学本科	中共党员
	编辑人	麻世平	办公室主任		
二中	负责人	高玉国	校长	大学本科	中共党员
	编辑人	郭浩宇	教师	大专	群众
三中	负责人	尹晋疆	校长	大学本科	中共党员
	编辑人	任永军	副校长	大学本科	中共党员
五中	负责人	兰文贵	主任	大专	群众
	编辑人	李晓勇	办公室主任	大学本科	群众
四小	负责人	张玉秀	校长	大学本科	群众
	编辑人	成海霞	少先队大队辅导员	大学本科	群众
六小	负责人	段　琳	档案管理员	大专	群众
	编辑人	段　琳	档案管理员	大专	群众
电大	负责人	侯　静	站长	硕士	群众
	编辑人	郭　浩	办公室主任	大专	群众
文联	负责人	黄　冀	主席	大专	中共党员
	编辑人	吴春燕	科员	大专	
综合职业学校	负责人	冯培森	校长	大学本科	中共党员
	编辑人	赵天贵	办公室主任	大学本科	中共党员
职业教育中心校	负责人	郭宏斌	校长	大学本科	中共党员
	编辑人	白正堂	办公室主任	大学本科	群众
农业农村局	负责人	高贵林	副局长	大学本科	中共党员
	编辑人	王　梅	科员	大学本科	群众
自然资源局	负责人	李胤龙	局长	大学本科	中共党员
	编辑人	李德欣	办公室主任	大专	中共党员
农田建设服务中心	负责人	尹护帮	主任	大专	中共党员
	编辑人	刘晓东	办公室主任	大专	中共党员
农技中心	负责人	张　凯	主任	大学本科	中共党员
	编辑人	赵学荣	办公室主任	大专	群众

续表 14

单位	人员	姓名	职务	学历	政治面貌
农机服务中心	负责人	马跃斌	书记	大学本科	中共党员
	编辑人	任兴育	站长	大专	中共党员
水利局	负责人	朱志斌	局长	大学本科	中共党员
	编辑人	冯清龙	办公室主任	大学本科	中共党员
林业局	负责人	兰春叶	副局长	大学本科	中共党员
	编辑人	吕耀云	办公室主任	大专	
国营林场	负责人	祁生利	场长	大学本科	中共党员
	编辑人	贺朝宇		高中	中共党员
原种场	负责人	李智兴	场长	大学本科	中共党员
	编辑人	彭凌瀚	办事员	大学本科	中共党员
乳品产业服务中心	负责人	王俊芬	副主任	大学本科	中共党员
	编辑人	陈　霞	科员	大学本科	群众
畜牧兽医服务中心	负责人	赵生富	中心主任	大学本科	中共党员
	编辑人	张治中	办公室主任	大专	中共党员
扶贫开发	负责人	落　军	主任	大学本科	中共党员
	编辑人	吴小龙	办公室主任	大学本科	中共党员
发改局	负责人	叶　青	局长	大学本科	中共党员
	编辑人	田雅茹	科 员	大学本科	中共党员
国有土地上房屋征收与补偿中心	负责人	田向文	主任	中专	中共党员
	编辑人	赵重文	办公室主任	大学本科	中共党员
住建局	负责人	郭培旺	副局长	大学本科	中共党员
	编辑人	白光国	办公室主任	大学本科	中共党员
市生态环境局山阴分局	负责人	陶占有	局长	大学本科	中共党员
	编辑人	马　晓	办公室主任	大学本科	中共党员
交通局	负责人	赵　凯	局长	大学本科	中共党员
	编辑人	李海官	办公室主任	大学本科	中共党员
统计局	负责人	张建斌	局长	大学本科	中共党员
	编辑人	闫绪斌	办公室主任	大学本科	中共党员
市场监督管理局	负责人	任　君	局长	大学本科	中共党员
	编辑人	尉晓芳	办公室主任	大学本科	中共党员
公共事业管理局	负责人	任永吉	局长	大学本科	中共党员
	编辑人	王桂霞	办公室负责人	大学本科	中共党员
市容市貌管理中心	负责人	李兴唐	主任	大学本科	中共党员
	编辑人	高永富	办公室主任	大专	中共党员
湿地公园	负责人	胡建华	主任	大学本科	中共党员
	编辑人	安晓林	办公室主任	大学本科	中共党员
物资保障中心	负责人	梁昌文	经理	大学本科	中共党员
	编辑人	王永军	办公室主任		

续表 14

单位	人员	姓名	职务	学历	政治面貌
治理非法超限超载车辆事务中心	负责人	赵秉国	主任	大专	中共党员
	编辑人	武新忠	科员	大专	群众
工业和信息化局	负责人	贾尚勇	局长	大学本科	中共党员
	编辑	曹宏宇	办公室主任	大学本科	中共党员
财政局	负责人	史俊龙	党总书记、局长	大学本科	中共党员
	编辑人	贺少栋	办公室副主任	大学本科	中共党员
商务局	负责人	李宝强	局长	大学本科	中共党员
	编辑人	赵裕家	办公室主任	大学本科	中共党员
城镇集体工业联合社	负责人	韩吉昌	总经理	大学本科	中共党员
	编辑人	段日贤	办公室主任	高中	中共党员
供销社	负责人	崔建新	理事会主任	大专	中共党员
	编辑人	马　祥	办公室副主任	高中	中共党员
能源局	负责人	张志斌	局长	大学本科	中共党员
	编辑人	赵建业	办公室主任	大学本科	中共党员
工业企业服务中心	负责人	张建斌	主任	大学本科	中共党员
	编辑人	郭建山	办公室主任	大专	中共党员
小企业发展促进中心	负责人	王国和	主任	大专	中共党员
	编辑人	樊晋川	股长	大专	中共党员
政法委	负责人	夏生军	副书记	大学本科	中共党员
	编辑人	刘跃玲	办公室主任	大学本科	中共党员
人民法院	负责人	周文友	副院长、政治处主任	大学本科	中共党员
	编辑人	李蓉蓉	政治处文员	大学本科	群众
检察院	负责人	乔振文	党组书记、检察长	研究生	中共党员
	编辑人	史鸿德	综合办公室副主任	大学本科	群众
公安局	负责人	苏振东	指挥中心主任	大学本科	中共党员
	编辑人	陈沛然	科员	大学本科	群众
司法局	负责人	李日旭	局长	大学本科	中共党员
	编辑人	胡海峰	办事员	大学本科	中共党员
退役军人事务管理局	负责人	王家民	局长	大学本科	中共党员
	编辑人	王国丽	办公室主任		
交警队	负责人	王慧恩	大队长	大专	中共党员
	编辑人	王鸿雁	科员	大学本科	群众
残联	负责人	杨志清	党组书记	大专	中共党员
	编辑人	赵　鹏	办公室主任	大专	中共党员
税务局	负责人	薛　震	局长	大学本科	中共党员
	编辑人	曹永栋	第一税务分局副局长	大学本科	中共党员
消防队	负责人	乔　俊	大队长	大学本科	中共党员
	编辑人	刘晓阳	参谋	大学本科	中共党员

续表 14

单位	人员	姓名	职务	学历	政治面貌
人行	负责人	兰志亮	行长	中央党校大学	中共党员
	编辑人	王广睿	办公室副主任	研究生	中共党员
朔州银保监分局山阴监管组	负责人	管苏海	副组长	大学本科	中共党员
	编辑人	管苏海	副组长	大学本科	中共党员
建行	负责人	崔昊林	行长	大学本科	中共党员
	编辑人	孟大旭	业务经理	大学本科	中共党员
农行	负责人	李金凤	办公室主任	硕士	中共党员
	编辑人	郭晓英	办事员	专科	中共党员
工行	负责人	郭善峰	行长	大专	中共党员
	编辑人	梁　星	办公室主任	大学本科	预备党员
中行	负责人	边进民	行长	大学本科	中共党员
	编辑人	郭全甫	主任		
农发行	负责人	唐尚云	行长	大学本科	中共党员
	编辑人	吴永杰	办公室主任	大专	群众
农商银行	负责人	武冬山	董事长	大学本科	中共党员
	编辑人	卫　国	综合办公室主任		
太行村镇	负责人	田　婷	副行长	大学本科	中共党员
	编辑人	苏向芸	办公室内勤	大学本科	中共党员
邮储银行	负责人	张　强	行长	大学本科	中共党员
	编辑人	吴华英	办公室主任		
晋商银行	负责人	吕加富	行长	大学本科	中共党员
	编辑人	施红霞	副行长		
供电公司	负责人	温日旭	经理	大学本科	中共党员
	编辑人	庄小勇	办公室主任	大学本科	中共党员
煤运公司	负责人	冯建禄	主任	大学本科	党员
	编辑人	陈翠英	文秘	大专	群众
微波站	负责人	赵秉祯	站长	大学本科	中共党员
	编辑人	张　凌	机房主任	大学本科	中共党员
农牧场	负责人	冯成羲	场长	大学本科	中共党员
	编辑人	王玉龙	科员	大学本科	群众
电信公司	负责人	兰恒昌	经理	大学本科	中共党员
	编辑人	王小玲	综合行政	大专	群众
联通公司	负责人	温日林	经理	大专	中共党员
	编辑人	樊兴宇	主任	大学本科	中共党员
移动公司	负责人	李福平	经理	研究生	中共党员
	编辑人	高丽娟	科员	大学本科	群众
邮政公司	负责人	郭　栋	总经理	大学本科	中共党员
	编辑人	管志龙	综合办公室主任	大学本科	中共党员

续表 14

单位	人员	姓名	职务	学历	政治面貌
气象局	负责人	王建永	副局长	大学本科	中共党员
	编辑人	杨雪峰		大学本科	民进
公路段	负责人	刑泽山	段长	大学本科	中共党员
	编辑人	贾永斌	主任	大学本科	中共党员
新华书店	负责人	胡增丰	经理		
	编辑人	李建宝	主任	大学本科	中共党员
烟草专卖局	负责人	段振海	局长（经理）	大学本科	中共党员
	编辑人	冯晓斌	办公室主任	专科	中共党员
技工学校	负责人	白新亚	校长	大学本科	中共党员
	编辑人	郭建府	办公室主任	大学本科	中共党员
武警山阴中队	负责人	李帅兵	中队长	大学本科	中共党员
山阴站	负责人	王子成	站长	大学本科	中共党员
岱岳火车站	负责人	林　杰	站长	大学本科	中共党员
山阴汽车站	负责人	赵广义	站长	大专	中共党员
人寿保险	负责人	马红兵	经理	大学本科	中共党员
	编辑人	高　芳	办公室主任		
同煤山阴公司	负责人	吴建国	经理	大学本科	中共党员
	编辑人	冯国水	副经理	大学本科	中共党员

注：按照县级机构、乡镇、党群系统、政府系统、宣传系统、农业系统、计划系统、经贸系统、政法系统、条管单位顺序编写